한국의 법학자

한국의 법학자

최종고 지음

서울대학교출판부

Legal Scholars in Korea

Chongko Choi

Seoul National University Press

머 리 말

한국에서 '법학자' 란 독특한 실존적 의미를 지닌 존재라고 생각된다. 법학자란 법을 학문적으로 연구하고 가르치는 학자를 가리키는 것은 사실이지만, 구체적인 역사와 사회 속에 살기 때문에 나라마다 특수한 의미가 생기는 것이다. 기원을 따져 올라가면 법학자(juriconsultus)는 기원전 로마시대에까지 소급될 수 있겠지만 (세속적) 법을 학문화시킨 14-15세기부터 서양에서는 대학에서 법학을 가르치는 전문인으로 활동하여 왔다. 뭐니뭐니해도 서양은 '법의 지배' (rule of law)가 이루어지는 사회이기 때문에 법을 학문적으로 연구하고 가르치는 법학자는 권위가 있고 국민들로부터 존경을 받는 존재였고 이것은 오늘날에 있어서도 큰 변화가 없다. 한마디로 법학자로 사는 것이 커다란 보람을 느낄 수 있는 사회적 분위기라고 하겠다.

20세기에 가깝도록 법학자와 법률가의 계층을 수립하지 못한 동양, 한국에서는 사정이 다를 수밖에 없다. 우리나라에서 전통적으로 법을 학문으로 가르친 사람들은 조선말까지는 율학교수(律學教授)라고 불렀다. 율학(律學)이 유교적 경학(經學)보다는 천시되어 일종의 기술학(技術學) 내지 잡학(雜學)의 범주를 벗어나지 못하던 전통사회에서는 율학교수란 자신의 법학이론을 세우기보다도 법전의 암송과 기술적인 훈련을 하는 것이 전부였다. 그들은 결국 행정관(行政

官)이 정치하는 데에 보조인 역할밖에는 하지 못하였다. 그래서 그런지 전통적인 율학교수로서 어떤 인물들이 있었는지, 그들의 학문적 활동은 어떠하였는지 아무런 자료가 남아 있지 아니하다. 근대적(서양적) 의미의 법학을 받아들인 지 이제 1세기를 넘겼고, 해방 후 한국 법학을 수립한 지는 60년 환갑을 넘기고 있다. 법이 어느 면에서는 실용적인 학문이기 때문에 많은 법학도들이 사법시험에 합격하여 판사, 검사, 변호사의 법률실무에로 나아갔다. 이러한 가운데서 법학자는 학문으로서의 법학의 중요성과 사명감을 느끼고 연구와 교육에 종사해 온 이들로 어떻게 보면 외로운 선구자들이요 사명인이라고 말할 수 있다.

법학자는 민주주의란 결국 법치주의를 통하지 않고는 불가능하다는 신념을 갖고, 법이 무엇이며 어떻게 법치주의를 실현할 것인가를 학문적으로 추구하는 귀중한 존재들이다. 로마인들이 '법학자의 집은 국민의 예언소'라고 존경했던 만큼은 못 되더라도, 이제 우리나라도 법의 중요성은 점점 계몽되어 가고 있다고 하겠다. 매년 대학입시에는 법과가 높은 경쟁률을 보여주고 있고, 오늘날 한국에는 900여 명의 법학교수가 활동하고 있다.

해방 후 60여 년이 지나는 동안 한국 법학도 어느새 한 세대가 바뀌는 것 같고, 제1세대에 속하는 원로 법학자들이 은퇴하거나 타계(他界)하는 현상을 나타내고 있다. 말하자면 이들은 한국에 있어서 학문으로서의 법학이라는 돌자갈밭을 일군 선구자들인데, 이들의 공헌은 한국 학술사에 남겨지지 않으면 아니될 것이다. 법학이 문학이나 예술처럼 천재(天才)를 번뜩이거나 독창성을 자랑하는 학문은 아니고 외국의 선진된 법학이론을 성실히 광범·주밀하게 연구하여 우리의 현실에 맞도록 응용하는 학문이라고 한다면 이들 제1세대 법학자들은 그들의 시대적 사명을 감당하였다고 말할 수 있다. 서양법학을 처음에는 (일제시대에는) 일본법학을 통하여 배웠으나 해방이 되고부터 직접 독일, 미국, 프랑스, 영국 등지로 가서 배워오게 되었다.

이러한 과정을 오늘날 법학을 공부하는 젊은 법학도들은 잘 알지 못하고, 이미 작고한 법학자들의 이름마저 모르고 있는 것 같다. 그래서 저자는 법사학(法史學), 특히 법사상사(法思想史), 법학사(法學史)를 전공하는 법학자로서 우리의 선배 법학자들의 생애와 학문세계를 정리해야겠다는 책임과 사명감을 갖지 않을 수 없다. 작고하신 선배 법학자 31인을 선별하게 되었는데, 물론 이것은 이른바 제1세대 법학자 모두를 망라한 것은 아니다. 다만 저자의 힘이 자라는 범위 안에서 임의로 택한 것이고, 앞으로 빠진 분들에 대한 정리도 계속해야 할 것으로 알고 있다.

아무쪼록 여기에 실린 한국 법학자들을 통하여 한국 법학이 어떻게 기초 놓아졌는가를 배우고, 법과 법학은 이러한 학문적 성찰과 노력 없이 저절로 이루어지는 것이 결코 아니라는 사실을 터득할 수 있기 바란다. 인생의 선배들이라 이렇게 정리를 하면서 새삼 그들의 훌륭했던 점들을 그리워하고 아쉬워하게 된다. 오늘날 한국의 법치현실, 법문화의 저조(低調)를 보고 이들의 공적이 무엇이었더냐고 회의적이고 비판적으로 묻는 사람들은 어쩌면 이 책의 서술이 다소 무비판적이고 변호적인 것같이 느껴질지 모르겠다. 그러나 '사랑스럽지는 않으나 없을 수 없는 존재'(에릭 볼프)인 법률가 내지 법학자에 대하여 저자 자신이 법학자로서 '변호'를 하지 않으면 누가 해줄 것인가 하는 기분으로 나름대로는 공정하게 쓰려고 노력하였다. 이제 제1세대의 학자들을 보내고 한국 법학도 점점 연륜이 쌓이는 가운데 보다 심화 · 비옥화되어 학문적으로 토착화되어 가기를 바라는 바이다.

2007년 10월 6일
지은이

차 례

유성준

(1860-1934)

❶ 유성준 (1860-1934)

개화기의 사상을 이야기할 때 가장 먼저 떠오르는 인물은 역시 유길준(兪吉濬)이라 할 수 있고, 그와 함께 그의 동생 유성준(兪星濬)을 연상하게 된다. 우리나라에는 아직 이 방면의 연구가 정립되지 않았지만, 사상사를 연구하는 데에 가계사(家系史)가 중요한 역할을 한다. 한국 개화사의 연구를 위하여 기계(杞溪) 유씨(兪氏)의 가계사를 분석해 보는 것도 훌륭한 테마라고 생각한다. 특히 한국 법사상사 내지 법학사에 있어서 이 유씨(兪氏) 집안은 오늘날의 유진오(兪鎭午)에 이르기까지 중요한 역할을 해오는 가계라고 할 수 있다.

그런데 유길준에 대하여는 상당한 연구가 이루어지고 많이 알려져 있는 데 반해,[1] 그의 친동생인 유성준에 대하여는 그의 업적에 비해 너무 모르고 지내온 감이 없지 않다. 필자는 유성준이 우리나라에서 최초로 『법학통론』(法學通論)(1905) 교과서를 쓴 인물이라는 사실에 주목하고 이를 소개한 바 있다.[2] 그러나 그의 생애에 관하여 완전히 파악할 수가 없어 수년 동안 궁금해 하면서 지

1 『兪吉濬全集』(一潮閣)과 함께 金德亨, 『韓國의 名家』, 一志社, 1976; 최종고, 『新서유견문』, 웅진, 1995.

2 최종고, 「韓國最初의 『法學通論』」, 『法學』(서울大) 22권 4호, 1981, 87-101쪽.

내다가, 수소문하여 그의 후손을 만날 수 있게 되었다. 이제야 그 생애와 법사상을 소개할 수 있게 되어 기쁘게 생각하며, 자료를 제공해 주신 유병태(兪炳泰) 선생에게 감사한다.[3]

I. 생애

유성준은 1860년(철종 11년) 10월 21일 유진수(兪鎭壽)의 둘째아들로 서울의 계동에서 태어났다.[4] 1883년 10월에 일본으로 건너가 경응의숙에 입학하였다. 그러나 수학 도중에 수신사 일행의 권유를 받고 1885년 1월에 귀국하였다. 그는 곧 5월부터 통리교섭통상사무아문의 주사가 되었다가 다음 달에는 내무부 부주사로 옮겼다. 1887년 6월에는 국서정리위원의 명을 받고 일본에 주재하게 되었다가 8월에 귀국하여 내무부 주사가 되었다. 1891년에는 전운서(轉運署) 사무관이 되어 1893년 5월에는 조운수선(遭運輸船) 창룡호(蒼龍號)의 수리를 위하여 일본 나가사키 항에 가 있다가 8월에 돌아왔다. 1895년에는 농상공부 회계국장이 되었다가 이내 사임하고, 그해 5월에 정부의 명을 받아 일본 요코하마 항에 관세율을 배우기 위한 5인의 견습수세사무에 발탁되어 다시 일본으로 갔다. 11월에 귀국하였으나 이듬해 4월에는 국사범의 혐의를 입고 다시 일본으로 망명하였다. 그 자세한 내용은 알 수 없다.

1897년 3월에 도쿄의 부기전문학교에 입학하여 8월에 졸업하였다. 이어서 일본 기옥현(埼玉縣) 순사교습사무(巡査教習事務)에서 견습하였다. 1898년 1월에는 도쿄의 메이지(明治)법률학교에 입학하여 법학을 공부하였다. 그러나 1년의 수료로 정부의 명을 받고 1899년 9월에 귀국하였다. 이듬해 3월에는 다시 국사범에 관련되었다는 무고(誣告)로 경위원(警衛院)에 체포되어 수개월 수감되

3 兪炳泰 씨는 兪星濬의 둘째아들 兪喆兼의 3남으로 退職海兵中領으로 현재 航海空壓株式會社 부사장으로 활동하고 있다.

4 이하의 이력은 주로 자필로 낸『大學帝國官員履歷書』, 探求堂, 1972에 의존한 것임.

어 있다가 유배를 당하였다. 어디에서 어떻게 유배생활을 했는지는 알 수 없지만 1903년 3월에 황주읍 교회에서 기독교에 입교하였고 서울에 돌아와 연동교회에서 세례를 받았다. 이 사실을 그 스스로 이력서에 적고 있는 것으로 보아 기독교 신앙에로의 귀의는 상당히 의미있는 것으로 생각하였던 모양이다.[5]

이를 뒷받침할 만한 사실로 이런 일이 있었다. 1906년에 황성 대영성서공회에서 국한문 신약전서를 발간하였는데, 유성준이 주도적 역할을 하였다. 대한성서공회에서 발간한 *Historical Sketch of the Korean Bible Society*에 이렇게 적혀 있다.

> A Korean-Chinese New Testament was prepared by Yu Sungjun and published. It was well received among the educated people. In April(1906) Hugh Miller accompanied by H.G. Underwood and O.R. Orison was granted an audience by the Emperor(Ko-jong). They presented a Korean-Chinese New Testament and the emperor, but the son accepted it and encouraged the missionaries to work more effectively.

즉 유성준이 발간한 국한문 신약전서를 밀러와 언더우드 목사가 고종황제에게 선사하였더니, 크게 기뻐하더라는 내용이다. 유성준이 이 성서번역에 어떻게, 얼마나 관여했는지에 대하여는 교회사적으로 더 깊이 연구해 볼 흥미있는 테마라고 하겠다.

1903년 12월에 통진군수로 임관되었으나 다음해 1월 18일에는 내부(內部) 경무국장으로 임명되었고 지방조사위원이 되기도 했다. 8월부터는 내부 지방국장과 치도국장(治道局長)을 겸임하였고, 12월에는 학부(學部) 학무국장이 되어 지방관전고위원(地方官詮考委員)과 문관전고소위원(文官銓考所委員)을

---

5 『蓮洞教會史』, 연동교회, 1975.

겸임하였다. 이제야 비로소 그가 신학문으로서의 법학을 배운 것을 활용할 수 있도록 인정받게 된 것이라고 할 수 있다. 그리하여 1907년에는 내부협판의 자리에까지 오르고 관제조사위원을 겸하였다. 8월에는 내각 법제국장이 되어 법률가로서의 기량을 발휘할 수 있게 되었고, 문관전고소(文官銓考所) 위원장이 되기도 하였다.

한편 법제국장으로 재직하면서 당시 개교 이래 경영난으로 고전하고 있던 보성전문학교의 교장으로 부임하였다. 그 부임 경위 역시 간단치는 않았다. 이에 대해 『고려대학교지』를 중심으로 보면 다음과 같이 전개되었다.[6] 즉, 보성전문을 1905년에 창립한 이용익(李容翊)이 1907년 3월에 객지에서 사망하자 19세기의 영손(令孫) 이종호(李鍾浩)가 제2대 경영주가 되었다. 친일분자로 채워진 당시 내각과 관계(官界)에서는 보전(普專)에 황실비(皇室費)가 나갔으니 교주(校主)를 폐지하고 관립화해야 한다고 획책하였다. 탁지부와 학부, 그리고 학력관료로 요직에 있으면서 보전에 출강했던 강사들 예컨대 석진형(石鎭衡), 이면우(李冕宇), 장도(張燾), 유문환(劉文煥), 신우선(申佑善) 등은 이 학원을 관학화(官學化)하려고 하였다. 그래서 이들은 1907년 12월 17일 '유지회(維持會)'를 조직하고 일방적으로 교주, 관주(館主: 普成館), 사주(社主: 普成社)를 폐지한다고 선언하고, 그 자리에서 유지회 회장에 석진형, 교장에 유성준, 교감에 조제환(趙齊桓), 중학교장에 이면우, 교감에 박승혁(朴承爀) 등으로 인선까지 하였다. 이종호는 이 소식을 듣고 분개하여 이들 학력관료 출신인 강사들에 대항하기 위하여 항일민족계몽에 앞장선 흥학회(興學會)의 인물들과 결탁하였다. 즉 대한흥학회[(大韓興學會: 大韓自强會의 후신)에서 최재학(崔在學)과 박중화(朴重華), 그가 경비까지 대고 있던 한북흥학회(漢北興學會: 이동휘와 이준이 조직)와 후에 합동한 서우학회[(西友學會: 이갑(李甲)]의 조직자 등 학회 간부들을 즉시로 추대하여 유지회의 인선(人選)에 맞섰던 것이다. 그리고 장지연(張志淵), 박은식(朴殷植), 신채호(申采浩)가 필봉을 휘두르던 『대한매일신

6 이하는 주로 『高麗大學校70年誌』, 1975, 42-46쪽 참조.

보』, 『황성신문』에서 연일 유지회의 부당한 처사를 공박했다. 법률을 가르치는 강사들로서 남의 인권, 즉 소유권을 존중할 줄 알아야 한다고 공박했다. 이에 대해 유지회 쪽에서는 친일정부지(親日政府紙) 『국민신보』(國民新報)에 반박 성명을 내기도 하였다.

12월 22일 이종호는 양측 합동회의를 열고 협의안을 제시하였는데, 유성준을 전문학교 교장으로 유임케 하고, 이 학감(學監)에는 유치형(兪致衡), 중학교장에 노백린(盧伯麟), 교감에 박중화를 따로 임명하고, 그 밖에 모두 유임키로 양해가 성립되었다. 이렇게 하여 유지회측 인물로는 유성준 1명만 남고 장도 등 강사 5명이 사표를 내기까지 하였다. 이 때 석진형 강사가 어쩌다가 학교가 이 꼴이 되었느냐고 대곡(大哭)을 했다고 하니 모두가 서로 잘못을 뉘우친 듯하다.

이 사건을 계기로 해서 각 흥학회(興學會)가 새로 보전(普專)에 연줄을 대고, 학생들의 사상은 오히려 전문학과의 관료 겸직강사보다 학회측에서 들어간 학회인사들이 더 많은 영향을 주어 '흥학자강(興學自强)'의 교풍을 일으키는 계기가 되었다고 『고려대학교사』는 기록하고 있다.

어쨌든 이러한 진통 속에서 유성준은 교장직을 수행하였다. 1908년 1월에는 법전조사국(法典調査局) 위원의 직책까지 겸하여 입법에도 참여하였다.

대학강단에서 법학을 가르치자니 우선 교과서가 필요하였다. 그래서 그는 『법학통론』(法學通論)이라는 478쪽에 이르는 교과서를 저술·출판하였다. 이 책은 맨 처음에 1905년에 한성인쇄주식회사 박문사 편집, 학부검정 강화부 사립보창학교 출판으로 나온 것인데 판을 보성사로 넘겨 보전 교재로 출판한 것으로 보인다. 이 책의 내용과 가치에 대하여는 뒤에서 자세히 논하겠지만, 그가 한국 최초의 법학개론서를 낸 학자라는 사실은 중요하다고 하겠다.[7]

보전의 초대교장 신해영(申海永)이 재일 한국인 유학생 감독으로 간 동안 제2대 교장으로 취임한 유성준은 유지회 사건을 겪은 후 장도, 유문환 두 사퇴강사의 뒤를 이어 관계(官界)로 돌아가 법제국장의 일을 계속했다.[8]

7 최종고, 「한국에 있어서의 법학통론의 형성」, 『현대법학의 이론과 실제』(김철수 교수회갑기념논집), 박영사, 1993 참조.

그가 어떻게 한일합방을 맞았는지 그 몇 년간의 뚜렷한 기록은 알 수가 없다. 그의 자필이력서도 1907년으로 끝난다. 일제시대의 이력으로 알려진 것은 1910년에 충청북도 참여관(參與官)이 되었고, 1926년에 충청남도 지사, 1927년에 강원도 지사가 되었다는 사실이다. 그리고 1925년 전후로 전개된 조선물산장려회 1, 2대 이사장을 역임한 것으로도 알려져 있다.[9] 이 물산장려운동이란 것은 그 명문상으로 보면 일본 물산을 배격하고 한국 물산을 장려하는 운동일 것 같으나, 실제로 일제에 의해 계획·운영되었다는 사실이 연구에 의하여 밝혀지고 있다.[10] 이처럼 유성준이 일제 때 친일파 인사로 활동하였다고 알려져 있다.

또 1925년 4월 초 『개벽』(開闢)지를 보면, 유성준이 다시 보성전문학교 교장으로 활동한 사실이 나타나는데, 그 전후 사정에 대하여는 자세히 알 수 없다. 이 잡지에 관상자(觀相者)라는 익명의 필자가 다소 희화적으로 「천태만상(千態萬象)의 경성교육계인물」(京城教育界人物)이라는 글을 싣고 있는데, 유성준에 대하여

> 보성전문학교 교장 유성준 씨는 신체가 엇지 단소(短小)한지 현미경을 대기 전에는 아모리 밝은 관상자(觀相者)의 눈이라도 잘 볼 수가 없다. 혈자파선생(穴者派先生)이 되야 그러한지 목도리도 꼭 혈거동물(穴居動物)인 여호의 가죽으로만 하것다. 또 그에게서는 여러 가지 냄새가 만히 나는데 이력서에는 총독부(總督府)냄새, 회중(懷中)에는 성경(聖經)냄새, 행전(行纏)에는 유생(儒生)냄새, 언론에는 묵고썩은(時代遲) 냄새가 난다. 그리고 임시직업(臨時職業)이 교장(校長)이지만은 종신전업(終身專業)은 졸업식 축사(祝辭)장인 것 같다. 매년 졸업식 때면 한 학교도 빼놋치안코 열심히 쫓차다니며 의례 내빈축사를 한다. 그나마 신기한 말이나 하얏스면 좋겠지만 캐캐묵은 요령부득의 한가지 말을 가지고 마치 산골 무식한 사람이 축문(祝文)에 기름을 절궈서 해마다 읽듯이 중언부연(重言復演)하야 일반의

8 위의 책, 45쪽.
9 林鍾國, 『日帝侵略과 親日派』, 青史, 1982, 114쪽.
10 姜東鎭, 『日帝의 韓國侵略政策史』, 한길사, 1980.

고소(苦笑)를 받는 것은 추세(追勢) 잘하고 꾀만흔 선생(先生)의 취(取) 할 바가 아니다.[11]

라고 풍자적으로 말하고 있다. 그 표현이 심한 것을 감안한다면, 유성준이 매우 다양한 지식과 인품을 지니고 있으며 당시 매우 존대를 받는 인사였다는 뜻일 것이다.

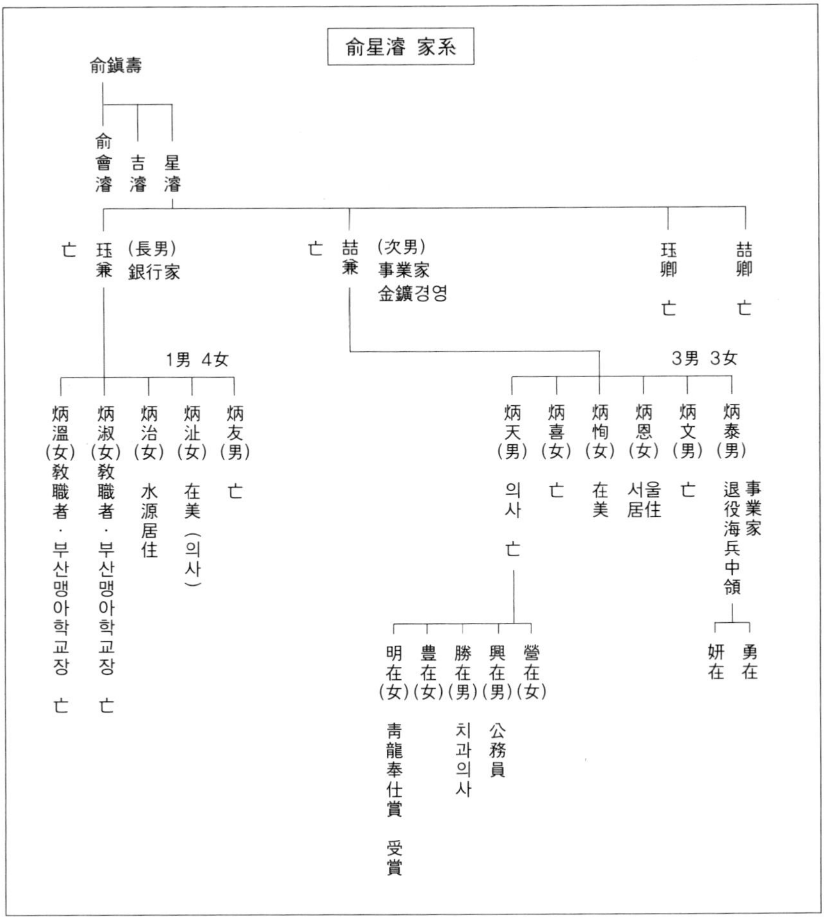

11 『개벽』, 1925년 4월호.

유성준은 1934년 2월 27일(음 1월 13일)에 작고하였다. 가족으로는 아들 둘, 딸 둘을 두었는데, 장남 각겸(珏兼)은 은행가로 활동하다가 사망하였고, 차남 철겸(喆兼)은 금광(金鑛)을 경영하는 사업가로 활동하다가 사망하였으며, 장녀 각경(珏卿)과 차녀 철경(喆卿)도 이제 모두 사망하였다. 그 손주세대는 다음의 가계도(家系圖)와 같다.[12]

II. 법사상

유성준은 위에 언급한 『법학통론』[13]을 저술한 외에 글로 발표한 논문은 보이지 않는다. 이 『법학통론』 교과서는 구한말에 법학지식을 가장 잘 간추려서 소개한 중요한 역할을 한 책이기 때문에 그 내용을 분석해 볼 필요가 있다. 본서(本書)는 외견상 전통적인 한서식(漢書式) 제본(製本)을 하고 있지만 내용을 보면 국한문혼용의 가로쓰기로 활자가 큼직큼직하여 읽기가 쉽게 되어 있다. 우선 그 서문을 보면 자서(自書)라 하여 다음과 같이 시작하고 있다.

> 대해(大海)를 욕도(欲渡)함에 선박(船舶)을 필유(必由)하고 선박(船舶)을 사용(使用)함에 타즙(柁楫)을 필유(必由)하나니 국가를 경기(經紀)함에 역시 리(理)와 동(同)하야 교화(敎化)와 법률(法律)을 필자(必資)하난지라. 국가는 해(海)와 여(如)하고 교화(敎化)난 선박(船舶)과 여(如)하여 법률은 타즙(柁楫)과 동(同)하니 대해(大海)를 횡단(橫斷)하난 선박(船舶)이 타즙(柁楫)의 완전함을 의(依)하야 기공(其功)을 시태(始泰)함갓치 일국(一國)을 홍육(興陸)하난 교화(敎化)도 법률의 희미(喜美)함을 득(得)하야 기효(其效)가 내저(乃著)하나니 연즉(然則) 법률이 국가에 관계됨이 과연 하여(何如)하뇨.
>
> 고금동서의 역사를 통관(通觀)하건대 기국(其國)의 융체(隆替)가 실개(悉皆) 법

12 兪炳泰 氏 작성.

13 이 책은 1905년이 초판이고, 1907년에 國民敎育書館 발행으로 나오기도 하였다. 최종고, 앞의 글.

률의 미악(美惡)에 재(在)한지라 시이(是以)로 명철(名哲)의 군주(君主)와 현량(賢良)한 정치가는 항상 기력(其力)을 법률에 시주(是注)하나니 아국(我國) 기자(箕子)의 팔조(八條)화 지나한고(支那漢高)의 삼장(三章)이며 라마제(羅馬帝)의 십이동률(十二銅律)이 정기(定豈) 소연(昭然)한 증빙(證憑)이 아니리오. 연(然)한 즉(則) 직접 간접을 불문(不問)하고 치국(治國)의 임(任)에 종사하는 자는 상의(尙矣)어니와 경국(經國)의 지(志)가 유(有)한 자는 극히 지중지귀(至重至貴)한 학과(學科)가 될뿐더러 황차(況且) 현시(現時) 외국은 인민보통학교(人民普通學校)에 법학(法學)의 대요(大要)를 교수(教授)함이리오.

라고 하여, 법학의 중요성을 논하면서 외국은 초등학교 교육에서도 법학을 가르친다고 말하고 있다. 이어서,

연(然)이나 아국(我國)은 고래(古來)로 인민(人民)이 순후(淳厚)한 성질(性質)은 수유(雖有)한데 권리(權利)의 사상(思想)은 전미(全味)함으로 단기조(但幾條)의 형률(刑律)을 지(指)하야 법(法)이라 위(謂)할 따름이요 기타의 경유(更有)함은 미지(未知)하나 국가가 상차지보(尙且支保)함은 고유한 교화력(教化力)에 유(由)할뿐더러 우당시(又當時)에 형세(形勢)의 사연(使然)함이라 하자(何者)오 개기시(盖其詩)는 외(外)로 강린(强隣)의 규하(窺何)가 여(與)하여 내(內)로 선왕(先王)의 여택(餘澤)에 치(治)하야 도원낙지(桃源樂地)에서 독처벽거(獨處僻居)하야 타인의 지자(知者)가 무(無)하더니 금(今)에는 세계의 형세(形勢)가 일변(一變)하야 만국(萬國)이 교통(交通)함에 사회의 상태가 돈연(頓然)히 기면목(其面目)을 개환(改換)하야 생존경쟁의 시대를 수성(遂成)하니 차시(此時)를 당하야 변천하는 시의(時宜)를 불응(不應)할진대 내하기가(奈何其可)하리요.

라고 하여, 생존경쟁 시대에서의 법의 필요성을 강조하고 있다. 유성준은 당시의 사조인 사회진화론, 특히 적자생존론에 영향을 받았음을 짐작할 만한 대목이다.

여(余)가 일찍 일본에 차유(車游)하야 기국제도(其國制度)의 구비함과 형세(形勢)의 흥왕함을 견(見)하고 본국의 현상과 상교(相較)한 즉 기우열(其優劣)의 차이는 실로 동일(同日)에 가어(可語)할 바 아니라, 어시(於是)에 일변(一邊)으로는 괴작(愧作)한 심(心)을 불승(不勝)하고 일변(一邊)으로는 분개(憤慨)의 지(志)를 난억(難抑)하야 기유원(其由源)을 심찰(尋察)함에 법률의 력(力)이 거다(居多)한지라. 수내자사(遂乃自思)한데 상천(上天)이 인(人)에 부계(賦界)하신 영혜지식(靈慧知識)은 제사(帝士)가 동일하야 피승아열(彼勝我劣)의 차가 본무(本無)하니 여수일개(余雖一個) 묘연(渺然)한 인사(人士)나 적시(赤是) 국민의 일분자(一分子)라 국민의 의무를 담하(擔荷)하얏슨즉 차의무(此義務)를 극진하야 사호(些毫)라도 국가의 비보(裨補)함이 시내천부(是乃天賦)하신 직분과 국민되는 도리에 윤합(允合)할뿐더러 차고어(且古語)에 염연이어(鹽淵羨魚)함은 퇴(退)하야 결강(結綱)함만 불여(不如)하다 하니 금(今)에 여년(余年)이 수기사십(雖己四十)에 과(過)하얏스나 여지(余志)는 익견(益堅)이라 하고 수분연(遂奮然)히 학교에 부(赴)하야 법률(法律)을 토구(討究)하는 가극(暇隙)에 혹기국박사홍유(或其國博士鴻儒)를 추수(追遂)하야 기언론(其言論)을 청(聽)하며 기서적(其書籍)을 열람하야 기리(其理)를 심구(深究)하여 지의(旨意)의 오묘(奧妙)함과 언사(言詞)의 명료함이며 연원의 심위(深違)함과 공효(功效)의 거대(巨大)함이 필연(畢然) 인(人)을 경탄케 하는지라. 심중(心中)에 업(業)을 율(率)한 후(後) 본국에 귀(歸)하야 소학(所學)을 편성코저 자기(自期)하얏더니 미기(未幾)에 사(事)를 인하야 본국에 환귀(還歸)하나 가극(暇隙)을 미득(未得)함으로 용이(容易)히 종사(從事)치 못하고 일월(日月)의 구(久)함을 수(隨)하야 망역(忘域)에 기지(幾至)하얏더니 시통일대사건(詩通一大事件)이 동양(東洋)에 기(起)하야 인(人)을 경성(警醒)하니 즉(卽) 지나(支那)에 단비(團匪)의 난(亂)이 유(有)하야 열강(列强)이 북경(北京)에 진병(進兵)하고 요항(要港)과 이권(利權)이 기수중(其手中)에 진귀(盡歸)하니 차내(此乃) 지나인(支那人)이 신진(新進)하는 법리(法理)를 부지(不知)하고 단기구시(但其舊詩)의 태도를 묵수(墨守)한 녹고(綠故)라 만사(萬事)의 복(覆)은 후사(後事)의 계(戒)이어늘 아국민(我國民)은 의연(依然)히 석일감몽(昔日酣夢)하고 현세(現世)의 대세(大勢)를 미지(未知)하니 차시(此時)를 당하야 가아동포(苛我同胞)로 하야곰 우유겸퇴(優游謙退)하는 의문만습(儀文慢習)을 탈각(脫却)하고 활발용진(活潑勇進)하는 권리사상(權利思想)을 계발(啓發)코저 할진대 실로 법률에 과(過)할 자(者)가 경무(更無)할지라.

이처럼 유성준은 자신의 법학에 대한 관심과 저술의 내력을 솔직하게 밝히고 있는데다 그는 일본에 가서 문명개화된 것을 보니 그것이 법의 근대화에 원인이 있는 것이라 하고, 반대로 청국(淸國)이 열강의 희생이 되고 있는 것은 법리(法理)에 어둡고 구습(舊習)만 고집하고 있기 때문이라고 파악하고 있다.

시이(是以)로 여(余)가 궐연히 기(起)하여 척연(惕然)히 공(恐)하야 비무(菲蕪)함을 불운(不韻)하고 전일(前日)의 난고(亂藁)를 수정(修正)하여 방우현시(傍又現時) 외국법학대가(外國法學大家)의 서적을 참호(參互)하야 일부서(一部書)를 편성하니 차서(此書)의 효용은 서중(書中)에 취간(就看)하면 기지(其旨)를 가득(可得)하려니와 일언(一言)으로 폐(蔽)하면 법률 전체의 대강을 간이히 논술함이라. 연이(然而) 초고(草稿)를 미탈(未脫)하고 이년(二年)을 옥중에 뇌칩(牢蟄)함에 중심(中心)에 경경(耿耿)함은 일월로 구장(俱長)하나 기사(其使)를 미득(未得)하고 계우호도(繼又弧島)의 찬적(竄謫)을 당한 즉 소지(素志)를 난수(難遂)할지라. 발정(發程)하기를 임(任)을 탁(托)하얏더니 기년(期年)만에 유환(宥還)한 즉(則) 적기시(適其詩)에 동지(同志)의 인사가 차(此)를 인간(印刊)해야 세인(世人)에게 공포(公捕)코져 하야 부궐(部厥)이 장준(將竣)함에 여(余)에게 고(告)하니 차호(嗟乎)라 시서(是書)의 술(述)함이 누재(累載)의 성적(星籍)을 수경(雖經)하나 교열(校閱)의 미필(未畢)할뿐더러 기어의(其語意)의 삽처(澁處)가 극다(極多)한 즉(則) 독자(讀者)는 문가(文訶)로 지의(旨意)를 해(害)치 말며 차여(且余)의 참망(僭妄)을 물구(勿咎)함을 시망(是望)하노니 대방(大方)의 기의(譏議)를 수면(雖免)함은 자량(自量)하는 바이어니와 역차서(亦此書)로 인(因)하야 국민(國民)의 사상(思想)을 계도(啓導)하고 교화(敎化)를 패보(稗補)하야 국가(國家)에 유익(有益)함이 소유(所有)함은 술자(述者)의 자기(自期)하는 바이로다.

광무구년월일(光武九年月日) 술자식(述者識)

이처럼 유성준은 수년간 『법학통론』을 집필하려고 마음먹고 있었으나 2년간 옥중생활, 고도(孤島)에서의 유배생활로 인하여 수년간 연기되어 왔음을 알 수 있다. 어쨌든 그는 이 책을 '국민의 사상을 계도하고 교화를 패보(稗補)하여 국가에 유익' 하기를 바라는 마음으로 내는 것임을 밝히고 있다. 개화기 지식인의 일반적 정신분위기와 사명감을 느끼게 되며, 법학이 오늘날처럼 대학의 특수학문이 아니라 오히려 국민일반의 계몽을 위하여 필수적인 기초학문처럼 여기고 있다는 당시의 분위기를 느끼게 한다.

이만큼 본서는 한국 근대화의 동경과 함께 진한 경험을 통하여 나온 책이며, 그만큼 역사적인 가치가 있는 책이라고 하겠다. 이제 그 내용을 살펴보기로 하자.

1. 법의 일반이론

총 477쪽인 본서는 크게 제1편 총론과 제2편 각론으로 구성되어 있는데, 총론이 63쪽이고 각론이 364쪽이다. 총론의 차례를 보면 다음과 같다.

제1장 총설

제2장 법과 도(道)

제2장 자연법(自然法)과 인정법(人定法)(제2장이 둘 겹쳐 있는데, 편집의 잘못인 듯)

제3장 법률과 법률학

제4장 법률의 구별

제1절 성문법, 불문법

제2절 공법, 사법

제3절 주법(主法), 조법(助法)

이상과 같이 모두 9장으로 나누어 설명하고 있는데, 주목할만한 것은 제2장에 '법과 도' 라 하여 도덕이란 말을 쓰지 않고 다음과 같이 설명하고 있는 것이다. 우선 인간에 대한 견해를 보면,

> 개인(盖人)은 만물(萬物)의 최령(最靈)이라. 천무(天武)한 성(性)을 인(因)하야 신(身)과 심(心)에 무한(無限)한 자유(自由)를 구유(具有)한 자(者)니 불기독립(不羈獨立)하야 내(內)로써 성정(性情)의 시비(是非)에 구속(拘束)치 아니하며 외(外)로써 타인(他人)의 점망(點望)에 좌우(左右)치 아니하고 선악간(善惡間)에 오즉 자기(自己)의 의향(意向)을 시종(是從)할지며 기의사(其意思)에 반(反)하는 사상(思想)과 행위(行爲)는 하인(何人)에게든지 강요(强要)함을 피(被)치 아니함이라.

라고 하고, 이어서 법과 도의 구별을 다음과 같이 이론적으로 설명하고 있다.

> 인(人)은 기내외(其內外) 이개(二個)의 자유(自由)가 유(有)할지라도 기인(其人)될 본분(本分)으로든지 우기사회(又其社會)에 입(立)한 통의(通義)로든지 반다시 복

종(服從)치 아니함이 불가(不可)한 자(者)를 책무(責務)라 운(云)하나니 책무(責務)라 함은 가위(可爲)와 불가위(不可爲)의 의(義)로 내외(內外) 이개(二個)의 자유(自由)에 가(加)하는 제한(制限)이라. 어시호(於是乎) 내부(內部)의 책무(責務)와 외부(外部)의 책무(責務)라 하는 명칭(名稱)이 시기(始起)하니 내부(內部)의 책무(責務)를 도(道)라 운(云)하고 외부(外部)의 책무(責務)를 법(法)이라 운(云)하느니라.

라고 한다. 그는 "법과 도는 결단코 혼동함이 불가(不可)한 구별이 유(有)하며 우(又) 분리함이 불가한 관계가 유(有)하다"라고 하면서 그 관계는 다음의 두 원칙에 있다고 말한다.

첫째는, "법(法)은 명(命)하고 혹금(或禁)하는 바는 도(道)도 반다시 명(命)하여 혹금(或禁)하나니라"

둘째는 "도(道)의 명(命)하고 혹금(或禁)하는 바를 법(法)은 반다시 명(命)하며 혹금(或禁)하는 사(事)를 득(得)치 못하나니라."

이렇게 하여 법과 도의 관계를 6쪽에 걸쳐 상당히 자세히 설명하고 있다는 점이 눈에 띈다. 또 착오로 다시 제2장이라 하여 자연법과 인정법(人定法)을 설명하고 있는데,

억인(抑人)은 사교적(社交的) 동물(動物)이니 사교(社交)는 기천부(其天賦)의 품성(稟性)뿐 아니라 상의상자(相依相資)하야 사회(社會)를 위함이 아니면 기성(其性)을 능전(能全)치 못하나니 고(故)로 기상의상자(其相依相資)함은 사회(社會)에 입(立)한 자(者)의 통의(通儀)라. 차(此) 통의(通儀)는 자유(自由)를 호상존경(互相尊敬)함으로 자유(自由)를 보존(保存)하는 소이(所以)라. 연즉(然則) 차(此) 통의(通儀)와 자유(自由)를 인세각종(人世各種)의 사실(事實)과 각종(各種)의 정황(情況)과 각종(各種)의 경우(境遇)에 선처묘용(善處妙用)하야 능(能)히 기지취(其志趣)를 성취관철(成就貫徹)케 하는 원칙(原則)을 명(名)하야 법(法)이라

> 운(云)하니 기통의(其通儀) 법칙(法則)은 자연존재(自然存在)하야 구구(區區)한 인의(人意)와 인위(人爲)에 출(出)치 아니한 고(故)로 차(此)를 자연법(自然法)이라 칭(稱)하나니 개여하(盖如何)한 경우(境遇)에는 여하(如何)한 소위(所爲)를 행(行)함이 가(可)하고 혹행(或行)함이 불가(不可)라 함이니 윤도살상(倫盜殺傷)을 비(非)라 하며 패행(悖行)에 대(對)하야 방어(防禦)의 소위(所爲)를 시(是)라 함은 인인(人人)의 동일인지(同一認知)하는 바니 기차(其此)를 인지(認知)함은 반다시 이심(理心)의 추구(推究)함을 인(因)함이 아니오 감정(感情)을 인(因)하야 즉각(卽覺)하는 바 자연(自然)의 대법(大法)되는 자(者)라.

라고 자연법을 정의하고 있다. 그리고 실정법이란 말을 쓰지 않고 인정법(人定法)이라 하여 자연법과의 관계를 자세히 설명하고 있다. 한 대목을 보면,

> 아인(亞人) 기세노혼씨(其世魯渾氏)가 저(著)한 소씨회화(蘇氏會話)에 왈(曰)하되 지구각주(地球各州)에 산재(散在)한 인민(人民)이 왕석(往昔)에는 동서(東西)가 불통(不通)하고 남북(南北)에 상격(相隔)하야 주동(舟東)이 편(便)이 무(無)하얏시니 엇지 상식(相識)하얏시리오마는 정리(正理)의 사상(思想)이 동유(同有)하니 시개인류(是豈人類)가 천연(天然)한 성법(性法)의 존재(存在)함을 인(因)함이 아니라도 지구상(地球上) 각주(各州)의 인민(人民)이 친(親)과 자(子)의 관계(關係)가 개유(皆有)하야 친(親)과 자(子)의 간(間)에 섬교[閃交: 남녀교합지칭(男女交合之稱)]를 호금(互禁)하는 법칙(法則)이 유(有)치 아니함이 무(無)라 하나 연(然)이나 부인논자(否認論者)가 법(法)은 국가(國家)가 무(無)하면 법칙(法則)이 무(無)하다 운(云)함은 필경 법(法)의 존재(存在)와 필행(必行)을 보증(保證)하는 자(者)를 혼효(混淆)한 설(說)이라.

라고 외국의 학설을 인용·비평하고 있다. 이어서 법률학의 성질을 논하면서, 법률학은 크게 나누어 분석법학, 연혁법학, 비교법학, 철리법학(哲理法學)으로 나누어 설명하고 있다. 그러면서 결론짓기를,

우사자(右四者)는 각기주장(各其主張)하는 방법(方法)이 이(異)할 뿐이오 반다시 갑을(甲乙)이 상반(相反)함은 아니니 즉(卽) 분석법학파(分析法學派)라도 결단코 연혁법학(沿革法學)을 불고(不顧)함이 아니면 연혁법학파(沿革法學派)라도 또한 각국법률(各國法律)의 비교를 불위(不爲)함이 아니니 기일장일단(其一長一短)이 각유(各有)한지라 만일 완전한 연구를 하고자 한즉 우사법(右四法)을 겸용(兼用)할지며 일법률(一法律)에 당하야도 차방법(此方法)을 비진(備盡)치 아니함이 불가하니 우사파(右四派)라도 법률의 원리와 작용을 연구코자 하는 목적에는 이(異)한 바가 고무(固無)함이라.

라고 하고 있다.

2. 헌법

각론은 헌법(63-107쪽), 행정법(107-139쪽), 형법(139-203쪽), 민법(203-295쪽), 상법(295-343쪽), 소송법(343-372쪽), 국제법(372-477쪽)으로 나누어 구성하고 있다. 오늘날의 법학통론과 비교하여 보면 그 구성에 있어서 큰 차이점은 발견되지 않고 다만 당시 아직 생소하였으리라 생각되는 사회법의 영역이 보이지 않는다는 것이다. 헌법편의 차례는 아래와 같다.

제1절 국가급(國家及) 정체(政體)
제2절 헌법의 종류급(種類及) 성질
제3절 통치의 주체
제4절 통치의 객체
제5절 통치의 기관
　　국회
　　정부
제6절 통치의 작용

이 책이 출판될 당시는 고종황제의 치하였으므로, 서양식 헌법이론을 빌려서 입법군주, 황제제도를 설명하고 있다는 점이 흥미롭다. '통치의 주체' 는 어디까지나 군주에게 있다고 하면서,

> 개(盖) 통치의 주체되는 군주의 지위는 만세항존(萬世恒存)하야 군주기인(君主其人)은 난경(難更)할지라도 차지위(此地位)는 불투(不偸)하나니 군주가 약불예(若不豫)하거나 충년(沖年)에 재(在)하야 만기(萬機)의 관총(觀總)을 불능(不能)할 시(時)가 유(有)한즉 섭정(攝政)을 치(置)하야 기사(其事)를 대행(代行)케 하나니 개섭정(盖攝政)은 각기국헌법(各其國憲法) 급(及) 황실전범(皇室典範)의 제규(制規)를 의하야 준수하는 자(者)며 우(又) 섭정(攝政)은 헌법(憲法) 급(及) 황실전범(皇室典範)을 개정(改正)하는 등사(等事)를 제(除)하는 외(外)에는 군주(君主)와 동일(同一)한 통치권(統治權)을 행(行)하나 여차(如此)한 경우(境遇)에도 통치권(統治權)은 의연(依然)히 군주(君主)에게 재(在)하고 섭정(攝政)은 차(此)를 대리(代理)함에 불과함이라.

라고 설명하고 있다. '통치의 객체' 인 신민(臣民)은 의무와 권리를 가지는데, 의무에는 병역의 의무와 납세의 의무가 있다고 한다. 권리는 공권(公權)과 인권(人權)으로 나뉘는데, 공권은 "직접으로 국가의 사업에 참여함고 자치체(自治體)의 사무(事務)와 기타공무(其他公務)에 취(就)하난 권리" 이고, 인권은 "범국가(凡國家)의 통치를 수(受)하는 자가 일반으로 유(有)한 권리" 로서, 유성준은 다음과 같은 '인권(人權: 基本權)' 의 내용을 들고 있다.

1. 거주의 자유
2. 신체의 자유
3. 주소의 자유
4. 신서(信書)의 비밀
5. 재산의 안고(安固)

6. 신교(信教)의 자유

7. 언론집회의 자유

8. 청원의 자유

이어서 당시 우리나라에서는 아직 없던 국회와 정부의 작용에 대하여 평론하고 있다. 어쩌면 이것이 한국의 근대적 통치기구에 관한 최초의 이론적 서술이 아닐까 싶다.

3. 행정법

각론 제2장 행정법 부분은 다음과 같은 차례로 구성되어 있다.

제1절 행정급 행정법

제1관 행정의 의의

제2관 행정의 행위

제3관 행정법

제2절 지방행정

제1관 지방행정과 중앙행정의 구별

제2관 시(市)·향(鄕)·동(洞)

제3관 군(郡)·부(府)

제3절 중앙행정

제1관 국무대신

제2관 내각

제4절 행정재판급 소원

제1관 행정재판

제2관 소원

주목되는 것은 행정이라는 말을 쓰면서도 행법(行法 : 立法, 司法과 같이)이란 말과 혼용하고 있다는 점이며, 헌법에서처럼 독일 · 일본식 행정체제를 염두에 두고 기술하고 있음이 여실히 드러난다고 하는 점이다. 그는 행정법을 정의하기를,

> 행정법(行政法)은 헌법(憲法)과 동일(同一)히 국가법(國家法)이라 칭(稱)하는 자(者)니 헌법(憲法)은 국가(國家)에 관한 최고원칙을 정(定)함이오 행정법은 기납소(其納小)한 사(事)를 정(定)함이라 구인(歐人) 보론박씨(甫論博氏)가 차정의(此定義)를 논단(論斷)하되 헌법은 통치의 주체 · 객체급 통치자 직접행위에 관한 규칙이오 행정법은 국가의 기관이 통치권을 행함에 당하야 기표준(其標準)하는 바 규칙이라 하니 원래 행정법의 정의는 학자의 논설이 각이(各異)함으로 차정의(此定義)에도 이의(異議)가 불무(不無)하나 여(余)는 차정의(此定義)로써 구별이 심히 명확함을 득(得)한 자(者)로 신(信)하노니 ……

라고 하고 있다. 행정재판에 관하여는 행정재판소까지 설명하고 있는 것도 주목된다.

4. 형법

형법에 관한 장은 다음과 같이 구성되어 있다.

제1절 형법의 성질
제2절 형벌권
제3절 범죄
  제1관 범죄의 정의
  제2관 범죄의 구별
  제3관 범죄의 책임

제4관 정당방위

제5관 수인공범

제6관 수죄구발

제4절 형벌

제1관 형(刑)의 성질

제2관 형(刑)의 종류

제3관 형(刑)의 가면

제4관 형기(刑期)의 계산

제5관 형(刑)의 가멸(加滅)

제6관 형(刑)의 소멸

형법편에서 특히 눈에 띄는 것은 그 용어들이 오늘날의 용어와는 다른 것들이 적지 않다는 사실이다. 우선 형벌권의 근거를 복수주의(復讐主義), 협하주의(脅嚇主義), 징계주의(懲戒主義), 민약주의(民約主義), 방어주의(防禦主義), 순정주의(純正主義), 필요주의(必要主義), 절충주의(折衷主義)로 나누어 설명하고, 범죄를 유의범(有意犯)과 무의범(無意犯), 단행범(單行犯)과 관행범(慣行犯), 즉성범(卽成犯)과 계속범(繼續犯), 상사범(常事犯)과 국사범(國事犯), 통상범(通常犯)과 특별범(特別犯), 현행범(現行犯)과 비현행범(非現行犯), 부대범(附帶犯)과 비부대범(非附帶犯), 중죄(重罪), 경죄급(輕罪及) 위경죄(違警罪)로 나누어 설명하고 있다. 그 외에도 '수죄구발(數罪俱發)'이니 '형(刑)의 가면(假面)'이니 하는 용어를 쓰고 있고, 형의 종류에 대하여도 당시 사용되던 사형(死刑), 종형(從刑), 유형(流刑), 징역(懲役), 금옥(禁獄), 금고(禁錮), 벌금(罰金), 구류급(拘留級) 과료(科料) 등을 논하고 부가형(附加刑)으로 박탈공권(剝奪公權), 정지공권(停止公權), 금치산(禁治産), 감시(監視), 벌금(罰金), 몰수(沒收) 등을 설명하고 있다. 법학통론이기 때문에 형법각론(刑法各論)에 대하여는 깊이 언급하지 않고 있는 것으로 보인다.

5. 민법

민법에 관한 장은 다음과 같이 구성되어 있다.

제1절 총칙

제1관 인급(人及) 법인(法人)

제2관 물(物)

제3관 법률행위

제4관 기간

제5관 시효

제2절 물권(物權)

제1관 주(主)되는 물권(物權)

고유권

소유권

지상권

제2관 종(從)되는 물권(物權)

지역권(地役權)

유치권(留置權)

선취특권(先取特權)

질권(質權)

저당권(抵當權)

제3절 채권(債權)

제1관 총칙

제2관 계약

제4절 친족(親族)

제1관 호주급(戶主及) 가족

제2관 혼인

제3관 친자

제4관 친권급 후견

제5관 부양

제5절 상속

제1관 가독상속급(家督相續及) 유산상속(遺産相續)

제2관 유언

제3관 유류분(遺留分)

90여 쪽에 걸친 민법편이 가장 상세히 서술되어 있는데, 몇 가지 용어의 차이 이외에는 오늘날의 민법이론과 별다른 차이가 없는 것 같다. 이에 대해 일일이 설명할 수는 없지만 한 예로 법률행위에 관한 대목을 보면,

표의자(表意字)가 기상대인(其相對人)에게 대(對)하야 진실한 의사를 은비(隱秘)하고 차(此)와 이(異)한 의사를 표시하는 시(時)는 기의사표시(其意思表示)는 표시하더라도 의사가 무(無)함으로 이론상 무효됨에 불구하고 상대인이 기진의(其眞意)를 여(如)하거나 지득(知得)할 경우를 제(除)한 외(外)에는 차(此)를 유효라 하니 시(是)는 상대인(相對人)이 표의자(表意字)에게 만착(瞞着)한 경우에도 무효라 할진대 기상대인(其相對人)의 미혹(迷惑)이 불소(不少)함으로 특별히 차(此)를 유효라 하야 기여수거래등사(其與受去來等事)에 안전을 보존하기 위(爲)함이오 단(但) 기허위(其虛僞)의 의사표시가 상대인(相對人)과 통모(通謀)에 출(出)한 시(時)는 기의사표시(其意思表示)는 자초(自初)로 무효이오 유기무효(唯其無效)는 선의의 제삼자(第三者)에게 대항함을 부득(不得)할 뿐이라. 의사표시는 법률행위의 요소에 착오가 유(有)한 시(時)는 무효(無效)요 우사기혹강박(又詐欺或强迫)에 출(出)한 시(時)는 요소(徼消)함을 득(得)하고 차공기(且公其)한 질서 혹 선량한 풍속에 위반한 행위를 목적하는 자(者)의 무효(無效)됨도 언(言)을 불사할 바라.

친족편에 있어서 혼인의 성립요건에 관한 예(例)를 한 군데 인용하면,

1. 당사자의 승낙

2. 당사자의 적령: 혼인을 결(結)함에는 남녀의 신체가 발달하야 혼인함에 적함을 요(要)하나니 약불연(若不然)한즉 혼인은 기인(其人)을 환해(還害)하고 정(廷)하야 기가(其家)를 해(害)케 함에 지(至)함이라 연이(然而) 인신발달(人身發達)의 지속(遲速)은 풍토기후급(風土氣候及) 기천성(其天性)에 관하는 바라 국(國)을 인(因)하고 인(人)을 수(隨)하야 부동(不同)하나니 각인(各人)에 취(就)하야 기허부(其許否)를 판(辦)함은 사실상 불능(不能)한 바라. 고(故)로 각국법률은 개일정(皆一定)한 연령(年齡)을 인(因)하야 기발달(其發達)을 수(遂)한 자(者)로 개정(慨定)하야 기연령(其年齡)에 달(達)한즉 혼인을 허(許)하나니 차(此) 혼인의 적령이라 하여 우혼인(又婚姻)의 성년(成年)이라 칭함이라.

3. 법률의 금제(禁制)가 무(無)한 경우: 법률상 혼인을 금제하는 경우가 이종(二鍾)이 유(有)하니 일(一)은 중혼재혼(重婚再婚)에 관하는 금제이오 일(一)은 직계(直系)의 친속간(親屬間)이나 우방계(又傍系)의 삼친등(三親等) 이내간(以內間)에 관하는 혼인의 금제라. 시(是)는 혈통(血統)을 문(紊)하고 풍속을 괴(壞)하며 질서를 해(害)하는 처(處)가 유(有)함으로 혼인은 차금제(此禁制)에 불능(不能)함을 요(要)함이라.

4. 부모(父母)의 동의(同意) (이하 생략)

이라 하여, 당시 우리 민법전이 없으니까 외국의 예에 비추어 설명하고 있다. 생각하면 선구적인 법이론 형성임을 실감하게 된다.

6. 상법

제5장 상법의 편은 다음과 같이 구성되어 있다.

제1절 총칙

제1관 상인

제2관 상업상의 보호감독

제3관 상업보조인(商業補助人)

제2절 회사

제1관 회사의 성질

제2관 회사의 종류

합명회사

합자회사

주식회사

주식합자회사

제3절 상행위

제4절 어험급(魚驗及) '소추표(小推票)'

제1관 어험(魚驗)

제2관 소추표(小推票)

제5절 해상

제1관 선박

제2관 운송

제3관 선박채권(船舶債權)

제6절 파산

개화기에는 상법에 대한 관심이 매우 높았는데, 유성준은 상법을 정의하기를,

> 상법은 상사(商事)에 관한 사법(私法)이니 민법(民法)과 상대(相對)하야 사법(私法)의 일부를 호성(互成)하는 자(者)라 단(但) 민법(民法)은 사법(私法)의 보통법(普通法)이요 상법(商法)은 기특별법(其特別法)이니 상법(商法)을 거(擧)하야 민법(民法)과 동일선상(同一線上)에 병례(併例)함은 불륜(不倫)의 혐(嫌)이 초유(稍有)하니라.

라고 하고 있다. 이어서 상인의 개념을 논하고, 상업보조인으로 지배인, 서두급

(書頭及) 수대(手代), 사용인(使用人), 대리상(代理商)을 논하고 있다. 회사편에서는 이에 주식회사라는 말을 쓰고 있다.[14] 어험(魚驗), 소추표(小推票)라는 용어를 쓰고 있고, 해상(海商), 운송(運送), 파산(破産)에 대하여도 비교적 자세히 설명하고 있다.

7. 소송법

제6장은 소송법이라 하여 다음과 같은 순서로 서술하고 있다.

제1절 형사소송(刑事訴訟)

제1관 형사소송법(刑事訴訟法) 적용(適用)의 구역(區域)

제2관 공소(公訴)

제3관 사소(私訴)

제4관 재판소(裁判所)

제5관 예심(豫審)

제6관 공판(公判)

제2절 민사소송(民事訴訟)

제1관 소송심리(訴訟審理)의 주의(主義)

제2관 소송절차(訴訟節次)

보통심리절차(普通審理節次)

집행절차(執行節次)

당시는 아직 법원이라는 말은 사용하지 않고 재판소라고 하였는데, 그것을 설명하기를,

14 李冕宇 著, 『會社法』(1907)에는 株式會社를 股本會社라고 부르고 있는데, 이에 대하여 鄭熙喆, 股本會社, 『法學』 21권 1호, 217-222쪽.

재판소가 재판을 행함은 국가의 사법대권에 속하고 국가의 사법대권은 통치권의 일이니 원래 통치권을 총람하는 군주에게 속함이라 고로 재판소도 군주의 재판소니 군주를 대하야 재판을 행하는 자나 연이나 군주와 재판소는 결단코 대리의 관계가 유한 자 아니오 일차 재판소에 위임한 재판권은 군주라도 차를 좌우하기 불능하며 종하야 재판소가 재판을 행함에는 전혀 기의에 일임하야 독립단행하나니 차는 무타라 국가의 안녕질서를 유지보전하기 위하야 재판소를 기설하야 사법의 책을 임한 이상은 지극공평함으로 유일의 목적을 작하는 고라.

라고 하고 있다. 민사소송에 관하여는 소송심리의 '주의'라 하여 양변심주의(兩邊審主義), 자유판단주의, 불간섭심리주의, 직접심리주의, 구두심리주의로 나누어 설명하고, 소송절차는 보통심리절차와 집행절차로 나누어 설명하고 있다.

8. 국제법

제7장은 국제법으로 104쪽에 걸쳐 가장 길게 서술하고 있는 것이 주목된다. 어쩌면 그것은 당연한 것이었는데, 왜냐하면 당시 개화기에 있어서 법 가운데 국제법이 가장 중요하게 여겨졌기 때문이다.[15] 처음에는 국제법이라 하지 않고 만국공법(萬國公法)이라 했는데, 본서에는 일본의 미츠쿠리 린쇼오(箕作麟祥)가 International Law를 國際法으로 처음 번역한 말을 받아서 국제법이라고 쓰고 있다. 우선 그 차례를 보면,

제1절 국제공법(國際公法)

제1관 국제공법(國際公法)의 성질급(性質及) 연혁(沿革)

제2관 방국급(邦國及) 기대권(其大權)

15 자세히는 최종고, 「韓國에 있어서 西洋法의 受容」, 『法史와 法思想』, 1980; 최종고, 『韓國의 西洋法 受容史』, 박영사, 1982 참조.

제3관 방국평시(邦國平時)의 권리(權利)

외교관급(外交官及) 영사관(領事館)

중립국(中立國)의 권리의무(權利義務)

제2절 국제사법(國際私法)

제1관 국제사법(國際私法)과 국제공법(國際公法)의 구별(區別)

제2관 외국인의 권리

공권(公權)

사권(私權)

제3관 민사(民事)

신분급(身分及) 능력(能力)

물권(物權)

채권(債權)

친족(親族)

상속급(相續及) 유언(遺言)

제4관 상사(商事)

회사(會社)

어험(魚驗)

해상(海商)

제5관 소송절차(訴訟節次)

국제법의 개념에 대하여 저자 유성준은 다음과 같이 설명하고 있다.

차법률(此法律)의 명칭은 고래(古來) 구구(區區)하야 일정치 못하얏더니 근세 영국거유(英國巨濡) 변탐(卞眈 - 註: Bentham) 씨가 국제법(國際法)이라 명명(命名)을 시위(始爲)함으로 기후(其後) 학자(學者)가 상계(相繼)하야 기명칭(其名稱)을 습용(襲用)하야 일정불변(一定不變)함에 수지(遂至)하니라. 단(但) 국제공법(國際公法)은 차(此)를 만국공법(萬國公法)이라 혹칭(或稱)하니 기의(其義)는 본래(本來) 이

(異)한 바 무(無)함이라.

이어서 국제법의 발달을 희람, 로마에서부터 그로티우스(Grotius)를 거쳐 근세에 '사학파(史學派)' 에 이르는 과정을 설명하고 있다. 방국평시(邦國平時)의 권리와 방국전시(邦國戰時)의 권리로 나누어 논의하고, 특히 중립국의 권리의무에 대하여 자세히 언급하고 있다. 이것은 당시 우리나라가 은근히 중립국에 대한 깊은 관심을 가진 때문이 아닌가 생각되기도 하고,[16] 구체적으로는 유성준의 형 유길준까지 중립론(中立論)을 주장한 바 있으니[17] 그러한 사상적 연관이 있는 것이 아닌가 생각되기도 한다. 이에 대하여는 독립된 연구를 해 봄직하다고 생각된다. 다만 한 대목을 인용하면,

> 중립국(中立國)의 물품(物品)은 차(此)를 여하(如何)히 처치(處置)할고 차문제(此問題)에 당(當)하야는 이설(二說)이 유(有)하니 제일설(第一說)은 적국(敵國)의 물품(物品)은 가령(假令) 중립선박(中立船舶)에 장재(裝載)하얏슬지라도 차(此)를 몰수(沒收)하고 중립국(中立國)의 물품(物品)은 적국(敵國)에 장재(裝載)하얏을지라도 결단(決斷)코 몰수(沒收)함이 불가(不可)라 하니 시(是)는 덕국학자(德國學者)의 소위(所謂) 자유(自由)되는 선박(船舶), 부자유(不自由)되는 물품(物品)이라 한 격언에 합(合)하는 자(者)오 제이설(第二說)은 시(是)와 반(反)하야 중립국의 선박은 기장재(其裝載)한 적국(敵國)의 물품을 방위하고 우적선(又敵船)에 장재(裝載)를 중립국(中立國)의 물품(物品)은 선박(船舶)과 공탈(共奪)함이 가(可)하니 시(是)는 언(諺)의 소위(所謂) 국기(國旗)는 상품(商品)을 폐(蔽)함이라 하는 주의(主義)라.

라고 하여 외국학자의 이론을 인용하여 설명하고 자기 나름대로 입장을 취하기도 한다. 그리고 국제공법이 끝나고 국제사법에 대하여도 매우 자세히 설명

16 최종고, 『한강에서 라인강까지: 한독관계사』, 유로서적, 2005; 弘盛社, 1983; 김우현, 「묄렌도르프의 中立化구상」, 『平和硏究』(경북대) 제7호, 1983.

17 姜萬吉, 兪吉濬의 「中立國論」, 『分斷時代의 歷史認識』, 창작과비평사, 1978 참조.

하고 있는데, 이는 한국에도 외국인이 거주하면서 민사, 형사, 상사에 여러 가지 법률적 문제가 발생함으로써 이 방면에 대한 관심이 고조되었기 때문이라고 보인다.

이상과 같이 유성준의 생애와 법사상을 주로 그의 저서 『법학통론』을 중심으로 살펴보았다. 전체적 특징으로 일본에 수입된 서양법학, 그중에서도 독일법학의 체계와 서술방식을 따라 한편으로는 번역, 다른 한편으로는 보충 저술한 것으로 판단된다. 그것은 어떻게 보면 이미 일본이 수용한 일본식 근대법학의 테두리를 벗어나지 못했다고 생각할 수도 있지만, 법학이라는 것이 원래 물과 같이 높은 곳에서 낮은 곳으로 흐르기 마련이어서 처음부터 토착적인 법이론을 만들어 낼 수는 없는 것이다. 그리고 당시 한국의 사정이 얼마나 급속히 서둘러 근대법학을 받아들이려고 했던가, 또 왜 그렇게 하지 않으면 안 되었던가를 유성준의 생애와 저서가 가장 잘 보여준다고 할 것이다. 이런 면에서 그의 생애와 저술은 한국 법학사에서 역사적 가치와 선구적 의의를 갖는다고 하겠다.

연보 및 논저

■ 연보

1860. 10. 21	서울에서 출생
1883. 10	일본 경응의숙 입학
1885. 1	일본에서 귀국
1885. 5	통리교섭통상사무아문 주사
1885. 6	내무부 부주사
1887. 6	국서정리위원으로 다시 도일
1887. 8	내무부 주사
1891	전운서 사무관
1893. 5	일본 나가사키 항 체류
1895.	농상공부 회계국장
1895. 5	일본 요코하마 항에서 관세법 견습
1896. 4	국사범의 혐의로 일본으로 망명
1897. 8	동경 부기전문학교 졸업
1897. 9	일본 순사교습사무 견습
1898. 1	메이지 법률학교 입학
1899. 9	동학교 1년 수료 후 귀국
1899. 3	국사범 연관혐의로 유배
1903. 3	기독교로 개종
1903. 12	통진군수
1904. 1	내부 경무국장 및 지방조사위원
1904. 8	내부 지방국장 겸 치도국장
1904. 12	학부 학무국장
1905	『법학통론』 출간
1906	황성 대영성서공회 국한문 『신약전서』 발간
1907	내부협판 및 관제조사위원
1907. 8	내각 법제국장 및 문관전고소 위원장
1907	보성전문학교 교장
1908. 1	법전조사국 위원

1910	충청북도 참여관
1925	보성전문학교 교장
1925	조선물산장려회 이사장
1926	충청남도 지사
1927	강원도 지사
1934. 2. 27	작고

■ 저서

『법학통론』, 1905.

권 병 훈

(1864-1940)

② 권병훈 (1864-1940)

성대(惺臺) 권병훈(權丙勳)은 오늘날 법학을 하는 사람에게는 거의 들어보지 못한 인물일 것이다. 그러나 그는 한말의 법관양성소 교관을 지낸 학자 법률가로서 그의 학문적 업적을 통해 길이 잊혀지지 아니할 인물이다. 오히려 한문학 분야에서는 그에 대한 평가를 한 것이 있는데,[1] 정작 법률 분야에서는 아직 한 번도 거론되지 않았다는 것은 부끄러운 일이다. 필자도 과문한 탓으로 성대에 대하여 잘 모르고 지내다가 마침 "서울법대 백년사" 편찬위원회 작업을 하다가 그의 존재를 알게 되고 자료를 모으게 되었다.[2] 법관양성소에서 갓쓰고 두루마기 입고 가르치던 교관으로서의 사진은 현재 서울법대 귀중문서실에 전시되어 있다.

I. 생애

성대 권병훈은 1864년 8월 26일 경기도 김포에서 참봉 권방헌의 아들로 태어

1 권덕주 편저, 『육서심원연구자료』, 해돋이, 2005 참조.
2 同 委員會幹事 金鎭武 씨와 李家源 박사에게 감사한다. 숙명여대의 권덕주 교수에게도 감사한다.

났다. 어려서 이름은 권필수(權必壽)라 하였다. 그의 가계는 안동권씨로 남인에 속하는 양반으로서 일찍부터 한학을 공부하였다. 1896년 2월 29일에 양주군 세무사(判任官 8等)가 되어 관리로 첫출발을 하였다가, 1903년 6월 24일에 법관양성소 교수로 임명을 받았다. 이어서 같은 해 9월 4일자로 법관양성소 교관(判任官 6等)으로 임명되었다. 이듬해 1904년 4월 11일에 권병훈(權丙勳)으로 개명하였다. 1905년 3월 10일 관제정리(官制整理)로 법관양성소 교관직을 그만두고 동(同) 21일자로 육사유년학교(陸事幼年學校) 교관(奏任官 6등)이 되었다. 이곳에서 그는 활동을 잘 하여 고종으로부터 말 한 필을 하사받고 봉급을 7급으로 인상받기도 하였다. 1906년 12월 10일에는 충청남도 재판소 검사(奏任官 4등)로 임명되었다.

그의 「구한말관원이력서」(舊韓末官員履歷書)에 나타난 이력에 따르면, 이곳에서 어떤 사건인지는 모르나 1907년 6월 22일에 2주일 감봉 처분을 받았고, 8월 7일에 의원면직을 한 것으로 나타나 있다. 그러나 같은 해에 다시 황해도 재판소 검사(奏任官 4등)로 임명되었다.[3]

그 뒤 원산지방재판소 판사, 해주지방재판소 판사를 지내다가 한일합방을 당하자 관계(官界)에 뜻을 버리고 만년에는 공주(公州)에서 변호사 개업을 하며 지내면서 거의 한문학 연구에만 심혈을 기울였다. 불행히도 해방이 되는 것을 보지 못하고 1940년 6월 2일 작고하였다. 자(子)로는 중옥(重獄) 등이 있고, 그의 묘는 김포군 계양면(桂陽面) 임학리(林鶴里)에 있다.[4]

권병훈이 일제하에서 변호사로 임명되면서 마지막을 동양의 고전인 한자학(漢字學) 연구에 바쳤다는 것은 한국 법조사에서 독특한 의의를 갖는다. 그의 저서 『육서심원』(六書尋源)은 당시 국내 한학계는 물론 중국에까지도 크게 화제가 되고 높이 평가되었다. 이에 대하여는 뒤에 자세히 언급하겠다.

3 여기까지가 1907년 10월 15일 내각법제국 기록과에 제출한 자필이력서에 기초한 것이다. 이 이후는 자세하지 않다.

4 『安東權氏花山府院君派世譜』下卷, 461쪽. 자세히는 권덕주, 「성대선생과 나」, 『육서심원연구자료』, 해돋이, 2005, 263-276쪽.

Ⅱ. 『육서심원』(六書尋源)

권병훈이라 하면 뭐니뭐니 해도 『육서심원』(六書尋源)이라는 방대한 저서의 저자로 알려져 있다. 그의 법사상을 들여다볼 다른 글은 별로 쓴 것이 없는 것 같다. 어쩌면 그는 신학문으로서의 법학을 공부한 일이 없고, 법관양성소에서도 법학이 아닌 한문이나 중국법인 대명률(大明律) 강의를 하지 않았을까 추측된다.

그는 『육서심원』이란 책을 1934년에 탈고하였다. 『육서심원』은 문자 그대로 육서(六書), 즉 상형(象形), 지사(指事), 회의(會意), 해성전주(諧聲傳注), 가차(假借)의 연원(淵源)을 캐놓은 설문해자서(說文解字書)인데, 1940년 2월 20일에 출판되었다(비매품). 전 30책으로 프린트 46배판(倍版-갱지 사용)·속장(束裝-表紙黃色)이며, 전책의 장수는 4,283장이며, 여기에 인용된 서목(書目)만도 358종에 이르고, 유인(油印)에만 6년이 걸렸다. 편차(編次)는 전 27편으로 위당(爲堂) 정인보(鄭寅普) 선생의 서문을 서두로 목록·육서의례(六書義例), 본문, 보유(補遺), 색인의 순으로 되어 있다. 이 책은 중동학교(中東學校) 교장 백농(白儂) 최규동(崔奎東)이 뒷받침을 해 줌으로써 간행될 수 있었는데, 여기에서 권병훈과 최규동의 친분을 알 수 있다. 모두 30부를 인쇄하여 15부는 저자에게 주고 15부는 출판자(出版者)가 요로(要路)에 기증하였다. 한국전쟁을 겪고 남은 것을 최규동의 아들 최성장(崔性章) 박사가 미국, 영국, 프랑스, 대만의 유명도서관에 한 부씩 기증하였다.

『육서심원』의 원래 이름은 「일예보」(一藝譜)였다. 서(書)가 육례(六藝)의 한 가지라는 뜻이었다. 이에 대하여 산강(山康) 변영만(卞榮晩)이 '동권성대(同權惺臺)' 라는 편지를 올려 「일예보」라는 서명(書名)이 불설(不屑)한 뜻이 내포되어 있는 만큼 문보(文譜) 또는 자보(字譜)라 일컫는 것이 좋지 않겠냐는 의견을 진술하였다. 산강은 성대의 법관양성소 시절의 제자로서 깊은 총애를 받는 후배 법률가였다. 권병훈은 변영만을 만날 때마다 "그대의 천재로서 문장에만 전력(專力)하지 말고 이 자학(字學)을 연구하는 것이 어떻겠느냐"고 권유했다. 권병훈은 변영만의 제안을 그대로 따르지는 않았지만 이것이 한 계기가 되어 책명

(册名)을 『육서심원』이라 결정하였다. 이는 중국 양원(楊垣)의 "육서소원"(六書溯源)과 비슷한 이름이다. 어쨌든 여기에서 우리는 권병훈이 제자요 후배인 변영만과 깊은 교류를 가졌다는 것을 알 수 있으며, 이러한 교류를 통하여 후일 산강 역시 한문학자로서 기여하게 되었음을 볼 수 있다. 한국 법조사에서 권병훈, 변영만, 그리고 박승빈(朴勝彬)같이 한문학 및 국문학의 언어연구에 관심을 기울인 인물들이 있었다는 것은 실로 자랑스러운 일이다.

대만에서 발행되는 『대륙잡지』(大陸雜誌) 제11권 1호(1958.7)에는 중국의 대학자인 동작빈(董作賓)이 '정중개소(鄭重介紹) 육서심원(六書尋源)' 이라는 장문의 글을 싣고 있다. 이 글의 내용은 ① 저자 권병훈 선생, ② 출판자 최규동(崔奎東) 선생, ③ 내용 소개, ④ 저자의 최대 공헌의 순서로 되어 있는데, 육서심원의 가치를 매우 높이 평가하고 있다.

우리나라의 원로 불교학자인 퇴경(退耕) 권상노(權相老)는 「육서심원을 읽고」라는 글을 『동대시보』(東大時報, 1956.2.5.)에 실었는데, 그 가운데 이렇게 말하고 있다.

> 나는 평일(平日)에 항상 우리 동방(東方)의 삼대(三代) 저술가(著述家)가 있다고 말하였으니 일(一)은 신라의 원효대사(元曉大師)이고 다른 두 사람은 조선의 허준(許俊)과 정약용(丁若鏞)을 말한 것이었는데 오늘부터는 이 『육서심원』의 저자인 권병훈 씨를 가(加)하야 사대가(四大家)로 헤이지 아니할 수 없다. …… 권병훈은 이 육서심원(六書尋源) 30권을 편찬하였으니 범연(泛然)히 책수만 본다면 앞의 3인과 한 가지 사대가(四大家)에 참여할 수 없을 듯하지만 그 실은 동의보감(東醫寶鑑)이나 여유당전서(與猶堂全書)에 비하야 양두(讓頭)는 새로이 오히려 능가한 감이 있으니 위당(爲堂) 정인보(鄭寅普)의 서문(序文)에 이른바, 세서(細書)로 써서 책이 되었으므로 이 권수(卷數)에 그치고 만 것이지 만일 예전처럼 큰 글자로 써서 분책(分册)을 하였으면 무려 백책(百册)에 지나갔을 것이다 한 것이 조금도 그릇 본 것이 아니다. 그러나 나는 다시 사대저술가(四大著述家)에서 허씨(許氏)와 권씨(權氏) 두 분에 대하여 더욱 숭배하는 마음이 생김을 금치 못하는 것은 동의보감이나 육서심

원은 한가지 서류(書類)로서 체계가 서서 연구와 조예의 실공정력(實工精力)이 비할 데 없이 약여(躍如)하게 보이는 까닭이다. …… 이 육서심원도 벌써 영경(英京) 런던대학, 미국 하바드대학, 불국 파리대학, 대만대학 등 도서관에 비치되어 있거니와 대만에서 작빈(作賓) 씨가 『대륙잡지』(大陸雜誌)에서 「정중소개육서심원」(鄭重紹介六書尋源)이라는 제하(題下)로 찬양되고 있는 바이다. 그러나 나는 이상(以上) 그런 조건만으로써 육서심원을 찬미하는 것이 아니고 그 사업이 남과 다르고 그 의안(意案)이 남과 달라서 가위(可謂) 천고(千古)에 독특한 일인자(一人者)라고 볼 수밖에 없다는 점에서이다.[5]

한문학자 이가원(李家源) 박사는 육서심원에 대하여 본격적인 연구논문을 발표하였는데, 결론에서 다음과 같이 논평하고 있다.

진고(振古)에 없는 우리 겨레의 암담기에 있어서 한 개(個)의 불우한 선비가 그 빈한과 고통을 겪으면서, 또는 경조부부(輕佻浮簿)한 종배(從輩)의 온갖 박해 속에서 이러한 광세적(曠世的)인 대저술(大著述)을 득의제자(得意弟子)의 도움도 없이 독력(獨力)으로 이룩하였음은 실로 이 우주 사이 하나의 커다란 사업이 아닐 수 없을 것이며, 또 이 상형문자(象形文字)의 발상지인 중국의 역대 수많은 사학(斯學)의 연구가가 있고 수많은 저적(著籍)이 있었으나 마침내는 한 이방인의 손에서 집대성한 본서가 이루어졌다는 것은 더욱 어려운 일이다.[6]

이것은 성대의 노력과 업적에 대한 학술사적 내지 사상사적 관점에서 적절한 평가를 내린 것이라 하겠다.

---

5 權相老, 「六書尋源을 읽고」, 『東大時報』 1956년 2월 5일자.

6 李家源, 「六書尋源의 研究」, 『創立十周年 紀念論文集』(亞細亞文化社), 1984, 394쪽.

Ⅲ. 인간됨과 평가

이제는 이미 성대 권병훈에 대하여 기억할 만한 인물도 거의 없다. 그리고 더구나 법조계에서 그를 아는 사람은 아무도 없을 것으로 여겨진다. 그래서 그에 대하여 한문학계의 몇 분이 언급해 놓은 몇 가지로 위인과 성품을 되새겨 보고, 권병훈이 한국 법조사에서 차지하는 독특한 위치를 생각해 보고자 한다.

전 동국대학교 총장을 지낸 불교학자 권상노는 권병훈에 대하여 이렇게 말한다.

> 성대옹(惺臺翁)은 나에게 대부항(大父行)이지만 중동학교(中東學校)에 와서 이 책을 만들 때에 비로소 알게 되어서 간간히 왕종(往從)하여 혹은 정(情)으로 혹은 응으로 어떤 자(字)의 음의(音意)에 대하여 언급한 적도 있기는 하였으나 이와 같이 집대성이라기보다도 대창작(大創作)임을 알지 못하였더니 이금(而今)에 그 금서(金書)를 피람(披覽)하고는 더욱 그 때의 음홀(淫忽)하였던 것을 다시금 느끼노라. ……그 의관(衣冠)을 조솔(粗率)하게 하고 언어가 약간 눌(訥)하며 술을 좋아하시고 대인(對人)하면 무타어(無他語)하고 다만 글자를 설명하기에 자자불휴(刺刺不休)하는 것이 타인보다 다른 점이 있기는 새로이 어느 점으로 보아서는 타인에 불급(不及)하는 듯하더니 급기야 시서(是書)를 열독(閱讀)함에는 의관(衣冠)이 선명하고 언어가 영리하고 어천만사(於千萬事)에 천료백당(千了百當)하던 제인(諸人)은 도리어 있었던가를 추억에도 사라지게 함을 깨닫게 하매야 어찌하랴, 아! 사계(斯界)의 천고일인자(千古一人者)여.[7]

이것은 한 학자의 업적에 대하여 사심없는 존경을 표현하고 있으며, 한국에서 이러한 업적이 나온 것에 대하여 전폭적인 경이감을 토로한 것이라고 볼 수 있다.

---

7 權相老, 「六書尋源을 읽고」, 『東大時報』 1956년 2월 5일자.

국어학자 이병주(李丙疇) 교수는 「육서심원과 나」라는 글에서는 다음과 같이 피력하고 있다.

이 육서심원을 내가 알기는 중동학교(中東學校) 재학시절(1935-40) 교사(校舍) 뒤 고옥내(古屋內)에서 초라한 차림의 노인(老人)들이 하고한 날 등사원지(謄寫原紙)에다 긁는 것을 보고 당시 조선어 강사이시던 권덕규(權德奎, 국어학자) 선생에게 여쭈어 보았더니 "자네들이야 일러준들 아나! 지나(支那)사람도 놀랠 책을 만드는 걸세." 하신 데서 비로소 그 작업이 굉장한 것인 줄 알았을 뿐이다. 이 육서심원이 발간된 해(1940) 나는 그 학교를 졸업했으나 그 책의 가치는커녕 그림자도 보지 못했다. 그 뒤 신문보도로 짐작은 했지만 영영 주목치 못하다가 지금은 국회도서관 장본(藏本)이 돼 있지만 관훈동 통문관(通文館) 서사(書肆)에서 비로소 대충 훑어보고 우선 거질(巨帙)에 위압되었고 다음은 그 용의주도함에 경악했다.

또 이병주 교수는 권병훈에 대해 이렇게 회상하고 있다.

성대(惺臺) 선생은 항상 꾀죄죄한 삼팔주의(周衣)로 중동학교(中東學校)를 출입하셨는데 정말 죄송한 말씀이지만 '키 큰 붓장사' 로 들리고 그리 알아볼려고도 하지 않았던 것만은 사실이다. …… 저작(著作)의 출판 당시는 고희를 넘으신 탓이지만(당시 춘추 76) 말씀이 분명치 못하셨다. 그러나 한참 때는 명변호사(名辯護士)셨다고 하며 우문(右文)에 재미를 붙이시긴 이립(而立)이 훨씬 넘으신 때였다 한다.

권병훈의 위인(爲人)과 생활에 대하여 한문학자 이가원은 다음과 같이 적고 있다.

만년에는 공주(公州)에서 변호사 개업을 하였으나 실제로는 육서심원의 저술에 전심하였다. 그러나 성대(惺臺)는 친구들과 수작(酬酌)을 하는 도중에 우암(尤菴) 송시열(宋時烈)의 불의를 통박하여 심지어는 금수(禽獸)에 비하였으므로 호서일대

(湖西一帶)의 노론가(老論家) 자제들이 그를 가리켜 '음험(陰險)한 노적(老賊)' 이라 타매(唾罵)하여 그의 집안에 몰래 돌팔매를 던지기도 하였거니와 심지어는 그의 사생활까지도 엿보아 백주(白晝)에 그의 부인(夫人)과 합궁(合宮)을 했다 해서 '권화사(權晝事)' 라는 별호(別號)까지 씌웠다 한다. 이러한 모욕을 입은 그는 "내가 스스로 험구(險口)임을 모르는 바 아니었으나 마침내 고치지 못하는구료!" 하고 자탄(自歎)도 하였다. 그러나 이러한 환경에서 더 견디기 어려워 서울로 옮겨 더욱 저술에 몰두하였다. 성대가 이 방대한 저술을 시작한 뒤로부터는 누구라도 만나면 곧 "문자학(文字學)을 연구해 본 적이 있느냐?" 고 묻곤 했다. 그들은 대체로 "너무 어려워서 엄두도 못내지요" 라고 대답하면 성대는 "어렵진 않아" 하고 권고(勸告)를 하곤 하였다. 한창 이에 몰두한 때엔 거의 침식을 잊었으며, 심지어는 의복이나 얼굴에 때가 짙어도 개념치 않고 또는 수염에 이가 그네를 뛰어도 깨닫지 못한 채, 티끌이 방안에 날아서 물결을 이루고 담뱃재가 장판에 흩어져 있어도 털고 쓸어버릴 겨를도 없이 조각조각 종이 나부랭이를 흩어놓고 저기에서 고르고 여기에서 뽑아서 분속(分屬)도 시키고 연결(連結)도 지우기에 여념이 없었다. 이러한 광경을 목격한 자들은 "이 늙은이가 옥편(玉篇)을 주석(注釋)하는 것인가?" 하고 비웃기도 하려니와 더러는 "괴물!" 또는 "미친 늙은이!" 라고 비방을 쉬지 않는다. 그러나 성대는 조금도 돌보지 않고 때로 합심인(合心人)을 만나면 정열을 다하여 이에 대한 설명을 하곤 한다. 예를 들면 이승우(李升雨)와 민형식(閔衡植)의 이름을 보고는 "비가 이씨 공중으로 되돌아 갈 수 있으며, 저울이 한 곳에 심어져 있어서 되겠는가" 하고, 또 '문(文)' 이나 '명(明)' 과 같은 글자는 양(陽)에 속하는 글자인 만큼 여인(女人)에게는 알맞지 않은 것이므로 이조(李朝) 역대 왕후(王后) 중에 문정(文定), 명성(明聖), 명성(明成) 등이 모두 길(吉)하지 아니하였다고 하였다. 또 법정(法廷)에서 변호를 맡았을 때에도 "자학(字學)으로 말하더라도" 하고 자학(字學)의 강의를 늘어놓기도 하였다. 이러한 태도에 짜증이 난 일주(一州) 김진우(金振宇)는 그에게 "공(公)의 자학(字學)에는 억설(臆說)이 너무 많지 않아요. 세인(世人)들이 권씨(權氏)를 사물탕(四物湯)이라 이르는 바 이것 또한 근거있는 풀이야요?" 하고 묻자 그는 "명색이 사자(士子)로서 이러한 제동야설(齊東野說)을 입에 담는단 말이요!" 하고 크게 노하였

다. 사물탕(四物湯)이란 어떤 농담꾼이 권씨(權氏)의 권자(權字)의 '목(木)' 은 박(朴)에서, '卄' 은 제(채: 蔡)에서, '□□' 은 엄(嚴)에서, '隹' 는 최(崔)에서 각기 떼어 붙여 이룩된 것이요, 약명(藥名) 사물탕(四物湯) 중에 물(物)의 음을 따서 물(水)로 이용하여 해학(諧謔)한 것에 지나지 않았기 때문이다. 일주(一州)는 성대가 분노하던 그 순간의 모습을 남들에게 이야기하면서 '기여산악(氣如山岳)' 이라 하였다. 성대는 창씨사건(創氏事件)에 대해서도 몹시 격렬하게 반대하여 "우리 집안에서는 이미 여러 차례 창씨(創氏)를 하여 김(金)에서 권(權)으로, 권(權)에서 왕(王)으로, 또 왕(王)에서 권(權)으로 하였으니, 이제 또 하면 이는 창씨가 아니라 개씨(改氏)이지!" 하고 극도로 격앙하였으니, 개씨의 '개(改)' 는 역시 개(犬)의 뜻을 이끈 것이었다. 그는 또 불의에 대하여 조금도 가차가 없었다. 대동사문회(大東斯文會) 어윤적(魚允迪), 정만조(鄭萬朝), 송지헌(宋之憲) 등이 호남(湖南)의 김녀(金女)를 위하여 칠행비(七行碑)를 세웠는데, 칠행이란 그녀가 일곱가지의 특행(特行)이 있었다는 것이다. 그는 이에 분노하여 사육체(四六體)로 성토문(聲討文)을 써서 돌렸던 것이 일대(一代)의 명문으로 만구(萬口)에 회자(膾炙)하였다.[8]

이러한 인물묘사에서 드러나는 바와 같이, 권병훈은 성품이 매우 곧고 다소 별다른 선비형의 법률가였던 것으로 추측된다. 그가 신식학문(新式學問)으로서의 법학을 공부하지 아니하고, 법관양성소 교관까지 지냈으며, 또 전통에서 근대화에로 넘어오는 과도기적 개화기에 스스로 검사 · 판사로 임명되었던 것은 흥미있는 일이다. 일제하에서 법률가로서도 크게 보람을 찾지 못하는 불우한 세월을 한문자학에 관심을 기울였다는 것은 그 나름대로의 애국애족의 한 방도였다고 아니할 수 없다. 법이란 어차피 한문을 중요시하는 학문이요, 그는 이런 면에서 한국 법학사에서 독특한 한 역할을 하였다고 볼 수 있다. 그가 한 업적이 얼마만큼 법언어학(Rechtssprachwissenschaft)에 수렴될 수 있는 것인지는 더욱 검토해 보아야겠지만, 중국 · 일본 · 한국의 법학에 공통기초를 이루

8 李家源, 앞의 글, 387쪽.

고 있는 한문학의 어원(語源)과 석의(釋議)를 그처럼 방대하게 하였다는 것은 하나의 공헌이라고 아니할 수 없다.

어지러운 구한말에 처음 법률가를 양성하기 위해 설치한 법관양성소에 교수로서, 그리고 억눌린 일제치하에서 변호사로서 홀로 고집스럽게 학문을 닦아 위대한 업적을 낸 권병훈은 한국 법학사에서 독특한 존재로서 기억될 인물이라 하겠다.[9]

9 권병훈과 『육서심원』의 가치에 대한 재평가로는 권덕주 편저, 『육서심원연구자료』(해돋이, 2005)를 참조 바람.

연보 및 논저

■ 연보

1864. 8. 26	경기도 김포 출생
1896. 2	양주군 세무사
1903. 6	법관양성소 교수
1905. 3	육사유년학교 교관
1906. 12	충청남도 재판소 검사
1907	황해도 재판소 검사
1908	원산지방재판소 판사
1909	해주지방재판소 판사
1940. 6. 2	작고

■ 저서

『육서심원』, 1940.

『육서심원연구자료』, 권덕주 편, 해돋이, 2005.

장헌식

(1869-1950)

③ 장 헌 식 (1869-1950)

1895년 법관양성소의 설립을 근대 한국 법학의 출발로 본다면, 이제 100여 년의 연륜을 가진 한국 법학사에서 구한말 한국 법학의 초석을 놓은 선구자 법률가들은 더욱 값진 존재로 부각된다. 개화기의 한국 법학을 살펴볼 때 가장 빈번히 이름이 언급되면서 당시 법률가들 사이에서 주도적인 역할을 한 인물로 장헌식(張憲植)을 접하게 된다. 그런데도 지금까지 이 분에 대한 연구가 전혀 되지 아니하고 이력과 행적이 궁금하였는데, 다행스럽게도 그 후손을 만나 생애를 파악할 수 있게 되었다. 이제 장헌식의 생애와 법사상을 간단히 정리하여 발표하는 바이다.[1]

I. 생애

장헌식은 1869년 9월 21일 경기도 용인에서 태어났다. 아버지 장성흡은 지방

1 증언을 해 준 四男 張聖煥 씨(전 공군참모총장, 문공부장관, 무역진흥공사사장)에게 감사한다.

관리를 지낸 분으로 멀지 않은 서울과 왕래가 잦았다. 그래서 서울의 움직임을 빨리 파악하였고, 그 결과 1895년 3월 관비유학생 선발에 응모하여 뽑히게 되었다.

장헌식은 경응의숙에 입학하여 보통과와 고등과를 졸업하고 일본 사법성 재판소 검사부(檢事部)에서 견습을 하고 동경제국대학 법학과에 입학하였다. 관비유학생 가운데서도 동경제대 법학과에 입학한 사람은 유일하였다. 여기에서 그가 어떻게 공부하였는지에 대하여는 참고할 만한 자료가 없다. 뒤에 얘기하는 대로 당시의 강의노트들도 한국전쟁 때 모두 일실(逸失)되어 버렸다. 동경제대를 졸업한 그는 일본 대장성(大藏省)을 견학하고 귀국하였다.

귀국하여 처음 임명된 곳은 학부(學部) 참서관(參書官)이었고, 1905년에 관립외국어학교 교장이 되었다.[2] 1906년에는 학부 편집국장 사무를 대리하였고 1907년 일본 황태자가 내한했을 때는 한성부윤(漢城府尹)으로 예종석(芮宗錫)과 함께 한성부민회(漢城府民會)를 조직하여 회장으로 영송(迎送) 활동을 하였다.[3]

한편 1905년에 보성전문학교가 설립되면서 법학을 중점적으로 가르치려고 계획할 때 장헌식은 외국어학교 교장 및 학부 편집국장의 현직에 있으면서 출강하여 가르쳤다. 이 때 교과서로 사용하기 위하여 저술한 책이 『행정법대의』(行政法大意)와 『상행위법』(商行爲法)인 것으로 판단된다. 그리고 양정의숙에도 홍재기, 석진형, 장도, 이용무, 유문환 등과 함께 강사로 나가 가르쳤다.

1908년 3월 15일에 양정의숙에서 법학협회가 창립되었는데,[4] 장헌식이 회장으로 선출되었다. 이 때 창립회원이 111명에 이르렀고, 일본에서 법학을 공부하고 돌아온 당대의 법률가들이 모두 참석하였는데 장헌식이 초대 회장으로 당선된 것은 그의 법학적 실력과 인격적 덕망이 컸기 때문이라고 생각된다. 법학협회는 1910년 한일합방 때까지 신흥과학으로서의 법학의 진흥과 법률계몽을

2 외국어학교에 관하여는 이광린, 「구한말의 관립외국어학교, 동인」, 『한국개화사연구』, 일조각, 1985, 134-158쪽 참조.

3 林鍾國, 『日帝侵略과 親日派』, 靑史, 1982, 115쪽.

4 자세히는 拙稿 韓末과 日帝下의 「『法學協會』의 활동」, 『愛山學報』 2호, 1982.

위하여 토론회와 『법학협회잡지』의 발간 등 눈부신 활동을 하였다. 여기에 장헌식이 회장으로서 노력하였던 것은 한국 법학사에 하나의 큰 기여라고 하겠다.

그러나 이처럼 기백차게 시작되었던 개화기의 법률가로서의 활동은 1905년부터 일제에 의한 한국 사법권과 외교권의 박탈 과정을 통하여 싹이 짓밟히게 된다. 이러한 과정에서 일본에서 신식학문을 배운 개화파 인물들이 대체로 친일의 경향으로 기울어질 위험을 안고 있었다.

1910년 한일합방이 되고 조선총독부가 설치되면서 장헌식은 평안남도 참여관으로 임명되었다. 이 때부터 일본 제국주의적 식민통치의 한국인 관료로서 활동하게 된다. 1917년에는 충청북도 도지사로 승진하였고, 4년 후인 1921년에는 전라남도 도지사로 되었다. 한인(韓人) 지방장관으로서의 활동상에 대하여는 당시의 신문이나 잡지를 조사하면 몇 가지 추려 볼 수 있을 것이나 손이 미치지 못하였다. 그러나 한 가지 주목할 만한 것은 전남도지사 재직시 조준호가 민족자본을 기초로 호남은행을 설립할 때 장 지사(張 知事)가 일본인들과 투쟁하면서 허가를 해 주었다는 사실이다.

정확히 몇 년인지는 모르나 전남도지사를 그만두고 중추원 참의가 되었고, 이어서 일제 말기에는 이왕직장관으로 있었다. 그의 창씨개명은 장간헌식(張間憲植)이었다. 이것이 그의 '친일'의 이력으로서, 해방 후 장헌식은 이른바 반민족행위자로 낙인이 찍히고 반민특위에 의하여 체포되었다.[5] 반민특위에 체포된 자로는 최린, 이광수, 최남선 등 민족의 지도급 인사가 적지 않았는데, 장헌식은 당시 81세의 최고령자였다. 그는 특위(特委) 조사관들이 서울 종로구 누상동 자택으로 갔을 때 "이 날이 올 것을 각오하고 있었다. 민족정기를 바로잡고 나라를 위한 길이라면 그 죄를 달게 받겠다"라고 태연자약하였다.[6]

그에 대한 가장 큰 죄목은 이왕직(李王職) 재산을 일본으로 송금하지 않았느냐는 의혹이었다. 그러나 실상 그 돈은 이미 일본인들이 가져간 것이지 그 스스

---

5 자세히는 반민족문제연구소 편, 『친일파 99인(1)』, 257-260쪽; 이기동, 「일제하의 한국인 관리들」, 『신동아』, 1985년 3월호, 461쪽.

6 길진현, 『역사에 다시 묻는다: 反民特委와 親日派』, 三民社, 1984, 153쪽.

로 보낸 일은 없다고 담백히 진술하였다고 한다.[7]

어쨌든 해방 후 '친일분자'들도 마음만 먹으면 애국자로 변신하여 정치에 나설 수도 있었는데, 장헌식은 별로 나서지 아니하였다. 다만 새 조선은 민주주의 국가가 되어야 한다. 하루빨리 남북통일이 되어야 한다고 주장하였다고 한다.[8] 1950년 6월 25일에 북괴군이 남침하였을 때 미처 피난도 가지 못한 채 체포되었고, 서대문 형무소에서 피살되었다. 그것은 8월의 사건이었는데, 시체마저 확인할 수가 없었다고 한다.

유족으로는 부인 김정향(金貞鄕-작고), 장남 경환[慶煥: 식산은행(植産銀行)에 근무하였고 한국전쟁 때 납치], 장녀 영환(英煥: 在美), 2남 유환(裕煥: 在美), 3남 지환(智煥: 在美), 4남 성환(聖煥)이 있다.

장헌식의 실제(實弟) 장홍식(張弘植)[9] 역시 1901년 9월에 일본에 유학하여 욱문관(郁文館)과 동경고상(東京高商)에서 수학하고 돌아와 한성은행에 근무하다 1910년부터 1912년 사이 보성전문학교에서 가르쳤다. 「상업의 의의」(『태극학보』 2호, 1906. 9), 「아국(我國)의 실업관(實業觀)」(『태극학보』 2호, 1906년 9월), 「논법률(論法律)이 부지실업(不知實業)」(1908) 등의 논문을 발표하여, 개화기에 형제가 학문적으로 기여하였다. 장홍식은 해방 후 은행계에 계속 투신하여 제일은행장을 역임하고 1948년에 작고하였다.

II. 법사상

장헌식의 법사상을 더듬을 자료는 많지 않다. 현재 남아있는 것으로는 그가 쓴 한말의 법학교과서 『행정법대의』(行政法大意)와 『상행위』(商行爲) 두 권이

---

7 子 張聖煥의 증언.

8 子 張聖煥의 증언.

9 張弘植에 관하여는 최종고, 「開化期의 韓國商法學」, 『法學』(서울대) 26권 1호, 1985, 220-221쪽; 李基晙, 『韓末 西歐經濟學導入史研究』, 一潮閣, 1985.

있을 뿐이고, 다른 논저는 발견되지 않는다. 아들 장성환의 증언에 따르면, 해방 직후 한국전쟁 전만 하더라도 부친은 일본 유학시 동경제대에서 수강하면서 기록한 강의록을 3,40권 가까이 갖고 있었다. 그것들은 고급양지(高級洋紙)에 펜으로 정교하게 쓴 것이었고 가죽으로 제본까지 하여 민법, 행정법, 국제법 등 금박으로 표제를 달았던 것으로, 이것들이 그의 저술과 강의의 토대를 이루었을 것이라고 한다.[10] 여기에서는 그의 교과서 두 권의 내용을 중심으로 장헌식의 행정법사상과 상법사상을 잠시 검토해 보고자 한다.

1. 행정법사상

장헌식의 『행정법대의』는 국한문혼용의 293쪽에 이르는 교과서인데, 장헌식 강술(講述), 신해영(申海永) 교열(校閱)로 되어 있을 뿐 정확한 발행일자와 발행처가 기록되어 있지 않다. 그러나 신해영이 보성전문학교 교장이었던 점으로 보아 보전(普傳)의 교내 출판부인 보성사(普成社)에서 발간하였고, 1907년경에 나온 것이 아닌가 추측된다.

우선 그 내용의 차례를 보면 다음과 같다.

제일편 행정(行政)

제일장 행정행위(行政行爲)

제일절 행정(行政)

제이절 행정행위(行政行爲)

제삼절 행정규칙(行政規則)

제사절 행정처분(行政處分)

제오절 감독급(監督及) 훈령(訓令)

제이장 인격(人格)

10 1985년 6월 12일, Seoul House에서 면담.

제일절 공법상(公法上)의 인격(人格)

제이절 공법상(公法上)의 권리(權利)

제삼절 행정소원(行政訴願)

제사절 행정소송(行政訴訟)

제이편 행정조직(行政組織)

제일장 총칙(總則)

제일절 행정조직(行政組織)

제이절 관부(官府)

제삼절 관사(官使)

제사절 지방단체(地方團體)

제오절 중앙행정(中央行政)

제육절 자치행정(自治行政)

제이장 중앙관제(中央官制)

제일절 의정부(議政府)

제이절 각부대신(各部大臣)

제삼절 관찰사(觀察使)

제사절 군수(郡守)

제삼장 지방단체(地方團體)

제일절 읍시면촌(邑市面村)의 구성(構成)

제이절 읍시면촌(邑市面村)의 기관(機關)

제삼절 읍시면촌(邑市面村)의 재정(財政)

제사절 읍시면촌(邑市面村)의 행정감독(行政監督)

제오절 군(郡)의 구성(構成)

제육절 군(郡)의 기관(機關)

제칠절 군(郡)의 재정(財政)

제팔절 군행정(郡行政)의 감독(監督)

제구절 도(道)의 구성(構成)

제일절 총설(總說)

제이절 자산(資産)

제일관 자산(資産)

제이관 재산관리(財産管理)

제삼관 국채(國債)

제삼절 수입(收入)

제일관 수입(收入)

제이관 조세(租稅)

제삼관 징수(徵收)

제사관 규비(規費)

제오관 전업(專業)

제사절 회계(會計)

제일관 총칙(總則)

제이관 예산(豫算)

제삼관 예산(豫算)의 효력(效力)

제사관 회계검사(會計檢査)

제사장 내정(內政)

제일절 총설(總說)

제이절 인사(人事)

제일관 분한(分限)

제이관 친족제(親族制)

제삼관 가제(家制)

제사관 국민분한(國民分限)

제오관 호적(戶籍)

제육관 법인(法人)

제삼절 치안경찰(治安警察)

제일관 경찰(警察)

제이관 경찰규칙(警察規則) 급(及) 기처분(其處分)

제삼관 사안경찰(私安警察)

제사관 공안경찰(公安警察)

제오관 집회(集會) 급(及) 결사(結社)

제육관 출판(出版)

제칠관 비상경찰(非常警察)

제사절 위생(衛生)

제일관 위생(衛生)

제이관 전염병예방(傳染病豫防)

제삼관 의사제약사(醫師劑藥師) 급(及) 병원(病院)

제오절 경제(經濟)

一. 토지(土地)

제일관 공(公)의 영조물(營造物)

제이관 토지공용제한(土地公用制限)

제삼관 토지공용징수(土地公用徵收)

제사관 농업(農業)

제오관 수리조합(水利組合)

제육관 삼림(森林)

제칠관 수렵(狩獵)

제팔관 어업(漁業)

제구관 광업(鑛業)

二. 상공업(商工業)

제십관 영업(營業)

제십일관 영업조합(營業組合)

제십이관 공업(工業)

제십삼관 특허의장(特許意匠) 급(及) 상표(商標)

제십사관 판권(版權)

제십오관 상업(商業)

제십육관 화폐(貨幣) 급(及) 도량형(度量衡)

제십칠관 시장(市場) 급(及) 흥성성(興成所)

제십팔관 은행(銀行)

제십구관 상업회의소(商業會議所)

三. 교통(交通)

제이십관 도로(道路)

제이십일관 철도(鐵道)

제이십이관 우편전신(郵便電信) 급(及) 전화(電話)

제이십삼관 수로(水路)

제이십사관 하천(河川)

제이십오관 선박(船舶) 급(及) 선원해원(船員海員)

제육절 교화(敎化)

제일관 교육(敎育)

제이관 보통교육(普通敎育)

제삼관 고등교육(高等敎育)

제사관 종교(宗敎)

제오장 사법(司法)

제일절 사법(司法)

제이절 재판소(裁判所)

제삼절 변호사(辯護士) 급(及) 공증인(公證人)

제사절 쟁송사건(爭訟事件) 급(及) 비송사건(非訟事件)

제오절 사법행정사무(司法行政事務)

이상의 체제에서 볼 때 본서는 상당히 자세하게 체계적으로 구성되어 있음을 알 수 있다. 장헌식은 '행정'의 개념에 대하여 다음과 같이 정의한다.

> 대범(大凡) 행정(行政)이란 자(者)는 대권(大權)과 및 법률의 범위 이내에서 국가의 목적을 달(達)함을 칭(稱)함이니 헌법상의 대권(大權)이라 함은 황제께서 친재(親裁)하심에 전속(專屬)하고 차(此)를 행정부직권(行政府職權)에 위임치 아니하며 법률이라 함은 관부(官府)와 및 인민 이상(以上)에 재(在)한 일반의 준칙(準則)을 지시한 자라. 행정부는 차(此)에 의하야 차(此)를 행(行)함이 가(可)할지오 차(此)를 존폐하는 사(事)에 재(在)하냐는 간흥(干興)치 못하나니 시고(是故)로 행정은 대권과 및 법률을 시행하며 또 법률칙령의 위임을 인(因)하야 국권의 유지와 공공의 안녕복리를 보전하는 사(事)로써 직사(職司)를 삼나니라.[11]

이처럼 본서는 당시 우리나라가 아직 황제치하에 있는 상태에서 근대적 행정법의 개념으로 설명하고 체계화하였다는 데에 가장 큰 특징과 그 선구적 가치가 있다고 하겠다. 군데군데에서 우리나라의 예를 들고, 만일 우리나라의 법제나 예가 없을 경우에는 일본국의 예에 따라 설명한다고 밝히고 있다.

장헌식은 행정소송의 대목에서 이렇게 서술하고 있다.

> 권리는 인격의 향유(享有)한 바로 국법이 차(此)를 보증하나니 개인도 상간(相間)과 및 행정관부(行政官府)에 대하야 차(此)를 주창(主唱)하기 가득(可得)하며 국권은 일반(一般)히 기안고(其安固)함을 보호할 뿐 아니라 권리자(權利者)가 기침해(其侵害)함을 국권(國權)에 정소(呈訴)하야 국권(國權)의 보호(保護)를 청구(請求)할 사(事)를 용허(容許)하나니 차(此) 사권(私權)과 및 공권(公權)의 소송이라. 기행정처분(其行政處分)에 대하는 자(者)는 차(此)를 행정소송(行政訴訟)이라 하야 특히 행정재판소(行政裁判所)를 설(設)하고 차(此)를 심판케 하나니라.[12]

---

11 장헌식, 『行政法大意』, 보성각, 1907, 1쪽.

12 위의 책, 22쪽.

이처럼 그는 권리를 국민의 인격이 향유하는 것이고 국가는 그것을 보증하는 것이라고 파악하면서, 행정소송의 당위성을 강조하고 있다. 이러한 사상이 그의 독창적인 것이라기보다는 일본의 행정법이론에서 배운 것이겠지만 상당히 진보적인 면을 보여 주는 대목들이 적지 않다. 그것은 당시 아직도 근대화되지 못한 상태의 행정질서에서 보다 근대적이고도 합리적인 면으로 개화시키려는 계몽적 의미도 컸다고 생각된다. 어쩌면 여기에 본서의 가장 큰 의의가 있다고 할 것이다.

그러나 당시의 행정조직은 아직도 오늘날의 것과는 많이 달랐다. 예컨대 중앙관제에 있어서 의정부(議政府)에 관한 서술이 제일 먼저 나오는데,

> 의정부는 국무각대신(國務各大臣)으로서 조직한 자(者)니 국무각대신은 헌법상의 기관이라 대권행사(大權行使)에 대하야 의견(意見)을 봉주(奉奏)하며 황상(皇上)을 보필함으로써 기직사(基職司)를 삼고 겸하야 행정장관(行政長官)된 여부는 헌법의 규정은 아니오 관제(官制)의 문제라.
>
> 현행제도에는 국무대신 보필의 책(責)에 임(任)하며 또 행정관부(行政官府)의 직권(職權)을 행사하는 고(故)로 의정부의 직제는 기헌법상(其憲法上)의 직사(職司)를 봉행(奉行)하며 행정각부(行政各部)에 임하야 기통일(其統一)을 지보(持保)하는 직권(職權)을 병(併)하야 규정한 바니라.[13]

이처럼 주어진 당시의 제도를 법학적 용어로 담담히 서술하고 있다. 이런 서술방식으로 당시의 7부, 즉 내부, 외부, 도지부, 군부, 법부, 학부, 농상공부에 대하여도 설명하고 있다. 그리고 각도에는 아직 도지사가 아닌 관찰사가 존재한 당시였는데,

> 각도(各道)에 관찰사(觀察使)를 진(眞)하니 각도는 지방행정단체라 관찰사가 법률

13 위의 책, 34쪽.

을 의(依)하야 단체행정기관의 일부가 되여 각도를 대표하는 직분은 차(此)를 지방단체장(地方團體章)에 지(至)하야 설명할지며 중앙관부(中央官府)가 되여 중앙행정을 대표하는 직책은 본분의 지위라 고(故)로 관제(官制)에 차(此)를 규정하는 바니라.[14]

라고 설명하고 있다. 이것도 한국의 역사상 처음으로 지방단체에 대하여 근대 법적 지위를 규정해 준 것이라고 하겠다. 또한 재정, 경찰, 토지, 상공, 교통, 교육과 종교, 사법 등 국가의 행정제도에 걸쳐 광범하게 서술하고 있다. 한 예로 교육에 관한 대목을 보면,

아국(我國)에 재(在)한 교육의 본지(本旨)는 칙령(勅令) 제136호(第136號)와 광무(光武) 8년(年) 5월(月) 23일(日) 칙어(勅語)와 및 광무(光武) 10년(年) 8월(月) 27일(日) 칙령(勅令) 제40호로 명시하심으로 교육행정은 차칙령칙어(此勅令勅語)를 봉준(奉遵)하야 차(此)를 완전케 함을 면려할지니 교육의 자유는 일반히 인허(認許)함이나 연(然)이나 차교육(此教育)의 대본(大本)된 성지(聖旨)에 불합(不合)한 자(者)는 차(此)를 가(可)히 금압(禁壓)할지니라.[15]

라고 서술하고 있다. 상당히 당시의 현실에 적응한 사려있는 설명이라고 생각된다. 또 종교에 관하여도,

신교(信教)의 자유는 전래관례상(前來慣例上)에 차(此)를 금지하더니 국제교통을 개(開)한 근대에 지(至)하야는 신민은 안녕질서를 방해치 아니코 또 신민된 의무를 배반치 아니할 한도 이내에서 신교(信教)의 자유를 보유케 호대 심중(心中)의 신앙귀의함은 차(此)를 법률로써 불문할 뿐 아니라 기외형(基外形)에 표영(表影)하는 예배도 역시 안녕질서를 방해치 아니코 신민된 의무를 배반치 아니할 한도 이내에 재(在)하야 자유에 방임하나니 기국법(基國法)이 차(此)를 묵허(默許)한 정신인즉

14 위의 책, 39쪽.
15 위의 책, 226쪽.

신교(信敎)의 자유(自由)를 주창(主唱)하야 국가의 질서 급(及) 신민의 의무를 배반하는 자(者)를 가(可)히 금제(禁制)할 주의(主義)니라.[16]

라고 설명하고 있다. 그리고 당시의 종교 상황에 대하여 법률적인 면에서,

종교에 관하야는 법령이 아주 미비하고 종교의 규제도 역시 불일(不一)한 고로 행정관례(行政慣例)에 재(在)하야는 차(此)를 금제(禁制)치 아니하고 다만 질서경찰(秩序警察)을 의(依)하야 기예배(基禮拜)를 보호호대 차(此)를 인(因)하야 생(生)하는 위해(危害)를 방지하나니라.[17]

라고 설명하고 있다.
사법에 관하여도 설명하고 있고, 특히 변호사에 대하여 다음과 같이 인상적으로 설명하고 있다.

아국(我國)에서도 시대의 변천과 사회의 개진(開進)을 관찰하야 금년에 비로소 법부대신관하(法部大臣管下)에 설치한 법률기초위원회(法律起草委員會)를 일신(一新) 경장(更張)하고 전래(前來)로브터 사법직무(司法職務)에 복동(服動)하던 연달(鍊達)한 제가(諸家)와 밋 다년(多年) 해외유학(海外留學)의 명(命)을 승(承)하야 현행문명열방(現行文明列邦)의 사법제도(司法制度)를 실지탐구(實地探究)하던 홍재기(洪在祺), 이면우(李冕宇), 장도(張燾), 유문환(劉文煥), 석진형(石鎭衡) 제(諸) 법학대가(法學大家) 등으로 하여곰 법률기초위원(法律起草委員)을 명(命)하고 국민의 생명재산을 확보확증(確保確證)하는 국가사법(國家司法)의 제도를 일신경장(一新更張)케 하는 임(任)에 충당(充當)케 한지라. 어시쟁(於是爭) 제언(諸彥)은 국민생명재산(國民生命財産)의 안고확보(安固確保)함을 원응(遠應)하야 변호사규칙(辯護士規則) 급

16 위의 책, 276쪽.
17 위의 책, 277쪽.

(及) 변호사시험규칙(辯護士試驗規則)을 제정(制定)하야 상주재가(上奏裁可)의 은명(恩命)을 몽(蒙)하야 반포(頒布)함에 내지(乃至)하니[단(但) 기규칙(基規則) 급(及) 반포월일(頒布月日)은 본년칙령안(本年勅令案) 급(及) 법부령안(法部令案)을 참고함을 위요(爲要)] 유아동포(惟我同胞)의 생명재산이 국법상에 보증(保證)됨을 변론비호(辯論庇護)하는 책(責)에 자임(自任)하야 법력(法力)이 실지(實地) 활용물(活用物)됨을 야기(惹起)함은 실(實)로 이상(以上) 첨군(僉君)의 애인애법(愛人愛法)하는 열성(熱誠)으로브터 효시(嚆矢)된 바오 차금일(此今日) 동창(東窓) 제군중(諸君中)에도 장차(將次) 차책(此責)을 자임(自任)할 자(者) 다유(多有)함을 기대(期待)할 뿐 아니라 차(此)는 차라리 오제(吾儕)의 자연의 의무로 사량(思量)함이오 차제도(此制度)를 실지(實地)에 시용(試用)함에 지(至)함은 본년추(本年秋) 진주(晋州) 관찰도재판소(觀察道裁判所) 공판정(公判廷)에 재(在)하야 광이사민사안건(廣利社民事案件)에 대(對)하야 홍이양가(洪李兩家)가 율선(率先)한 바 됨이니 동포(同胞)를 대표(代表)하야 양군(兩君)의게 흠탄치사(欽歎致謝)함에 불감(不堪)하노라.[18]

이처럼 장헌식은 새로 생긴 사법제도와 이를 담당할 한국인 법률가들에 대하여 애정과 사명감을 갖고 서술하고 있다. 특히 그의 친구들인 홍재기, 이면우, 장도, 유문환, 석진형 등의 이름을 실기(實記)하면서까지 법학대가라고 칭찬하고 있고, 홍재기와 이면우 변호사가 진주에서 경리사사건(慶利社事件)을 맡아 명쾌히 처리한 사실에 대하여 동포를 대표하여 감사한다고 서술하고 있다. 이러한 민족적, '애국법학' 으로서의 면모는 한말의 법률가들의 글에서 적지 않게 발견되는 바이긴 하지만,[19] 바로 장헌식의 경우에도 예외가 아님을 볼 수 있다. 또 이러한 민족적 애국심에 근거하여 당시 그가 가르치는 학생들에게 법률가로서의 장래 희망과 사명감을 복돋우어 주고 있음을 분명히 읽을 수 있다.

장헌식의 행정법사상은 한마디로, 아직도 전근대적 행정제도를 점진적으로 개혁하기 위한 최초의 법이론화이며, 거기에는 민족주의적 애국심이 깊이 깔려

18 위의 책, 284쪽.

19 최종고, 『한국의 서양법 수용사』, 박영사, 1981, 30쪽.

있었다고 볼 수 있다. 이것은 그의 후일의 '친일' 의 경력과는 별도로 장헌식의 한말 법률가로서의 뚜렷한 한 측면이라 하겠다.

2. 상법사상

장헌식은 『상행위』(商行爲)라는 책을 냈는데, 이것은 완성본으로 단독 출판된 것은 아니고 이면우 저 『상법총론』(商法總論)의 부록격으로 붙인 37쪽에 이르는 소저(小著)이다. 이면우는 관비유학생으로 함께 일본에서 공부하였고, 돌아와 법률가로서 나란히 활동한 친구이기 때문에 함께 공저 형식으로 낸 것이며, 이것이 법관양성소와 보성전문학교에서 교재로 사용되었던 것이다. 장헌식이 어떻게 상법에 관하여도 저술하였는가에 대한 구체적인 설명자료는 없지만, 구한말 개화기에는 외국과의 교역 및 근대적 거래관계를 위하여 상법에 대한 지식의 요구가 강렬하였던 것만은 사실이다.[20] 개화기의 선각적 법률가인 장헌식이 이에 민감하지 않을 수 없었으며, 후배 한국 법학도들에게 그것을 알려야 한다는 사명감을 가졌다는 것은 어쩌면 당연한 일이었다고도 하겠다. 이 책의 차례는 다음과 같다.

상행위
총론
각론
객관적(客觀的) 상행위
주관적(主觀的) 상행위
부속적(附屬的) 상행위
추정적(推定的) 상행위
일방적(一方的) 급(及) 양방적(兩方的) 상행위

20 자세히는 최종고, 「開化期의 韓國商法學」, 『法學』 26권 1호, 1985 참조.

장헌식은 상행위에 대하여 다음과 같이 설명한다.

> 상(商)의 주체는 상인(商人)이니 상인이라 함은 상(商)의 행위로써 업을 삼는 자(者)를 지칭함이니라. 전래(前來) 열국상법(列國商法)에는 위선(爲先) 상행위(商行爲)의 여하한 자(者)됨을 정한 후에 차(此)를 인(因)하야 상인(商人)의 의의를 정한 자(者)이나 연(然)이나 상행위(商行爲)로 기초(基礎)를 삼아 상인(商人)을 정(定)할가 혹은 상인으로 기초를 삼아 기행위(其行爲)로써 상행위(商行爲)라 하야 상법의 규정을 의(依)케 할가함은 즉 상법전에 관한 입법상의 작(作)하야 기단체상(其團體上)의 일계급(一階級)을 성(成)한 시대에는 상법이 즉(卽) 일종(一種) 계급법(階級法)이 되야 상인(商人)이 아니면 차(此)를 부종(不從)하니 차(此)를 역지(易地)하야 논(論)하면 상법과 상인법은 기의의(其意義)가 전연 부동(不同)하얏스나 연(然)이나 금일에 지(至)하야는 상법은 상인 혹 상업에 관한 특별법된 성질을 시(失)하고 일반(一般)히 상(商)에 관한 특별법(特別法)이 되니라.[21]

장헌식은 본서에서 상행위론을 총론과 각론으로 나누어, 객관적 상행위와 주관적 상행위, 부속적 상행위, 추정적 상행위, 그리고 일방적 상행위와 양방적 상행위로 체계적으로 나누어 조목조목 설명하고 있다. 이러한 설명방식은 위의 행정법 이론의 전개와 더불어 장헌식의 법학이론가로서의 모습을 여실히 보여 준다. 여기에 한국 최초의 행정법학자요 상법이론가였던 장헌식의 이름은 그의 후년의 암울한 시대의 정치가로서의 이력과는 별도로 한국법학사에서 기억되어야 할 것이다.

---

21 장헌식, 『商行爲』, 보성관, 1907(?), 1쪽.

연보 및 논저

■ 연보

1869. 9. 21	경기도 용인 출생
1895. 3	관비유학생으로 선발
1904	학부 참서관
1905	관립 외국어학교 교장
1905	보성전문학교 법학강사
1906	학부 편집국장
1907	한성부윤
1908. 3	법학협회 초대회장
1910	평안남도 참여관
1917	충청북도 지사
1921	전라남도 지사
	중추원 참의
1945	반민특위 재판
1950. 8	북한군에 의해 피살

■ 저서

『행정법대의』, 1907.

『상행위』, 1907(?).

유치형

(1877-1933)

④ 유치형 (1877-1933)

유치형(兪致衡)이라 하면 잘 모르지만 유진오(兪鎭午) 박사의 부친이라 하면 더 알 것이다. 또 한국 최초의 헌법교과서를 쓴 이는 유진오가 아니라 그의 부친 유치형이라 하면 다소 놀라워할 것이다. 그렇지만 유치형도 한국 최초의 헌법학자로서 그의 생애가 우리에게 대단히 교훈적이다. 필자는 유진오 박사의 배려로 그의 자료를 접할 수 있어 여기에 간단히 정리한 것이다.[1]

I. 생애

유치형은 1877년 1월 14일(음)에 경기도 광주에서 태어났다. 그의 집안은 유길준(兪吉濬) 등 한말의 개화 선각자의 가계로 이름난 기계(杞溪) 유씨(兪氏) 가계이다. 고향에서 지내면서 가끔 서울로 올라 다니며 급변하는 세상물정을

1 김효전 교수는 개화기의 공법학자로서 유치형을 논하고 있다. 김효전, 「개화기의 공법학자들」, 『한국의 공법학자들: 생애와 사상』, 한국공법학회, 2003, 3-10쪽.

구경하던 그는 1895년 3월에 관비유학생으로 일본으로 가게 되었다. 마침 그가 이 무렵에 쓴 일기 원본이[2] 남아 있어 그 때의 모습을 보면 아래와 같다.

성상(聖上) 갑오년 겨울 11월에 나는 우연히 서울에 올라 갔었다. 일본유학에 관한 이야기가 있었고, 벗이 유람가는 자를 위해 이를 권하며 경계하는 말을 이르는지라 불현듯 유람에 대한 의욕이 부풀어 외무국에 말을 전하고 낙향하였다. 고향에 도착하여 이 말을 가내(家內) 식구들에게 알리니 몹시 놀랐었다. 동네 사람들도 처음 들은 이야기인지라 모두가 하나같이 있을 일 같지 않다고 했었다. 아직 나도 잘 모르는 터였고 오히려 생각만으로도 낙찰을 보지 못한 채 그대로 지났었다. 이듬해(1895) 을미년 2월에 또 다시 이 말이 있었는데 동네사람 중에 여기에 가볼까 하고 생각하는 사람과 혹 나에게 권하여 같이 가자고 하는 친구가 있었다. 이때 다시 학문을 넓히고 싶은 생각이 솟아나 곧 경향(京鄕)에 들어와 세태의 급변하는 모습을 들어 알고 여지껏 유학에 반대적 입장이던 고루한 사람들의 뜻을 버리기로 결심하고 돌아와 유학은 불가피한 것이라고 역설하였다. 결국 정부에 비자(卑子)를 걸고 내무대신에게 찾아가 본즉 좋다는 허락을 받았다. 또 내무대신이 정부로부터 제생(諸生)에 관한 사실을 듣고 재기(才氣)에 따라 간품(看品)한다고 했다. 그러나 그 날을 몰라 마음을 머뭇거리다가 서신 오기를 기다리기로 하고 집으로 내려가 소식을 기다렸다.

이렇게 기다리던 그가 3월 15일에 서울로부터 편지를 받고 친구 서너명과 밤중에 상경길에 올랐다. 다음 날의 일기는 이렇게 적고 있다.

정오께쯤 비로소 서울에 들어가 계동 유도헌댁[兪都憲宅: 유길준댁(兪吉濬宅)]에 이르니 십여명의 학도와 함께 있던 제형(諸兄)들이 자기들의 맡은 바 일을 표(表)하면서 늦게

2 이 일기는 『日記』(開國 五百四年 四月 日)라고 된 純漢文 집필 원본으로 유진오 박사가 소장하고 있다가 필자에게 빌려주어 손수 번역하신 번역문을 서울대 『법학』지에 처음 공개하였다. 최종고, 「유치형 일기」, 『법학』 24권 2호, 1983.

도착한 것을 나무라더니 급히 십여명의 학도와 함께 우리들을 정부로 보냈는데 정부에서 유학 희망자의 이름을 적은 것이 책을 이루었다. 정부측이 내무부로 보내 내무국으로 가니 대신 이하 모든 관원들이 이 모임을 완료시키니 학도 수백인이 부중(府中)에 가득하였다. 조금 있다가 일본의사가 와서 본부에 앉아 부(府), 주(州), 현(縣), 국(局) 각 1인씩 불러 들여 기품과 질병을 진단했다. 날이 저물므로 시험을 더 이상 할 수 없음을 헤아려 대신은 각 아문을 불러 뜰 아래 세우고 각각 1인씩 내일 다시 오라고 하였다.

이런 식으로 상당히 경쟁이 심한 시험을 거쳐서 유치형은 유학생으로 선발되었다. 3월 22일에는 학무국(學務局)에서 유학후보생들에 대한 훈시가 있었다. 「일기」를 보면,

아침을 먹은 뒤 내무국에 들어가니 각원제생(各員諸生)이 벌써 모여있다. 대신이 각 1인씩 불러 세워 본 후에 보냈다. 학무국에서 제생을 또 모으고 내무대신과 협변(協辨)하고 정부 도헌(都憲), 모든 주사(主事)들을 서열대로 세우고 제생을 뜰 아래 집합시켰다. 훈계하기를 "장차 타국에 가서 몸을 닦고 도를 행하는 법을 배울 때 모든 행동거지와 일동일정(一動一靜)을 신중히 하라" 고 하였다.

라고 적고 있다. 3월 25일에는 학부대신 박정양(朴政陽)의 훈시가 다시 한번 있었고 이에 대해 유학생들의 선서가 있었다.

아침 후에 내무국에 들어가니 벌써 학원제생들이 모여 있다. 8명을 제외하고 나머지 제생에게 학무대신의 경표(警表)를 1장씩 나누어 주었다. 그러면서 말하기를 "내일 날이 밝기 전에 제생들은, 내무국으로 나와 길을 떠날 것이라" 했다. 경표에는 이렇게 적혀 있다. "즉금에 일본으로 유학가는 제군은 이 훈시를 명심할 것이다. 대군주 폐하께서 교육대정(教育大政)으로 간절하신 조칙(詔勅)을 내리셨으니 본인이 성지를 받들어 영특한 인재를 선발하여 이웃 나라에 파견함은 제군으로 하여금 재력(才力)을 길러 실용사무를 능히 실천 강구하여 지식을 넓히고 사리를 깨달아 불굴

의 정신으로 독립문명국으로 발돋움하기를 바람이니 제군은 힘써 덕행과 재예(才藝)를 함께 익히고 한 몸의 사사로운 이익을 돌보지 아니하고 나라를 사랑하며 군주에게 충성하는 뜻을 길러 확립하고 일절의 학업질서는 경응의숙(慶應義塾)의 지도를 따라 부끄러운 점이 없게 하고 정부의 기대하는 바를 저버리지 말도록 힘써야 할 것이다." 이에 대하여 우리는 이렇게 선서하였다. "우리들이 오늘 일본국으로 유학하는 명을 받들고 왔아오니 우리들이 이 명을 받든 후에는 주야불식 일구월심하게 학업에 정진할 것인즉 중도에 포기하는 일이 없을 뿐더러 졸업한 후에도 관의 수고와 국은에 만분지일이라도 보답하고자 함을 선서하나이다."

이들은 무사히 일본에 도착하여 우선 모두 경응의숙에서 수학하였다. 4월 7일자 유치형의 일기는 신문물을 접하는 유학생의 모습을 잘 나타내 주고 있다.

4시 정각에 정강 정거장에서 아침을 먹고 기차를 타니 대곡을 지나 왕왕 터널을 빠져 나가는데 그 형상을 일일이 말하기 어려울 정도였다. 12시에 동경에 도착하니 일본 학도 수백명이 우리 유학생과 주사 몇 명과 더불어 그 곳에서 환영하고 있었다. 아울러 만세의 잔을 비우고 한참 야단법석을 하는데 나 또한 환호성을 외치며 만세를 소리쳤다. 학교로 들어가 조우로 이리저리 살펴보았는데 생각이 미치지 못할 정도로 좋았다. 경응의숙에 도착한즉 차례로 학교 앞에 서서 만국개화(萬國開化)에 관해 일장 연설을 하고 있는 후쿠자와(福澤諭吉) 선생의 강연을 들은 후에 우리나라 전권대사가 서로에게 계(戒)를 내리고 그 날 밤에 떠났다.

이렇게 시작하여 유치형은 경응의숙에서 보통과 신식교육을 이듬해(1896) 7월까지 1년 반 가까이 공부하였다. 이어서 도쿄의 주오(中央)대학에 입학하여 3년간 법률학을 공부하고 1899년 7월 12일에 졸업하였다. 이 때에 관한 기록은 없기 때문에 그가 누구의 강의, 무슨 책을 읽었는지 자세히 알 수 없다. 졸업을 하고 그는 일본사법성과 각 재판소에서 견습을 한 후 1899년 11월 30일 귀국하였다. 그는 이듬해 8월부터 사립 철도학교 교사가 되어 1901년 12월 31일까지 근무하였다. 그 사이에 1900년 4월부터는 사립 중구의숙에 교사로 겸무하여 1902년 12월 31일까지 이르렀다. 또한 1901년 9월 12일에는 법부의 법률기초위원으로 임명되었는데 사정상 다음날 해임해 줄 것을 청원하였다. 정확한 사정은 알 수 없지만 일본에서 법률학을 공부하고 돌아와도 마땅한 직업을 구하는 데에는 어려운 점이 있었다고 추측된다.

그래서인지 1903년 1월 1일부터는 농사를 짓기 시작하여 1년여 지내다가 이듬해 2월 7일 주영공사관의 삼등 참서관(參書官: 奏任六等)으로 임명을 받았다. 주영공사관의 이한응(李漢應, 1874-1905) 참서관의 후임으로 영국으로 부임하기로 되었던 것이다. 그러나 하루 앞에 무슨 사건이 터질지도 모르는 한말의 사정을 눈으로 보여주듯 그가 타고 가려던 인천항의 러시아 선박이 러일전쟁의 발발로 바로 그 날 일본군에 의하여 격침되었다. 이렇게 체영(滯英)이 미루어지는 동안 또 사정은 바뀌어 그해 6월 21일에 그는 궁내부 회계과장(會計課長: 奏任六等)으로 임명되었다. 영국에 있던 이한응은 주영서리공사로 되었으나 국내에서 제1차 한일협약으로 국세가 위축되고 대외적으로 영일동맹으로 한국정부의 국제적 지위가 전락하자 이를 개탄하고 1905년 5월 12일 음독자결하였다.

유치형은 그러나 그해 7월 26일자로 회계과장을 사임하고 10월 5일 제실제도정리국 비서로 임명되었다. 여기에서 그는 정육품에서 정삼품으로 올랐는데, 1906년 1월 31일까지 근무하였다.

1906년 2월 7일에는 궁내부 제도국 참서관이 되었고, 그해 11월 2일에는 가례비검오(嘉禮費儉鏊) 위원으로 되어 12월 23일까지 계속하였다. 12월 16일부터는 제실저정회의(帝室貯政會議) 기사장에 임명되었고, 1907년 6월 1일에는 수학원 교관에 임명되었다. 그리고 대동전문학교와 보성전문학교에도 출강하여 헌법, 민법, 해상법 등을 가르쳤다. 같은 해 6월 6일부터는 신내부 참서관과 궁내부대궁 관방내사과장을 계속하였다.[3] 그해 8월 31일에는 어원사무국 이사

3 여기까지의 이력은 그의 親筆履歷書(융희 6年 9月 12日字 內閣法制局記錄課 소관)에 기초한 것이다. 『대한제국관원이력서』, 국사편찬위원회, 295쪽 수록.

(理事: 勅任三等)에 임명되어 3년간 봉사하였다. 합방이 되고 1911년 2월 1일에는 이왕직 사무관으로 임명되었다. 이듬해에는 정육위로 서품되었고 1913년 3월 11일에는 고등관삼등으로 서품되었으나 그는 이를 받아들이지 않고 거절하였다.[4] 여기에서 우리는 한말의 관료였던 한 법률가의 일제의 세력에 대한 대처와 고민, 그리고 용기있는 결단의 면모를 보게 된다. 이로써 유치형은 이민족 지배 아래 관료의 길을 청산하고 사인(私人)으로 살 것을 결심하였다.

그리하여 1913년 4월 1일 주식회사 한성은행 서무과장으로 취직하였다. 그저 조용히(?) 살아가는 생활이었다. 1920년 1월 24일에는 같은 은행에서 서무부장이 되었고 이어서 2월 17일에는 취체역(取締役)에 당선되었다. 이 당시 그가 공적(公的)으로 무엇을 하였다는 흔적은 전혀 보이지 않는다. 이렇게 살다가 1933년 9월 10일 서울에서 56세로 사망하였다.

그의 아들 유진오(兪鎭午) 박사[5]가 소장하고 있는 부친의 저술로는 『헌법』, 『해상법』, 『물권법 1부』, 『물권법 2부』, 『경제학』[6] 등의 단행본 교과서와 친필사본 『국제법약설』, 『일본헌법』, 『일기』 등이 있다. 다소 이상스러운 것은 한말의 학회지에 논설은 쓴 것이 보이지 않는다는 점이다. 『논리학』이라는 단행본도 저술하였다고 하는데 보이지 않는다.

II. 법사상

한말의 개화지식인 법률가 유치형의 법사상은, 당시 개화된 신식교육을 받은 지식인들이 대부분 그러했듯이, 아직까지 법학의 어느 한 분야에만 전문적으로 파고들어가는 전문법학자라기보다는 신식법학이면 다 할 수 있는 것으로 의식

4 여기까지의 기록은 그가 한성은행에 제출한 이력서를 근거로 한 것임(유진오 박사 소장).

5 유진오 박사의 부친에 대한 서술로는 『片片夜話』(동아일보 1974년 3월 1일에서 1974년 6월 16일까지 65회 연재)의 첫부분 참조.

6 이에 대하여는 李基俊, 『한국경제학교육사연구』, 1982, 38-40쪽 참조.

하고 있었던 것 같다. 그의 저술이 헌법에서 『물권법』, 나아가서 『해상법』에까지 이르고 있는 것이 그것을 말하여 준다. 여기서는 다만 그의 『헌법』을 중심으로 공법사상의 면모를 검토해 보고자 한다.[7]

유치형의 헌법은 정확히 언제 어디서 발간되었는지 적혀 있지 않지만 대체로 보성사에서 1907년 아니면 1908년에 출간되어 보성전문과 대동전문 그리고 양정의숙 등에서 법학교육에 교재로 사용되었던 책이라고 생각된다. 138쪽으로 된 본서의 내용은 다음과 같이 구성되어 있다.

서언
제1편 국가
 제1장 국가
 제2장 헌법
제2편 통치의 주체
 제1장 황위
 제2장 황위의 계승
 제3장 섭정
제3편 통치의 객체
 제1장 총론
 제2장 국토
 제3장 도민
제4편 통치의 기관
 제1장 총론
 제2장 의회
 제3장 의회의 국법상 지위
 제4장 의회의 조직

7 이 책은 1984년 필자의 해설을 붙여 아세아문화사에서 영인본으로 발간하였다.

제5장 의회의 권한

제6장 정부

제7장 재판소

제5편 통치권의 작용

제1장 총론

제2장 헌법상의 대권

제3장 입법

제4장 법률

제5장 법률의 제정

제6장 법률의 범위

제7장 명령

제8장 명령의 종류

제9장 조약

제10장 사법

이 한국 최초의 헌법 교과서는 다음과 같은 '서언' 으로 시작되고 있다.

헌법을 논구(論究)함에 당(當)하야 최선 주의할 바는 세인(世人)이 헌법으로써 일종별건물(一種別件物)로 추상하는 자왈(者曰) 거다(居多)할 뿐 아니라 이황아국(而況我國)과 여(如)한 전제군주국에 재(在)하야는 차사상(此思想)이 혹심(酷甚)함이 시(是)라 차사상을 불가불벽두(不可不劈頭)에 타파한 연후에 강의(講義)를 시득(始得)할지니 부헌법(夫憲法)도 역일법률(亦一法律)에 불과함이라 인민은 물론 준수복종의 의무가 유하고 군주는 타법률과 갓치 혹폐지변경함이나 연(燃)이나 차법(此法)이 타법보다 국법상 소중한 바는 균시법률이라도 타공사법수위에 점거하고 차법률을 제정폐지 혹변경하는 군주라도 만기이교에 당(當)하야 군주고유무한의 권력으로만 이(以)함이 무(無)하고 군주의 사상을 발표하야 신민의게 선시(宣示)하차헌법조규를 준수이행함이 시(是)라 연이아방(然而我邦)에 재(在)하야난 군주전제의 세습국됨에 불구하고 유래관습상에 금일소위헌법과 부합한바 왈불무(曰不無)하얏스나 명문은 무(無)하얏고 각국에 현행헌법은 기종(其種)이 파다(頗多)야 각기국국체급정체(各其國國體及政體)를 인(因)하야 각수(各殊)하니 차(此)를 집합연구코져 할진대 비교법제학을 의(依)할지오 분석논강코져 할진대 단독헌법학을 의(依)할지나 본방(本邦)에 지(至)하야난 헌법의 명문이 고무(姑無)하니 연칙여하(然則如何)하 방침을 취(取)하여야 목적을 달(達)하고 차(此)는 전제군왕벌관념(專制王閥觀念)에 최적(最適)한 덕일급일본양헌법(德逸及日本兩憲法)을 강구하는 외에 타도(他道)가 경무(更無)할지라 연이덕일헌법(然而德逸憲法)에 지(至)하야난 여(余)의 강술(講述)하는 바 국가학이 완결할 시(時)는 기대요(其大要)를 개지(概知)할지오 자(玆)에는 일본국헌법으로 논구점을 전주(專主)호대 기방침에 지(至)하야는 해국헌법학자(該國憲法學者) 호즈미 야스카 박사의 강의를 준거채용코져 하노라.[8]

우리는 여기에서 몇 가지 중요한 사항을 주목하게 된다.

첫째로 그는 당시의 한국인과 한국정부의 헌법의식을 지적하고 있는데, 그것은 헌법을 무슨 특별한 것으로 생각하고 있다는 것이다. 특히 그것은 우리나라와 같은 전제군주국에서는 혹심한 개념이며, 이러한 헌법관이 하루 속히 철폐되어야 한다고 주장하고 있다. 다시 말하면 헌법도 다른 법률과 마찬가지의 한 법률에 불과하다는 대전제를 빨리 수립하여야 한다는 것이다. 이러한 그의 근대적 헌법관은 그로 하여금 1899년에 제정된 대한제국국제 같은 것은 헌법이라고 보기 어려웠던 것이다. 그래서 그는 우리나라에는 소위 헌법과 부합되는 것은 없지 않았지만 명문적 헌법은 없었다고 한다.

그러나 그가 생각한 헌법은 인민은 물론 준수와 복종의 의무가 있고 군주는 다른 법률과 같이 폐지, 변경할 수 있긴 하지만 다른 법률보다는 국법상 소중한 것이고, 모든 공법, 사법의 수위에 있기 때문에 함부로 제정, 폐지, 변경할 수 없는 것이라고 보았다. 따라서 헌법은 순전히 군주의 권력만으로는 제정, 폐지,

8 유치형, 『憲法』, 보성관, 1907(?), 1쪽.

변경할 수가 없고, 군주의 의사를 발표하여 신민에게 알려 헌법 제정, 폐지, 변경의 절차를 밟아야 한다고 시사하고 있다. 이것은 말하자면 헌법을 신성한 군주의 의사로 성화시킨 것이라고 하겠다.

셋째로, 유치형은 헌법학의 사명과 방법론에 주목하고 있다. 근대적 의미의 성문헌법이 없는 상황에서 어떻게 헌법의 연구에 접근할 수 있겠는가? 그는 말하기를, 각국의 국체와 정체가 달라서 헌법도 여러 가지가 있기 때문에 우선 비교법제학으로서의 헌법학이 가능하다고 한다. 이것은 오늘날의 관점에서 보아도 매우 중요한 의미를 갖는 훌륭한 학문적 발상이라고 하겠다. 외국의 헌법들을 비교하여 아직도 생성되지 못한 우리의 헌법을 모색하고자 했던 것이라고 하겠다.

그러나 이러한 한 학자의 발상은 당시의 정치 · 사회적 여건으로 인하여 발전될 수가 없었다. 우선 학자들이 세계, 특히 서양의 헌법을 직접 가서 목격하고 연구하여 돌아올 수 있는 여건이 형성되어 있지 않았다. 일본에서는 적지 않은 학자와 정부관료들이 서양 각국으로 직접 헌법을 연구하러 갔지만 우리는 불행히도 국내정치의 복잡한 사정에 휘말려 그럴 기회를 놓치고 말았던 것이다. 그래서 겨우 유학을 하러 가는 곳이 일본이었다. 다시 말하면 서양에 가서 배운 헌법학을 한 물 걸러서 일본화한 것을 배워오는 데에 그치고 말았던 것이다. 이러한 현실을 유치형은 표현하기를, "우리의 전제군주국 관념에 가장 적합한 헌법학은 오직 독일헌법과 일본헌법밖에 없다"라고 하였다. 우리는 여기에서 유치형의 헌법에 대한 또 하나의 측면, 즉 정치적 국가질서와 헌법과의 관계성에 대한 태도를 볼 수 있다. 그것은 한 마디로 그의 보수주의적 태도라고 하겠는데 이에 대하여는 뒤에 설명하기로 한다. 어쨌든 그는 우리나라의 사정에 맞는 외국헌법의 모법인 독일헌법에 대하여는 이미 『국가학』이라는 책을 쓰고 있기 때문에 『헌법』 책에서는 오직 일본헌법을 논구점으로 삼는다고 밝히고 있다. 그리고 일본헌법의 설명에는 일본 헌법학자 호즈미 야스카(穗積八束)의 강의를 준거채용한다고 밝히고 있다. 이에 대하여도 뒤에 자세히 언급하겠다.[9]

1. 국가론

유치형은 국가를 어떻게 이해하고 있었던가? 그의 『헌법』 3쪽를 보면,

> 헌법법리를 해석함에는 위선(爲先) 국가의 관념을 명백케 함이 필요하나니 부국가(夫國家)는 일정한 토지와 일정한 인민을 기초하고 기상(其上)에 일정한 주권으로써 통치하는 단체라 차내(此乃) 근세국가의 사상이나 연(然)이나 역사적으로 사회변천을 수(隨)하야 관찰할 시(時)는 왕고(往古)로부터 국가로 간주할 자(者)가 차요소(此要素)를 필용함은 아니니 가령 단일가족의 단체가 팽창하야 일국을 성(成)하 시대에 일정한 토지는 국가관념의 요소가 아니오 차기사실상 일정한 토지와 갓치 주거함에 지(止)하얏고 우수초(又水草)를 축(逐)하야 표박(漂泊)한 민족단체와 여(如)함도 역일정(亦一定)한 토지를 자기의 영토로 인작(認作)함이 무(無)하니라. 연(然)이나 근세각국이 호상대치(互相對峙)한 시대에 재(在)하야는 일정한 토지를 자기의 영토로 필정(必定)하고 기상(其上)에 건설한 단체됨을 요하나니 자(玆)에 소위 국가라 함은 차발달한 국가의 관념을 운(云)한 자(者)이라.[10]

라고 하여, 대체로 국가를 토지, 인민, 주권의 통치단체로 파악하고 있다. 그러나 이것은 형식적 구성요소들을 가리키는 것이요, 유치형의 국가론은 보다 국가의 절대적 존재임을 강조한는 데서 특색을 나타낸다. 그에게 있어서 국가는 국민에게 무조건의 복종을 요구할 수 있는 존재이고 아울러 고도의 윤리성을 갖춘 초월적 실체였다. 따라서 그는 국가란 계약에 의하여 성립되는 것이 아니라고 하고, 또한 국가 발생에 관한 학설들을 소개함에 있어서도 가족설과 정복설만 언급하고 계약설은 언급하고 있지 않다. 그러므로 그에게 있어서 국가는 이익사회가 아니라 공동사회이며, 따라서 단순한 개인의 총화(總和)가 아니라 공동

9 자세히는 國分典子, 「兪致衡と穗積八束」, 『法學硏究』(慶應大學) 72권 7호, 1999, 23-55쪽; 이창휘, 「유치형과 穗積八束의 헌법이론」, 동아대 석사논문, 2001.

10 유치형, 앞의 책, 3쪽.

체로서의 고유한 목적을 가진 실체적인 것이었다. 그는 이른바 인민주권설에 대하여 다음과 같이 비판적으로 서술하고 있다.

자래(自來) 법률학자는 국가는 현재 인민의 집합체와 갓치 설명하는 자가 불소(不少)하나 연(然)이나 차관념은 오류의 심(甚)한 자이니 법이론으로 논하던지 장우(將又) 국가적 역사상 관념으로 논하던지 불가불배척(不可不排斥)할 바이라. 개(蓋) 국가는 인(人)과 상리(相離)하야 독립한 목적과 생명이 유하니 국가의 존재는 기왕으로부터 장래에 달하고 유기현재(唯其現在)의 국민뿐으로써 국가의 존재라 함이 아니라 현재의 국민은 현재 국가의 분자됨은 물론이나 연(然)이나 오인(吾人)의 조선과 오인의 자손이 계시국가의 분자이니 고로 국가의 관념과 갓치 현재의 인(人)이 현재의 개인적 이익을 완전케하기 위하야 설(說)한 단체로 오해치 못할지라.[11]

그리고 유럽의 다수결주의, 개인주의 등의 학풍에 대하여도 다음과 같이 비판하고 있다.

자래(自來) 입헌정체의 이론으로 성행한바 다수숭배의 주의는 기무한거(其無限據)함이 자명할지니 영국헌법학자는 국가존재의 목적은 다수의 최대행복을 완전케함에 재(在)하니 소수는 다수를 위하야 필양(必讓)할시오 국가는 기현재(其現在) 인민다수의 최대이익이 유한 사(事)를 작성하기 위하야 존재하는 자라 논하야 차개인적주의는 일시구주(一時歐洲)를 풍미하야 여하한 사항에 지(至)하던지 다수가 소수를 압도함은 자연법의 원칙으로 간작(看作)한 시대까지 유하얏고 금일의 입헌정체도 차류오(此謬誤)한 견해에 기인하야 생(生)함이 상차불소(尙此不少)하나 최근한 국가사상에 재하야는 국가단체해물의 독립과 번영은 국가존재의 목적이오 현재인민의 일시편익뿐으로 기(其) 목적을 부작(不作)함이라 고로 소수는 다수에 필종함이라 하는 통의가 무(無)하니라 범하사(凡何事)던지 다수결에 의함이라 함이 자연법의

11 위의 책, 6쪽.

원칙이 됨과 갓치 신뢰함은 국가의 근본적 사상이 유오(有誤)함에 참유함이니라.[12]

이러한 유치형의 국가관은 한편으로 전통적 유교윤리에 기초를 둔 윤리적 국가관과 일본에서 배운 호즈미식의 보수적 국가관이 합친 것이라고 하겠다.

이러한 생각은 마치 홉스(Thomas Hobbes)의 국가론을 연상케 하는데, 유치형의 국가론에서 특징적인 것은 주권론이라고 하겠다. 그에게 있어서 국가의 주권은 무한 절대의 것으로 국민은 이에 무조건 복종해야 한다. 또한 그는 주권이 강대한 국가일수록 문명국이라고 생각하였고, 따라서 강대한 국가는 그 분자인 국민을 결집함이 강하다고 하였다. 그는 군주주권론의 열렬한 옹호자로서 의회와 국민의 의사에 의하여서도 국체는 바꿀 수 없다고 하고 우리나라에서는 군주주권이 적절하다고 하였다. 또 군주가 주권을 가지는 것은 군주 고유의 권리이지 법이 부여한 것이 아니라고 하여 군주를 헌법 이전의 헌법제정권자로 부상시키고 있다. 그의 표현을 보면,

> 주권은 군주가 기고유의 권력으로 유한 바이오 국법을 유하야 급여(給與)한 권리가 아니라 경론(更論)한즉 주권은 법의 출(出)하는 원천이오 법의 결과가 아니라. 고로 헌법에 명언함을 인하야 주권이 군주의게 존재함이 아니오 군주는 자기고유의 권력을 유하야 헌법을 제정하야 주권이 자기의게 존재함을 선명할 뿐이라 주권이 군주의게 존재함은 군주국 국체 정체의 기본이오 별로 법률을 인용하야 증명함을 부득할지니 하자(何者)오 권리의 존부는 법률)을 유하야 결(決)할 바 아니오 제반 국법은 주권이 군주의게 존재함을 전제로 작하야 판정한 소이니라.[13]

이것은 아무리 보아도 뒤에 얘기할 일본의 호즈미 야스카의 천황주권설의 한국적 설명에 지나지 않는 것 같다.

---

12 위의 책, 8쪽.

13 위의 책, 15쪽.

2. 헌법론

유치형은 헌법에 대하여 다음과 같이 정의를 내리고 있다.

> 헌법이라 하는 어사(語辭)에는 실질적 의의와 형식적 의의가 유하니 금(今)에 실질적 의의를 의하야 헌법을 해설할진대 국(國)의 정체를 규정하는 법칙이 즉 헌법이오 정체를 규정하는 법칙이 즉 헌법이오 우형식적 의의를 의하야 해설할진대 법률로써 변경, 폐지하기 부득하는 최고의 국법이 즉 헌법이라.[14]

이어서 헌법과 불가분의 관계에 있는 국체(國體)와 정체(政體)에 대하여 다음과 같이 설명한다.

> 헌법은 국체 · 정체의 대원칙을 규정한 법칙이라. 국체는 주권이 하처에 존재하느뇨 함에 의하야 구별하나니 가령 군주로써 주권자자(主權者者)이라 할 시는 기국은 군주국체오 주권은 인민일반의 공유라 하는 시는 기국은 소위 공화국체에 우정체(又政體)는 주권이 여하히 행사하여 인민은 여하히 통할됨이뇨 즉 정치의 형식 절차 여하를 의하야 구별하나니 가령 군주일인이 입법, 사법, 행정의 권력을 친재하야 직접으로 행사하는 시는 소위 전제정체오 입법, 사법, 행정의 권력을 삼개(三個)의 헌법상 통치기관에 위임하야 객자특립하야 행사하는 시는 소위 입헌 정체니라.[15]

라고 국체와 정체를 구별한다. 그리고 헌법의 개정과 관련하여 설명하기를,

> 헌법은 설혹 개정변경할지라도 국체에는 무관하야 기국에는 의연 존속하나니 즉 전제정체가 변하야 입헌정체를 성할지라도 차를 인하야 주권의 존재에는 변경이

14 위의 책, 10쪽.
15 위의 책, 11-12쪽.

불생하는지라. 고로 헌법의 제정, 개정은 국체의 변경이 아니오 정체변경에 불과함이니라 헌법은 사회의 사정을 수(隨)하야 장래에 개정변경함이 유할지라도 국체에는 영향이 호무(豪無)함은 차내 일본국체가 헌법에 대한 특종관계(特種關係)니라.[16]

라고, 대체로 일본 메이지시대 헌법이론을 그대로 옮겨 설명하고 있다.

알다시피 유치형의 『헌법』이 나온 때는 고종황제가 통치하던 시대이다. 그래서 『헌법』에서는 「통치의 주체」라 하여 황위에 대하여, 그리고 섭정에 대하여 상론(詳論)하고 있다. 황위에 대한 정의를 보면,

통치의 주체라 함은 주권의 존재한 바를 운함이니 즉 주권의 본체라 운함과 무이하며 우일본과 여한 국(國)은 순수한 군주국체니 고로 황제로써 주권의 본체를 작함이라 황제는 주권을 대표함이 아니오 자기 고유의 권력으로 주권자이니 차가 군주국의 본령이오 우해국(又該國)의 국체라 기헌법 제일조에 명언하야 운일본제국은 만세일계의 천황이 통치함이라 하얏스니 해국국체(該國國體)와 여하 급(及) 주권의 소존여하(所存如何)에 지(至)하야는 타이의(他異議)를 불허하나니라.[17]

라고 하여, 한국의 황제의 지위를 일본천황의 지위와 같이 설명하고 있다. 여기서 표현은 황제, 천황, 군주로 혼용하고 있다.

군주는 신성하니 불가침이라 개군주(盖君主)는 주권자인즉 군주를 침함은 즉 국(國)을 상(傷)함이라 국(國)이 국(國)으로 존(存)함은 주권이 재함에 유(由)함이니 약주권(若主權)이 타력(他力)을 의하야 침범되는 바가 유(有)할진대 시(是)는 즉 국의 존재가 침법되는 자라. 주권을 신성하다 하야 옹호함은 군주가 주권자라 하야 기세력을 도빈(徒貧)케 함도 아니며 우신민이 군주의 신체에 대하야 기산체(其散體)를

16 위의 책, 14쪽.

17 위의 책, 14-15쪽.

극진케함이라 하는 의(義)도 아니오, 국이 국으로 존재함을 옹호함이니라.[18]

라고 설명하고 있다. 이어서 황위의 계승에 대하여,

헌법상 황제라 운함은 추상적 관념으로 황위에 존하는 인을 지적하야 모특정인을 의미함이 아니오 황제가 국을 통치함이라 함은 통치의 주권은 황위에 재함이라 함을 선언한 자라 고로 갑군주가 붕어하고 을인이 황위를 천(踐)하는 경우에도 동일한 인이 계속하야 황위에 재함과 갓치 간작(看作)하고 황위가 변경함으로 간작치 아니하나니 법률격언에 군주는 불사라 함이 개차의미(盖此意味)니라.[19]

라고 전제하고, 계속하여 황위계승의 원칙을 다음과 같이 설명한다.

황위는 만세일계의 황통[皇統 - 차(此)는 일본의 특색]이 계승함이라 황통이라 함은 조종(祖宗)의 계통을 승하는 정통을 운함이니 조종의 정통이 아닌 즉 황통이라 운하기 부득하며 우황통은 일계(一系)오 차불가분(且不可分)이니 황통이 아닌즉 황위에 즉하기 부득함이라 시내헌법에 명언하는 바이며 황위의 계승이라 함은 통치의 주체된 군주의 위를 상속함을 운함이라 연(然)이나 계승이라 함은 사실을 지(指)함이니 법률에 소위 상속과 기의(其義)가 부동(不同)하며 군주의 위(位)에 즉함은 군주기인(君主其人)의 고유권을 유(由)함이오 법률로써 급여함이라 헌법급 황실전범 이하의 법령은 군주가 즉위하는 사실을 선언하는 자니 차를 유(由)하야 천위(踐位)의 권(權)을 득실(得失)케 함이 아니니라.[20]

라고, 대원칙을 밝히고 있다. 그러면서 그것은 헌법의 소관사항이 아니고 황실전범에서 다룰 사항이라고 설명하고 있다. 당시 우리나라에는 황실전범이 없었

18 위의 책, 20쪽.
19 위의 책, 21쪽.
20 위의 책, 21-22쪽.

는데도 일본의 헌법이론으로 설명하자니 그럴 수밖에 없었던 것으로 보인다.

황위계승의 순서는 기국황실전범의 정하는 바 상세한 법리해석의 필요가 별무함이라 연(然)이나 금(今)에 기대체(其大體)를 일언할진대 황위는 남계의 자손이 계승하고 설혹 조종의 혈통이라도 남자를 인하야 상전(相傳)한 통(統)이 아니면 황통으로 인주치 아니하나니 가령 황여자가 신하에게 가하야 생한 자손과 여(如)함은 황통이 아니며 우남계의 남자가 아니면 황위에 즉하기 부득함이라. 역사상 여자가 황위에 즉한 사례도 불무하나 연이나 차는 소한 사례오 동아관습급 현행이론황실전범에는 여자는 황위에 즉함을 불허하며 우계승의 순서는 직계상속이오 우장자상속의 주의를 취함이라. 직계상속이라 함은 부가 자에게 전하고 자가 손에게 전하는 류(類)를 운함이요 장자상속이라 함은 지출(志出)한 남자로써 상속자라 함이오 약우직계(若又直系)의 남자가 무할 시는 방계의 남자가 입하나 연이나 차는 부득기한 경우의 예외니라.[21]

그 다음은 섭정에 대하여 상론하고 있었는데, '섭정은 황제의 명으로 통치권을 행사하는 것' 이라고 정의하고 다음과 같이 설명하고 있다.

황제의 명이라 함은 대리(代理)라 함과 갓치 자기의 권력으로 통치권을 유(有)함이 아니며, 우섭정은 황제의 명으로 통치권의 전체를 행하는 자니 모사무(某事務)를 위임를 위임함에 인하야 부담함이 아니라, 시내(是乃) 보통의 통치기관이 황제의 명령에 유(由)하야 위임을 수(受)하야 통치권의 기일부분을 장이(掌理)함과 이(異)난 바니라. …… 구주교과서에는 왕왕 섭정을 민법상 후견인으로 인주하야 설명한 바 유하나 연이나 차난 상세변명치 아니하야도 민법상 후견과 섭정은 기사실, 목적 급(及) 형식의 부동(不同)하나니 후견이라 함은 가령 유년자의 이익을 보호하기 위하야 진하난 제도니 즉친족상 제도나 시(是)와 상반하야 섭정은 국가의 통치상 필요하 인(因)하야

21 위의 책, 22쪽.

설(設)하난 자니 피후견자 일신의 보호랄 위하야 설(設)하는 자가 아니니라.[22]

그러한 섭정의 개념은 당시의 한국 상황에서도 대원군의 섭정을 경험한 바 있어 헌법적으로도 중요하다고 느껴졌기 때문에 상론한 것이 아닌가 추측된다.

오늘날의 헌법에는 국민의 기본권과 기본의무에 관한 부분이 상당한 비중을 차지하고 있는데, 유치형의 『헌법』에서는 '통치의 객체'라 하여 17쪽에 걸쳐 국토와 도민(道民)으로 나누어 약술하고 있다. 이에 대하여 서론적인 설명으로,

통치의 객체는 국상(國上) 급(及) 신민이니 차사(此事)난 사실상 용의할 바 무하고 설명할 필요도 무하나 연이나 법리학의 문제라난 자래로 해석이 불일하야 혹은 통치의 객체난 인민이라 하며 혹은 인민과 토지를 합병하야 성한바 사회단체라 하며 우왕석대건제도의 관념을 의한즉 통치의 목적물은 토지라 단칭하야 여사히 각종의 해석이 유함이라 고로 학문상 연구하난 기일정한 의견을 정함이 필요하나니라. 여배(余輩)가 인민급국토로써 객체라하난 의미난 기이개물(其二個物)이 통치권의 동작을 수함이라 하난 의미오 토지와 인민이 병합하야 일물을 성하고 기일물이 객체라 함과 부동하며 우통치의 객체는 개인이라 단칭함과도 부동하니라.[23]

라고 하고 있다. 그리고 국가와 국민[國民 : 도민(道民)이라고 표현]의 관계에 대하여 다음과 같이 서술하고 있다.

신민과 국권의 관계는 절대적 복종관계니 신민은 국권에 대하야 절대로 복종함을 인하야 국권의 보호를 수하기 득하고 차국권이 인(人)을 보호함을 인(因)하야 인(人)의게 권리가 생함이라. 고로 인의 권능은 절대적으로 복종함을 인(因)하야 생함이라 위할지니 시내(是乃) 여배(余輩)가 본장(本章)에 설명하는 취지의 요령이라.[24]

---

22 위의 책, 23-24쪽.

23 위의 책, 28쪽.

24 위의 책, 39쪽.

라고 하여, 실정법적 기본권설, 나아가 권리는 오로지 의무와 복종 속에서만 찾을 수 있다는 설명을 하고 있다. 이것은 일견 모순되는 것같이 보일지 모르나 저자 유치형은 다음과 같이 설명하고 있다.

> 신민은 무권력이오 절대의 복종자라 술하얏스나 차사상과 인민이 권리가 유하다 하는 법률상 사상과는 결단코 모순함이 아니라 복종이 무할진대 권리가 무함은 실로 법리의 원칙상 가쟁(可爭)치 못할 바니라.[25]

이것은 독특한 권리의무동근설(權利義務同根說)로서 주목된다. 이러한 관점에서 그는 자연권설 내지 사회계약설에 대하여 다음과 같은 태도를 취하고 있다.

> 왕석(往昔) 법리의 연구가 고미정밀(姑未精密)한 시대에 재하야난 인(人)은 천부의 권리를 보호하고 국가는 법률로써 제한함에 근지(僅止)함으로 간주하니라. 인(因)하야 국가와 일개인은 대립평등함이 원칙이오 특별한 규칙에 지하야 신민의 자유를 제한하야 복종자로 작함에 불과함으로 해석하얏스니 차사상을 의한즉 법률의 불금하는 바는 즉인민의 권리, 자유도 국민이 국권에 복종함은 자기의 권리를 다소 포기하는 의의를 포함하고 복종을 인하야 권리가 생함이라 함은 호상모순(互相矛盾)하는 사어(辭語)로 복종과 권리는 정반대의 의미를 함유하니라. 약언한즉 권리는 국법을 의하야 생함이 아니오 국법은 권리를 제한하며 차침해하는 기구로 해석하니라. 연이나 현령 국가사상에 재하야는 기정반대의 원칙으로써 국을 성하는 기초로 하니 즉민이 국권이라 하는 일종 최고력에 대하야 전연 복종함을 인하야 국가적 단체를 성하는 자이라 국가적 단체와 인민간계약을 인(因)하는 단체의 구별이 자(玆)에 존재하니 인이 계약으로써 사회를 조성함은 기범위 급 일정한 정도에 재하야 단체기물의 명령에 복종하고 감히 위반치 아니함을 약정하는 자나 연이나 국가의 조직은 차(此)와 이(異)하야 무조건 즉 모(某) 정도를 불한하고 국권에 전연 복종하

25 위의 책, 40쪽.

는 기초를 의하야 국가되는 단체를 성하는 자라.[26]

이렇게 본다면, 우리는 유치형의 헌법사상에서 다음과 같은 두 가지 문제점을 발견하게 된다.

첫째는 그의 헌법사상이 스스로 서두에서 내걸었던 만큼 근대적 의미로 발전하였는가 하는 점으로 그에게서 볼 수 있는 것은 군주주권론의 강조이지 인민과 기본권에 대한 배려는 거의 나타내지 않고 있다고 하는 사실이다.

둘째는 서양적 헌법이론을 그는 나름대로 받아들여 한국적 상황에 맞추어 수용하려고 애를 썼다고 볼 수 있으나, 과연 얼마만큼 일본천황주의 헌법사상의 채색이 벗어졌는가 하는 의문이다.

3. 통치기구론

유치형은 『헌법』에 의하면 국민의 권리는 국가에 절대적으로 복종함으로써 나오는 것이지 천부적인 것은 아니다. 그러나 인권사상과 신민의 절대복종의무가 모순되는 것은 아니다. 왜냐하면 신민은 국가주권에 복종함으로써 비로소 권리를 얻는 것이고 복종하지 않으면 권리도 없기 때문이다. 유치형의 『헌법』에 기본권론이 빠지는 것은 이런 이유에서라고 하겠다. 그는 국가와 인민의 관계를 무능력자와 친권자, 후견인과의 관계에 비교하기도 한다.[27]

국가권력에 관하여 보면, 그는 먼저 주권과 통치권을 동일시하고 있다. 또한 통치권은 유일불가분한 것이고 삼권분립이란 권력 자체의 분할일 수 없다고 한다. 이와 같은 견해는 오늘날의 헌법이론과는 다르지만 군주통치의 주권성을 강조한 결과라고 하겠다.

또한 유치형에게 권력분립이란 권력 자체의 분할이 아닐 뿐더러 그는 권력분

26 위의 책, 40-41쪽.
27 위의 책, 43쪽.

립 자체를 인정하지 않는다. 그는 사실상 백관이 권력을 나누어 가짐은 국왕이 혼자서 모든 일을 할 수 없음에 유래하는 것이며, 또한 그 권력도 국왕의 권력행사의 확인 · 보조에 지나지 않는다고 하고 있다. 다만 국권의 작용을 대권, 행정권, 사법권, 입법권으로 나눌 뿐이다.

군주에 대해서는, 그는 군주는 신성불가침이며, 설사 헌법이라도 마음대로 개정할 수 있다고 하고, 군주가 헌법에 따라야 한다는 것은 자신이 제정한 것을 변경하기 전에는 그에 따름이 타당하다는 정도의 강제할 수 없는 단순한 요청으로만 파악하고 있다.

결국 유치형에게 주권자로서의 군주와 통치기구로서의 군주는 엄격히 구분되지 않고 있는데, 그것은 "황위와 황제는 분리하여 관찰할 수 없다"[28]라고 하는 서술에서 잘 나타난다. 어쨌든 이러한 이론으로 해서 그에 있어서 군주는 법 위의 만능자로 나타나고 있다.[29] 그는 다음과 같이 설명한다.

> 군주는 무한의 권력이 유(有)한 고로 헌법을 설(設)하야 차에 의거함을 득함이니 군주가 차의사를 설명한 자 즉 헌법이라 부신민은 법률을 의거할지라도 법령을 제정하는 권력이 무하나니 차에 의거함을 명언함에 인하야 준수함이 아니니라. 약(若) 군주가 자기선언에 위반하야 헌법위반의 행위가 유할진대 기조규에 조(照)하야 과위 여부는 법률론으로써 가히 판단하기 득할 자라. 연이나 주권을 제한하기 득하는 권력이 무하나니 고로 하인(何人)이든지 군주의 행위에 대하야는 심판을 부득함은 물론이니라.[30]

유치형은 정부는 군주의 대권행사(大權行使)를 보필하는 기관에 불과하다고 하였는데, 이 때 정부는 행정관부와 구별된다고 하고 정부를 정의하기를 '국무대신의 합의체'라 하였다.[31]

---

28 위의 책, 17쪽.
29 위의 책, 19쪽.
30 위의 책, 19쪽.

의회에 관하여는, 유치형은 의회제도에 대한 불신을 표명하고 있다. 즉 국회에 실질적인 입법권을 부여하는 서양 여러 나라의 헌법이론에 불만을 표시하고 입법권은 의회에 있는 것이 아니라 국왕에게 있고 의회의 의결은 입법요건에 불과하다고 한다. 그리하여 국회가 국가권력의 일부를 행사한다는 점을 부정하고 있다. 그리고 국회가 국민대표기관임을 인정하지 않고 오히려 국회는 치자의 기관이라 하여 국회의 군주보조기관성(君主補助機關性)을 강조하고 있다.[32] 또한 의회제도의 기원에 대한 설명에서 의회제도의 시초라 할 수 있는 것은 희랍뿐만 아니라 게르만 원시사회에도 있었으며, 원래 서양의 의회라고 하는 것은 게르만 사회의 원시성으로 말미암아 군주부재성 때문에 비롯된 것이라고 설명한다.[33] 그리고 이념적 통일체로서의 국민이라는 개념을 상정하지 못함으로 해서 국회의 국민대표성을 부정하고 있는데, 이러한 주장에서 유치형의 법실증주의적 면모도 나타난다. 이 밖에 그는 의회제도는 응당 양원제가 되어야 한다고 생각한 것 같다.[34] 요컨대 유치형의 의회론은 형식은 근대적인 것일지라도 그 내용은 매우 전통적 군주지배사상의 색채를 띠고 있는 것이다.

마지막으로 사법권에 관하여 보면, 그는 사법권도 주권의 일부이므로 역시 군주에게 속한다고 보고, 사법권 고유의 관할사건은 민형사건이며 다만 법규가 특별히 규정한다면 다른 사건도 관할할 수 있다고 하고 있다.[35] 이것은 행정재판은 본질적으로는 사법권의 관할사항이 아니라는 것을 시사한 것으로 생각된다.

입법에 있어서는 국회의 협찬을 필요로 한다고 하면서도 그 이유는 국가의 법칙은 법률이라는 특별 형식을 불가분 갖추어야 되기 때문이라고 함으로써 매우 형식적으로 국회의 기능을 파악하고 있다. 또한 입법은 군주의 권한이므로 당연히 법률의 발효를 위하여는 군주의 재가가 있어야 한다고 하였다.

31 위의 책, 70쪽.
32 위의 책, 59쪽.
33 위의 책, 51쪽.
34 위의 책, 59쪽.
35 위의 책, 77쪽.

유치형은 입법사항을 헌법상 대권사항, 헌법상 입법사항, 자유입법사항으로 나누고 있으나 법규 개념에 대한 이론적 정비는 없는 듯하다.[36] 그는 다분히 법명령설적 입장에 서고 있는데, 그 때문인지 헌법, 법률, 명령의 구별은 실질상으로는 명확하지 않고, 다만 형식적 효력에서 차이가 날 뿐이라고 한다. 그리고 국제법과 국내법의 관계에 대하여는 그는 이원론의 입장을 취하고 있다.[37]

Ⅲ. 유치형과 호즈미 야스카(穗積八束)

이상과 같은 유치형의 법사상은 스스로 밝혔듯이 일본의 헌법학자 호즈미 야스카에게서 크게 영향을 받았다. 그렇다면 이 두 사람의 관계에 대하여 좀 자세히 알아볼 필요가 있을 것이다.

호즈미 야스카는 1860년에 태어나 1912년에 사망한 일본 메이지시대의 굴지의 헌법학자였다.[38] 그는 1883년 7월에 동경제대를 졸업하고 연구생으로 있다가 마침 이토 히로부미(伊藤博文)가 독일, 오스트리아의 헌법조사를 마치고 돌아와 메이지헌법 기초에 착수하자 이를 도왔다. 이와 함께 그는 독일로 유학을 떠났는데 이노우에(井上馨)는 슐체 게버니츠(Hermann Schulze von Gaërnitz, 1824-1888)를 추천하고, 이토는 그나이스트(Rudolf von Gneist, 1816-1895)에게 갈 것을 추천하였지만, 호즈미는 4년 반의 유학생활 중 3년을 쉬트라스부르그 대학의 라반트(Paul Laband, 1838-1918)와 루돌프 조옴(Rudolf Sohm, 1841-1917)에게서 보냈다. 라반트는 법학의 임무를 실정법의 논리적 구성에 한정시킬 것을 주장한 학자였는데, 그러한 주장은 이미 호즈미가 일본에서 배운 테리(Terry)가 가르친 오스틴(John Austin)류의 분석법학과 흡사한 것이

36 위의 책, 110-111쪽.

37 위의 책, 130쪽.

38 자세히는 潮見後陸 · 利谷信義編, 『日本の法學者』, 日本評論社, 1975, 97-113쪽; 長尾龍一, 「穗積憲法學雜記」, 『法哲學年報』(1969); 家永三郎, 『日本近代憲法思想史硏究』(1969); 長尾龍一 編, 『穗積八束集』, 信山社, 2000.

었다. 한편 호즈미는 법을 민족정신의 산물로 보는 역사법학파(Historische Rechtsschule)의 영향을 받기도 하였다.[39]

이러한 공부를 하고 돌아온 호즈미는 동경제대의 헌법교수가 되었는데, 그는 한마디로 천황, 즉 국가라는 보수주의적 헌법이론을 전개하였다. 1896년에 『헌법대의』, 『행정법대의』, 1897년에 『애국심』이라는 책을 내었는데, 이러한 책들을 유치형은 읽었을 것이고, 특히 그의 『헌법』은 호즈미의 『헌법대의』를 기초로 한 것임은 스스로 밝힌 바이다. 어쨌든 호즈미의 이러한 이론에 대하여 적지 않은 비판이 있었다. 권력에 아부하는 곡학아세의 이론이라느니, 부자의 사위로서 영달을 위한 수작이라느니, 어용학자라느니 하는 비난이 끊이지 않았다. 그러나 호즈미는 제국대학 교수, 법과대학장, 귀족원의원, 학사원회원, 궁중고중관 등 영예를 한몸에 안고 나아갔다. 처음에는 그를 비판하던 제자 우에스기 신기치(上杉愼吉, 1876-1929)[40]가 그를 이어 동대(同大) 헌법교수가 되면서 오히려 스승의 이론을 이어받아 강력한 변호론자가 되었고, 이에 대한 미노베 다츠기치(美農部達吉, 1873-1948)와의 논쟁은 메이지 헌법학계를 뒤흔드는 사건이었다.[41] 미노베는 호즈미, 우에스기의 천황주권설을 변장적(變裝的) 전제이론(專制理論)이라고 통박하면서 국가법인설, 천황기관설을 주장하였던 것이다.

그런데 유치형이 그의 『헌법』을 저술한 해를 1907년(늦어도)으로 본다면 그는 이러한 일본에서의 헌법 논의를 얼마나 자세히 알고 있었던가? 이에 대하여는 불행히도 그가 언급한 곳이 아무데도 없기 때문에 무어라 말할 수가 없다. 그가 이러한 사정을 다 알면서 호즈미의 천황주권설을 취한 것일까? 그것만이 한국의 당시의 고종황제치하의 현실에 맞는 이론이라고 생각하였던가? 예컨대 미

39 자세히는 Richard H. Minear, *Japanese Tradition and Western Law; Emperor, State and Law in the Thought of Hozumi Yatsuka*, Harvard Univ. Press; 1970 長尾龍一, 『日本法思想史研究』, 1981, 83-93쪽.

40 이에 대하여는 長谷川正安 · 上杉愼吉, 『日本の法學者』, 日本評論社, 1975, 205-217쪽.

41 자세히는 奧平康弘 · 美農部達吉, 『日本の法學者』, 日本評論社, 149-168쪽; 小林直樹 · 美農部達吉, 『法學セミナ』 1960年 6月號; 松尾尊允 · 美農部達吉, 『日本人物史大系』 제7권; 田 忍, 「憲法改正論における佐佐木說と美農部說」, 『同志社法學』 제64호.

노베가 1903년 『법학지림』(法學志林, 제50호)이라는 잡지에 「군주의 국법상의 지위」라는 글을 발표하여 이미 군주는 국가의 기관이라는 이론을 전개하였는데 유치형은 그것을 읽었을까 못 읽었을까? 만일 읽고도 호즈미설을 따랐다면 자신도 한국에서의 호즈미 같은 '헌법학의 프린스' 로서의 관학자(官學者)가 되어 보려고 했던 것일까? 이러한 구구한 억측들을 할 수 있겠지만 이에 대하여 무어라 단서를 잡기는 힘들다. 다만 우리가 부인할 수 없는 것은 유치형이 동경에서 유학한 1895-1899년에 접한 호즈미 헌법학은 당시의 메이지헌법 아래에서의 가장 영향력 있는 기성이론이었고, 미노베의 설은 아직도 붕아기에 있었다고 하는 사실이다.

유치형이 직접 호즈미의 강의를 들었는지 아니면 『헌법대의』(1896) 등의 저서만 읽었는지는 확인할 수 없다. 일본에서 호즈미 헌법학이 1929년 그의 후임자 우에스기의 사망과 함께 사실상 소멸되었다는 사실과 유치형이 1910년 한일합방과 함께 한국의 황제제가 없어짐은 물론 주권마저 상실된 상황에서 이 이상 헌법학자로 아이덴티티를 지킬 수가 없어 붓을 꺾고 은행에 들어가 조용히 만년을 살았다는 사실과도 아날로지가 성립될 수 있을지? 어쨌든 한말의 법학자 유치형이 한국 최초의 헌법학자였다는 사실을 부인할 수 없으며, 그의 아들 유진오 박사에 의하여 헌법학의 가계는 계승 발전되었다.

연보 및 논저

■ 연보

1877. 1. 14	경기도 광주 출생
1895. 3	관비유학생으로 선발
1895. 4	일본 경응의숙 입학
1896. 7	동경 주오(中央)대학 입학
1899. 7	동대학 졸업
1899. 8	일본 사법성과 재판소 견학
1899. 11	일본에서 귀국
1900. 4	사립 중구의숙 교사
1900. 8	철도학교 교사
1901. 9	법부 법률기초위원
1903	농사
1904. 2	주영공사관 참서관
1904. 6	궁내부 회계과장
1905. 10	제실제도정비국 비서
1906. 2	궁내부 제도국 참서관
1906. 11	가례비검오 위원
1906. 12	제실저정회의 기사장
1907. 6	수학원 교관
1907	대동전문학교 및 보성전문학교 강사
1907. 6	신내부 참서관 및 궁내부 대궁 관방내사과장
1907. 8	어원사무국 이사
1911. 2	이왕직 사무관
1913. 4	한성은행 서무과장
1920. 1	한성은행 취체역
1933. 9. 10	서울에서 작고

■ 저서

『헌법』, 출판연도 미상

『해상법』, 출판연도 미상

『물권법』 1부, 2부, 출판연도 미상

『경제학』, 출판연도 미상

『논리학』, 출판연도 미상

『국제법약설』(필사본)

『일본헌법』(필사본)

최 태 영

(1900-2005)

⑤ 최태영 (1900-2005)

최태영(崔泰永)은 1925년 한국인 최초의 법학교수가 된 이래 보성전문학교(현 고려대), 부산대, 서울대, 중앙대, 경희대, 청주대 등에서 교수, 인문대학장, 법대학장, 대학원장 등을 역임하면서 평생을 법학교육과 법철학연구에 매진한 교육자이자 법학자이다. 일제강점기 보성전문학교와 경신학교에서 교육과 학교운영에 주력하였으며, 해방 이후에는 헌법을 제외한 한국 법제정과 고시제도 등 대한민국 법제도의 틀을 세우는 데 공헌하였다. 식민지 어문정책에 공식적 반대입장을 표명했고, 일본신사에 참배하지 않았으며, 해방이후 한민당 발기인 참여, 이승만 정권의 법무부장관 및 대법관직 권유를 거절하고 연구와 교육에만 몰두하였다. 2005년 11월 30일 105세를 일기로 타계할 때까지 전·현직을 통틀어 최고령 대한민국 학술원회원이었다. 평생 학문에 매진했던 그의 생애는 한국 근대 법학의 100년 역사와 함께 해 왔다고 해도 과언이 아니다. 20세기 초 언더우드, 게일, 모펫, 쿤스 등 개신교 선교사, 김구, 안창호, 이시영, 정인보, 안재홍, 최남선, 백남훈, 장지영, 윤치호, 신흥우, 이광수, 김성수, 홍명희 등 근대 초기 지식인들과 교유하여 당시 상황을 생생하게 기억하는 마지막 인물이기도 하였다. 영미법 및 상법학에서 시작된 그의 학문적 관심은 서양 법철학의 역사적 배경, 중국 법철학의 역사적 배경을 거쳐 한국 법철학의 역사에까지 이어졌다. 법의 연원과 그 역사에 대한 깊은 탐구는 만년에 한국 상고사 및 고대사에 대한 관심으로 전환되어 한국 고대사에 대한 여러 저술을 간행하기도 하였다.

I. 생애[1]

최태영은 1900년 음력 3월 28일 황해도 장련군 읍내면(후일 은율군 장련면으로 바뀜) 동부리에서 아버지 최상윤, 어머니 김영순의 6남 3녀 중 맏이로 태어났다. 할아버지 최계준은 15세에 부모를 잃고 사업을 통해 자수성가한 인물로, 본래 천주교도였는데 청일전쟁과 러일전쟁 이후 자손의 신교육을 위해 개신교로 개종하였다. 아버지 최상윤은 평양 숭실중학을 거쳐 서울의 세브란스 의전을 중퇴하고 고향으로 돌아와 서당과 야학을 열고 교육사업에 주력하다가 안악사건, 임정자금모집사건 등으로 옥고를 치르기도 하였다. 신교육에 대한 강한 의지를 가진 가정환경에서 자란 최태영은 1905년 장로교 계열의 사립 광진학교에 입학하여 1910년 폐교될 때까지 공부하였다. 이 때 교사로 있던 김구를 처음 만나 이후 지속적으로 교유하였다. 일제의 교육령으로 광진학교가 폐교되자 1911년 황해도 문화군 구월산에 있는 종산학교로 옮겨 졸업을 하고, 1913년 가을 서울 경신학교에 보결 편입하여 1917년 중학 본과를 졸업하였다.

1917년 일본으로 건너가 세소쿠영어학교를 다니면서 한문과 일본어를 공부하다가 검정고시를 거쳐 1918년 일본 메이지대학 예과에 입학하였고 본과에서는 영법학을 전공하였다. 최태영은 본래 수학, 물리를 전공하려 했으나, 아버지의 명으로 영미법학과 서양철학을 공부하게 되었다고 한다. 메이지대학시절 법

1 최태영에 대해서는 그의 회고록인 최태영 · 김유경, 『인간단군을 찾아서』, 2000, 학고재; 최종고, 『한국법사상사』, 서울대출판부, 2003(전정판); 김유경, 「법학과 역사의 지성」, 최태영 저, 『한국고대사를 생각한다』, 2002; 최태영, 「나의 역사연구는 평생 지고갈 고독한 사명」, 『북한』, 북한연구소, 2004년 5월호.

학을 전공하면서도 번역에 관심이 있어 『링컨전』, 『헬렌 켈러전』 등을 번역하여 성서공회에서 출판하기도 하였다.

유학시절이던 1919년 겨울방학에 조선에 돌아와 3 · 1운동에 참여하였다가 옥고를 치르기도 했는데 나이가 어리다는 이유로 3개월 만에 풀려날 수 있었다. 같은 해 김구의 부인 최준례의 중매로 김용승의 딸 김겸량과 결혼하였다. 김겸량은 황해도 신교육사업에 주력하던 만석꾼 집안의 딸로 안악 안신학교를 졸업하고 최태영과 결혼 후 도쿄 쇼이에(頌榮) 여학교에 유학하였다. 김겸량은 1975년 먼저 세상을 뜰 때까지 최태영의 평생의 반려가 되었다.

최태영은 1924년 3월 메이지대학 영법학과를 최우등으로 졸업하는 한편, 졸업생 중에서는 유일하게 영어교사자격증을 취득하였다. 학교에서는 일본의 법전교수로 갈 수 있는 소개장을 써주었지만, 메이지대학 학형이었던 김병로의 권유로 같은 해 귀국하여 보성전문학교에 자리를 잡았다. 강사 1년을 거쳐 1925년 보성전문 상과와 법과에서 법률과목을 가르치는 최초의 조선인 법학교수가 되었다. 경신학교의 부교장 겸 영어교사까지 맡으면서 두 학교를 겸직하였다. 일본 주오(中央)대학 졸업생들이 운영하는 경성법학원과 보성전문의 야학부 전수학원에 나가 보수 없이 법률 강의를 하기도 하였다. 보성전문에서는 주로 상법, 민법, 법학통론 등을 가르쳤는데, 일본인 정교수 3명이 도쿄제국대학으로 옮겨가게 되자 이들이 하던 일본헌법, 행정법, 형법 등의 강의까지 맡게 되었다. 이후 1945년 해방될 때까지 보성전문학교 교수, 경신학교 영어교사, 부교장, 제9대 교장을 역임하는 등 활발한 교육활동을 지속하였다. 보성전문학교 재직 중에는 1934년에서 1937년까지 발행된 최초의 대학학술지인 『보전논집』(普專論集)의 주편집인으로 활동하면서, 「히브리법 토라연구」(希伯來法(TORAH)研究)라는 논문을 3회에 걸쳐 한글로 발표하였다. 후일 최태영은 당시 자신이 이 논문들을 저술한 이유는 예전부터 함무라비법, 바빌론법, 아시리아법 등 고대법을 연구했기에 가능했으며, 토라(구약성서의 첫머리 5개 부문)에서 굳이 법률항목을 찾아낸 것은 이집트에서 독립해 나오는 히브리법을 말하면서 조선의 처지를 간접적으로 말할 수 있었기 때문이었다고 회고한다. 일제 치하에서 현대법을 언급하기에는 어려운 점이 많았고 논문집 발행에 결정적 장애가 될 수 있었기 때문이었다. 그러나 이러한 노력에도 불구하고 조선총독부의 논문집 검열은 엄격해져 갔고, 결국 3집까지 내고 1937년 이후에는 그나마 더 낼 수 없었다.

한편 1936년부터 일제는 신사참배를 강요했고 당시 기독교 계열의 사립학교들은 종파별로 입장을 정리하기 시작하였다. 가톨릭의 교황은 참배 거부로 일본과의 충돌을 원치 않는다는 입장을 표명했고, 조선과 일본 감리교의 총감독을 겸하고 있던 해리스는 일본의 방침에 순응하였다. 장로교가 문제였는데 장로교 5개 파 가운데 미국 남부를 대표한 남장로파는 신사참배 문제가 나오자마자 선교구역인 전라도의 학교들을 자진폐교하고 신사참배를 비판하며 미국으로 돌아갔다. 나머지 4개 파는 1937년 6월 21일 선교사 150명이 모인 기독교 장로교 총회를 평양 숭실전문에서 개최하고, 만장일치로 신사참배 공식거부를 결의하였다. 장로교가 일본 신사참배를 거부하기로 결의하면서 장로교 계열 대부분의 학교가 강제폐쇄되었고, 1940년 선교사들은 추방되었다. 이에 최태영은 1938년 경신학교의 경영권과 재산을 인수, 1939년 3월 김홍량과 함께 운영을 맡게 되었다. 그러나 1945년 해방 직전 일본어 상용을 반대하는 연설 때문에 학교경영일선에서 강제로 배제되었다. 연설 후 도청에서 나와 경신학교를 수색하여 자료를 압수해 갔다. 그러나 다행히 며칠 후 히로시마에 원자탄이 떨어지고 조선은 광복을 맞아 위기를 모면할 수 있었다.

해방 이후 최태영은 경신학교를 장로교재단에 반납하였다. 이후 1946년 5월부터 1947년까지 부산대학에서 인문대학 교수와 학장을 역임하였고, 1947년 서울로 올라와 1949년까지 서울대학교 법과대학 교수와 초대 학장을 지냈다. 1948년 9월 법전편찬위원이 되어 육법 중 민법 · 형법 · 상법 · 행정법 · 소송법이 제정되는 데 참여하였다. 이 시기 고시위원회 상임 수석 고시위원으로서 사법 · 행정 · 외무고시 등의 고시령을 만드는 데 공헌하기도 하였다. 상법 중의 유가증권법은 세계통일법을 취하고 민법 중의 불법행위는 영국법을 참작하여 제정하도록 한 것은 그가 적극 주장한 때문이었다. 김병로, 이인 등과 함께 그가 헌법제정에 나서지 않은 것은 당시 대통령 탄핵조항을 없앤 헌법 작성을 거부했기 때문이었다.

이후 중앙대, 신흥대(현 경희대), 청주대에서 교수와 법과대학장, 대학원장 등을 거치면서 교육과 연구활동에 주력하였다. 1957년에서 1972년까지 한국상사법학회 회장, 1966년에서 1967년까지 한국법학교수회 회장을 역임하기도 하였다. 상법은 최태영이 21년간 보성전문 재직 내내 강의했고, 해방 후 서울대 등에 옮겨서도 계속하여 총 50여년 강의한 주요 관심사였다. 후일 그는 애초에 상법에 치중한 것은 일본왕을 들먹이는 일본 헌법 이야기를 그나마 좀 덜할 수 있다는 점 때문이었다고 회고하였다. 뉴욕의 유가증권법을 공부했기 때문에 적절한 강의를 학생들에게 해줄 수 있었고, 세계통일법이 제정되었을 때 동아일보에 이 법의 해설을 연재, 이후 평양의 출판사가 이를 단행본으로 출판하였다.[2] 그 후의 저서 『현행 어음 · 수표법』(1953)은 세계통일법과 영미법을 비교한 이 방면 최초의 전문서적이었다. 그는 이 시기 전문적인 법학 관련 저서와 논문들을 다수 발표하였다. 저서로는 대학교재라고 할 수 있는 『상법총칙 및 상행위법』(1957)이 대표적이고, 공저로 『법학개론』(1960), 『신민법총칙』(1961) 등을 간행하기도 하였다. 논문으로는 「우리나라 옛날의 어음관습」(1955), 「18세기 영구평화제창자 3인의 국제평화론」(1955), 「스토아학파의 자연국가 및 자연법론」(1956), 「희랍의 법치사상의 현대적 의의」(1957), 「사권(私權)의 상대성(공공성)」(1958), 「Sauer의 법철학의 문화가치와 규범적 범신론」(1959), 「주주와 이익배당」(1962) 등을 발표하였다.

1975년 아내 김겸량이 작고하였다. 그는 후일 "아내가 먼저 세상을 떠났다. 충격이었지만 나는 계속 학문에 정진했다. 그럭저럭 내 나이 백살이 되었다"라고 회고하고 있다. 이렇게 끊임없이 정진한 그의 연구 활동은 결국 1977년 『서양 법철학의 역사적 배경』의 간행으로 결실을 맺었다. 자신도 가장 힘을 기울인 역저라고 꼽았던 이 책은 고대부터 중세, 근대, 현대에 이르는 서양 법철학의 발전과 문제점을 광범위한 자료들을 종합하여 정리한 것으로 같은 해 학술원 저작

2 최태영 · 김유경, 위의 책, 90-91쪽.

상을 수상하였다. 이 책은 그의 저작 중 마지막으로 간행된 전문적인 법학 관련 서이기도 하였다.

서양 법철학의 역사에 대한 최태영의 관심은 이후 한국 법철학의 역사적 배경으로 이어졌고, 한국 법철학을 알기 위한 중국 법사상에 대한 탐구로 연결되었다. 그와 관련되어 「상고 한국 법철학의 역사적 배경」(1979), 「동서양 법사상의 유사점과 내용의 차이」(1980), 「중국 법사상의 역사적 배경–한국의 법철학을 연구하기 위한 준비로서의 중국의 법사상」(1981), 「중국 중세 법사상의 역사적 배경-한국 법철학을 연구하기 위한 준비로서의 중세 법사상(한(漢)부터 당(唐)까지)」(1982), 「한국고대-삼국 초부터 후삼국 말까지–법사상의 역사적 배경」(1983), 「중국 근대 법사상의 역사적 배경」(1984) 등 법사상과 고대사에 대한 관심의 중간에 초점이 맞추어진 논문들을 연이어 발표하였다. 중국법 연구는 한국 법철학 연구를 위한 준비로 한 것인데 한국이 외형상 중국의 것을 많이 받아들인 듯 보이지만 실상은 허다한 명칭의 왕명과 관습법, 불성문법 등 한국의 고유한 법이 고대 이래 큰 비중을 차지하고 있음을 밝혀내고자 하였다. 이상의 연구 성과들을 바탕으로 서양 법철학의 역사적 배경처럼 한국의 법철학도 정리할 예정이었는데 후삼국 말기까지 정리해 놓은 이후 역사연구로 돌아서느라 완성하지 못하였다.[3]

1985년에는 정신문화연구원 해외소재 한국학 연구자료 조사위원으로서 노령에도 불구하고 일본을 답사한 후 그 결과를 「해외소재 한국학연구자료: 1986년 제1차 조사 한국정신문화연구원 일본편 보고서」(1986)로 정리하였다. 최태영의 법사상과 법의 연원 및 역사에 대한 관심은 만년에 한국고대사에 대한 관심으로 이어졌다. 법학을 통해 동서양 법사상의 유사점과 차이점을 비교하는가 하면 한국과 중국, 서양의 법철학에 관한 논문을 다수 발표했다. 이런 관심은 결국 본격적인 한국고대사 연구로 귀결되었다. 그 결과 단군신화에 관한 『삼국유사』 기록에서 보이는 '환인(桓因)' 이란 단어가 '환국(桓國)' 이 변조된 것이라

3 위의 책, 92-93쪽.

고 주장하였다. 또한 일본 고대 율령집인 엔키시키(延喜式) 분석을 통해 일본 황실에서 숭배한 신들 중에 한국신이 있음을 밝혀내기도 하였다. 이러한 고대사 연구성과는 이병도와 공저인 『한국 상고사 입문』(1989)을 시작으로 『한국 상고사』(1990), 『인간 단군을 찾아서』(2000), 『한국 고대사를 생각한다』(2002) 등의 저서로 정리되었다. 2004년에는 국민훈장 무궁화장을 받았으며, 생의 마지막까지 학문에 대한 열정을 잃지 않았던 그는 2005년 11월 30일 105세의 고령으로 별세하였다.

II. 법사상

1. 법철학

최태영은 대표적인 저서 『법철학–서양 법철학의 역사적 배경』에서 법철학의 의의에 대해 다음과 같이 서술하였다.

> 법철학은 법의 이론과 실천 사이에 다리를 놓고 그 대립을 극복하려는 단일의 철학이다. 사회생활에서는 현실로 있는 것과 가치적 태도로 보아서 있어야 할 것이 대립하기도 한다. 그 있어야 할 목표를 향하여 각종의 당위의 법칙이 성립되는데, 그 법칙이 곧 규범이다. 원래 당위는 생활 즉 존재에서 생겨난다. 잘 살려는 인간에게 규범이 없는 사회는 있을 수 없다. 인류의 복지를 위한 질서유지의 가장 강력한 모든 목적활동의 지주가 되는 규범이 법이다. 당위와 존재는 서로 같은 것이지만 서로 몰교섭(沒交涉)한 것이 아니다.[4]

이어서 법의 개념에 대해 다음과 같이 정리하고 있다.

---

4 최태영, 『서양 법철학의 역사적 배경』, 1977, 3쪽.

인간은 자연적 환경과 사회적 환경에 적응하지 못하면 생을 보전하지 못한다. 인간은 인위(人爲)를 초월하는 자연적 현실세계 안에서 자연의 제법칙적 질서에 따라서 실천적 활동을 해야 하지만, 유원한 문화적 활동의 소산의 축적인, 인위에 의하여 형성되어 가는 역사적 · 사회적 현실의 세계에서는 거기에서 만들어진 질서의 제약하에서 사람들이 서로 협력하여 문화적 사업을 성취하고 공공의 복지를 증진함에 기여하며 잘 살기 위하여 사회규범을 준수하여야 하는데, 법은 역사적 환경의 일 중대한 성분을 형성하고 있다. 법은 사회적 제조건에 제약되면서 사회에 대하여 작용하여 질서를 주는 기능을 하는 이중의 성격을 가진(특유한 기술적(技術的) 성격을 가진), 일종의 사회규범이다. 법에 의한 제이익의 조정 확보와 제기관의 제기능의 조정 통제가 요청되는데, 사회의 진보에 따라서 자각적으로 제정한 법은 근대적 역사적 사회에서 합리적 성격과 실무적 · 기술적 성격이 고도로 발달된 것이다. 법은 인간의 사회적 존재에 결부하여 발생하지만, 인간의 사회적 실천에 대하여 당위를 가하는 것이다. 인간사회의 존속 · 발전을 위한 수단의 일종으로서의 법은 인간사회가 존속하는 곳에는 반드시 존재하며, 사회전원에게 공동적 입장에서 그 기능을 함이 요청되는 것이다. 더 잘 살려는 욕구로 사회를 형성하는 사실과 사회의 성원들의 태도를 규율하는 법[當爲]은 서로 영향을 받지 않을 수 없는 것이다. 국가를 조직하여 역사적 사회로 발전함에 따라 계급이 분화하는 사회구조상의 변화와 생산기구 및 생산기술의 진보에 따르는 지능의 발달 같은, 제변화는 법에 관한 의식을 성장시켰거니와, 그와 동시에 공동의 이익이 확보되는 범위는 현저히 좁아지고 국가기관의 기능의 권력이 확대되는 경향이 나타났는데, 지배계급이 국가기구의 배경을 가졌기 때문에 그 내용은 지배계급적 입장으로 기울어져서, 실질적으로는 반공공적(反公共的) 성격이 섞였고, 법의 이러한 모순적 성격을 극복하려는 사상과 노력이 어느 정도로 효과를 거둔 후, 다시 이에 대한 반동이 나타나는 과정이 반복되면서, 새 법의 형상이 나타나는 데에 법의 역사적 발전이 성립한다고 하는 일본의 쯔네토 교오(恒藤恭)의 說에도 일리가 있다고 할 수 있다. 국제법에 있어서도 국제연맹 · 국제연합이 세계평화를 확보하는 기능을 함에 얼마나 큰 곤란을 겪고 있는가를 돌아볼 때, 그 공공적 성격이 현실적으로는 큰 모순을 내포함을 알 수 있다.[5]

2. 법의 목적

'법의 목적이란 말은 다음의 두 가지 의미로 쓰여진다. 그 하나는 법의 형성 실현에 당하여 주도적으로 관여한 사람들이 법에 의하여 달성하려고 한 현실의 목적, 법의 성립 · 실현을 제약하는 실제적인 동기, 하나의 경험적 사실이다. …… 또 하나는 법이 그 실현을 위하여 봉사할 기본적인 가치 또는 궁극의 사명이라는 뜻이다. 그것은 법의 정(正) · 부정(不正)의 평가 규준(規準)이 되며, 법 형성의 지도원리가 되는 것이어서, 통상법의 이념 또는 목적 이념이라고 불리고 있다. 법철학에서는 주로 이 두 번째의 의미의 법의 목적을 다루는 것이다'[6]

3. 법학교육

최태영은 서울법대 학장을 비롯하여 법학교육의 행정을 맡았고, 한국법학교수회 회장을 역임하기도 하였다. 그래서 나름대로의 법학교육에 관한 철학과 신념을 갖고 있었다. 그럼에도 불구하고 그는 천성적으로 행정직을 싫어하였고, 야인으로서 학문적 연구에 희열을 느끼면서 살았다. 그는 법학교육은 법철학적 기초 위에서 전인적 법률가를 양성해 나가는 방향으로 나아가야 한다고 주장하였다.

4. 상법학

최태영의 본령은 상법학이었다. 그는 최초로 『어음 · 수표법』을 저술하였다.

---

5 위의 책, 6쪽.
6 위의 책, 7쪽.

5. 역사관

최태영은 만년에 이를수록 한국 고대사에 관한 관심을 갖고, 연구결과를 저술로 발표하였다. 이병도 박사와 함께 공저를 내기도 하였고, 부분적으로 이병도 역사관을 수정시키기도 하였다.

이상으로 대한제국기에서 대한민국까지 100여 년을 살다간 한국 근대 법학사의 선각자 최태영의 일생과 연구업적을 간략하게 살펴보았다.[7] 그의 사상을 완전히 이해할 수는 없었지만, 근대사의 격변기를 거쳐 간 그의 삶의 자취만으로도 그 무게를 가늠해 볼 수 있을 듯하다. 만년의 고대사 연구활동에 대해서 여러 가지 견해가 있을 수 있겠지만, 그가 평생 사랑했던 민족에 대한 애정과 학문에 대한 열정만은 누구도 부정하기 힘들 것이다.

7 1993년 9월 9일 최태영 박사는 생의 증언을 남기시려는 뜻에서인지 필자와 3시간에 걸친 대담을 나누었다. 그 녹음테이프가 서울법대 귀중문서실에 보관되어 있다.

연보 및 논저

■ 연보

1900(음 3.28)	황해도 장련군 읍내면 출생
1905-1910	장련 사립 광진학교 수학
1911-1913	구월산 종산학교 졸업
1913-1917	서울 경신학교 중학 본과 졸업(12기)
1917	도일
1918-1924	일본 메이지대학 예과 및 영법학과 최우등졸업
1919	김겸량과 결혼
1924	보성전문학교 강사
1924-1945	경신학교 영어교사, 부교장, 대표설립자 겸 제9대 교장
1934-1937	보성전문학교 보전학회 『普專論集』 편집인
1946	미 군정 변호사 자격인증
1946-1947	부산대학교 인문대학교수, 인문과학대학장
1947-1949	서울대학교 법과대학 교수, 법대학장
1948-1949	고시위원회 상임고시위원, 법전편찬위원회 위원
1949-1962	중앙대학교 교수, 법문학부장
1954-1955	신흥대(현 경희대학교) 법과대학장, 대학원장
1954-2005	대한민국학술원 회원
1957-1968	청주대학 교수, 학장, 대학원장
1957-1972	한국상사법학회 회장
1958	중앙대학교 명예법학박사
1964-1975	숙명여자대학교 강사, 재단감사
1966-1967	한국법학교수회 회장
1975	아내 김겸량 사망
1977	『서양 법철학의 역사적 배경』으로 제22회 학술원저작상 수상
1985	정신문화연구원 해외소재 한국학 연구자료 조사위원
1991	지역사회개발상록회 인간상록수 추대
1993	인천대학교 한국학 연구소장
1994	국민훈장 모란장

2004 국민훈장 무궁화장
2005. 11. 30 서울에서 작고

■ 저서

『現行 어음 · 手票法』, 중앙대출판부, 1953.
『商法總則 및 商行爲法』, 民衆書館, 1957.
『法學槪論』(공저), 新雅社, 1960.
『신민법총칙』(공저), 潮岩文化社, 1961.
『법철학-서양 법철학의 역사적 배경』, 숙명여대출판부, 1977.
『한국 상고사 입문』(공저), 고려원, 1989
An Introduction to the History of Ancient Korea, Alaska대학 한국학연구소, 1990.
『한국 상고사』, 유풍출판사, 1990.
『인간 단군을 찾아서』, 학고재, 2000.
『한국 고대사를 생각한다』, 눈빛출판사, 2002.

■ 논문 · 기타 저술

「유가증권 세계통일법」, 동아일보 연재 (이후 단행본 출판. 평양), 1931.
「希伯來法(TORAH)硏究(제1회)」, 『普專學會論集』 제1집, 1934, 보성전문학교.
「希伯來法(TORAH)硏究(제2회)」, 『普專學會論集』 제2집, 1935, 보성전문학교.
「希伯來法(TORAH)硏究(제3회)」, 『普專學會論集』 제3집, 1937, 보성전문학교.
「婦人의 法律上地位」, 『新東亞』 1935. 5.
「通俗法律講座-公益法人」, 『新東亞』 1936. 6.
「우리나라 옛날의 어음慣習」, 『중앙대 30주년기념논문집』, 1955.
「十八世紀 永久平和提唱者 三人의 國際平和論」, 『법정논총』 제1집, 1955, 중앙대.
「스토아학파의 自然國家 및 自然法論」, 『법학논고』 창간호, 1956, 청주대.
「希臘의 法治思想의 現代的 의의」, 『청주대 10주년기념논문집』, 1957.
「私權의 상대성(公共性)」, 『법정논총』 제7집, 1958, 중앙대.
「Sauer의 法哲學의 문화가치와 규범적 汎神論」, 『법정논총』 제9집, 1959, 중앙대.
「株主와 利益配當」, 『企業經營』 1962. 9.
「상고 한국 법철학의 역사적 배경」, 『학술원논문집』 제18집, 1979.
「東西洋 법사상의 유사점과 내용의 차이(Differences and Similarties in Western and Oriental Legal Thoughts)」, 『학술원주최 제8회 국제학술강연회 논문집』, 1980.
「中國 法思想의 역사적 배경-한국의 법철학을 연구하기 위한 준비로서의 중국의 법사상」,

『학술원논문집』 제20집, 1981.
「中國 中世 法思想의 역사적 배경–한국 법철학을 연구하기 위한 준비로서의 중세 법사상(漢부터 唐까지)」, 『학술원논문집』 제21집, 1982.
「한국고대–삼국 초부터 후삼국 말까지–법사상의 역사적 배경」, 『학술원논문집』 제22집, 1983.
「中國 近代 法思想의 역사적 배경」, 『학술원논문집』 제23집, 1984.
「日本속의 韓國불교」, 『불교신문』, 불교신문사, 1986.
「해외소재 한국학연구자료 1986년 제1차 조사 한국정신문화연구원 일본편 보고서」, 1986.
「우리 역사는 복원되어야 한다」, 한국발전연구원 정책토론회, 1994.
「中國의 法家: 商子의 法治主義」, 『財産法硏究』 제12권 1호, 1995.

정광현

(1902-1980)

⑥ 정광현 (1902-1980)

설송(雪松) 정광현(鄭光鉉)이라 하면, 1970년대 이후의 법학도들은 어쩌면 이름조차 들어보지 못했다고 하는 사람이 적지 않을 것이다. 그것은 그가 1970년대에 미국으로 가서 1980년에 그곳에서 작고하였기 때문이다. 그렇지만 설송이야말로 1960년대까지 한국 법학계를 대표하는 학자였고, 특히 서울대학교 도서관장을 오랫동안 역임하면서 서울대 교수의 전형적인 모습같이 보여지기도 한 거물급 학자였다. 특히 그의 전공인 친족상속법 분야에서는 독보적인 존재였고, 오늘날 한국 민법학계에서는 그의 가르침을 받은 제자들이 그의 학풍을 이어받고 있다. 한국 가족법학의 창시자라고 할 설송의 생애와 사상을 간략히 고찰해 본다.[1]

1 정광현의 생애와 사상에 관한 참고자료로는 『법학』(서울대) 제4권 12호, 정광현박사 회갑기념호; 최종고, 「설송 정광현」, 『사법행정』, 1984. 8; 이태영, 「정광현 선생님」, 『쪽박으로 한강물을』, 조선일보사 출판국, 1985; 최종고, 「정광현 박사의 묘소를 찾아」, 『하버드 스토리』, 고려원, 1989.

I. 생애

설송 정광현은 1902년 5월 3일(음) 평안남도 평양부 이향리에서 단일(丹一) 정재명(鄭在明) 씨의 3남으로 출생하였다. 평양의 명문으로서 유지였던 부친은 곧은 성품과 엄한 성격의 소유자로 정광현의 인격 형성에 적지않은 영향을 미쳤던 것으로 짐작된다. 만 4세가 되던 해에 어머니(전주 이씨)를 잃고 계모 슬하에서 자란 그는 당시 엄친이 설립한 사종학교(오늘날의 유치원인듯)와 평양사립숭덕학교에 입학하였으며, 1912년 4월에는 평양제일공립보통학교에 입학, 1916년에 동교를 졸업하였다. 같은 해에는 평양관립고등보통학교에 입학하여, 1919년 동교 제3학년을 수료한 뒤 일본 유학을 떠나게 되었다. 당시는 1919년 3·1운동의 여파가 계속되던 시기였으나 정광현은 우리나라의 조속한 독립을 위해서는 젊은이들의 실력배양이 우선되어야 한다는 신념을 갖고 있었다. 약 2년간의 연수기간을 거친 뒤, 제6(岡山)고등학교에 입학하여 고교생활을 맞이한 그는 특히 영어와 수학에 좋은 성적을 얻어, 후에 동경제국대학 법학부 법률학과(영법과)에 입학하여 공부하게 되는 계기를 마련했다. 당시의 학제는 문과가 갑·을류로 나뉘어 한 학급 학생 30명이 3년 동안 계속해서 한 학급에서 공부하도록 되어 있었으며, 정광현은 문과 갑류에 입학하여 1925년 우수한 성적으로 고등학교를 졸업하였다.

같은 해 4월 그는 동경제국대학 법학부 법률학과(영법과)에 입학하였는데, 당시에는 고등학교의 수재라고 할 수 있는 탁월한 학생들만이 동경제대 법학부에 입학할 수 있었다. 본래 정광현은 수학성적이 월등하게 좋았으므로 공과대학을 선택할 만도 했으나, 그림과 제도에 있어서 부족하다고 스스로 판단을 내려 법학부에 지망했다.[2] 대학시절 그는 영국법을 전공하였는데 교재였던 겔다트(William Martin Geldart)의 『영국법 개요』(*Elements of English Law*)의 강의를 받았다. 특히 젠크스(Jenks)의 *A Digest of English Civil Law* 중의 친족

2 서울대 문리대학장을 지낸 최윤식 교수(전 강릉대 최지훈 학장 부친)와 성적이 막상막하였다고 한다.

법 분야에 깊은 관심을 갖게 되었으며, 후일 우리나라 친족상속법의 대가로 발전할 수 있는 계기를 마련하였다. 또한 그는 수학과 자연과학에도 관심을 가지고 있었던 터라 동경제국대학에서 1928년 4월 경제학부 경제학과에 학사편입하여 한 학기를 보냈다.

마침내 1928년 법학사학위를 받으면서 졸업한 그는 곧 귀국 길에 올랐다. 고향인 평양으로 돌아와 평양숭실전문학교에서 문과를 담당하면서 정치학, 사회학, 경제학, 법학통론을 강의하게 됨으로써 교수로서의 첫발을 내딛게 되었다.

한편 그는 1929년 3월 12일 좌옹 윤치호(尹致昊)의 3녀인 윤문희(尹文姬)와 YMCA에서 신식으로 결혼하였다. 거처를 서울로 옮겨 신혼생활을 시작한 그는 이듬해 첫딸(泰嬋)을 얻었고, 1930년 4월 연희전문학교에서 민법과 법학통론을, 그리고 이화여자전문학교에서 법제와 경제학을 강의하였다. 한국가정법률상담소장인 이태영 변호사는 당시 이화여전의 학생이었는데 그때를 회고하여,

> 동경제대를 갓나온 정 선생님은 미남은 아니지만 옷차림이 단정하셨고, 말주변은 그렇게 없을 수가 없으나 강의내용이 매우 충실하다는 느낌을 가질 수 있었고, 성품은 매우 괴팍하신데 학생 한명 한명에게 세심한 관심을 보이시는 품이 우리에게 교수다운 위엄과 존경스러운 자태를 보이셨다.[3]

라고 적고 있다.

1930년대는 우리나라에서 자유연애사상이 만연해 있던 시기였으며, 서양의 영향을 받은 이러한 시대적 풍조는 정광현이 여성문제에 대한 지대한 관심을 갖는 시기와 유사하게 번져 나가 여성들에 대한 차별과 부당한 대우는 없어져야 한다는 굳은 신념을 자리잡게 하였다. 그는 『동아일보』와 『조선일보』 등에 투고함으로써 순종을 미덕으로 여겨 왔던 여성들의 기존의 생각을 계몽해 나가는 선각자로서의 역할을 담당했다.[4]

---

3 이태영, 『쪽박으로 한강물을』, 조선일보사, 1985.

한편 일제의 억압이 심화되어 감에 따라 많은 지식인들이 고통을 받고 있던 즈음, 1938년 5월 12일에 배일사상사건으로 정광현은 피검되었다. 190일간 서대문경찰서에 구치되었다가 동년 12월에 기소유예처분으로 석방이 되었다. 이러한 치안유지법 위반사건이라고 하는 일제의 탄압정책으로 인해 그의 가족의 고통은 물론 컸으며, 아직 어린 4남매를 키우기에 벅찼던 부인 윤씨의 고생은 극심하였다. 석방 후에도 일제는 1939년 1월에 「조선사상보호관찰령」에 의해 그에 대한 감시를 계속하였다. 그리하여 대화숙이라는 일종의 사상전향기관의 숙생으로 수개월간 강제수련을 받았으며, 뜻하지 않게 1944년 조선총독부 중추원에서 비상임이긴 하지만 구관제도 조사과 명예촉탁으로 일하게 되었다. 이곳에서도 역시 친족상속관습을 조사 연구하다가 해방 후 법무부로 이관되어 계속 근무하게 된다.

미군정하에서는 잠시 미군정청 법무관으로 재직하였으나, 곧 중앙관재처 차장으로 옮겨 활동하였다. 이곳에서 그는 귀속재산 관계법령을 기초하였으며 실무에서 핵심적인 존재였으나 적산가옥처리에 있어 당신의 집은 한 채도 없을 정도로 청렴한 성품을 보였다.

정광현은 미군정청에서 일한 것이 계기가 되어 1948년 정부가 수립된 후에도 계속해서 정부에 소속되어 있었으나 1949년에는 서울대학교 법과대학에 강사로 역임되어 서울대학교와의 첫 인연을 맺게 된다. 1950년 1월 15일 그는 서울대학교의 정교수로 취임하여, 그때로부터 1962년 그가 정년을 맞이하여 퇴직할 때까지 서울대학교와 대학원에서 친족상속법, 민법총칙, 영미법 등의 강의를 담당하였다. 취임 직후 한국전쟁이 일어나고 수도가 부산으로 옮겨짐에 따라 서울대학교도 부산으로 이전하였다. 그러나 그는 피난을 가지 못하여 당시 경기고등학교에 설치되었던 민족보위성으로 끌려가 지식인 숙청 계획에 따라 위기에 처하게 되었다. 다행히, 예전에 그로부터 은혜를 입은 바 있던 어떤 이의 도움으로

4 정광현, 「조선여성과 법률」(전10회), 『동아일보』, 1937. 4. 1-25; 「조선민사령개정을 중심으로」(전4회), 『조선일보』, 1938. 11. 17-21.

간신히 풀려나게 되었다.

그 후 정광현은 변호사 자격을 인가받았는데 당시 변호사법 부칙, 과도정부 법령 제207호에 의해 교수활동을 일제시대부터 해온 것을 인정받아 자격증을 받은 것이었다. 변호사 등록번호 제517호인 그는 실제로 변호사 활동은 전혀 하지 않았고 학자로서의 길만 일관되게 걸었다.

그러나 학자로서의 길을 걸으면서도 행정과 사법의 자문은 정년퇴직할 때까지 꾸준히 담당했다. 그 대표적인 예로 대한민국 법전편찬위원회의 위원, 서울지방법원 인사조정위원, 교통부 관리국 법률촉탁 등을 들 수 있다. 그 정도는 학자적 견지에서의 소박한 자문이었으며 학자로서의 정도에서 크게 벗어나지 않는 그러한 정도였다.

1952년 9월에는 서울대학교 부속도서관장직을 맡게 되어 1962년 5월 11일까지 10년간 재임하였다. 재직기간중, 그는 전쟁으로 인해 흩어졌던 도서관 장서들을 모아서 정리하기 시작했으며, 도서관의 발전을 위해서 정부당국에 여러 방면으로 건의하기도 하고, 이용효율을 높이기 위해 학생들에게 훈시를 내리기도 했다. 그는 도서관 행정에도 깊이 관여하였는데, 한국도서관학회 이사, 회장, 고문을 두루 역임하였으며, 국민독서연맹 이사를 역임하였다.

1955년부터 1962년까지 사단법인 한국가정법률상담소 상담위원, 문교부 저작권심의위원회 위원, 국가재건최고회의 법제사법위원회 위원 등을 역임하였다. 1962년 8월 서울대학교에서 「한국혼인법연구」란 논문으로 법학박사학위를 받았다. 그러나 박사학위를 받은 다음날인 1962년 8월 31일 정광현 박사는 「교육에 관한 임시조치법」에 의거하여 60세로 서울대학교 교수직을 정년퇴직하게 된다. 퇴임하는 정광현 교수에 관하여 『대학신문』은 다음과 같은 글을 실었다.

> 설송 하면 법대생들에게는 인자한 할아버지로 통했다고 한다. 시원스레 벗어진 이마에서부터 학생들은 어딘지 모르게 응석을 부리고 싶은 마음을 가지게 되었는데 남이 가지지 못한 인자와 자애로움을 설송이 지녔었기 때문이라고 한다. 후진 양성에 이바지하겠다는 거룩한 학자적 양심으로 강과 산이 변하는 기간을 일관했다. 회

갑연에서 부인과 함께 "백세까진 넉넉히 사실 수 있겠군요"라는 축하객의 인사에 미소를 금치 못하였는데 중앙도서관 관장으로 지낼 때는 한 번도 결근을 한 적이 없을 정도로 그의 기력을 아무도 따를 수 없었다고 한다.[5]

이렇게 타의에 의하여 물러난 그는 서울의대 기형숙 교수와 함께 희생자들이 모여 압력단체를 만들어 복직을 추진해 나갔다. 한편 이 시기에 정 박사는 '가족법연구회' 회장을 역임하였다. 그 동안의 학술적 연구업적을 높이 평가받아 1966년에는 대한민국 학자로서는 최고의 영광인 학술원 회원으로 피촉되었고, 곧이어 제11회 학술원상을 받기도 했다. 1964년에 다시 학교에 복직되어 1967년 8월에 교육공무원법에 따라 두 번째의 정년퇴직을 하게 된다. 법대에 계속 강의를 출강하고, 1968년에는 대저 『한국가족법연구』를 서울대학교출판부에서 출판하였다.

그 후 1971년 11월 정광현 박사는 신병치료를 위해 두 아들이 사는 미국으로 건너갔다. 볼티모어 근교에 살면서 특별히 얽매인 것이 없으므로 자유로우면서도 노인으로서의 외로움을 느끼며 남은 생애를 보냈다. 매일 대문 앞에 앉아서 한국신문이 오기를 기다렸으며, 기사를 읽고 한국이 되어져 가는 사정에 대해 울분을 토하기도 하였다. 한편, 그는 한때 상태가 퍽 좋아져서 요양하면서도 글을 썼다. 특히 저작권법에 관계되는 자료를 모으면서 집필하였는데 국내저작권법 입안시부터 관심을 가지고 있던 것을 만년에 정리하려는 생각이었다.[6] 또한 사학자로서 3·1운동으로 인해 재판을 받은 사람들의 재판기록을 모아 『判例를 통해 본 3·1 運動史』(법문사, 1978)를 내기도 하였다. 그러나 이러한 연구와 활동은 정년 전의 의욕적인 활동에 비하면 기백이 떨어진 것이었다.

미국에 있는 장남 정태진 박사는 부친의 제자나 친구가 찾아왔을 때 그렇게

5 『대학신문』, 1962. 7. 12, 3쪽.

6 워싱턴의 국회도서관(Library of Congress)에 근무하는 조성윤 박사에게 자료의 도움을 많이 청했다고 한다(1988. 8, 워싱턴에서 조성윤 박사 談).

반가워하셨던 점과 한국에서처럼 술을 즐기셨던 모습들을 떠올린다.[7] 의사가 하루에 맥주 한 병으로 제한을 했는데 두 병을 마시려 해서 아드님이 왜 그러시느냐고 하니까, 한국 맥주병은 미국 맥주병의 두 배 크기가 되니까 미국 맥주 두 병은 마셔도 된다고 '유권해석' 을 스스로 내리시더라는 것이다.

이렇듯 미국에서의 생활을 보냈던 그는, 1980년 12월 7일에 메릴랜드병원에서 작고하여 메릴랜드 주에 있는 콕키스빌(Cokeysville)의 묘지에 묻혔다.

정광현은 작고하였지만 그의 지도와 감화를 받은 후배와 제자들이 박사의 생전의 정신을 이어받아 전하고 있다. 특히 한국가족법학회에서 활동한 이태영(李兌榮), 김주수(金疇洙), 박병호(朴秉濠), 배경숙(裵慶淑), 김용한(金容漢) 교수 등이 있다. 또 서울대 중앙도서관에는 정 박사께서 기증하신 「설송문고」가 소장되어 있어 그의 애제자 유동렬(柳東烈) 씨가 친히 보관하고 있다.

필자가 1988년 7월에 보스턴에서 차남 정태웅 박사(의사)를 만났을 때, 정 박사는 부친의 유품에 관하여 상의하였다. 설송의 장서는 생전과 사후에 가정법률상담소와 서울대 도서관에 나눠 소장시켰지만 몇 가지 중요한 서적과 유품(훈장 등)은 차남댁에 보관하고 있다는 것이다. 서울법대에 기증하고 싶다는 의사를 밝히셨는데, 그 후 1993년에 서울법대 귀중문서실이 설치되어 설송의 유품의 일부를 미국에서 보내와 보관 비치하고 있다.

Ⅱ. 법사상

우리나라 가족법학계의 태두인 정광현의 법사상을 이해하려면 먼저 그가 쓴 수많은 책과 논문들을 분석해야 할 것이다. 그의 저서는 앞에서도 적은 바 있듯이 주로 가족법(친족상속법) 관계를 다루고 있다. 뿐만 아니라 다수의 논문들은 저작권법에 대한 여러 견해들을 잘 보여주고 있다. 그래서 여기서는 정광현

7 최종고, 「정광현 박사의 묘소를 찾아」, 『하버드 스토리』, 374-379쪽.

박사의 가족법사상과 저작권법사상을 중심으로 살펴보기로 한다.

1. 가족법사상

정광현의 가족법에 관한 저서와 논문들이 다수 있지만 그중에서도 그의 학문적 업적을 집대성하고 있는 책으로는 『한국가족법연구』를 들 수 있다. 그는 이 대저를 발간함으로써 우리나라 가족법 연구에 금자탑을 쌓았으며, 가족법을 연구하는 후진들에게 커다란 귀감이 되었다. 이 책은 한국가족법에 관한 구고(舊稿)와 그간 수집하였던 자료를 모아 한 권에 엮었을 뿐만 아니라 참고문헌까지도 소상하게 소개하고 있다. 우선 이 책의 순서를 살펴보면 다음과 같다.

제1편 가족법사

제1부 가족법의 법원

제1절 이조시대의 법원

제1. 이조시대의 법전개관

제2. 이조시대의 가족법규범

제3. 형법대전 이후의 단행법규범

제2절 일정시대의 법원

제1. 조선민사령의 공포와 그 개정

제2. 일정 당시의 관습법관계자료와 그 성격 및 효력

제3. 창시제도 등 실시를 위한 개정 조선민사령의 해설

제4. 개정 조선민사령에 대한 논평

제3절 군정시대의 법원

제1. 군정개시와 종래법령의 효력

제2. 조선성명복구령과 종래의 법령의 폐지

제3. 군정 당시의 중요판례의 효력

제4절 정부수립 초기의 법원

제2절 본실의 의의 및 성과의 관계

제3절 한국인의 성의 유래

제4절 중국인의 성씨의 기원

제5절 일정시대의 성과 씨의 법령상 지위

제6절 이조시대의 법령상의 성과 씨의 용법례

제7절 일정 당시의 법령상의 성씨의 용법례

제8절 한국 현재의 성의 종별

제2편 가족법관계 연구자료

제1부 관습질의에 대한 중추원 회답

제1. 전주 최씨의 시조 및 혼인에 관한 건

제2. 소종중의 시조 및 칭호에 관한 건

제3. 이혼에 관한 관습조사의 건

제4. 환관가의 양자에 관한 관습의 건

제5. 종중재산관리대표자 선정에 관한 건

제6. 종중 또는 문중에 관한 건

제7. 종중 및 제위사에 관한 건

제8. 신주체천에 관한 건

제9. 한국인의 호주상속에 따르는 재산상속에 관한 건

제10. 가족인 양모의 유산상속에 관한 건

제11. 유산상속에 관한 건

제12. 유산상속에 관한 건

제13. 시양자의 상속자격 및 단신 여호주의 유산승계에 관한 건

제14. 승려의 재산상추에 관한 관습조사의 건

제15. 절가의 유산귀속에 관한 건

제16. 분모의 기지에 관한 건

제2부 중추원 조사과 관습조사자료

제1. 동성불혼에 관한 관습

제2. 국회법제사법위원회의 입법방침과 수정안

제3. 민법안과 각종 수정안에 대한 국회본회의에서의 음의

제7부 친족상속편의 요강과 초안에 대한 분석과 관견

제1. 법전편찬위원회요강의 성립

제2. 법전편찬위원회초안의 성립과정과 그 준칙

제3. 법전편찬위원회초안의 분석

제4. 법제사법위원회 민법심의소위원회요강의 분석

제5. 친족상속법 입법방침에 대한 관견

제6. 민법안에 대한 관견

제7. 민법안 친족상속편 수정제의

제8. 양호주의 파양금지문제

제3부 상속관습법에 대한 입법론적 고찰

제1. 한국상속법의 특질

제2. 상속개시원인과 상추인

제3. 양호주의 파양문제

제4편 가족법의 해석론과 판례연구

제1부 현행가족법의 해석문제

제1절 가족법상의 권리남용

제2절 친족의 범위와 종별

제1. 개설

제2. 배우자와 사실혼부부

제3. 혈족

제4. 인척

제5. 민법 제9조 중의 「4촌 이내의 친족」의 범위

제3절 호주와 가족

제1. 호주와 태양

제2. 가족의 태양

제3. 법정분가

제4절 혼인

제1. 약혼에 관한 해석상 문제점

제2. 서양자혼인과 입부혼인

제3. 동성동본간의 금혼규정의 해석과 법령위반혼의 효력

제4. 동성동본자간 또는 혈족간의 혼인의 한계

제5. 남양홍씨 중 당홍과 토홍 간의 혼인가부론

제6. 처제와 형부 간의 혼인가부론

제7. 혼인신고의 강제이행문제

제8. 재판에 의한 혼인신고와 협의이혼의사의 확인문제

제9. 혼인취소청구권자인 법정대리인의 해석

제10. 무효혼과 호적정정문제

제11. 사실혼보호의 현상과 그 강화론

제12. 사실상혼인관계 존부확인청구론

제2부 현행 가족법판례연구

제1. 협의이혼무효확인 및 부양료청구사건

제2. 학대 모욕을 원인으로 한 이혼청구사건

제3. 사실혼관계해소로 인한 손해배상청구사건

제4. 사실혼관계해소로 인한 손해배상청구사건 재론

제5. 사실상 이혼한 처에 대한 이혼청구인용사건

제6. 사실상 이혼한 처에 대한 이혼청구인용사건 재론

(이하 부록편)

본 저서의 첫번째 논문으로 「가족법의 법원」을 싣고 있는데, 이것은 해방 후 한국 법학도에게 가장 어려운 일이었던 '현대 법이 어떤 것이냐' 를 찾아내는 일에 큰 도움을 주는 것이었다. 한국의 구한국시대, 일제강점기 미군정시대 및 대한민국시대 등의 정치적 변천을 거치는 동안 각 시대마다 각양의 입법이 있었

고, 대한민국 건국 후에는 창졸간에 법령의 정비가 되지 못하여 각 시대의 법령의 사활이 분명하지 않았다. 따라서 자유당 말기에 언론탄압을 위하여 당국이 구한말 광무년간의 신문지법을 활용하는 등의 횡포가 있기도 하였다. 그런 중에도 친족상속법에 있어서는 성문법주의의 예외로서 관습법을 기본법원으로 하고 보충법원으로서 일본 민법전의 친족편, 상속편의 몇 조항을 사용하였는데, 그 기본법인 관습법은 본시 고려말로부터 조선초까지 이입된 중국의 종법제도에서 유래되는 것이다. 한일합병 후 일정 당국은 이른바 관습조사 또는 판례 등을 통하여 실상은 한국 관습의 본모습을 은폐하고 일본 민법전의 친족상속법의 원리를 수용하여 왜곡하는 수가 많았다. 일정말기에는 이른바 창씨령이라고 속칭되는 것에 의하여 결국 한국의 친족상속법을 일본화하게 되었고, 해방 후 미군정은 창씨령을 일본식민정책적 법령이라 하여 조선인 성명복구령으로 폐지하였다. 대한민국의 건국 후에는 한국의 민주헌법의 원리를 활용하여 관습법의 원리의 봉건성을 판례로써 시정한 바 있다. 이것이 한국 민법전의 시행으로 인하여 친족상속법이 성문화되기까지의 전단계의 내력이다. 논문 「가족법의 법원」은 그 내력의 개관을 기술한 것인데, 오랜 동안의 법원의 변천사를 간략하고 요령 있게 간추려 설명하고 있다.

한편 이 「가족법의 법원」에서 정광현은 일제 말기의 「창씨령」에 관하여 상당한 관심을 두고 있다. 이것은 일제의 한국민족의 말살정책에 대한 분노가 폭발한 때문인지도 모른다. 뒤에 소재된 「성씨론」(1940년 창씨령이 공포된 해에 발표)도 결국은 창씨령에 대한 반발의 소산이고, 우리의 성에 대한 유일한 문헌이기도 하다. 이 부분을 잘 음미하여 읽으면 일제의 한국민족을 말살-그들의 이른바 내선일체 또는 내선동화-하려던 가혹한 폭거를 역력히 볼 수 있어 일본의 한국에 있어서의 식민지정책의 단면을 투시할 수 있을 뿐만 아니라 한국의 가족제도의 원리와 일본의 그것의 차이를 비교할 수 있다. 이처럼 정 박사는 민족의식을 가족법학을 통하여 표현한 것으로 볼 수 있다.

현행 민법전의 초안이 공표되었을 때에 정광현은 다음과 같은 의견을 피력하였다. 즉, 초안의 호주제도의 존치와 남녀불평등의 입법 태도에 대하여 신랄한 비판을 가하여, 한국 가족생활의 현대화를 영도하기 위하여는 대담하게 구미의 소가족제도를 계수하는 한편 남녀평등의 원리의 철저를 기하여야 한다고 호주제도 폐지를 주장하였다.

한편 1957년 4월 15일자 『대학신문』에 발표된 그의 논문 「친족상속법제정의 목적과 입법방침에 대한 관견」에서도 친족상속법에 대한 그의 생각을 읽을 수 있다. 친족상속법 제정에 관한 당시의 입법방침은 대체로 3분할 수 있었다. 제1은 현실 내지 관습을 존중하여야 한다는 현실 내지 관습존중론에 입각한 입법방침, 제2는 현실 내지 관습에 대한 점진적 혁신을 가하려는 점진적 개혁론에 입각한 입법방침, 제3은 헌법정신에 입각한 급진적 혁신론이었다.

당시 정부안인 민법안의 입법방침은 주로 종래의 관습법을 성문화하는 동시에 약간 신구사상에 조절을 가하여 입법한 것으로 소위 관습존중론에 입각하고 있으며, 민의원 법제사법 위원회 민법심의소위원회의 요강의 입법방침은 장경근 위원장이 중심이 되어 점진적 혁신론에 입각하고 있었다. 그런데 여기에서 정광현은 헌법정신에 입각한 급진적 개혁론을 주장하였던 것이다.

먼저 현실존중론 내지 점진적 개혁론에 의하면 "무릇 법은 하나의 사회적 규범으로서 사회생활을 규율하는 행위의 준칙인 이상, 그것은 현실의 사회에 적응하여야 할 것이므로 이런 의미에 있어서 법의 기초를 사회의 도덕, 풍속, 습관, 문화 등에 두지 않으면 아니된다. 따라서 법이 사회의 지반으로부터 너무 괴리하면 사회생활의 규범으로서의 법의 지도력을 발휘치 못하고 도리어 그 규범성을 상실하고 무력화해질 것이며, 현실을 무시하고 종래의 순풍미속을 말살하는 입법을 한다면 이로 인하여 사회적 혼란이 일어날 것을 우려한다"라고 주장한다. 이에 대하여 정광현은 다음과 같이 적고 있다.

> 물론 일국가의 법률은 어떠한 의미에서 현실의 생활규범과 관계없이 제정된 국가규범은 생활을 규율할 현실력이 없다. 그러므로 방법에 있어 현실 내지 관습을 존중하고 여기에 입각할 필요가 있다는 것도 지당한 이론이다. 그러나 소위 순풍미속 본위의 입법론 내지 점진적 개혁주의의 입법론은 가족생활의 민주화를 촉진시키기

위한 당면된 친족상속법 제정의 입법방침으로서는 부당한 것이며 목하 제정중에 있는 친족상속법에는 해당하지 않는다.[8]

또한 계속하여 다음과 같이 적고 있다.

그러나 우리가 친족상속법을 제정하려는 것은 우리나라 현행 친족상속법은 일정 당시의 법률이므로 일정의 기반에서 해방되어 독립한 대한민국이 일정 당시의 법률을 계속 시행한다는 것은 독립국가로서의 체면상 불미하므로 일제의 색채를 말살하기 위하여 또는 현행법 중 시세의 추이로 인하여 현실과 유리된 부분을 현실에 맞도록 수정할 필요가 있다든가 또는 현행 친족상속법은 주로 관습법이기 때문에 그 규범의 내용이 불명확하므로 이를 성문화하기 위한 것은 아니다. 우리가 지금 친족상속법을 제정하는 목적은 오로지 민주혁명의 세례를 받고 민주주의 독립국가로서 국민생활의 민주화를 도모하기 위하여 대한민국 헌법이 요청하는 바에 의하여 종래의 친족상속법을 근본적으로 개편하려 함에 있는 것이다.[9]

이처럼 정광현은 당면한 친족상속법의 입법방침은 헌법존중론에 입각하여야 한다고 주장하고 있는 것이다. 즉,

친족상속법도 재산분야의 민법과 같이 재판규범, 즉 재판관이 재판함에 있어 준수하여야 할 준칙이며 국민간의 도덕률은 아니다. 다시 말하면 친족상속법을 제정하는 것은 재판규범을 제정하는 것이며 국민이 준수하여야 할 도덕률을 제정하는 것은 아니다. 따라서 재판관은 헌법규정 내지 헌법정신에 반하는 규정을 적용하여 재판할 수 없으므로 친족상속법은 최소한 헌법규정 내지 헌법정신에 배치되어서는 안될 것이다. 백보를 양보하여 친족상속법이 국민의 도덕률까지 포함한다고 가상

8 정광현, 「친족상속법제정의 목적과 입법방침에 대한 관견(管見)」, 『대학신문』, 1957. 4. 15.
9 위의 글.

하더라도 헌법정신에 반하는 도덕률을 제정하여 국민에게 강요할 수는 없는 것이 아닌가? 그러므로 헌법존중론 내지 헌법지상론에 입각하여 입법하여야 할 것이다. 따라서 친족상속법은 제1차로 우리나라 헌법정신에 입각하여야 할 것이며 헌법정신에 배치되지 않는 한도 내에서 제1차적으로 현실과의 유리를 최대한 방지할 것이며 순풍미속을 유지함은 가하다.[10]

라고 하여 그의 헌법정신에 입각한 급진적 개혁사상을 읽을 수 있다. 한편 그의 저서인 『한국가족법연구』에서도 그와 같은 사상을 읽을 수 있다.

헌법을 위정자가 준수치 않는다든가 또는 이를 무시한다든가 헌법위반의 일을 한다면 국민에게 준법정신을 강조할 수 없으며 국민의 위법 또는 불법한 일을 막을 도리가 없을 것이다. 이 위법 중에서 가장 중요한 것은 위헌 즉 헌법위반이다. 헌법위반 중에서도 법률적 용상의 위헌 즉 행정적 위헌, 사법적 위헌보다도 입법적 위헌 다시 말하면 헌법위반의 입법을 하는 것은 민주공화국의 민주주의정신을 파괴하는 것이며 국민의 복지와 자유를 제한하는 것으로 역사발전 방향에 역행하는 것이다. 그러므로 헌법을 존중하는 견지에서의 입법만이 있을 수 있다. 이러한 헌법존중주의에 입각한 입법이 현실과 유리됨으로써 야기되는 혼란과 폐해는 민주주의에로의 전환기에 있어서 불가피한 과도기적 현상으로서 이는 헌법 제87조에 의한 농지개혁에 있어 우리가 체험하고 있는 바와 같이 가족생활에 있어서의 이러한 혼란을 극복하여 가면서 민주주의 확립의 이상을 향하여 전진할 각오가 필요하다.[11]

한편 1965년 4월 『법전월보』에 실린 「사법관과 친족상속법」이란 글에서 다음과 같은 내용의 의견을 피력하기도 하였다.

10 위의 글.

11 정광현, 『한국가족법연구』, 서울대출판부, 1967.

친족상속법은 국민의 가족생활과 밀접한 관계를 가진 법률이며 민법 전조항 1,111개 중 345개 조항 – 민법 전조항의 3분의– 1이 된다.

이와 같이 우리의 일상생활과 밀접한 친족상속법을 사법과 민법고시문제로 출제한 일이 없다는 것은 심히 유감된 일이다. 전문한 바에 의하면 최근에 민법출제위원 중에는 친족상속문제의 출제를 주장한 분도 있었다고 한다. 친족상속법문제가 앞으로의 민법시험문제에는 반드시 출제되어야 할 것으로 본다. 이로 인하여 사법관이 되려는 자들은 친족상속법에 대한 연구를 하게 되고 또한 친족상속법에 대하여도 연구가 깊은 사법관이 나오게 될 것으로 본다.[12]

설송의 친족법관을 보여주는 사항의 하나는 이른바 동성동본불혼(同姓同本不婚)의 원칙에 대한 반대에서 나타난다. 민법 제809조 1항은 "동성동본인 혈족 사이에는 혼인하지 못한다"라고 규정되어 있는데, 문제는 동성동본(異姓同本) 또는 동성이본(同姓異本)인 혈족간의 혼인을 금하느냐 여부의 해석의 문제였다. 이에 대하여 설송은 금혼 범위를 최대한 축소하여 해석해야 한다는 입장이었다. 그는 이렇게 주장하였다.

> 族內婚금지에 관하여 종래의 관습법규범은 이성 간일지라도 동일한 남계혈족관계가 있는 자간의 혼인을 금지하는 것이 명백하다. 민법 제809조 1항은 "동성동본인 혈족 사이에는 혼인하지 못한다" 고 규정하고 있으므로 ① 혈족 아닌 동성동본간의 혼인, ② 이성동본 또는 동성이본인 혈족간의 혼인은 금하지 않는 취지로 문리해석하는 것이 필자의 견지에서는 타당한 해석이라고 본다.[13]

이에 대하여 김주수(金疇洙) 교수는 입법자의 의도는 구관습법과 다르게 하려고 이 규정을 두었다고 볼 합리적 근거가 없으며, 설송의 해석은 형식적인 해

12 정광현, 「사법관과 친족상속법」, 『법전월보』, 1965년 4월호.

13 정광현, 「동성동본자 간의 금혼규정을 중심으로」, 『법정』, 1960. 3.

석이라고 반발하였다.[14] 설송의 문리해석론과 김 교수의 입법해석론이 대립된 것이었다. 김 교수는 "동성동본자의 금혼규정은 법제사법위원회 수정안을 포기케 하고 정부안을 형식상 보다 강화시킨 것이며 이 조문이 민 의원을 통과한 것은 의원들 자신의 정상적인 본의에서가 아니고 완고한 유림 계층에서……지방출신 국회의원을 협박(?)하여 이루어진 것이다"라고 하였다. 그렇다면 설송은 이러한 경우에 있어서는 구체적인 입법부의 의사보다 가일층 합리적인 입법의사를 존중해서 해석해야 한다고 반박하였다.[15]

2. 저작권법사상

1940년 『인문평론』에서 설송은 「저작권문제」라는 논문으로 처음 그의 생각을 발표하였다. 이 논문은 신건(申建)이라는 사람이 조선의 단편소설을 편집 · 국역하여 「조선소설대표작집」이라는 제목으로 출판한 것을 계기로 쓴 것이었다.

문제의 『조선소설대표작집』은 각기 작품의 원작자 내지 저작권자의 허락을 얻지 아니하고 임의로 편집 번역한 것이며 그 중에는 작가의 성명이 잘못된 것도 있고, 작품의 제호가 잘못된 것도 있고, 설상가상으로 오역도 상당히 있는 것으로 생각되었다.

이러한 출판물에 대하여 『인문평론』 4월호 갈추어 기자는 다음과 같이 말했다 한다. "출판사는 상인인지라 문화인의 심정을 고려하는 것보다는 이쪽 조선에 저작권아 확립되어 있지 못하다는 사실을 이용하려는 심리가 앞섰을지도 모른다. 조선에도 저작권법이 시행되어 있는 것은 사실이겠지만 긴요한 등록제가 아니기 때문에 …… 저작권법을 정면으로 들어올릴 용기가 있기를 갈망한다."

이에 대하여 정광현은 다음과 같이 적고 있다.

---

14 김주수, 「동성동본혼의 원칙에 관하여」, 『법정』, 1960. 2, 55쪽.
15 정광현, 「사법관과 친족상속법」, 『법전월보』, 1965년 4월호.

> 갈추어 기자여! 그대의 소망대로 저작권법을 정면으로 들고나서려 하니 과히 낙심하지 말기 바란다. 조선에도 저작자의 권리를 보호하기 위한 저작권법이 30여 년 전부터 시행되고 있다. 이 문제는 저작권법을 들고나서 당당히 합의할 수 있는 문제다. 그리고 저작권법에 의하여 저작권침해를 주장하는 데 등록이 필요한 것이 아니니다.
>
> 또 피해당한 작가가 여러 사람이다 하여 복잡할 것도 없다. 작가 각자는 각기 자기작품에 대한 저작권침해를 주장하면 그뿐이다.

한편 심광열이라는 사람이 자신의 논고인 「조선민사개정을 중심으로」를 무단으로 전재한 사건에서 정광현 박사는 다음과 같이 말하고 있다.

> 신문잡지에 게재한 논고도 그것이 정치적 통속시사기사가 아닌 이상 기고자 기타 저작권자의 허락 얼이 자유로 전재하지 못하는 것이다. 더욱이 기고자의 성명을 변경하거나 논제의 칭호를 변경하는 것은 일층 좋지 못한 것으로 저작권법에 저촉되는 것이다.[16]

1956년 2월 13일자 『대학신문』 사설에 발표한 「저작권법과 우리의 요청」에서도 그의 생각을 엿볼 수 있다.

당시 국회 문교위원회에서 기초한 저작권법안에 대하여 출판인측은 자기의 주장을 피력했으나 문총측에서는 원안을 절대지지하는 입장을 취한 데 대하여 정광현은 다음과 같이 평하고 있다.

> 저작권법 제정에 관하여 동서양을 막론하고 저작자측의 견해와 출판인추의 견해가 대립투쟁하는 것이 상해이며 각자의 입장에 유리한 입론을 하는 것은 당연하다. 따라서 원안에 대한 출판인 측의 수정의견은 출판인의 의견으로는 일견 그럴 법한 제언이라고 볼 수 있으나 물총측이 원안 그대로도 고마운 법률이라고 생각하는

16 위의 글.

> 주장은 약자의 환호성이며 이는 마치 자유민의 재물로 취급되어 신음하다가 해방된 노예가 법률상 자유민과 같은 대우를 받게 되었으나 당시 실제상은 사회적으로 자유민에 비하여 차별 대우를 받으면서도 이를 감수 영합하는 환호로 볼 수 있다. 저작자측은 저작자의 권리가 충분히 보호되는 법률의 제정을 강력히 주장하여 그것이 관철될 때까지 투쟁할 필요가 있으며 …… 저작자의 입장에서의 제언을 하루 속히 할 것을 요청하여 마지않는다.[17]

한편 저작권의 개념 정립에 있어서도 그의 진보적인 사상을 엿볼 수 있다. 우선 그는 권리의 개념이 나날이 변하고 있다는 것을 인식하고 현실에 입각하여 타당성 있는 법률을 제정해야 하는 것이니, 특히 저작권에 관한 법률은 타 종류의 법률보다도 가일층 우리나라 현실에 입각하여 제정할 필요가 있다고 말한다. 또 당시 국회 문교위원회에서 기초한 원안은 저작권에 관한 그릇된 종래의 견해에 입각함으로써 저작권자를 보호한다고 표방하고 있으나 그 실은 저작권자를 유체재산권자보다 훨씬 소홀히 보호하고 있다고 주장한다.

이와 같은 생각은 1556년 『대학신문』에 그가 쓴 글에 잘 나타나 있다.

> 현금에 있어서는 저작권에는 인격권과 재산권과의 양자를 포함한 권리로 인정하고 있으며 그중에서도 재산권으로서의 중요한 법률상 가치를 인정하고 있다. 그러나 약 60년 전인 단기 4229년에 제정된 현행민법 제85조 중에서 재산권은 유체물에 국한하였다. 따라서 무형물인 정신적 재산은 재물로 취급하지 않았다. 그간에 재물에 관한 권리관념은 변천하여 무체재산도 보호할 필요가 있게 되자 민법보다 10년 후에 제정된 구형 법에서는 전기도 재물로 간주한다고 규정하였고 우리나라 현행 신형법은 일층 더 재물에 관한 개념을 확장하여 '관리할 수 있는 동력' 도 재물로 간주한다고 규정하고 있다. 한편 우리 민법초안에서는 물의 관념을 '유체물뿐만 아니라 전기 기타 관리할 수 있는 자연력' 까지 이를 확장하고 있다. 그러나 자연력 아닌

17 위의 글.

무형적 재산의 가치가 유체물이나 자연력보다 중요성을 갖게 된 현금에 있어서는 민형법상 무형적 자연력에만 국한할 필요가 없지 않은가? 앞으로 제정될 신민법에서는 자연력 아닌 무형적 재물로 취급함이 타당하다고 보는바 저작권법은 우리 신민법이 제정되기 전에 민법에 앞서서 저작권을 유체재산권과 동일하게 취급하는 규정을 설정하여 유체재산권과 같이 원칙으로 민법의 적용을 받게 하는 동시에 경제적 약자인 저작권자를 민법의 원칙에 의한 것보다 일층 더 보호하기 위한 특별규정을 설정할 필요가 있다고 본다.[18]

한편 저작물의 이용을 개방하여 저작자의 독점적 권리를 인정치 않는 '저작물공유설'에 대하여도 그는 다음과 같이 말하고 있다.

저작물공유설에 의하면 저작물은 사상적 창작물인바, 여하한 사상일지라도 참으로 창작이라고 할 수 없고 직 · 간접으로 선인의 사상에 의하여 된 것이며, 또 사상은 가장 존귀한 인류재산이므로 그 이용을 개인에게 개방시키는 것이 타당하므로 저작자에게 독점적 권리를 인정할 필요가 없다고 한다. 이러한 견해의 잔재가 아직 다분히 있어 일정한 기간의 경과 후 이를 공유로 하는 것이다.

그러나 저작자에게 저작물에 대하여 인격권과 재산권을 인정하는 현금의 통설하에서는 이러한 공유설은 과거의 이상론에 불과한 것이다. 사상적 창작행위로 된 저작물이 유체재산의 창설 내지 증가행위 이상의 시간과 노력에 의하여 형성됨에도 불구하고 이를 사후 50년 후에 공유화한다 하더라도 부당할진대 이 원안의 50년을 단축해야 한다는 이론은 가일층 부당하다는 점을 여기서 지적하여 둔다.

우리는 헌법에서 특별히 저작자의 권리, 즉 저작권을 보호한다는 것은 일반유체재산 이상으로 보호하여 민족문화발전에 기여함에 있다고 보며 저작권법은 이러한 입장에서 입법해야 할 것을 요청하여 둔다.[19]

18 위의 글.
19 위의 글.

설송은 1956년 2월 14일자의 『조선일보』에 「저작권법안의 비판」이란 글을 실었고, 『동아일보』 동년 3월 27일, 30일자에다 「저작권법의 재비판」이란 글을 4회로 나눠 발표하였다. 여기에서 그는 국회 문공위원회 이항녕 위원의 저작권법에 대한 견해[20]를 반박하였다. 이때 전개된 논쟁의 과정을 보면 같은 민법학자이면서도 이항녕보다도 정광현이 저작권법의 독자적 의의를 주장하는 것으로 나타난다.

3. 여성과 법

정광현이 여성의 법적 지위에 쏟은 관심은 지대하여 허다한 법조계 제씨의 논술이 있음에도 불구하고 그는 "그들과 관점을 달리할 뿐 아니라, 기획하는 바도 다르다"라고 하면서 여러 차례에 걸쳐 글을 발표하였다. 『조선중앙일보』에 「여성의 법률」이란 글을 1934년 11월 16일부터 1935년 1월 20일까지 모두 30회에 걸쳐 연재하였으며, 『이화』(梨花)지 제4집 5호(1935)에도 「조선여성의 법률상 지위」라는 논문을 실었다. 『동아일보』 1936년 4월 1일에서 25일까지 「조선여성과 법률」이 10회에 걸쳐 발표되었다. 『여성』지 제3권 2호(1938)에는 「조선여성의 정조유린과 위자료」란 글을 실었는데, 정광현은 여성의 정조에 대하여 다음과 같이 주장하였다.

> 현국가가 여자의 정조를 보호하는 그 이유가 만일 여자의 정조를 여자 자신의 생환과 같이 존중함에 있다면 여성된 이로서는 응당 감동할 만한 일이다. 그러나 사실은 그렇지 않고 여성 자신보다 가정의 혈통을 위한 봉건적 관념과 그 남편의 신성불가침의 향락을 위한 자본주의적 관념과의 교향곡인 것을 가히 알 수 있다. 왜냐하면 남성수단에 의하여 정조의 유린을 당한 경우에 국가가 그 여성을 위하여 어느 정도의 힘을 다하는가를 보라. 본처를 둔 남성이 무수한 여성에게 본처와 쉽게 이별할

20 『동아일보』, 1956. 2. 28.

수 있다고 속여 환심을 얻어 그 여자의 정조를 농락하다가 아주 돌아보지 아니할 때 그 여자가 부득이 위자료 또는 손해배상을 청구한다면 재판부는 그와 같은 합의의 情交는 貞操權에 대한 자유로운 처분 행위라는 이유로서 고 청구를 거절하는 것이 아닌가. 또 간통죄에 관한 조문을 보라. 거기에는 "유부의 처가 간통하면 2년 이하의 징역에 처함. 그와 상간한 자 역시 동일함. 전항의 죄는 본처의 고소를 기다려 논함. 단 본처가 간통을 종용하면 고소의 효과가 업음"(구청법 183조)이라고 규정되어 있다. 문제의 대상은 '有夫의 婦' 에게만 한한 것이며 '有婦의 夫' 에 대하여는 처벌하지 않는다는 것이다. 즉, 아내가 있는 남편은 아무리 방탕생활을 하여도 그의 대상이 유부녀만 아닌 이상 형법상 문제가 되지 않을 뿐만 아니라 민법상 이혼의 이유도 되지 않는다. 그러나 아내 된 여자가 다른 남자와 일시적 부정행위에 지나지 아니하고 또 그 대상이 비록 미혼남자라 할지라도 형법상 간통죄가 성립하여 남편은 이것을 이유로 곧 이혼할 수 있다(구민법 813조 2호). 이러한 여러 가지 점으로 보아 여성을 보호하는 것같이 보이는 법률규정이 사실에 있어서는 아내의 간통만을 벌하는 극단의 불평등 규정이라는 것을 가히 알 수 있겠다.[21]

1930년대에 구민법과 구형법 아래에서 이처럼 폭로적으로(?) 과감한 주장을 한 것은 여성법률의 선구적 면모를 보여준다고 하겠다. 이러한 선구적 주장이 주효하여 해방 후에는 그런대로 남녀평등의 입법이 이루어진 것이 아닌가 추측된다. 설송은 그 후에도 여성의 권리, 여성의 법학교육에 대하여 남다른 관심과 애착을 기울였다. 서울법대에 여학생을 남학생과 동등경쟁이 아니라 정원의 몇 퍼센트를 비례입학시켜야 한다고 주장하기도 하였다. 어쨌든 설송은 이태영과 같은 훌륭한 여성 제자를 배출하였고, 오늘날도 여성운동이 그를 통하여 혁혁히 전개되고 있는 것을 볼 수 있다. 이태영은 그것을 다음과 같이 회고하였다.

1956년 내가 상담소를 시작하려고 하자 주변사람들이 모두 입을 모아 어리석은

21 정광현, 「우리 여성과 정조」, 『동아일보』 1937. 4. 2.

일이라고 일축해 버릴 때 선생님은 "그것 참 좋은 생각을 하였다"고 기뻐하시며 상담소의 이름을 짓는 데까지도 거들어 주셨다. 그 후 10년 동안 일주일에 한번씩 상담소에 꼬박꼬박 나오셔서 부족한 면에서 자문해 주신 상담소 초창기의 산파이자 아버지셨다.[22]

4. 대학도서관

정광현은 친족상속법이나 저작권법 외에도 도서관에 대한 문제에 많은 관심을 기울였다. 이 부분에도 많은 논문과 글을 발표하였는데, 그중에서 「서울대 도서관의 위기」라는 1958년 10월 20일자 『대학신문』에 게재된 글을 보면,

서울대학교 도서관이 우리나라에 있어서 가장 우수하고 제일 크다는 말도 한낱 이야기에 지나지 못하게 되었다. 왜냐하면 장서에 있어서 그 대부분이 제2차 세계대전 전의 도서이며 제2차 세계대전 후에 수입된 장서구성에 있어서는 질적으로나 양적으로나 어느 지방소재 국립대학 도서관, 더구나 사립대학 도서관 등과 비교도 할 수 없을 정도로 빈약하다. 이렇게 볼 때 서울대 도서관은 사장된 도서관이다. 심지어는 케케묵은 더러운 박물도서 창고라는 평까지 받게 되는 것도 무리가 아니다. 국가재정이 핍박한 현시에 여유 있는 예산은 감히 바랄 수는 없지만 도서관에 대한 당국의 인식이 다소나마 나아진다면 이 정도의 빈사상태에서는 구출할 수 있을 것이다.

라고 하여 대학도서관의 지폐된 현실을 적나라하게 지적하고, 국가의 발전을 위하여 대학도서관의 사명을 강력히 주장하였다. 이러한 주장과 노력으로 서울대학교 중앙도서관은 한국에서 가장 장서를 많이 가진 대학도서관으로서 위용을 자랑하고 있지만, 그 현실을 보면 아직도 정 박사께서 지적한 문제점이 크게 개선되지 못하고 있는 실정이라고 하겠다.

22 이태영, 앞의 책, 758쪽.

Ⅲ. 인간 설송의 회상

정광현은 인간으로서 많은 에피소드를 남긴 '인상적인' 인물이었다. 인정 많은 시골노인과 같이 보이면서도 유머와 익살, 그리고 때로는 짓궂게 보이는 때도 있었다. 사교성보다는 독단적이기도 하였다. 또 이기적인 인간같이 보이기도 하였다. 그는 가끔 "지구상의 모든 것은 나를 위해 존재한다. 심지어는 지구 그 자체까지도"라고 수업시간에 얘기하곤 했다 한다. 둘째 며느리를 법대 여학생 중에서 고르겠다고 했는데, 그것도 사실은 당신의 저술을 거들어 줄 수 있는 사람을 구하려는 뜻이었던 것 같다고 유동렬 선생은 말한다.

또 학생과 제자를 아끼고 훈련시키는 데에도 독특한 면모가 보였다. 철저하고 엄하게 도제식으로 훈련을 시키려 했는데, 한 학기에도 몇 개의 리포트 과제를 내어 주고 그것도 일부러 시일도 촉박하게 주어서 괴롭혔다. 잘못 쓴 리포트에 대해서는 꾸지람을 주었고, 잘된 논문은 *Fides* 같은 법대잡지에 실어 주기도 하였다. 남의 글을 인용하는 데에 정확한 각주가 붙지 않으면 불호령이 떨어졌다.

그러면서도 마음에 드는 학생이 있으면 각별히 지도하는 정성을 베풀어 주었다. 그런 제자인 박병호 교수는 아침에 일어나기도 전에 공부하는가 안 하는가를 체크하는 전화를 몇 번이나 받았다고 한다.

필자는 1969년에 설송으로부터 「친족상속법」 강의를 들었는데, 그때 잊을 수 없는 에피소드가 있다. 학기가 시작될 때 선생께서는 우리에게 모두 증명사진 한 장씩을 내라고 하셨다.

"왜 사진을 거두느냐고? 내가 이화여대에도 강의를 나가니까 좋은 일이 맺어질지도 모르니까 잔말 말고 내라!" 하셨다. 우리는 뭔지도 모르고 싱글벙글하며 사진을 냈는데, 이화여대 운운한 것은 괜한 농담이셨고, 나중에 알고보니 선생님은 우리 한 사람씩의 얼굴을 이름과 함께 기억하시려고 하신 것이었다. 미국에서 장남 정태진 박사에게 그 얘기를 하였더니 그 사진들이 지금 볼티모어의 정 박사 댁에 유품으로 보관되어 있다 한다. 만년의 병석에서 제자들의 사진을 가끔 꺼내 보셨다는 얘기를 들으니 눈앞이 시큰해졌다.

하버드 옌칭도서관(Yenching Library)에 근무하는 백린(白麟) 선생도 설송을 서울대 도서관장으로 모신 분으로 많은 에피소드를 갖고 있었다. 설송이 도서관장으로 있을 때 어느 장관이 와서 도서관에 대하여 이러쿵저러쿵 하는 평을 듣던 설송은 그 자리에서 화를 내며 "당신이 장관이면 장관이지 도서관에 대해 뭘 안다고 그러느냐" 면서 호통을 치더라는 것이었다. 설송의 강직한 학자적 면모를 보여주는 일화라 생각된다.

연보 및 논저

■ 연보

1902. 5. 3(음)	평양부 이향리에서 延日 鄭世宙 씨의 차남 丹一 鄭在明 씨(1861. 4. 27)의 3남으로 출생
1909. 4. 1	사숭학교(엄친이 설립) 입학
1910. 4. 1	평양사립숭덕학교 입학
1916. 3	평양제일공립보통학교 졸업
1919. 3	평양관립고등보통학교 제3학년 수료
1919. 6	동경정칙영어예비학교 및 연수학관 수학(10개 월간)
1920. 4	사립메이지학원중학부 제4학년 편입
1921. 3	동학원 중학부 제4학년 수료
1921. 4	와세다 제일고등학원 이과에 입학하여 제1학기 재학
1922. 4	제6(강산)고등학교 문과 갑류에 입학
1925. 4-1928. 3	일본 동경제국대학 법학부 법률학과(영법과) 입학, 졸업(법학사학위를 받음)
1928. 9-1929. 3	평양숭실전문학교 문과 교원 지촉(정치학, 사회학, 경제학, 법학통론 담당)
1929. 3. 12	좌옹 尹致昊 씨의 3녀 文姬(1909. 9. 18일생)와 결혼
1930. 2. 24	장녀 泰嬋 경성부 견지동 68번지에서 출생
1930. 4	신정여학교 강사 피촉(2년간 법제, 경제 담당)
1930. 4-1938. 5	이화여자전문학교 강사 피촉(9년간 법제, 경제 담당) 연희전문학교 교원 지촉(9년간 민법, 상법, 법학통론 담당)
1931. 4-1938	이화여자고등보통학교 강사 피촉(8년간 법제, 경제 담당)
1931. 11. 26	장남 泰雄 출생
1934. 3. 2	차남 泰振 출생
1935. 5	주소를 경성부 가회동 33번지의 34로 이전
1936. 1. 26	3남 泰成 출생
1938. 5-1938. 12	배일 사상사건 (치안유지법 위반사건)으로 피검(190일간 서대문경찰서에 구치). 동년 12월에 기소유예 처분으로 석방
1939	「조선사상보호관찰령」에 의해 대화숙(사상전향기관)의 숙생으로

	수개월간 강제수련을 받음
1941. 5. 2	연희전문학교 서무과장 피명
1944. 4. 10	조선총독부 중추원 구관제도 조사과 명예촉탁 피촉(친족상속관습조사연구) 해방 후 법무부로 이관되어 계속 근무
1946. 4. 1	미군정청 법무관 피명 (군정법령사무 담당)
1946. 10. 7	미군정청 중앙관재처 차장 취임(귀추재산관계 법령과 관재예규의 기초 및 번역사무 담당)
1949. 3	귀속재산관리위원회 위원 피촉
1949. 4	삼화의숙 숙장으로 취임(1학기간)
1949. 10. 1	서울대학교 법과대학 강사 피촉(친족상속법 담당)
1950. 1. 15	서울대학교 법과대학 교수 지명(1962. 8. 31까지 친족상속법, 민법총칙, 영미법 등 강의 담당)
1950. 9	서울대학교 법과대학 도서과장 피촉
1951. 4. 26	변호사 자격의 인가를 얻음
1951. 5	서울대학교 대학원 위원 피촉(2년간 재임)
1951. 6	대한민국법전편찬위원회 위원 피촉(11년간 재임)
1952. 4. 1	서울대학교 법과대학 도서과장 피촉
1952. 9. 5	서울대학교 부속도서관장직 겸보 (1962. 5. 11까지 10년간 재임)
1953. 3	교통부관리국 법률촉탁 피촉(4년간 재임)
1953. 4	서울대학교 대학원 민사법전공주임직 겸임(3년간 재임)
1953. 9. 9	중앙법률연구소 창립(고 김병관 변호사 법률사무소 내)과 동시에 연구위원 피선
1955. 4. 16	사단법인 한국도서관협회 이사 취임
1956. 4. 20	사단법인 한국도서관협회 회장 취임(2년간 재임)
1956. 9. 10	서울대학교 연구위원회 위원 피명
1956. 9. 21	서울대학교 개교 10주년기념 고도서전시준비위원회 위원장 피촉
1957. 5. 21	국민독서연맹 이사 피선
1957. 10. 10	서울대학교 대학원 위원 피촉
1958. 4. 1	단국대학 강사 피촉(3년간 친족상속법 강의 담당)
1958. 7. 7	사단법인 한국도서관협회 고문으로 추대
1959. 3. 13	서울대학교 행정대학원위원회 위원 피촉(2년간 재임)
1959. 4	성균관대학교 대학원 강사 피촉(1년간 친족상속법 강의 담당)

1959. 4	한양대학교 법정학부 강사 피촉(1년간 법학개론 강의 담당)
1960. 4	단국대학교 대학원 강사 지촉 (1년 1학기간 친족상속법, 한국법제사 담당)
1960. 7. 14	문교부 저작권심의위원회 위원 피촉
1961. 4. 23	사단법인 한국도서관협회 평의원 피선
1961. 8. 1	사단법인 서울대학교출판부 이사 취임
1961. 11. 30	서울대학교 대학원에 법학박사학위 청구논문「한국혼인법연구」(국판 318면)를 제출
1962. 1. 13	서울대학교 법과대학 인사위원회 상임위원 피촉
1962. 3	국가재건최고회의 법제사법위원회 내 호적제도 연구위원회 위원 피촉
1962. 3. 6	동경국제서적전시회 출품도서선정위원 피촉
1962. 4. 1	서울대학교 사법대학원위원회 위원 피촉
1962. 6. 4	회갑을 맞이하여 법과대학 및 가족공동주최로 회갑축하식
1962. 8. 15	대통령권한대행 국가재건최고회의 의장으로부터 황조소성훈장을 받음
1962. 8. 31	서울대학교 교수직에서 정년퇴임
1962. 9. 1	서울대학교 법과대학 및 대학원강사 피촉
1962. 9. 4	서울대학교 명예교수로 추대
1962. 11. 5	신병 치료를 위하여 도미
1980. 12. 7	미국 메릴랜드대학병원에서 작고

■ 저서

『성씨논고』, 동광당, 1940.

『적산관계법규병수속편람』, 동광당, 1948.

『한국친족상속법강의』(상), 위성문화사, 1955.

『신친족상속법요론』, 위성문화사, 1958.

『신친족상속법요론』(수정증보판), 법문사, 1961.

『신민법대의』(하), 김주수 · 김용한(공저), 박영사, 1962.

『한국가족법연구』, 서울대출판부, 1967.

『판례를 통해서 본 3 · 1운동사』, 법문사, 1978.

■ 논문

(1) 민법 관계

「현행법령개관」, 『연전타임스』 제5호, 1934. 5. 1

「여성의 법률」(전30회), 『조선중앙일보』, 1934. 11. 16-1935. 1. 20.

「조선여성의 법률상 지위」, 『이화』 제4집 5호, 1935. 10.

「조선여성과 법률」(전10회), 『동아일보』, 1936. 4. 1-25.

「조선여성의 정조유린과 위자료」, 『여성』 제3권 2호, 1938. 2.

「조선인사령개정을 중심으로」(전4회), 『조선일보』, 1938. 11. 17-21.

「조선여성과 씨제도」, 『이화』 제5권 1호, 1940. 1.

「개정조선민사령의 전반적 해설」, 『조광』 제6권 2호, 1940. 2.

「상제에 대한 재음미–중추원판 조선제사상속법론 논평–」(전3회), 『조선일보』, 1940. 2. 15-17.

「조선법전고」(전2회), 『조선일보』, 1940. 7. 31-8. 1.

「조선여성의 법률상 지위」, 『춘추』 제2권 4호, 1941. 5.

「한국양자법초안개평」, 『법대학보』 창간호, 1954. 6.

「민법총칙」(개강사), 『지방행정』 제3권 1 · 2호, 1955. 1 · 2.

「친족상속법의 개정점에 대한 관견」(전2회), 『대학신문』, 1955. 5. 12, 19.

「한국의 생전상속」(전2회), 『법조협회잡지』 제4권 3호, 1955. 7, 714권 5 · 6호, 1955. 10.

「입법의 민주화–친족상속법초안을 중심으로–」, 『대학신문』 제127호, 1955. 10. 17.

「영법의 법원과 재판소」(번역 역자주), 『법조협회잡지』 제4권 7호, 1955. 11.

「일본민법 제177조는 의용되는가」, 『대학신문』 제163호, 1956. 10. 22.

「민사판결(대법원판례)에 대한 이의」, 『고시와 전형』 제4권 8호, 1956. 11.

「친족상속법초안 비판」(전2회), 『대학신문』 제175 · 176호, 1956. 11. 5, 19.

「신민법의 중요점과 소감–친족상속법을 중심으로–」, 『의회정치』 창간호, 1956. 12.

「친족상속편의 요강 및 초안에 대한 분석과 관견」(전3회), 『법정』 통권 95 · 98 · 103, 1957. 3, 6, 11.

「한국상속관습법에 대한 입법론적 고찰」, 『서울대학교논문집』(인문사회과학편) 제5집, 1957. 4.

「친족상속법제정의 목적과 입법방침에 대한 관견」, 『대학신문』 179호, 1957. 4. 15.

「태아와 미성년자의 법률강화」, 『법대학보』 제3권 1호, 1957. 7.

「민법안 중 수정안에 대한 검토–친족상속편을 중심으로–」, 『대학신문』 제198호, 1957. 10. 14.

「민법안 중 친족상속편수정안이유서」, 鄭一亨 의원 제출, 1957. 11.

「민법안(친족상속편)수정제의」, 『대학신문』 제204호, 1957. 11. 25.

「한국의 친족범위」, 『코메트』 제31호, 1957. 12.

「양호주의 파양금지문제」, 『법률신문』 제277호, 1957. 12. 16.

「상속인의 순위와 상속분」, 『현대』 2권 1호, 1955. 1.

「신친족상속법에 대한 관견」, 『법제월보』 제1권 1호, 1958. 1

「서자녀의 민법상의 지위」, 『고시계』 제3권 1호, 1958. 1.

「신친족법해설」(전2회), 『법제』 제6 · 7권, 1958. 1, 2.

「신민법의 동성동본결혼을 밝힌다」, 『주부생활』 제2권 2호, 1958. 2.

「신친족법해설」(전3회), 『법정』 통권 제107-108호, 1958. 2, 3, 7.

「양자제도의 목적과 각국의 근대적 양자법개관」, 『법률경제』 제1권 3호, 1958. 8.

「정양사육법전서 중 친족상속편 조선민사령 및 호적법의 편주」, 『육법전서』, 정양사, 1959.

「상속법」(신구상속법의 비교), 『대학신문』 제282호, 1959. 2. 22.

「영국가족법개요」(번역 및 역자주), 『법조』 제8권 3호, 1957. 3.

「신구민법 중 친족상속편의 차이점」, 『법정』 통권 제116호, 1959. 12.

「어떤 사람과 혼인할 수 없는가」, 『여원』, 1960. 1.

「동성동본간의 금혼규정을 중심으로」, 『법정』 통권 제119호, 1960. 3.

「호적법해설」(전8회), 『사법행정』 제1권 2 · 3호, 1960. 3, 12, 제3권 2 · 4-8호, 1962. 1, 3, 5, 7, 8, 9.

「이혼에 대하여」, 『생활법률전서』, 학원사, 1960. 7.

「서양자혼인과 입부혼인」, 『법정』 통권 제131호, 1961. 5.

「친족상속법 중 해석상 문제점」(전2회), 『법조』 제10권 6 · 7호, 1961. 6, 7.

「신분권의 남용」, 『고시계』 제7권 1호, 1962. 1.

「일본민법의 일부개정」(전2회), 『대학신문』, 1962. 7. 2, 9.

「약혼과 파혼의 조건」, 『미의 생활』 창간호, 1962. 8.

「혼인의 조건」, 『미의 생활』 제2호, 1962. 9.

(2) 저작권법 관계

「저작권문제」, 『인문평론』, 1940. 5.

「저작권법의 입법과 행사문제」, 『대학신문』 제52호, 1953. 6. 22.

「출판물임시단속법안검토」, 『대학신문』 제101호, 1955. 2. 14.

「저작권법안의 비판」(전5회), 『조선일보』 제10323-10327호, 1956. 2. 10-14.

「저작권법과 우리의 요청」(사설), 『대학신문』 제137호, 1956. 2. 13.

「저작권법안의 재비판」(전4회), 『동아일보』 제10220-10223호, 1956. 3. 27-30.
「신저작권법의 개설」, 『대학신문』 제174호, 1957. 2. 25.
「저작권법상의 문제점」(「안본모」 저술의 방역문제), 『대학신문』 제246호, 1959. 2. 9.

(3) 도서관 관계

「도서관개관에 제하여」, 『대학신문』 제63호, 1953. 11. 30.
「보다 나은 책의 효용」, 『동아일보』 제9751호, 1954. 11. 14.
「도서관의 이용」, 『대학신문』 제108호, 1955. 4. 18.
「고서와 문화」, 『조선일보』 제10573호, 1956. 10. 17.
「독서의 대중화운동」, 『서울신문』 제17368호, 1956. 11. 23.
「도서관확충의 긴요성」, 『서울신문』 제17598호, 1957. 7. 12.
「서울대도서관의 위기」, 『대학신문』 제236호, 1958. 10. 20.
「규장각도서와 서울대학교」(전2회), 『조선일보』 제11639-11640호, 1959. 9. 20-21.
「도서관을 많이 이용하라」, 『대학신문』 제286호, 1960. 4. 4.
「한국도서관의 실태」, 『새세대』(문리대) 제19호, 1960. 11. 5.
「신입생의 도서관이용」, 『대학신문』 제386-387호, 1962. 3. 8-12.
「운초(장지태) 선생을 애도함」, 『대학신문』 제405호, 1962. 5. 14.

(4) 기타

「법률적 경위」(전2회), 『청년』(중앙YMCA지) 제11권 8 · 9호, 1931. 8, 9.
「국방보안법해설」, 『매일신보』, 1941. 3.
「조선사상범예비구금령해설」, 『조광』, 1941. 4.
「방첩과 국방보안법」, 『신시대』, 1941. 6.

유 진 오

(1906-1987)

⑦ 유진오 (1906-1987)

현민(玄民) 유진오(兪鎭午)라고 하면 몇 마디로 그를 어떻게 표현해 볼 수 있을까? 법학, 문학, 교육, 외교, 정치를 한 생애에 농축시킨 한국의 석학이라고 해 보면 어떨까? 또 누구의 표현대로, 명석한 두뇌를 가지고 태어나 20대에 법률과 문학으로 실력을 다지며 이상주의에 영혼을 불태웠고, 40대에 이르러 헌법기초위원, 법제처장, 한일회담대표, 고대총장 등의 화려한 경력을 거쳤고, 50대에 대한교련회장, 국가재건국민운동본부장으로 경륜을 넓히고, 60대에 들어 이 모든 것을 바탕으로 정계에 투신하여 열매를 거두려 했으며, 70대에 인생을 종합하여 조용히 정관하며 만년을 보낸 자랑스런 '한국인의 얼굴' 이라고 표현해 볼 수 있을까? 이러한 모든 수식어와 표현들이 무리 없이 적용되는 현민 유진오에 대한 평가는 실로 어렵다. 이러한 어려움은 그의 다양한 이력 외에도 그가 살아온 험난한 역사, 즉 구한말의 격랑기를 지나 일제의 수난시대를 겪고, 광복 후 건국과 수차례의 '혁명' 을 겪은 한국의 현대사에 의해 더욱 커진다.

1987년 8월 30일 3년 8개월여의 오랜 투병 끝에 83세의 생애를 마감한 현인의 죽음을 앞에 두고 우리 사회가 치러야 했던 갈등은 그가 '한국현대사의 산 증인' 이었음을 역설해 주는 것이었다. '현민 빈소사건' 이라고 지칭되는 그 사건은 단지 한 사람의 빈소를 어디에 마련할 것인가의 문제가 아니라 우리의 근·현대사를 바라보는 역사관의 문제, 앞으로의 한국사회를 이끌어 갈 이념문제 등을 둘러싼 사상논쟁과도 같은 것이었다. 그것은 또한 차분한 마음으로 한국사와 한국사회를 바라보아야 한다는 점을 깨우쳐 준 하나의 교훈이기도 하였다.

현민에 대한 올바른 평가를 기대하면서, 이 글에서는 그의 생애와 법사상을 간략하게 살펴보기로 한다.

I. 생애

1. 출생과 소년시절

유진오는 1906년 5월 13일 한성부 가회방 제동 계맹현에서 당시 궁내부 제도국 참사관이며 보성전문학교 강사였던 유치형(兪致衡)과 어머니 밀양 박씨 사이의 10남매 중 장남으로 태어났다. 이 杞溪 유씨 집안은 한말에 일찍 근대화의 문물을 접한 가문으로, 그 종친 가운데는 개화기의 선각자 유길준을 비롯하여 유성준, 유진태 등이 있었다.

1914년 4월에 제동공립보통학교에 입학하여 1918년 3월에 졸업하고 연령 미달로 1년 쉬다가 다음해, 그러니까 3·1운동 직후 1919년 4월에 경성고등학교에 입학하였다. 학교 다닐 때 성적이 특히 뛰어났으며, 1924년 봄에 조선인과 일본인이 한자리에서 실력을 겨룬 '제1회 대학예과 고등학교 입학 모의시험'에서 수석을 차지하기도 하였다.

유진오의 부모에 대한 기억과 함께 어린 시절의 추억은 그의 수필집 『구름 위의 漫想』에 잘 그려져 있다.[1]

---

1 유진오, 『구름 위의 만상』, 일조각, 1966, 187-191쪽. 그리고 그의 소설 『창랑정기』, 정음사, 1963에도 잘 그려져 있다.

2. 대학생활

1919년 경성고등제일보통학교에 입학하고 나서 바로 그해 10월에 성진순(成辰順)과 결혼하였다. 그러나 부인은 1926년 5월에 사별하였다. 유진오는 1924년 3월에 보통고등학교를 졸업하고 바로 경성제국대학 예과 문과 A에 입학하여 2년간 공부하고, 1926년 4월에 법문학부 법학과에 입학하였다.

현민이 대학 예과에 입학할 때 법과로 올라갈 문과 A를 택한 것은 막연한 동기에서였다. 현민 자신은 공부 잘하는 학생은 법과나 의과로 간다는 당시의 일반적 풍조에 휩쓸린 점도 없지 않았지만 부친이 법과 출신이고, 법학교수였던 관계로 법학서적이 쌓인 분위기 속에서 자란 환경 때문이 아니었던가라고 회상한다.[2]

유진오는 대학생활에서 공부만이 아니라 자유와 낭만을 마음껏 구가했다. 그는 법학보다도 문학과 철학에 더욱 흥미를 느꼈으며, 한때 철학과로 전과원까지 냈다. 그러나 전과는 허락되지 않아, 법과에 눌러앉게 되었는데, 그 후 1927년 2월 9일의 일기에서는 "내가 법과에 들어간 것은 지금 와서 생각하면 잘된 일이다. 상아탑 외에 살아있는 현실세계가 있다는 것을 알았기 때문이다. 인류의 사회사상의 발전, 경제사상사, 정치사상사, 법률진화의 역사를 모르고 철학을 말하고, 문학을 말하는 것은 어리석은 일이다 ……나는 20세에 개인을 발견하고 22세에 사회를 발견하였다"[3]라고 하며 괄목할 만한 변화를 보이고 있다.

현민은 김계숙(金桂淑), 전승범(全承範) 등과 '조선경제연구회'를 조직하여 좌익사상에 열을 올리기도 하였다. 일제의 폭압적 지배로부터의 출구를 찾기 위해 공산주의자가 아닌 사람들도 좌익단체에 가담하고 좌익사상을 연구하는 것이 일종의 유행이던 때의 일이다.

이 무렵 유진오의 Sturm und Drang의 면모는 그의 「젊은 날의 자화상」이란 일기에 잘 드러나고 있다.[4] 그는 일기에서 자기의 생각과 느낌을 솔직히 적곤 하

2 강수웅 기자와의 대담(1978. 9. 21), 강수웅, 『민사재판의 해부』, 사법행정사, 1982, 262쪽.

3 유진오, 앞의 책, 206쪽.

4 유진오, 앞의 책, 9쪽.

였는데, 이것이 후일 '조선경제연구회'에 대한 조사과정에서 진땀을 빼는 화근이 되어 다시는 일기를 적지 않기로 결심하였다. 정말 그는 광복이 되어서야 다시 일기를 쓰기 시작했다.

현민의 성적은 일본학생을 능가하며 항상 우수했다. 그러나 그는 처음부터 고등고시에 대한 생각은 없었다. 그를 아는 일본인, 한국인들이 여러 가지로 권유했지만, 그는 왜놈들 밑에서 관리가 되고 싶은 생각은 추호도 없었고, 오직 법학자가 되는 것이 목표라 해서 그들의 권유를 물리쳤다. 한번은 경성지방법원장이 그를 불러 고등문관시험을 치기 싫으면 안 치러도 좋으니 오겠다고만 하면 특별임용으로 판사를 시켜 주겠다는 제안까지 하였다. 그러나 그는 특별임용은 조선인을 우대하는 것이 아니라 조선인이 열등하다는 것을 전제로 한 것이어서, 일본인과 함께 교육을 받고, 일본어시험에서 일본인보다 나은 성적을 받은 자신에게까지 그 제도를 적용하는 것은 이유가 빈약하다고 생각하고, "판사가 되고 싶으면 고문(高文)을 치르고 나서 다시 찾아오겠다"라고 말하고는 돌아왔다.[5]

3. 청년시절

대학생활 초기에 유진오의 마음을 끈 것은 문학과 철학이었으며, 그는 그때부터 타고난 문학적 자질을 살려 창작에 관심을 기울였다. 현민은 이재학(李在鶴), 김주경(金周經) 등 학우와 함께 시집 『십자가』를 발간하였고, 고유섭(高裕燮), 배상하(裵相河) 등과 '낙산문학회'를 조직했으며, 소설 「여름밤」(문우), 「스리」(조선지광), 「파악」(조선지광), 「갑수의 연애」(현대평론) 등을 잇달아 발표했다. 소설은 1933년까지는 대체로 경향주의적 작품이 많았으며 「여직공」(조선일보), 「5월의 구직자」(조선지광) 등이 그 대표적 예이다. 현민은 이러한 작품들로 인해 '조선프롤레타리아예술 동맹'으로부터 회원으로 가입해 달라는 요청을 받았으나 거절하여, 이후 이효석(李孝石)과 함께 '동반작가'로 불리게

5 강수웅, 앞의 책, 266쪽.

됐다. 그러나 일제의 문인탄압이 심해지자 그의 작품 활동도 자연히 위축될 수밖에 없었다. 현민은 그의 대표작의 하나인 「김강사와 T교수」(신동아), 「창랑정기」(동아일보) 같은 작품을 1930년대에 쓰면서 인간의 내면세계를 추구해 나갔다. 당시 '문단의 총아' 로 불리던 그는 소설 「김포 아주머니」(방송지우)를 1944년에 발표한 다음 더 이상의 작품을 쓰지 않았다.

현민은 1928년에 박복례(朴福禮) 여사와 재혼하였고, 김계숙(金桂淑), 이종수(李鍾洙), 김선진(金洗鎭) 등과 '조선사회사정연구소' 를 설립하고, 이후 그 연구소에서 이강국(李康國), 박문규(朴文圭), 최용달(崔容達) 등과 분담집필하여 『조선사회운동사』를 편찬하였다. 이 '조선사회사정연구소' 는 연구단체로서의 범위를 넘지 않았는데도 불구하고 일제는 1932년 6월 마침내 그곳에까지 탄압의 손길을 미쳤다. 그때의 쓰라린 경험은 현인으로 하여금 다시는 일기를 쓰지 않겠다는 결심을 하게 했고, "형법이론상의 소위 주관주의학파는 죄형법정주의를 파괴하고 파시즘독재로의 길을 트는 자들" 이라는 생각을 확인하게 했다.[6]

한편 현민은 학자로서의 길에 본격적으로 진입했다. 1929년 23세의 나이로 경성제국대학을 졸업하고 법학사학위를 받았으며 이어 형법연구실 조수가 되었다. 그리고 경성제대 졸업생들을 모아 학술잡지 『신흥』을 발간하였다. 1931년에는 25세의 나이로 경성제국대학 법문학부 법철학연구실에 조수로 있으면서, 그 대학 예과에서 『법학통론』을 강의하였다. 1932년에는 보성전문학교에서 헌법, 행정법, 국제법의 강사로 활동하였고 1933년에는 그 대학 전임강사가 되었다. 그의 부친 유치형이 별세한 1934년에는 보성전문학교 교수들과 합심하여 『보전학회론집』을 창간하고 거기에 「중세에 있어서의 정의관념」이라는 수준 높은 긴 논문을 실었다. 그리고 1939년에는 보성전문학교 법과과장이 되었으며, 1944년 총독부에 의해 그 학교가 경성척식경제전문학교로 강제개편된 이후에도 교수로 머물러 있었다.

6 유진오, 『양호기』, 고려대출판부, 1977, 9쪽.

4. 광복과 헌법기초

8 · 15광복이 되면서 보성전문학교를 복원하여 교수 겸 법학과장이 된 유진오는 경성대학 법문학부의 교수도 겸직하면서 법학계의 새 출발뿐만 아니라 한국의 대학의 재건에 주역으로 활동하게 된다. 거의 공백상태와 같은 한국 법학계에 새로이 주춧돌을 놓는 작업은 매사가 그의 손길을 필요로 하였다. 아직 학문적 역량도 모르는 신진학자 지망생들에게 전공을 떼어 맡기다시피 하면서 한국 법학계를 조각하였다. 유진오의 혜안이 정확하여 이들이 오늘날 한국 법학계를 끌고 가는 원로교수들이 되었다.

1946년에는 「사회와 법률」(법정)을 발표하였고, 이듬해에는 「권력분립제도의 검토」(법정), 「우리 헌법의 윤곽」(법정)을 발표하였다. 건국을 위해 지혜를 모으고 있던 당시에 발표된 이런 논문들은 한국의 법학사에 뜻 깊은 글들이다.

뭐니뭐니 해도 유진오가 남긴 가장 큰 업적은 대한민국헌법을 기초한 것이다. 먼저 현민은 1947년에 남조선과도정부사법부 안에 설치된 '조선법전편찬위원회 헌법기초분과위원회'의 초안작성위원이 되었다. 그 위원회에는 당시 대법원장 김용무(金用茂), 사법부장 김병로(金炳魯), 검찰총장 이인(李仁), 사법부차장 권승렬(權承烈), 변호사 김병순(姜炳順) 그리고 사법부 법률심의국 주석고문 겸 법전편찬국장 퍼글러(Charles Pergler) 등이 참가하고 있었는데, 현민은 이전에 좌익정치단체에서 헌법초안을 만들어 달라는 부탁을 받고 거절했던 것과는 달리, 독립정부는 아니지만, 정부기관에서 하는 일이라 공적 성격을 터고 있다고 판단하고 이 위원회에 참가했다. 그는 이때 양원제, 내각책임제, 농지개혁, 기업의 자유를 전제로 한 통제경제 등의 기본원칙을 구상하고 회합에 임했으나, 토론과정에서 위원들의 헌법에 대한 무지와 퍼글러의 제퍼슨시대적 자유방임사상에 부딪혀 진전이 없자 일단 헌법초안부터 작성하기로 결심하였다. 이때 그가 가졌던 우리 헌법의 기본원리에 대한 구상을 그는,

> 나는 인간의 자유와 존엄은 끝까지 존중되어야 한다고 생각하기 때문에 평등을

위해서는 그들을 희생해도 좋다는 공산주의에는 반대였으나, 그렇다고 무제한한 자유가 강자에 의한 약자의 지배를 결과하거나, 또는 그 반대로 무정부적 상태로 빠지는 것도 피해야 한다고 생각하였기 때문에, 어떻게 하면 인간의 자유와 존엄을 존중하면서, 거기서 올 수 있는 폐단을 제거 또는 방지하느냐에 모든 관심을 쏟고 있었고, 광복 후 대학강단에서 계속해 중점을 두어 온 것도 바로 그 점이었다.

라고 밝히고 있다. 초안작성은 그해 겨울을 넘기며 계속되었는데 현민이 이때 참고한 것은 세계 주요 각국의 헌법전과 여러 학자들의 저서 외에도,

조선임시약헌(1947년 입법의원에서 통과된 것)
조선인민의 권리에 관한 포고(1948년 4월 7일 하지 중장 포고)
대한민국 건국강령(민국 23년 2월 28일 임시정부 국무위원회에서 공포한 것)
The Constitution of Korea(과도정부 사법부 美人고문 우드월案)
조선민주공화국 임시약법(1946년 제1회 미소공위에 제출차 준비 되었던 민주주의 민족전선측 시안)
대한민국 임시헌법 (민주의원案)
1947년 제2회 미소공위에 제출된 諮問 5 · 6호에 대한 각 정당 사회단체의 답신
조선민주주의 인민공화국 헌법(괴뢰정권案)
각 정당의 강령과 정책

등이 있었다. 그러나 풍부한 자료에도 불구하고 정치나 행정에 관해 실제 경험이 전혀 없었던 그는 난관에 봉착하였다. 이때 과도입법부 법무사로 있던 황동준(黃東駿), 윤길중(尹吉重) 두 사람이 도움의 손길을 주었으며, 이들의 도움으로 초안을 완성하여,[7] 1948년 5월초 법전편찬위원회에 한 부를 제출하고 해공계의 행정연구회 회원들과 또다시 안을 기초하였다.

7 유진오, 『헌법기초회고록』, 일조각, 1981, 19-24쪽.

그때 주로 토의에 참가한 사람은 崔夏永 · 장경근 · 車潤弘 · 김용근 · 盧龍鎬 · 윤길중 등이었고, 황동준 · 李相基 등도 때때로 참가하였다. 이때 현민은 이 멤버들과 허심탄회하게 그의 민주헌법에 대한 소신을 이야기할 수 있었으나 한 가지 마음에 걸리는 일이 있었다. 그것은 현민 자신이 구상하는 헌법의 원칙들에 관해 이승만 박사가 동의할 것인가 하는 점이었다. 현민은 헌법의 기본원칙들을 항목별로 문서로 작성해서 신익희(申翼熙)에게 주어 이 박사의 동의를 얻어 달라고 부탁했다. 만일 기본원칙에 관하여 이 박사와 의견이 갈린다면 그로서는 헌법기초에서 손을 뗄 작정이었다. 그러나 그 걱정은 사라진다. 이 박사가 현민이 제출한 원칙들에 전적으로 찬성의 뜻을 표하였기 때문이다. "내각책임제가 되면 대통령은 할 일이 적어지지만 부득이한 일" 이라고 하더라는 것이다.

5 · 10선거로 탄생된 제헌국회는 1948년 5월 31일 중앙청 홀에서 역사적인 제1회 국회를 소집하고 의장에 이승만, 부의장에 신익희 · 김동원(金東元)을 선출한 후 곧 헌법제정사업에 착수한다. 우선 헌법과 정부조직법 기초위원 30인(전부 국회의원)과 전문위원 10인을 선출할 것을 결의하고, 6월 3일 기초위원과 전문위원을 각각 뽑는다. 이때 위촉한 전문위원은 유진오 · 고병국 · 임문항(任文恒) · 권승렬 · 한근조(韓根祖) · 노용호 · 차윤홍 · 김용근 · 윤길중 제씨였다. 이날 오후 전문위원들은 국회헌법기초 위원회에 세칭 '유진오안' 을 원안으로, '권승렬안' 을 참고안으로 제출하고 토의에 참가한다. 이때 현민은 "미상불 헌법학자가 된 보람"[8]을 느꼈다고 적고 있다.

헌법기초위원회의 제1독회는 현인의 제안설명에 이은 대체 토론으로 무난히 넘어갔다. 그러나 제2독회 때 파란이 일어났다. 이승만 박사가 대통령책임제를 주장하고 나선 것이다. 그러나 헌법기초위원회는 그대로 심의를 계속하였으며, 이 박사의 반대의견에도 불구하고 전반적인 공기는 현인의 소신대로 내각책임제를 여전히 지지하고 있었다. 그러나 이 박사는 또다시 목소리를 높여 내각책임제 헌법 아래에서는 어떤 지위에도 취임하지 않고 민간에 남아 헌법반대 국민

8 강수웅, 앞의 책.

운동이나 펴겠다고 주장했다. 결국 이 박사의 주장을 받아들이는 것으로 파란은 끝이 났다. 그때 이 박사의 주장이 관철될 수 있었던 요인을 현민은 건국 초기 행정부의 안정이 요구되었던 상황과 사실상 유일한 대통령후보였던 이 박사의 정치적 위치에서 찾는다.[9]

5. 헌법제정 이후의 활동

유진오는 1948년 8월부터 일년여 간 초대법제처장을 지냈다. 그는 그 사이 공포식령(대통령령 1호) 등 정부 초창기의 화급한 법령의 기초와 한미 양국간의 "재정중 재산에 관한 최초협정"(조약 제1호)과 "원조협정"(조약 제2호) 등 신생정부의 디딤돌이 된 조약의 체결에 노력하였다. 그리고 국회법, 헌법위원회 법, 탄핵재판법, 각부처 직제, 국군조직법, 농지개혁법, 귀속재산처리 법 등이 그의 책임 아래 기초되었다.

이런 바쁜 공직생활 가운데서도 유진오는 헌법의 해설서를 집필했다. 당시 다른 법령과는 달리 일본교과서가 참고되지 못하던 헌법에 대한 해설서가 시급히 요청되었기 때문이다. 그의 최초의 헌법교과서 『헌법해의』(憲法解義)(명세당) 초판은 그가 책의 대강만을 구상해서 구술하고, 실제 집필은 대부분 황동준에 의해 이루어진 원고를 교정과정에서 수정 가필하여 출판한 것이었다. 이 책은 한국 출판사상 전무후무할 만한 반응을 보였다.

또 그해 1948년에는 『법정』지에 논문 「국가의 사회적 기능」, 「헌법제정의 정신」을 실었고, 『자유신문』에는 「선거의 기본관념」을 썼다. 1949년은 유진오의 표현대로 하면 '짧았던 안정기'에 속하는데, 이때 그는 고려대학교 대학원장으로 정법대학장까지 겸하고 있었다. 고등고시위원, 중앙교육위원회 위원, 중앙노동조정위원회 위원 등 공적 임무 속에 잠겼다. 그러면서도 그해에 논문 「헌법이념의 구체화 과정」(법정), 「대통령의 법률안거부권」(법정), 「국회의 책무와

9 강수웅, 앞의 책.

능률」(국회보), 「지방자치제의 의의」(민성), 「헌법개정의 한계」(동아일보), 「법치국가의 기본구조」(법률평론), 「교육기본법의 이념」(고대신문)을 발표하였다.

1950년 한국전쟁이 발발하자 가족을 서울에 둔 채 부산으로 피난하고 고려대학교 임시관리책임자로 근무하였다. 그리고 그에게는 중앙선거위원회 위원, 외교위원회 위원의 임무가 부과되어 있었다. 이러한 가운데서도 논문 「민주정치와 법의 지배」(신경향), 「종합행정의 원리」(서울신문), 「세계와 한국」(자유신문)을 발표하였다. 전시하의 1951년에는 대한민국 교수단 단장과 전시연합대학 총장이 되었다. 이런 북새통 가운데서도 최남선과 함께 장서를 가지러 서울에 다녀오기도 하고, 한일회담 준비 조사차 일본에 다녀오기도 하였고, 10월에는 한일회담에 한국대표로 참석하였다. 고려대학교 총장서리로 대구 가교사에서 개강을 시켰다. 『전시문학』(戰時文學)지에 「개헌론 시비」를 썼고, 『동아일보』에 「對日강화조약초안의 검토」를 기고했다.

1952년에는 5월에 한일회담이 결렬되어 귀국하였고, 고려대학교 총장으로 근무하면서 9월에는 하버드대학 연구원으로 도미하였다. 그러면서 유엔한국대표단 법률고문직을 맡기도 하였다. 그해에 저서 『헌법의 기초이론』과 『헌법입문』이 일조각에서 나왔다. 1953년에는 7, 8월에 유럽 각국을 시찰하고 서울 환도와 함께 9월에 귀국하였다. 새로 조직된 대한국제법학회 초대회장을 맡고, 『新稿 헌법해의』(일조각)를 출간하였다.

1954년에는 학술원 회원이 되었고, 대학교육심의회 위원이 되었다. 불행히도 8월에 부인 박복례 여사가 별세하였다. 그러나 꾸준히 논문 「주권이론」(법률과 경제), 「한국법학계의 회고와 전망」(고대신문), 「세계인권선언의 역사적 의의」(고시), 「경제개헌안의 검토」(동아일보), 「사립학교재정확립문제」(교육사조)를 발표하였고, 저서 『헌정의 이론과 실제』(일조각)를 출간하였다. 그해는 11월에 이른바 4捨5入개헌이 통과된 해였다.

1955년도는 고려대학교가 창립 50주년을 맞는 해이면서, 공교롭게도 고려대와 유진오와 특별한 관계에 있던 인촌 김성수(金性洙)가 작고한 해였다. 유진오는 연세대학교로부터 명예법학박사 학위를 수여받았다. 그해에도 논문 「법과대학의 개편을 위한 試論」(법정), 「책임정치란 무엇인가」(조선일보), 「학문의 길」(사상계)을 발표하였다. 그리고 고병국과 더불어 공동편집으로 『법률학사전』(법문사)을 편찬하였다.

1956년에는 5월에 다시 이용재 여사와 결혼하고, 유네스코 한국위원회 부위원장직을 맡고 한국연구원 창립이사로 활약하기도 하였다. 논문 「민주정치의 전제조건」(동아일보), 「대학의 이념과 현실」(고대신문)을 발표하였고, 『헌법강의』 상권이 일조각에서 출간되었다.

1957년에는 영국정부의 초청으로 영국을 시찰하였고, 한국 공법학회 회장, 한국법철학회 회장, 한국국제법률가협회 회장을 맡았다. 논문 「한국의 법제와 법학」(유네스코한국총람), 「근대국가와 언론의 자유」(조선일보), 「이성이 지배하는 정치」(동아일보)를 발표하였다. 1958년에는 「법제처 창설전후」(法制月報)와 「국사와 학문의 자유」(思潮)를 발표하였다.

1959년에는 서울특별시교육회 회장이 되고, 재일교포북송반대 민간사절로 장택상, 최규남(崔奎南)과 함께 제네바의 국제적십자사에 파견되어 "Mass Deportation Problem of Korean Residents in Japan to North Korea"란 강연을 하기도 하였다. 또 한일회담대표로 다시 참석하였고, 학술원으로부터 공로상을 받기도 하였다.

대한교육연합회 회장이 되고, 한일회담 수석대표로 참석하기도 하였다. 그 해에 발표한 글로는 「비상사태수습 私案」(동아일보), 「폭풍을 뚫고 나선 학생 제군에게」(사상계), 「내각책임제 개헌과 정국의 장래」(고대신문), 「제2공화국의 헌법」(세계) 등이 있다. 제2공화국 헌법은 그해 6월 15일에 공포되었는데, 유진오가 제헌시절부터 주장해 온 내각책임제가 드디어 실현된 것이다.

1961년에는 5·16으로 한일회담을 중단하고 귀국하여 국가재건국민운동본부장에 취임하였다. 그해에 발표한 글로는 「국민운동의 기본이념」(동아일보), 「한일관계와 우리의 태도」(동아일보), 「한일회담의 회고」(시사) 등이 있다.

1962년에는 스웨덴에서 열린 세계교육자대회에 참석하였고, 대한민국 문화훈장을 수여받았다. 12월에는 제3공화국 헌법에 대한 국민투표가 실시되었는데, 발표한 글로는 「헌법개정의 방향」(최고회의보), 「우리나라 대학의 회고와 전망」(사상계) 등이 있다.

1963년에는 「民政의 사상적 거점」(서울신문), 「새로운 교육이념과 민족의 근대화」(새교육), 「연대와 고대」(연세춘추), 「교육자치제는 왜 중요한가」(사상계)를 발표하였고, 논문집 『민주정치에의 길』(일조각), 『젊은 세대에 부치는 글』(일조각)을 출판하였다. 1964년에는 한일협정이 조인되었는데, 학원에서 반대데모가 일어나고 계엄령이 선포되었다. 그해 발표한 글로는 「젊은 날의 자화상」(사상계), 「학생은 학원으로」(고대신문) 등이 있다. 1965년에는 이디오피아에서 열린 세계 교육자대회에 참석하였다. 대학은 여전히 한일국교 정상화 반대데모로 시끄러웠고, 7월에는 고려대학교에 휴업령이 내리고 무장군인이 난입하였다. 고려대학교 60주년을 맞은 그해 10월에 3연임의 총장직을 사임하였다.

1966년에는 경희대학교로부터 명예문학박사학위를 받았고, 정계에 관심을 기울이게 되어 민중당 대통령후보로 지명되었다. 그해에 발표한 것으로는 논문 「헌법의 법적 성질」(법정), 「헌법기초회고록」(법정)이 있고, 수상집 『구름 위의 漫想』(일조각)이 출판되었다.

6. 정치활동

제6대 대통령선거, 제7대 국회의원선거를 눈앞에 둔 1966년, 재야세력은 박순천(朴順天), 유진산(柳珍山)이 이끄는 제1야당인 민중당과 윤보선(尹潽善)이 영도하는 신한당의 양대세력으로 분열되어 있었다. 따라서 당시 야당의 최대의 난제는 재야세력을 통합할 수 있는 대통령후보 단일화 문제였다.

이러한 상황에서 현민은 1966년 10월 20일 민중당에 입당하고 이틀 뒤 시민회관에서 열린 민중당 대통령후보공천전당대회에서 전국대의원 총수 1,048명 중 872표의 지지를 얻어 후보로 지명되었다. 이로써 현민은 60대 초반, '예술적인 환상 속에 자신의 생애를 극적으로 종합할' 3년 11개월간의 정치생활에 몸을 던진 것이다.

정계투신의 과정과 심경에 대해 현민은 후에,

> 세계의 영봉 에베레스트를 처음으로 정복한 영국의 힐라리 경은 "왜 산을 타는가?" 라는 물음에 이렇게 답하였다.
>
> "거기 산이 있기 때문에-."
>
> 교육인으로서 지난 35년 동안 교단에서 강의해 온 나로서는 남은 생애마저 학생들과 벗하는 '생각하는 갈대' 로서 일환하려 하였다. 그러나, 복잡다기한 내외정세와 정상적인 민주헌정의 확립을 갈망하는 이 나라의 정치현실은 나로 하여금 캠퍼스에만 머물기를 허용치 않고 정치적 현실에의 적극적인 참여를 요구하였다. 이번에 민중당의 부름을 받아 한 사람의 당인으로 새로이 출발, 정치현실의 표면에 나서게 된 것도 생각하면 나 역시 "정치적 동물" 의 범주에서 벗어날 수 없는 추성을 지닌 때문인 것도 같다.
>
> 정치란 온실과도 같은 학원과는 달라서 냉혹한 투쟁과정이라는 것을 익히 들어 알고 있다. 이러한 차가운 현실에 투신한다는 것은 하나의 모험적인 도전이라고 보여질지 모르지만 모험이고 아니고가 문제가 아니라 지금 나에게 있어서는 이 길로 나갈 수밖에 다른 길이 없는 것이다.

라고 밝혔다. "정치현실이 거기 있기 때문에-. 이 길밖에 다른 길이 없기 때문에-"라는 현민의 힐라리식 정치입문은 결코 돌연변이는 아니었다. 주위에서의 권고도 권고였으려니와, 현민 자신이 걸어온 그때까지의 과정이 언제나 정치 그것과 호흡을 같이해 왔다 해도 과언이 아닌 때문이었다. 본시 전공이 정치적 권력구조와 밀접한 헌법학이어서 항상 정치에 깊은 관심을 가져온데다가, 여러 해 동안 인촌 김성수를 통하여 이 나라 정치풍토에 접해 왔으며, 때로는 헌법제정 등 정부활동에 참여한 경험까지 있던 것이 크게 작용하였다.

삭막한 한국정치의 현실 속에 발을 들여놓은 후 현민은 1967년에는 우리 야당사에 획기적인 쾌사로 기록되고 있는 이른바 '4자회담' 으로 야당통합과 대통령후보 단일화를 이루어 내면서, 민중당과 신한당을 합당한 신민당의 대표위원이 되어 제6대 국회의원으로 선출되었다. 그 후 야당의 사령탑으로서 6·8부정선거 무효화투쟁과 향토예비군 설치 반대연설 등으로 대여투쟁의 나날을 보냈다. 그러다가 1969년 9월 10일 뇌졸중으로 쓰러질 때의 공식직함은 신민당 총재였다. 심오한 학식과 농축된 경륜을 바탕으로, 인생을 관조하며 바야흐로 그 어떤 조화를 부려 볼 수 있을, 그의 나이 63세였다. 2년 전 제1야당 민중당의 대통령후보로 옹립되어 극적으로 정계투신을 꾀한 현민은, 그의 의지로서는 어쩔 수 없는 병마에 희생되어 운명처럼 모든 꿈을 무산시킬 수밖에 없었다.

현민 자신이야 그 결과를 어떻게 평가하든, 주위에서는 그의 정계투신에 일면 기대도 걸었으며, 또 다른 한편으로는 그가 여전히 하나의 '鶴'으로 남아 있기를 바랐다. 현민이 정계를 물러났을 때 많은 사람들은 역시 그는 정치풍상을 겪어내기에는 너무 순진한 '선비'였음을 지적했던 것이다.

7. 만년의 현민

현인은 그 후 계속하여 투병생활을 하면서 간간이 회고적인 글들과 젊은 세대를 위한 교훈의 글, 그리고 가벼운 시론들을 발표하였다. 투병차 미국에 간 길에 조지워싱턴대학에서 "Korea and Japan"이란 강연을 하였고, 콜럼비아대학에서 "Korea and the International Situation Today"를 강연하였다. 사건 많고 말많은 한국사회에서 이슈가 있을 때에는 원로들의 이야기를 듣고 싶어하고, 그럴 때 현민은 현자적(賢者的)인 교훈과 충고를 들려주었다.

현민의 투병생활은 실로 많은 것을 이야기해 준다. 1969년 신민당 총재로서 존발한 정치활동을 하고 있던 중에 뇌졸중으로 쓰러져 왼쪽 수족이 마비되고 언어장애까지 일으켰던 현민은 십여 년간의 투병생활로 다소 회복되었다. 그러나 1983년 12월 26일 그는 아주 쓰러졌으며 죽음에 이르기까지 병으로부터 회복되지 못하였다. 그러나 닷새를 넘기지 못하리라던 의사의 소견은 그의 부인 이용재 여사의 믿음을 누르지 못했다. 그는 그 후 3년 8개월여를 더 살았던 것이다. 그 동안 이용재 여사가 현민에게 쏟은 정성은 실로 헌신적인 것이었다. 한의사이명래 씨의 둘째딸로서 경성여의전을 나온 내과의사였던 이용재 여사는, 그녀로 하여금 현민을 '선생' 이라고 부르게 했던 존경심과 어릴 때부터 카톨릭 신자로서 키워 온 신앙심의 힘으로, 신체마비와 언어장애로 시달리는 남편을 지극한 정성으로 간호했다. 어쩌면 그 정성이 보답을 받은 것인지도 모르지만, 현인은 어느 날 갑자기 "영세를 받을까 한다"는 말을 어렵게 쏟아 놓아 그녀를 놀라게 했다. 이렇게 하여 평생을 뿌리 깊은 유교사상으로 버텨 왔던 현민은 80평생을 마감하기 2년 8개월 전에 가톨릭에 귀의하게 된다. 김수환 추기경이 지어 준 세례명은 '토마스' 였다. "눈으로 보지 않고는 믿을 수 없다고 말한 토마스"의 이름을 세례명으로 받은 '고집장이' 현민은 그후 아주 평화로운 삶을 보냈다고 이용재 여사는 회고한다.[10]

현민은 1987년 8월 30일 3년 8개월여의 투병 끝에 영원히 잠들었다. 그러나 그는 죽음으로써 오히려 한국현대사 속에 새로이 부각되었다. '현민에 대한 평가' 라고 하는 역사적 · 정치적인 문제와 '고인에 대한 예우' 라는 도덕적인 문제가 뒤엉켜 표출된 이른바, '현민 빈소사건' 은 그가 떠난 뒤에 남은 모든 이들에게 풀어 헤치지 않으면 안 될 커다란 의문을 던졌기 때문이다.

또한 현민은 아직도 자리잡지 못하고 들썩대는 대한민국의 헌법으로 인해서도 우리에게 많은 생각을 요구한다. 1986년 "제헌절이 되면 옛날이 생각나 괴로워서", 병상에 누워 더듬거리는 말로 "제헌절에는 유성에 가자"고 부인을 졸랐던 현민.[11] 1987년 6월을 지난 또다시 개헌 논의가 휘몰아치던 때 불편한 몸을 휠체어에 의지한 채 여의도 국회의사당을 찾았던 현민. 그가 지금 살아있다면 대한민국의 헌정에 대해 무어라 말할 것인가. 국토양단, 경제파탄, 공산주의자들의 극렬한 파괴활동 등 생사의 문제를 산더미같이 안고 있는 대한민국이 대통령제를 채택해서 국회와 정부가 대립하고 있다면 나라를 망치기 아니면 독재 국가화하기에 꼭 맞다고 생각했기에 의원내각제를 주장한 현민의 모습. 이 모든

10 「투병중인 유진오 박사 부인의 간병수기」, 『주부생활』, 1975. 11, 167-183쪽; 「유진오 박사 아내 이용재」, 『가정조선』, 1982. 12, 122-128쪽.

11 『조선일보』, 1986. 7. 16, 15쪽.

것은 한국 헌법사에 잔영이 되었다.

II. 법사상

유진오의 법사상을 논하려면, 여러 가지 측면에서 접근할 수 있을 것이다. 우선 그가 헌법학자였으니 헌법사상에 대하여 상론할 수 있을 것이고, 국제법에 대하여 특별히 관심을 가졌으니 국제법사상을 논할 수 있을 것이며, 법철학을 가르치고 논문도 썼기 때문에 그의 법철학에 대하여 논할 수 있을 것이다. 뿐만 아니라 행정법, 교육법, 법학교육론 등 제반 분야에 대하여도 언급할 수 있을 것이다. 여기에서는 헌법, 국제법, 법철학, 법학교육에 대해서만 국한하여 정리하기로 한다.

1. 헌법사상

유진오가 헌법학자가 된 것은 다소 우연한 경위를 거쳐서였다. 그 자신에 따르면 "천황은 사람이 아니라 신이라는 학설이 활개를 치는 일본헌법에 흥미도 없었거니와 그것을 전공해 학자가 된댔자 어디서 써 줄 까닭도" 없는 상황에서 헌법학자가 되리라고 공상도 해본 일이 없었다고 한다.[12]

또 앞에서 유진오의 부친 유치형이 헌법학자였다는 사실을 말했지만, 유진오는 학문적으로 부친의 헌법사상을 이어받아 보겠다는 생각을 한 것도 아니었다. 사실 결과적으로 보면 유치형의 일본천황주의를 한국의 입헌군주주의로 구색한 헌법사상은 아들의 헌법사상과는 연결되는 점이 거의 없다고 할 것이다.

유진호가 헌법학을 담당하는 교수가 된 것은 1932년 보성전문학교로 가면서

12 이에 관하여는 이신식, 「헌법학의 태두 현민: 행동하는 지식인」, 『주간조선』, 1987; 김태익, 「현민 빈소사건 시비」, 『월간조선』, 1987.

부터였다. 옐리네크, 켈젠의 국가학(Staatslehre)에 관심을 가졌다고 스스로 말했듯이, 유진오는 1938년에 「독일국가학의 최고동향」을 『동아일보』에 발표하기도 하였다. 그러나 이러한 관심은 계속되지 못하고 일제하의 암울한 심정을 '법학에서 문학' 으로의 도피(?)로 지냈다고 할 것이다.

광복이 되고 우리나라가 주권국가가 되고 나니 유일한 헌법학자가 유진오였고, 그는 그때부터 새로 헌법을 공부하다시피 하여 그의 헌법이론과 사상을 전개해 나갔다. 뿐만 아니라 그 자신이 대한민국 헌법을 기초하였다. 그의 헌법기초와 관련하여 그의 "헌법제안 이유설명"(국회 속기록)에서 주목할 점을 지적하자면, 첫째, 헌법의 근본정신에 대해 그는 정치적 민주주의와 경제적 · 사회적 민주주의와의 조화를 꾀하고자 했다. 둘째, 경제문제에 있어서는 약자를 후원하고 강자를 조정한다는 정신 밑에서 단순히 자유를 주자는 데 그치지 아니하고 국가가 적극적으로 간섭하는 제도를 채택하려 했다. 이 두 가지 사실은 현민이 현대의 사회적 법치국가의 원리를 우리 헌법에 도입하고자 했다는 점을 명확하게 해주는 것이다. 그리고 셋째, 원래는 중요한 국가의사의 결정을 보다 신중하게 할 수 있도록 양원제를 구상했으나 복잡다단한 건국 초기에 있어서 번잡을 피하기 위해 단원제로 바꾸었다는 지적과, 넷째, 원래는 정부가 안정성이 있고 강력한 정치를 할 수 있도록 내각책임제를 구상했으나 그 후 대통령제로 바꾸었다는 지적은 우리 헌법의 제정과정에서의 파란을 그대로 압축하고 있는 것이다.

세인들은 1948년 7월 17일에 제정된 헌법을 제헌헌법이라고 하지만 제헌, 그 자체가 헌법을 만든다는 뜻이므로 결국 같은 말의 중복이 된다. 그러나 유진오는 제헌헌법이라고 하지 않고 건국헌법이라고 불렀는데, 이것이 훨씬 타당한 것이라고 생각된다.[13]

유진오는 헌법의 의미를 이미 달성된 것을 표시하는 것이 아니라 앞으로 달성될 목표를 표시하는 것이라고 했다.[14] 또한 헌법제정의 의의를 오랫동안 상실

13 유진오, 『헌법해의』, 5쪽.

14 권영성, 『신고헌법학원론』, 법문사, 1981, 77쪽.

했던 주권을 회복하여 남부럽지 않은 독립국가를 가지게 되었다는 데 둔다고 했다.[15]

그러면, 그가 헌법기초위원회에 참가하고 작성한 초안에 나타난 그의 사상에 대해서 하나씩 살펴보겠다.

1) 헌법의 기본정신

우리 헌법의 기본정신은 민주주의다. 민주주의는 모든 사람의 자유와 평등을 기본으로 하는 것이다. 그런데 자유와 평등은 상호보완적인 경우보다 상호모순적인 경우가 많기 때문에 보통 평등이란 기회의 균등을 말하는 것으로 설명된다. 그러나 기회의 균등만으로써 민주적 평등의 요구가 만족될 수가 없는 것이다. 자유와 평등에 대한 난제를 안고 유진오는 헌법의 기본정신을 인간의 자유와 존엄을 끝까지 존중하되, 무제한의 자유가 강자에 의한 약자의 지배를 결과하거나 무정부 상태로 되는 것을 피하기 위해 인간의 자유와 존엄을 존중하면서 폐단을 방지하고자 정치적 민주주의와, 사회 · 경제적 민주주의의 조화와 20세기적인 현대적 헌법의 개념으로서 나타내려고 했다. 그는 대한민국 헌법 제안 이유설명에서 헌법의 기본정신은 프랑스혁명과 미국의 독립시대로부터 민주주의의 근원이 되어 온 모든 사람의 자유와 평등과 권리를 위하고 경제적 균 등을 실현해 보려고 하는 것이라고 말했다.[16]

그러면 그가 말한 정치적 민주주의와 사회 · 경제적 민주주의의 개념에 대한 의문이 생기게 된다. 적어도 '사회' 라는 말에 알레르기를 일으키는 시대와 공간에서 살기 때문이다.

여기에 대해서 유진오는 정치적 민주주의와 사회 경제적 민주주의에 대해서 설명했다.

15 유진오, 『민주정치의 길』, 일조각, 1963, 201쪽.
16 위의 책, 197쪽.

① **정치적 민주주의**: 국민의[17] 기본권은 개인의 자유와 평등에 관한 권리로서, 그것은 봉건적 · 전제적 지배 아래에서는 국민은 조금도 자유와 평등을 보장받음이 없이 모든 것이 특권적 지배계급의 자의(恣意)에 의해 이루어졌지만, 18세기 프랑스혁명과 미국 독립 당시의 근대 민주주의 사상에 의해 국민의 본래의 자유와 평등을 찾고 국가권력의 간섭을 받지 않게 되었다. 이런 사상을 바탕으로 한 것이 근대적 헌법 또는 민주주의 헌법이라고 하는데, 이때의 민주주의란 개인주의, 자유주의와 동의어이다. 즉, 국가는 개인의 안전과 행복을 위하여 만들어진 것으로, 모든 사람으로 하여금 최대한의 자유를 가지게 하여 될 수 있는 한 이에 간섭하지 않고, 개인의 행동이 질서를 문란하게 하여 그 자유를 위태롭게 할 경우에만 간섭하여 질서를 회복함으로써 개인에게 다시 최대한도의 자유를 향유하게 하는 것을 목적으로 한다. 즉, 개인의 정치적 자유를 보장함으로써 민주주의의 최종목표가 달성되는 것으로 생각하였기 때문이다.

② **사회 · 경제적 민주주의**: 정치적 민주주의가 개인의 자유, 특히 경제적 활동의 자유를 최대한도로 허용한 결과, 도리어 경제적 · 사회적으로 큰 불평등을 초래하여 개인의 자유 · 평등이 실질적으로 상실된 것이나 마찬가지 결과에 이르자, 사회 경제적 약자를 위해 사회주의 운동이 일어났다. 그러므로, 사회주의는 처음에는 민주주의에 대항하여 일어나고 민주주의를 적으로 싸웠으나 사회주의도 결국 개인의 자유와 평등을 달성할 것을 목표로 삼았기에 근래(1940년대)에 와서는 점차 이것을 경제적 · 사회적 민주주의라 부르게 되었다. 제1차 세계대전 이후에 새로이 제정된 헌법들은 이 경제적 · 사회적 민주주의를 강조했는데, 이것은 국가의 사회적 · 경제적 기능을 중요시하여 국가권력의 개입에 의하여 사회적 · 경제적 약자의 자유와 평등을 실질적으로 보장할 것을 주장하고 있다.[18]

---

17 유진오, 『헌법기초회고록』, 236쪽; 「헌정 10년의 교훈」, 『민주정치의 길』, 일조각, 1963, 204쪽.

18 유진오는 헌법초안에 국민 대신에 인민이라는 말을 사용했다. "인민이라는 말은 대한제국의 절대군

결론적으로 말하면, 정치적 민주주의는 경제활동의 자유와 소유권, 재산권의 절대적 보장이 요청됨에 반하여 사회적 · 경제적 민주주의는 국민경제에 일정한 계획성과 소유권은 공공필요에 의해 제한되고 그 사회성이 강조되는 것이라고 하겠다.

2) 국민의 기본권

우선, 기본권 사상과 내용의 변화를 간략히 알아보겠다.

18세기적 개인주의와 그에 대(對)가 되는 사회주의가 서로 충돌하면서 인권사상과 국가기능이 변했다. 인권사상의 변화는 첫째, 18세기 헌법에서는 기본권은 개인이 국가나 법률에 앞서서 향유하는 자연권(droit naturelle)이라고 생각되어 "개인의 자연적 권리의 행사는 사회의 다른 성원으로 하여금 들일한 권리를 향유시키는 것 외에는 제한이 없다(인권선언 제4조)" 또 이 제한은 법률에 의하지 않고는 규정하지 못한다고 하여 개인본위, 권리본위로 파악되는 것이지만, 20세기 헌법은 권리에 대한 법과 국가의 선행이 강조되어 개인의 기본권은 법률에 의하여 비로소 인정되는 것으로 생각되었고, 국가는 공공 필요에 따라 개인의 기본권을 제한할 수 있지만 그 경우에 형식적 법률에 의함을 필요로 한다. 그러므로 현대적 사상에서 헌법이 보장하는 기본권은 절대적이 아니며 법률이 인정하는 범위 안에서만 향유할 수 있고 보장되는 것이다.

기본권은 크게 자유권, 참정권, 수익권 등으로 나뉜다.

과거 18세기에는 국가는 원칙적으로 모든 활동을 개인의 자유에 맡기고 경찰과 국방 등 질서의 유지만을 그 임무로 삼았기에 국가로부터 적극적으로 이익을 받는 것을 내용으로 하는 수익권이 성립할 기초가 박약하였던 것이다. 그래서 헌법에 나타난 적극권은 재판청구권과 청원권에 불과했고 결과적으로 적극권

주 아래에서도 사용되었고 미국 헌법에서도 인민은 국가의 구성원인 시민과 구별되어 표현되었다. 그러므로 인민이 공산주의자의 언어는 아니다" 라고 했다. "국민은 국가의 구성원으로서 인민을 의미하므로 국가 우월주의 냄새를 풍기어 국가라 할지라도 함부로 침범할 수 없는 자유와 권리의 주체로서의 사람을 표현하기에는 반드시 적절하지 못하다."

이라고 부르기에는 빈약했다. 즉, 민사재판청구권은 국가의 질서유지기능의 발현을 청구하는 것에 불과하고 형사재판청구권은 형사피고인의 자체의 자유보장을 주목적으로 하는 일종의 자유권이며, 청원권도 국가에 대한 의견발표의 자유를 보장하는 것에 지나지 않는다. 그러나 20세기에 와서 사회적 · 경제적 민주주의의 발달은 국가의 기능을 사회적 · 경제적 영역으로 확충시키는 동시에 일련의 새로운 적극권–교육에 관한 권리, 노동에 관한 권리, 노령, 폐질자 등의 부양에 관한 권리–을 등장시켰다.

유진오는 이러한 적극권이 기본권으로 인정되는 경우에 두 가지 차이는 구별되어야 한다고 했다.

그 두 가지란, 첫째, 이러한 국민의 요구에 대하여 국가가 이것에 응하는 법률상 의무를 부담하는 경우, 둘째, 국가가 고도의 사회정책을 실시함으로써 국민이 반사적 이익을 향유하는 경우이다. 즉 첫째는 법률상 권리이고, 둘째는 반사적 이익에 불과하다. 양자의 차이는 마치 "자유가 자유권으로 인정되느냐,–이 경우에 법률에 의하지 않고 이것이 침해될 때에는 불법행위가 된다. 또 법치주의원칙에 의하여 국가권력이 구속됨으로써 반사적인 실질상의 자유에 지나지 않는 것이냐–이 경우에는 이것을 침범하여도 그것이 직접 권리침해가 되지 아니하고 침범자는 그 직무규정 위반에 대한 책임만 진다"와 같다.

이 차이는 실질적으로 권리로서 인정될 때 국민은 국가에 대하여 이것을 요구할 수 있지만, 반사적 이익에 불과할 때는 국가가 사회정책을 실시하는 경우에는 모든 사람이 그 이익을 '균점' 할 수 있지만, 실시하지 않는 경우에는 '균등권' 이 공권(空權)이 된다. 그러기에 유진오는 훌륭한 기본권을 찬양하고 나열하기에 급급하기보다는 실직적으로 실현되는 것이냐에 관심을 가져야 한다고 했다.

유진오는 위와 같은 기본권에 대한 사상을 실제로 헌법초안에 담으려고 노력했다. 그가 우리 헌법은 정치적 민주주의와 경제 · 사회적 민주주의가 조화를 이루었다고 말했듯이 헌법초안에 정치적 민주주의가 중시하는 자유권의 중요한 것을 거의 망라했고, 사회 · 경제적 민주주의가 치중하는 수익권도 국가의 정

세가 허용하는 데까지 망라했다

자유권 중에도 신체의 자유를 대단히 중요시하여 일제시대를 거치는 동안 없었던 체포 · 구금 · 수색에 대한 영장제도와 구금이 되었을 때 즉시 변호를 받을 권리를 인정하였으며, 영미법상의 Habeas Corpus, 즉 인신보호제도를 최초로 수입하였다.

그리고 헌법상의 자유권은 법률에 의하여 인정되는 것으로 규정했다. 그 대표적인 예로 그는 재산의 자유에 관한 규정을 들었는데, 과거에는 재산권이 신성하고 불가침한 것이라는 의견이 지배적인데, 헌법에는 재산권은 보장하되 내용과 한계는 법률로써 정하고 재산권의 행사도 공공복리에 적합해야 한다고 했다. 이것은 국가가 모든 사람의 자유활동을 인정할 뿐 아니라 경제 · 사회 · 문화 등 모든 문제에서 공공복리의 증진을 위해서 필요한 때에는 적극적으로 이 문제에 참여해서 보호하고 조종하는 체제를 의미한다.

또한 "국민의 모든 자유와 권리는 헌법에 열거되지 아니한 이유로써 경시되지 아니한다"라고 하여서 헌법에 열거되지 않은 여러 가지 자유와 권리도 법률에 의하지 않고는 제한하지 못한다는 법치주의의 원리를 표명하였고, 자유와 권리에 대한 제한은 국회에서 제정한 법률에 의하면 가능하지만 법률에 의하더라도 질서유지와 공공복리라는 일정한 한도 안에서 필요한 경우에만 할 수 있다고 규정하여 입법권의 제한을 가져왔다. 이러한 제한의 규정은 그 후 자유당시절 악용이 되어서 개인의 기본권이 많이 침해당하게 되자, 4 · 19의거 이후에 그는 법률에 의해 제한한다는 구절을 삭제하여 국민의 기본권을 강하게 보장하여야 한다고 주장했으며, 실제로 제2공화국 헌법에서는 이 문구를 삭제하기도 했다.[19]

결론적으로 그의 기본권 사상이란 개인의 자유권의 철저한 보장과 더불어 사회 · 경제적 복지를 위해 수익권, 즉 생존권적 기본권을 강조하려는 것이었다.

비록 헌법제정 당시 미군정의 지배 아래에 있었지만 성대(城大) 및 이후 연구활동을 통해서 사회주의 사상에 많이 접해 있었기 때문에, 개인의 무제한적인

19 유진오, 『헌법의 기초이론』, 일조각, 1950, 76-84쪽.

기본권 보장의 허실과 경제·사회적 민주주의에서 내세우는 개인의 허실을 비교할 수 있었고, 그래서 비록 신생국의 건국헌법이었음에도 불구하고 어느 쪽에도 치우치지 않고 비교적 합리적인 기본권 조항을 규정할 수 있었던 것으로 보인다.

3) 내각책임제 및 양원제

유진오는 헌법초안을 작성할 때 양원제와 내각책임제를 구상하였다. 양원제의 경우, 직접 국민으로부터 선거된 대표로써 구성되는 소위 하원(민의원)과 하원과는 좀 다른 기초로부터 선출되는 상원(참의원)으로 이루어졌다. 보통 양원제 아래의 상원은 보수세력의 집결체로서, 하원의 급진적 경향을 억제하기 위하여 이용되어 왔다.

그러나 유진오는 참의원의 설치에 대해서, 민의원과는 좀 다른 기초로부터 선출된 대표로써 참의원을 구성하게 하여 국가의 의사가 하원에서 일단 결정되어도 상원으로 하여금 좀더 다른 각도로 재검토하여 국가의 의사결정을 신중하게 하고자 하는 구상을 가졌다.

그래서 그는 참의원의 권한을 일본의 신헌법상의 상원보다는 무력하지만 영국의 상원보다는 조금 강력하게 하려고 했으며, 그 구성에서 특권계급적 요소를 전부 배제하고, 첫째, 도를 단위로 하는 대선거구에 각급 지방의회 의원이 선거인이 되어 선출하는 의원, 둘째, 경제·문화·교육·노동·기타 각 직역별로 선출되는 의원, 셋째, 혁명운동, 기타 국가에 공로가 있음으로 인하여 선출되는 의원(그 정수는 전의원의 10% 이내)으로 이루어지도록 했다. 다시 말해서 참의원은 간접선거의 장점과 직능대표의 사상을 잘 담은 것이다.[20]

하지만 양원제안은 정치가의 이해타산으로 채택되지 않았고 발췌개헌 당시 명목상 부활했다가 실제로 제2공화국 때 실시되었다. 그리고 헌정사상 불상사라고 볼 수 있는 발췌개헌, 사사오입개헌, 보안법 파동, 3선개헌을 생각해 볼 때

20 유진오, 「헌법개정의 방향」, 『민주정치의 길』, 일조각, 1963; 『헌법의 기초이론』, 일조각, 1950.

참의원의 가치를 새삼 느낀다.

만약 참의원이 있었다면 이런 일이 일어날 개연성이 훨씬 줄어들었을 것이고, 단원제의 경우에는 통과하기만 하면 그만이라는 생각이 있기 때문에 무리한 수단이라도 불변하게 되지만, 양원제의 경우 또 하나의 관문이 있다는 생각이 머리 속에 있기 때문에 심한 무리를 하지는 않을 것이다.[21]

유진오는 헌법초안에서 내각책임제를 구상하였다. 그는 권력기구를 크게 미국식 대통령제, 영국식 의회정부제, 소련식 소비에트 제도의 3대 유형으로 구분했다.

미국식 대통령제는 18세기적 사상을 가장 충실히 정식화(定式化)했지만 권력분립제도가 그 실제기능에서는 헌법조문 그대로가 아니고 행정부의 우월화가 농후하며, 대통령의 제일 중요한 기능은 입법적인 것이어서 실제기능에서는 입법장관이라고 했다. 그 이유가 첫째, 대통령선거전은 입법정책을 중심으로 전개되는 것이며, 둘째, 대통령은 관리임명 외에는 그의 시간과 생각을 행정보다 입법에 다 바치며, 셋째, 행정관청의 권한과 직무는 법률로써 제정되는 것이므로 행정관청들은 실제에서는 대통령 관할 아래에 있는 것이 아니라 법률 관할 아래에 있기 때문이라고 했다.

결국 이런 관점에서 보면 미국식 대통령제도 실제운용에 있어서 영국의 의회정부제에 매우 접근해 있다. 그러므로 권력기구는 영국식과 소련식으로 크게 구분된다고 했다.

소련식의 경우, 다른 여러 가지 요소는 차치하고 순수한 헌법 해석면에서 단순히 입법부인 최고회의와 행정부인 인민위원회와의 관계만 가지고 논한다면, 최고회의가 단순한 입법기관이 아니고 국가권력의 최고인 점, 인민위원회가 최고회의에 대해서 책임을 지고 또 보고의 의무를 지는 점으로 보아 영국식 의회제도와 유사한 것이라고 했다. 그러므로 입법 · 행정 관계에서 내각책임제가 현대 여러 국가의 표준형이라고 했다.[22]

21 유진오, 「헌정의 이론과 실제」, 『헌법의 기초이론』, 일조각, 1950, 102-103쪽.

그러면서 그는 국토양단, 경제파탄, 공산주의자들의 극렬한 파괴활동 등 생사의 문제를 산더미같이 안고 있는 대한민국이 대통령제를 채택해서 국회와 정부가 대립하고 있다면 나라를 망치기 아니면 독재국가화하기에 꼭 맞다고 생각했기에 의원내각제를 주장했다.[23]

부연해서, 내각책임제의 원활한 운영을 위해서는 반드시 2-3개의 대정당이 성립되어야 하는데, 1948년 당시 그런 대정당을 설립할 여건이 안 되었다. 그런 상황에서도 유진오가 내각책임제를 구상한 것은 오직 국회와 정부와의 원활한 합작으로써 국정을 원활하게 또 강력하게 추진하도록 하고자 한 것이었다. 그러나 이러한 유진오의 구상은 이승만의 반대에 부딪혀 결국 대통령제를 채택하게 되었다. 이렇게 되자 그는 이런 대통령제를 내용상 내각책임제로 이끌기 위해 헌법학적 해석을 가했다.

즉, 그는 대통령제이기는 하지만 미국적 대통령제와는 다른 형식을 취하게 했다. 헌법에서 정부와 국회의 관계는 해산권과 불신임결의권이 인정되지 않는 점에서만 미국식 제도와 같을 뿐이고, 그 이외에는 내각책임제와 밀접한 관련성을 가지고 있는 것이다. 구체적으로 미국에서는 행정 각부의 장관은 오로지 대통령의 사용인으로서 국회에는 출석할 권한도 의무도 없는 데 반하여, 우리 헌법에서는 국무위원은 언제나 국회에 출석하여 발언할 수 있는 동시에 국회의 요구가 있으면 언제나 출석하여 질문에 응답할 의무가 있으며, 또 미국에서는 헌법상 행정 각부의 장관이 모여 회의를 하는 각의라는 것이 없고 국정의 최고책임은 대통령에게 있어서, 행정부의 장관은 대통령의 명령에 의하여 행정사무를 집행하는 데 불과하지만, 우리 헌법은 국무원 제도를 채용하여 대통령의 권한에 속하는 중요사항은 국무원에서 의결하게 되어 있다. 이것은 우리 헌법에는 대통령이 행정권의 수반으로 행정의 최고책임자이지만 대통령의 권한은 대통령 1인이 독단으로 행하는 것이 아니라 국무위원으로서 조직되는 국무원의 의결로

22 유진오, 『민주정치의 길』, 일조각, 1973, 152-153쪽.

23 위의 책, 57-58쪽, 86-91쪽.

써 행하는 것이며, 따라서 대통령의 국무수행에 대한 책임은 대통령자문회의에 참가하는 국무위원 전부가 분담하게 되어 실질적으로 의원내각제의 책임정치의 효과를 볼 수 있다.

그리고 헌법상의 대통령제와 미국식 대통령제의 중요한 차이의 하나는 국무총리 임명에 대하여 국회의 승인을 얻게 된 것이다. 미국에서도 대통령의 중요 공무원 임명에 대하여 상원의 동의를 요하게 되어 있고, 그 동의를 요하는 공무원의 범위가 우리보다 광범위하게 되어 있지만 우리의 것이 미국에 비해 한층 중대한 의미를 가지고 있다.

즉, 미국의 상원의 동의는 그 공무원 한 사람의 신임 여부를 묻는 것에 불과하지만, 우리의 국무총리 임명에 대한 동의는 국무총리 임명뿐 아니라 그에 따르는 다른 국무위원 선임에 대한 동의를 포함하는 것으로 해석되는 것이다. 그것은 국무총리의 임명에 대해서 국회의 동의가 있은 후에는 다른 국무위원 임명에 대해서는 동의를 요하지 않기 때문이다. 그것은 내각 전체에 대한 신임투표로 보아야 한다. 그러므로 이 경우에 만일 국회의 동의를 얻지 못하면 국무총리 1명만이 퇴임할 것이 아니라 당연히 전 국무위원이 퇴임하여야 할 것이다. 따라서 그는 우리 헌법상 내각제도는 영불식 내각책임제에 가까운 것이라고 해석했다.[24]

4) 법원

법률의 위헌 여부를 심사하는 권한을 어디에 두느냐 하는 문제에 관해서는 세 가지 제도가 있다.

첫째, 전전(戰前)의 일본과 같이 법률의 위헌 여부는 오로지 법률을 제정하는 국회가 스스로 판단하는 제도, 둘째, 대륙법 국가에서와 같이 법률의 위헌 여부 및 행정소송을 위하여 헌법재판소와 같은 특별법원을 구성하는 제도, 셋째, 미국과 같이 법률 심판을 전적으로 법원에 두는 제도가 그것이다.

이에 대해 유진오는 구 일본과 같이 국회지상주의는 헌법을 국가조직의 최고

24 유진오, 『헌법기초회고록』, 57-58쪽.

의 법규로 삼는 국가에 있어서 자기모순이며 단원제를 채용할 때의 그 위험성 때문에 좋지 않으며, 헌법재판소제는 그 구성방법에 따라서 소기의 목적을 달할 수 있지만 행정권 우월주의의 결과가 되는 일이 많고, 미국식 제도는 헌법을 엄격히 지켜 나가는 점에서는 가장 장점이 있다고 하겠지만 다수의 의원이 소수의 법관의 판단으로 위헌 여부를 결정하는 데 대하여 그 타당성이 의심된다고 비판했다.

유진오가 구상한 것은 위 세 가지 제도와는 상이한 헌법위원회 제도였다. 즉 법률의 위헌 여부의 제기는 법원, 결정권은 부통령을 위원장으로 하고 국회의원 5인, 대법관 5인의 위원으로 구성된 헌법위원회에 주는 제도이다.

유진오가 헌법위원회를 구상한 이유는 그 당시 상황에 있어서 법원이 국회를 견제할 만큼 신뢰와 권위를 확립하지 못하였고, 일제부터 계속 재직하는 법관들은 친일파로 규탄받는 것을 겨우 면하고 있는 정도여서[25] 우리나라 법원에 그러한 권한을 맡기는 데 불안감을 가지고 있는 것이 첫째였다. 즉, 민 · 형사재판에 관하여서는 그들이 유일한 권위자이기는 하지만 공법학(公法學) 지식은 너무나 결여되어 있는 것으로 그는 생각했다. 더욱이 법사상의 변천에 대한 인식 부족을 염려했다. 왜냐하면, 그는 애덤 스미스적 자유방임주의가 20세기 중엽의 한국 현실에 적합하지 않다고 생각하고 있는데, 당시 우리나라에 와 있던 미국인의 대부분은 이런 식의 민주주의 개념을 가지고 있어서 그에 대한 불안과 불만이 다시 법률가에게 향해진 것 같다.

또 다른 이유는 국가권력기구조직의 기본원리에 대한 그의 견해에서 나온 것 같다. 미국의 사법적 위헌제도는 대통령과 함께 몽테스키외적 권력분립사상의 산물이며, 개인의 자유와 권리를 확보하기 위하여 국가권력을 상호견제시키고 약화하려는 18세기 개인주의 사상의 표현이므로 국가관계가 긴밀하지 않던 시대, 경제가 풍요하고 국가의 세입이 남아돌아가 국가권력의 개입으로 경제조정이나 사회보장을 위해 국가가 노력할 필요가 없을 경우에 적합하지만, 국제관계

25 유진오, 「헌법제정의 정신」, 4.국회, 『헌법의 기초이론』, 일조각, 1950.

가 복잡·긴박하고, 국내적으로 사상적·경제적·정치적·사회적 난제 등이 산적하여 국가권력의 개입에 의한 그 시급한 해결이 필요한 상황에서는 그 제도가 그대로 유지될 수 없다고 했다. 그러면서 루스벨트 시대의 행정부·입법부 대 사법부의 경제 입법을 둘러싼 충돌은 미국식 사법적 위헌심사제도에 대한 재고를 요청하는 성질의 것이라고 했다. 그래서 그는 대륙 여러 나라의 '헌법재판소' 제도와 전후 프랑스 제3공화국의 헌법위원회 제도를 참작하여 미국식 제도와 프랑스식 제도를 절충한 헌법위원회를 구상했던 것이다.[26]

5) 경제

19세기 후반 이래 경제적·사회적 민주주의는 영국, 오스트레일리아, 미국, 프랑스 등 여러 나라에 점차 성장하여 예전에는 입법대상이 되지 않던 노동문제, 사회문제, 경제문제에 관한 여러 법률이 나타났고, 이러한 경계·노동·사회 등에 관한 헌법조항을 경제조항이라고 한다.[27]

유진오는 경제조항에 대해 자유경제에 대한 국가통제를 원칙으로 했다. 이것은 개인의 창의와 그 자유로운 활동을 기본으로 삼고 경제의 균등의 목표를 실현하기 위해서 개인의 활동을 무제한 자유로 방임하지 않고 그것이 공공질서나 이해에 중대한 영향을 주게 되는 경우에 국가권력으로 그에 간섭하고 조정하는 것을 말한다. 즉, 중소상공업에 관해서는 자유경제를 원칙으로 하고 대규모 기업, 독점성·공공성이 있는 기업을 국영 또는 공영으로 하는 동시에, 국방상·국민생활상 필요가 있을 때 법률로써 사기업을 국영 또는 공영으로 이전시킬 수 있는 소위 기업의 사회화의 원칙을 나타낸 것이다.[28]

우리 경제상의 자유는 '사회정의의 실현' 과 '균형 있는 국민 경제의 발전' 이라는 두 가지 원칙 아래에서 인정되는 것인데, 사회정의란 모든 국민에게 생활의 기본적 수요를 충족할 수 있게 하는 것을 말한다. 그리고 만일 어떤 사람의

26 유진오, 『헌법기초회고록』, 53-54쪽.

27 위의 책, 41-43쪽.

28 위의 책, 22-25쪽.

경제적 활동으로 인하여 다른 사람의 생존의 기본적 수요를 충족시키지 못한다면 그런 경제적 활동은 당연히 국가권력의 간섭을 받게 된다는 것이다. 그리고 균형 있는 국민경제의 발전이라는 것은 경제균등의 의미로 생각할 수 있지만, 그것보다도 우리 국민경제조직의 균형 있는 발전을 의미하는 것으로 파악되어야 한다고 주장했다. 그러므로 위 두 가지의 원칙이 실현되기 위해서는 광범한 국영기업의 운영이 예상되고 사기업도 일정한 국가적 계획 아래 통제·지도될 것이 확실하게 되어 우리나라의 경제는 자유와 계획의 대립되는 두 가지 원리의 조화 위에 건설되어야 한다고 역설했다.[29]

그래서 그는 구체적으로 천연자원의 국유, 농지개혁, 중요 기업과 공공성을 가진 기업의 국영 또는 공영과 대외무역의 국가통제 등을 구상해서 헌법에 반영했다.

그러나 위의 것은 완전 확고한 것은 아니고, 때에 따라서는 변동시킬 수 있는 가능성을 배제하지 않았다.

농지개혁의 경우, 그가 구상한 농지개혁이 어떤 것이었는지는 자료 부족으로 잘 알 수 없지만 유상분배의 원칙이었던 것 같다. 그가 농지개혁을 구상한 이유는 농지개혁 없이는 공산당의 유혹에서 농민을 구할 수 없으며, 공산당의 무상몰수·무상분배는 농민을 기만하는 정책이므로 농지를 농민에게 분배해 주면 농민이 지주가 되므로 공산당의 책략을 막고 생산고를 높일 것이라고 생각한 데 있었다.

중요기업의 국영원칙이 무리없이 받아들여진 이유도 그 당시의 상황이 대부분의 중요기업(철도·항만·전신 수도)이 일제부터 국영 또는 공영으로 내려온 데다가, 광복 후 일본인 소유의 모든 재산이 대소를 막론하고 미군정에 의해 몰수되었기 때문에 중요기업을 국영화한다고 하여도 우리 국적을 가진 사인의 재산을 유상·무상, 또는 강제매상하는 일이 전무하기에 우리나라 경제체제에 아무런 변혁이 없기 때문이었다.

29 위의 책, 110-111쪽.

요컨대 그가 생각했던 경제제도란 사회화 경향을 강하게 띤 것이었다. 그것은 미군정 아래에서 미국식 자유방임적 경제·재정정책이 극심한 혼란을 초래하였으므로 통제경제로의 환원이 불가피했던 것이다.

유진오의 헌법학과 헌법사상을 돌이켜보면, 대체로 영국식 내각책임제를 골격으로 한 민주주의를 지향하는 것이라고 할 수 있는데, 그것은 제1공화국에서부터 좌절되었다. 그렇게 본다면 그는 한번도 그의 헌법이론을 현실에 반영시키고, 따라서 현실을 정당화하여 이론으로 설명해 본 일이 없는 헌법학자라고 할 수 있다. 제2공화국에서 잠시 내각책임제를 지향했으나 그는 대학총장으로 크게 참여할 수 있었다. 제3공화국과 유신체제 속에서 그는 고고하게 내각책임제를 수미일관 주장하였다. 그것은 어쩌면 헌법학자로서 새로운 이론과 연구에 몰두할 수 없는 노경(老境)에 이르렀기 때문이기도 하지만, 이미 유진오의 이러한 생각은 그의 헌법사상으로 확신에 가깝게 신념화되어 있었기 때문이라 할 것이다. 헌법학자가 이렇게 기존 헌법질서와 불일치되는 사상을 평생 주장한다는 것은 결코 쉬운 일이 아니다. 그것이 맞다 틀리다고 말할 수 있는 것이 아니며, 그것은 학문적 신념이며 사상적 지조라고 할 수 있다. 유진오의 헌법사상이 현대사 속에서 차지한 의의는 근본적으로 여기에 있다 할 것이다. 이에 관한 더 자세한 연구는 아마도 후학들이 박사·석사논문으로 연구해야 할 것이다.

2. 국제법사상

유진오가 국제법에 대하여 관심을 가진 것은 다음과 같은 그의 어린 시절에 대한 추억에서도 나타난다.

> 메이지유신으로 재빨리 서구문물을 섭취해 가지고 우리나라에 대한 침략의 선봉이 된 일본의 태도는 참으로 가증스러운 것이었지만, 약육강식의 국제정치의 운동법칙으로 본다면 일본만을 나무랄 수도 없는 노릇이다.
>
> 당시의 우리나라 집권층이 하늘같이 믿고 쳐다보던 淸國 자체가 벌써 일본에 비

해 형편 없이 낙후되고 있었다. 그러한 사정을 구체적으로 보여주는 한 예로서 청일전쟁을 매듭짓던 馬關條約(1895)을 체결하던 때의 일을 들고자 한다. 그때의 청국측 전권, 북양대신 李鴻章은 내가 어렸을 때만 궤도 어른들로부터 불세출의 거물정치가로 이야기 들었고, 사실 그는 당시 우리나라의 운명을 한 손에 쥐고 흔들다시피 한 인물이었지만, 마관조약 회의록을 통해 그가 일본측 전권 이토 히로부미와 주고받은 토의내용을 보면, 도저히 그는 이토와 대등한 교섭을 벌일 수 있는 식견과 역량을 가진 인물이 아니었다. 물론 패전국 대표일망정 이홍장이 노대국의 재상답게 존대한 태도로 임한 것은 회의록을 통해서도 짐작이 되는 바이지만, 토의 도중에 이토가 자기의 주장을 뒷받침하기 위해 "그러나 泰西諸國에 있어서는……", 또는 "문명 각국에 통용되는 만국공법의 원칙을 따른다면……" 하는 식으로 서양학문의 지식을 들먹거리면 이홍장은 그만 움찔해서 말을 더 못하고 얼버무려 넘기는 장면을 몇 번이고 볼 수 있는 것이다. 이토 히로부미와 같은 서양학문을 갖추지 못한 것이 이홍장의 치명적 약점이 되었던 것이다. 지금 같으면 아무리 후진국의 대표라 해도 상대가 구미의 관례나 학설을 들먹인다고 해서 정당한 자기의 주장을 굽힐 리 만무하지만, 그때는 서양문물에 관한 지식의 유무가 바로 주장의 당부와 직결되는 기준으로 생각되었던 것이다.[30]

유진오의 국제법에 대한 관심과 지식은 그가 직접 한일회담 수석대표로 대한민국을 대표하고 각종 국제회의에 참석하는 데에도 활용되었고, 그는 대한국제법학회 초대회장으로서 국제법학 연구의 기초를 놓아 주기도 하였다.

3. 법철학

유진오는 스스로도 일찍부터 헌법학보다도 법철학에 관심을 많이 가졌다고 말하였듯이, 법철학에 관한 논문들도 적잖게 발표하였다. 아마도 그중 보성전

30 위의 책, 110-111쪽.

문학교 시절에 『보전학회논집』(普專學會論集)에 실은 「중세에 있어서의 정의관념」은 대표적인 논문이라고 할 것이다. 그는 정의와 평등, 법과 힘의 문제 등 법철학적 테마에 관하여 그 후에도 글로 발표하였다.

또 일제치하에서 그는 한국의 전통적 법사상을 연구하는 데에도 노력하였다. 그래서 박극채 교수와 함께 각각 유형원(柳馨遠)의 근본사상, 국가제도개혁론과 경제사상을 나누어 맡아 연구하기도 하였다.[31] 유진오의 글에서 군데군데 우리 전통에 관한 연구를 읽을 수 있는 것은 이러한 그의 연구 노력의 발로라고 하겠다.

그는 민족과 민족정신에 대하여는 다음과 같이 설명한다.

> 민족이 역사적으로 형성된 것이고, 민족정신이 조상으로부터 계승한 것이고 보니, 민족정신의 부흥이 복고주의의 면을 가지는 것은 피할 수 없는 일이다. 그러나, 전래된 풍습의 전부가 그대로 영구히 유지되어야 할 민족정신의 구현은 아닌 것이니, 이러한 무비판적인 복고의 경향은 지금쯤은 진지하게 반성되어야 마땅한 단계에 이르렀다고 보아야 할 것이 아닐까.
>
> 복고주의의 전성기에 있어서 이채를 띤 것은 한글학자들에 의한 한글전용운동, 또는 한자폐지운동, 우리말 풀어쓰기운동, 우리말 가로쓰기운동, 외래어를 우리 고유의 말로 대치하는 운동 등이었다. 이러한 운동도 확실히 민족정신을 천양하려는 운동이었고, 또 애국운동이었다. 더군다나, 일정 말기의 우리 문화말살정책으로 인하여 우리 한글학자들이 日警에 체포되어 옥고를 치르고 난 끝이었으니, 이 운동의 의의와 가치를 의심할 사람은 별로 없었다. 그런데 한글운동에 관하여 특히 지적할 것은 그것이 민족정신부흥운동과 같이 복고적인 것이 아니고 순전히 前向的인 운동이었다는 점이다. 세종대왕이 한글을 창제하였다고는 하나, 우리 글은 우리가 독립을 상실하던 때까지 천대만을 받아 왔고, 우리 말은 아무런 세련도 정리도 받지 못한 채 자연 그대로의 상태에 방임되어 왔었다. 우리의 말과 글을 정화하고, 합리화

31 유진오, 『양호기』, 37-38쪽.

하고, 근대화하려는 운동은 우리의 조상들에 의하여 시작된 것이 아니라, 우리 민족이 일정지배하에서 신음하고 있던 기간에, 민족의식과 근대정신에 눈을 뜬 몇몇 한글학자들에 의하여 비롯된 것이었다. 그러므로 한글운동은 민족정신찬양운동의 일익에 속하기는 하지마는, 복고주의와는 정반대로 순전히 앞으로의 세계를 개척하려는 전향적 운동이었다.

한글운동이 남긴 바 공적은 허다하다. 그것들을 일일이 이곳에 들 수가 없을 정도다. 그러나 말과 글이라는 것이 인위적으로 창조·변천된다기보다 역사적으로 생성하는 것임을 생각할 때, 이 운동에도 지금쯤은 반성의 시기가 도래한 것이 아닌가 나는 생각 하는 바이다.

광복 후 우리나라 문화동향의 뚜렷한 둘째 조류로서 들 수 있는 것은 우리 문화의 민주화운동이었다. 아시아 각국에 있어서의 민주화운동은 금세 기초에 이르기까지는 대개 서방화운동의 형태를 취하였다. 그 대표적인 예로는 '로구메이깐(鹿鳴館)시대' 의 일본문화와 케말 파샤 시대의 터어키를 들 수 있을 것이다. 그러나, 민주화의 풍조가 우리나라에 들어왔을 때에는, 구미의 민주주의는 역사를 추진하는 힘을 상실하고, 치열한 비판과 비난 앞에 자체의 존립을 방어하기에 바쁜 판이었다. 17,8세기 이래의 민주화운동은 정체를 잃고(서양의 몰락), 이에 대신하여 전체주의가 대두·훙륭하고 있었다. 우리 민족은 민주화의 여정에 오르기도 전에, 이미 그 험하고 긴 노정의 저편 끝에 어떠한 괴물이 도사리고 있는가를 깨우쳐 안 셈이다. 제2차 세계대전의 종말을 계기로 하여, 구미의 민주주의는 舊殼을 벗고 새로운 양상과 새로운 장래를 가지게 된 것이었으나, 그러한 움직임은 아직 우리나라에까지 전달되지 못한 상태에 있었다. 그러고 보니, 민주화의 이름 밑에 우리 민족이 혹해서 덤벼들 길은 공산사회의 이상향밖에 없었다. 그 이상향으로 가는 도상에 어떠한 괴물이 도사리고 있는지를 아직 몰랐으니까.

이것이 광복 직후의 우리 민족의 정신상태였고, 그 상태를 백페센트로 이용한 것이 공산주의자들이었다. 어찌 뜻하였으랴. 공산주의자의 그 달콤한 音의 나라가 6·25사변으로 산산조각이 날줄이야.

그러한 가운데, 5만에 달하는 미군의 상주와 매년 몇억 불에 달하는 미국의 원조에 따라, 우리 민족의 무비판적인 서방화의 과정은 착착 진행되었다. 근대화를 이룩할 기본이 되는 자본은 축적되지 않고 기술은 습득하지 않았건마는, 아이들은 우리나라의 창가나 유행가보다는 프랑스의 샹송이나 미국의 재즈송을 부르게 되었고, 고무신을 신은 가정부인까지도 '아베크 노래자랑' 에 나와 트위스트를 추게 되었다. 유교도덕에 의하여 상하의 윤리로 유지되던 사회의 질서는 근저로부터 무너지고, 下는 上을 극하며, 젊은 세대는 다만 육체적 연령만을 기준으로 하여 "기성세대 물러가라" 는 구호를 외치게 되었다.

이러한 것이 우리 정신생활의 총붕괴를 가져왔음은 재론할 여지도 없다. 민주화라는 것이 자아의 자각과 피땀나는 노력과 기술의 발달 및 자본의 축적을 토대로 하는 근대산업의 발전을 전제로 하여 비로소 이룩될 수 있는 것임을 생각함이 없이, 남의 나라의 수백년 노력의 결정만을 따다가 모방하려 하니, 이것은 마치 수십년 정성들여 가꾼 이웃집 꽃나무에 아름답게 꽃이 핀 것을 보고 그 가지를 꺾어다가 마당에 꽂아 놓고 좋아라고 날뛰는 것이나 다름이 없다 할 것이다. 이웃집 꽃나무는 내년 봄에도 또 아름다운 꽃을 피울 것이지만, 뿌리 없는 우리집 꽃가지는 한 시간이 못가서 시들고 말 것이 아닌가.

진정으로, 우리 민족이 반성할 때는 왔다. 우리는 날뛰는 마음을 가라앉히고, 좀 더 침착하게 구미 선진국가의 근대 및 현대사를 읽어, 무엇이 참으로 우리 민족의 근대화를 가져올 수 있는 길인가를 연구하며 탐색하여야 할 것이다.[32]

유진오의 법철학의 본령은 무엇보다도 그의 민주주의에 대한 신념과 그 설명에 있다 할 것이다.

4. 법학교육론

유진오는 한국의 법학의 역사와 함께 활동해 왔기 때문에 남달리 법학교육과

32 위의 책, 40쪽.

법학사에 관심이 컸다. 그는 일제시기에 관학인 경성제국대학에서 배웠지만, 민족사학인 보성전문학교로 옮긴 것이 인연이 되어 거의 평생을 고려대학교에 헌신하였다. 이런 과정 속에서 그는 무엇보다도 한국의 현대법학교육의 기초에 가장 큰 공헌을 한 주인공이다.

광복이 되고 나서 법학의 새 출발의 상황을 유진오는 다음과 같이 기록하고 있다.

> 8.15광복 당시의 한국법학계의 모습은 초라하기 짝이 없었다. 초라하다기보다 학계라는 것이 형성되어 있지 않았다고 말하는 것이 도리어 정확할는지도 모른다.
>
> 그것은 법학이라는 학문의 특수한 성격에 기인하는 현상이었다 할 수 있을 것이다. 법학이라는 것은 입법 · 사법 · 행정 등 국가권력기구를 배경 또는 전제로 하여 성립될 수 있는 것인만큼, 모든 국가권력이 일인의 수중에 있던 일정하에 있어서 법학계라는 것이 한국인 사회에 성립되지 못하였다 하여도 고것은 별로 괴이한 현상이었다고는 할 수 없는 것이다.
>
> 일정시대에 대학교육을 받은 한국인의 대다수는 법과를 수업하였다 하지만, 그들의 대부분은 무슨 법학을 학문적으로 연구하기 위하여 법과를 택한 것은 아니었다. 법과를 나오는 것이 취직하는 데 있어서 융통성이 있기 때문이었다고 생각된다. 착생시대에 우수한 성적을 얻고 졸업 후에는 연구실에 남아서 상당한 학문적 업적까지 남긴 사람도 없지 않았으나, 그러한 사람들도 결국은 사법관이나 행정관으로 임명되어 학계를 떠나는 것이 원칙이었다.
>
> 그러나, 일정시대에는 법학계라는 것이 아주 없었다고 말하는 것은 또한 과언일 것이다. 專門 정도 이상의 학교에서 법학에 관하여 교편을 잡고 있는 사람이 몇 사람 있었기 때문이다. 일정하의 유일한 사립 법학전문교육기관이던 보성전문학교에 崔泰永(현 신흥대학대학원장) · 옥선진(납치) · 최용달(월북) · 진승록(현 고시위원장) · 서재원(납치), 그리고 필자 등이 있었으며, 강사로 김병로(현 대법원장) · 김용무(납치) · 진헌식(전 내무부장관) 씨 등이 있었고 연희전문학교에 鄭光鉉(현 서울대학교도서관장), 혜화전문학교에 李東華, 명륜전문학교에 고병국(현 서울법과대

학학장) 씨 등이 있었다.

법학교육에는 종사하지 않아도 법학에 관하여 어느 정도의 업적을 남긴 사람으로는 張厚永(현 변호사), 홍진기(현 법무부차관), 張潤植(서거) 등 제씨를 들 수 있지 않을까 생각된다.

인원이 적었을 뿐 아니라, 그들의 학문적 업적에 이르러서는 한층 보잘것없는 것이 한국의 법학계였다. 학자간에 횡적 연락이 없었던 것은 물론이고, 그들의 논문은 대부분이 일본문으로 씌어진 것이어서 도저히 독립한 단위를 가진 학계라고는 볼 수 없는 형편이었다.

이러한 채로 한국 법학계는 8·15광복을 맞이한 것이다.

광복이 되자마자 한국 법학계가 당면한 최대의 과제는 일본인으로부터 접수한 구 경성제국대학의 법학과 교수진을 편성하는 사업이었다. 그리하여 1945년 12월부터 익년 1월에 결쳐 겨우 편성된 것이 헌법(筆者)·행정법(李泰鎭〈월북〉)·민법(高秉國·徐載元·閔復基(현 외자구매처차장), 주재황〈현 고대교수〉)·상법(홍진기·이종갑〈월북〉, 주유순〈월북〉)·형법(윤동직〈서거〉)·국제사법(金甲洙〈현 대법관〉)·법철학(필자)의 진용이었다. 이들 중 이태진은 보성전문학교 조수로 있던 사람이요, 주재환·주유순·이종갑·윤동직은 경성제대 법학부 연구실에 있던 사람들이며, 민복기·홍진기·김갑수는 사법관으로 있던 사람들이었다.

현재 한국 법학계의 중진으로 활동하고 있는 법학교수들의 대부분은 1946년 9월 보성전문학교가 고려대학교로 승격되어 법과가 '정법대학' 으로 출발하던 때, 또 그와 같이 하여 경성대학이 국립 서울대학교로 개편되어 법학과가 법과대학으로 출발하던 때, 또는 그 이후에 새로이 등장한 신인들인 것이다.

말하자면 한국 법학계는 광복 후 1년이 지나 비로소 형성된 것이라 하여도 과언이 아닐 것이다.

이러한 한국 법학계의 초창기에 있어서 커다란 공적을 남긴 것은 장후영 씨를 사장으로 하고 崔大鎔(현 변호사) 씨를 주간으로 하는 월간잡지 『法政』이었다. 『법정』에 발표된 논문들이 엄격한 의미의 학술논문이었던가는 의문의 여지가 있다. 그러나 비록 계몽적 성질의 논문들이었다 하여도 잡지 『법정』이 광복 직후의 공백시대에 있어서 이 나라 법학계 창건에 이바지한 공적은 높게 평가하지 않으면 안 될 것으로 믿는다.

그러나 이 시기의 한국 법학계의 특징적 현상은 그것이 법학을 학문으로서 專業하는 법학교수들에 의하여 떠메여지지 않고, 법률을 실천하는 판사 · 검사 · 변호사 등 법조계의 인사들에 의하여 지탱되었다는 사실이다. 법조계의 인사에 왕왕 탁월한 법학자가 있음은 여러 선진외국에서도 여실히 보는 예이므로 한국의 법학계에 많은 법률실천가가 참가하였던 것은 별로 놀랄 일은 아니다. 그러나 법학계의 주도세력이 법률연구를 전업으로 삼는 법학교수에게 있지 않고 법률을 실천하는 법조계의 인사들에게 있었다는 것은 역시 예외적 현상이라 아니할 수 없는 것이다.

그것은 위에서 이미 지적한 바와 같이 일정시대부터 법학교육에 종사해 온 사람들은 수도 적었을 뿐 아니라 두드러진 업적도 별로 없었음에 반하여, 법조계는 우수한 인재가 비교적 많았으며, 한편 새로이 법학교수로 등장한 신인들은 아직 그 진가를 발휘할 시간적 여유를 얻지 못하였던 까닭이다. 이러한 우리나라 법학계의 기형적 구조는 정부수립 직후, 판검사 · 변호사의 자격을 정하던 때와 고등고시의 위원을 선정하던 때에 그대로 반영되었다

즉, 법학교수는 아무리 다년간 이에 종사하여도 판검사 · 변호사의 자격을 인정받지 못하게 되었으며, 초기의 고등고시위원들은 대부분 실무가 방면으로 임명되고 말았다. 말하자면 법학교수들은 판검사 · 변호사 · 행정관 등을 양성은 하여도, 그 양성한 사람들에게 정식자격을 수여하거나 또는 자신이 그러한 직위에 나아가는 길은 거부되고 만 것이다.[33]

나아가 유진오는 한국 법학의 장래를 이미 1950년대에 다음과 같이 전망하였다.

그러나 광복도 어언 10년이 지나고 보니 우리나라 법학계도 이제는 어지간히 자

33 유진오, 『양호기』, 고려대출판부, 1977.

리가 잡힌 감이 있다. 광복 후에 새로 등장한 신인교수들도 그 동안에 저서와 논문 등으로 이미 상당한 관록을 얻은 사람이 많으며, 그에 따라 법학계에 있어서 법학교수와 법조인의 밸런스도 지금은 상당히 수정되었다. 법학교수의 비중이 법조인보다 무거워졌다고 말하는 것은 아직 早計일 것이나, 적어도 한국 법학계는 법학교수와 법조인의 두 부문으로 구성되어 있다는 사실은 아무도 이를 부인하지 못하게 되어 있는 것이다. 이러한 정세의 변천을 따라 고등고시위원에도 법학교수의 수가 점차 증대하고 있음은 당연한 일이다.

그러나 한국 법학계가 정상적인 존재가 되기 위하여서는 아직도 일단의 비약이 있어야 할 것이다. 즉, 일정한 연한 법과대학에서 교편을 잡은 법학교수에게는 판검사 · 변호사의 자격을 인정하도록 하여야 할 것이며, 고등고시의 위원은 원칙적으로 법학교수로써 충당하도록 하여야 할 것이다.

그러나 이러한 과업은 법학교수가 히스테리컬하게 요구만 한다고 해서 이루어질 것이 아님은 물론이다. 과거 10년간의 노력도 장한 일이었지만 우리나라의 법학교수들은 앞으로도 가일층의 노력으로써 한국의 법학계는 법학교수가 떠메고 있다는 사실을 아무도 의심할 사람이 없을 정도로 확실하게 하지 않으면 안 될 것이다. 법의 실천에 관해서는 법조인의 문을 두드리지만, 법의 이론에 관한 일이면 누구나 법학교수의 문을 두드리도록 사태를 변경시켜야 할 것이다.[34]

이러한 생각에서 유진오는 5년제의 법과대학의 개편안을 주장하였다. 이 안은 아직도 실천되지 못한 채 있는 것이 한국 법학의 현실이다.

주지하는 바와 같이, 미국에서는 법과대학은 College(문리과 대학) 졸업생을 수용하는 것을 원칙으로 하고, 학교를 따라 혹은 College 3년 수료생, 또는 2년 수료생을 입학시키는 곳도 있으며, 또 하버드대학 같은 곳에서는 Seven-year College라 하여 일단 칼리지와 법과대학을 결합한 7년제 대학을 가지고 있기도 하다. 이러한

34 위의 책.

미국의 제도는 다른 이유도 있겠지만, 건전한 상식을 가진 법률가를 양성하려는 것에 그 목적이 있음은 말할 것도 없다. 칼리지 교육에 의하여 우선 '사람' 을 만들고, 그리고 나서 법학의 기술을 가르치려는 것이다.

이러한 미국의 편제는 종래의 법학교육의 단점을 보충하는 데 있어서 확실히 효과적인 한 방법이라 생각된다. 그리하여, 昨秋 우리 나라의 대학교육심의회에 있어서도 우리나라의 법과대학을 2년제 예과(일반교양과목을 가르치는 칼리지에 해당하는 부분)와 3년제 법과대학(전문적 법학교육을 행하는 Law School에 해당하는 부분)으로 개편함이 어떻겠느냐는 의견이 제출되었으나, 문제가 중대하고 또 개편에 앞서서 명백히 하여야 할 몇 가지 문제도 있고 해서 지금 보류중에 있는 것이다.

문제의 첫째는, 만일 법과대학을 그렇게 개편하면, 결국 법학을 배우는 학생에게는 수업연한을 현재보다 1년 연장하는 결과가 되는데, 우리나라의 경제사정으로 보아 그것이 과연 타당하나 하는 것이다. 그러나 만일, 법학교육이라는 것이 그것에 선행하는 일반교양의 수득을 필요로 하는 것이라는 위에서 말한 대전제가 수긍된다하면, 이것은 그다지 큰 문제가 되지 않을 것이다. 의과대학에는 이미 2년제 예과제도가 실시되어 있기 때문이다.

문제의 둘째는, 그렇게 함으로써 법과대학이 다른 대학보다 한층 높기나 한 것 같은 인상을 주고, 따라서 그렇지 않아도 법과편중의 폐가 있는 우리나라에서 점점 더 법과만을 숭상하는 기풍을 조장할 우려가 있다는 점인데, 이것도 또한 일리가 있는 주장임은 말할 것도 없다. 그러나, 2년제 예과를 둠으로써 종래의 법학교육의 단점을 보충할 수 있는 것이라면, 이것도 그리 근본적인 문제는 되지 않을 뿐 아니라, 현재 의과대학은 2년제 예과가 있음에도 불구하고 아무도 의과대학을 특히 정도가 높은 대학이라고는 생각하지 않고 있는 현실로 보아, 일종의 기우라고 할 것이라 생각된다.

문제의 셋째는, 법과대학의 수업연한이 다른 대학보다 1년 길면 졸업생 채용에 있어서 타대학 졸업생보다 자격을 높게 주어야 할 것이 아닌가 하는 점인데, 이것도 그리 큰 문제일 것 같지는 않다.

문제의 넷째는, 우리나라의 법학교육은 미국의 그것과는 성격이 다르기 때문에 수업연한을 연장할 필요가 없다는 것이다. 즉, 미국의 법과대학은 순전히 사법관·변호사·행정관·대학교수 등 법률가를 양성하는 직업교육기관이지만, 우리나라의 법과대학은 그런 것이 아니고 일종의 교양학과에 불과하다는 것이다. 이것은 확실히 우리나라 법학교육의 기본문제에 터치한 주장이고, 또 우리나라 법과대학 출신자들의 취직 경향으로 보아 수긍될 수 있는 주장이다.

그러나, 그렇다 하여 교양적 성격을 가진 우리나라 법학교육의 현상이 그대로 시인되어 옳을 것인가, 단순히 교양을 목적으로 하는 것이라면, 육법전서의 기억과 해석을 주축으로 하는 현재의 교육제도는 청년학생에게 에너지의 낭비를 강요하는 것이 아닐까. 법과대학을 졸업한 후, 한평생을 다시는 육법전서를 떠들어 보지 않는 생활로 들어가는 사람이 너무나 많은 현재의 제도는 불합리가 아닐까, 법과대학이 똑똑한 교육목표를 가지고 있지 않기 때문에 도리어 현재는 너도 나도, 법률가가 될 사람도, 법률가가 될 뜻이 전혀 없는 사람도, 법과대학으로 몰려들게 되고, 우리나라 사람들은 쓸데없이 법학만 존중한다는 비판도 생기게 되는 것이 아닐까.

물론 법과대학을 2년제 예과와 3년제 대학으로 개편하는 데 있어서는, 다만 법과대학만을 개편함에 그칠 것이 아니라 이와 불가분적인 관계를 가지고 있는 다른 제도의 개편도 동시에 고려되어야 할 것이다. 일례를 들면, 국가고시와 법과대학의 밀접한 연결, 법과대학 교수자격의 재고, 법조계와 법과대학의 제휴 등이 그것이다. 이러한 과업들이 결코 용이한 일이 아님을 모르는 바 아니지마는, 만일 법과대학의 개편이 옳은 일이라 하면 그것을 단행함과 동시에 이러한 과업들의 달성을 위하여서도 계속적인 노력이 경주되어야 할 것으로 생각한다.[35]

현민의 한국 법학에 대한 기대는 사뭇 높다. 그는 1978년 한 기자에게 다음과 같이 말했다.

그런데 문제는 법학계야, 우리나라에 법학회들은 있다고 해도 내세울 것이 없어.

35 유진오, 『민족문화의 반성』, 『대한일보』, 1965. 5. 4; 『구름 위의 만상』, 417-421쪽 재록.

> 아직도 우리나라 법학계가 외국에 비해 독자적인 존재를 주장할 수 있는 학문적 수준에는 이르지 못했다는 거야. 특히 법이론 전개가 그래 …… 법이론이 막히면 외국 학자들의 이론을 인용하는 꼴은 그게 뭐야 …… 자기 사고로 움직여야지. 자기가 생각하고 난 다음에 보강책으로 외국 것을 인용해야 되는 것 아니겠어.[36]

유진오 박사의 한국 법학계에 대한 기대는 후생들에게 은근하면서도 무서운 경고가 아닐 수 없다.

이상으로 현민 유진오 박사의 생애와 사상을 대충 훑어 보았으나, 어쩐지 치밀하게 정리되지 못한 부끄러운 마음만 남는다. 그저 이미 글로 적힌 몇 가지 자료들을 기초로 구성해 보았을 뿐이며, 그분의 사상을 제대로 소화하여 정리할 여유도 없었다. 후배 법학도들의 유진오에 대한 연구가 기울여지기를 바라는 마음뿐이다. 유진오의 생애와 사상이야말로 현대 한국의 지성사를 가장 극명하게 나타내 주기 때문이다.[37]

---

36 유진오, 「법과대학의 개편을 위한 시론」, 『법정』, 1955. 3; 『구름 위의 만상』, 445-449쪽.

37 이후에 나온 연구들로 전광석, 「헌법학자 유진오」, 『연세법학연구』 2, 1992; 김철수, 유진오, 「헌법초안에 나타난 국가형태와 정부형태」, 『한국시민강좌』 17, 일조각, 1995; 이영록, 「유진오 헌법사상의 형성과 전개」, 서울대 박사논문, 2000; 안경환, 현민 유진오, 『한국의 공법학자들』, 한국공법학회, 2004; 그리고 2006년 현민 100주년을 기념하여 고려대 민족문화연구원에서 행한 심포지움(2006. 6. 13)과 고려대 법학연구원에서 행한 심포지움(2006. 12. 2)의 발표문들이 있다.

연보 및 논저

■ 연보

1906. 5. 13	서울에서 부 유치형의 장자로 출생
1914. 4-1918. 3	재동공립보통학교 입학
1919. 4-1924. 3	경성제일고등보통학교 입학, 졸업
1919. 10	성진순 양과 결혼
1924. 4-1926. 3	경성제국대학 예과 입학
1926. 4-1929. 3	경성제국대학 법문학부 법학과(법학사)
1926. 5	성진순 여사 별세
1928. 10	박복례 양과 결혼
1929. 4-1933. 3	경성제국대학 법문학부 조수
1931. 4-1932. 4	경성제국대학 예과 강사
1932. 4-1933. 3	보성전문학교 강사
1933. 4-1936. 3	보성전문학교 전임강사
1936. 4-1946. 8	보성전문학교 교수
1939. 4-1944. 5	겸임 보성전문학교 법과과장
1944. 5-1945. 3	보성전문학교 폐교로 인하여 과장 해임
	경성척식경제전문학교 교수 겸 척식과 과장
1945. 8-1946. 8	보성전문학교 환원으로 동교 교수 겸 법과과장
1945. 10-1946. 4	경성대학교 법문학부 교수 겸임
1945-1948	교육심의회 위원
1946. 9-1949. 8	겸임 고려대학교 정법대학장
1946. 9-1966. 10	고려대학교 교수
1946-1948	변호사시험 위원
1946-1950	법전편찬위원회 위원
1947-1987	재단법인 부운장학회 이사
1948. 6-1948. 8	대한민국 헌법기초전문위원
1948. 8-1949	대한민국 법제처장
1949-1950	중앙노동조정위원회 위원
1949. 9-1952. 8	고려대학교 대학원장

1949-1955	고등고시 위원
1950. 10-1951. 7	고려대학교 임시관리책임자
1950-1954	중앙선거위원회 위원
1951. 4-1951. 8	전시연합대학 총장
1951. 8-1952. 8	고려대학교 총장서리
1951. 9-1952. 5	한일회담 대한민국 대표
1951-1958	외교위원회 위원
1952. 9-1953. 6	미국 하버드대학 연구원
1952. 9-1965. 9	고려대학교 총장
1953-1968	대한국제법학회 회장
1954. 5-1987	학술원 종신회원
1954. 6	박복례 여사 별세(2남 4녀)
1954-1956	대한조사위원회 위원
1954-1958	교육심의회 위원
1955. 4	명예법학박사(연희대학교)
1955-1956	중앙교육위원회 위원, 부의장
1955-1957	교육특별심의회 위원, 부의장
1955-1960	서울특별시교육회 부회장, 회장
1956. 5	이용재 양과 결혼(1남)
1956-1958	유네스코한국위원회 부위원장
1956-1987	재단법인 한국연구원 이사
1957. 10-1957. 11	영국 정부 초청으로 영국의 교육 · 문화 · 지방행정 · 국회운영 시찰
1957-1958	한국국제법률가협회 회장
1957-1961	한국공법학회 회장
1957-1965	동아문화연구위원회 위원, 위원장 한국법철학회 회장
1959. 3-1959. 4	국제적십자위원회에 대한 재일교포북송반대 민간사절로 스위스 파견
1959. 7	학술원상(공로상)
1960. 10-1961. 5	한일회담 대한민국 수석대표
1960-1965	대한교육연합회 회장
1961. 7-1961. 9	국가재건국민운동 본부장

1961-1965	유엔한국협회 회장
1962. 7-1972. 8	세계교육자대회 참석(스웨덴)
1962. 8	문화훈장(대한민국장)
1965. 7-1965. 8	세계교육자대회 참석(이디오피아)
1966. 5	명예문학박사(경희대학교)
1966. 10	민중당 대통령후보 지명
1967. 2-1970. 2	신민당 총재
1967. 6-1971. 6	대한민국 국회의원
1975-1987	재단법인 고려중앙학원 이사
1987. 8. 30	서울대학교 병원에서 작고

■ 저서

『헌법해의』, 명세당, 1949.

『헌정의 기초이론』(헌정연구 제1집), 일조각, 1950.

『신고 헌법해의』, 일조각, 1953.

『헌법강의』(상), 일조각, 1953.

『헌정의 이론과 실제』(헌정연구 제2집), 일조각, 1953.

『민주정치에의 길』, 일조각, 1963.

『양호기』, 고려대출판부, 1977.

『미래를 향한 창』, 일조각, 1978.

『헌법기초회고록』, 일조각, 1981.

■ 논문 · 시사평론

「서구문제는 곧 조선문제」, 『비판』 제6권 11호, 1938.

「사회와 법률」, 『법정』 제1권 2호, 1946.

「권력분립제도의 검토」, 『법정』 제2권 4호, 1947.

「우리 헌법의 윤곽」, 『법정』 제2권 9호, 1947.

「인민의 기본권」, 『고대경상학보』, 1947. 10.

「법과 힘」, 『고대신문』, 1947. 11.

「소위 오대강국의 거부권」, 『고대신문』, 1947. 11.

「국가의 사회적 기능」, 『법정』 제3권 3-6호, 1948.

「대한민국헌법 제안이유 설명」, 국회 속기록 제1회 국회 제17차 본회의, 1948.

「선거의 기본관념」, 『자유신문』, 1948. 3.

「헌법제정의 정신」, 『법정』 제3권 8호, 제4권 3호, 1948-1949.
「국회의 책무와 능률」, 『국회보』 창간호, 1949.
「대통령의 법률안 거부권」, 『법정』 제4권 6호, 1949.
「법치국가의 기본구조」, 『법률평론』 제1권 3호, 1949.
「지방자치의 의의」, 『민성』 제5권 9호, 1949.
「헌법이념의 구체화과정」, 『법정』 제4권 9호, 1749.
「보류거부의 문제」, 『경향신문』, 1949. 5.
「대법원장 임명문제」, 『동아일보』, 1949. 9.
「헌법개정의 한계」, 『동아일보』, 1949. 11.
「민주정치와 법의 지배」, 『신경향』 제2권 1호, 1950.
「세계와 한국」, 『자유신문』, 1950. 1.
「정계 일년」, 『학생연감』, 1950. 1.
「종합행정의 원리」, 『서울신문』, 1950. 1.
「무국회상태 가능한가」, 『동아일보』, 1950. 4.
「개헌론 시비」, 『전시과학』 창간호, 1951.
「경제통제단체의 정비를 단행하라」, 『한국일일신문』, 1951. 5.
「공산주의와 관료주의」, 『한국일일신문』, 1951. 5.
「관존민비」, 『한국일일신문』, 1951. 5.
「권력과 폭력」, 『한국일일신문』, 1951. 5.
「민주정치와 지도자」, 『한국일일신문』, 1951. 5.
「지도자와 식견」, 『한국일일신문』, 1951. 5.
「지도자와 여론」, 『한국일일신문』, 1951. 5.
「민주정치와 여론」, 『한국일일신문』, 1951. 6.
「대일강화조약초안의 검토」, 『동아일보』, 1951. 7.
「주먹구구의 정치」, 『한국일일신문』, 1951. 7.
「헌법과 우리 경제의 현실」, 『주간경제』, 1952. 8.
「주권이론」, 『법률과 경제』 제1권 3 · 6, 1954.
「세계인권선언의 역사적 의의」, 『고시』, 1954. 1.
「친절과 비굴」, 『경전신문』 창간호, 1954. 1.
「경제개헌안의 검토」, 『동아일보』, 1954. 2.
「법과 사회생활」, 『고대신문』, 1954. 2.
「호헌과 개헌」, 『서울신문』, 1954. 2.
「개헌문제 소감」, 『조선일보』, 1954. 7.

「민국헌법의 모순」, 『경향신문』, 1954. 7.
「제헌절 유감」, 『고대신문』, 1954. 7.
「헌법과 그 해석」, 『한국일보』, 1954. 7.
「남북통일문제」, 『비판신문』, 1954. 11.
「한국법학계의 회고와 전망」, 『고대신문』, 1954. 11.
「상하 모두 준법」, 『한국일보』, 1955. 1.
「책임정치란 무엇인가」, 『조선일보』, 1955. 1.
「제헌절기념의 의의」, 『조선일보』, 1955. 7.
「헌정 7년의 회고」, 『동아일보』, 1955. 7.
「법제에 골몰한 10개월」, 『서울신문』, 1955. 8.
「자유와 권력」, 『조선일보』, 1955. 8.
「민주정치의 전제조건」, 『동아일보』, 1956. 1.
「문제는 실천의 의사」, 『조선일보』, 1956. 7.
「근대국가와 언론의 자유」, 『조선일보』, 1957. 1.
「이성이 지배하는 정치」, 『동아일보』, 1957. 1.
「한국의 법제와 법학」, 『유네스코한국총람』, 1957. 4.
「법제처 창설 전후」, 『법제월보』, 1958. 1.
「서방화와 민주화」, 『조선일보』, 1959. 1
「참의원의 기능」, 『한국일보』, 1959. 1.
「헌정 11년의 교훈」, 『조선일보』, 1959. 7
「비상사태수습사안」, 『동아일보』, 1960. 4.
「개헌안의 조속통과를」, 『동아일보』, 1960. 6.
「내각책임제개헌과 정국의 장래」, 『고대신보』, 1960. 7.
「제2공화국의 헌법」, 『세계』, 1960. 7.
「한일관계와 우리 태도」, 『동아일보』, 1961. 1.
「국민운동의 기본이념」, 『동아일보』, 1961. 7.
「민족의 자유와 단체」, 『방송』, 1961. 7.
「자유와 책임」, 『방송』, 1971. 7.
「한일회담의 회고」, 『띠사』, 1961. 11.
「우리는 무엇을 하여야 할 것인가」, 『조선일보』, 1962. 1.
「한국의 장래」, 『동아일보』, 1962. 1.
「삼일정신과 민족의 진로」, 『미사일』, 1962. 3.
「한일회담을 가로막고 있는 것」, *Korean Affairs*, 1962. 4.

「한국민주주의를 진단한다」, 『고대신문』, 1962. 5.
「우리 나라 헌정이 걸어온 길」, 『해군』, 1962. 7.
「민족의 번영과 우리의 임무」, 『양지』, 1962. 8.
「민정의 사상적 거점」, 『서울신문』, 1963. 1.
「민정이양의 전망」, 『경향신문』, 1963. 1.
「헌법개정의 방향」, 『한국일보』, 1963. 7.
「헌법심의위원의 변」, 『사상계』, 1965. 1.
「헌법의 법적 특질」, 『법정』, 1966. 1-2.
「헌법기초회고록」, 『법정』, 1966. 3-9.
「'국민운동' 회고」, 『국민신문』, 1966. 6.
「제헌 20주년을 맞이하여」, 『동아일보』, 1968. 7.
「나의 심경」, 『동아일보』, 1970. 1.
「조직과 경제」, 『재정』, 1971. 10.
「역사의 생성과 발전」, 『월간중앙』, 1972. 2.
「인촌과 정치」, 『고대문화』, 1972. 8.
「7 · 4 공동성명의 문제점과 전망」, 『신동아』, 1972. 9.
「나의 연구실 시절」, 『새법정』, 1972. 10-1973. 8.
「법의 지배와 법의식의 확립」, 『월간법전』, 1972. 11.
「다시 민주주의를 명상한다」, 『월간중앙』, 1973. 6.

■ 영 문

Statements made at the meeting with the President of the ICRC, 1959. 3.
The present situation in Korea, 1960. 12.
The student movement in Korea, 1961.
The origin of Korean constituation, 1969.
Korea and Japan, 1970.
Korea and the international situation today, 1972.
What stands in the way of Korea's Reunification?, 1972.

박 원 선

(1907–1986)

8 박 원 선 (1907-1986)

언제 보아도 정갈하며, 다정다감하면서도 성직자 내지 선비 같은 엄격함이 깔려있는 듯한 한국의 전형적 법학자 박원선(朴元善) 교수가 1986년 6월 1일 홀연히 작고하였다. 그는 한국 상법학의 건설뿐만 아니라 특허 한국의 전통적 상법사의 연구라는 전인 미답의 경지를 개척한 선구적 학자로서 깊이 기억될 인물임에 틀림없다.

필자는 대학에서 직접 배울 기회는 없었지만, 1976년 독일 유학시 법사학자 한스 티이메(Hans Thieme) 교수를 통하여 오히려 외국에서 박원선 교수의 학문세계와 학자적 인품이 평가받고 있음을 알게 되었고, 그것을 인연으로 귀국하여 가까운 사이로 많은 지도와 교훈의 말씀을 듣고 지내게 되었다. 가까이서 볼수록 학구적이고, 지조가 있는 학자로 존경의 마음을 갖게 되었고, 그러한 존경과 애도의 심정으로 간단하나마 그분의 생애와 법사상을 정리해 보고자 한다.

I. 생애

삼향(心鄕) 박원선은 1907년 1월 5일 평양에서 태어났다. 그는 자신의 출생에 대하여 다음과 같이 적고 있다.

> 나는 1907년에 평양에서 태어났다. 아버지의 고향은 함천(평남)이었으나 나를 낳으시기 몇 해 전에 이리로 이사오셔서 기독교를 믿으시고 독실한 초대 교인으로 되시었다. 그러므로 나는 출생하자마자 '젖세례'를 받았다. 그리고 온 집안 식구–아빠, 엄마, 누나 및 언니–의 사랑과, 항상 찬송의 단란한 종교적 분위기에서 자랐다.[1]

그러나 1910년 한일합방이 되던 해에 아버지를 여의고, 일본인의 토지조사사업에 의해 유산인 토지를 거의 잃고 빈궁한 살림으로 전락하였다. "이런 일련의 재난은 내 인생항로 내지 학술연구생활의 방향을 정립함에 있어서 큰 교훈과 영향을 미쳤다"[2]라고 박원선은 적고 있다. 그러한 가운데서도 어머니의 독실한 신앙과 교육으로 지탱하면서 다정다감한 소년시절을 성장시켰다. 그의 표현을 빌리면,

> 내가 그 후 6살 때에 유치원에 가고 또 7살 때부터 기독교 계통의 소학교에서도 많은 시간의 성경공부를 하였다. 그 공부들은 모두 어머니의 성경 이야기에 기초되고 관련되지 않은 것이 없을 만큼 성경에 대한 많은 지식과 풍부한 감정을 가지게 되었다. 나는 그때의 포부로서는 성경・종교에 깊은 연구를 하는 대학자 또는 성자가 되고 싶었다.[3]

한편 외숙으로부터 한문을 배웠는데, 그것은 후일 "우리나라의 옛것을 연구

1 박원선, 「학술연구생활회고록」, 『나의 걸어온 길』, 대한민국학술원, 1984, 372쪽.
2 위의 글, 372쪽.
3 위의 글, 374쪽.

함에는 반드시 한자의 문헌이 나오는데, 어렸을 때 연습했던 한문의 지식이 큰 도움이 된 것도 외숙의 은혜이다"라고 할 수 있는 실력이 되었다.

1927년 4월 1일에 경성제국대학 법문학부에 입학하였다. 그가 법학을 공부하기로 선택하는 데에는 상당한 망설임이 있었다. 그는 당시를 이렇게 회고하고 있다.

> 내가 경성제국대학에 입학하여 본과로 올라올 때 법과를 선택하였다. 처음에 동 대학 예과에 들어올 때에는 문과를 지망하였다. 문과 중에는 여러 가지의 전공과목이 있었으나 그것은 본과에서 결정하는 것이다. 내 마음속으로는 본과 중에서 종교와 철학을 전공할까 하는 생각이었다. 이것은 내가 원래 기독교 가정에서 태어나서 어머니를 비롯한 모든 가족들의 신앙에 깊숙히 젖어 있었기 때문이며, 또한 외숙이 기독교 이외의 여러 종교를 널리 자세히 소개하며 비교해 주셨기 때문이다. 그래서 인간이 가장 값있게 사는 방법은 종교 내지 철학에 있다고 확신하였기 때문이다. 또한 그것을 흥미가 큰 만큼 여러 가지 불가사의한 문제점이 크기 때문에 이것들을 깊이 파서 깨쳐보고 싶었던 것이다.[4]

그러나 이러한 개인적 선망은 가족회의의 반대에 부딪쳤고, 결국 가족들의 권유대로 법과를 선택하였다. 박원선은 당시의 심정을 이렇게 적었다.

> 당시의 문과계통으로서는 법과가 가장 인기과목이었다. 그것은 일인학생은 물론 한인학생으로서도 사회에 진출하여 관계나 정계에 두각을 나타내기 위해서는 대학 더욱 제국대학의 법과라는 통로는 유일무이의 과정이라고 할 수 있었기 때문이다. 그러나 내집의 가족회의의 경우에는 위의 일반적인 추세와는 전연 그 의의를 달리하고 있었다. 친일파로서의 출세라든가 어떤 세속적인 부귀나 영화를 목표로 한 선택이 아니었다. 도리어 한민족의 한 아들로서 마땅히 져야 할 무거운 짐을 지고

4 위의 글, 377쪽.

어려운 길을 걸어가는 참된 의인이 되어 달라는 간곡한 부탁의 의사표시였다. 이 같은 의사는 일찍이 합방 당시 조선총독부의 독점으로 인하여 우리 집이 일조에 가산을 수탈당한 때부터 싹이 터 있었다.[5]

이러한 가족적 기대에 박원선은 반대할 이유가 없었고, 더욱이 법과에로 그의 마음을 끌리게 한 것은 간디(M. Gandhi)였다. 박원선은 이렇게 적었다.

법과의 선택은 일신의 영달을 위한 것이 아니고 동족의 고난에 대한 회생의 산 제물이 되리라는 점에서 모든 가족의 의사는 일치되었던 것이다. 마침 인도는 영국의 속방으로서 우리 한국과 같은 처지에 있었다. 법과를 전공한 인도의 한 청년 간디는 그의 일생을 조국을 위한 회생의 제물로 바치는 숭고한 산 모범이 되었다.

나는 얼마나 진심으로 간디를 숭앙하였던가! 나는 간디의 자서전을 숙독하고 또 음미하여 나 자신에게 나도 이렇게 되기를 호소하였다. 또 국내외의 많은 의사의 전기도 읽어 무력한 나 자신을 격려도 하였다. 더욱 신구약 성서상의 위인들의 기록은 나에 대하여 무이의 지침서가 되었다. 특히 예수의 일생이야말로 순전히 구국의 희생양으로 바친 제물이 아닌가. 더욱 심독불이하여 거듭 기구로서 그 뒤를 따르고자 원하였다.[6]

이러한 결심에서 출발한 법학공부이기 때문에 그는 크게 실망을 하거나 불만을 갖지 아니하였다. 그는 학창시절의 마음가짐과 공부방법에 대하여 이렇게 회고하였다.

전공으로 선택한 법학의 과목을 물론 학문적으로도 연구함이 가하겠지만, 동시에 더욱 중요한 것은 법적 사고방식, 법적 정의의 구현, 공평과 민주적인 의식의 함

5 위의 글, 377쪽.
6 위의 글, 378쪽.

양에 중점을 두고 실천적인 방면에 더욱 역점을 두고자 노력하였다.

그리고 과감한 혁명적 투사로 되기보다는 사랑과 회생으로써 원수까지도 포섭하는 종교적인 넓고 깊은 사상 가운데서 남들을 미워하기에 앞서 나 자신을 반성하고 자책하고 회생하면서 혁신함을 그치지 아니하는 진정한 투사, 회생의 어린 양의 모습으로 일관하는 예수의 제자, 간디에 뒤따르는 자가 되고 싶었다.[7]

그렇지만 법학에 관하여 그렇게 밀착감을 느끼지는 못하였다. 그의 회고를 들어보면 다음과 같다.

법률학 중에서 어느 과목을 전공으로 삼을까에 관한 문제가 남았다. 사실 법률학 자체는 내가 좋아하는 학문이 아니었다. 사소한 문제에 있어서도 권리니 의무니 하며 따지는 생각조차 내 비위에는 본래 잘 맞지 아니하였다. 그럼에도 불구하고 이 학문을 대학에서 내 연구의 대상으로 선택했다는 것은 어떤 면에서는 이상한 인연이라고도 할 것이다. 그러나 법학을 내 취미에 맞아서 택한 것이 아니고 오직 하나의 수단과 정책으로, 즉 내 사명을 수행함에 있어서 본론적인 과업을 실천함에 유익하고 필요하리라는 의미에서 이를 감수한 것이다.[8]

이처럼 법학에 대하여 학문적인 매력은 느끼지 못했지만, 사명감을 갖고 공부한 결과 1932년 3월 31일에 경성제대 법학과를 졸업하고 이어서 1936년 3월 31일까지 동대학 조수로 남아 연구를 계속하였다. 그의 전공은 상법학이었는데, 그것을 택한 데에도 다음과 같은 이유가 있었다.

법과 자체에 대하여도 아직 생소한 느낌이 가시지 아니하였던 대학 본과 초기였다. 당시 경제사를 담당한 시까다(四方博) 교수의 강의시간이었다. 교수는 말하기

7 위의 글, 378쪽.

8 위의 글, 379쪽.

를, "한국은 사농공상이라 하여 상업을 경시하여 왔지만 도리어 한국의 상사제도의 발전은 다른 선진국들에 비하여도 유례가 드문 차원에까지 오르고 있다……"라고 하면서 그 구체적인 여러 가지 사례를 들면서 진정으로 감탄을 마지 아니하였다. 그리고 이 말을 이어서 부언하기를, 자기가 그 연구를 계속하고자 하지만 이를 완수하기 위한 자료의 수집 등은 매우 어려운 과업이라는 심자한 고충을 털어 놓았다. 그의 이와 같은 하소연은 나에게 일회일우의 큰 충격을 안겨 주었다. 왜냐하면 권위 있는 외국인 교수에 의하여 우리 고유문화의 우수성이 이같이 높이 재평가된 것은 참으로 기쁜 소식임에 틀림없었다. 그러나 이와 동시에 일정의 독수가 우리의 모든 전통을 소탕하고 있는 암흑시대에 처해 있으므로 자칫하면 우리 상사문화의 뿌리조차 말살될 위험이 있다는 위기의식을 느꼈고 이것을 방치하면 우리 문화의 큰 손실이며 불행이었기 때문이다. 아무리 어려운 과업이라도 조속히 이를 발굴하고 중외에 선양함은 한국인인 필자 자신의 임무이며 사명이라고 통감하였다. 내가 상법을 전공하게 된 첫번째 동기는 여기에 있었다.[9]

그리고 박원선에 의하여 이해된 상법에 대한 관념이 또한 다음과 같이 작용하였다.

아직 상법의 전모를 파악하지 못하는 초학자로서나마 상법은 모든 법률 중에서 가장 경제적, 따라서 국제적인 성격이 농후하다고 들었다. 따라서 다른 나라의 상법이 가장 속히 계수 · 도입되고 있는 법의 분야라고 한다. 그러므로 상법은 자주 개정되고 또 진보적인 경향을 취한다고 한다. 그러나 지신과 아울러 온고는 이 분야에서도 필요하다. 새 상사문화의 발전이 건전하게 이루어지기 위하여는 먼저 우리 겨레의 상사문화에 관한 본질적인 고유성의 부리를 찾아서 이를 튼튼하게 가꾸는 과업이 선행되어야 할 것이다. 나는 우리 옛날의 상사문화에 관계되는 것이라면 무엇이든지 이것을 취재하기 시작하였다. 그러는 중에 점점 이에 관한 작업에 취미를 느끼

9 위의 글, 379쪽.

면서 전공과목이라는 실감이 생기게 되었다.[10]

대학시절에 또 한 가지 잊을 수 없는 것은 사회주의 내지 공산주의를 지지하는 학생들과의 이념투쟁이었다. 기독교가정에서 자란 그는 사회주의에 대하여 철저한 비판의식을 갖고 있었기 때문에, 당시 "외부에서 경성제대를 사회주의의 소굴이라고 평하던"[11] 분위기 속에서 그는 친구들과 만나면 밤이 새도록 논쟁을 거듭하기도 하였다. 그러나 "새벽녘이 되어오면 우리는 같은 한인이다. 궁극의 목표는 공통된 것이다. 서로 싸우지만 말고, 서로 힘을 합하여 최후의 승리를 얻도록 힘쓰자"라고 손목을 잡고 화해를 하고 회의를 끝마치는 것이 통례였다.[12]

또 박원선은 학생시절부터 농촌운동에 관심을 갖고 조그만 농장을 마련하여 친구들과 분담하여 농사일을 손수 하기도 하였다. 그러나 일제가 끝나고 한국전쟁을 겪는 동안에 농장은 피폐되었고 다시 학원으로 돌아가야 할 사명감을 느꼈다. 그래서 1936년 4월부터 15년간이나 경영해 온 농장을 던져버리고 1952년 4월 초하루부터 국립서울대학교 사범대학에 강사로 출강하였다. 그러나 그는 가정적으로나 개인적으로 기독교적 배경이 강했기 때문에 연세대학교에 마음이 끌렸다. 그래서 1953년 4월에 연세대 법정대학에 전임강사로 발령을 받았다.

이에 대하여 박원선은 다음과 같이 적고 있다.

> 내 모교는 지금의 서울대학이지만 내가 기독교인인 관계로, 내 친구들과의 관계로 인하여 연세대학으로 정하였다. 연세대학으로 돌아와서 나의 연구의 대상인 법학에 대하여 전자는 전연 다른 가치관을 가지게 되었다. 종전까지는 법률은 다만 수단에 불과한 것이었지만 지금에 와서는 법률 그 자체가 내 일생을 걸고 연구할 가치가 있는 학문이라는 새 인식을 가지게 되었다. …… 그 동안 일정하에 나름대로 시

10 위의 글, 381쪽.
11 위의 글, 382쪽.
12 위의 글, 383쪽.

달린 나로서는 법률이라는 것의 가치를 재인식하게 되었던 것이다. 같은 인간이면서, 또 하나의 민족으로 구성되어 있으면서도 일제하에서는 법적으로 한인·한민족은 참으로 죽은 목숨이었다. 이 같은 법적 지위의 문제는 도저히 종교나 철학만 가지고는 대처할 수 없는 엄연한 사실이었다.[13]

참으로 법학자로서의 새로운 탄생을 뜻하는 사명의 자각이었다고 할 수 있다. 위대한 법학자는 이러한 사명감에서 재출발하는 것임을 보여준다. 박원선 자신은 법학자로서의 정신자세에 대해 다음과 같이 솔직하면서도 자신있게 기록하고 있다.

법학은 표현상으로는 매우 천박한 학문처럼 느껴지기도 한다. 그러나 법률의 진정한 뿌리는 더 깊은 데에 있다. 법률의 뿌리를 깊이 파고들어가면 그 근본의 성격은 신의와 성실(Treu und Glauben)에 있다고 함이 오늘날 법학계의 공인된 개념으로 되어 있다. 즉, 그 근본사상은 종교와 같은 뿌리로 되어 있다. 그러므로 종교적 자세를 떠난 법률의 존재란 있을 수 없다. 그러므로 법률을 한낱 얄팍한 따지기의 노름처럼 본다면 이는 큰 과오를 범하는 것이다. 나는 이 같은 새 인식을 깨우침으로써 연세대의 교수로서의 법학교육의 태도는 마치 성직자가 성단에 선 것과 마찬가지라고 확신하였다. 진정한 신의와 성실은 하느님을 떠나서 사람 앞에서만 보이려는 마음가짐에서는 성립하지 아니한다. 하느님이 임재하신 앞에서의 마음자리에서만 존재한다. 그러므로 나는 교실을 성당과 같은, 성실과 진리를 탐구하는 신성한 장소라고 믿는다. 따라서 한 학생이라도 한눈을 판다든지 딴 이야기를 하는 자가 있으면 곧 이를 지적하여 회상시키곤 하였다.[14]

박원선을 가리켜 성직자적 법학자라고 부를 수 있는 진지하고도 성스러운 측

13 위의 글, 386쪽.
14 위의 글, 386쪽.

면을 역력히 볼 수 있다. 그리고 이러한 자세는 학생들에게 가르치는 교육자로서만이 아니라 연구자로서 자신에 대한 엄격한 관리와 연구의 집중에로 표현되었다. 그는 자신의 연구생활에 대하여 이렇게 적었다.

> 나는 학원에 돌아와서부터는 법학의 초년생처럼 겸허하고 정성스럽게 법학연구에 재착수하였다. 학생들이 하나만큼 노력한다면 나는 그 2배 3배의 근면과 각고로 연구하려는 자세로 연구에 임하였다. 그리고 내 전공이 상법인 만큼 상법의 현행법의 강의를 위한 연구와 아울러 벌써 과거 법학도 초학시절부터 심중에 정한 한국 고유의 상사문화의 뿌리를 찾기에 전심전력을 기울였다. 현행 상법의 깊은 연구와 아울러 우리의 역사상에 나타난 고유한 상사 제도의 탐색의 두 가지를 아울러 연구한다는 것은 그리 쉬운 것은 아니었다. 이 과업을 수행하기 위하여는 제일 먼저 내 건강의 관리를 철저히 하는 것이라고 믿었다. 그래서 매일 새벽 4시에 기상하여 새벽 산책과 아울러 냉수욕 등으로 심신을 단련하기 시작하였다.[15]

이처럼 흐트러짐 없는 자세로 1977년 연세대학교를 정년퇴임할 때까지 교수로, 학장으로 연세인으로 일관하였다.

그 동안에 그는 학문을 통해 활동할 수 있는 책임과 과제들을 기꺼이 맡아 행하였다. 1957년 9월부터 평생토록 한국 상사법학회 회원과 이사를 역임하였다. 1959년 4월 15일부터 1960년 1월 31일까지는 미국 워싱턴주립대학에 초빙교수로 가 있으면서 미국 상법학과 법학교육제도를 관찰하였다. 1961년 5월 23일부터 1962년 7월 31일까지는 국가재건최고회의 법제사법위원회 자문위원으로 위촉되었고, 1961년 9월 19일부터 12월 31일까지는 대한민국 상법전 제정에 대한 심의위원으로 위촉되어 노력하였다.

1966년 3월 15일부터 평생토록 대한민국 학술원 회원이 되었고, 1968년 2월 17일부터 1971년 4월 1일에는 민족문화추진회 회원으로 있었다. 1969년 4월

---

15 위의 글, 387쪽.

1일부터 1972년 2월 28일까지는 연세대학교 부설 법률연구소 소장을 역임하였고, 1969년 6월 2일부터 1975년 12월 31일까지는 법제조사위원회 위원으로 위촉되었다. 1970년 8월 27일부터 1971년 2월 20일까지는 서독, 영국, 프랑스 정부의 초청으로 각국 사법제도와 법학계를 시찰하고 돌아왔고, 1971년 9월 16일부터 이듬해 7월 3일까지는 일본 국제기독교대학에 초빙교수로 가 있었다.

한편 박원선 교수는 환경문제에 관심이 깊어 1970년 8월부터 1974년 12월까지는 학술원 환경문제 연구위원으로 있었고, 1972년 1월부터 평생토록 서울특별시 공해분쟁조정위원으로 위촉되어 활동하였다. 1972년 5월 22일부터는 한국문화재보호협회 중앙지도위원이었고, 1970년 7월부터는 일본에 머문 계기로 일본 의사법학회, 미래학회의 회원이 되기도 하였다.

1973년 3월 3일에는 한국법사학회의 이사로 피임되었고, 같은 해 4월 1일에는 연세대학교 공해연구소 연구교수로 임명되었고, 1975년 6월에는 공해방지협회 이사로 피임되었다. 1976년 5월 27일에는 한독법률학회 이사로 되었고, 같은 해 3월에는 문교부 교과편찬위원회 위원이 되었다. 또 정부에서 상법 개정 작업이 추진되자 1976년에는 법무부 자문위원으로 상법 개정심의를 담당하였다. 1976년 7월 5일에는 중앙공해방지심의위원회 위원이 되었다. 1977년에 연세대학교를 정년퇴임하였지만, 대학원 강의는 그대로 계속하였다. 1981년부터는 세종대학에 초빙교수로 재직하여, 그의 마지막 영결식도 세종대학의 학교장으로 거행되었다.

단아한 삶이면서 학문적으로는 다면적으로 활동한 보람이 있어 1966년 9월 15일에 연세대학교에서 법학박사학위를 수여받았고, 1969년 7월 17일에는 대한민국학술원상, 1969년 11월 17일에는 서울 제일변호사회에서 수여하는 법률문화상, 1975년 5월 22일에는 제1회 KMA 경제경영도서문화상, 1976년 3월 28일에는 제1회 평화교수아카데미상을 수상하였다. 그 외에도 1970년에는 회갑기념으로 연세대학교 『사회과학논집』을 증정받았고, 1982년에는 한국 상사법학회에서 최태영(崔泰永), 차낙훈(車洛勳) 박사와 함께 송수기념으로 『상사법연구』 특별호를 증정받았다.

만년에도 박원선은 노익장의 건강을 유지하면서 학생과 같은 열심으로 연구에 몰두하였다. 그 한 예가 1982년초부터 국립중앙도서관에 연구실을 하나 빌려 매일 그곳에 출근하여 연구에 시간을 보냈다는 사실이다. 그곳에서 「한국의 場市」라는 논문을 집필하였고, 학술원에서 발간하는 단행본 『나의 걸어온 길』에 「학술연구생활회고록」이라는 자서전적 논문을 집필하였다. 참으로 깨끗한 선비, 학자의 모습을 보여주는 이 시절의 자신에 대하여 박원선은 이렇게 묘사하고 있다.

> 국립중앙도서관장의 특별한 배려에 의하여 가급 매일 아침부터 저물 때까지 대학의 강의시간 외에는 주로 이곳에서 연구하여 큰 능률을 올리고 있음을 감사하는 바이다. 그 위치가 서울시 중에서는 가장 높은 자리를 차지하고 있으므로, 첫째 공기가 청정하고 아울러 사방의 풍치가 절승하여 호연지기를 양성함에 적합하다. 둘째로 조석으로 이 고지까지 도보로 왕래함으로 인하여 매우 호적한 운동을 겸하게 된다. 더욱 바로 밑의 이른바 범바위에서는 자고로 저명한 약수가 사철 샘솟아서 조석으로 마시게 되니 건강에도 큰 도움이 된다. 그러므로 이 같은 환경의 우월한 혜택으로 인하여 강의 없는 날은 하루 종일 연구에 몰두하여도 조금도 피곤을 느끼지 아니한다.[16]

이처럼 단단한 모습으로 계속 강의와 저술활동을 벌이다, 대학동창들과 저녁식사를 하고 헤어진 후 1986년 6월 1일 과천 자택에서 조용히 소천하였다.

II. 법사상

상법학자로서의 박원선의 학문적 업적은 우선 그의 8권에 이르는 단행본 교

16 위의 글, 400쪽.

과서의 집필에서 나타난다고 하겠다. 그는 1960년에 『상법학강의』(상 · 하, 수학사), 1962년에 『새상법』(상 · 하, 수학사), 1964년에 『예제(例題)상법』(상 · 하, 수학사), 1967년에 『수표 · 어음법』(상, 한국능률협회), 1969년에 『상법총칙 · 상행위법』(수학사), 1974년에 『상업법규』(문교부), 1979년에 『全訂 회사법』(수학사)을 내었다. 대개 수학사에서 나온 책들로서 일반적으로 수험 위주의 공부를 하는 법학도들에게는 그리 많이 읽히지는 아니하였지만, 박원선의 상법학을 담은 교과서들은 그 체계에 있어서나 내용에 있어서 독특한 비중을 차지하고 있다.

상법학에 관한 논문은 200여 편에 이르고 있는데,[17] 최초의 논문인 「상법과 일상생활」(『화백』 창간호, 연세대, 1955)에서부터 상법학의 전 분야에 걸치고 있다. 그중 몇 가지 제목만으로 인상적인 것을 보면, 「한국상법의 이념과 그 구현에 관한 고찰」(『연세법학』 창간호, 1957), 「한미상법의 비교연구」(연세법학, 1960), 「새 상법의 문제점」(『조선일보』, 1961. 1), 「보험대위」(『저스티스』, 한국법학원, 1963), 「발기인에 관한 고찰」(『연세대 창립80주년 기념논문집』, 1965), 「상법과 우리 생활」(『가정백과사전』, 삼중당; 1965), 「어음의 위조」(『고주국박사회갑논집』, 1968), 「한국상법의 근대화와 토착화」(『사회과학논문집』 제5집, 연세대, 1970), 「주식회사 설립의 하자」(『차낙훈박사회갑논집』, 1972), 「한국 고유의 증권제도」(『연세논총』 제10집, 1973), 「한국 근대화의 사상사적 특질과 그 전개」(『아세아문화 연구』 제7권, 국제기독교대학, 1973, 일문), 「거간」(『연세논총』 제10집, 1973), 「한국 중간상인에 관한 연구」(『성곡논총』 제4집, 1978), 「상법에 있어서 대륙법과 영미법의 교차」(『법률연구』 창간호, 1973), 「상의 기원과 평화의 법」(『광장』, 1976. 3), 「회사설립 하자에 대한 판결」(『홍진기박사회갑논집』, 1977), 「회사의 권리능력」(『연세행정논총』 제5집, 1979), 「한국 고유의 상사제도」(『동방학지』 제27집, 1981), 「坐商」(『법사학연구』 제6집, 전봉덕박사 고희기념, 1981), 「회사일반에 관한 개정의견」(『상법개정의 논

17 위의 글, 400-407쪽 수록.

점』, 한국상사법학회 편, 삼영사, 1981), 「상인」(「조선전기의 상공업」, 『한국사론』 제11집, 국사편찬위원회, 1982) 등이다.

박원선은 학부에서는 일반적인 상법강의를 하였지만 대학원에서는 한국 고유의 상사제도에 관하여 강의하였다. 그래서 1960년대에는 이미 그의 연구성과가 상당히 집적되었다. 그래서 그는 이것을 일본, 미국, 서독의 학계에도 발표하였다. 한국의 상사제도를 외국학계에 소개한 것은 그의 애국심과 함께 학자로서의 국제적 지평을 넓히게 한다. 일본의 천리대학에서 발간하는 『조선학보』에 「객주의 유형」을 발표하였고, 1970년에는 「객주」론을 독일어로 번역하고 아울러 '한국상법사 요강을 10항목으로 서술하여 서독 프라이부르크대학의 한스 티이메(Hans Thieme) 교수에게 보냈다. 티이메 교수는 이 논문의 우수성을 인정하였으나 그가 편집하는 『사비니법사학지』(*Zeitschrift der Savigny-Stiftung für Rechtsgeschichte*)에는 로마법사, 게르만법사, 교회법사의 논문만 실을 수 있지 아시아법사에 관하여는 자리를 허용할 수 없어 오랫동안 고심하였다. 그때 마침 필자가 티이메 교수와 가까이 있었기 때문에 서로 상의한 결과 학술지에 논문형식으로 발표하기보다는 양도 많으니 단행본으로 출판하는 것이 낫다는 의견의 일치를 보았다. 그래서 결국 이 논문은 대한민국 학술원에서 단행본으로 *Gaeckdschu: Koreanische Kommissar*(1981)라 하여 출판되었다. 여기에는 티이메 교수의 서문이 붙어 있는데, 한국의 객주제도에 대한 찬탄과 박 교수의 업적에 대한 높은 평가를 서술하고 있다.

이 외에도 한국의 상사제도를 소개하기 위하여 박원선은 서양어로 다음과 같은 논문들을 발표하였다.

"The Merchant System Peculiar to Korea," *Journal of Social Sciences and Humanities*, No. 26, 1977.

"Korean Factors," *Journal of Social Sciences and Humanities*, vol. 35, 1973.

한국민이 오랜 문화전통을 가진 민족이라는 것은 다른 분야에서는 비교적 소개되었지만, 법사의 분야에서 이만큼이라도 세계학계에 알린 것은 박원선 교수의 업적이 적지 아니하였다고 말할 수 있다.

1981년에 연세대학교 국학연구원에서 발표한 「한국 고유의 상사제도」[18]라는 논문에서 박원선은 그가 거의 평생에 걸쳐 연구해 온 한국 고유상사제도 10가지를 요약적으로 망라하여 설명하고 있다. 여기에는 장, 부보상, 좌상(坐商), 객주, 거간, 전당포와 대금업, 水商(선상), 차인 등 상사사용인제도, 사개치부 등 상업장부제도, 어음 등 유가증권제도 등이 수록되어 있다.

이 가운데 『부보상』(1965)과 『객주』(1968), 『거간』(수학사, 1975)에 대하여는 단행본으로 연구저서를 내었는데, 『부보상』(負補商)의 저술경위에 대해 박원선은 다음과 같이 서술하고 있다.

> 본서의 연구에 관한 착상은 이미 대학재학시까지 소급한다. 그러나 여러 가지 사정이 중첩되고 그 자료의 수집이 곤란하여 지지 부진을 거듭하여 왔다. 다행히 1963년에 이르러서 한국연구원과 연세대학교의 지대한 원조로써 대학원학생으로 된 연구조사반을 편성하기에 이르렀다. 연세대의 조사반은 상무사의 임소가 있는 곳을 수소문하여 방방곡곡으로 답사하였다. 그 결과 예상외로 진귀한 자료를 많이 입수하게 된 것은 커다란 소득이요 큰 기쁨이었다. 이네들이 소중하게 보관하고 있는 이른바 '공문' 이란 것은 수 백년 동안 부보상들의 살아있는 역사로서, 지금도 단책임자가 매년 갈릴 때마다 신임위원들은 그 공문에 친서를 하고 필요한 기재를 추가하여 새로운 역사를 지어내는 것이다. 그러므로 공문들은 본단의 생명처럼 애지중지하여 6 · 25동란 당시에도 공문을 사수하기 위하여 피난도 가지 못하고 숱한 고생을 겪은 단원들이 많았다고 한다. 총회에서 새로 선출된 위원들은 후임이 선출되기까지 이 모든 공문을 공문궤 속에 정중하게 간직하여 신주처럼 모시고 매삭망 공문에 제사를 지내며 공문궤에 손을 댈 때에는 반드시 깨끗한 장갑을 끼고 절을 하는 것이

18 『동방학지』 제27집, 1981 수록.

규례로 되어 있다. 그리고 공문궤를 열고 공문을 꺼내는 것은 오직 1년에 한 번 공사 시에, 이것을 후임자에게 전수할 때 한하도록 지극히 엄격한 관습이 오랫동안 준수되어 온 것이다. 그러므로 우리 조사반원은 각자 임소의 총회시를 기하여 반원을 총동원하여 책임자의 특허를 얻어가지고 공문을 꺼내놓고서 밤을 꼬박 새워서 필기를 할 뿐 절대로 외부에 반출할 수 없었다. 그런데 필사에 있어서 또 하나 난관은 너무도 알아보기 어려운 초서로 쓰여졌으며 또 현금의 어느 옥편에도 나와있지 아니한 고대의 한국 특유의 한자가 많이 나오므로 사계의 전문가들도 해독하기 어려움이 있었다.[19]

이처럼 어떻게 보면 시시한 자료도 실제로 구하려면 어려운 사정을 무릅쓰고 상법사학자 박원선은 '부보상' 제도를 정리하여 단행본으로 출간하였던 것이다. 이러한 노력의 결과로 그는 대한민국 학술원상을 수상하는 영광을 안게 되었다.

『객주』라는 책이 1968년에 연세대학교출판부에서 출판되기까지에도 어려움과 곡절이 많았다. 그 경위에 대하여 박원선은 다음과 같이 적고 있다.

첫째로 자료수집에 있어서 큰 곤란을 겪었다. 다행히도 규장각도서 중에 매우 귀중하고 풍부한 자료를 무수히 발견한 것은 예상 밖의 큰 소득이요 기쁨이었다. 그러나 동도서는 아직 디정리상태이어서 그 방대한 부수의 문서를 독파하지 않으면 아니되므로 막대한 시간과 노력을 요하는 커다란 부담이 아닐 수 없었다. 그뿐 아니라 그 문서들 중에는 해득하기 어려운 문자와 문구가 속출하며 또 지나친 초서 때문에 알아보는 데에 큰 곤란을 느끼곤 하였다. 이것들을 바르게 이해하기 위하여는 사계의 권위자의 조력과 지도를 필요로 하였다. 이보다도 더욱 의외로 어려움을 겪은 것은 실태조사에 있어서이다. 부보상의 답사에 있어서는 그 조사구역이 대체로 국한되어 있기 때문에 이를 파악하기에 그리 큰 고생은 없었다. 그러나 객주의 경우에는

19 박원선, 앞의 글, 396쪽.

이에 반하여 현재에도 전국의 각 지방, 각 부문에 걸쳐서 눈부신 활동을 계속하고 있고, 어떤 곳은 옛날에는 번성하였으나 현재에는 거의 찾아보기 어렵게 된 곳도 있어서 지역적으로 또는 역사적으로 일일이 또 널리 그 현지를 골고루 답사할 필요가 있은 점이다. 또 답사에 있어서 의외로 고역을 치루게 된 경우가 많았다. 그 이유는 현재 세무행정의 강화관계로 인하여 객주 경영자의 실태를 정확히 파악하기란 거의 불가능한 일이었다. 왜냐하면 대부분의 업자는 납세 때문에 진정한 해답을 할 수가 없었다. 처음에는 조사반을 편성하여 조사해 보았으나 헛수고임을 안 후에는 내가 단신으로 직접 각자를 접촉하여 친분을 얻어 가지고 내가 진정으로 연구만을 위한 조사를 하는 사실을 확실히 알게 한 후에 비로소 소기의 조사목적을 달성하곤 하였다. 그러므로 당국의 조사통계와 실제와는 너무도 거리가 떨어져 있었다. 한 장의 적정한 통계를 얻는다는 것은 지극히 어려운 과업이었다. 그러므로 무수한 업자와의 계속적인 접촉과 친교를 얻은 후에야 겨우 어느 정도의 적정한 자료를 수집하게 되었다.[20]

이상에서 심향 박원선의 생애와 학문세계를 대충 살펴보았지만, 그는 실로 한국 현대법학사에서 보기 드문 모범적인 학자요 지조있는 법사상가라는 것을 어렵지 않게 느끼게 된다. 그가 상법학을 전공으로 삼은 이유도 그러하거니와 그중에서도 한국의 고유 상사제도를 연구하는 상법사학자로서 몰두한 것도 그의 이념적 정신지주에서 이해할 수 있을 것이다.

그의 정신적 지주는 스스로 고백하였듯이 민족애에서 우러난 사명감으로, 그 사표를 간디와 예수에게서 찾았다. 그는 만년에까지 기독교신앙에 철저하였지만 도그마틱한 기독교인 냄새를 피우지 아니하고 항상 겸손히 그리스도교의 정신을 통해 실천하려고 전심전력을 기울인 인물이다. 그가 비록 일제의 관학 속에서 법학을 배웠지만 그것을 민족과 국가를 위해 이처럼 선명하고 정결하게 기울여 바쳤다는 사실은 참으로 놀라울 정도로 다행스럽고 돋보이는 일이다. 그

20 박원선, 앞의 글, 397쪽.

가 서민의 역사 속에 동참하면서 그 원형을 찾아내려고 애쓰던 한국 상법사의 연구는 한국 법학이 거둔 최대의 결실 중의 하나라고 할 것이며, 그러한 정신은 한국의 상법학자들 뿐만 아니라 모든 후배 법학도들에게 영원한 교훈으로 남아 있을 것이다.

연보 및 논저

■ 연보

1907. 1. 5	평양에서 출생
1927. 4. 1-1932. 3. 31	경성제국대학 법문학부 법학과 입학, 졸업
1932. 4. 1-1936. 3. 31	경성제국대학 법문학부 법학과 조수
1936. 4. 1-1951. 3. 31	농인 및 학원 경영
1952. 4. 1-1953. 3. 31	국립서울대학교 사범대학 강사
1953. 4. 1-1986	연세대학교 정법대학 강사, 교수 및 학장 역임
1957. 9. 28-1986	한국상사법학회 회원 및 이사
1959. 4. 15-1960. 1. 31	미국 워싱턴주립대학교 초빙교수
1961. 5. 23-1962. 7. 31	국가재건최고회의 법제사법위원회 자문위원
1961. 9. 19-1961. 12. 31	대한민국 상법심의위원
1962. 1. 19-1986	고등고시 사법과 및 행정과 · 사법시험 · 공인회계사시험 위원
1966. 3. 15-1986	학술원 회원
1966. 9. 15	연세대학교에서 법학박사 학위 수여
1962. 12. 12-1986	상사중재위원회 중재인단체 중재인
1968. 2. 17-1971. 4. 1	민족문화추진회 회원
1969. 4. 1-1972. 2. 28	연세법률문제연구소장
1969. 5. 10	연세대학교 사회과학상 수상
1969. 6. 2-1975. 12. 31	법제조사위원회 위원
1969. 7. 17	학술원상 수상
1969. 8. 27-1970. 7. 31	학술원 인신문제위원회 위원장
1969. 10. 12-1969. 11. 9	후생입법연구차 일본 파견(학술원)
1969. 11. 11	법률문화상 수상(서울제일변호사회)
1970. 7-1986	일본의사법학회 회원
1970. 8. 1-1974. 12. 31	학술원 환경문제연구위원 사회분과위원장
1970. 8. 27-1971. 2. 20	서독 · 영국 · 프랑스 각 정부 초청 시찰
1971. 9. 16-1972. 7. 3	일본 국제기독교대학 초빙교수
1972. 1. 6-1986	서울특별시 공해분쟁조정위원

1972. 5. 22-1986	한국문화재보호협회 중앙지도위원
1972. 7. 1-1986	미래학회 회원(일본)
1973. 3. 3-1986	한국법사학회 이사
1973. 4. 4-1986	연세대학교 공해연구소 연구교수
1973. 7. 2	제15회 사법시험 제2차시험위원
1973. 9. 24	제14회 행정고등고시 제2차시험위원
1975. 5. 22	제1회 KMA 경제경영도서문화상 수상
1975. 6. 2	공해방지협회 이사
1975. 12. 8	법무자문위원회 특별분과위원회 회원(상법 개정심의)
1975. 12. 29	증권관계법개정안기초위원회 위원(한국증권단)
1976. 2. 7	제18회 사법시험 제2차시험위원
1976. 3. 28	제1회 평화교수아카데미상 수상
1976. 3. 30	문교부 교과편찬위원회 위원
1976. 5. 27-1986	한독법률학회 이사
1976. 7. 8	법무자문위원회 특별분과위원
1977. 5. 10	연세대학교 공해연구소 운영위원
1981-1986	세종대학 초빙교수, 홍사단 심사회장 · 공의회장 · 이사회장 역임
1982. 4. 25	연세대학교 환경 공해 연구교수
1986. 6. 1	작고

■ 저서

『상법학강의』(상), 연세대학교출판부, 1960.

『상법학강의』(하), 연세대학교출판부, 1960.

『새상법』(상), 수학사, 1962.

『새상법』(하), 수학사, 1962.

『예제상법』(상), 수학사, 1963.

『상법개론』, 수학사, 1964.

『예제상법』(하), 수학사, 1964.

『부보상』, 한국연구총서 제16집, 한국연구사, 1965.

『일반사회문제연구』, 수학사, 1966.

『수표 어음법』(상), 한국능률협회, 1967.

『객주』, 연세대학교출판부, 1968.

『상법총칙 · 상행위법』, 수학사, 1969.
『회사법』, 수학사, 1969.
『주주』, 경영 법학전집 제2권, 신영사, 1970.
『상업법규』(문교부상업계고등학교용), 문교부, 1974.
『거간』, 수학사, 1975.
『전정 회사법』, 박완선 · 이정한(공저), 수학사, 1979.
『KAECKDSCHU』, 「객주」 독어판, 학술원, 1981.
『한국고유의 상사제도』, 국학연구원(연세대), 1981.

■ 논문

「상법과 일상생활」, 『화백』 창간호, 연세대학교, 1955. 8.
「한국상법의 이념과 그 구현에 관한 고찰」, 『연세법학』 창간호, 1957. 12.
「한미상법의 비교연구」, 연세법학회 귀국강연, 1960. 3.
「새상법의 문제점」, 『조선일보』, 1961. 1.
「주식회사의 이사제도」, 『법정』, 1961. 3.
「무액면주식」, 『법정』, 1961. 4.
「상법초안상의 위임주식제도」, 『고시계』, 1961. 4.
「초과보험과 중복보험」, 『법정』, 1962. 2.
「유한회사의 성질」, 『법조』, 1963. 2.
「책임보험 및 재보험」, 『법정』, 1963. 4.
「환어음, 약속어음, 수표의 이동」, 『고시계』, 1963. 4.
「고지의무위반」, 『법조』, 1963. 5.
「회계원칙과 상법」, 『기업경영』, 1963. 5.
「주주의 지위강화」, 『법정』, 1963. 6.
「타인의 생명의 보험계약과 타인을 위한 생명보험계약」, 『법제월보』, 1963. 6.
「주식의 유형」, 『법조』, 1963. 7.
「회사의 기관구성」, 『사법행정』, 1963. 8.
「상사대리」, 『법조』, 1963. 10.
「환어음과 수표의 이동」, 『사법행정』, 1963. 10.
「보험대위」, 『저스티스』, 한국법학원, 1963. 12.
「보험상의 고지의무」, 『화백』, 1964. 1.
「상사담보권」, 『법조』, 1964. 1.
「유가증권의 유통보호제도」, 『사법행정』, 1964. 1.

「어음·수표의 지급인의 조사의무」, 『사법행정』, 1964. 2.

「어음행위의 독립원칙」, 『사법행정』, 1964. 3.

「주식회사의 자금조달을 위한 제도」, 『사법행정』, 1964. 4.

「무능력자의 어음행위」, 『법조』, 1964. 5.

「상법상의 외관주의」, 『사법행정』, 1964. 5.

「해상운송인의 책임과 육상운송인의 책임의 이동을 논함」, 『법정』, 1964. 5.

「이득상환청구권」, 『사법행정』, 1964. 6.

「자본증가의 여러 경우」, 『사법행정』, 1964. 7,

「회사의 업무집행기관」, 『법제월보』, 1964. 7.

「각종회사의 특성」, 『법정』, 1964. 8.

「설립중의 회사」, 『법조』, 1964. 9.

「유가증권의 배서를 논함」, 『법정』, 1964. 9.

「주식회사와 유한회사의 차이」, 『사법행정』, 1964. 9.

「피보험이익」, 『사법행정』, 1964. 10.

「각종회사의 채권자 보호제도」, 『법정』, 1964. 11.

「부정수표발행에 대한 현행법상의 규제」, 『사법행정』, 1964. 11.

「신주발행」, *Fides*, 1964. 12.

「회사사원의 의무와 책임」, 『법정』, 1964. 12.

「어음·수표의 법률지식」, 『현대경영』, 1965. 1.

「보험금액을 청구할 수 없는 경우」(상), 『법정』, 1965. 2.

「새상법상의 문제점」, 『법제월보』, 1965. 2.

「선장의 사법상의 지위」, 『사법행정』, 1965. 2.

「각종 배서의 효력」, 『사법행정』, 1965. 3.

「보험금액을 청구할 수 없는 경우」(중), 『법정』, 1965. 3.

「발기인에 관한 고찰」, 『연세대학교 80주년 창립기념논문」, 1965. 4.

「보험금액을 청구할 수 없는 경우」(하), 『법정』, 1965. 4.

「상법상의 거래안전보호」, 『사법행정』, 1965. 4.

「상법과 우리 생활」, 『가정백과사전』, 삼중당, 1965. 5.

「선주보호제도에 관하여」, 『법제월보』, 1965. 5.

「신주인수권」, 『사법행정』, 1965. 5.

「백지어음」(상), 『법정』, 1965. 6.

「백지어음」(하), 『법정』, 1965. 7.

「상법상 외관에 신뢰한 자의 보호」, 『사법행정』, 1965. 7.

「상법과 일상생활」, 『새교실』, 1965. 8.
「신주발행」(상), 『사법행정』, 1965. 8.
「상인과 상행위」, 『새교실』, 1965. 9.
「신주발행」(하), 『사법행정』, 1965. 9.
「상사계약의 특색」, 『기업경영』, 1965. 10.
「정기용선자의 지위」, 『법정』, 1965. 11.
「회사법상의 조직변경」, 『사법행정』, 1965. 11.
「상행위의 의의」, 『새교실』, 1965. 12.
「발기인 · 이사 · 감사의 책임의 비교」, 『사법행정』, 1966. 1.
「운송증권의 배서와 어음의 배서를 비교함」, 『사법행정』, 1966. 2.
「어음대리」, 『법조』, 1966. 3.
「상사채권의 특색」, 『법정』, 1966. 4.
「이익배당과 이자배당의 이동」, 『사법행정』, 1966. 4.
「주식회사의 감사제도」, 『감사월보』, 감사원, 1966. 4.
「이사회결의의 하자」, 『사법행정』, 1966. 6.
「주주평등의 원칙」, 『법정』, 1966. 7.
「회사의 준비금제도」, 『법제월보』, 1966. 7.
「선일자수표제도」, 『법조춘추』, 1966. 8.
「위조수표」, 『법조』, 1966. 9.
「어음 · 수표에 있어서 배서의 담보적 효력」, 『사법행정』, 1966. 11.
「회사의 이익배당에 관한 규제」, 『법정』, 1966. 12.
「해상운송인의 책임」, 『법제월보』, 1967. 1.
「이득상환 청구권제도」, 『사법행정』, 1967. 2.
「회사설립무효의 소」, 『법정』, 1967. 2.
「당좌수표의 양도」, 『법조춘추』, 1967. 3.
「보증수표」, 『현대경영』, 한국능률협회, 1967. 5.
「어음무능력자의 어음행위」, 『법정』, 1967. 5.
「어음부도의 대책」, 『사법행정』, 1967. 5.
"The Merchant System Peculiar to Korea," *Journal of Social Sciences and Humanities*, No.26, 1967. 6.
「연수표」, 『현대경영』, 1967. 7.
「주식과 주권」, 『법정』, 1967. 7.
「고지의무의 위반」, 『법조』, 1967. 8.

「부정수표단속법」, 『현대경영』, 1967. 9.
「수표의 신용증권화 방지에 관한 제제도」, 『사법행정』, 1967. 11.
「회사의 능력」, 『법정』, 1967. 11.
「수표의 발행」, 『법조춘추』, 1968. 1.
「회사설립하자」, 『고시계』, 1968. 2.
「어음 · 수표지급인의 조사의무」, 『법정』, 1968. 3.
「회계감사와 감사제도」, 『감사월보』, 1968. 4.
「수표의 이득상환청구제도를 논함」, 『사회과학논문집』, 1968. 6.
「위조어음을 논함」, 『법조』, 1968. 7.
「분실무효공고와 공시최고절차」, 『노모스』(1), 1968. 8.
「회사법상의 소의 특성」, 『법정』, 1968. 8.
「판례로 본 수표 · 어음의 이득상환청구권」(1), 『사법행정』, 1968. 10.
「수표(어음)의 제시기간」, 『법정』, 1968. 11.
「판례로 본 수표 · 어음의 이득상환청구권」(2), 『노모스』, 1968. 11.
「각종회사의 사원의 책임을 비교함」, 『법정』, 1968. 12.
「어음의 위조」, 『고병국환력논문』, 1968. 12.
「사고수표문제」(1), 『사법행정』, 1969. 2.
「부보상연구의 동기와 전망」, 『법정』, 1969. 3.
「사고수표문제」(2), 『사법행정』, 1969. 3.
「객주」(1), 『어민』, 1969. 4.
「객주에 관한 연구」, 『법정』, 1969. 4.
「한국상법의 근대화와 토착화」, 『사회과학논문집』(박원선박사회갑기념) 제5집, 1970. 4.
「주식회사 설립의 하자」, 『차낙훈회갑기념논문』, 1972. 6.
「회사제도의 비교연구」, 『법조춘추』, 1972. 10.
「보험계약의 특수성」, 『새법정』, 1973. 3.
「한국고유의 증권제도」, 『연세논총』 제10집, 연세대학교, 1973. 3.
「韓國近代化の 思想史的 特質 と その 展開」, 국제기독교대학학보 IV-A,
『アジア문화연구』 제7권, 1973. 5.
「거간」, 『연세논총』 제10집, 1973. 7.
「어음상 권리확보의 강화」, 『새법정』, 1973. 8.
「한국중간상인에 관한 연구」, 『성곡논총』 제4집, 1973. 8.
「상법에 있어서의 대륙법과 영미법의 교착」, 『법률연구』 창간호, 1973. 12.
「이사의 책임」, 『법조춘추』, 1973. 12.

「이사의 의무」, 『새법정』, 1974. 1.
「보험의 효력발생」, 『독서신문』 제165호, 1974. 2.
「대표이사」, 『사법행정』, 1974. 6.
「주주의 대표소송」, 『학술원논문집』(인문사회과학 편) 제13집, 1974. 9.
「주식회사의 이사의 지위」, 『연세행정논총』 제2집, 1974. 11.
「일인회사」, 『법조』 제24권 9호, 1975. 9.
「상의 기원과 평화의 법」, 『광장』, 1976. 3.
「휴면회사정리제도」(I, H), 한국법학원, 1976. 4. 5.
「한국상인사에 관한 연구」, 『광장』, 1976. 5.
「부실기업의 대책에 관한 제도연구」, 『연세행정논총』 제3집, 1976. 7.
「한국고유의 상인제도」(I, II), 한국법학원, 1976. 7. 8.
「한국상법에 있어서의 이사회제도의 연구」, 『학술원논문집』 (인문사회과학 편) 제15집, 1976. 12.
「회사설립 하자에 대한 판결」, 『법학의 제문제』 (유민홍진기화갑논문집), 1977. 4.
「한국상법에 있어서의 회사유형」, 『학술원논문집』(인문사회과학 편) 제16집, 1977. 11.
「회사설립의 하자에 대한 청구절차」, 『연세행정논총』 제4집, 1977. 11.
「한국상법에 있어서의 각종회사의 기관구성에 관한 고찰」, 『학술원논문집』(인문사회과학 편) 제17집, 1978. 12.
「회사의 권리능력」, 『연세행정논총』 제5집, 1979. 2.
「주식회사의 주식납입」, 『연세행정논총』 제6집, 1980. 1.
「상법상의 기업유지에 관한 주요제도의 고찰」, 『연세행정논총』 제7집, 1981. 2.
「한국고유의 상사제도」, 『동방학지』 제27집, 1981. 6.
KAECKDSCHU, 객주의 독어판, 학술원, 1981. 7.
「좌상」, 『법사학연구』 제6집, 전봉덕박사고희기념호, 1981. 7.
「회사일반에 관한 개정의견」, 『상법개정의 논점』, 1981. 9.
「상인」, 조선전기의 상공업, 『한국사론』 제11집, 국사편찬위원회, 1982.
「학술연구생활 회고록」, 『나의 걸어온 길』, 학술원, 1983.

박 덕 배

(1908-1984)

⑨ 박 덕 배 (1908-1984)

박덕배(朴德培)는 서울대학교 사범대학 소속이었기 때문에 한국의 법학도들에게는 그리 익숙지 않은 이름이었다. 그러나 그의 법철학, 노동법 등의 저서와 함께 그의 고매한 인격에 접해 본 사람은 한없이 훌륭한 법학자로 존경하였다. 필자는 법철학에 관심을 둔 이래로 대학원 재학시절부터 그를 알게 되었고, 법철학과 기독교신앙에 공통된 관심을 가져 기회 있을 때마다 담소를 나누었다. 특히 정년퇴임을 하신 이후 서울대 사범대학에 강의를 나오시면 꼭 필자의 연구실로 찾아오셔서, 선생님의 근황을 가까이서 뵐 수 있었던 것을 지금도 영광으로 생각하고 있다. 돌이켜볼수록 선생님만큼 진실된 인간, 양심적인 학자도 드물다고 생각된다. 이제 선생님은 가셨지만 생애와 법사상의 면모를 적어 기억하고자 한다.

I. 생애

박덕배는 1908년 11월 15일 황해도 봉산군 서종면 노산리에서 박성창(朴成

昌) 씨의 2남으로 태어났다. 당시 황해도는 김구(金九)를 비롯하여 많은 애국지사들이 난 곳이었기에 민족정신이 왕성한 분위기 속에서 자라났다. 16세까지 서당에서 한문을 배우고 23세 되던 해에 사리원 공립농업학교 제5학년을 졸업하고 상경하여 1933년부터 1937년까지 연희전문학교 문과를 다녔다.

신학문에 접한 그는 현대 서구문명의 정수를 맛보며 사회과학을 연마하기 위해 도일하여 도후쿠(東北)제국대학 법문학부를 다녔다. 그는 법학을 공부하면서 법학의 이론적 심화는 정의에 대한 자기체화(體化)를 통해 인격화여야 한다고 생각했다. 재학중에 5, 6인의 일본인 학생들과의 화합에서 한 일본학생의 "조선인이 기껏해야 도지사밖에 더 하겠느냐"라는 말을 듣고서, 대학의 심오한 교양이 남의 심부름꾼이 되어 민족에 반기를 드는 것에 쓰일 수밖에 없다면 인간성의 파멸일 것이라 생각하였다고 말한다.[1]

졸업 후 함남 신고산 금융조합의 이사로 있으면서 직장내에서 처음으로 「법률학개론」 강의를 하였고, 해방 후 민정장관부속 후생사무국장, 체신부 이사관 등을 지냈다.

한국전쟁이 한창이던 때 임시수도 부산에서 서울대 사범대학 일반사회과 강사로 출강을 시작하여, 단국대에서 1957년까지 있다가 1958년에 서울대 사범대학으로 옮겨 1974년에 정년퇴직하였다.

선량한 민주시민을 양성할 책무를 수행할 교육자를 배출하기 위해서는 교사자신이 민주정신의 사관을 견지해야 한다고 생각하고, 법의 기초로서 세계관의 확립에 중점을 두었다. 그는 역사 속에서의 인간의 주체적인 노력을 매우 중시했는데, 이러한 창조력은 그 주체의 본질로부터 솟아 나온다고 생각했다. 인간성의 개혁을 맡은 것이 교육이므로, 교사가 사회개혁의 주도적 책임을 맡아야 된다고 여겼다. 한국의 교육자는 가장 위대한 정치가이며 애국자인 임무를 하여야 할 것이므로 교육자는 사회개혁의 기본을 창조하는 점에서 사회개혁의 모체이며 인간성의 본질을 일깨워 줄 경종을 힘있게 두드리는 자가 되어야 한다고

1 박덕배, 「법학의 사회생활과적 교육임무」, 『교육』 11, 1960. 4, 76-87쪽.

하였다.[2]

박덕배는 자신이 법대 출신으로서 법을 통하여 인생을 바라보는 데는 두 단계가 있었다고 스스로 말하고 있다.[3] 1단계는 법대를 졸업한 직후로서 인간의 세계가 권리와 의무의 관계로만 보이던 때이고, 2단계는 금융기관에 있으면서, 특히 폐병으로 생사의 기로에서 방황하면서 읽은 책들을 통해 법이 인간의 문제를 해결하는 데 지극히 좁고 적은 역할을 할 뿐이고, 그 법조차도 바른 인생관 없이는 법의 세계내에서 독자적으로 해결하기가 곤란하다는 것을 깨달은 때이다.

법해석학적인 면에만 파묻히지 않고 자기의 세계관을 갖고 웃음과 울음을 진실로 아는 자, 인생을 아는 자라야 한다고 생각했기에 그는 일대 변환을 맞이한다. 새로이 경제학, 사상사 부문의 책을 읽어 권리의 본질을 재검토하게 되었으며, 법률이 구관을 탈피하고 새로운 인간상에서 출발하여야 한다는 확신을 갖게 된 것이다. 이 점은 근대적인 개별적 인간상을 극복하고, 전체 사회와의 관련 속에서 인간상을 정립하여 사회법에 관심을 갖게 된 것과 밀접한 관련을 맺는다.

그의 사상에 큰 전환점이 되는 또 하나의 계기는 1950년대 말에 라드브루흐(G. Radbruch)의 책에 접하면서이다. 그는 『법철학입문』(*Vorschule der Rechtsphilosophie*)을 읽고서 법을 넘어선 자연법의 존재를 주목하게 되었다. 그는 다음과 같이 말하고 있다. "나는 라드브루흐를 통하여 괴테를 알려고 노력하게 되었으며, 종교 특히 기독교를 더욱 믿게 되었다."[4] 그가 법이 인간성의 본질과 연관된다고 한 것이나 역사개혁의 주체로서 인간성을 강조한 것은 라드브루흐의 영향을 받은 듯하다.

신앙은 그의 인생을 꿰뚫는 큰 흐름이었다. 그의 법철학 구석구석에까지 스며있어 그로 하여금 삶의 전 영역에서 말씀에 좇아 살려 하였다. 부인을 잃고도 신앙으로 꿋꿋하게 살아간 그는 한편으로 교회의 부패상을 날카롭게 비판하기도 하였다.

2 박덕배, 「한국사회개혁의 기체로서의 인간성」, 『교육과 사회』 2, 1956. 9.

3 박덕배, 「법학의 사회생활과적 교육임무」, 『교육』 11, 1960. 4.

4 위의 글.

1974년 정년 이후 서울대 사범대학에 계속 출강하면서 1978년 11월 15일 고희를 맞았다. 동료와 제자들이 축하논문집을 만들어 바쳤을 때 눈물을 글썽이며 고마워하였다. 서울대 사범대학에서 평생의 동지로 지낸 철학자 김계숙(金桂淑, 1905-1989) 박사는 다음과 같은 축사를 하였다.

인생칠십고래희의 장수를 누리었으니 박 선생님은 인생의 아름다움과 함께 인생고도 겪으면서 갖은 쓴맛단맛을 모두 체험하시었을 줄 압니다. 그런데 워낙 박 선생님은 성격상 도인의 품이 있어서 더욱이 깊은 신앙심을 가지신 분이라 항상 희희낙낙의 낙천적 인품은 대하는 사람으로 하여금 훈풍에 접하는 듯한 화기를 갖게 합니다.

박 선생 님은 일찍이 김구 선생을 비롯하여 많은 애국지사들이 난 황해도에서 출생하셨기 때문에 이미 젊어서부터 민족정신이 왕성한 분위기 속에서 자라났으며, 급기야는 현대 서구문화의 정수를 맛보며 사회과학의 연마를 목적하여 멀리 일본 동북대학에서 법학을 공부한 것이 오늘에 있어서의 '노동법' 의 권위자인 동시에 대학교단에서 일생을 젊은 학도들을 성심성의로 훈도하게 된 기틀입니다. 박 선생님의 인생의 공은 영원히 길이길이 후진에게 남을 것입니다. 더욱이 선생님은 보통 법을 하신 분들의 성격과는 달리 천성이 온화하셔서 후배의 취직에까지 발벗고 나서는 동시에 그 정에 흐르는 성품에는 나같이 딱딱한 사람도 감탄하지 아니할 수가 없는 사랑의 교육자의 모습을 지니고 있습니다. 또 전공이 노동법이라 교육활동 이외에도 사회적 근대화를 위하여서는 원근과 대소를 가리지 아니하고 분주하게 돌아다니시는 그 사회적 열성은 대단하였습니다. 그것도 그럼직한 것이 그 동안 수십 년을 계속하여 꾸준히 매주 등산을 때지 아니하고 다니셨으니 그 건강은 물론이요 성의와 집념은 대단한 것입니다. 나는 가끔 참여한 덕으로 심신의 건강에 많은 도움을 받았습니다. 더욱이 술이나 한 잔 들어가면, 아니 소주만 한 잔 하면 그 호걸풍은 술좌석을 호탕한 분위기로 만들고 맙니다. 확실히 인생의 지도자이며 장자의 품격을 갖춘 분입니다.

이러한 박 선생님을 친구로서 사귀며 서울대학교 사범대학 사회과에서 동료로서 같이 새로운 사회과교육의 육성을 위하여 갖은 장벽을 배제하면서 합심협력한 것도 어언간 수십년의 해를 헤아리게 되었으니 감개무량합니다. 우리는 새나라의 교사양성을 위한 새로운 학과로서의 일반사회과의 참다운 교육기반의 구축을 위하여 시간과 공간을 가리지 않고 열의하며 연구와 교수에 정진하였으며, 많은 시행착오를 거듭하면서 서로 격려하며 협력하던 그 옛 생각이 더욱 간절합니다. 이제는 졸업생들도 상당한 사회적 활동을 함으로써 사회과의 존재는 명실함께 튼튼하게 되었을 뿐만 아니라 졸업생, 재학생 및 교수들의 똘똘 말린 삼위일체의 힘은 한국교육계에 있어서의 뚜렷한 위치와 그 의미를 갖게 되었으니 이제 박 선생님도 물과 불을 가리지 않고 전심전력 활동하던 그 옛날을 회상하면 꿈같기도 하며 자부도 생기면서 감개무량할 것입니다. 결국 오늘날의 박 선생님의 고희는 교육자로서의 일생이며, 그 공이 쌓여진 뚜렷한 영광의 기념비입니다. 동문회에서의 고희축하논문집의 출간도 이 모든 정력의 결정일 것이며 사제지간의 성의의 결체인 것입니다.

이와 같은 성의 표현이야말로 특히 각박하고 메마른 이 시대에 있어서의 인간성 회복을 위한 솟아나는 맑은 샘인 동시에 교육의 결실입니다. 박 선생님의 깊이 사시는 생의 의미와 그 남긴 뚜렷한 공과 음덕은 영원한 것입니다.

그런데 사람은 오래 살다보면 어쩔 수 없는 운명의 벽에 부닥치기도 하는 것 같습니다. 박 선생님도 정년 이후에는 심신의 피로를 느끼시는 듯하며 어딘가 맥풀린 데가 있는 듯도 합니다. 박 선생 자신도 가끔 "사람이니까!" 하는 문구를 무심코 말하는 때가 있습니다. 사람이 일생을 사는 데 있어서 둘도 없는 일생해로의 반려로서의 사랑하는 부인을 잃은 여생은 참으로 역설적인 것입니다. 박 선생님도 이러한 역설적 생에 끼이게 된 것이 그 최근의 인생의 한 단면인 듯도 합니다. 그런데 박 선생님은 극히 정적이면서도 신앙심이 깊은 분입니다. 인생의 역설적인 깊은 맛을 체험한 때에 있어서의 신앙의 힘은 위대할 것입니다. 다시 인생도통의 심연 속에서 무아의 경지를 깨닫게 될 것입니다. 여기에 박 선생의 또 하나의 새로운 인생의 삶이 있다고 하면 그것은 극히 위대한 긍정일 것입니다.

박 선생님 앞에는 아니 두 손에는 항상 성서가 있을 것이니, 새로 인생의 의미와 그 길의 개척을 위하여 영생하시소. 남이 못 가진 고희의 장수를 누리면서 희비의

피안에서 길이길이 인생의 도통의 극을 향유하시기를 기원합니다.[5]

1983년 겨울에 대구 아들집에 내려가 있다가 1984년 2월 15일 세상을 떠났다.

II. 법사상

1. 법철학사상

사회조직이 복잡해짐에 따라 이해관계를 알력과 충돌 없이 조절하는 데는 법이 가장 중요한 역할을 하는데, 문화가 발달함에 따라 다른 사회규범에만 맡길 수 없는 경우가 많아져 법이 관여하는 영역이 점차 확대된다.

이 법이 그 기능을 다하기 위해서는 배분의 평등이 가장 중요한데, 그리스어의 Nomos란 그 원래 뜻이 '나누다'에 있음도 이를 나타낸 것이라 할 것이다. "그의 것을 그에게(Suum Cuique)란 것에 대해 역사적으로 수많은 사람들이 논의해 왔으나, 그 누구도 구체적으로 무엇이 그의 것인지를 밝히지 않고 있다. 그의 것이란 경제적인 것만이 아니라 도덕, 종교, 예술 등 인간생활 전반에 걸쳐 가치있는 것을 모두 포함하는데, 이 중에서 경제적인 것이 가장 현실적으로 중요하다. 현대 자본주의사회에서는 경제적 부에 따른 정치적 · 사회적 권력이 따라다니는 것이 현실이다." 박덕배 교수는 구체적인 현실상황의 복잡한 관계 속에서 그 올바른 몫을 찾으려 하였다. 이것이 그가 사회법에 관심을 갖게 된 연유라고 할 수 있는데, 후술하겠다.

법의 진보성에 대해서는 수많은 사람들의 논란이 있지만, 이에 대한 그의 태도는 긍정적이다. 법의 세계는 고대로부터 지금까지 걸어온 과거를 볼 때, 언제나 직선은 아니더라도 진화의 단계를 거듭하면서 진보하고 있다는 것이 그의 신

5 김계숙, 「박덕배 교수의 고희를 축하합니다」, 『법률학논집』, 1978.

념이다.[6] 즉, 법은 개인의 자유와 평등을 실현한다는 점에서 볼 때 진보했다는 것이다. 신에 구속된 국가생활에서, 인간자각의 처음 단계이긴 해도 국가와 법의 권위를 인간 자신에게 두는 군의(君意)시대로 나왔으며, 금일은 국가와 법의 근원이 개인의 가치에서 연유하는 민의(民意)시대에 이르게 되었다. 권력분립을 비롯한 모든 법의 원칙이 이 방향으로 총력을 기울이고 있다고 그는 생각하였다.

또한 기독교와의 연관에서 인간의 목적이 자아의 완성이며, 그것은 평등의 완성에 있다면 기독교의 목적은 이루어져 가고 있다고 생각했다. 기독교사상은 아흔아홉 마리의 양이 아니고 길을 잃고 헤매는 한 마리의 양을 구하려는 데 있기 때문에 땅에 이루어질 하늘나라는 모두가 평등과 평화와 법열의 극치인 것이 그 본질이라고 보았다.

법은 기술의 진보를 내용으로 할 뿐 아니라 법 그 자체도 기술화하여 인간의 평등을 실재의 존재세계에 실현함으로써 인간의 우주의 주재적 존엄성을 보장하는 데로 나아가고 있다. 인권신장의 면에서 법과 국가는 진보하고 있다. 비록 아직도 수많은 인간이 억압에서 신음하고 있지만 법제도상으로 노예제도가 철폐되고, 여자의 법적 지위가 향상되었으며, 아동과 부녀자에 대한 특별법이 제정되고 노동권과 생존권이 보장되고 있는 점이 그 증거라고 한다.

역사가 인간의 노력에 의해 진보하고 있으므로 법문화 역시 진보한다는 입장에서 진보의 이면에 나타나는 부패, 나태, 음란 등은 전체로서의 진보를 가릴 수 없다고 보았다.

이와 같은 그의 태도는 다음과 연관된다. 법이 인간의 노력에 의하여 진보한다는 엄숙한 사명감을 망각하고 법의 소여(所與)로서의 측면에만 집착하는 태도는 정의니 법적 안정성이니 하는 이름으로 미화될 수 없다. 법이란 세월의 변천에 따라 역시 변하지 않을 수 없다. 정자(程子)가 때를 따라 역(易)을 바꾸는 것이 곧 상도(常道)라 하였듯이, 법을 때에 따라 제정하여야 한다며 우리 나라 역

6 박덕배, 『법철학개론』, 문천사, 1964.

대의 군왕은 법전을 "조종지성헌(祖宗之成憲)" 이라고 하여 법을 어떤 자연법이나 영구법으로 생각하는 것을 거부하였다. 조종지성헌이라고 하는 허울 속에서 실효 없이 대언만 하는 권간의 무리가 국가의 전도는 생각지 않고 국민을 수탈하는 데에 편리하게끔 이용하여 자기에게 유리한 것에 타당성을 부여하는 데 급급한 점을 비판하였다.[7]

이와 같은 박덕배의 긍정적인 태도는, 그의 학문 및 생활 속에서 그가 법에 대하여 추상적 인식에만 그치지 아니하고 그의 법철학이 항상 살아있는 법, 역사적 사실로서의 법과 밀착되어 있음을 나타내어 준다.

2. 사회법사상

해방 당시 대학의 법학교재로 전부 일본인 교수들의 책을 직역해서 쓰던 때에 1955년부터 민중서관에서 법률학전집이 출간되었다. 민법학에 이어 두 번째로 나온 것이 1956년 12월 31일에 나온 박덕배의 『사회법서설과 노동법』이다. 우리나라에서 처음으로 사회법 분야의 책으로 이 저서는 글자 그대로 사회법 분야의 서설이요 노동법의 기본개념들을 설명한 것에 불과했다. 그럼에도 당시 우리나라에는 아직도 참고가 될 만한 다른 노동법이나 기타 서적들이 없었고, 외국의 신간서적도 수입되지 않은 상태라는 것을 고려해야 할 때 역사적 의의 가 큰 책이다. 그 후 1958년에 단국대에서 『사회법원론』을 냈고 1964년에 일신사에서 고려대 김진웅 교수와 함께 『노동법』을 내기도 하였다.

해방 후 대학에서의 사회법 강의는 고려대에서 처음으로 1948년에 있었고, 서울법대에서는 1949년부터 사회법 강좌가 설치되었으나[8] 실제 강의는 1959년부터 심태식(沈泰植) 교수에 의해 실시되었다.

당시 사회에서는 노동법을 '쌍놈의 법' 으로 생각하는 정도였는데, 박 교수는

7 박덕배, 「율곡의 법사상에 대한 관견」, 『법학논총』(단국대) 제5권 1호, 1965.
8 『서울대학교 법과대학 37년사』(서울법대), 1975.

이에 대하여 회고담을 쓴 바 있다.[9] 『사회법 서설과 노동법』 출간기념 소연에서 출판사측의 주최자 한 사람이 "법률학 중에는 양반법률학이 많은데 하필 이와 같은 쌍놈의 법률학을 연구하느냐"라고 묻더라는 것이다. 이러한 분위기 속에서 박덕배 교수는 한국 사회법의 발전은 세계 최첨단을 딛고 있는 새 법사상이라는 자부심을 갖고 연구하였던 것이다.[10]

그가 사회법에 관심을 갖게 된 동기는,

첫째, 기존의 공·사법 영역에서 권리보호를 다하지 못하고 있을 때, 이들을 보호할 법 영역은 사회법일 수밖에 없다고 생각하였기 때문이다.

일제 말엽에 일제의 패망을 예측하고 있었으나 어느 점에서는 예상외로 빨랐기 때문에 준비가 부족하여 일본의 무조건항복으로 우리 민족의 생존은 일조에 혼란에 빠졌다. 정치면에서 신탁과 반박의 싸움, 정당의 난립, 좌·우익의 극심한 대립, 경제면에서의 시장의 혼란, 물가의 앙등, 기타 38선에서의 피난민의 혼잡 등으로 거의 무법상태였다.

이 상황 속에서 봉건적 잔재가 남아있는 농업과 어업, 임업 등을 직업으로 하고 있는 계층은 근대법의 보호를 충분히 받지 못하고 있었다. 독실한 신앙인으로서 하나님 나라의 공의가 현실되기를 원했던 그는 이런 상태를 지나치지 못했다.

둘째, 기본적 인권의 확보는 세계 전체의 평화와 안전을 위하는 길이다.

예수가 "사람이 빵으로만 살 것이 아니요"라고 했을 때 빵이 하나님 말씀만큼은 귀하지 못하지만 빵도 없어서는 안 될 것임을 의미한다. 맹자도 의식이 족해야 예절을 안다고 하였듯이 인간생존의 바탕을 이루고 있는 것이 경제이다. 특히 근대 자본주의체제에 들어와서 경제는 그 중요성을 더해, 사회를 규율하는 법질서는 직접·간접으로 경제관계의 알력을 조정하게 된다.

근대 시민법이 개인본위적인 데서 노사(勞使)가 분열되고, 국가는 이를 무마하기 위해 자본과 시장의 확대를 꾀하다보니 제국주의전쟁이 유발되었고, 국외

9 박덕배, 「한국사회법학 30년의 회고」, 『법학』 제19권 1호, 1978.
10 위의 글.

착취로 국내 노동계급의 불만을 해소하게 되었다. 여기에서 이제는 절망적일지도 모르는 3차 전쟁을 피하기 위한 공동의무로서 기본적 인권을 보호하여야 한다고 생각한다.[11]

인간은 목적을 위해 결합하여 상호공동체를 이루며 살아가는데, 제도란 이러한 인간생활의 목적에 수단적인 성격으로 그때그때의 생활목적에 따라 변천한다. 법률제도는 정의라는 목적을 갖고 있으며 이 목적이 이루어지는 것은 인간의 행위에 의한 것이다. 이 인간행위의 정형적 설정은 그 시대 인간들이 갖는 인간상에 따라 달라진다. 따라서 근대 법에서 인간이 어떻게 취급되고 있는가를 검토하여 결함을 적출하고 법률에서의 인간상을 새로 수립함으로써 새로운 법제도를 정립할 수 있을 것이다.

인간성이란 개별의 차원에서만도 사회 전체적인 면에서만도 파악될 수 없다. 인간이란 말이 원래 인생세간의 준말이듯 인간은 그 자체가 사람인 동시에 그 자신을 포함하는 세계의 한 구성원으로서 존재한다.

법규범은 사회규범으로 개인의식을 넘어서는 것이라 할 수 있는데, 사실 모든 사회의식이란 개인의식 속에 존재한다는 것을 생각하면 개인의식을 넘어서는 사회의식이 어떻게 해서 존재하게 되느냐가 문제된다.

개인의 생활체험을 통하여 자기를 전체와의 조화 속에서 성장시킨다. 사회의식은 근원을 개인의 의식 안에 두었고 개인의 의식은 그 생활체험을 통해, 자기까지도 그 일부분으로 하는 사회적 관계 아래서 개개인의 의식작용의 결과로 이루어진다. 개인은 자기자신을 객관적 지위에서 인식하므로 공동체적 관련의 조화를 가질 수 있는 질서를 유지하기 위해 법규범의 성립을 인정한다.

따라서 올바른 사회적 관계의 형성 여부는 질서유지의 주체인 개별아의 의식에 달린 것이므로 의식 주체인 개별아의 인간성이 매우 중요하다. 즉, 법률규범은 이같은 인간성 여하에 따라서 그 규범적 영향력이 결정되므로 법률상의 인간본질을 정확히 파악할 필요가 있다.[12]

11 박덕배, 『사회법서설과 노동법』, 민중서관, 1956.

1789년 프랑스 인권선언은 근대법의 근본정신을 나타내고 있는데 근대 시민사회시대의 인간성 파악이 잘 드러난다. 인권선언은 제1조에 인간의 자유 · 평등을 천부인권으로 파악하고 절대부가침으로 보고 있다. 그리하여 제17조에서 소유권 절대, 계약자유의 원칙 등이 당연한 귀결로서 규정되게 되는데 이것이 근대법의 기본을 이루었으며 자유방임주의를 낳았다.

그러나 이러한 인권선언의 자유 · 평등한 인간상은 추상적이고 관련적이어서 구체적으로 어떤 계급의 어떤 능력을 가진 자가 어떤 조건이 구비되어야만 평등과 자유를 누릴 수 있는가를 전연 도외시한 것이다. 이와 같은 막연한 파악은 자본을 소유하여 힘이 있는 자본가계급에게만 유리하게 작용하는 결과를 낳았다.

근대 시민법상의 인격은 경제인으로 이기적이며 합리적인 자유경쟁의 인간이다. 이 인간이 갖는 절대적 자유권이란 소수인에게만 유리하여, 사회 일반의 요구를 충족시키지 못하여 근대법상의 자유의 개념은 모순을 안고 있다.

인간의 자유란 현실의 복잡하고 미묘한 이해관계가 얽힌 구체적인 관계에서만 성립할 수 있으므로 이것을 사상한 근대법은 개인의식을 왜곡시킨 셈이다. 원래 전제적 압제로부터 인권을 보호하기 위한 근대법의 인격주의는 대다수 무산대상을 물상화하여 본래의 정신에 배치되었으므로 수정을 받을 수밖에 없게 된다.

법규범이란 어디까지나 인간성의 상실에 기저를 두고, 당위자와의 관련성에서 평가작용을 통해 가치의 세계를 발견하려 할 때 그 규범의 원칙이 법의 목적을 달성할 수 있는 것이다. 따라서 구체적인 인간의 사회집단을 간과하려는 근대법은 그 규범원칙과 대립되므로 간과된 구체적 사회집단으로서의 인간이 오히려 근대 시민법에 저항하게 되는 것이다.

20세기 현대법의 인간상은 인간의 본질, 즉 개별성과 전체성을 구현한 인간을 바탕으로 구체적으로 자유와 평등이 현실화될 수 있는 조건이 구비되어야 할 것으로 본다. 현실사회에서 자본의 힘을 가진 자본가에 대해 노동자는 수(數)를

---

12 위의 책.

바탕으로 한 행동의 권리가 인정되어야 이것이 이루어질 수 있다.

결국 사회법은 법질서가 그의 목적을 달성하기 위하여 전제로 하는 인간형을 인간의 실재적인 정상면에서 구하게 된다. 인간을 개별면과 전체 속의 모습을 동시에 가진 것으로 파악하였으므로 일상생활하는 실재적 인간을 바르게 파악하였다.

박덕배 교수는 라드브루흐가 지적한 대로 "사회적으로 구속된 집단적 인간"이야말로 현대법의 인간상의 바른 파악으로 보고 있다. 사회법은 이러한 점에서 공법도 사법도 아닌 제3의 법영역으로 그 목적은 "공의로 허리의 띠를 삼고 성실로 몸의 터를 삼는"(이사야 11: 5) 세계를 창조하는 데 있다고 박 교수는 표현한다.

이처럼 그는 정의를 추상적으로 파악하려 하지 않고, 그 구체적인 생활관계 속에서 파악하려 하였다. 법이 실효성 있는 규범력을 갖기 위하여는 그 사회현실을 잘 파악하여야 하는데, 특히 인간성을 잘 파악하고 이러한 인간성이 법의 성립에 미친다는 점을 잘 지적하였다.

한편 이러한 사회법은 특히 실제생활과 연관이 있으므로 구체적인 사회현실의 모순관계를 철저히 파헤치고, 개선을 위한 노력을 돕지 못한다면 쓸모가 없다. 즉, 제도상으로 노동자들의 권익보호의 법이 현실생활에서 구체적으로 적용되지 않는다면 사람들을 값싼 자족에 이끄는 눈가림인 것이다. 이 점에서 박 교수가 학자로서의 한계를 갖고서 어떻게 살았는가가 문제된다. 그의 여러 글들은 대부분 노동운동과 구체적인 사례들을 다루고 있다. 특히 한국에서의 노동운동이 자리잡고 있지 못한 이유를 그 주체로서 노동자들의 의식 부족과 카리스마적 권위주의(Charismatische Autorität)에 이끌려 온 사실에서 찾은 것은 정확하다.[13] 그가 사회법을 단지 그 자체 지적 만족을 위한 것으로 보지 않았음은 그가 사회근대화를 위해 분주히 움직였음에서 분명히 나타난다. 이때, 그의 현실인식이 추상적이었다는 비판을 잠잠하게 한다.

13 박덕배, 「한국노동운동의 charismatische Autorität와 그 전망」, 『법학논총』(단국대) 2, 1959. 7.

한편 박덕배 교수는 이러한 사회법사상을 단순히 서양에서 전수받은 것으로 생각하지 아니하고 우리의 전통적 법사상에서 발굴하려고 애썼다. 그리하여 그는 특히 향약(鄕約), 사창법(社倉法)을 분석하고 율곡의 법사상을 정리하여 그 속에서 우리의 고유한 사회법사상의 존재를 긍정적으로 정립하였다.[14] 그는 말하기를 "사창법은 곧 사회법이라 하기에는 법이론에서는 불가능하지만 사회법과 상이점이 너무도 짙으므로 사회법의 원리와 운용면에 사창법의 그것을 접목하면 우리나라의 농협을 위시한 지역사회나 국가의 사회정책적 기관에 응용할 수 있다"라고 한다.

3. 법과 종교[15]

독실한 기독교인으로서 삶과 신앙을 별개의 것으로 구분하지 않고 삶 전체에서 온전히 순종하려 했던 박덕배 교수가 법을 그 신앙의 관점에서 살펴본 것은 당연한 일이라 할 것이다.

해방 후 좌·우익의 극심한 사상적 대립 속에서 유물사관의 영향을 받아 근본적으로 종교는 아편이라는 사상이 지식층에 퍼져 있었고, 동시에 소위 실증주의가 진리에 이르는 유일한 길인 양 떠드는 풍조가 심한 속에서 법과 종교의 관계를 올바로 이해함으로써 법의 흔들리지 않는 진리성을 천명하려 하였다.

종교는 단순히 도덕의 일부가 아니라 도덕을 도덕으로 성립하게 하는 역할을 하므로 법의 성립근거도 종교에 의한다고 보았다. 신의 시대라든지 카리스마적 시대, 또는 법이라는 말의 발생이 신과의 관계에서 나타났음을 생각할 때 법의 본질은 종교의 조력을 얻어서 비로소 해명된다고 이해한 것이다.

아득한 과거로부터 오늘까지 인간사회는 파란과 기복을 경험하면서도 문화를 유지·발전시켜 올 때 하나의 사회질서로서의 법은 그 힘이 막대하다. 이 능

---

14 박덕배, 「향약의 노동법적 연구」, 『사회학연구』 제3집, 1979; 「社倉法의 사회법적 성격」, 『한국사상대계』 III(성균관대), 1979.

15 박덕배, 『법률학개론』, 72쪽 이하 「법과 종교」 부분을 요약.

력이 그때그때의 입법의 권력에만 의존하였다고 하기에 는 너무 큰 힘이니 바로 종교를 바탕으로 했기 때문이다. 종교는 모든 법사상과 실정법제도에 중대한 영향을 주고 이에 대하여 지도적 입장에 있었을 뿐만 아니라 법사상 전체의 역사에 중대한 역할을 하였다면서 19세기 실증주의에 영향을 입어 종교와 무관하게 법을 이해할 수 있는 것으로 생각하는 일반적인 견해를 비판한다.

유대교의 율법이나 기독교권 내의 법들이 그들의 종교에 영향을 받은 것 등을 살필 때, 현실의 사회상황에서 법과 종교의 관계는 한갖 형이상학적 과제가 아니고 실증적인 연구의 대상으로 삼아야 한다고 보았다.

법은 인간의 본질에 뿌리를 박고 변천 · 소멸한다. 즉, 라드브루흐의 말대로 법질서의 주체는 미리 어떤 인간상에 의한 것을 전제로 한다. 그런데 종교 역시 인간의 본질에 깊숙이 자리잡고 있으므로 법과 종교가 인간의 본질을 연결점으로 서로 관계를 맺게 된다.

"내 속 사람으로 하나님의 법을 즐거워하되 내 자체 속에서 한 다른 법이 내 마음의 법과 싸워 내 자체 속에 있는 죄의 법 아래로 나를 사로잡아 오는 것을 보는도다" 라고 바울이 고민하였듯(로마 7: 22-23) 자기의 외부의 행동이 법과 도덕에 합치되더라도 그것이 불순한 경우에는 고민하게 된다. 이때 종교는 법이 이루려는 바를 이루게 함으로써 법의 깨끗한 사상을 자기의 것으로 하게 된다. "그러므로 이제 그리스도 예수 안에 있는 자에게는 결코 정죄함이 없나니 이는 그리스도 예수 안에 있는 생명의 성령의 법이 죄와 사망의 법에서 너를 해방하였음이라. 율법이 육신으로 말미암아 연약하여 할 수 없는 그것을 하나님은 하시나니" (로마 8: 1-3)라고 바울이 고백하듯 종교는 법감정을 순화하여 새로운 생명력을 부여한다고 설명하였다.

절대자에 대한 갈구심이 강하면 강할수록 자기의 흉악한 죄의 모습이 더욱 민감하게 느껴진다. 라드브루흐가 종교는 가치와 비가치와의 사이에서의 견딜 수 없는 고통인 데서 발생한 것이라고 한 것처럼 신앙생활에 깊이 들어갈수록 심해진다. 그러나 종교는 은총과 사랑으로 부드럽게 순화시켜, 자기의 추악한 죄를 깨닫고도 낙심하지 않게 은혜와 사랑을 받음으로써, 높은 보좌에까지 올라갈 수 있는 믿음을 주어서 죄를 이겨 낼 능력을 갖게 한다.

톨스토이는 종교는 순수한 개인의 영적인 구원에 관한 것이고 법은 사회적 물질생활에 질서를 세우는 것이므로 서로 모순되어 관련지을 수 없다고 하였고, 조옴(R. Sohm)도 교회의 본질인 종교성은 법의 본질인 현실성과 모순된다고 하였다. 이에 대해 박덕배 교수는 교회가 사랑의 공동체이므로 교회법은 이 공동체의 현실적 사건을 처리하기 위한 데에 국한하여야 한다고 생각했으나 그렇다고 법과 교회의 관계를 근본적으로 배격하지는 않았다. 슈탐러(R. Stammler)의 견해와 같이 사회생활의 논리적 전제로서 법이 필요하다면 교회라는 사회에서도 법은 인정되어야 한다고 생각하고 교회에서 실제 운영되는 세칙이 필요한 범위 안에서 법적 성격을 갖는 것을 인정하였다.

이상과 같이 박덕배는 법철학자로서 법과 인간의 문제, 정의의 문제를 깊이 추구하였고, 사회법학자로서 노동법의 원리와 한국적 단체법사상을 규명하려고 하였으며, 크리스천 법학자로서 법과 종교의 관계, 교회법의 본질에 대하여 깊은 성찰을 기울인 학구적 생애를 살다간 분이다. 이러한 그의 근본적인 관심과 노력의 방향에서 그는 한국의 오토 폰 기르케(Otto von Gierke)였다고 표현할 수도 있을 것이다.

요즘 이런 깊은 차원에로 법학을 연구하려는 학자가 점점 드물어 갈수록 그리워지는 선배학자이다.

연보 및 논저

■ 연보

1908. 11. 15	황해도 봉산군 서종면 노산리 출생
1923년까지	서당에서 한문수학
1922-1925	황해도 서종공립보통학교 수료
1925-1926	황해도 사리원보통학교 5학년 수료
1926-1931	황해도 사리원공립농업학교 5학년 졸업
1933-1937	연희전문학교 문과 4년 졸업
1937-1940	일본 동북제국대학 법문학부 3학년 졸업
1943-1945	함남 신고산금융조합
1945-1946	신한공사(전 동양척식회사)
1946-1947	남조선과도정부 민정장관부속 후생사무국장
1947-1948	남조선과도정부 중앙물자행정처
1948-1949	대한민국 체신부 비서실
1948-1957	단국대학 교수
1949	대한민국 체신부 전무국 이사관
1953-1974	서울대학교 사범대학 교수
1973-1974	중앙공무원교육원 초빙강사
	고등고시위원
	사법고시위원
	중등교원고시위원 역임
1974	서울대학교 사범대학 교수 퇴임
1978	고희기념논문집 출간
1984. 2. 15	대구에서 작고

■ 저서

『사회법서설과 노동법』, 민중서관, 1956.

『사회법원론』, 단국대학교, 1958.

『노동법』, 김진웅(공저), 일신사, 1964.

『법철학개론』, 문천사, 1964.

『법률학개론』, 문천사, 1976.

■ 논문

「노동협약상의 Unabdingbarbeit 대한 소고」, 『법학논총』, 1960. 3.

「교원노조문제를 해결할 법리적 기초」, 『대학신문』, 1960. 10. 17.

「노동위원회는 사회적 정당성을 기저로 하여야 한다」, 『법제월보』 5-9, 1963. 9.

「교원노조사건은 또다시 없어야 한다」, 『대학신문』, 1963. 10. 21-28.

「노동쟁의의 허가제는 있을 수 없다」, 『대학신문』, 1964. 3. 9.

「율곡의 법사상에 관한 관견」, 『법학논총』(단국대), 1965. 5.

「불란서의 최저임금제에 대한 소고」, 『협동』 25, 1966. 10.

「향약의 노동법적 연구」, 『문교부 학술연구조성비에 의한 연구보고서』, 1968. 3.

「향약의 노동법적 연구」, 『서울대학교연구논총』, 1969.

「노동협약의 법적 성격에 대한 고찰」, 『서울대학교연구논총』, 1971.

「노동력동원의 의의와 내용: 국가방위와 근로동원의 문제점」, 『노동공론』 2-3, 1972. 3.

「노동협약의 법적 성격에 대한 소고」, 『문교부 학술연구조성비에 의한 보고서』, 1972. 8.

「단체협약과 사전협의제 단체교섭」, 『노동공론』 4-3, 1974. 3.

「社倉法의 사회법적 연구」, 『서울대학교연구논총』, 1979.

고병국

(1909–1976)

⑩ 고병국 (1909-1976)

해방 후 한국 법학도 어언 40년이 되었는데, 이러한 한국 법학의 연륜을 생각할 때마다 초창기에 법학의 건설을 위하여 노력한 원로 법학자들의 노고를 되새기지 않을 수 없다. 그 가운데 잊혀지지 않을 인물로 혜남(蕙南) 고병국(高秉國) 박사를 들 수 있다.

필자는 그를 꼭 한 번밖에 만난 일이 없다. 그것은 필자의 대학재학시절에는 이미 고 박사께서 법대를 은퇴하신 후였기 때문이다. 그런데 4학년 때인가 법대 교양강좌로 「법과 문화」라는 것이 있었는데, 고 박사께서 강연을 해주셨는데 그 존함을 잘 알고 있어서 호기심있게 들은 기억이 난다. 말씀의 내용은 법계량학(jurimetrics)에 관한 것이었는데, 법학도가 미래를 바라보는 눈을 갖고 광범하게 공부하라는 취지의 말씀이셨던 것 같다. 그때 나는 처음으로 법계량학이라는 것도 있구나 하는 것을 배웠고, 조그만 체구에 노쇠하신 목소리였지만 또박또박 말씀하시는 품위에 전형적인 법률가상 같은 것을 느꼈던 것으로 추억된다. 다른 한편으로는 대학 1학년 때 교양국어를 김함득(金咸得) 강사로부터 배웠는데, 그 분이 바로 고 박사님의 사모님이셨다는 사실을 졸업을 하고 난 후에야 알았다.

한국 법학의 정초를 놓은 고병국 박사를 서술하려 하면서, 불과 몇 되지 않는 자료를 정리하면서[1] 한국 법학사의 허술함을 새삼 느끼게 된다. 선배 법학자의 발자취를 존경하고 정리하는 것이 후진 법학도들의 누적적 지식을 위하여 무엇보다 필요하다고 생각한다.

I. 생애

고병국은 1909년 1월 2일에 평북 의주군 월화면에서 한학자의 가문 고승헌(高承獻) 공과 백문선(白文善) 씨의 3남 1녀 중 차남으로 출생하였다. 그의 자는 용관(用觀)이요, 아호는 혜남(蕙南) 또는 운제(雲梯)였다. 천품이 탁월하여 5세 때부터 12세까지 가정사숙에서 한학을 배우고 사서를 통독하였다. 12세 때에 6월에 선천공립보통학교 1학년에 입학하여 2년 반 동안에 4학년의 과정을 마치고 중학입학 검정시험을 거쳐 1923년 4월에 신의주고등보통학교에 입학하여 4년을 수료하였다 1927년에 일본 시즈오카(靜岡)고등학교 문과 갑류에 입학하여 최고의 성적으로 졸업 하였다.

1930년 4월에 일본 동경제국대학 법학부 법률학과(영법)에 입학하였다. 재학중 1932년 10월에 일본고등고시 사법과에 합격하고 다음해 11월에 다시 행정과에 합격하였다. 양과 합격의 영광을 얻고 주위에서는 관직으로 나갈 것을 권유하였으나 뜻한 바 있어 1934년 3월에 동경대를 졸업하고 계속하여 대학원에 진학하였다. 당시 민법학의 권위자인 호즈미 시게토(穗積重遠) 교수의 지도를 받으러 민법학을 공부하였다. 여기에서 우리는 장래 그의 한국 법학의 건설을 위한 선견과 공헌을 보게 된다. 1935년 6월에 일본 동경에서 당시 동경여자고등사범학교 출신인 김동주(金東珠) 여사와 혼인하였다.[2]

1 고병국에 대한 글로는 양태회, 「운제 고병국선생론」, 『법대학보』(서울대) 3호, 1956; 정광현, 「하서」, 『법학의 제문제』(고병국박사환력기념 논문집), 경희대출판부, 1969; 김치선, 「서울대 법대학장 고병국」, 『한 시대의 이단자들』, 조선일보사, 1985, 183-197쪽; 신상초, 「혜남 고병국」, 『광장』, 1988. 12.

2 김 여사는 서울대 공대학장을 지낸 정동일 박사의 매씨로 이화여대 가정학 교수였는데, 한국전쟁 중 목숨을 잃었다.

1936년 4월에 동대학원을 졸업하고 일제의 조선총독부 관리가 되기를 다시 권유받았으나 거절하고 일본 동경에서 후쿠다(福田證夫) 변호사와 파트너로 2년 동안 변호사 개업을 하고, 1937년에 귀국하여 서울에서도 변호사 활동을 하였다.

한편 1938년 9월 당시 연희전문학교 교수로 있던 정광현이 사상사건으로 교수직을 박탈당하였다. 그 후임으로 고병국을 임명하였는데, 혜남도 정 교수가 복직하게 되면 언제든지 자리를 되돌려주겠다고 말하면서 강단에 처음 섰다고 한다.[3] 이때부터 1941년 4월까지 연희전문학교에서 교수로서 후진 양성에 심혈을 기울였다.

1945년 8월 15일 해방이 되자 같은 해 10월에 경성법학전문학교 교장에 취임하여, 38세의 젊은 법학자로서 일제 말기에 폐교되었던 이 학교를 복교하여 끌고 나갔다. 1946년 8월에 국립서울대학교가 설립되자 경성법전을 흡수하여 법과대학 초대학장으로 취임하였다. 당시 혜남의 나이는 불과 38, 9세밖에 되지 아니하였지만 한국의 법학교수로서는 넘버 원 같은 존재였다.

당시 미군정이 만든 국립서울대학교안은 많은 학생들과 교수들의 반대에 부딪쳤다. 반대이유는 학교를 창설함에 있어서 이를 외국의 군정에 맡겨서는 안된다는 것과 갑자기 국립종합대학을 만들면 사학이 위축되고 결과적으로는 전체의 고등교육을 손상시킨다는 것이었다. 특히 남로당 산하의 좌익학생들이 결사반대하였고, 다수의 교수들이 불합작운동을 전개하였다. 이러한 혼란 속에서 고병국은 국립대학교 법과대학의 첫 학장으로 부임하여 동대문 밖 청량리에 가교사를 정하고 법과대학 간판을 붙였던 것이다. 개강 후에도 좌익학생들의 선동으로 캠퍼스는 '운동장에 삐라가 하얗게 깔려 있었다.'[4] 건전한 학생들을 선동하여 동맹휴학을 하려 하자 고 학장은 교수들과 학생들의 힘을 뭉쳐 이들 과격학생들과 용감히 투쟁하였다. 이러한 운동의 전개로 하여 그때 돈암동 조그만 한

3 김치선, 앞의 글, 190쪽.

4 김증한 교수의 정년퇴임사에서의 한 회고적 표현.

옥의 학장사택은 학도호국단의 본부 역할을 하였고, 실제 법대건설학생들의 학원수호운동은 수업을 중단함이 없이 한국전쟁 발생 직전까지 대학을 지킬 수 있었다.[5]

1948년에 대한민국 정부가 수립된 직후 학장 자리를 잠시 양보하였다가 한국전쟁으로 서울대학교가 부산으로 이전하게 되자 다시 제3대 학장에 취임하였다.

한편 1948년 대한민국 정부수립에 즈음해서는 헌법제정 전문위원으로 헌법의 기틀을 확립하는 데 기여하였으며, 같은 해에 법전편찬위원회 위원으로 임명되어 민법총칙을 기초하여 민법전 제정에 공헌이 컸다. 법학자로서 대한민국의 입법사업에 직접 참여하였다는 것은 한국의 현대법사에서 특기할 일이요, 고병국 박사의 이름은 영원히 기억될 것이다.

1953년에 서울대학교 법과대학장으로 다시 취임하여, 그 후 6년간 동대학의 발전에 충실히 진력하였다. 교수로서는 민법과 법사상사를 담당하였다. 1956년 7월에는 한국법학원의 설립에 기여하여 초대 부원장으로 피선되었고, 같은 무렵 약 2주간 서울대학교 행정대학원의 설립준비를 위하여 필리핀 등지를 행정시찰차 방문하였고, 학외적으로는 변호사시험위원, 고등고시위원, 사법시험위원으로 피촉되어 활동하였다. 1954년 5월에는 대한민국 학술원 회원으로 피임되었다. 1958년 2월에는 단국대학장에 취임하여 3년간 동대학의 발전을 위하여 노력하였고, 학장직을 사임한 후에도 이사로 활동하였다. 1958년 10월에 김함득 여사와 재혼하였다.

1960년 9월에는 경희대학교 대학원장으로 취임하였고, 1961년 9월에는 동대학교 총장으로 취임하여 3년간 동교 발전에 기여하였다. 1963년 5월에는 경북대학교로부터 명예법학박사 학위를 받았다. 1969년 2월에는 한국법학교수회에서 편집한 회갑기념논문집 『법학의 제문제』(경희대출판국)를 증정받았다.[6] 이 무렵(1969년)의 고 박사의 직함은 경희대학교 민법학 교수, 변호사, 한국법

5 김치선, 앞의 글, 187쪽.

6 필자는 구병삭 · 김기범 · 김여수 · 김병규 · 김용규 · 김용한 · 김주수 · 김찬극 · 김태주 · 박원선 · 방순원 · 서돈각 · 손주찬 · 유기천 · 이규복 · 이종흡 · 이중범 · 이태재 · 전원배 · 정종욱 · 차용석 · 최치봉 · 한동섭 제씨이다.

학교수회 회장(1967년부터), 교수자격심사위원, 사법시험위원, 한국공업소유권법학회 회장, 한국인권문제연구소 고문, 아세아법률학회 고문이었다. 1971년에는 대한변호사협회 상임위원회 부위원장이 되기도 하였다.

1970년대에 들어서는 이미 건강이 쇠잔하고 병고에 시달리다가 1976년 5월 7일에 타계하였다. 미망인 김함득 여사는 단국대학교 국문학과 교수로 재직하였고, 장남 고재경은 서울대 의과대를 졸업하고 미국 미네소타대학에서 수학하여 그 대학 부속병원에 근무하고 있으며, 장녀 고화영은 이대 약대를 나와 서울법대 출신인 유대덕과 결혼하였고, 차녀 고주자는 숙대 가정과를 나와 서울공대 출신인 이용우와 결혼하였다.

고병국의 생애와 인품에 대한 증언을 우리는 다음의 세 사람에게서 들어보고자 한다. 그와 생전에 동료로서 가장 가까웠던 정광현 박사는 고병국 박사 회갑기념논문집의 「하서」에서 다음과 같이 적고 있다.

> 혜남 고병국 박사도 어느덧 이순의 화갑을 맞이하게 되었다. 돌이켜 보면 1938년 일정 당시 내가 연희전문학교 교수로 재직하던 중 사상사건으로 인하여 동직을 해임당하고 무직으로 소일하고 있던 어느날, 혜남은 나의 자택을 찾아와서 나의 후임으로 연희전문학교 교수직을 맡게 된 대학동창이라고 하면서 내가 동교에 복직할 때가 오면 언제든지 그 직을 나에게로 돌려줄 뜻을 고한 것이 회상된다. 나는 그 후부터 혜남의 인격에 존경심을 가지게 되었다.
>
> 혜남은 해방 후 나와 같이 서울대학교 법과대학에서 교수생활을 하여오는 동안 학문의 분야도 같고 취미도 비슷해서 지금까지 약 30년간 두 사람의 교유는 긴밀하여 외국신간서적의 입하소식을 들으면 서로 연락하고 두 사람이 서점에 동행하면서 연구자료를 구득하는 일도 허다하였다.[7]

참으로 우정 어린 두 학자의 모습을 보게 된다. 정광현은 고병국의 인품에 대

7 정광현, 앞의 글, 15쪽.

하여 다음과 같이 계속하고 있다.

혜남은 고매한 인격과 심오한 학문으로써 정의의 구현을 사명으로 하는 법학을 통하여 수많은 인재를 길러 냈으며 지금 그 젊은지성인들이 사회의 각계각층에서 활약하고 있는 모습을 볼 때마다 혜남이 걸어온 학문역정에 더욱더 존경심을 갖게 되며 앞으로도 그의 끊임없는 학문적 기여가 절실히 기대된다.[8]

평론가이며 서울법대 동창회 상무이사였던 양태희(楊台熙) 씨는 『법대학보』에 「雲梯 高秉國先生論」이란 글을 실었는데, 그 한 대목을 보면,

"학생되시는 여러분, 法이란 언제고 어느 나라고 반드시 지켜야 할 最下의 도덕이지 최고의 것은 못된다는 것을 먼저 아셔야 합니다"라고 태연자약 蓄과 智에 분수 같은 강의가 선생이 가장 즐겨 부르신다는 라틴어의 한 구절, Fiat Justitia Ruat Caelum의 심각한 語義와 조화되어 문자 그대로 名學者로서 襟度를 보여주고 있다고 말하면 어떠할런지, 사비니 혹은 기르케 등 學叢 속에서 현대의 법이념을 信義誠實과 公平의 理想으로써 기반 지운다고 하되 "Gemeinschaft, Gesellschaft 그 어느 족을 重視할 것인가. 사랑하는 학도들과 함께 究明해 보자"고 말씀하시던 선생의 學者生活의 幕間에는 또다시 틈을 내어 모색해야 될 前과 같은 것들이 과거에 있었다 함은 아는 사람만이 아는 것이었다고 말할 수 있는 것일까?[9]

양태희 씨는 다음과 같이 한 에피소드를 적고 있다.

남하시 우리 동창들이 뜻하지 않았던 이향에서의 해후의 감격에서 어느 날 부산시 한복판인 국제시장 부근의 한 다방에서 회합을 해본 일이 있다. 교수석을 상석에

8 정광현, 앞의 글, 16쪽.
9 양태희, 앞의 글, 163쪽.

마련하고 정방형으로 여러 동료들이 다 같이 나란히 걸터앉아 잠시 너무도 눈물겨워 침묵이 흘렀다. 나는 이 검치러운 정을 깨뜨리고 선생에게 먼저 어떤 말씀이시든 한마디 해줍시사 하고 말씀드렸다. 선생은 곧 일어나서 말씀하셨다.

"……내 잠시도 못잊었던 여러분 그 동안 수고 많이 하셨습니다. 햄릿의 인생에 대한 회의의 표정을 인용할 것은 지금 그다지 필요한 일은 아닙니다만은 To be or Not to be의 일구에 비유하자면 or 이전의 상태만은 지금의 우리로서는 의심할 수 없는 엄연한 사실이요 또한 앞으로도 견지되어야 할 우리들 자신입니다……성서에서 가르치시는 믿음과 사랑의 세계, 이것만은 우리의 서로가 오늘 이전도 가지고 왔고 또한 앞으로도 무슨 순풍이 다다르더라도 여러분들이 잊지 않는다 하면 우리 민족과 국가의 소원은 성취될 것입니다." 안경을 통한 선생의 육안에는 소리없는 눈물이 흘렀다.[10]

양씨는 혜남의 성품을 다음과 같이 증언하고 있다.

선생의 인간됨은 말하자면 그 언제고 교사내외에서 外華는 단정하고 언행은 단정하시며 그 내심까지 들여다볼 수 있다면 필경 많은 호수의 수저와 같은 고요한 침잠일 것이다. 그리고 학자로서는 물욕과 僞飾은 절대 금물이다. 이것을 선생에게서는 寸毫도 찾아볼 수 없음은 고사하고 한마디로 인자와 겸허와 강직의 3句로서 선생의 특성을 말할 수 있다. 아마 이 인자의 본질은 먼저 선생의 평북인으로서의 박애가 깃들인 것 같기도 하다. 그리하여 독재권력 같은 것을 무한히 미워하며 다수결의 원칙을 역설하고 약자편달을 좋아하신다.[11]

혜남은 한동안 교회에 다니기도 했지만 결코 독실한 크리스천이었다고 볼 수 없다. 그러나 혜남이 가장 사랑했던 말은 바로 성서에 나오는 이 구절이었을 것

10 양태희, 앞의 글, 164쪽.
11 양태희, 앞의 글, 165쪽.

이다. 혜남은 음식을 나누는 좌석에서 동석자 중 누가 그 자리에 없는 사람의 험담을 하기 시작하면, "좋은 음식을 먹는 자리에서 되도록 남의 욕을 하지 말도록 합시다. 예수는 '남을 판단하지 말아라, 그러면 너희도 판단받지 않을 것이다' 라고 타이르지 않았소"라고 했다.

고병국 박사의 수제자로서 후일 서울법대 학장을 지낸 바 있는 김치선 교수는 스승의 생애를 다음과 같이 요약하여 표현하고 있다.

> 선생께서는 학자로서 양심에 부끄럽지 않게 자기의 학문을 통한 지식을 다른 사람에게 전달하기 위한 저술을 끝까지 겸양지덕으로 사양하셨다. 비록 선생께서는 우리 후학에게 논문이나 저술을 통한 학문의 업적을 직접 남겨 주시지는 않으셨다고 하더라도 저술에 있어서 학자로서 반드시 지켜야 할 겸손한 자세와 신중한 태도를 보여 주셨다.[12]

고병국 박사가 쓴 책으로는 우선 김병권과의 공편으로 낸 『영미법사전』(백영사, 1958), 유진오와의 공편으로 낸 『법률학사전』(청구문화사, 1954)이 있고, 저서로는 전원배와의 공저인 『법학개론』(박영사, 1961)이 있다.

번역서로는 로스코 파운드(Roscoe Pound)의 *Interpretations of Legal History*를 번역한 『법률사관』(일한도서, 1953)과 역시 파운드의 *New Paths of the Law*를 번역한 『법의 새로운 길』(법문사, 1961)이 있다. 논문으로는 「실용주의 법률사상」(『대학신문』 38, 1958. 2. 2), 「계약의 자유와 제한」(『학술원논문집』(인문사회편) 13, 1974)이 있다.

한 학자의 평생의 저술치고는 양이 매우 적은 것을 볼 수 있다. 고병국은 그만큼 한국의 법학사에서 글을 아끼는 학자로 알려져 있다. 혹자는 그가 대학에서의 보직과 교육에 매달리다 보니 학문적 업적을 내지 못했다고 평하기도 한다. 그가 해방 후 한국의 법학교육을 짊어지고 행정책임자로서 전념했던 것을 생각

12 김치선, 앞의 글, 193쪽.

하면 틀린 해석이라고만 할 수는 없을 것이다. 그는 민법학자이면서도 끝내 민법학 교과서를 내지 못하였다.

고병국이 저술을 하지 않은 사실에 대하여 그를 개인적으로 잘 아는 신상초(申相楚, 전 조선일보 주필) 씨는 다음과 같이 설명하고 있다.

혜남도 해방 전후 20-30년간을 통해서 우리 민법학계를 대표하는 학자였다. 더군다나 건국 후에는 변호사시험위원, 고등고시 사법과 행정과 시험위원 등 각종 선임 시험의 위원을 맡고 있었으므로 만약에 선생이 민법학에 관한 저작을 냈다고 하면 그 책이 날개 돋친 듯이 팔렸으리라는 점, 의문의 여지가 없었다. 그래서 출판사들이 앞을 다투어 그의 저작을 얻어 내고자 갖은 수단을 다해 왔으나 그중 어느 하나도 성공한 것이 없다. 어째서 혜남이 전공분야의 저서출판을 거절했을까! 선생의 강의를 들어본 사람이라면 누구나 느낄 일이겠지만 그의 강의는 내용이 충실했고 이야기가 정리 있는 것으로 정평이 나 있었다. 그가 강의 때마다 늘 충분한 사건준비를 해둔다는 것은 내용을 설명할 때 인용례(주로 판례)가 풍부한 것만 보아도 알 수 있다. 혜남은 보통 강의안을 교실에 갖고 들어오지 않았고, 그 내용의 전달을 학생들의 필기에 일임했다. 따라서 만약에 저작을 낼 생각이 있었다면 우수한 학생들의 필기한 노트를 대본으로 삼고 여기 약간의 살을 붙여 곱게 단장하기만 하면 됐을 것이다. 그럼에도 불구하고 혜남은 끝내 민법학 저작을 한권도 내놓지 않았다. 왜 그랬을까? 이 점에 관해 1970년대초에 필자에게 다음과 같이 회상했던 일이 있다. "해방전은 물론 건국 후 10여 년간 한국의 민법학이란 일본 민법학의 아류에 지나지 않는다. 물론 일본의 민법이나 민법학도 근대 유럽의 것을 수입해 온 것이다. 그러나 일본은 반세기 이상이나 근대화 과정을 밟는 동안 독자적으로 민법이론을 발전시켜 왔고 우수한 학자나 법률가를 많이 탄생시켰다. 우리 한국의 경우는 1950년대 말까지 일본의 민법과 민법이론을 도입하면서 그것을 우리 체질에 맞도록 개선하는 데 급급했다. 그러므로 지금 간신히 독자적인 경지에 들어설까 말까 하는 단계에 놓여 있다. 나는 동경대학에서 민법을 공부하고 해방 전부터 서울에서 강의를 맡아 왔기 때문에, 일본 민법학의 수준이 어디까지 와 있는가를 잘 알고 있는 사람이다. 지금 내가 민법학 저서를 낸다 하더라도, 대학시절의 스승이었던 '호즈미' 나 기타 교수들의 저작은 물론, 대학이나 대학원에서 같이 공부하고 나서 일본의 대학에서 강의를 맡고 있는 동년배 학자들의 저작보다 더 나은 것을 내놓을 자신이 없다. 이런 자신이 없으면서 저서를 낸다는 것은 망신을 사서 하는 것이나 다름이 없다.

나처럼 과도기에 교수생활을 하고 있는 법학자들의 임무는 한국의 전통이나 실정에 알맞는 법률을 제정하고 실정법으로 잘 정착시켜 나가는 데 있다. 민법의 경우도 이 과정을 거쳐야만 한국적인 민법이론이 나오고 독창적인 전문가도 나올 수 있는 것이다. 이상이 내가 민법을 수십년간 공부하면서 감히 저작 하나 내놓지 않는 이유이다. 그러나 나는 이 점 별로 부끄럽다고는 생각하지 않는다. 나의 제자나 후배 가운데 반드시 훌륭한 인재가 나타나 좋은 저작을 내놓아 과도기 선배들의 못이룬 소원을 풀어 줄 날이 있으리라고 생각하기 때문이다.

우리나라는 독서인구가 적기 때문에 전문서적을 출판해도 그 매상고는 얼마 안되는 것이다. 그렇기 때문에 돈벌이를 하기 위해서 저작한다는 말은 성립되기 어렵다. 그러나 교수나 학자 가운데는 서적을 출판하는 것이 마치 전공분야에서의 관록을 쌓아 올리기나 하는 것처럼 착각, 미숙한 책을 세상에 내놓아 오히려 사계의 웃음거리가 되고 있는 자들도 적지 않다. 저널리즘에 종사하는 자가, 시대의 흐름에 따라 시급한 수요에 응하고자 천박한 책을 많이 내놓는다 해도 이는 별로 비난의 대상이 되지 않는다. 그러나 적어도 아카데미즘 속에서 살고 또 이를 자랑으로 삼고 있는 학자라면 저작에 매우 신중을 기해야 한다. 혜남은 그 대표적인 사례였던 것이다.[13]

혜남은 매스컴에 등장하여 이론을 파는 것을 싫어했다. 교수는 묵묵히 학술의 연구와 교육에 몰두해야 한다고 생각하였다. 시류에 영합하여 인기나 얻어볼려고 하는 학자는 속물이라고 하였다. 만약 속물로서 이름을 날릴 생각이 있다면 매스컴 세계나 정계에 뛰어들어가 정정당당히 매명(賣名) 행동을 하는 게 좋다는 것이었다. 이에 대해 신상초 씨는 다음과 같이 증언하고 있다.

13 신상초, 앞의 글.

혜남의 매스컴 기피는 1952년 여름 임시수도 부산에서 이승만 대통령이 정치파동을 일으켜, 헌법 개악을 단행하는 과정을 목격, 이 나라 정치에 대해 근본적인 환멸을 느끼면서부터 심해졌다. 이때 선생은 필자에게 말하기를 "앞으로 이 나라는 헌법이라는 룰에 따라서 정권투쟁이 벌어지고 결정되는 것이 아니라 정권 교체시마다 집권자나 집권키로 예정되어 있는 자들이 그 원대로 헌법을 제정해 마음대로 국가사회를 주무르는 나라로 변질할 것이다. 이런 경향의 조짐은 벌써 나타났다. 이 판국에 헌법을 안다고 매스컴을 향해 자주 나팔을 불다가는 십중팔구는 집권세력에게 이용당해 어용화를 면치 못할 것이다. 헌법학자가 改憲商人이 될 우려가 충분히 있는 사회에 있어서는 침묵이 오히려 망신을 면하게 해주는 방패가 될 것이다"라고 했다. 필자는 이 말을 듣고서도 처음에는 거기에 담겨져 있는 깊은 말을 헤아리지 못했다. 그러나 그 후 36년이란 세월이 흐르는 사이에 빈번히 개헌이 단행돼 '헌정사=개헌사' 라는 등식이 성립되었고, 관변 헌법학자로 자처하는 자들 가운데 '개헌상인' 으로 전락한 자가 적지 않다는 사실을 보고나서는 선견지명의 소유자였음을 새삼 느끼게 됐다. '개헌상인' 이란 개헌을 하고자 하는 자들의 주문에 따라서 개헌안을 만들어 주고 혹은 헌법지식을 단편적으로 제공하고 대가를 받는 헌법학자를 가리킨다. 이 말은 이들의 생태를 잘 나타낸 점에 있어서 참으로 적절하고 묘미가 있는 단어이다. 그런데 우리 사회에서 이말을 만들어 사용하기 시작한 분이 바로 혜남임을 알고 있는 사람들은 별로 많지 않다.[14]

혜남의 헌법제정 참여에 대해 신상초는 다음과 같이 논평하고 있다.

'민법학을 전공한 분이 헌법제정에는 왜 참가했느냐, 그의 참여는 명사 이름을 나열하기 위한 형식적인 참여가 아니었던가' 라고 생각하는 분이 적지 않은 줄로 안다. 그러나 필자가 알기로는 혜남은 헌법문제에 대해서도 분명히 일가견을 갖고 있는 전문적 지식의 소유자였다. 때문에 그의 참여는 제헌에 상당히 영향을 미쳤다고

14 신상초, 앞의 글.

하는 것이 관계자들의 증언이다 …… 1960년 4·19후 총선거 때 혜남은 오찬을 같이하면서 필자에게 다음과 같이 말했는데 그 말씀은 아직도 나의 기억에 선명하게 남아 있다. "내가 헌법에 대해서 약간의 지식을 갖게 된 소이는 해방 전 일제의 패색이 짙어질 무렵, 우리 민족이 일제지배에서 해방될 날이 있으리라 생각하고 崔夏永(조선총독부 관리로 있었다가 건국 후에는 審計院長으로 재직) 씨 등 대학동창들과 가끔 만나 신생국가의 구조나 성격은 어떤 것이어야 하나를 극비리에 토론하고 이 방면의 문헌을 몰래 뒤적거려 보았기 때문"이라 하였다. 이때 혜남은 "헌법에 대한 약간의 지식"이라 했지만 이는 어디까지나 겸손의 말씀이다. 그가 초대 헌법을 기초하는 데 해박한 전문적 지식의 소유자 중 한 사람이었음도 당시의 학계가 잘 알고 있는 사실이다.[15]

II. 법사상

고병국의 법이론을 무어라 정형화하여 논하기는 애매하다. 그렇지만 그가 생전에 한국의 법과 법학의 진흥을 위하여 주장하였던 글들을 통하여 법사상의 면모를 조명해 볼 수는 있다고 생각한다.

고병국 박사의 글을 읽고 전체적으로 느끼는 인상은, 해방 후 새로 시작되는 한국의 법학과 법문화에 대하여 그 민주화에 기초한 발전을 기약하고 충고하는 내용이 강하게 부각된다는 사실이다. 이것은 그가 일본 동경제대에서 배웠지만 영미의 선진법문화에 대한 동경과 이해가 깊었고, 특히 그가 가장 존경하였던 하버드대학의 법과대학장 로스코 파운드(Roscoe Pound)에게서 정신적으로 배운 것이 컸기 때문이라고 해석된다. 그는 해방 후의 무질서, 그리고 한국전쟁 후의 폐허 속에서 한국 법학과 법문화를 건설하기 위하여 민족을 위로하고, 법학도를 격려하는 말과 글들을 편편히 남겼다. 그것은 그의 그리스도교 신앙에 은

15 신상초, 앞의 글.

근히 기초한 것으로 상당한 설득력을 갖고 있었다. 그 가운데 한 마디를 인용해 본다.

> 환란 가운데서도 즐거워한다는 말이 있으니 그것은 환란은 인내와 鍊達을 가져와 소망을 이루는 까닭이라고 한다. 모든 고난이 있으면 있을수록 그것을 참고 싸워 극복하며 그 목적을 향하여 확고한 신념과 희망을 가지고 꾸준히 씩씩하게 건설의 길을 걸어가는 것이 과연 위대한 민족의 하는 일이다.[16]

이처럼 민족의 과제와 희망을 시사하고 있다.

> 해방으로 인하여 자유를 얻은 우리 민족은 사회문화의 모든 면에서 발전의 길을 걸어왔으나 이번의 동란으로 말미암아 위기와 혼란에 빠지게 되었다. 이 비참한 현실 가운데서도 서울대학교는 학문과 교육의 장소로서 그 사명을 위하여 부단의 노력을 하여왔고 법학대학은 교수・학생이 하나가 되어 법학의 연구를 통하여 진리탐구와 학문연구에 정진하여 왔던 것이다.
>
> 해방 후 우리는 민주국가로서의 새 나라를 건설한다는 이념 앞에 굳게 섰다. 민주국가에 있어서는 모든 국민생활이 민주주의의 원리에 의하여 형성되어야 하는 것이다. 그리하여 우리 모든 국민의 새로운 사명 중의 가장 중대한 것은 민주화를 위한 입법사업이다. 우리나라의 법체계를 어떻게 민주주의의 이념에 따라 수립하는가의 문제이다. 법체계를 민주화함으로써 법의 규제를 받는 국민생활의 전면에 있어서 그것을 민주화하게 되는 것이나 그것만으로서는 충분히 그 목적을 달성할 수가 없다. 법체계의 민주화에 의하여 참으로 그 목적을 달성하기 위하여서는 그 법체계의 민주주의의 정신에 따라 운영되지 않아서는 아니된다. 그러므로 법체계가 민주화는 법체계의 운용의 민주화와 아울러 비로소 법의 민주화 전체를 형성하는 것이다. 그러므로 그 법체계에 속하는 모든 법규범의 내용에 있어서의 보편적인 논리,

16 고병국, 「창간사」, 『법대학보』 창간호, 1954, 1쪽.

즉 일관된 법리에 의하여서 비로소 통일적인 법체계를 성립시킬 수 있다. 따라서 그것은 학문적인 법적 지식의 체계에 의하여서만이 가능한 것이다. 또한 법체계의 운용에 있어서도 그것은 과학적인 법체계의 실천적 조작에 의하여 비로소 그 목적을 달할 수 있는 것이다. 여기에서 우리는 한 개의 과학으로서의 법학연구에 종사하는 그 임무가 크다는 것을 느낀다.[17]

고병국은 이처럼 법체계의 민주화를 위하여 법학와 사명이 막중함을 강조하고 나아가서,

법은 문화의 소산으로서 그것은 인간의 창조력에 의하여 생성 발전되는 것이다. 사회생활의 규범이 법이라고 하면 그 사회의 사회적 · 경제적 · 정치적 요청에 상응하는 법을 창조하는 것이다. 우리가 역사적으로 보면 각 시대의 각 민족의 고유한 문화는 그 고유의 법을 창조하여 왔던 사실을 알 수가 있다. 이런 의미에서 법은 상대적인 것이며 따라서 그 사회의 현실의 요구에 따라 진화 발전하는 것이다. 이것은 바로 법은 그 사회와 더불어 진화한다는 것이다. 그러나 법적 문화는 이와 같이 국내적인 동시에 또한 그것도 국제적인 것을 알아야 한다. 법체계도 다른 물질적 또는 정신적 문화와 같이 타민족간에 상통하게 되는 것이다. 한 민족의 법사상이 타민족에게 영향을 미치며 한 민족의 법제도가 타민족에게 채용되어 발달된 예를 역사적으로 알 수 있다. 법의 계수는 각 민족에게 있어서 자각 시대의 공통된 역사적 사실이다. 그러므로 우리는 각 시대의 법사상, 법제도를 법사학적으로 고찰하여, 현대의 각국의 그것을 비교법적으로 연구함에 노력하여야 할 것이다. 그리하여 우리 생활의 민주화를 위한 새로운 법학의 탄생이 요청되는 것이다. 이러한 의미에서 법학도의 짐은 무겁고 길은 한없이 먼 것을 느낀다.[18]

17 고병국, 앞의 글, 1쪽.

18 고병국, 앞의 글.

고 역설하고 있다. 이것은 마치 한국의 법학, 법사상, 법문화가 나아가야 할 이정표를 제시해 주는 것처럼 심원함을 느끼게 하는 대목이다.

고병국은 법학의 성격에 대하여 다음과 같이 적고 있다.

> 자연과학 일반, 그 중에서도 특히 수학이라든가 물리학 같은 학문은 복잡한 인간 생활의 갈등으로부터 유난히 단순화되고 기계화 된 근저 위에 서 있는 학문이다. 그것은 인생에 관한 복잡 심각한 체험이 없어도 예민하고 정확한 개념과 논리의 두뇌만 가지면 누구든지 추리를 하여 갈 수 있는 것이다. 그러나 법학의 경우는 사정이 다르다. 법학적 원리는 인간적 생활원리, 다시 말하면 인간에 독특한 사회적 또는 국가적 생활원리이다. 잡다한 감정과 이성과 자유로운 의의와의 복잡미묘한 갈등에 의한 인간적 사회생활의 원리이다. 이 원리를 파악함에는 예민한 두뇌, 인위적인 실험 장치만으로는 그 목적달성을 기할 수 없다. 거기에는 인간과 그 사회생활에 관한 깊은 반성을 촉구하는 것이라고 생각한다.[19]

이처럼 고병국은 법학을 인간체험과 깊이 관련된 학문임을 강조한다. 마치 홈즈(O.W. Holmes)의 "법학의 생명은 논리에 있는 것이 아니라 경험에 있다"는 말을 연상시킨다. 이러한 법학에 대하여 법학도들이 가져야 할 자세에 대하여 고 박사는 다음과 같이 언급하고 있다.

> 왕왕 법학 내지 법학도에 대한 호평을 듣지 못하는 것도 사실이다. 여러 방면에 있어서 법률만능의 형식주의에 빠져 있는 것, 또 거기에서는 법학 내지 법학도에 책임이 없지 않다는 것은 부인할 수 없다고 생각한다. 우리는 좀더 실험적인 사물의 사고력을 양성하여야 한다. 그러기 위해서는 법학을 버리고 역사나 경제나 기타의 학문만을 하면 족하다고 생각하여서는 안 된다. 그러한 법률만능의 형식주의의 최대의 원인은 법학을 하는 태도 자체에 있다고 생각한다. 법학 그 자체를 좀더 넓고

19 고병국, 「권두언」, 『법대학보』 제2호, 1955.

깊은 기초 위에 세우는 것이 가장 필요한 일이다.[20]

이처럼 혜남은 법학도들이 법학에 대하여 가져온 형식주의적 법률만능사상을 비판하고 실험적 사고력의 양성을 주장하고 있다.

국정을 하며 사무를 처리하며 정책을 수행하며 교육을 하며……이 모든 것이 거기에 법률이란 궤도가 필요함은 이론이 없을 것이다. 기계를 움직임에 기계학의 지식이 필요하며 사회국가 생활질서의 유지 · 발전을 위하여 법학의 지식이 필요한 것은 물론이다. 이 법학적 원리는 그 성질상 기계학적 원리에 비하여 복잡미묘하며 특히 그것은 인생에 관한 깊은 체험 없이는 파악할 수 없는 성질의 것이다. 이런 의미에서 법학적 원리는 인생적으로 깊은 원리이며 법학은 깊은 학문인 것이다. 우리는 종래 법학자가 이 법학의 깊음을 깨닫지 못하고 법률의 표면적인 형식적인 대상에만 그 시야를 국한하지 않았던가를 반성할 필요가 있지 않은가, 그것을 위하여 법학도는 좀더 깊은 교양을 준비하며 좀더 넓은 시야를 가지고 법률과 사회를 달관함이 긴요하다고 생각한다. 특히 장차 지도적 지위에 서야 할 법학생 제군들은 어느 정도의 철학적 교양을 가져야 할 것이다. 진지하게 철학하는 것을 배워야 할 것이다. 또한 역사에 관한 구체적인 지식을 풍부히 함으로써 이론에만 편하지 않게 될 것이다. 그리하여 제군은 참으로 실질적이요 생동적인 사물의 관찰을 하게 될 것이다. 또한 이것이 법학을 일보 전진시키는 것이 되리라고 믿는다.[21]

고병국은 법학도들에게 이처럼 철학하는 자세를 강조하고, 철학하는 것이란 바로 실질적이요 생동적인 사물의 관찰에서 나오는 것이라고 파악하고 있다. 이러한 고병국의 법사상은 미국의 법현실주의(legal realism)의 체취를 느끼게도 한다.

---

20 위의 글.

21 위의 글.

고병국은 또한 법의식의 중요성을 강조하여 다음과 같이 적고 있다.

> 일찍이 예링(Jhering)은 "일방적 구속의 규범으로부터 쌍방적 구속의 규범" 이라는 규범의 진화에 따라 법의 발달을 설명하였다. 권력자와 국민과의 관계에 있어서 국민을 일방적으로 구속하는 권력자의 專斷的인 명령으로부터 국민과 같이 권력자도 구속하는 법, 다시 말하면 쌍방적 구속의 규범으로서의 법에까지 발달함으로써 법이 성숙하였다고 하는 것이다. 이것이 전제주의로부터 법치주의에의 발달, 봉건적 법의식으로부터 근대적 법의식에의 진전이라고 할 수 있을 것이다. 예링이 말한 바와 같이 성숙된 법을, 즉 그 근대적 법의식의 특성에 있어서 쌍방적 구속의 규범이라고 볼 때에 우리의 법의식에 아직 미숙한 것이 없는가? 따라서 법치주의의 미숙한 것이 없는가를 스스로 반성할 필요가 있다는 것을 언제나 생각하게 된다. 법의식은 권리의식과 서로 표리의 관계에 있는 것이다. 법의식의 미숙은 동시에 권리의식의 미숙을 의미하는 것이다. 라틴어의 jus도 또한 독일어의 Recht, 불란서어의 driort, 이태리어의 diritto 기타 모든 나라의 어느 것을 보더라도 법을 의미하는 말은 동시에 권리를 의미한다. 모든 나라에 있어서 법을 의미하는 것은 동시에 권리를 의미하는 것이요, 법의식과 권리의식은 서로 분리할 수 없고 그 법의식은 권리의식으로서 그 생활관계에서 구체화되는 것이다. 영어의 right은 법을 의미하는 law와는 별개의 말이나 동시에 정당의 의미를 가짐으로써 권리의식이 동시에 법의식과 서로 통하게 되는 것이다. 권리의식과 표리가 되지 않는 법의식의 성숙이란 있을 수 없는 것이요, 따라서 쌍방적 구속의 규범으로서의 법의식은 동시에 쌍방적 구속의 권리의식이 되는 것이다.[22]

고병국의 법의식 이해는 다분히 권리의식에로 기울여져 있음을 본다. 또한 법의식에서 법치의식이 기초 놓아진다는 것을 이렇게 설명하고 있다.

22 고병국, 「권두언」, 『법대학보』 제3호, 1956.

> 과거의 인권신장의 역사적 기록에 비추어 볼 때 국왕통치에 대한 반항이 법의식에 의하여 지지를 받고 반대로 반항의 합리성과 정당성이 그들의 법의식 및 권리의식을 배양하여 왔던 것이다. 국왕통치에 대한 반항을 합법화하는 법은 국왕의 통치도 규율하는 법이 아니어서는 아니된다. 근대에 있어서의 '사람의 지배' 로부터 '법의 지배' 에의 전환은 이러한 법의식에 의하여 가능하였던 것이다. 그 반항권의 사상은 동시에 인권선언으로 나타나게 되었다. 근대에 있어서의 인권의식의 생장이 근대 이전의 '사람의 지배' 대신에 '법의 지배' 를 확립시켰던 것이다. 인권의식의 생장 없이는 법의식 또한 법치의식의 성숙은 있을 수 없다. 또한 국민의 주권의식도 그것 없이는 있을 수 없는 것이다.[23]

이처럼 고병국의 글은 평이하면서도 소신에 차 있고, 이러한 소신이 법학교육을 통해서 후진 법학도들의 뇌리 속에 박혀 오늘의 한국 법문화의 초석이 되었다고 해도 과언이 아닐 것이다.

마지막으로 고병국의 이데올로기에 대한 이해를 잠시 살펴 두고자 한다. 혜남이 일본에서 고등학교와 대학을 다닐 때 마르크시즘(Marxism)이 일세를 풍미하고 있었고, 고등학교와 대학에서 마르크스주의의 세례를 받은 이른바 '마르크스 보이' 들이 혁명가 행세를 하며 날뛰고 있었다. 노동자의 명절이라고 하는 '메이 데이' 에는 좌익세력이 조종하는 대규모 민중시위가 벌어졌는데, 1930년에는 일부 사관학교 학생도 여기 가담, 통치자들의 간담을 서늘하게 했다. 이런 시대환경 속에서 고교 및 대학의 학생생활을 보냈으므로 혜남은 그 자신이 결코 '마르크스 보이' 는 아니었지만 마르크스주의의 이론과 실천에 대해서 조예가 깊었다.

혜남이 1945년 8 · 15 해방직후 경성법학전문학교 교장직을 맡았고 또 1946년 8월부터 초대 서울법대 학장 자리를 맡고 있었을 때 우리 사회의 사상적 혼란은 걷잡을 수 없었고, 대학 내외에서 벌어지는 좌우익간의 싸움은 심각했다. 이

23 위의 글.

처럼 사나운 비바람이 부는 가운데 혜남이 학자로서 혹은 학장으로서의 책임을 다할 수 있었던 것은, 그가 요지부동한 자유주의자로서의 신념을 견지하고 학내외에서 학원의 자유를 파괴하려는 온갖 도전과 책동을 단호히 배격하고 분쇄했기 때문이다.

혜남은 해방 후 우리나라 마르크스주의 운동을 개관할 적에 그 제일 가는 특징은 "마르크스주의를 이해하는 이론적 수준이 대단히 낮은 데 있다"라고 했다. 한국전쟁 당시 남한에 쳐들어온 공산군이나 그 앞잡이들이 저지른 양민의 대량학살은 '계급투쟁론'을 가지고서도 도저히 변명할 수 없는 것이다. 그것이야 말로 지식에 굶주린 살인마들의 인간학대기호(嗜好), 살인기호의 발로로밖에 볼 수 없는 것이다. 혜남은 그 내원이 "그들의 무식과 지식에 대한 증오감에 있다"라고 했다. 북한공산당이 세계에서 가장 밀도 높은 폐쇄사회 체제를 만들어 놓고 외부세계와의 정보교류를 완전히 차단하고 있는 이유도, 이 밀폐된 상황 속에서 공산정권의 부자세습이란 전대미문의 모험을 하고 있는 이유도, "사이비 마르크스주의자들의 활동을 봉쇄하고 있기 때문"이라고 했다. 북한공산당을 폐쇄사회의 껍질 밖으로 끌어 내기 위해서, 북한사회를 일인정치나 봉건적 세습왕조체제의 굴레에서 벗어나게 하기 위해서, 북한공산당으로 하여금 테러리즘이나 폭력혁명수출 등 호전정책을 버리게 하기 위해서, 북한 공산당이 왜곡되고 변질·날조된 마르크스주의가 아니라 공산세계가 공인하는 정통적인 마르크스주의자의 집단이 되어야 한다는 것이다.[24]

Ⅲ. 맺음말

1986년에 고병국 번역의 『법률사관』이 법문사에서 재판으로 새로 출판되었다. 그의 제자인 홍천용 교수가 수고하였고, 이 재판에 즈음하여 서돈각 교수가

24 신상초, 앞의 글.

서문을 써 붙였다. 이 서문이 그 동안의 사정을 잘 얘기해 주기 때문에 이에 인용하여 끝맺음으로 삼는다.

1956년 혜남 고병국 박사님께서는 서울대학교 번역총서 중의 하나로 로스코 파운드(Roscoe Pound)의 『법률사관』(*Interpretations of Legal History*)을 우리말로 옮기어 공간하시었다. 세계적인 법사상가이며 미국 법학계의 원로인 파운드 박사에 관하여는 그 당시 우리나라에 잘 소개되지 않았던 때인데, 고 박사님께서 본역서를 출간하심으로써 우리나라 젊은 법학도들에게 널리 탐독되었던 것이다. 파운드 박사의 경력이라든가 그 사상에 관하여는 본서의 내용에서나 역자의 서문과 헤젤타인의 서문 등 에서 충분히 서술되어 있으므로 여기에서는 이를 생략하고, 역자이신 고 박사님과 본재판을 출간하게 된 경위를 기술하고자 한다.

고병국 박사님은 1934년 일본 동경제국대학 법학부를 졸업하시었는데 재학중에 일본국 고등시험 사법과와 행정과 양과를 합격하시었다. 따라서 판사 · 검사로의 진로가 열렸으며 또 그 당시 총독부의 고급공무원으로 진출하라는 권유도 많았으나 이를 뿌리치고, 조국을 위하여는 후진양성이 긴요함을 느끼시어 모교 대학원에 진학하시어 사법학을 전공하신 후 1938년부터 연희전문대학교(연세대학교의 전신)의 교수로 취임하시어 민 · 상법을 강의하시었다. 1945년 해방 후 경성법학전문학교 교장으로 취임하시었고, 1946년 8월에 국립서울대학교가 설립되자 초대 법학대학장에 취임, 동교의 기초확립에 이바지하시었다. 고 박사님의 민법학 명강의에 관하여 서울법대 출신 동문들은 지금도 모이면 그 이야기를 나눈다. 등대학원에서는 법사상강의에 주력하시어 본원서를 오랫 동안 교재로 삼으시었다. 고 박사님은 파운드 박사의 사회학적 법학에 관하여 젊은 학생들에게 그 방법론을 강조하시었는데 그 일환으로 본역서의 출간을 보게 되었고, 1961년에는 파운드의 『법의 새로운 길』(*New Paths of Law*)을 이범찬 교수(현 성균관대학교 법과대학원장)와 공역으로 발간하시게 되었다. 우리나라의 법학도들에게는 로스코 파운드라 하면 고병국 박사님을 연상하게 된다. 본인도 1960년에 파운드의 『법에 의한 정의』(*Justice according to Law*)를 번역하여 출간하였는데 고 박사님께서 많은 조언을 해 주시었다.

고 박사님께서는 1953년 서울대학교 법과대학장으로 다시 취임하시어 6년간 재직하면서 동대학의 발전에 이바지하시었다. 1954년부터는 대한민국 학술원의 회원이 되시었고, 1958년부터 3년간 단국대학 학장, 1960년 경희대학교 대학원장, 1961년부터 3년간 경희대학교 총장으로 취임하시어 동교의 발전에 힘쓰시었다. 그 후에도 경희대학교 교수로 재직하고 계시었는데 1976년 5월 7일 지병으로 안타깝게도 유명을 달리하시었다. 고 박사님께서는 생전에 본역서를 좀더 알기 쉽게 고쳐야 하겠다고 생각하시어 원고를 정리하셨는데 끝내 빛을 보지 못하고 유고로 남게 되었다. 그 후 고 박사님의 경희대학교 제자이며 현재 경남대학교에서 법학 교수 및 학장으로 있는 홍천용 박사가 계속 원고를 정리하여 이를 마치게 되었다.

올해는 고 박사님의 10주기를 맞이하게 되므로 그 기념으로 본 역서의 재판을 출간하여야 되겠다고 생각하여 서울대학교 법과대학에서 고 박사님으로부터 수강한 법문사의 김성수 회장과 배효선 사장에게 상의하였던바 이를 쾌낙하시어 다시 본역서가 빛을 보게 된 것이다. 본역서 재판의 출간은 우리나라 법학도에게 법사상에 관한 좋은 길잡이가 될 것을 믿어 마지않는 바이다.[25]

학자는 가도 학문은 남는 예를 여기서 보게 된다.

25 서돈각, 「서문」, 『법률사관』, 법문사, 1986.

연보 및 논저

■ 연보

1909. 1. 2	평북 의주군 월화면에서 한학자인 고승헌 공의 차남으로 출생
1921. 6	평복 선친보통국민학교 1학년에 입학
1923. 4	신의주고등보통학교에 입학
1927	일본 시즈오카고등학교 문과 갑류에 입학하여, 최고의 성적으로 졸업
1930. 4	일본 동경제국대학 법학부 법률학과(영법)에 입학
1932. 10	일본고등시험 사법과에 합격, 다음해 11월에 다시 동 행정과에 합격
1934. 3	동교를 졸업하고 계속 대학원에 입학하여 호즈미 시게토(穗積重遠) 교수의 지도하에 민법학을 전공
1935. 6	일본 동경에서 김동주(동경여자고등사범학교 출신) 여사와 결혼
1936. 4	동 대학원을 수료
1937	서울에서 변호사 개업
1938. 9-1941. 4	연희전문학교 교수로 부임
1945. 10	경성법학전문학교 교장에 취임
1946. 8	국립서울대학교 초대 법과대학장에 취임
1948	법전편찬위원회 위원으로 임명
1953	서울대학교 법과대학장으로 재차 취임
1954. 3	대한민국 학술원 회원에 피선
1956. 7	한국법학원 초대 부원장으로 피선
1958. 2	단국대 학장에 취임
1958. 5	편집대표로서 『영미법사전』을 백영사로부터 출간
1958. 10	김함득(숙명여자대학교 대학원 출신) 여사와 재혼
1960. 9	경희대학교 대학원장으로 취임
1961. 9	경희대학교 총장에 취임
1963. 5	경북대학교에서 명예법학박사로 학위를 받음
1967	한국법학교수협회 회장 피선
1969. 2	한국법학교수회로부터 회갑기념논문집 『법학의 제문제』를 증정 받음
1976. 5. 7	서울에서 작고

■ 저서 및 역서

『법률사관』(*Interpretations of Legal History*), 로스코 파운드 저, 일한도서, 1953, 법문사, 1986년(재판).

『법률학사전』, 유진오(공편), 청구문화사, 1954.

『영미법사전』, 김병관(공편), 백영사, 1958.

『법학개론』, 전원배(공저), 박영사, 1961.

『법의 새로운 길』(*New Paths of Law*), 로스코 파운드 저, 법문사, 1971.

■ 논문

「실용주의 법률사조: 20세기 법률학의 신경향」, 『대학신문』 38호, 1953. 2. 2.

「계약의 자유와 제한」, 『학술원논문집』(인문 · 사회과학 편) 13집, 1974.

유 기 천

(1915-1998)

⑪ 유기천 (1915–1998)

한 인물과 동시대에 산다고 하여 그를 다 이해할 수 없다는 말은 특히 학자와 사상가에게 적용되는 말이라 생각된다. 1998년 6월 27일, 한때 서울법대 교수와 서울대 총장을 지냈고 오랫동안 미국에 '망명생활'을 해온 유기천(劉基天, Paul Kichon Ryu) 박사의 부음을 들었을 때 많은 사람들은 한 시대의 거대한 인물이 사라져 갔다는 생각을 하면서도 유기천이 어떤 인물이며 어떤 생각을 가졌던가 상당히 감이 잘 가지 않는다는 얘기를 하였다. 언론의 보도 역시 '잊혀진 인물'로 다소 현대판 '신화적' 인물같이 취급하는 듯 했다. 유기천은 근본적으로 학자이면서도 한국현대사의 격랑 속에서 '정치화' 되어 상당히 '논쟁(controversial)' 인물처럼 비쳐졌던 것도 사실이다. 필자는 법사상사가로서 종래처럼 작고한 법률가 내지 법학자에 대한 정리작업을 한다는 차원을 넘어 독특한 감회와 책임을 느낀다. 그것은 무엇보다도 언론이나 단편적 풍문에 의해 전달되는 유기천의 이미지나 평가를 넘어서 보다 정확하고 심도 있는 분석이 이루어지지 않으면 적어도 한국의 현대법사 내지 법학사의 중요한 부분이 설명되어질 수 없다는 생각이다. 유기천은 해방후 한국 법학의 건설에 가장 견인차적 역할을 해온 대표적 법학자였으며, 그 사실은 어떤 형태로든 바르게 정리되어야 한다고 생각된다.[1] 필자는 1960년대 후반에 그로부터 직접 강의를 듣고, 교수가 된 후에도 교류가 계속되어 만년까지 비교적 근황을 잘 알고 있었다. 그러나 막상 작고시에는 해외체류로 장례식에도 참석 못하였다. 그 후 그의 생애와 사상을 정리해[2] 2006년 6월에 전기 『자유와 정의의 지성 유기천』(한들출판사)을 출간하였다.[3]

I. 생애

1. 출생과 유학

유기천은 1915년 7월 5일 평양에서 유계준(劉啓俊) 장로와 윤덕준(尹德俊) 권사의 4남으로 태어났다.[4] 부모님은 독실한 기독교신자로서 산정현교회의 주기철 목사의 마지막 옥바라지를 해준 인물들로 한국교회사에서도 알려져 있다.[5] 유기천은 후일 자신의 『형법학』(각론강의) 저서를 부모에게 바치면서 절절한

---

1 곽윤직은 유기천박사 고희기념논문집 『법률학의 제문제』(박영사, 1988)의 간행위원장으로 그 서문에서 "유기천의 수많은 공헌 가운데서 가장 중요한 것은 서울법대의 교수로서 한국법학교육을 향상시키고 법학연구를 증진시킨 업적"이라고 서술하고 있다. Yunchik Kwack, Foreword, 위의 책, i쪽.

2 유기천의 생애와 사상에 관하여 필자는 졸저, 『한국법사상사』(서울대출판부, 1989, 354-359쪽)에서 유기천을 현대 한국 법사상에서 사회인류학적 법사상가로 위치지어 설명하였다. 그리고 Chanjin Kim, Dr. Paul K. Ryu as we know him, 『법률학의 제문제』(유기천박사고희기념논문집), 박영사, 1988, iii-xx쪽; 김철수, 「유기천총장님 영전에」, 『서울대소식』, 1998년 7월 2일자(제322호), 6-7쪽. 그후 나온 단행본으로 최종고, 『자유와 정의의 지성 유기천』, 한들출판사, 2006; Chongko Choi, "Life and Thoughts of a Korean Legal Scholar: Paul K. Ryu", in: *Law and Justice in Korea: South and North*, Seoul National University Press, 2005이 있다.

3 본서에 대한 반응은 『월송회보』 1호(2006년 12월)에 실린 서울대생들의 독후감 참조.

4 유기천의 가계에 대하여는 그의 형인 유기원의 자서전, 『沃土에 뿌려진 밀알』, 명지사, 1992, 104-152쪽. 장남 基元은 국립의료원장을 지낸 의사, 차남 基亨은 부산대 의대교수, 3남 基善은 부산에서 의사, 5남 基鎭은 시카고 시립병원의사, 6남 基默은 일리노이 주 군인병원의사, 장녀 基玉은 용산에서 누가병원 경영, 차녀 基淑은 뉴욕에서 생화학연구원.

5 김광수, 『한국교회순교사』, 기독교문사, 1979, 146-149쪽.

효심을 토로하였다.[6] 유기천은 1933년 3월에 평양숭실학교를 졸업하였다. 일본에 유학하여 히메지(姬路)고등학교에 입학하였다. 이보다 더 좋은 명문고교들이 있었지만 그곳을 택한 것은 관보(官報)를 뒤져보니 이 학교의 입학시험에 국어작문(일본어)이 부과되지 않았기 때문이라 한다. 비록 식민지 치하이긴 하지만 숭실학교에서 일본어를 제대로 공부하지 못한 처지였기 때문에 일본어 작문의 시험을 치를 수 있는 수준이 아니였다고 판단한 것이다. 1939년 3월에 히메지고등학교를 졸업하였다. 이 학교는 그 후 고베대학 교양학부에 편입되었는데, 그래도 1992년에 창립100주년 기념행사에 초청장을 보내왔다.[7] 고교과정을 마친 후 동경(東京)제국대학 법학부에 입학하였다. 이에 대해 유 박사는 다음과 같이 회고한다.

3년간의 고교과정을 마친 후인 1939년 나는 동경제국대학 법학부에 입학했다. 물론 많은 사람의 축하를 받았다. 요즈음도 마찬가지겠지만 당시의 동경대 법학부는 '예비내각' 으로 불리었다. 법학부의 졸업생은 대부분 정계나 관계로 진출하여 나라의 지도자가 된다고 생각하였고, 세상도 이 사실을 지극히 당연한 것으로 받아들이고 있었다. 그만큼 학생들은 자부심이 강했고 엘리트로서의 특권의식도 높았다. 그렇지만 그때나 지금이나 변지 않은 동경대학의 전통은 지적으로 가장 우수한 학생그룹은 교수에의 길을 택한다는 사실이다. 실제로 동경대의 교수진영은 학생시절부터 많은 신화적인 지적 능력을 과시한 사람들로 구성되어 있었다. 신화의 일부는 교수를 존경하는 사회의식이 만들어낸 것이기도 했다. 어쨌든 나는 교수를 가히 외경의 눈으로 바라보면서 혹시나 내가 교수가 될 수 있지 않을까 하는 막연한 꿈을 키워보기도 했다. 그러나 엄연한 현실의 벽은 너무나 높았고 그 벽은 반도 출신의 작은 청년에게는 실제의 높이보다 더욱 높게 느껴졌다. 조선인이 제국대학의

6 유기천, 「서문」, 『형법학』(각론강의 상), 일조각, 1967.

7 유기천, 「나의 초학시절」, 『시민과 변호사』, 1994년 4월호, 140-141쪽. 이 글은 유 박사의 구술을 서울법대 안경환 교수가 받아 유 박사의 수차례에 걸친 교열로 이루어진 것이었다. 유 박사는 만년에 생애를 기록해 두기 위해 이런 방식으로 안 교수와 필자가 각각 3회씩(1994년) 나누어 인터뷰를 하여 두었다. 본 논문도 그 인터뷰에 근거한 부분도 있다.

교수가 된다는 생각을 품는 것 자체가 불령선인(不逞鮮人) 간주되기 십상이었다.[8]

이처럼 학생시절부터 교수에 대한 선망을 강하게 가진 유기천은 당시의 동경대 법학부의 분위기를 비교적 자세히 회고록으로 남기고 있다. 특히 형법에 대하여 일찍부터 관심을 기울인 경위를 다음과 같이 증언하고 있다.

> 이렇게 입학한 동경대학 법학부였지만 정작 교과 내용은 몹시 실망되는 것이었다. 오로지 형법만이 인간의 근본문제를 다루는 학문다운 학문으로 느껴졌다. 이전까지는 형법이라면 단순히 살인, 방화, 아니면 헌병과 고등계형사 정도의 법으로 생각하고 있었는데 정작 학문으로서의 형법을 접해보니 인간의 근본적 심성에 대한 성찰이 형법학이었다. 알고보니 형법은 단순히 죄에 대한 법이 아니었다. 그것은 법인 동시에 도덕, 윤리, 종교, 철학, 나아가서 인간의 삶 그 자체였던 것이다. 다른 법 분야보다 형법에 더욱 끌렸던 사유는 고등학교시절에 다소나마 맛을 본 칸트, 헤겔 등 철학자의 이야기를 법학과 직접 연관시킬 수 있었기 때문이다. 흔히 고교과정의 필수과목으로 데카르트, 칸트, 쇼펜하우어 두부 합성인명인 '데칸쇼' 로 들 만큼 전인격적 교육이었다. 인문고등학교의 교육내용은 삶 그 자체의 문제를 다룬 것이었다. 그러기에 어떤 의미에서 나의 법학의 뿌리는 따지고보면 히메지시절의 형성된 것이라고 해도 별로 무리가 없다.[9]

유기천이 입학할 당시 동경대학의 형법은 마키노 에이치(牧野英一) 교수가 퇴임한 직후로 오노 세이치로(小野淸一郞) 교수가 담당하고 있었다. 두 교수의 학문적 성향은 극명하게 대조적이었고 학설 대립은 끊임없는 에피소드를 생산해 냈다. 때로는 도가 지나친 해학이나 인신공격이 수반되기도 하였다. 이에 대해 유기천은 다음과 같은 에피소드를 적고 있다.

---

8 유기천, 「나의 초학시절」, 138쪽.

9 위의 글, 138-139쪽.

오노 교수는 뛰어난 언변술의 소유자였다. 수백명이 동시에 참석할 수 있는 계단식 원형의 대형강의실에 오노 교수는 마치 고대 그리스의 연극배우처럼 높은 곳에서 강의를 했고, 학생들은 그를 우러러 보면서 말하는 내용을 노트에 받아 적었다. 학생들에게 질문할 기회를 주지도 않고 감히 질문할 엄두도 내지 못했다. 행여나 강의실에 출입하면서 얼굴이라도 마주칠 기회가 있으면 분위기에 따라 자연스럽게 몇 마디 평소에 품고 있는 의문을 제기할 기회하 있을련만 그것은 원천적으로 불가능한 일이었다. 교수와 학생은 출입문이 달랐다. 강의가 끝나자마자 그는 총총히 퇴장하여 따라 잡을 수도 없었다. 그래서 연구실로 찾아 가려고 작정했다. 교수연구실을 함부로 두두리는 것이 아니라고 알고 있었지만 그래고 수업시간에 생긴 의문을 질문하는 것이니 양해해 주리라 기대했다. 어쩌면 공부하는 자세가 좋다고 칭찬해줄지도 모르는 일이기도 하고. 조심스럽게 문을 두드렸다. 낮은 목소리가 들렸다. 살짝 문을 열고 들어서면서 학생인데 질문이 있어서 왔다고 했다. 느닷없는 불호령이었다. 질문이 있으면 글로 써서 제출하라는 언명이었다. 너무나 불친절한 태도에 기가 질려 질문을 포기할까 생각하다가 이왕 내친 걸음이니 하면서 편지로 질문을 써서 출입문 밖에 붙여 두었다. 물론 정중한 사과에 말도 곁들여서. 죄수론에 관련된 문제였다고 기억된다. 바로 그 다음 수업시간이었다. 오노 교수는 내가 질문한 내용을 토론의 대상으로 삼으면서 아주 훌륭한 질문이었다고 칭찬해주었다. 분은 반쯤 풀린 셈이지만 인간적으로는 거리감이 드는 것은 어쩔 수 없는 노릇이었다. 그래도 한가지 분명하게 인식했던 것은 교수의 시간은 엄청나게 귀중하다는 사실이었다.[10]

이러한 경험과 감상을 유기천은 그 후 25년이 지나 1964년 당시 서울법대 학장으로 나고야에서 열린 일본 형사법학회에 초대되어 오노 교수와 직접 만나 옛날을 회고하였던 얘기를 회고록에 남기고 있다. 그러면서 자신은 교수가 되어서도 연구실로 찾아오는 학생들에게 많은 시간을 할애해 주지는 못했지만 강의

10 위의 글, 139-140쪽.

가 끝난 후에는 남아서 20-30분씩 개별적 질문에 응해주는 것을 원칙으로 삼았다고 증언하고 있다.[11]

유기천은 1943년 9월에 동경제대 법학부를 졸업하고 센다이에 있는 동북제국대학으로 갔다. 거기에는 유명한 민법교수 가츠모도 마사아키라(勝本正晃) 교수가 있었는데 그의 조수로 임명되었다. 이것은 동경대에서 교분을 쌓았던 단도 시게미츠(團藤重光)가 주선해준 것이었다. 가츠모도 교수는 단도의 장인이었다. 유기천은 여기에서 3년 가까이 살면서 많은 것을 배웠다고 기록한다. 총력전의 구호를 내걸면서 국가의 모든 자원을 전쟁에 최우선적으로 배정하던 일본정부도 전쟁이 끝나는 순간까지 대학에 대한 지원은 규모를 축소하지 않았다고 당시를 증언한다. 이미 학생은 아닌 신분이었기 때문에 센다이에 사는 조선인 사회에서도 지도적 역할을 하였다. 이러한 가운데에서 해방을 맞았는데 유기천은 이에 대해 다음과 같이 회고하고 있다.

> 센다이에는 약 200명 가량의 조선인이 거주하고 있었다. 평소에는 그렇게 많은 숫자의 동포가 살고 있는 줄 몰랐는데 해방이 되고 보니 그렇게 모여들었다. 재미있는 것은 만주국 국적을 보유하고 법문학부에서 공부하던 학생도 상당수 있었다. 나는 이들을 중국인으로 여기고 있었는데 종전후에야 동포임을 알고 감개무량하였다. 이밖에 의과대학에도 몇사람의 조선인 학생이 있었다. 갑작스런 해방은 우리들 한국인에게 더 할 수 없는 기쁨과 함께 얘기치 못한 혼란을 초래하였다. 어쨌든 전원이 자리를 함께 하며 앞으로의 우리의 운명과 개인적 대책을 논의하게 되었다. 한데 모여 누군가가 준비한 태극기를 걸고 애국가를 불렀다. 태극기는 비슷하게 그렸는데 애국가를 자신있게 아는 사람이 한 사람도 없었다. 그것이 일본에 사는 조선인의 현실이었다. 스코트랜드 민요 '올드 랭 사인' 의 곡에 애국가의 가사를 내가 선창하여 4절까지 불러내었다.[12]

11 위의 글, 140-141쪽.
12 위의 글, 143쪽.

이렇게 하여 센다이에 조선인 연맹이 결성되었다. 무엇보다 조선인의 운명을 손에 쥐고 있는 미국진주군 당국과의 교섭이 절대적으로 중요한 일이었다. 따라서 영어를 아는 사람이 필요하였는데 유기천은 '영어가 신통치는 않았지만 그나마 대학에 있다는 사실'로 미국당국과의 언로를 개통하였다고 증언한다.[13] 그리하여 1945년 10월부터 조선인연맹의 위원장 일을 맡아보았다. 이 일을 하면서 보니 한국인들 사이에도 여러 차이가 나고 의견이 분분하였다. 일본에 오게 된 배경도 구구했고 한국에 돌아가지 않겠다는 사람들도 있었다. 회의를 할수록 사분오열되고 결정은 난항을 거듭하였다. 이때 한 불상사가 일어났다. 25명가량의 한국인이 야간에 미국창고에 침입하여 알콜드럼 10여 개를 훔치다 체포된 것이다. 패전국 일본을 점령한 미국을 곧바로 조선인의 해방군으로 숭앙하던 조선인들의 정서가 일본인과 한국인을 식별할 줄도 모르는 미국인들의 태도에 엄청난 배신감을 느꼈고 끝내는 이런 불상사를 불러온 것이었다. 유기천은 이들의 재판에 특별변호인으로 선임해줄 것을 신청하였다. 며칠밤을 새다시피 하여 변론서를 작성하였다. 맥아더(McArthur) 사령부는 무엇보다 사건의 신속한 종결을 독촉하였다. 재판은 주말도 없이 집중심리로 진행되었다. 이러한 경황 속에서 유기천은 평생 잊을 수 없는 사고를 당하게 된다. 이에 대해 그 자신의 증언을 인용한다.

> 그런데 한국인 동포 전체에게 불행한 이 사건은 하마트면 나 자신의 목숨을 앗아갈 사고로 이어졌다. 나는 진주군이 제공해준 승용차를 사용하고 있었다. 뷰익 6기통의 세단이었다. 토요일임에도 불구하고 재판은 오후 6시 30분까지 속개되었다. 그날 중에 끝날 기미가 보이지 않자 재판장은 내일은 일요일이지만 재판을 속개한다는 결정을 내렸다. 피고인들의 가족들은 감사의 뜻으로 저녁식사에 초대하겠다고 하여 시내의 어느 식당에서 만나기로 하였다. 종일 계속된 재판에서 지친 몸으로 자동차의 문을 열고 내리는 순간 엄청난 과속으로 달리던 미군 GMC가 나를 친 것

13 위의 글, 143쪽.

이다. 내가 의식을 회복한 것은 다음날 오전 10시경, 즉 사고후 15시간 후 동북대학 부속병원에서였다. 사고를 낸 미국군은 친절하게도(?) 병원문 앞에 나를 버리고 달아났다. 마침 근무중이던 만주국 출신의 동포가 극진하게 돌보았고 외상의 치료가 거의 끝난 2주일 후 온천지역으로 휴양을 떠났다. 동포들의 성금이 답지했다. 내가 받은 봉투의 총수가 50여개에 달했고 그 속에 담긴 동포들의 사랑으로 나는 2개월의 '팔자좋은' 나날을 즐겼다. 내 일생를 통해 가장 긴 휴식기간이었다. 나는 50여개의 봉투에 담긴 동포의 사랑에 감흡하면서 우리겨레가 얼마나 정(情)과 의리(義理)를 존중하는 민족인가를 새삼 되새기었다.[14]

이렇게 본의아닌 휴가를 끝내고 유기천은 귀국 준비를 하였다. 당시 하루에 얼마밖에 실어 나르지 못하는 부관연락선에 센다이 거류 조선인연맹 위원장의 자격으로 쉽게 승선할 수 있었다. 1946년 2월, 유기천은 이렇게 10년간의 일본 생활을 마감하였다.

2. 서울대학교 법과대학 교수

· 귀국한 그는 1946년 4월에 경성법학전문학교 교수가 되었다. 이 학교는 1895년에 설립된 법관양성소가 이름을 바꾸어 일제시대를 거쳐 해방을 맞이하여 존속하고 있던 법학교육기관이었다. 물론 일제시대에 설립된 경성제국대학 법문학부가 있었지만 해방과 함께 미군정에 의하여 국립 서울대학교로 재편되어 가는 과정에 있었다.[15] 유기천은 한국에서 가장 오랜 역사를 가진 법학교육기관에서 그가 유학에서 배운 법학을 강의하는 데에 보람을 찾고 있었다.

---

14 위의 글, 144쪽. 유기천은 이 죽을뻔한 사고에서 살리신 하느님의 섭리를 평생 신뢰하면서 만년의 신앙을 더욱 돈독히 하였다.

15 자세히는 최종고, 서울대학교 법과대학, 『서울대학교 40년사』, 서울대출판부, 1986, 881-886쪽; 『서울법대 50년』, 서울법대, 1996, 1-3쪽; 『서울법대100년사 자료집』(해방이전 50년), 서울법대 동창회, 1987, 181-325쪽; 최종고, 「서울법대 초기사(1945-53)」, 『법학』 34권 2호, 1993, 141-174쪽.

그러나 그해 10월에 경성법학전문학교와 경성제대 법학부의 통합으로 국립 서울대학교 법과대학이 새 출발하면서 유기천은 법과대학 조교수로 부임하였다. 초대 학장은 경성법전 교장이던 고병국(高秉國) 교수였다.[16] 유기천은 법과대학의 출발에서부터 시작하여 법과대학의 건설에 기초를 놓는 데 정진하였다. 그의 형법강의는 법대에서 가장 명강의로 알려져 많은 수강생들로 찼다.[17] 그러나 1950년 한국전쟁의 발발과 함께 대학이 부산으로 피난할 수밖에 없게 되었다. 당시 진승록(陳承錄) 학장이 빨리 사임하는 바람에 유기천은 학장서리로서 부산의 전시연합대학에서 궁핍한 법과대학 행정을 운영해 나갔다. 그런 어려운 상황 속에서도 그의 아이디어로 법과대학 교문에 철제(鐵製) 아치를 세워 〈하늘이 무너져도 정의는 세우라〉(fiat justitia ruat caelum)는 모토를 내걸었다. 어떻게 보면 다소 청승스런 느낌도 들지만 어려운 시기일수록 원칙과 긍지를 지키려는 법대인의 모습은 학생들과 보는 이들에게 큰 용기와 자극을 주었다.[18] 그리고 이런 어려운 처지에서도 유기천은 〈IRIS회〉라는 형사법연구모임을 만들어 학생들과 함께 연구, 토론하는 장으로 삼았다.[19] 동생의 도움으로 지프차를 사서 '서울법대' 표지판을 달고 다니다 문교부장관으로부터 경고를 받기도 하였다.[20] 1952년에 부교수가 되면서 전시 중에도 1년간 미국 예일대학교에 연구교수로 파견될 수 있었다. 그것은 그에게 앞으로 국제적 무대에서 학문활동을 하게 하는 새로운 기초를 제공하였다. 1954년에 교수로 승진하고 다시 미국으

16 이 통합과정은 쉬운 일이 아니었다. '경성법전 고병국파' 와 '경성제대 유진오파' 의 갈등이라는 면모도 있었고, 결국 경성제대파는 총사퇴를 하여 이 때 유기천은 교수직이 한때 위태롭게 되었다는 회고를 한 바 있다.

17 그의 강의 스타일은 교탁에 앉아 교과서를 중심으로 자세히 설명하면서, 일어서서 흑판에 필기하는 일이 별로 없었다는 것이 특징이었다.

18 이희철, 「해방정국과 유기천선생님」, 『하늘이 무너져도 정의는 세우라』, 경세원, 1994, 27-31쪽.

19 김용래, "유기천교수님 말씀(IRIS회 가입시에): IRIS란 그리스신화에 나오는 '무지개의 여신' 이란 뜻도 있으니 붓꽃과에 속하는 화초로도 쓰인다. 따라서 법대 출신들은 '사회에 병을 고치는 약' 이 되고 '사회의 부패를 방지하는 소금' 이 되라는 뜻에서 동아리 이름을 IRIS라 지었다" (『진리는 나의 빛』(서울법대 동창수상록, 경세원, 1994, 240쪽). IRIS회는 후일 형사법학회로 발전되어 오늘에 이르고 있다.

20 1994년 10월 29일 필자와의 인터뷰(구기동 자택). 유기천은 어려운 상황을 예외적으로 운좋게 이용, 극복하는 인물 같은 인상을 받았다.

로 가서 하버드 로스쿨(Harvard Law School)에서 2년간 연구하였다. 그렇게 쓴 논문 「한국문화와 형사책임」(Korean Culture and Criminal Responsibility)을 1958년에 예일대학교에 제출하여 법학박사(JSD)학위를 받았다.[21]

이러한 학문적 성과에 못지않게 유기천의 생애에서 중요한 사건이 발생하였는데, 그것은 그동안의 독신주의를 깨뜨리고 여류 형법학자인 헬렌 실빙(Helen Silving) 박사와[22] 결혼을 하게 된 것이다.[23] 두 사람의 결혼 경위에 대하여는 유기천 자신의 『형법학』(총론강의)의 머리말에서 다음과 같이 자세히 기록하고 있다.

> 헬렌 실빙 양을 처음 저자가 만난 것은 저자의 기억이 정확하다면 1955년 정월 4일 Harvard 법과대학 Cavers 학장 댁이었다. Cavers 교수는 당시 Harvard Law School의 Associate Dean으로 있으면서 Visiting Scholars Program의 Committee의 한 분이요, 저자는 당시 이 program에 의한 객원교수의 한 사람이었던 관계인지, 정초에 Cambridge시에서 7, 8마일 되는 Lexington이란 소도시에 있는 자기저택으로 저자를 정찬(正餐)에 초대하였던 것이다. 수인의 다른 손님 중

21 이 논문의 요약은 『사상계』, 1958년 9월호, 172-191쪽에 수록. 그리고 손세일 편, 『한국논쟁사』 III, 청람출판사, 1976, 208-275쪽에도 수록.

22 헬렌 실빙은 1906년에 폴란드 지역 크라카우(Krakow)에서 부유한 유대인 사업가의 딸로 오스트리아 국적으로 태어났다. 비인대학에서 정치학과 법학 박사학위를 받았다. 거기서 Hans Kelsen, Alfred Verdross, Felix Kaufmann 등과 사제지간의 교분을 쌓았으며 특히 Kelsen과는 후일 미국에서 다시 만나 평생 교류하였다. 두 사람은 하버드대학에 남으려 하였으나 실패하고 실빙은 콜럼비아대학에서 미국법을 연구하여 푸에르토 리코대학 교수가 되었다. 1959년에 뉴욕에서 2세 연하의 유기천과 결혼하여 한국의 서울대학교에 와서도 강의하였다. 1972년에 유 박사의 미국 망명을 가능케 하였고, 1977년부터 San Diego 로스쿨에서 가르치다가 1993년 2월 26일에 그곳에서 사망하였다. 1993년 5월 7일에 서울법대에서 「헬렌 실빙박사 추모회」를 개최하였을 때 저서와 유품을 법대 「기증문서실」에 기증하였다. 실빙은 방대한 회고록 *Helen Silving Memoirs*(Vantage Pu. Co. 1988)을 출간하여 그녀와 유기천의 생애 연구에 큰 자료가 된다(이에 대한 서평은 김철수, 『법학』 33권, 1 · 2호, 1989). 실빙은 폴란드에서 유대인계 젊은 군목(軍牧)과 약혼하였으나 처형당한 비운을 안고 미국에 와서 학문만 하다 유기천과 혼인하였고, 슬하에 자식은 없다. 자세히는 최종고, 「유기천과 헬렌 실빙」, '제3회 월송기념강좌, 2007. 6(서울법대) 발표논문; 「유럽에서 생각한 유기천과 실빙」, 『월송회보』 2호, 2007.

23 유기천은 독신주의를 가진 배경을 어릴 적부터의 기독교신앙과 관련하여 설명한다. 심지어 자신은 독신으로 학자생활을 하겠다는 생각으로 이전에 어릴 적에 조만식 선생을 존경하였지만 그가 재혼하는 것을 보고 실망하여 교류를 끊었다고까지 적고 있다. 유기천, 위의 글, 135쪽.

에 이채를 띤 것은 중년의 한 부인이었으니, 그가 바로 Professor Helen Silving이었다. 모두가 그를 보고 Doctor Silving이라고 부르는 것을 보고 처음에는 여의사인가 하였지만, 화제가 Kant의 자유의사론(自由意思論)에 들어가자 모든 청중을 압도하고도 남음이 있는 명쾌한 결론을 지을 때에, 속마음으로 Kant를 좀 이해하고 있다고 자부하고 있던 저자는 솔직히 경악당황하지 않을 수 없었음을 여기에 고백한다. 그는 내가 형사법을 전공하고 있다고 하니까 인격책임론과 자연적 행위론에 관한 질문을 하므로 나도 여기에 응수하여 비로소 양자간에는 common interest가 있는 것을 깨닫게 되었고, 그 후 일층 더 친밀한 사이가 된 다음에 그가 실토하는 바에 의하면, 그도 역시 Mezger나 Welzel의 이론에 대한 저자의 견해가 다소 그에게 흥미를 느끼게 한 한 도화선(導火線)이었다고 한다. 저자가 법대에서 형법을 담당하기 시작한 것은 해방직후부터였으나 그 실은 충분히 연구할 형편이 되지 못하고 있던 중, 1952년 미국무성 Smith-Mundt Program으로 처음 도미하는 도상에 일본에 체류하였을 무렵에 상술한 양학설이 일본형법계에 점차 침투되고 있는 사실을 알고, 그 후부터는 이 방면에 다소 흥미를 가져왔던 것이다. 그러나 Silving교수를 만난 이후부터는 그가 심리학, 특히 입체심리학(depth-psychology)을 형법분야에 동원하여야 할 필요성을 역설함에 영향을 받았음이 사실이고, 아직 그와 같이 analysis는 받지 않았으나 저자도 역시 미흡하나마 Freud연구를 시작하게 되었었다. 그 다음해인 1956년에 그는 Puerto Rico University의 Law School교수로 전임되었고, 저자는 Yale로 가게 되어 서로 헤어졌으나, 거년(去年) 6월 저자가 제3회 동서양철학가대회에 초빙을 받아 Yale대학에 다시 가게 될 때에 그는 Visiting Lecturer로서 Yale Law School에서 Comparative Criminal Law를 강의하고 있었고, 여기에서 양인은 spiritual union에서부터 점입가경(漸入佳境)하여 모든 의미에서의 union을 서약하고, 6월 1일 New York대학 Stoddard부총장 댁에서 백년해로를 언약선포하였던 것이다. 저자에게는 이 졸저가 한국에 있어서는 처녀작이니만큼 물론 근정(謹呈)코자 하는 분이 그 이외에도 있다. 더욱이 저자의 엄친에게 봉정코자 하는 마음이 간절하나, 그러나 다시 생각하면 이 나라의 독립과 영혼의 존엄을 위하여 묵묵히 그 몸을 바치신 가친은 땅 속에서라도 이런 졸저를 받으시기보다는 인간으로서의 위대한 생애를 받으시기를 더욱 기꺼워하실 것을 잘 알고 있기 때문에, 이런 유치한 소저를 바치는 것보다 오히려 앞으로 생애를 그의 흘리신 피의 제단 위에 바치기로 서약하고, 지금은 우선 저자에게 항상 청량제가 되고 심리학연구의 선구가 되어 준 나의 가장 존경하고 사랑하는 Helen에게 부끄러움을 무릅쓰고 이 소저를 드리고자 하는 바이다.[24]

1959년 6월에 서울대학교 법과대학 법학회(法學會)에서 『법학』이란 연구지를 창간하였는데, 이것이 후일 법학연구소에서 내어 오늘에 이르고 있다. 유기천은 비교법연구소를 법학연구소로 바꾸어 이 『법학』지의 발행인으로 책임을 지고 있었다.[25]

1959년에는 하와이대학교에서 주최하는 제3차 동서양 철학자회의(East-West Philosophers Conference)에 한국인으로 참석하여 최초로 「문화 이해에서의 장(場)의 이론」(Field Theory in the Study of the Culture: Its Applcation to Korean Culture)이란 논문을 발표하였다. 이 논문은 후일 찰스 무어(Charles

24 이 증언은 유기천의 『형법학』 교과서로 공부한 한국 법학도들에게 많이 회자되던 대목이다. 학생들은 "점입가경(漸入佳境)이 뭐지?" 하면서 농담을 하면서도 학문을 통한 국제결혼에 무한한 동경과 상상의 나래를 펴면서 공부하였다. 이에 대하여는 서울법대동창회 편, 『진리는 나의 빛』(서울법대 동창수상록), 『하늘이 무너져도 정의는 세우라』, 경세원, 1994년에 실린 유기천의 제자들의 회고문들을 참조.

25 『법학』지 창간호는 편집후기에서 "본지를 발행하기 위하여 서울대학교 법과대학의 전임교수와 학생 및 법학을 전공하는 서울대학교 대학원 학생을 당연회원으로 하고 서울대학교 법과대학 동창생 및 강사를 임의(任意)회원으로 하는 「서울대학교 법학회」(가칭)를 조직하려고 구상하고 있다"고 적고 있다. 창간호는 '서울대학교 법과대학' 발간으로 적고 있다. 당시 편집위원은 김증한, 서돈각, 김진 3인이었다. 제1권 2호(1959. 12)부터 「서울대학교 법학회」 발간으로 내려오다가 3권 2호(1962. 5)부터 「서울대학교 법학회」에 평의원을 구성하여 유기천 등 당시 교수 정광현, 이한기, 김기두, 황산덕, 김증한, 김기선, 서돈각, 정희철, 김진, 곽윤직으로 하고 유기천이 평의원 회장으로 되었다. 편집위원은 김기두, 정희철, 김진이었다. 그러다가 6권 1호(1964. 9)부터 서울대학교 부설 '한국법학연구소'로 발간되었는데, 이 호에는 유기천의 머리말 "본지의 출판은 아시아재단의 지원에 의하여 이룩되었고, 이는 동 재단에 의한 원조계획의 일부가 된다. 이로 인하여 앞으로 『법학』은 연 2회 이상 출판케 되었음을 경하해 마지않으며 동시에 동 재단에 대하여 심심한 감사를 드리는 바이다"라는 짤막한 머리말이 실려 있다. 유기천은 『법학』지에는 창간호부터 무슨 이유에서인지 거의 논문을 싣지 않고 있다가 3권 1호에 판례평석을 실었고, 6권 1호에도 서평을 실었을 뿐이다. 7권 1호(1965. 12)에 비로소 "Legal Education in the Far East"란 World Peace through Law(Washington)대회에서 발표한 논문을 실었다. 『법학』지는 8권 2호(1966. 12)부터 「서울대학교 법학연구소」에서 발간되고 있다.

Moore) 교수에 의하여 편집된 방대한 저서 「동서양의 철학과 문화」(Philosophy and Culture East and West)에 수록되어 널리 읽혀진 명논문이다.[26]

1950년대 말까지 유기천에게는 학문적 황금기였다고 할 수 있다. 한국의 법학도라면 그의 형법학 교과서가 바이블처럼 필독하였고, 1961년에 이미 대한민국 학술원 회원이 되었다. 뒤늦게 한 국제결혼이었지만, 그것이 오히려 그의 학문세계를 넓혀준 계기가 되기도 했다. 그러나 60년대와 함께 발발한 4 · 19학생혁명과 5 · 16군사쿠데타는 한 학자의 생애를 완전히 전도시켰다.

1961년에는 서울대학교 법과대학 학장직을 맡아 1965년까지 역임하였다. 동시에 그의 노력으로 1962년 6월에 서울대학교 안에 사법대학원을 개설하여 소장직을 겸임하였다.[27] 이 시기는 박정희군사정권이 탄탄히 기초를 놓는 때였고 한일회담 등 중요한 시국사건으로 대학이 격심하게 소용돌이치던 때였다. 대학행정을 책임진 유기천은 "징계도 교육"이라는 신념 아래 학생데모의 주동자를 엄격히 처벌하는 원칙주의자로 임했다. 특히 1965년 5월 22일 법대생들의 동맹휴학결의에 대하여 주동학생들을 불법집회, 수업방해, 교수에 대한 불손행위로 처벌을 결정하고 무기정학 2명, 유기정학 20명, 근신 13명에 처분을 교수회의의 결의로 집행하였다. 당시 『동아일보』는 다음과 같이 유기천 학장과의 대담을 싣고 있다.

> 대부분의 학생들은 공부하려고 애를 쓰는데 극소수의 학생들이 다른 학생들을 선동, 조용한 학원 분위기를 깨침은 도저히 용납될 수 없다. 학생의 징계도 교육의 한 과정이며 학교당국의 처사가 옳다. 학생들은 학원을 떠나면 생명을 잃는 것이 아니냐? 학원의 자유란 그런 한도 안에서만 보장되고 또 그것이 참다운 학원의 자유인

26 Charles Moore, ed., *Philosophy and Culture East and West*, Univ. of Hawaii Press, 1962, pp. 648-669. 이에 대한 논평은 최종고, 『한국법사상사』, 서울대출판부, 1989, 354-359쪽; 최종고, 「한국문화와 법사상」, 『法史와 法思想』, 박영사, 1980.

27 사법대학원을 소개하는 Graduate School of Law: 1963-64(Seoul National University Bulletin)에는 유기천 원장이 직접 강의실에서 강의하는 인상적인 사진이 실려 있다(서울법대 귀중문서실 소장).

데 학생들은 이를 남용하고 있는 것 같다. 학원의 질서를 깨뜨리는 학생들은 앞으로 도 철저히 다스리겠다.[28]

이러한 단호한 태도가 학생들과 언론에게는 비판을 샀고, 청와대에서는 박정희 대통령이 유심히 관찰하고 있었다.

3. 서울대학교 총장

점점 어려워지는 사태 속에서 서울대학교는 각 단과대학 학장들이 총사퇴를 결의하는 긴급회의를 열었다.[29] 여기에서 신태환(申泰煥) 총장의 면직이 발표되었고, 후임총장에 유기천 법대학장이 임명되었다. 유기천은 자신의 총장 수락 경위에 대하여 다음과 같이 증언을 남기고 있다.

워싱톤에서 열리고 있는 '법을 통한 세계평화'에 참석하기 위해 출국을 준비하고 있을 무렵 나는 청와대로부터 갑작스런 전화를 받았고 1965년 8월 27일 이른 아침 청와대를 방문하게 되었다. 청와대에 도착하니 대통령 비서실장이 나를 맞아 윤천주문교 장관에게 안내했다. …… 나는 대통령과 1시간 남짓 이야기를 나눴다. 대통령은 방금 윤 장관을 해임했다고 말했다. 학원사태를 통제할 능력이 없기 때문이라는 것이었다. 그리고 나서 그는 내게 총장직을 제의했다. 내가 그 영광을 금방 받아들이지 않고 망설이자 그는 당혹감을 감추지 못했다. 당시 대통령과 내가 나눈 이야기는 대충 이러했다. 나, "솔직히 각하와 저는 서로를 잘 모릅니다. 그러니 서로의 개성과 뜻하는 바를 알지 못한 채 함께 일한다는 것은 현명치 못하지요." 박, "사실 나도 당신을 잘 모릅니다. 그러나 법대 학장으로서의 행적은 알고 있습니다. 꽤 유심히 지켜 보았어요. 학장 일을 훌륭히 해내실 수 있다면, 총장 일도 훌륭히 수행하실 수 있으리라 믿습니다." 나, "그래도 말입니다. 예컨대 대통령께서는 대학이 동

28 『동아일보』, 1965년 5월 22일자.
29 이 회의에 유기천 법과대학장은 참석하지 않았다. 『동아일보』, 1965년 8월 27일자.

쪽으로 향하길 바라는데 나는 서쪽으로 향하기를 원한다고 할 때 어찌 하시겠습니까? 그런 의견 분열은 비극을 초래할지도 모릅니다. 그러므로 제가 서울대 총장직을 올바로 수행해가기 위한 몇가지 원칙에 동의하신다면 총장직 수락을 고려할 수도 있습니다." 박, "말씀해 주십시오. 생각하고 계신 원칙이란 것이 어떤 것입니까?" 나, "세 가지 조건이 있습니다. 내 첫 번째 관심사는 대학의 기능을 제대로 회복시키는 것입니다. 대학은 자연과학 및 사회과학 분야에서 창조적이고 과학적인 진보를 이룩하기 위해 만들어진 기관입니다. 이 목적을 달성하려면 학생과 교수 모두에게 학문의 자유를 주어야 합니다. 어떤 일을 하든, 학원에 자유가 없으면 총장직 수행이 전적으로 불가능합니다. 두 번째 조건은 개인적인 것입니다. 내키지 않았음에도 불구하고, 저는 지난 수년 동안 법대 학장이라든지 교무처장 같은 보직을 맡아야 했습니다. 학문적 일에만 헌신하고 싶어했는데도 말입니다. 총장 일과 함께 학생을 가르치고 연구하는 일도 병행하고 싶습니다. 세 번째 조건은 이렇습니다. 제가 이 자리를 수락한다면, 각하와 직접적인 통로를 갖고 싶습니다. 결단코 각하의 보좌관들과 회합을 갖는 선에서 그치고 싶지는 않아요. 각하와 접촉하기 위해 다른 각료들을 거치고 싶지 않습니다. 방금 윤 장관을 해임하셨다는 이야기를 들었으니 조건 하나를 더 덧붙여야겠습니다. 서울대총장과 문교부장관의 직무는 밀접하게 얽혀 있으니까 윤 장관의 후임을 결정하실 때까지 제 임명을 미뤄주십시오. 이 조건들에 대한 박 대통령의 반응은 나를 매우 놀라게 했다. "조건을 수락하지요. 그럼, 새 문교부장관으로 누구를 임명할 것인지 비서관과 상의해 주시지 않겠습니까?" 대통령이 종을 울리자 비서관이 들어왔다.[30]

이렇게 임명된 신임 유기천 총장에 대하여 『대학신문』은 다음과 같이 보도하였다.

한일협정 비준반대를 에워싼 데모와 성토의 만성적인 열풍은 개학초일부터 대

30 유기천, 「나와 박정희와 학문의 자유」, 『신동아』 1988년 8월호, 374쪽.

학을 마비시켰고 이에 대한 당국의 대책을 급기야 총장경질로 새 국면을 조성하기에 이르렀다. 27일자로 제9대 서울대 총장에 임명된 유기천 법대학장은 이러한 새 국면 속에서 앞으로 어떻게 현상을 수습하고 새 질서를 잡게 되는지 주목을 모으고 있다. 유 총장은 23일 아침 9시 50분 청와대로 들어가 박 대통령으로부터 사령장을 받고 이날 오후 3시 새총장 주재 첫 학장회의를 본부 회의실에서 열었다. 이 회의에서는 임명인사와 함께 당면한 사태수습에 관한 대책을 논의하고 일주일간 휴교를 결정하였다. 토요일 오후의 한적한 캠퍼스 안에 총장으로 첫 등청한 유 박사는 잠깐 틈탄 기자의 질문에 답하여 "아직 정식취임을 못했기 때문에 무어라고 말할 수 없다. 앞으로의 방침이나 소신은 취임식 때 밝히겠다"고 말하고 우선 서울대의 전반적인 현황을 파악해야 하겠다고 말했다. 그러나 현사태의 수습에 대하여는 "불이 붙어 타오르고 있는 상태이니 어떤 방법으로든 불을 꺼야 할 것이다. 현 사태는 근본적으로 잘못되어 있다"고 잘라 말하면서 단호한 수습책을 마련할 것이라는 시사를 주었다. [교권에 의한 학원질서 유지]를 강력한 소신으로 밀고 나온 전례가 상기된다. 당면 50세의 형법학자인 유 총장은 61년부터 법대학장직을 맡아왔고 62년도엔 사법대학원을 창설, 그 원장직을 겸임해왔다. 59년엔 본부 교학국장을 역임한 경력도 있어 대학행정엔 밝은 편이다. 동경제대 출신, 미국 예일대 법학박사인 유 총장의 행정력에 기대가 크다.[31]

1965년 9월 15일, 유기천은 제9대 서울대총장 취임식에서 다음과 같은 취임사를 하였다.

…… 본인은 이 대학의 사명이 Poincaré식 진리탐구 자체에만 국한한다고 보고 싶지는 않습니다. 우리 조국에 이바지할 수 있는 지도자적 인격을 구비한 지성인을 산출함이 이 대학이 지닌 또 하나의 큰 사명입니다. 이런 의미에서 우리는 현금 우리사회가 흔히 지성의 빈곤으로 인하여 나아갈 지표를 잃고 사상적인 anarchy에 빠

31 『대학신문』, 1965년 8월 30일자.

지고 마는 때가 있는 데 대하여 서울대학교는 깊은 책임을 느껴야 할 것으로 압니다. 역사적 현실에서 볼 때 이 나라의 빛과 소금이 될 참된 지도자를 교육 배출하는 일 이상 더 중요한 일이 이 대학으로서는 없을 것입니다. 이른바 인간투자가 이 대학이 우리 조국에 대하여 지닌 사명일 것입니다. …… 우리 대학의 자유란 개념 속에는 정치활동의 자유는 포함되지 않습니다. 여기에는 문제점이 전혀 없는 것은 아니지만은 이 대학이 그 본래의 사명을 다하기 위하여는 당분간 정치활동과는 유리되어야 하겠습니다. 교수 중에 정치적으로 지나친 활동을 하는 이른바 데마고그형의 교수가 있거나 혹은 권력층에 아부하는 이른바 running dog형의 교수가 있다면 이것은 크게 문제가 되지 않을 수 없습니다. 대학의 자유란 구호 밑에 그 실은 정치활동을 해보려는 성실성을 결여한 인간은 신성한 진리의 전당에 설 수 없기 때문입니다. 이 대학의 제일의 사명이 이 나라의 지적 수준을 끌어 올려 국제적인 수준을 능가하는 세계적인 대학을 만드는 데 있음은 최선을 요치 않습니다. 본 대학교는 integrity(성실성)와 creativity(독창성)를 가지고 문화적으로 세계적인 공헌을 하여야겠습니다. …… 성서에 people without vision will perish(비전이 없는 국민은 망한다)라고 단언한 명구는 어느 국가이든지 보편적으로 타당한 진리이지만은 우리 나라에 역시 타당하다고 봅니다. 이 나라의 비전을 세우고 이 겨레를 영도하여야 할 책임은 우리 서울대학교에 있다고 확신코자 합니다. 이 대학이 소기의 사명을 하느냐 못하느냐가 바로 이 민족이 국토를 통일하고 참된 독립국가를 이룩하느냐 못하느냐와 직결되어 있다고 확신하는 바입니다. 알키메데스가 그 옛날 시라큐스 함락 시에 한 적병이 그를 죽이려 할 때에 Noli turbare circulos meos(내가 그린 원을 침범치 말라) 일갈하던 그 동일한 학문적 기백으로 서울대학교를 지키고 이 대학의 사명을 다 할 수 있다면 본인의 소원은 그 이상이 없을 것입니다. 최근에 여러 가지 불행한 일들을 통하여 이 대학은 그 본래의 사명을 다 하지 못하였을 뿐만 아니라 적지 않은 불명예를 입은 것으로 봅니다. ……[32]

32 유기천, 「대학의 본질 및 그 사명의 완수(제9대 총장 취임사)」, 『역대총장식사록』(歷代總長式辭錄), 서울대학교, 1985, 147-153쪽.

유기천의 총장취임 이후 이른바 정치교수 파면 사건이 있었는데, 서울법대의 황산덕(黃山德), 김기선(金基善) 양 교수의 파면에 대해 유 총장의 '음모'라는 풍문이 돌았다.[33] 유기천의 총장으로서의 신념은 이듬해인 1966년 2월 26일 제20회 졸업식의 총장식사에서도 잘 드러났다. 졸업생들에게 "조국에 공헌하는 웅지를 품자"고 강조하면서, 국가발전의 중책을 가진 대학의 사명을 인식하고 성실한 인생태도를 형성하여야 한다고 촉구하였다. 그는 졸업생들에게 축하보다도 혼란스런 대학현실을 솔직히 설명하면서 각성을 촉구하였다. 그 일부를 인용해 본다.

> …… 아무리 어려운 문제에 봉착하더라도 소신에 대하여 신념을 가지고 용감하게 매진해 나가야 됩니다. 단테가 그의 필생의 명저 『신곡』(神曲)에서 언급한 바와 같이 정의를 위하여 싸울 용기도 없고 악을 행할 기력도 없이 비겁하게 일생을 보낸 자들은 죽은 뒤에 [아케론테] 강변언덕에서 이 세상에서 피를 흘리지 못하였던 댓가로 벌떼의 공격을 받아 피를 흘리게 된다는 비유와 비슷한 운명이 되고 말 것입니다. 제군들의 일거수일투족(一擧手一投足)에 대하여 우리 겨레는 큰 기대를 걸고 있는 터이므로 항상 우리민족의 사표(師表)가 되는 행동으로 나타나야 될 줄 믿습니다. 지금 이 순간에도 우리의 사랑하는 젊은이들은 먼 이역에서 자유와 정의를 위하여 피를 흘리고 있습니다. 반드시 육체적인 생명을 바치는 것만이 아니라 전 생애를 조국의 참된 영광을 위하여 바친다는 것은 더욱 큰 의미를 갖는 것이라고 생각합니다. 애국을 항상 외치는 사이비 애국자나 주관적 애국자들은 이 사직(社稷)을 좀먹는 우리겨레의 적(敵)임을 잘 알고 있는 여러분은 어떤 것이 이 나라를 사랑하는 길인가를 알고 있을 줄 확신합니다.……[34]

33 당시 『동아일보』, 1965년 9월 4일자에 따르면, 권오병 문교장관이 징계대상에 오른 정치교수는 전국에 21명인데, 원래 황산덕, 김기선 교수는 명단에 들어 있지 않는데 파면되어 유 총장이 의혹을 산 것이다. 황산덕은 『동아일보』, 동년 9월 25일자 인터뷰에서 "모두 그 사람 장난이야"라고 하였다. 유 총장은 문교부에 대해 양호민, 황성모 교수의 징계를 반대하였는데, 양호민 교수는 자진 사퇴서를 내었다(『동아일보』, 동년 9월 25일자).

34 유기천, 「대망을 품고 빛나는 장래설계」, 『역대총장식사록』, 1985, 162-165쪽.

뒤이어 3월 7일의 입학식 훈사에서도 민족사명을 자각하고 학업에 정진할 것을 당부하면서 "대학의 부흥 없이는 국가부흥이 있을 수 없다"라고 강조하였다. 그 일부를 인용해 본다.

> 독일은 30년 전쟁에서 인구의 3분의 1이 없어졌지만 그 재난을 불굴의 의지를 가지고 이겨냈던 것입니다. 현재 상태가 어렵다는 것은 도리어 그것을 혁신하고 위대한 개혁을 위한 하나의 가능성도 된다는 것을 제군들은 아무쪼록 자각해 주시기 바랍니다. 그 옛날 마케도니아의 필립스왕이 인근 국가들을 석권할 때 이는 자기의 할 일이 적어짐을 의미한다고 보아 부군(父君) 필립스의 승전보고(勝戰報告)가 전해질 때마다 눈살을 찌프리고 있었다는 알렉산더대왕의 기백을 제군은 가져야 될 줄 압니다. 참된 용기에는 참된 지식의 뒷받침이 있어야 합니다. 지혜가 따르지 않는 용기는 포호빙하(咆虎馮河)의 우자(愚者)밖에 안 되기 때문입니다. 이런 의미에서 제군은 깊은 학문연구에 먼저 전념해야 합니다.[35]

이상 취임사, 졸업식사, 입학식사에서 보았듯이 유기천 총장의 수사(修辭)는 동서고금의 예를 들어가면서 현학적(衒學的)이리만치 박식한 내용을 담으면서도 그 표현이 매우 강직하고 정열에 차 있음을 볼 수 있다. 그는 정말 총장으로서 대학과 사회를 위하여 최선을 다하려 했다. 그러나 복잡한 사회상황과 대학의 위상은 그의 꿈을 실현하기에는 너무나 거리가 있었다. 무엇보다 계속되는 학생데모 사태는 그의 직무수행에 많은 차질을 주었다.

유기천은 총장으로서 크게 당면한 문제로서 한일국교정상화와 대학의 자유확립을 생각하고 있었다. 그도 일본에서 공부하고 한일관계에 깊은 관심이 있었기 때문에 양국은 어떻게든 정상적 국교관계가 이루어져야 된다고 생각하고 있었다. 그리하여 국교정상화에 유리한 방향으로 대학내 여론을 조성하기 위하여 치밀한 계획을 세웠다. 그는 당시의 상황을 이렇게 회고한다.

35 유기천, 「민족적 사명 자각적 학업에 정진」, 『역대총장식사록』, 1985, 166-170쪽.

나는 국교정상화에 유리한 방향으로 학원가의 여론을 조성하기 위해 치밀한 계획을 세웠다. 나는 먼저 학장회의를 소집했다. 그 무렵 서울대는 11개의 단과대학과 6개의 대학원으로 구성되 있었는데 학장들에게 국교정상화의 필요성을 설득하고 협조를 부탁했다. 나는 각 대학을 돌며 교수들을 설득하기로 하고 그 일정표를 짰다. 당시의 서울대 단과대학들은 여기 저기 흩어져 있었으므로 일주일에 두곳 이상 방문하기는 힘들었다. 내가 처음으로 찾아간 대학은 문리대였다. 문리대는 규모도 제일 큰데다가 반대세력이 가장 강한 곳이었다. 열띤 토론 끝에 나는 다행히도 교수들 대부분의 동의를 얻어낼 수 있었으며 그들에게 학생설득의 임무를 맡겼다. 교수들은 협조해 주었고 학생시위는 가라앉았다. 비슷한 식으로 나는 차례차례 각 단과대학을 방문해 그 때마다 마찬가지의 성공을 거두었다. 마지막으로 찾을 곳은 법대였다. 법대의 시위는 자못 심각했다. 나는 그곳 교수들과 학생들에게 친숙해 있는 만큼 설득작업이 다소 쉬우리라 생각하고 있었다. 단과대학 순방을 계속하고 있는 동안 나는 북한의 짓이라고 의심되는 협박편지와 전화를 여러번 받았다. 이런 위협은 시간이 갈수록 잦아졌고 내용 또한 점점 더 불쾌해져 갔다. 내 기(氣)를 꺽으려는 의도임이 분명했으나 총장이 된 지 몇주 동안 나는 7-8개 대학을 돌아다녔다. 너덧개 대학만 남은 셈이었다. 거기서는 아직도 시위가 한창이었고 시간과 인내가 좀더 필요했다. 그러나 박 대통령과 그 보좌관들은 내 계획에 따라 그때까지 진척된 상황을 이해하지 못했다.[36]

이러한 불안한 학원사태 속에서 유 총장은 박 대통령과 직접 접촉을 하였는데 그 분위기가 어떠하였는지 자신의 회고록에서 다음과 같이 적나라하게 적고 있다. 이것은 당시 두 사람의 애증관계를 잘 보여주는 대목이라 생각되어 그대로 인용해 본다.

어느 날 아침 나는 대통령 집무실로 호출됐다. 내가 들어서자마자 대통령은 소리

36 유기천, 「나와 박정희와 국민의 자유」, 『신동아』, 1988년 8월호, 375쪽.

쳤다. "뭘하고 있는 거요? 학생들의 불법적인 행동을 멈추게 하기로 하지 않았소? 그런데 시위는 아직도 계속되고 있단 말이오. 이 문제를 평화적으로 해결할 수 없다면, 군대를 보내 서울대를 점령하여 질서를 회복시킬 수밖에!" 그는 목청껏 소리를 질러냈다. 나는 그 장광설에 반박하지 않고 골똘히 그를 쳐다보기만 했다. 마침내 그가 말을 멈추고 내 대답을 기다리는 듯했다. 나는 정말 무척이나 화가 나 있었다. 그의 의도를 읽어낸 때문이었다. 그의 목적은 나를 자기의 수하(手下)에 넣어 총장을 시켜 놓고 내 이미지를 이용해 덕 좀 보자는 것이었다. 그래서 나는 대답했다. "이제 소리 다 지르셨습니까?" 이런 대답을 그는 상상도 못했을 것이었다. 나는 계속했다. "소리를 다 질렀다면 이제 제가 말씀드리겠습니다. 서울대에 군대를 보내겠다는 식의 발언은 참을 수가 없습니다. 겨우 몇주 전에 한 약속을 벌써 잊으셨습니까? 제게 책임을 맡기고 방해하지 않겠다고 하지 않으셨나요? 저는 대학을 돌면서 계획대로 아주 잘 해내고 있습니다. 자, 군대를 보내고 싶으면 어서 보내 보십시오!" 나도 화가 나 있었기 때문에 목청껏 소리를 질렀다. "저는 약속을 지키지 않는 사람과는 함께 일할 수 없습니다. 총장직을 당장 물러나겠습니다." 이렇게 말하고 나는 대통령 집무실을 나서서 긴 복도를 걸어갔다. 대통령이 나를 죽일지도 모른다는 생각이 얼핏 들었다. 그러나 만일 그렇게 된다면 그는 그 대가로 암살의 위험을 무릅써야 할 것이었다. 20초쯤 지났을까. 나는 뒤쫓아 달려오는 발소리를 들었다. 박 대통령이었다. 그는 내 왼팔을 붙잡으며 말했다. "화나게 해서 미안합니다. 할 말이 있어요. 내 집무실로 돌아갑시다!" "제가 왜 되올라가야 합니까? 우리의 합의사항을 하나도 이해하지 못하고 있는 것 같은데……" 이런 실랑이를 한동안 벌이다가, 그의 태도가 변해 내 얘기를 진지하게 들어줄 것 같아 보여 나는 집무실로 발길을 돌렸다. 대통령은 솔직히 학원문제는 잘 알지 못한다고 시인했다. 자신은 단순한 군인이기 때문에 전반적인 사태 추이를 파악하지 못하고 있다고도 말했다. 그래서 나는 내 계획을 알려주고 내 활동 상황을 대충 말해주었다. 그 이후 그는 종을 울려 비서관에게 점심을 준비하라고 일렀다. 나는 선약이 있어 실례해야겠다고 말했으나 그는 '대통령은 다른 어떤 사람보다 우선권이 있다' 고 주장하며 함께 식사하자고 고집했다. 식사를 하면서 나는 대통령에게 학원의 자율이 왜 그렇게 중요한가를 충분히 설명했다. 대통령의 태도는 마치 절친한 친구를 대하는 것처럼 놀랍도록 부드러워져 있었다. 12시 30분쯤 그의 어린 아들 지만군이 들어와 대통령에게 인사하고 방금 학교에서 돌아왔다고 말했다. 대통령은 아들에게 내게도 인사를 하라고 일렀다. 마치 내가 새로운 가족이라도 된 것처럼, 처음의 긴장된 공기는 순식간에 화기애애한 분위기로 바뀌었다. 오후 3시경까지 나는 정치를 포함한 제반 문제에 대해 대통령과 의견을 나누었다. 나는 계속해서 나머지 단과대학들을 돌아다녔다. 거의 모든 교수들이 국교 정상화에 대한 내 의견을 지지해 주었고 그 무렵 국교정상화조약 초안이 국회를 통과했다. 대학에는 다시 평화가 찾아왔다.[37]

그러나 이때부터 유 총장과 박 대통령은 신뢰관계에 금이 갔고, 두 사람의 오랜 갈등이 시작되었다. 그는 학생들의 데모가 점점 이데올로기적으로 위험수위에까지 이른다고 판단하여 그 주모자들에 대하여는 엄격한 처벌을 해야만 중지될 수 있다고 판단하였다. 이러한 그의 태도가 언론에 의하여 점점 비판적으로 보도되기 시작하였다. 그는 심지어 집에서마저 신변의 위협을 느껴 권총을 휴대하도록 해달라고 동대문경찰서에 요청한 사실이 신문에 보도되면서 '권총 총장' 이라는 식으로 매도되기까지 하였다. 결국 유기천은 사표를 제출하였다.

유기천은 1966년 11월 30일 이임식에서 만감이 교차하는 착잡한 심정으로 다음과 같은 이임사를 하였다.

…… 오늘 이 사람이 본 대학교 제9대 총장직을 떠나면서 먼저 깊은 애석의 정을 느끼고 있음을 말씀드리지 않을 수 없습니다. 물론 회자정리(會者定離)의 이 세상에서 어느 때엔가는 떠나야 함은 도리어 당연한 일일 것입니다만은 어떠한 의미에 있어서는 정상적이라고 할 수 없는 본 대학에서 대학의 본질을 찾고 그 본질에 입각한 고유의 사명을 다 할 수 있는 그 터전조차 마련해 놓지도 못하고 '바람같이 사라지는' 것 같은 인상을 주는 것이 심히 본인으로서는 유감스럽다는 것을 말하지 않을

37 위의 글, 376쪽.

수 없습니다. 그러나 본인은 희로애락의 감상에만 도취되어 있기에는 너무도 긴박한 이 나라의 현실을 직관할 때에 차제에 우리의 문제점을 다시한번 더 분석 검토해봄이 무의미하지 않을 상 싶습니다. …… 항간에는 흔히 언론인의 선전에 현혹되어 총장이 엄벌일변도로 돌진하다가 학생들에 반발에 부닺쳐 물러나게 된 듯 한 거짓된 착각에 사로잡혀 있으나 통찰력이 예리한 지성인들, 사랑하는 우리 학생들은 진실이 그렇지 않다는 것을 정확히 판단하고 계실줄 믿습니다. 원래 정적인 자연을 묘사함에도 숙련된 화공이 아니고는 불가능하거늘 항차 유동적이요 항시 가치판단이 수반되는 인간사회의 이벤트를 정확하게 서술하는 일은 몇배나 더 어려운 일임은 물론이요 뿐만 아니라 우리의 현실은 소수집단의 이른바 '정치적' 목적 때문에 악의에 찬 허위보도를 능사로 하고 있고 또한 이런 허위의 가상이 이 사회에 큰 영향을 끼치고 있다는 웃지 못할 현실에 의의를 우리는 검토하여야 합니다. 이는 메스콤으로 인하여 빗어진 가상이 진상을 말살해 버릴 우려에서가 아니라 혹은 옥석(玉石)이 혼돈됨으로 옥의 가치가 훼손될 것을 두려워해서가 아니라 언론의 자유가 남용됨으로서 언론자유의 기초가 상실된다는 것은 즉 이 나라를 세우는 들보의 하나가 썩고 있다는 것을 의미하기 때문임은 말할 것도 없습니다. ……[38]

이처럼 유기천은 언론에 의하여 희생물이 되는 한국 현실을 마지막으로 신랄히 지적하면서 총장직을 마감하였다. 이러한 지적은 후일에도 문제 많은 언론과 대학과의 함수관계에 있어서 아직도 미해결의 장으로 남아있는 선구적 발언이라 할 것이다.

총장직에서 물러났지만 유기천은 박 대통령과의 약속대로 법대교수로 계속 남아 형법학을 강의하였다. 물론 대학은 계속 소용돌이쳤고 날이 갈수록 박정희 정권의 독재화는 점점 그 도를 더해 갔다.

1969년 8월부터 1년간 부인이 있는 푸에르토 리코에 안식년으로 가 있다가 돌아온 유 교수는 한국 상황이 엄청나게 바뀐 것을 발견하였다. 박정희 대통령이

38 유기천, 「각자의 본분에 충실하자(이임사)」, 『역대총장식사록』, 1984, 175-179쪽.

세 번째 중임(重任)을 하기 위하여 헌법을 개정해 놓았던 것이다. 이를 둘러싸고 대학가는 더욱 격렬한 학생운동이 있었고 계속하여 학생들의 희생이 늘어갔다. 1971년 4월 12일 교련철폐를 요구하는 학생데모가 치열한 가운데 체루탄 연기 속에서 강의에 임했다. 130여 명이 청강한 형법총론 강의시간에 유 교수는 강의실에 들어서자마자 "이 중에 학생 아닌 사람이 있으면 나가라" 하면서 학생들로 하여금 한 사람씩 신분을 확인케 했다. 무슨 이유에서인지 몰랐던 학생들은 오히려 이상하게 생각되기까지 하였다. 이어서 유 교수는 다음과 같이 말하였다.

> 여기에 정보원이 있으면 자진해서 나가라. 나는 제자 아닌 그들을 상대하고 싶지도 않다. 그리고 문을 꼭 잠가라. 나는 연 3일 동안 잠을 제대로 자지 못하고 오늘의 상황에서 내가 해야 할 일이 무엇인가를 곰곰이 생각해 보았다. 아예 학교에 나오고 싶지도 않았으나 사랑하는 제자에게만은 나의 의사를 밝히는 것이 스승의 도리라고 생각해서 학교에 나왔다. 나는 지금 형법을 강의할 필요를 느끼지 않는다. 강의실에서 형법을 가르친다지만 바로 교문 앞에서는 권력에 의한 폭력이 그대로 자행되고 있는데 학문을 해서 무엇을 하겠는가? 법이 존재하지 않는 곳에 법학강의는 무의미하다. 이런 상황 속에서는 학자적 양심으로서 도저히 강의할 수 없다. 나는 학교에 가까운 곳에 살면서도 이러한 중대 사건의 내용을 늦게서야 알게 되었다. 법대학생이자 총학생회장인 최희원 군의 후두부를 뒤에서 내리친 것은 형법상 미필적 고의에 의한 살인미수죄에 해당하는 것이다. 총학생회장이라면 15000 서울대인을 대표하는 사람인데 희원 군에 대한 이런 야만적인 행위는 전 서울대인에 대한 모독인 것이다. 동물도 뒤에서 잡지 않는데, 비인간적으로 사람을 뒤에서 물건을 패듯이 하는 사태를 나는 중시한다. 내가 알기로는 그날 교문 앞에는 무궁화 둘을 단 지휘자가 있었고 그 고위책임자의 지휘에 따라 계획적으로 희원 군의 뒤에서 곤봉으로 그의 후두부를 내리쳤던 것이다. 공무원이 그 지휘를 남용하여 범죄를 저지를 때는 엄중히 처벌하기로 되어 있는데 이런 살인미수죄가 기소가 되기는커녕 문제조차 되고 있지 않은 현실에 대해 그것을 시킨 책임자가 누구인가를 색출해서 처벌하지 않는 한 법치주의란 아예 공염불일 뿐이다. 희원 군 문제뿐만 아니라 현실을 보면 어떠한

가? 현 정권은 무엇 때문에 국민에게 위기의식을 불어넣고 있는가? 지금이 반드시 위기라고 할 수는 없다. 이것은 오로지 빈부의 심각한 양극화와 국민의 분열에서 생기는 국민의 불만을 억누르기 위함이며 국민의 기본적인 자유와 권리를 억눌리고 독재정권 확립을 촉진할 뿐이다. 분명히 정부고위층 중에 국민분열을 통한 국력 손실을 획책하는 자가 있다고 보며 나는 그것에 관한 구체적인 자료를 수집하고 있는 중이다. 그리고 내가 얼마전 자유중국에 갔을 때 자유중국의 고위층 장교로부터 지금 한국에서 자유중국의 총통제를 연구하러 온 사람이 있다고 말하는 것을 듣고 정말 놀랐다. 총통제를 실시하려는 것은 국민을 모독하는 처사로서 국민의 이름으로 규탄받아 마땅할 것이다. 내가 이런 말을 할 때 나의 거취문제가 어떻게 될 것인가 하는 것은 짐작이 갈 만도 하지만 그러나 여기서 주저할 수야 없지 않는가? 대학의 자유는 존엄한 것인데 한국에서는 이다지도 중대한 침해를 받고 있다. 희원 군 문제의 해결을 위해 총장, 문교부장관, 기타 관계자를 만나 교섭을 하는 데는 시간이 필요할 테니까 이 문제가 해결될 때까지 당분간 강의는 하지 않겠다. 대학의 자유는 중요하다. 이러한 폭력집단보다도 더한 행위에 대해 대학의 자유를 지키기 위해 법의 범위 내에서 끝까지 싸우자.[39]

다음날 정부는 휴교조처를 내렸다. 조기방학이 이루어지자 유 교수는 계획했

39 이 문헌은 당시 서울법대 학생회에서 발간한 『자유의 종』에 수록된 것을 인용한 것이다(현재 서울법대 귀중문서실 소장). 이에 대해 유기천 자신은 다음과 같이 회고해 적고 있다. "월요일이 밝아왔다. 형법강의에 들어간 나는 교실을 꽉 채운 학생들에게 다음과 같이 밝혔다. '여러분이 알다시피, 지난주 수요일 법대 교정에서 여러분의 학우 최군이 경찰에 의해 심하게 다치고 의식을 잃은 채 모처로 끌려갔습니다. 그는 아직까지도 돌아오지 않았어요. 나는 이 사실에 깊이 충격을 받았습니다. 이런 상황하에서는 형법강의를 계속할 수 없습니다. 형법이란 국가의 법률제도 한에서 특별한 기능을 수행합니다. 모든 법률 중에서, 가장 직접적으로 인간의 자유를 구속하는 것이 바로 형법입니다. 그렇게 함으로써 형법은 법질서를 보호하는 것입니다. 그 형법이 단지 제약을 주기 위한 도구나 권력에 무제한의 힘을 제공하는 무기로 쓰이지 않기 위해, 법의 정신으로 형법의 전횡을 막아야 합니다. 대학 사회에서 법의 정신은 바로 학원의 자유입니다. 경찰이 교정에 침투해 와 학생에게 폭력을 행사하도록 내버려 두어서는 안 됩니다. 그러니 힘을 합해 학원 자유를 지킵시다. 폭력이 아닌 평화적인 방법으로.' 나는 두 시간 동안 학원 자유의 역사와 그 본질에 대해 설명했다. 학생들은 자신들이 따르는 교수가 자유를 위한 투쟁에 합류했다는 사실에 크게 고무했으며 나의 발언은 그들의 투쟁에 의미를 부여했다. 나는 내가 한 일을 학장과 대통령에게도 알렸다. 그렇지만 학생들은 거리로 밀려나갔고 사회 안정은 붕괴위험에 빠졌다.

던 대로 독일의 프라이부르크(Freiburg)에 있는 막스 프랑크 형법연구소(Max-Planck Institut für ausländisches und internationales Strafrecht)에 DAAD의 지원으로 3개월간 체류 예정으로 떠났다. 그는 그곳에서 부인과 함께 연구하고 강연도 하였다.

1971년 가을에 돌아와보니 대학의 분위기는 지난 학기와 다름이 없었다. 법대생들을 포함하여 많은 학생들이 체포되어 갔다. 11월 2일 교수회의에서 유 교수는 학생들의 구속 경위에 대해 따져 물었다. 이에 대하여 유기천은 다음과 같이 기록을 남기고 있다.

> 교수회의에서 나는 곤란한 질문을 던졌다. "무슨 근거로 지난번에 학교가 학생들을 내쫓았습니까? 군부의 명령에 따른 것입니까? 아니면 다른 정당한 근거가 있는 것입니까?" 학장이 대답했다. "박 대통령이 직접 제적을 명령했기 때문에 피할 도리가 없었습니다." 나는 목소리를 높여 되받았다. "어떻게 학교의 대표라는 사람이 그렇게 말할 수 있습니까? 만약 대통령이 그런 명령을 내렸다면 그는 형법 123조에 명시된 탄압죄에 해당됩니다. 물론 과정상 대통령의 경우는 먼저 탄핵을 받고 재판을 거쳐 구형을 받아 수감돼야 하겠지요. 최고 5년 징역에 10년 이하의 자격정지 선고가 내려져야 할겁니다. 그런데 어떻게 그런 범죄 행위에 가담할 수 있습니까? 공직자로서 당신에게는 당신이 알아낸 범죄 사실을 일반에 알릴 의무가 있었습니다." 여기까지 이야기했을 때 나는 동료 대부분이 자리를 뜨고 있다는 사실을 깨달았다. 내 옆자리에 앉아있던 교수는 내 소매를 잡아당기며 소리를 죽여 "제발 그만 두십시오. 그만하세요."라고 호소하고 있었다. 학장은 교수회의를 서둘러 마감했다. 그를 비롯한 몇몇 교수들이 내 입장이 곤란해질 것이라며 나를 설득하려 들었다. 나는 그들의 경고를 무시하고 집으로 돌아왔다. 그날 저녁 늦게 기관원에게서 전화가 몇통 걸려왔다. 한결같이 좀 보자는 거였다. 나는 바쁘다고 거절해 버렸다. 나는 단지 문교부에서 나온 관리 한 사람만을 다음날 아침 만나 내 입장을 아주 자세하게 설명했다.[40]

40 유기천, 『신동아』의 앞의 글, 381-382쪽.

다음날 저녁 유 교수는 제자인 한 검사로부터 체포될 터이니 피신하라는 전갈을 받았다. 그 길로 2개월 남짓의 피신생활을 하였다. 미국 대사관에 주로 있었다고 알려져 있지만 기관원이 체포하러 오면 그 이전에 이미 소식을 듣고 다른 곳으로 옮겼다.[41]

미국에서는 부인 실빙 여사가 남편의 구명을 위해 노력하였다. 그녀는 하버드 로스쿨의 루이스 로스(Louis Loss) 교수에게 요청했고, 로스 교수는 하버드에서도 실력자인 라이샤워(E. Reischauer)에게 얘기했다. 라이샤워 교수는 한국으로 김종필 국무총리에게 유 교수를 미국으로 보내달라고 간곡히 편지를 썼다.[42] 그는 학문의 자유를 주장한 유 교수를 탄압하면 한국과 미국의 관계가 악화될 것이라고 썼다. 이 편지는 효과를 보았다. 얼마후 유 교수는 출국이 허락되었다.[43]

4. 미국생활과 만년

이런 막후교섭으로 유기천은 한국을 떠나 제자 김찬진이 있는 시에틀을 거쳐 부인이 사는 푸에르토 리코로 갔다. 1972년 1월 7일, 유기천이 아직 국내에 피신해 있는 동안 정부는 그를 서울대 교수직에서 파면하였다. 30년간 봉사해 온 서울대학교서 이렇게 어이없이 쫓겨난 것이다. 유 교수는 한국을 떠나기 전에 박세경(朴世徑) 변호사에게 이 파면행정처분의 취소를 법원에 제소하도록 부탁

41 유기천, 『신동아』의 앞의 글에, "나중에 안 사실이지만, 내가 나간 직후 기관원 둘이 찾아와서 문을 열라고 재촉했다고 한다. 가정부가 안 된다고 하자 그들은 경찰관 몇 명을 더 데려와 말했다. '박 대통령 명령이오, 문을 여시오. 안 그러면 문을 부수고 들어가 당신들을 체포하겠소.' 가정부는 문을 열지 않을 수 없었다. 그 이후 나는 몸을 숨길 수밖에 없었다. 박 대통령과 그 주위 사람들이 나를 붙잡으면 가만두지 않을 것 같아서였다. 나는 서울의 이집저집을 전전하며 숨어 다녔다. 정부에서는 내가 외국으로 탈출할까봐 내 여권을 압수했다. 도피생활은 1971년 11월 3일부터 1972년 1월까지 두달 열이레 동안 계속됐다."

42 이 편지의 text는 *Helen Silving Memoirs*(1988), pp.499-500에 수록. 이에 따르면 편지가 쓰여진 날은 1972년 1월 11일이었는데, 이미 1월 17일에 Silving에게 주미 한국대사관에서 유 교수의 출국 가능성을 알려왔다고 적고 있다(*ibid.* p.500).

43 유기천, 『신동아』의 앞의 글에, "1972년 1월 20일경 아내 헬렌이 내가 마음대로 한국을 떠날 수 있도록 압력을 넣었다는 내용이 담겨 있는 쪽지를 받았다. 때마침 형이 찾아와 그 내용을 확인해 주었다. 그 시점부터 기관원들은 내게 하루 빨리 한국을 떠나라고 재촉하기 시작했다."

하였다. 그러나 이 청구는 8년간이나 법원에서 잠잤다.

1979년 10월 29일에 박정희 대통령의 암살과 함께 제3공화국이 무너지자 1980년 3월에 서울법대 이한기(李漢基) 학장으로부터 다시 돌아와 강의를 해 달라는 편지를 받았다. 바로 귀국하여 강의를 시작하였는데 당시 언론에서는 8년 만에 돌아온 노교수에 대해 많은 관심을 갖고 보도하였다.[44]

이와 함께 서울고등법원에서는 1980년 3월 30일 유기천이 문교부장관을 상대로 낸 파면처분취소 청구소송에서 승소판결을 내렸다. 서울고법 제2특별부(재판장; 정기승, 배석판사; 정동윤, 이보헌)는 선고공판에서 "원고의 직장이탈(휴강) 기간이 71년 11월 3일부터 12월 8일까지의 짧은 기간이었고 원고가 휴강 후 학년말 시험문제를 출제, 채점까지 해 수강학생들을 진급, 졸업시켰는데도 문교부가 징계의 종류 중 가장 무거운 파면처분을 내린 것은 재량권을 벗어난 위법한 처분이니 이를 취소해야 한다"라고 판시하였다. 또 판결문에서 "유씨가 당시의 휴강이 신변의 위협을 느낀 위급한 사정이었다고 하나 이를 입증할 수가 없어 일단 징계사유가 될 수는 있겠으나 65년 8월부터 66년 11월까지는 서울대 총장을 지내는 등 25년 이상 서울대를 위해 봉직했고 우리나라를 대표하는 세계적 법학자인 점을 감안한다면 파면까지 시킨 것은 부당하다"라고 밝혔다.[45]

'서울의 봄' 도 잠깐, 유기천은 5 · 17이 나기 전에 이미 한국의 상황은 결코 밝지 못하다고 판단하였다. 그의 눈에는 한국의 정치상황이 진정한 의미에서 민주화되지도 못했고 대학의 자유도 정착되지 못한 것으로 비쳐지기만 하였다.

---

44 이 무렵 독일에서 학위를 받고 돌아와 아직 법대 전임 발령을 못 받고 시간강사로 있던 필자도 13년 만에 스승의 강의하는 모습을 보며 감회에 젖었는데, 입추의 여지없이 모인 학생들에게 여러 충고를 하는 가운데 세계역사상 가장 용감했던 인물은 Martin Luther였다고 하면서 그의 전기를 꼭 읽으라고 하시던 기억이 난다. 우리나라에는 Erik Erickson의 *The Young Man Luther*가 『청년 루터』(인간사, 1984)로 번역되어 있다.

45 서울법대 귀중문서실에 소장된『유기천교수 관계철』에는 당시의 법원판결문, 복직에 따른 봉급계산 서류 등 일체의 문건이 보관되어 있다. 참고로 문교부의 유기천에 대한 파면 이유는 "유 교수가 서울대 교수로 있던 지난 71년 11월 3일부터 결근, 법대 당국이 여러번 전화로 출근 독촉을 하고 12월 3일에는 인편으로, 12월 6일에는 등기내용증명으로 출근독촉공문을 발송했으나 12월 8일까지 계속 결근했다" 는 이유로 다음해인 72년 1월 7일자로 파면시켰던 것이다. 이 서류철에는 유 교수의 친필 이의서(異議書)도 포함되어 있다.

5 · 17사태를 맞고 마지막 강의도 하지 못하고 그는 다시 미국으로 돌아갔다.[46] 프에르토 리코에서 부인과 함께 저술활동에 집중하였다. 그러나 푸에리토 리코 대학과의 관계도 그렇게 유쾌하지만은 아니하여 그들은 1977년에 캘리포니아의 샌디에고 로스쿨로 옮겼다. 여기에서도 1년간 강의하고는 사실상 은퇴하여 만년의 노부부 학자로 회고록을 쓰는 등 독서와 저술에 시간을 바쳤다. 이러한 가운데에서 특히 부인의 회고록 『헬렌 실빙 회고록』(*Helen Silving Memoirs*, 1988)이 출간되었다.[47] 한편 서울에서는 제자와 후배, 동료들이 만든 유기천박사 고희논문집 『법률학의 제문제』(박영사, 1988)가 출간되기도 하였다. 이것은 노학자에게 기쁨을 주었다.[48]

그 후 유기천은 서울에 가끔 돌아와 머물렀고 옛 동료와 제자들과도 만나며 지냈다. 그러나 그는 한국사회의 변화 특히 문민정부에로의 변화에도 비판적인 견해를 감추지 못했다. 문민정부라 이름하는 김영삼 정권에서 활약하는 정치인들이 상당수 이른바 6 · 3세대라고 불리는 제자들인데 유 박사는 근본적으로 이들에 대하여 실력이 없는, 제대로 공부하지 않은 인물들이라 신뢰할 수 없다는 견해를 종종 피력하였다. 그것은 그가 서울대 교수와 총장으로 있을 때 직접 경험한 장본인들이었기 때문에 더욱 생생한 기억과 견해를 가지는 것이라고 해석할 수 있지만, 어쨌든 유 박사는 김영삼 대통령을 포함하여 그 밑에서 일하는 정치인들의 행동이 마치 어린애들의 짓거리 같다는 표현도 하였다. 서울대학교를 방문하여서도 관악캠퍼스의 자연에 맞지도 않게 병영막사(兵營幕舍)처럼 지어

46 당시 상황에 대하여는 김상철(변호사)과의 인터뷰, 「마지막 강의도 못하고……」, 『고시계』, 1985년 6월호.

47 662쪽에 달하는 방대한 이 회고록은 실빙의 전 생애를 서술한 뜻있는 자서전인데, 그중 일부는 유기천에게 할애하여 쓴 부분이 있다. 유기천은 이 회고록을 동서양의 세계 지성사의 교류를 한눈에 볼 수 있는 최고의 작품이라고 높이 평가하였다. 1988년에 샌디에고에서 만났을 때 이 회고록의 출간이 마무리되고 있는 때여서 유 박사는 생전에 부인의 회고록의 교정을 남편이 직접 보는 예는 유일할 것이라고 농담을 하였다(이 얘기는 최종고, 「유기천-실빙 스토리」, 『하버드 스토리』, 고려원, 1989, 370-375쪽).

48 1016쪽에 이르는 이 논문집에는 44명의 국내학자뿐만 아니라 Jerome Hall, G.W. Musller & F. Adler, R. Slovenko, H. Silving 등 외국학자들의 논문들도 실렸다(편집위원: 곽윤직, 김종원, 김찬진).

놓은 건물들이 무슨 대학건물이냐고 하기도 하였다.[49] 이러한 비판적 견해 때문에 여러 사람의 권유에도 불구하고 유 박사는 한국으로 영구 귀국하지 아니하고 샌디에고에 살면서 가끔 잠시 다녀가기만 했다. 미국에서는 주로 그의 만년의 집념인 세계혁명에 대한 연구에 집중하였다. 그는 만년에는 법학적 관심을 넘어서 국제정치 특히 공산주의하에서의 세계첩보전쟁에 관하여 특별한 관심을 기울였다. 그의 세계혁명에 관한 연구는 1997년에 『세계혁명』(*The World Revolution*)이란 제목으로 출간되었다.[50] 그는 한국의 남북통일에 관한 묘안을 갖고 있다고 하기도 하였다.[51] 1993년 2월에 부인 실빙 여사가 작고하였다. 이것은 유 박사의 생활과 정신에 큰 충격을 주었다. 그해 5월 7일 서울법대에서 주최한 〈헬렌 실빙박사 추모회〉에 유 박사는 부인의 유품을 갖고와 자세한 추모담을 하였다.[52] 이 자리에는 유 박사 부부를 알던 옛 동료들과 후배들이 많이 참석하였다. 당시 『동아일보』에는 다음과 같은 인터뷰를 실었다.

> "한국에도 이제 법의 지배에 의한 민주주의 원리가 정착되길 기대합니다." 박정희 전 대통령과의 애증관계로 숱한 화제를 뿌렸던 전 서울대총장 유기천 박사(78)가 오랜만에 한국을 찾았다. …… "지난 65년 총장시절, 학원에 군대를 투입하려는 박정권과 싸우면서 한편으론 한일협정에 반대하는 학생들을 설득하던 일, 71년 국내에서 도피생활을 하다 72년 미국으로 건너갔던 일, 80년 서울대에서 마지막 강의를 다 못하고 다시 쫓겨갔던 일들이 아직도 눈에 선합니다. 절대 권력자의 총칼에 직접 맞섰던 그때 일을 생각하면 지금도 간담이 서늘하지만 독재자의 불법적 횡포에 반대하고 학원과 학문의 자유를 지켜야 한다는 생각은 변함이 없습니다." 서울

---

49 서울대가 종합화계획과 함께 관악으로 옮긴 것은 한심석 총장에 의해 실천되었지만 그 이전부터 유기천은 마치 동경대학처럼 당시 동숭동 캠퍼스에 낙산 일대를 구입하여 넣고 그 밑에 터널을 뚫고 교통문제를 해결하면서 거대한 캠퍼스를 조성한다는 이른바 「유기천 안」을 갖고 있었다.

50 본서에 대한 서평은 안경환, 『법학』 38권 2호, 1997, 149-153쪽; 김철수, 『기독교사상』 1997년 12월호, 181-185쪽. 본서는 음선필 박사에 의해 『세계혁명』(벽호, 2002)으로 번역 출간되어 있다.

51 김철수, 「유기천총장님 영전에」, 『서울대소식』, 1998년 7월 22일자, 6-7쪽에도 언급.

52 이 추모회는 필자가 주선하였다. 유 박사께서는 필자의 편지에 매우 기뻐하였고, 이 추모회를 통하여 서울대와의 착잡한 감정이 해소되는 듯 보였다.

종로구 동숭동 1의 1 옛 법대 학장관저 자리에 집을 갖고 있는 유 박사는 "고 이희승 박사, 김성태 박사 등이 살던 주변의 총장, 학장 관저들이 지금은 모두 사라지고 다른 건물들이 들어서 아쉬웠는데 이번에 옛 친구들을 많이 만나 무척 반가웠다" 고 말했다. 최근 한국의 정치변화에 대해서 유박사는 "역대 모든 정권이 직권과 함께 사회정화의 기치를 내 걸었었다" 며 "현대 진행되는 개혁이 '죽이는 개혁' 이 아니라 '살리는 개혁' 이 되려면 한 사람의 영웅에 의한 해결방식을 넘어 법과 제도에 의한 해결이 정착되어야 한다" 고 충고했다.[53]

다시 미국으로 돌아간 유기천은 그 후에도 수시로 한국을 방문하였으나 끝내 귀국하지는 아니하였다. 동숭동 자택을 처분하고 구기동에 새 집을 마련하였다. 북한산 등산을 마치고 내려온 제자들을 이 집에 초대하여 담소를 나누기도 하였다. 다시 미국에서 만년의 저술작업에 과로하는 듯도 보였지만, 몸과 정신이 의욕에 넘쳤다. 1997년 서울에 들렀을 때에는 대통령선거의 진행상황을 주목하면서 스스로 대통령후보로 출마하겠다는 뜻을 밝혀 주위사람들을 긴장시키기도 하였다. 그는 마지막까지 한국사회에 대한 비판적 견해를 누그러뜨리지 않고 자신이 최후로 져야 할 십자가라고 생각하였다. 주위사람들의 간곡한 만류로 대통령 출마는 이루어지지 않았다.[54]

다시 미국으로 돌아간 그의 부음이 한국에 알려진 것은 1998년 6월 27일이었다. 언론은 향년 83세의 그의 죽음을 장서와 전재산의 서울법대 기증이라는 뉴스와 함께 크게 보도하였다. 7월 15일에는 그의 대한 고별예배가 서울대학교 병원교회에서 거행되었다. 유해는 경기도 고양군에 있는 산정현교회 묘지에 모셔져 사랑하는 부인 실빙 여사의 유해와 합장하여 안장되었다.[55]

---

53 『동아일보』, 1993년 5월 11일자 14면.

54 자세히는 최종고, 『자유와 정의의 지성 유기천』, 한들출판사, 2006, 369-373쪽.

55 유 박사는 자신의 죽음을 대비하여 미국에서 부인의 유해를 화장하여 보관하고 있으면서 고향 교회 산정현교회 출신 월남인들이 마련한 이 묘지의 일부를 미리 사놓아 부인과 함께 안장될 수 있었다.

Ⅱ. 법사상

필자는 『자유와 정의의 지성 유기천』(한들출판사, 2006)에서 유기천의 사상을 한국문화론, 자유민주주의론, 형법학, 법철학, 법학교육론, 종교관, 역사관으로 나누어 설명하였다. 하나하나가 중요하고 자세히 이해하려면 많은 지면의 설명을 요한다. 그러므로 여기에서는 지면관계상 생략하는 것을 양해바란다.

현대 심리학의 에니어그램(Enneagram)이론에서는 인간의 유형을 나누면 대체로 9타입으로 나눌 수 있다고 한다.[56] 첫째, 개혁가(reformer) 유형은 높은 인격과 이성을 가질 수도 있고 완벽주의와 분노를 가질 수 있다. 둘째, 돕고자 하는 사람(helper)은 관대함과 치유의 힘을 가질 수도 있고 사람들에게 아첨하고 소유욕을 가질 수도 있다. 셋째, 성취하는 사람(achiever)은 뛰어남과 진실성을 가질 수도 있고 맹목적으로 성공과 지위를 추구할 수도 있다. 넷째, 개인주의자(individualist)는 창조성과 직관을 가질 수도 있고 우울증과 자의식에 빠질 수도 있다. 다섯째, 탐구자(investigator)는 지성과 창의력을 나타낼 수도 있고 괴팍하고 고립되어 있을 수도 있다. 여섯째, 충실한 사람(royalist)은 용기와 헌신을 나타낼 수도 있고 불안과 반항을 나타낼 수도 있다. 일곱째, 열정적인 사람(enthusiast)은 능력 있고 뛰어나게 될 수도 있고 충동적이고 인내심이 없을 수도 있다. 여덟째, 도전하는 사람(challenger)은 강하고 관대한 지도자가 될 수도 있고 사람들을 위협하고 통제하는 사람이 될 수도 있다. 아홉째, 평화주의자(peacemaker)는 사람들을 화합하게 하고 갈등을 치유할 수도 있고 수동적이고 고집스러워질 수도 있다.

이러한 성격분류가 완벽한 것은 아니지만, 이러한 관점에서 월송의 성격을 관찰해 본다면 상당히 여러 카테고리가 중첩된다는 점을 발견하게 된다. 그는

56 Don Richard Riso and Russ Hudson, *The Wisdom of the Enneagram*, 1999(주혜명 역, 『에니어그램의 지혜』, 한문화, 2000, 23-25쪽).

개혁가였고, 성취가였고, 개인주의자였고, 탐구자였고, 열정가였고, 도전자였다. 그중 하나만 찍으라 한다면 탐구자 유형이라고 저자는 말하고 싶다.

또 한 학자의 성공조건을 지성과 건강과 지위로 본다면, 유기천은 가장 주지주의적(主知主義的)이고 신체적으로 단련되었으며 서울대 총장의 지위까지 오른 이 시대 한국의 가장 가능성이 큰 학자였다. 그는 한국인으로 일본, 미국, 독일학계에 정통했고 어학만 보아도 4개 국어를 자유자재로 구사하며 국제적으로 학술활동을 할 수 있었다. 정열도 있었고 용기도 있었다.

그럼에도 불구하고 그의 생애는 한마디로 철저히 좌절된 인물이라고 볼 수 있다. 나무 그늘이 크면 잔나무가 자랄 수 없듯이 형법학자로서 적지 않은 제자를 배출하였지만 그의 형법연구 방법은 거의 계승되지 않는 것 같다. 60년대, 70년대에 바이블처럼 읽히던 그의 형법학 교과서도 점점 수험법학화되어 가는 풍토에서 학생들은 '너무 어렵다', '안 읽어도 괜찮은' 책으로 외면되고 있다. 그의 사법대학원 실험도 실패로 돌아갔다. 해방 후 한국법학의 건설의 주인공의 한 사람이었던 그의 꿈은 적어도 가시적인 면에서는 좌절되었다고 아니할 수 없다.

이것은 누구의 책임일까? 물론 유기천 자신이 안고 있는 너무나 학문과 원칙만 아는 강직한 성격, 외국에서의 너무 오랜 체류 등도 지적할 수 있겠지만, 60년대에서 80년대, 그리고 그 후에도 계속되어 오늘에 이르는 정치적 불안정이 가장 큰 원인이라고 아니할 수 없다. 권력이 문화와 학문의 자율성마저 송두리째 '정치화' 하는 한국적 비극을 시대의 거목(巨木) 학자로서 유기천은 온몸으로 감당했던 것이라 할 수 있다. 그의 학자로서의 꿈과 좌절은 바로 한국 법학계 전체의 꿈과 좌절이라고 아니할 수 없다. 그 좌절로 인하여 한국 법학계는 얼마나 많은 후퇴와 진통을 아직도 겪고 있는가? 서울법대 학장을 지낸 김기두(金箕斗)는 이미 1966년에 '법학의 사양화(斜陽化)' 란 표현을 썼고, 이영섭(李英燮) 전 대법원장도 사법(司法)을 '사양기업' (斜陽企業)이라 불러 논란이 된 일이 있다.

이들 양심적인 법률가들이 왜 이런 표현을 했을까? 우리는 50년대, 60년대보다 시설이 잘못되었거나 여건이 허락되지 않는 시대를 사는 것은 결코 아니다. 대학을 본다 하더라도 과거보다 훨씬 좋은 도서관과 교육 여건을 갖고 있다. 교수도 많고 책도 많다. 외국과의 접촉 기회도 많다. 인터넷을 통해 끝없는 정보를 얻을 수 있다. 그런데도 유기천과 같은 국제적 지성의 법학자는 왜 못 나오는가? 그것은 유기천이 말한 대로 '고결한 지력' 의 결핍 때문일 것이다. 그는 어설픈 지식은 오히려 위험하다고 했다. 그의 말을 우리는 다시 심각히 상기해 보아야 한다. "인간은 지극히 적은, 비천한 지능을 향유한다고, 마치 스스로가 신인 것같이 착각하고 있다"(Mit dem biβchen dreckigen Verstand, den der Mensch hat, wahnt er sich ein Gott zu sein.)는 괴테(Goethe)의 말이 들어맞는 경우가 있음을 본다고 했다. 그는, 법률가의 참된 사명을 다하지 못하는 법률가는 그리스도가 말씀하신 바와 같이 "이 세상에 태어나지 않았음이 좋았을 것" 일지도 모른다고 했다. "법률가로서는 먼저 그 참된 사명이 무엇인지를 깨닫는 데에서부터 그의 직업은 시작된다. 부스러기 법률지식을 가졌다고 그 사회의 지도력을 가졌다고 자처한다면 가소로운 일이다." 이것이 월송이 우리에게 마지막 주는 교훈이다. 그의 비극을 극복하는 것이 한국 대학과 학문의 과제이다.

유기천은 실로 한국 법학계의 순교자라 할 수 있다. 한국 법학은 유기천이 내걸었던 지평(地平)과 기백을 회복하기에는 한참 더 역사적 네메시스(Nemesis)를 감당해야 할 것이다. 세계적 학자로서 유기천이 뿌린 씨앗이 옥토(沃土)가 아닌 자갈밭에서 싹이 나고 열매 맺기에는 후배들의 피와 땀이 더욱 필요할 것이다. 월송을 회상하는 마음을 시형식으로 담아본다.

추상(追想)의 월송(月松)

평양의 산정현교회 유계준장로
순교의 피가 아들에게 흘렀다.

동경대 법학부에 하버드 로 스쿨
예일에서 박사하여 학자로 돋보였고,

벽안의 부인 실빙박사와 평생
코스모폴리탄의 세계에 살았다.

학문만 했다면 편했으리,
박정희의 눈에 뵈어 총장을 맡았고
유신을 발설하다 망명길에 올랐다.

남가주 샌디에고 26년의 망명생활
한국인의 건망증으로 망각되었지만,

정원에 무궁화 33그루 심고
조국통일 위해 조석간 기도했다.

생각할수록 한국인은 유대인
잃어버린 10지파임에 틀림 없어

모든 것 던져버리고 고대사 연구
신의 구속사(救贖史)까지 거슬러 올라갔다.

"세계혁명"을 논하고 돌아가신
그에게 법과 정의는 마침내
섭리와 은총의 한 되박도 못되었다.

아, 세계사를 살다간 한국인이여!
구속사를 살다간 세계지성이여!

(2005. 8. 10)

유기천이 작고하고 나서 제자들로 구성된 유기천기념사업위원회가 결성되었다. 여기에서 월송의 논문들을 모은 『자유사회의 법과 정의』, 제자들의 회고를 모은 『영원한 스승 유기천』이 지학사에서 발간되었다(2003). 이 위원회는 2005년에 유기천기념출판재단으로 바뀌어 앞으로 계속 사업을 계획하고 있다. 필자는 그의 전기 『자유와 정의의 지성 유기천』(한들출판사, 2006)을 집필, 출간하였고, 하와이의 전기학연구소(Center for Biographical Research)에서 「유기천: 한국민족주의와 세계주의」(Paul K. Ryu: Korean Nationalism and Cosmopolitanism)란 강연을 하였다.[57] 매년 서울법대에서 유기천 기념강좌가 개최되고, 유기천재단에서 『월송회보』를 간행하고 있다. 한국의 법학사에서 이만큼 결집력을 보이면서 사후에도 유지를 받들어 활동하는 것은 처음이라고 할 것이다.

학문과 정치, 법학교육, 나아가 인생과 종교까지 생각하게 하는 유기천의 삶과 사상은 우리에게 큰 교훈이 되고 있다.

57 이 강연은 Chongko Choi, "Life and Thoughts of a Korean Legal Scholar: Paul K. Ryu," in: *Law and Justice in Korea: South & North*, Seoul National University Press, 2005, pp. 350-375에 기초한 것이었다.

연보 및 논저

■ 연보

1915. 7. 5	평남 평양에서 유계준(劉啓俊, 1879-1950)과 윤덕준(尹德俊, 1885-1975)의 6남 2녀 중 4남으로 출생.
1939. 3	일본 히메지(姬路)고등학교 문과 졸업.
1943. 9	일본 동경제국대학교 법학부 법률학과 졸업.
1943. 12	일본 동북제국대학교 법학부 가츠모도 마사아끼라(勝木正晃) 교수의 조수 역임.
1946. 4	일본에서 귀국하여 경성법학전문학교 교수.
1946. 10	서울대학교 법과대학의 창설멤버로서 강의 시작.
1952-53	예일 로 스쿨(Yale Law School)에서 스미드-문트 프로그램(Smith-Mundt Program)으로 연구에 종사.
1954-56	하버드 로 스쿨(Harvard Law School)에서 객원교수로 연구에 종사.
1957. 1	형법학자 헬렌 실빙(Helen Silving)과 미국에서 결혼.
1958	예일 로 스쿨에서 법학박사학위(S.J.D.) 취득.
1958-60	서울대학교 교무처장 역임.
1961-65	서울대학교 법과대학 학장 역임.
1962-65	서울대학교 사법대학원 원장 역임.
1965	학술원 회원.
1965-66	서울대학교 총장 역임.
1972	미국으로 떠남.
1972-83	푸에르토 리코 국민대학에서 객원교수로 강의함.
1980	이른바 「서울의 봄」 때 귀국하여 3월부터 서울대학교 법과대학에서 강의를 하게 되었으나 5 · 17 이후 다시 도미.
1983-84	캘리포니아 주 샌 디에고 대학에서 객원교수로 강의.
1993	헬렌 실빙과 사별.
1998. 6. 27	샌 디에고에서 심장수술 후유증으로 작고(향년 83세)

■ 저서

『刑法케이스의 硏究』(姜求眞 共著), 10판, 志學社, 1985.

『改訂 刑法學』(各論講議 上), 24판, 一潮閣, 1986.

『改訂 刑法學』(各論講議 下), 23판, 一潮閣, 1986.

『改訂 刑法學』(總論講議), 26판, 一潮閣, 1987.

『法律學의 諸問題』(劉基天 博士 古稀紀念), 博英社, 1988.

『세계혁명』(음선필 역), 벽호, 1999.

『자유사회의 법과 정의』, 지학사, 2003.

■ 논문

1) 자유와 민주주의

「자유사회」, 『사상계』, 1958. 8.

「자유사회와 권위－T군에게 보내는 편지」, 『대학신문』, 1959. 2. 9.

「대학의 자유(I, II)」, *Fides* Vol. X, No. 1, 2, 1963.

「대학의 자유－일본 · 독일 · 미국의 예와 우리나라」, 『대학신문』, 1965년 11월 1, 8, 15, 22.

「나와 박정희와 학문의 자유」, 『신동아』, 1988. 8.

「민주주의」의 기초: 그 기원과 본질적 요소」, 『저스티스』, 28권 2호, 1995(The Foundations of "Democracy": Its Origins and Essential Ingredients, 『법학』, 33권 1호, 1992).

2) 법과 평화

「법과 평화－[법의 날]에 즈음하여」, 『법제월보』, 1965. 5.

「법의 지배하의 정의－제1차 [법을 통한 세계평화대회]에 다녀와서」.

3) 법과 문화

「한국문화와 형사책임－법률학의 과학적 방법의 한 적용」, 『사상계』, 1958. 9.

「한국과 문화의 문제－ '지성의 방향' 을 박함」, 『신태양』, 1958. 11.

4) 법과 교육

「새로운 법학도들에게」, 『법정』 21권 3호, 1966. 3.

「한국의 법학교수론」, 『법정』 22권, 1967. 11.

「민족중흥과 법조교육의 근본문제」, 『법정』 24권 6호, 1969. 6.

「사법시험제도의 문제점」, 『사법행정』 10권 8호, 1969. 8.

5) 형법학

「미국형법학계의 동향」, 『대학신문』, 1958. 6. 16.

「현대형법학의 근본문제－회고와 전망」, 『대학신문』, 1958. 10. 15.

「실행의 착수와 간접정범」, 『법정』 16권 3호, 1961. 3.

「소위 실행의 착수의 문제」, 『고시계』 6권 3호, 1961. 3.

「합동범에 관한 판례연구」, 『법학』 3권 2호, 1962. 5

「일본형법학회 대회보고」, 『법률신문』, 1964. 5. 25.

「서평: Shuman, *Legal Positivism*」, 『법학』 6권 1호, 1964. 9.

「유기천 형법학을 말한다」(유기천 · 김종원 대담), 『법정』 211, 212권, 1968. 1-3월.

「인권과 형법」, 『인권연보』, 1969.

「「위헌성」 일고-존속살규정을 헌법위반이라고 판시한 작금 일본최고재판소의 판결을 중심으로」, 『학술원논문집』 13, 1974.

6) 기타 일반

「나의 은사」, 『동아일보』, 1963. 12. 21.

「나의 초학시절」, 『시민과 변호사』 19.

「나와 박정희와 학문의 자유」, 『신동아』, 1988. 8.

「마지막 강의도 못하고」(김상철과의 대담), 『고시계』, 1985. 6.

「언론규제 입법화; 나는 이렇게 본다」, 『조선일보』, 1964. 8. 1.

「우려되는 분산화」, 『조선일보』, 1970. 10. 15.

「학자는 탈랜트가 아니다」, 『조선일보』, 1971. 1. 12.

「기구확대는 개혁과 다르다」, 『조선일보』, 1971. 10. 5.

「혜안을 가지고 교육을 시키는 리더쉽」, 『미래의 세계』 22호, 1993. 6.

■ 영, 독문

A. Books in English

The Korean Criminal Code, In the American Series of Foreign Penal Codes, Volume 2(Fred B. Rothman & Co., N.J.), 1960.

Supplement to Silving, *Criminal Justice* (William S. Hein & Co., Inc. 1977): co-author Helen Silving.

Preface to, and "Academic Freedom" in Chapter VI of *Helen Silving Memoirs* (Vantage Press, N.Y. 1988).

The World Revolution, American West Publishing Company, 1997.

B. Book in German

Das Koreanische Strafgesetzbuch, Sammlung ausserdeutscher Strafgesetzbücher (Walter de Gruyter, Berlin 1968).

C. Articles in English and German

The New Korean Criminal Code of October 3, 1953, An Analysis of Ideologies Embedded in It, 48 *Journal of Criminal Law, Criminology and Police Science* 275 (1957).

Causation in Criminal Law, 106 *U. of Penna L. Rev.* 773 (1958).

Contemporary Problems of Criminal Attempts, 32 *New York U. L. Rev.* 1170 (1957).

Error Juris: A Comparative Study, 24 *Univ. of Chicago L. Rev.* 421 (1957); co-author Helen Silving.

Toward a Rational System of Criminal law, *Seoul National U. L. Rev.* 1962; and 32 *Rev. Jur. U.P.R.* 119 (1963); co-author Helen Silving.

"Field Theory" in the Study of Cultures: Its Application to Korean Culture; in *Symposium on the Occasion of the Third East-West Philosophers' Conference,* U. of Hawaii Press, pp. 648-669 (1962).

Toward Unification of Private Law, in *World Peace Through Law Proceedings* (Athens World Conference 1963); West Publishing Co., 1964, pp. 752 et seq.

Nullum crimen sine actu, *Seoul National Univ. L. Rev.* (1966); co-author Helen Silving.

Nullum crimen sine actu, in German, *Zeitschrift für die gesamte Strafrechtswissenschaft*, 77. Band, Heft 3/4 (De Gruyter, Berlin 1965); co-author Helen Silving.

Legal Education in the Far East, in *World Peace Through Law Proceedings* (Washington World Conference 1965); ibid., 1967, pp. 752 et seq.

Research, Legal Education and Training, in *World Peace Through Law Proceedings* (Geneva World Conference 1967), published as *World Peace Through Law,* the Geneva Conference (1969), pp. 443-455.

What is Meant by "Legal Education in the Developing Countries?" in *Bangkok World Conference on World Peace Through Law* (1969), pp. 850-858.

Legal Education in Asian Countries, *Lawasia Proceedings* (Kuala Lumpur Conference 1968).

"International Criminal Law" a Search for Meaning, in *International Criminal Law*, Vol. I, pp. 24-49, ed. Bassiouni & Nanda (Charles C. Thomas Publisher, Springfield, III. 1973); co-author Helen Silving.

Laws of the Republic of Korea, in *Encyclopedia of Comparative Law*, Vol. I (National Reports) of 17 Volumes, ed. Max-Planck- Institute for Comparative Private Law, Hamburg, Germany.

Was bedeutet die sogenannte "Relativität der Rechtsbegriffe"? im *Archiv für Rechts-und Sozialphilosophie*, Vol. LIX, S.57-96 (1973), Franz Steiner Verlag GmbH, Wiesbaden/Germany; co-author Helen Silving.

Misleading Issues in Criminal Law Codification, 9 *Israel L. Rev.*, No. 3 (July 1974); co-author Helen Silving.

Methodological Inquiry into the Problem of "Protest", in *Revista Juridica de la Universidad de Puerto Rico*, Vol. 43, 9-40 (1974); co-author Helen Silving.

Discussion of Structure and Theory, in Symposium The New German Penal Code, 24 *American Journal of Comparative Law* 602-614 (1976); based on a Paper read in the Meeting of the Association of American Law Schools of 1975 in Washington, D.C.

"Is the Crime of Patricide Unconstitutional?" in ESSAYS IN HONOR OF HELEN SILVING, in 46 *UPR L. Rev.* Nos. 3-4(1977), pp. 555-572.

The Concept of "Insanity", in *CONTEMPORARY PROBLEMS IN CRIMINAL JUSTICE*, Festschrift for Mr, Justice Dando of the Supreme Court of Japan, Vol. V, Foreign Contributors' Section, pp. 191-212 (1983), Yuhikaku, Tokyo, Japan; co-author Helen Silving.

Comments

1) Comment on Error Juris, 24 *American Journal of Comparative Law* 689-693 (1976).

2) Comments on Legal Education in Korea, *Pup Hak* 155-162, a speech at the Royal Asiatic Society meeting in Seoul, Korea on the 10th of June, 1964.

3) Legal Education in the Far East, ibid., pp. 117-28; this paper was originally written for distribution at the World Peace Through Law Conference in Washington, D.C. held September 12-18, 1965.

황 산 덕

(1917–1989)

⑫ 황 산 덕 (1917-1989)

황산덕(黃山德)은 법학자, 특히 법철학자로 널리 알려져 있지만, 형법학자, 대학총장, 문교부장관, 법무부장관, 불교학자 등으로 관심과 활동이 다양했다. 많은 생각과 많은 글을 남겼다. 1988년에 회갑기념논문집 『법철학과 형법의 제문제』, 추모집 『법과 사회와 국가』(방문사, 1991)가 발간되었다. 이들 자료를 기초로 그의 생애와 사상을 더듬어 본다.

I. 생애

황산덕은 1917년 6월 18일 평안남도 양덕군 구읍 소재 감리교회의 목사 배정일(외조부)의 사택에서 양덕금융조합에 근무하던 부친 황경환과 모친 배현도 사이의 장남으로 출생했다. 그가 세살 때 부친이 3 · 1운동에 가담한 탓으로 1년 6개월의 징역을 선고받고 평양감옥에 수감되자 모친을 따라 평양으로 이사하여 조부모 밑에서 자랐다. 어린시절 그는 극작가 오영진 등과 어울려 숱하게 영화관 뒷담으로 들어가 구경을 하고 다닐 만큼 개구쟁이 소년이었다.[1]

평양광성보통학교에 다니다 5학년을 마치고 상수공립보통학교로 전학하여 그곳에서 김봉관(농림부차관 역임) 등과 교우하였고 이후 평양고등보통학교에 진학하였다. 이 시절 『삼국지연의』를 탐독하였으며 미분 · 적분학, 해석기하학 등의 고등수학에 흥미를 느껴 독학으로 관련서적을 탐독했다. 이러한 관심이 계속 이어져 16세 때 타원함수론, 군론, 위상기하학, 리만기하학, 상대성원리 등에 관련된 서적을 자습하며 이공 계통으로의 진학을 고려하고 있었다. 이 당시 출옥한 도산 안창호 선생의 강연을 듣고 큰 감화를 받기도 했다.

18세 때 여순공과대학 예과에 응시하여 합격되었으나 조선인이라는 이유로 입학이 불허되자 국적으로 인한 차별대우 앞에 쓰라린 고통을 느꼈고 식민지 백성의 절박한 현실을 체감하였다.[2]

19세 때 평양고등보통학교를 졸업하고 경성제국대학 예과의 문과 갑류에 4등으로 입학하였다. 이 시절 그는 『공산당 선언』을 비롯한 좌익서적을 탐독하여 유물론에 빠져들었으나 앙드레 지드의 『소련에서 돌아오다』를 읽고 스탈린 치하 소련의 실상을 알고 이데올로기로 포장된 공산주의의 만행에 충격을 받고 좌익사상을 버리게 된다. 지드의 우아한 문장에 매료되어 이후 불문학에 심취하기 시작하였고 홍진기(洪璡基)와 친교를 맺고 그와 밤새워 불문학을 토론하는 일도 흔히 있었다.[3]

대학 학부 진학을 두고 부친은 법학으로의 진학을 원했고 그 자신은 문학을 전공하고자 해서 갈등했으나, 세계적 사상가나 문학가를 꿈꾸는 자신의 소망이 실현되기 힘든 식민지 현실에서 한계의식을 느껴 부친의 뜻에 따르기로 하고 경성제국대학 법문학부 법학과 1류에 입학하였다.[4] 이 해 가을 그는 황이선(黃利善)과 결혼한다.

법학에 그다지 관심을 두지 못한 그의 학부생활은 학점을 따는 정도에 그친

1 취현 황산덕박사 유고집 편찬위원회, 『법과 사회와 국가』, 방문사, 1991, 3쪽.
2 위의 책, 14쪽.
3 위의 책, 29-33쪽.
4 위의 책, 42-43쪽.

공백기였고 25세 때 대학을 졸업한 후 평양에 와서 살면서 슘페터, 케인즈 및 수리경제학의 관련서적에 심취했다.

이 때 남태평양행 징용 영장이 나오자 징용을 피하기 위해 고등시험에 응시하기로 결심하고 27세에 일본 고등고시 행정과 및 사법과에 동시에 합격했다. 이 해 10월에 총독부에 채용되어 경북 영천군에서 공무원 생활을 시작하였다.[5]

광복이 되던 29세 때 상경한 그는 얼마 후 미 군정청 보건후생부 법제국장에 취임하여 활동하던 중 미 군정청 조선인 직원 일동의 명의로 발표된 신탁통치 반대성명을 기초하기도 했다.[6]

관절염으로 공직을 사퇴하고 집에서 치료하며 국사, 동양철학, 불교관련 서적을 탐독하며 지내던 중이던 그는 32세 때 유진오(兪鎭午) 박사의 소개로, 그때 막 태동하던 고려대학교 법정대학 부교수로 취임하여 국제사법 및 법철학을 담당하게 되었다. 최초의 저서인 『표준세계연표』를 출간하기도 하였다.

34세 되던 해 한국전쟁이 터지자 북한군이 3일 만에 서울을 점령하고 공직자나 교수 등을 숙청해 나가자 그는 서울에서 숨어다니는 생활을 계속해야 했다. 9 · 28 서울수복으로 다시 자유를 찾았으나 중공군의 침입으로 부산으로 피난하여 부산시 봉래동 2가 152번지에서 피난생활을 하던 중 『법철학』을 출간했다.

부산에서 전시연합대학이 설립되자 부산시 대신동에 있는 서울대학교 법과대학의 가교사에서 강의를 시작하는 한편 대구로 내려온 고려대학교에도 출강하였다. 생활을 위해 해군 법제위원회 위원이 되어 해군 법무감실에서 근무하기도 했다.

이 시기에 일본 어선의 연안 침입과 남획을 막기 위한 어로수역, 이른바 '이승만 라인' 을 선언하는 데 우연한 계기로 일조하였고, 이 선언이 계기가 되어 전세계적으로 인접해안에 전관수역을 설정하는 문제를 놓고 세계적 논란이 인 끝에 1958년 제네바에서 '대륙붕에 관한 협정' 이 체결됨으로써 국가의 경제적 이

5 위의 책, 46쪽.
6 위의 책, 56쪽.

익이 보호될 수 있었던 데 대해 황산덕은 긍지를 갖고 있다.[7] 한편 이 시기에 그는 차남인 대유가 사망하는 쓰라린 고통도 겪어야 했다.

전쟁 중 부산에서 서울대학교 법과대학의 조교수로 임명되어 전쟁이 끝나자 상경했고 자식을 잃은 고통과 셋째 딸이 태어난 기쁨 속에서 느낀 바 있어 불교에 귀의하였다. 또 이 때 양자역학, 소립자론에 관한 공부를 시작했다.

이 무렵 『서울신문』에 연재중이던 작가 정비석 씨의 『자유부인』에 대해 황 박사가 『대학신문』에 '자유부인 작가에게 드리는 글'을 발표함으로써 작가와 표현의 자유와 외설의 비문학성이라는 대립된 주제로 신문지상을 통한 논쟁이 벌어지게 되었다. 격화되던 논쟁의 불은, 문단의 원로인 백철(白鐵) 선생이 문학작품의 대중성과 예술성을 논하는, 「문학과 사회와의 관계」라는 글을 발표해 중재함으로써 가라앉았다.[8]

고려대학에서 처음 법철학을 강의하였을 때는 켈젠(H. Kelsen)의 순수법학을 그대로 따랐으나 이후 켈젠의 학설에 한계를 느끼고 켈젠의 학설을 극복하는 데 자신의 법철학 연구의 목표를 두었다. 그는 이 작업의 활로를 최신의 자연과학에서 찾을 수 있다고 보고 부산 피난시절부터 『양자역학서설』 등을 탐독하기 시작했다. 그간의 연구는 「최신 자연과학의 발달이 법철학에 미친 영향」이라는 제목의 법학박사학위 청구논문으로 결실을 보았다. 이 논문에 대한 심사과정에서 자유당 정권의 정치적 압력이나 학연으로 인한 갈등이 개입되어 대학원 위원회의 심사를 우여곡절 끝에 통과했으나 다음에는 문교부가 승인을 지체함으로써 승인을 받기까지 수년이 걸리게 된다(당시에는 박사학위 수여를 문교부에 신고하는 것이 아니라 문교부로부터 승인을 받아야 했다).[9]

1957년 그는 한국 법철학회 초대 회장으로 취임했다. 불교 종단의 개혁에 동참하여 친일적인 대처승이 아닌 비구승 중심의 종단 형성에 일조하였다.

자유당 정권 시절인 1957년에 서울대 법과대학의 교무과장을 맡고 있던 그

7 위의 책, 80-81쪽.
8 위의 책, 82-83쪽.
9 위의 책, 83-87쪽.

는, 이승만 대통령의 양자 이강석(李康石)의 무시험 입학 요구에 대해 승인을 재촉하는 학교측과 이를 극력 반대하는 학생회측의 틈바구니 속에서 곤란을 겪었고, 입학 허가로 결말이 난 후 그는 교무과장직을 사임하였다.[10]

그 후 소설가 김동리(金東里) 씨의 형님이며 동양학의 대가인 김범부(金凡夫) 선생을 모시고 건국대학 낙원동 교사 안에 '동양학연구소'를 설립하고 주역(周易)을 비롯한 동양철학에 관한 가르침을 받는 기회를 갖게 된다. 하나의 큰 돌이 부서져 이루어진 우리 강토의 원류인 그 큰 돌의 한 구석을 맡으라는 뜻의 '석우(石隅)'라는 그의 호도 김범부 선생이 지어준 것이다.

자유당 정권이 말기에 이르자 반정부적 성향을 지닌 인사들이 장준하(張俊河) 씨 주변에 모여 『사상계』를 통해 권력의 비리를 공격하는 글을 발표했는데 황 박사도 그 일원으로 활동하였다.

1960년 자유당 정권이 붕괴되고 민주당 정권이 수립된 후, 수년간 승인이 지체되던 그의 법학박사학위가 마침내 승인되어 그의 학위논문은 국내 최초의 법학박사학위 논문이 된다. 그러나 그는 자유당 정권을 대체한 민주당 정권이 민주화의 바람을 탄 혼란 앞에 무능하자 실망감을 느꼈고, 곧 이어 5·16 군사 쿠데타가 터지고 군정이 시작되자 착잡한 기분을 금할 수 없었다.

이 때 그는 『동아일보』에 '국민이 원하는 정치 형태를 따르라'는 제목의 글을 발표했는데 언론통제가 심하던 당시로서 과감한 내용을 담은 이 글은 정치적 탄압을 가져올 소지도 있었다.[11]

마침 그는 미국 정부가 국무성 명의로 제의한 3개월간의 미국 초청을 수락하여 미국 전역을 순방하였다. 미국에 거주 중이던 노년의 켈젠(H. Kelsen)을 방문하기도 했고, 미국을 떠나 유럽여행을 하던 중 형법학계의 세계적 석학인 벨첼(Hans Welzel) 교수와 교분을 맺는 기회를 가졌다.

귀국 후 서울법대에서 교수로 재직하며 1962년 『동아일보』의 비상임 논설위

10 위의 책, 92-93쪽.

11 위의 책, 96쪽.

원으로 활동하였다. 군사정부가 구상하고 있는 국민투표에 의한 신헌법제정은 국가의 동일성을 파괴할 수 있으니 제2공화국 헌법에 따라 국회를 통한 헌법개정 절차의 형식을 밟으라는 취지의 사설을 연이어 게재함으로 인해 허위사실유포죄라는 명목으로 기소되어 4개월간의 옥고를 치르고 기소취하로 석방되었다. 이것이 「동아일보 필화 사건」이다.[12]

그 후 법대교수로 계속 재직하며 동아일보 논설위원으로 활동하던 중 그간 그와 충돌이 잦았던 유기천(劉基天) 학장이 서울대 총장이 된 후, 정부에서 정치적 숙청의 본보기로 퇴직시키려는 교수들 속에 그를 천거하여 집어넣음으로써 파면당했다. 행정소송을 제기하며 투쟁하자 결국 정부에서도 교수직 징계 파면을 정식 취소했고, 더 이상 그 자리에 있을 마음이 없어진 그는 의원해임의 형식으로 서울대 교수직에서 물러났다.[13]

이후 주간지 『대한불교』의 주필을 역임하며 변호사로 개업하여 활동하던 그는 얼마 후 성균관대 법정대학 교수 겸 학장으로 취임하였다. 한편 동아일보 논설위원직을 사직하였으며 이듬해 『대한불교』의 주필을 사임하고, 그간 교분을 쌓은 벨첼 교수의 초청으로 3개월간 독일에 체류하며 여행과 연구를 했다. 그는 우리나라 형법학계에 벨첼의 「목적적 행위론」(finale Handlungslehre)의 형법체제를 처음 도입한 공로를 인정받고 있다.[14]

성균관대 법정대학 학장으로 지우들과 어울려 술을 즐기며 보낸 지 5년 만인 55세에 직책을 사임하고 비트겐슈타인(Wittgenstein), 카르납(R. Carnap) 등을 주로 연구했다.

그는 잠시 건강 악화로 변호사 사무실을 폐쇄하고 도서출판 방문사(邦文社)를 설립하였다. 그러나 57세에 성균관대학교 대학원장에 취임하였고 이듬해 8월 초에 동 대학교 총장에 취임하였다. 대학 발전을 위한 분교설립부지 매입을 놓고 학교재단측인 삼성의 이병철(李秉喆) 회장과 마찰을 일으키고 있던 중, 당시 총

12 위의 책, 101-104쪽.
13 위의 책, 105-107쪽.
14 위의 책, 112쪽.

리이던 김종필 씨로부터 법무부장관으로의 입각 제의를 받고 고민 끝에 수락하여 그해 9월 18일 24대 법무부장관으로 임명되었다.[15] 그는 법무부장관 재임시절에도 학문적 연구를 계속하였고 그 내용을 몇 권의 책으로 계속 출간했다.

김종필 내각이 사퇴하고 최규하 내각이 성립하자 25대 법무부장관으로 유임되어 활동하던 중 60세인 1976년 평생의 동반자였던 처 황이선(불명 大法船)이 숙환으로 별세하였다. 이 해에 그는 1주일간 중화민국 정부의 초청으로 대만을 방문하여 중화민국 엄 총통으로부터 대수경성훈장을 수여받고 중화민국 동오(東吳)대학에서 명예법학박사 학위를 수여받는다.

이 무렵 그는 언제 긴급한 용무로 인해 부름을 받을지 모를 장관의 처지인지라 18년간 처 황이선과 함께 즐기며 호연지기를 기르던 주말등산을 그만두었다. 1976년 12월에 제22대 문교부장관으로 임명되어 교육행정을 위해 힘쓰게 된다. 이 시기에 자신도 상처한 처지이고, 육영수 여사 시해로 상처한 박정희 대통령의 심중을 의식하여 회갑일을 조용히 보내려 했더니 비서관을 통해 선물을 전달하다 이를 알게 된 박 대통령이 청와대에서 그의 회갑연 잔치를 열어줬다는 일화가 있다.[16]

문교부장관 퇴직 후 정부로부터 청조근정훈장을 수여받았으며 동양화가인 난정 김효수와 재혼한다. 그는 성균관대학교에서 법철학 강의를 다시 시작하였다.

63세 되던 해에 세종문화회관에서 회갑기념논문집 『법철학과 형법』 증정식을 가졌으며 그간 그의 사상적 편력을 담은 책 『창조주의 복귀』를 출간했다. 다음해에 한국불교진흥원 이사장에 취임하였고, 학술원 정회원으로 임명되고 서울대 대학원에서 법철학강의를 시작했으며 그해 8월에 한국 형사법학회장에 취임하였다.

71세에 국토통일원 고문으로 추대되어 활동했으며 1989년 학술원 정회원으로 재임명되었다. 1989년 10월 19일 오후 시내에 나갔다가 갑자기 현기증을 느

---

15 위의 책, 116-118쪽.

16 위의 책, 124-125쪽.

껴 쓰러져 타개하였다. 오전에 유언과 같은 의미심장한 유고를 써두어서 죽음을 예견한 듯 하였다. 대전 국립묘지의 국가유공자 묘역에 제1호로 안장되었다.

II. 법사상

법철학자, 형법학자, 문교부장관, 법무부장관, 신문의 논설위원, 불교학자 등 다양한 분야에서의 선생의 왕성한 활동상에서 보듯 그의 사상은, 특정 전문분야 지식인의 그것과 같이 편협한 것이 아니라, 건실한 생활인으로서의 철학, 법학의 근원적 바탕에 대한 탐구의식, 민족과 국가의 장래를 염려하는 비판적 지식인의 우국지정, 불교의 복귀사상을 통한 인생에 대한 깊이 있는 관조 등이 혼융일체를 이룬, 광범위하면서도 체계적인 것이었다.

그의 이런 폭넓은 사상 속에는 김범부 선생으로부터 배운 주역, 젊은 시절 심취했던 불문학, 막스 베버의 사회정치철학, 비트겐슈타인의 언어철학, 야스퍼스, 하이데거 등의 실존주의철학까지 녹아 있으며 그의 법학박사 학위논문인 「최신 자연과학의 발달이 법철학에 미친 영향」에서 보듯 그의 관심은 양자역학, 소립자학 등의 자연과학적 지식에까지 미쳤으니 그의 탐구열과 독서열은 학자적 천성의 쉼 없는 발현이라 할 만하다.

이와 같은 풍부한 사상과 독실한 불교신앙의 토양에서, 관료와 언론인 생활의 물을 받으며 한스 켈젠의 순수법학이라는 뿌리로 시작한 그의 법사상이라는 나무는, 켈젠의 순수법학을 극복한 새로운 법사상의 탄생을 열망하며 자라나 최신의 자연과학을 바탕으로 일기 시작한 철학적 조류와의 만남을 통해 꽃을 피워 순수법학의 극복 가능성을 시사했고, 금강경의 '비유이비무(非有而非無)' 라는 가르침이 더해져 열매를 맺음으로써, 서구 법철학의 한계를 동양의 지혜로 뛰어넘은 독특한 법철학으로 한국 법철학계에 굳건히 서게 된다.[17]

17 황산덕, 『법과 사회와 국가』, 방문사, 1991 중 심헌섭 교수의 추모사에서.

또한 그는 현대 형법학체계의 새 기원을 이룬 벨첼 교수의 '목적적 행위론'의 형법체계를 국내에 처음으로 소개하고 그것을 발판으로 우리나라 형법학체계의 새로운 장을 열기도 했다.

젊은 시절 경도되기도 했던 맑시즘이 이념의 포장 속에서 정치적 숙청 등의 비인간적 처사를 저지르고 있음에 회의를 느끼고 맑시즘에 대한 철저한 비판자로 돌아섰던 그는 4 · 19, 5 · 16을 민주주의와 법치주의를 옹호하는 언론인으로서 자신의 소신을 굽힘없이 폈는데 이 당시 그의 논설에는 법을 준수하는 정치, 불의 앞에 정당한 권리를 양보하지 않는 굳센 국민의식에 대한 갈구가 잘 나타나 있다.

이러한 비판적 사회 인식으로 인해 군사정권하에서 옥고를 치르면서 접한 불교에 대한 관심과 인식이 깊어짐에 따라 대승불교적인 대아(大我)의 자세와 실천적 태도가 그의 사상에 중요한 위치를 차지하면서 그의 법철학과 세계관도 더욱 성숙해갔다.

그의 이처럼 광범위한 사상적 틀 중에서도 그의 법철학은 법학적 지식과 세계사적 안목, 철학과 과학에 대한 이해, 불교적 인생관이 집약되어 융해된, 그의 사상적 결정체라 평가된다. 이하에서 이러한 그의 법철학을 중심으로 그의 우리나라 형법학에서의 업적과 그의 후기 학문연구의 큰 바탕을 이루기도 했던 불교신앙에 관해 제시하고자 한다.

1. 법철학

그의 법철학은 자연법사상 이후 법철학의 주류를 이룬 법실증주의, 특히 20세기에 들어와 세계적으로 각광을 받았던 한스 켈젠의 순수법학의 한계를 인식하고 그것을 극복하는 데 초점을 모았다.[18]

18 심헌섭, 「석우 황산덕 박사에 있어서의 자연법론과 법실증주의」, 『법학』 제35권 3-4호, 서울대학교 법학연구소, 1994.

그러나 그의 법철학은 순수법학의 극복을, 종래의 자연법사상 혹은 수정된 자연법사상으로의 회귀에 있다고 본 것은 아니며, 자연법사상 또한 순수법학 이상으로 극복되어야 할 것으로 보고 양자에 대한 철저한 비판을 통해 새로운 법철학적 모색의 가능성을 타진하고 있다는 점에서 주목된다.

법철학 최대의 문제인 '법이란 무엇인가?', '법의 실체는 무엇이며 그 권위는 어디로부터 오는가?' 에 대해 자연법사상은 '정당하기에 법' 이라는 답을 내놓았고 법실증주의는 '명령되었기에 법' 이라는 주장을 제시했다. 시공을 초월한 보편타당한 법을 추구하는 자연법사상은, 그것이 정의로운 것이기에 법이 되는 것이며 인간사회를 규율하는 정의로운 법은 자연적 질서에서 찾을 수 있다고 했다. 그리고 이 자연적 질서에 대해 기독교 문화가 정점에 이르러 있던 중세에는 그것을 신의 섭리라고 보았고, 계몽주의 시대에는 그것을 국가 이전 상태에서의 인간의 본성 또는 이성이라고 설명했다.

황 박사는 자신의 법학박사 학위논문에서 자연법사상의 바탕을 자연적 질서와 인간사회의 규범은 하나의 우주적 질서로 일치한다는 일원론적 철학에 있다고 평가하고, 이러한 일원론적 철학이 존재와 인식, 사실과 당위를 구별하는 칸트 중심의 이원론적 철학의 비판을 받고 무너지면서, 자연법사상도 이원론적 철학에 바탕을 둔 법실증주의에 의해 밀려나게 되었다고 설명한다.

또한 자연법사상이 말하는 정의(正義)의 개념이 모호하며 '각자에게 그의 것을(suum cuique)' 과 같은 공식도 애매하여 무엇이 옳고 무엇이 나쁜 것인가를 구체적으로 제시하지 못하였다는 켈젠의 비판을 인용하며 자연법사상이, 약육강식(弱肉强食)일 수도 있는 현재의 상황을, 정의라는 알 듯 모를 듯 듣기 좋은 말로 호도하는 현실정당화 · 자기기만의 이데올로기로 흐를 수 있음을 지적한다.

그는 자연법사상의 뒤를 이어 등장한 법실증주의는 자연과 사회를 구분하는 이원론적 철학에 기초한다고 평가한다. 이원론은 자연은 존재의 법칙인 인과법칙의 지배를 받고 사회는 당위(Sollen)의 법칙인 규범에 의해 운용되고 있다고 보는데, 법실증주의는 이러한 이원론을 바탕으로 사실적 요소가 배제된 당위의 영역 속에서 법의 실체를 밝히고자 한다.

이 법실증주의의 취지를 가장 순치하게 실현한 이론이 한스 켈젠의 순수법학이다. 종래 법실증주의의 핵심적 주장인 '명령되었기에 법이다'는 힘(권세 또는 무력)있는 자의 자의적인 명령이 곧 실정법이 된다고 해석될 수 있어, 결국 당위의 법칙인 법이 약육강식, 힘의 논리라는 사실적 법칙을 토대로 하고 있을 뿐이라는 결론에 이르게 되어 그것이 뛰쳐나오고자 하는 일원론으로 되돌아가고 마는 모순을 안고 있었다.

이에 반해 켈젠은 이 명제의 본질적 의미를 "상위법이 그 권한을 위임한 법 창설권자가 그 상위법을 토대로 명령한 것이어서 그 명령이 법이 된다"라고 규정짓는다. 이 주장에 따르면 상위법에 따라 이루어진 명령이 하위법이 되고 이 하위법이 새로운 상위법이 되어 새로운 하위법을 낳음으로써 법체계가 층층의 피라미드와 같은 형태를 이루기 때문에 켈젠의 이 이론은 '법단계설'이라 일컬어진다. 또한 이 이론에 따르면 하위법 위에 상위법이 놓여 있는 모습은 위로 끝없이 이어지는 것이 아니며, 그 최상위에는 실정법을 초월한 '근본규범'이 있다고 한다.

이처럼 규범이 규범을 낳는 형태가 계속되어 규범만으로 독자적인 영역을 이룸으로써 이 이론은 사실과 규범, 존재와 당위를 엄격히 구분하는 이원론적 사고에 충실한 듯하나, 법체계의 최상위에 놓여 있다는 '근본규범'의 정체가 자연법사상이 제시한 '정의'만큼이나 모호하다.

켈젠은 이 근본규범이, 실효적인 질서를 창설하고 있는 힘에 최고의 법창설권위를 부여하는 것이라고 설명하나, 황산덕 박사는 이처럼 근본규범이 실효적인 힘이라는 사실을 전제로 해서 가능한 것이라면 켈젠의 순수법학 또한 사실과 규범을 구별하는 이원론적 철학을 바탕으로 일체의 사실적 요소를 배제하고 규범의 영역 속에서 법의 실체를 규명하려는 그 자체의 목표에 완벽히 충실하지는 못한 자가당착적 이론에 그치고 만다는 비판을 제기한다.

순수법학의 한계에 대한 그의 인식은 존재와 당위의 이원론의 범주 내에서 이를 충족시킬 새로운 법철학의 모색으로 나아가지 않고, 순수법학을 포함한 법실증주의의 전제를 이루고 있는 존재와 당위의 이원론 자체에 대한 회의에 이르게 된다.

그는 이 철학적 문제 앞에서 최신 자연과학(상대성원리나 양자역학 등)의 성과와 그와 더불어 일기 시작한 철학적 사조(러셀의 철학 등)를 주목한다. 사실의 세계를 설명하는 인과법칙이 지금까지는 확정적인 것으로 생각되었으나 양자역학에 따르면 미시적 세계에서는 그것이 확률적·통계적인 법칙에 지나지 않음이 밝혀져 확정지을 수 있는 존재가 있다는 지금까지의 확신이 무너졌으며, 그리하여 종래 인식을 배제하고 존재의 순수한 실체만을 확정지을 수 있는 존재의 세계는 성립될 수 없다는 철학적 사조가 일어나고 있음을 그는 지적한다.

아울러 그는 순수법학을 포함한 법실증주의가 부딪힌 한계에서 보듯 존재를 배제한 순수한 규범의 세계 그리고 그러한 세계 속에 있는 법이란 것도 성립될 수 없으며 존재의 개입이 없는 규범의 세계란 없다는 점도 지적한다.

결국 그는 순수한 존재의 세계와 순수한 당위의 세계의 구분을 확신했던 이원론적 세계관은 파국을 맞을 수밖에 없으며 이러한 이원론적 세계관을 바탕으로 했던 법실증주의의 이론들, 특히 순수법학은 오류라는 결론에 도달한다.

일원론적 세계관이 존재와 당위를 구분하는 이원론적 세계관에 의해 밀려나면서 전자를 전제로 한 자연법사상이 후자를 전제로 한 법실증주의에 밀려났듯이, 이원론적 철학이, 존재와 당위의 관계를 뗄래야 뗄 수 없는 동전의 앞뒷면의 관계나 혹은 상반되는 것 같지만 빛이라는 하나의 존재 속에 어우러져 있는 입자성과 파동성의 관계처럼 파악하는 새로운 세계관에 의해 밀려나고 있는 이상, 이원론적 철학에 바탕을 둔 순수법학은 그 근거를 상실했다고 황 박사는 결론지은 것이다. 그리고 그는 새로운 세계관에 바탕을 둔 새로운 법철학의 정립을 예고하며 그 법철학이 무엇인가에 대해서는 박사학위 논문에서는 일단 좀더 천착해야 할 과제로 보류해 두고 있다.[19]

이후 그의 법철학의 진로에 큰 전환점이 된 것은 불교신앙이었다. 특히 금강경이 깨우치는 가르침은 그의 법철학적 사고를 근본적으로 전환시킨다.

---

19 이상의 설명은 황산덕 박사의 법학박사 학위논문 「최신 자연과학의 발달이 법철학에 미친 영향」 참조.

금강경에 나오는 所謂佛法者 卽非佛法(소위 불법이라고 하는 것은 즉 불법이 아니다)이라는 말이 깨우치는 바에서 그는 어떤 이가 법이란 무엇이다라고 원리 · 원칙을 세우려 들면 이미 그가 논하는 법은 실체와는 괴리된 말의 유희에 지나지 않게 된다는 결론을 얻게 된다.

이러한 결론이 얼핏 법이란 존재하지 않는다는 허무주의로 비칠 수도 있으나 이 결론의 참된 뜻을 그는 다음과 같이 설명한다. 법이란 무엇이다라고 정의를 내리려 들면 들수록 자기가 생각하는 언어의 사슬에 얽매여 미혹에 빠질 뿐이며, 법이 추구하는 정의(正義)가 무엇인지는 딱 잘라 말할 수 없지만 구체적 사안이 정의에 어긋나는 것이라는 것은 알 수 있는 만큼, 법의 본질이 무엇이다라고 정의내리는 것보다 법이라는 제도를 어떻게 하면 유용하게 운용할 수 있는가라는 실질적인 문제를 탐구하는 것이 더 중요하다[20]는 것이 그의 주장이다.

자연법사상, 법실증주의 등 종래의 법철학이 안고 있는 한계를 비판하고 자연법적 일원론과 존재와 당위의 이원론이 무너진 이후의 철학을 바탕으로 법의 본질의 발견가능성을 시사했던 그의 법철학은 결국 종래의 법철학이 좌초할 수밖에 없는 보다 근본적인 이유는 단지 그 법철학이 서 있는 전제 철학에 모순이 있는 것이 아니라 법이 무엇인지를 적극적으로 정의내리려는 집착에 있다는 결론에 이르게 되었다. 여기에서 법은 하나의 도구(道具)에 지나지 않는다는 그의 법도구론(法道具論)이 출발한다.

종래의 법철학에 대한 끝없는 비판과 회의, 금강경을 중심으로 한 불교철학, 이 둘의 만남을 통해, 그의 법철학은 말에 얽매이지 않는 곳에 진리가 있다는 불교적인 법철학으로 빚어진 것이다.

엄밀한 정의(定義)를 추구하는 서구식 법철학의 기본적 방법론을 버린 획기적 전환이, 이것인지 저것인지 탁 집어 시비를 가려야 할 학문을 시비분별에 초연한 종교 속에 매몰시킨 오류로 보일 수도 있으나, 학문의 궁극적 목적이 진리탐구인 이상 시비분별에 대한 집착이 진리에 대한 인식을 무명(無明) 속에 빠뜨

20 황산덕, 「불교와 법철학」, 『법륜』, 1986. 6.

린다면 시비분별 자체를 초탈하는 것이 진리에 다가서는 길일 수도 있으므로, 하나의 언어적 틀 속에 법의 본질을 가두려는 집착을 버린 그의 비판주의는 충분히 이해될 수 있는 것이다.

법의 본질을 정의하려는 시도를 공리공론으로 보고 법제도의 현실적 운영을 비판·검토하려는 그의 자세는, 자연법사상도 자연의 질서, 정의라는 명분으로 그릇된 사회현실(중세의 계급적 구분과 차별)을 호도하는 데 이용되기도 했고 법실증주의도 힘있는 곳에 법이 있다는 논리로 나치즘 등 전체주의의 전횡을 정당화시키는 데 쓰인 점을 볼 때, 법의 본질을 정의하는 것이 법제도의 바람직한 운영을 보장해 주는 것은 아니라는 역사적, 현실적 성찰에서 기인하는 바도 적지 않다.[21]

2. 형법학

해방 후에도 아직 근 8년간이나 일제시대에 쓰던 의용(依用)형법을 계속 사용하다 1953년에 이르러서야 독일 법학의 영향을 크게 받는 가운데 우리 자신의 형법을 제정·반포했을 정도로 근대적 법학의 이론적 기반이 아직은 미약했던 당시의 상황에서, 형법학계의 주된 과제는 법학적 연구성과의 층이 두터운 독일의 형법이론을 도입하여 소개하고 우리나라의 법체계에 조화되게 해석하여 한국적인 법학체계를 조속히 정립하는 일이었다.

죄와 벌을 주된 테마로 하고 있는 형법학에서는 범죄를 구성요건에 해당하고, 위법하며 책임있는 행위라고 규정하고 있는데, 이 행위라는 것이 과연 무엇인가, 즉 행위의 본질과 범위에 대한 시각은 구성요건론, 위법성론, 책임론 등 범죄론의 모든 영역에 대한 관심을 크게 좌우할 뿐 아니라 형법학 중에서도 그 철학적 추상성과 난해성으로 이름 높은 분야인데, 이 분야에 대한 종래의 통설인

21 황산덕, 『법과 사회와 국가』, 방문사, 1991, 158쪽; 최종고, 『韓國法思想史』, 서울대출판부, 2004(전정재판), 416-418쪽.

인과적 행위론을 극복하기 위해 황 박사는 독일의 벨첼 교수의 '목적적 행위론'을 도입하여 이를 바탕으로 한 형법 해석의 체계를 정립하였다.

자연과학적 인과율의 영향을 받아 행위를 의사에 기인한 신체거동이라 규정지은 인과적 행위론은 신체거동을 유발한 의사가 존재하면 족할 뿐 의사의 내용은 중요하지 않다고 본 데 반해, 목적적 행위론은 행위를 목적에 의해 조정되는 활동이라 규정하여 행위가 달성하려는 목적, 즉 의사의 내용을 중요시함으로써 고의와 과실을 동일 차원에 두지 않고 확연히 구분하고자 하는 데서 인과적 행위론보다 한 차원 앞선 이론이라 할 수 있다.

그러나 이 이론은 목적성을 중심으로 행위를 이해하려는 나머지 부작위(不作爲)와 과실의 행위성을 설명하는 데 난점을 안고 있으며, 형법상 의미있는 행위의 본질을 설명하는 데 가치판단을 완전히 배제하는 것이 불가능하다는 비판을 받으면서, 오늘날에는 행위를 인간의 의사에 지배되거나 지배가능한 사회적으로 중요한 행태라고 보는 사회적 행위론에 밀려 통설의 지위를 상실한 것이 사실이다.

그러나 황 박사가 '목적적 행위론'에 바탕을 둔 형법체계를 도입하고 우리 법체계의 틀 속에서 엮어내려던 노력은 초기의 우리 형법학계에 새로운 활력을 불어넣고 학문적 발전의 기틀을 제공했다는 점에서 시대적 의의를 갖는다고 볼 수 있다.

3. 불교철학

황 박사는 한 글에서 자신이 불교를 믿게 된 동기를 어린아이였던 둘째 아들과 갓 태어난 셋째 아들의 갑작스러운 죽음으로 인한 고뇌와 번민이었다고 밝히고 「리더스 다이제스트」와 기록영화 등에서 어떤 사람의 전생(前生)에 대한 기억이 사실로 확인되었다는 기사와 영상기록을 통해 불교에서 말하는 윤회를 간접적으로나마 목도한 것이 불교에 대한 그의 확신을 더욱 깊게 해준 계기가 되었다고 말하고 있다.[22]

그러나 그의 불교에의 귀의가 체험과 간접경험에 큰 영향을 받았다고 해서 그의 불교신앙이 단지 불교에 대한 신비스런 외경이나 단순한 기복적 자세에 그친 것은 아니며, 불교적 지혜가 그의 후기 법철학에 영향을 끼친 것이나 그가 주간지 『대한불교』의 주필을 역임하며 불교와 관련된 많은 칼럼과 논문을 쓴 것에서 드러나듯이 그의 불교에 대한 이해는 학문적 탐구 못지않게 진지하고 깊이있는 것이었다.

그는 특히 여러 글에서 금강경에 나온 다음과 같은 가르침을 자주 인용하고 있다.

"실로 일정한 법이 있어 부처님께서 최상의 진리를 얻으신 것이 아니다.", "모든 것이 불법(佛法)이 된다", "가장 좋은 법에 관하여 말들을 하고 있지만 가장 좋은 법이 있는 것이 아니라 그 이름이 가장 좋은 법일 뿐이라고 여래께서는 말씀하신다", "만일 보살이 아(我)와 법(法)이 없음을 통달한다면 여래께서는 그를 참된 보살이라고 부르신다",[23] "법이 아니고 법이 아닌 것도 아니다",[24] "있는 바 모든 상은 모두 허망하나니 만일 모든 상이 상 아님을 본다면 곧 여래를 볼 것이다".

이러한 금강경의 가르침을 통해 그는 언어가 존재한다고 해서 그 언어를 생기게 한 본체가 있다고 믿는 것, 더군다나 그 본체가 영원히 변함없는 실체로 존재한다고 믿는 것은 그릇된 망상일 뿐이며 그러한 실체 규명에 얽매일수록 미혹에 빠질 뿐이라고 설명한다.

그리고 어떤 상황에서도, 혹은 시·공간을 초월해 사회적 문제를 해결할 수 있는 법이나 제도가 존재한다고 믿는 것은 아상(我相)과 법상(法相)에 사로잡힌 우매한 발상이며, 그때그때 상황에 맞게 가장 지혜로운 수단을 찾는 방편(方便)의 자세를 견지하는 것이 참다운 태도라고 그는 역설한다.

이러한 그의 불교적 신념은 정치에 대한 그의 시각으로 이어져, 정치지도자

---

22 황산덕, 「나는 왜 불교를 믿게 되었나」, 『고대신문』, 1953. 5.

23 황산덕, 「불교와 정치-법률사상」, 『불교와 현대사상』, 1982. 7 참조.

24 황산덕, 「불교와 법철학」, 『법륜』, 1986. 6.

는 자신의 정책이 한 번 성공했다고 해서 그런 방법이 언제나 최선의 해결책이라고 믿거나, 어느 나라에서 성공한 제도이니 우리나라에서도 훌륭한 성과를 가져오리라고 맹목적으로 믿는 법상(法相)에 사로잡힌 생각이나, 정책의 성공이 자신의 공로라고 믿고 그러한 정책에 대한 비판은 곧 자신에 대한 비판이라고 못마땅하게 여기는, 아상(我相)에 사로잡힌 태도를 지양해야 한다고 강조한다.

그리고 그는 보살이 중생을 제도하는 대승불교적 도리에 비추어 정치지도자는 사심을 버리고 자기 공적의 과시에 대한 집착을 버리고 시혜자적 오만과 권위의식을 버린 참된 보살의 마음가짐을 지녀야 한다고 한다.

이처럼 그에게 있어 불교신앙은 단지 현실 생활이나 사회와 다소 동떨어진 종교적 믿음에 그치는 것이 아니라 실천적 신념이었다고 할 수 있다. 공직에 오르는 사람이 애국심이라는 이름 아래 '내가' 이 국가와 민족을 위해 무언가 거창한 일을 해 보겠다는 생각에 빠져 있는 것이 결국 도를 넘치는 아집과 독선에 이르는 결과를 초래할 수 있다는, 불교신앙에 바탕을 둔 그의 반성적 철학은 장관 시절 그가 지나치게 획기적인 정책으로 국민생활에 동요를 일으키기보다 과거의 문제점을 시정하는 데 주력한 것에도 연장되어 있다고 생각된다.

변함없는 그 무엇에 대한 집착을 부정하는 그의 불교적 철학이 얼핏 참된 것은 아무것도 없다는 허무주의로 오해받을 수도 있다. 그러나 "사물의 실상은 사실은 지적 규정의 대상이 되는 것이 아니고, 그것은 오직 실천에 의하여 성취될 수 있을 뿐이다. 말로 표현되는 것이 아니라 행동으로 나타낼 수 있을 뿐이다"[25]라는 그의 말은, 실천 없는 공허한 말의 공방이 난무하고 실속없이 외면적인 실적의 축적과 과시에 골몰하는 세태 속에서 진정 진지하고 도전적인 삶의 철학이 무엇인지 호소력있게 깨우치고 있다고 생각된다.

대한민국학술원에서 낸 『먼저 가신 회원들의 발자취』(2004)에는 심헌섭 교수(서울대 명예교수)가 쓴 「황산덕의 생애와 학문적 업적」이 실려 있다. 필자는

25 황산덕, 『창조주의 복귀』, 양영각, 1984, 34쪽.

『자유와 정의의 지성 유기천』(한들출판사, 2006)에서 「유기천과 황산덕」을 조명하였다.

일본의 스즈키 게이후(鈴木敬夫) 교수는 황산덕의 『법철학강의』를 일본어로 번역하여 일본학계에 알리고 있다. 이처럼 황산덕의 법사상이 국내외에서 계속 알려지고 분석되고 있는 것은 그의 인품과 사상의 폭을 말해주는 것이라 하겠다.

연보 및 논저

■ 연보

1917. 6. 18	평남 양덕 출생
1923	평양 광성보통학교 입학
1928	상소공립보통학교 전학
1930	평양공립고등보통학교 입학
1935	평양고등보통학교를 졸업하고 경성제국대학 예과의 문과 甲類에 입학
1938	경성제국대학의 법문학부 법학과 1류(사법 전공)에 입학
1943. 7	일본 고등고시 행정과 및 사법과 동시 합격
1943. 10	총독부에 채용되어 경북 영천군에서 근무
1944	경북도청 내무부 원호과로 전근됨에 따라 대구로 이사
1946. 10-1957. 11	서울시 성북구청장
1946. 12	미군정청 보건후생부(지금의 보건복지부)법제국장에 취임
1948. 3-1953. 2	고려대학교 법정대학 부교수로 취임
1951	전시연합대학이 설립되어 부산시 대신동에 있는 서울대학교 법과대학 의 가교사에서 강의를 시작. 그리고 대구로 내려온 고려대학교에도 출강. 또한 해군법제위원회 위원이 되어 해군법무감실에서 근무
1952. 1. 3	서울대학교 법과대학 조교수에 임명
1954. 6-1957. 4. 2	서울대학교 법과대학 교무과장에 취임
1954. 9. 18	서울대학교 법과대학 부교수
1957. 8. 9	한국 법철학회 창립, 초대회장 취임
1957. 12. 14	박사학위 논문이 서울대학교 대학원위원회 통과
1960. 5. 27	서울대학교 법과대학 교수로 승진 발령
1960. 9. 14	다시 고등고시위원으로 위촉됨
1960. 9. 30	법학박사 학위 취득
1962. 5. 1-1966. 12. 17	『동아일보』 비상임 논설위원
1965. 9. 9	서울대학교 교수직에서 물러남.
1966	교수직 징계파면 처분이 정식 취소되고 대신에 8월 25일자로

	의원해임됨
1966. 9. 12-1973	변호사 개업
1966. 12. 17	성균관대학교 법정대학교수 겸 학장 취임
1970. 12. 5	국민훈장 동백장 수여받음
1973. 12. 21	성균관대학교 대학원장 취임
1974. 7. 4	성균관대학교 총장 직무 대행
1974. 8. 12	성균관대학교 총장 취임
1974. 9. 18	제24대 법무부장관에 임명됨
1976. 3. 2	중화민국 엄 총통으로부터 大綬景星勳章 수여받음
1976. 3. 5	중화민국 東吳대학에서 명예법학박사학위 수여받음
1976. 12. 4-1977. 12. 20	문교부장관에 임명됨
1978. 3. 6	정부에서 총조근정훈장 수여
1980. 3	단국대학교 대학원 대우교수
1980. 11. 24	한국불교진흥원 이사장 취임
1985. 1	학술원 정회원에 임명
1985. 3	서울대학교 대학원에서 법철학 강의 시작
1985. 8	한국형사법학회장 취임
1987. 6	국토통일원 고문으로 추대
1989	학술원 정회원 재임명. 『국민법률신문』 회장으로 선임
1989. 10. 19	서울에서 작고

■ 저서

『標準世界年表』, 三義社, 1948.

『國際私法』, 法政叢書, 1949.

『法哲學』, 法政叢書, 1950.

『法學入門』, 法政叢書, 1952.

『法學通論講義』, 法政叢書, 1953.

『켈젠 · 法과 國家의 一般理論(飜譯)』, 서울大學校, 1953.

『켈젠 · 純粹法學(飜譯)』, 서울大學校, 1953.

『新稿法學入門』, 陽文社, 1954.

『法哲學序說』, 陽文社, 1955.

『法學槪論』, 陽文社, 1956.

『刑法總論講義』, 華聲文化社, 1956.

『國際私法』, 華聲文化社, 1956.

『벨첼 · 刑法體系의 新形象(번역)』, 博英社, 1957.

『法學入門』, 博英社, 1958.

『막스 · 베버(現代思想家叢書)』, 사상계사, 1960.

『刑法總論(初版)』, 法文社, 1960.

『法哲學(3訂版)』, 法文社, 1960.

『프리드리히 · 西洋法哲學史(번역)』, 法文社, 1961.

『現代法哲學入門』, 博英社, 1961.

『刑法各論(初版)』, 博英社, 1961

『刑法總論(改訂版)』, 博英社, 1963.

『新法學通論』, 博英社, 1963.

『國際私法(4訂版)』, 博英社, 1963.

『新體系刑法總論(3訂版)』, 博英社, 1964.

『法哲學入門』, 博英社, 1964.

『刑法講義』, 博英社, 1965.

『自畵像』, 新亞出版社, 1966.

『佛教教科書』, 東國大學校, 1967.

『新法學通論』, 法文社, 1968.

『刑法總論(4訂版)』, 法文社, 1969.

『法哲學講義』, 法文社, 1970.

『무엇이 돌아오나』, 徽文출판사, 1971.

『刑法總論(5訂版)』, 邦文社, 1972.

『刑法各論(4訂版)』, 邦文社, 1972.

『法學通論(改訂版)』, 邦文社, 1973.

『法哲學講義(3訂版)』, 邦文社, 1974.

『刑法總論(6訂版)』, 邦文社, 1974.

『復歸』, 三星文化文庫, 1975.

『막스 · 베버』, 瑞文文庫, 1976.

『나가아르쥬나 中論頌(번역)』, 瑞文文庫, 1976.

『三玄學』, 瑞文文庫, 1978.

『刑法各論(5訂版)』, 邦文社, 1978.

『如來藏』, 東大譯經院, 1980.

『法學通論(7訂版)』, 邦文社, 1981.

『元曉・涅槃宗要』, 東大譯經院, 1982.

『刑法總論(7訂版)』, 邦文社, 1982.

『法哲學講義(4訂版)』, 邦文社, 1983.

『刑法各論(6訂版)』, 邦文社, 1984.

『創造主의 復歸』, 養英閣, 1984.

『刑法改正의 問題點(學術院論文)』, 邦文社, 1986.

「법과 사회와 국가」, 방문사, 1991.

이 한 기

(1917-1995)

⑬ 이 한 기 (1917-1995)

동서양의 역대 법학자들의 생애를 살펴보다 보면, 우리는 드물지 않게 인문학적 감수성을 지닌 법학자를 발견하게 된다. 생활의 방편으로 법학을 택했던 그들은 뛰어난 법학자로서뿐만 아니라 훌륭한 교육자로서의 삶을 살아가곤 하였다. 광복 이후 한국의 법학이 확립될 무렵 활동한 법학자들 가운데에는 이한기 교수가 그 대표적인 예라고 할 수 있다.

이한기 교수는 문학청년으로서 인문학적 감수성을 지닌 채 일본 동경대학교에 진학하여 법학을 전공하였다. 광복 후 이한기 교수는 이러한 인문학에 대한 개인적 관심을 국제법이란 영역으로 연결하였다. 이렇게 우연하게 국제법을 전공하고 대학에서 강의를 시작하게 되었지만, 이후 이한기 교수는 신생 독립국인 한국의 국제법적 지위를 확립하기 위하여 많은 노력을 기울였다.

특히 이한기 교수는 광복 이후 열악한 상황에서도 오로지 학문에만 뜻을 두고 국제법학이라는 신생 학문을 뿌리내리는 데 전념하였던바, 이러한 이한기 교수의 노력으로 인하여 한국 국제법의 토대가 마련될 수 있었다.

I. 생애

이한기는 1917년 가을 전라남도 담양군 창평면 장화리에서 태어났다. 엄격한 유교적 가풍에서 특히 할아버지였던 이광수(李光秀)의 슬하에서 엄하게 자랐다. 이한기의 증조부인 이승학(李承鶴)은 조선 성리학 최후의 학자로 알려진 기정진(奇正鎭)의 문인이었고 조부인 이광수 역시 통훈대부 성균관박사로서 정통 유학자로서의 길을 걸었다. 이한기는 이러한 유가가계의 진중한 학풍가훈 속에서 자랐다.[1] 어릴 때 잠시 서울로 올라갔다가 8세에 고향으로 돌아와 다음해 소학교에 입학하였다. 소학교 재학시 담임이었던 박희택(朴喜澤)으로부터 민족주의 사상을 배우게 되었고, 이 영향으로 1929년 광주학생사건에 참여하였다가 창평주재소에서 모진 고문을 당하고 수감되기도 하였다.[2]

1931년 봄 이한기는 서울 휘문고보에 입학했다. 재학 시절 동안 문예부원으로 활동하고 한두 편의 글을 교우회지에 발표하기도 하였다. 위 학교를 졸업한 후 친척 형의 권유에 따라 일본의 가나자와 시에 있는 제4고등학교에 진학했다. 어려서부터 문학청년을 지망하였던 이한기는 대학에서 어느 학과를 지원할 것인가 대단히 망설이다가, 1941년 결국 빵의 학문(Brotwissenschaft)으로서 법학을 택하여 동경제국대학 법학부에 입학하였다. 그러나 대학에서 요코다 기사부로(横田喜三郞) 교수로부터 국제법을 배울 당시만 하더라도 이를 평생의 Brotwissenschaft로 선택하리라고는 상상도 못했다고 한다.[3] 1943년 9월 이한기는 동경대학을 졸업한 후 귀국하였으나, 그 후 학병 문제로 쫓기는 몸이 되었다.[4]

---

1 김정균, 「箕堂 李漢基 博士의 生涯와 學問」, 『앞서 가신 회원들의 발자취』, 대한민국학술원, 2004, 292쪽.

2 이 사건으로 인하여 이한기는 공립중학교로의 진학이 불가능하게 되었으며 또한 '죽을 각오가 되었을' 경우를 제외하곤 독립운동이나 혁명운동에 나서지 않겠다는 결심을 하게 되었다고 한다. 백충현 교수는 이 사건이 이한기로 하여금 학자의 길로 가게끔 재촉했던 원초적인 계기가 된 것으로 추측한다(백충현, 「箕堂先生의 生涯와 學問」, 『한국국제법학의 제문제』(기당 이한기 박사 고희기념논문집) 박영사, 1986, iv쪽).

3 정인섭, 「箕堂 李漢基 博士의 학문세계」, 『서울국제법연구』 12권, 서울국제법연구원, 2005, 14쪽.

4 백충현, 앞의 글, viii-ix쪽.

광복 직후 이한기는 서울에 머물다가 그곳 정계의 혼란상에 실망한 나머지 1946년 고향 부근인 광주에서 대학 강의를 시작하였다.[5] 그러나 당시의 광주에는 몸담을만한 대학도 연구의 편의도 없었으며, 학문적 퇴보만 강요당하고 있음을 절감하고, 1949년부터는 서울의 동국대학교로 자리를 옮겼다.[6] 그 당시 강의안은 은사인 요코다(橫田) 교수의 『國際法』 上 · 下와 安井 郁 교수의 『國際法講義』, 그리고 立作太郎 박사의 『平和國際法論と戰時國際法論』 등 주로 일본서적을 토대로 작성하였다. 영문서적으로는 Brierly의 *Law of Nations*과 Fenwick의 *International Law*를 참고하는 정도였다. 그러던 중 서울대학교 문리대 정치과 학생이었던 정일영 학생을 통하여 제섭(Jessup)의 *A Modern Law of Nations*에 접하게 됨으로써 국제법에 대해 새롭게 눈을 뜨게 되었다. 나아가 이한기는 당시 트루먼 행정부의 순회대사가 된 제섭과의 만남을 통해서 국제법의 통용범역인 국제사회의 성격을 규명하는 데 관심을 갖게 되었다.[7]

1952년 이한기는 서울대학교 법과대학의 조교수로 임명되었다. 이 무렵 김기두, 신태환, 황산덕 교수도 서울대학교 법과대학의 전임 교원으로 영입되었다. 한국전쟁 과정에서 서울법대 교수 중 일부가 월북하거나 납치되었는데, 당시 서울법대 학장을 맡고 있던 유기천 교수가 전시연합대학체제에서 명강의로 이름을 날리던 이들을 그 후임으로 임명한 것이었다.[8] 그리고 이한기는 1954년 9월 당시로서는 꿈만 같던 미국 유학의 기회를 잡아 제섭이 재직하던 콜롬비아 법대로 유학을 떠났다. 1956년 2월 귀국한 그는 1년 반 동안 미국에서 공부한 성과를 토대로 『국제법학』을 저술하기에 이른다.[9]

이렇듯 이한기는 1946년 광주의 조선대학교에서 국제법 강의를 시작한 이래,

---

5 이한기는 광주의과대학의 독일어 교수로 재직하는 한편 조선대학에서 처음으로 국제법을 담당함으로써 학계에 발을 들여놓게 되었다(백충현, 앞의 글, ix쪽).

6 정인섭, 앞의 글, 16쪽.

7 이한기는 Jessup의 저서를 『현대국제법』이라는 이름으로 번역하여 서울대학교 번역총서 제1권으로서 1952년에 출판하기도 하였다(백충현, 앞의 글, ix쪽).

8 노융희, 「스승 箕堂 先輩를 追慕하며」, 『삶으로 가르치신 큰 스승』(기당 이한기 박사 추모문집), 기당 이한기박사추모문집 간행위원회, 1996, 74쪽.

9 정인섭, 앞의 글, 9-10쪽.

1949년부터 동국대학교 교수와 서울대학교 문리대 강사로, 다시 1952년부터는 서울법대 교수로 재직하며 국제법을 강의한 이래 1980년 9월 감사원장직을 맡게 되어 서울법대 교수직을 떠날 때까지 약 35년간 대학에서 국제법을 강의하였다.[10] 이한기는 감사원장직을 맡게 됨으로써 서울법대 교수로서 정년을 마치지는 못하였다. 그는 이것을 못내 아쉬워했고, 감사원장직을 그만 둔 이후에는 한때 '거리의 학자'를 자처하며 고향 영서당에 가서 지낼까 생각하기도 하였다. 이 무렵 출간한 70세 기념문집인 『迎瑞堂記』에 이런 심정을 절절히 담았다. 필자는 이 문집을 읽고 이런 시를 하나 써 드렸다.

독(讀) "영서당기"
-이한기 선생님께

盧沙, 石田의 衛正斥邪派 유학자의 후예로
동경에 유학하여 법학자 되어,

서울법대에서 한 평생 국제법 강의하다
감사원장으로 부름받아 官界로 나가신

스승이자 선배학자의 고희문집이
내 마음을 울린다.

官途에 나간 것이 죄가 되어
"연구실에서도 쫓겨난 거리의 학자"로
잘츠부르그의 다뉴브강물을 바라보며
"왜 문학이나 예술을 하지 않고

10 정인섭, 앞의 글, 14쪽.

분단국가에서 이데올로기의 벽에 갖힌
사회과학을 하여 한 평생 아무
이룬 것 이 없는 학자가 되었나?" 자탄하던 스승.

하와이에서 잠시 연구하다
그곳도 내 땅은 아니라고 소스라치며
다시 돌아와 방황할 때,

"너 이제 돌아오라" 부르는
선조대대로부터의 "영서당" 소리 듣고,
돌아온 탕자 같이
참회의 심정으로 쓰신 "영서당기".

스승이여, 한국의 사회과학도가
가야할 길은 어디니이까?

스코필드 박사의 농담처럼
없는 국제법을 있다고 가르친
댓가를 받아야 할까요?
제자도 歸去來辭 써서
迎瑞堂行이나 할까요?

(1989. 10)

그러나 인생은 모르는 법, 이한기는 1982년 9월 정년을 맞아 감사원장직을 그만 둔 이후, 한국사회의 급변기였던, 1987년 5월부터 7월까지 국무총리서리로 임명되었다. 반기문(전 외무장관, 현 유엔사무총장)은 국무총리서리로서의 이한기를 모셨기에 다음과 같이 기억한다.[11]

당시 이 총리께서는 난국을 타개하는 길은 대통령직선제를 수용하고, 김대중 씨에 대한 정치해금조치와 사면복권을 시키는 길밖에 없다는 확신을 가지고 계셨던 것 같다. 날짜는 정확히 기억나지 않지만 1987년 6월 중순 어느 날 비서실장, 행정조정실장과 총리실 1급 이상 간부 등이 참석한 간부회의 석상에서 이 총리께서는 숙연한 자세로 그와 같은 자신의 소신을 공식적으로 말씀하셨다.

그 당시의 시대상황하에서 국무총리가 간부회의에서 이러한 사실을 이야기한 것은 문자 그대로 '폭탄선언' 이었음은 물론이다. 회의석상에 참석하였던 윤석순 비서실장을 포함한 간부들이 깜짝 놀라 회의가 끝난 후 일절 대외적으로 발설치 않기로 약속한 바가 있다.

이후 이 총리께서는 노태우 민정당 대표와 직접 만나 본인의 신념을 설파하고 이를 수용하는 길만이 나라와 민족이 살 수 있는 길임을 역설하였는데 이 일이 있은 지 며칠 후 '6 · 29 선언' 이 탄생되었던 것이다.

…… 나 자신이 느낄 수 있었던 것은 당시의 모든 사람들이 난국 해결을 위한 유일한 길은 6 · 29 선언 방식밖에 없다는 사실을 알고 있었으나, "누가 감히 고양이 목에 방울을 달 수 있을까" 하는 원론적인 문제에 대한 해법은 누구도 가지고 있지 못하였다는 것이다. 이러한 상황하에서 국정의 최고위 지도자로서 공개적으로 이를 이야기하고 고양이 목에 방울을 단 것은 이한기 총리 한 분뿐이었다고 믿고 있다.

지금 생각하면 대통령직선제를 해야 된다는 것은 너무나 당연한 것으로 받아들여질 수도 있을 것이다. 그러나 당시 상황하에서는 광주 민주항쟁이 광주사태로 격하되어 있었고, 정부 여당이 내각제를 추진하다가 야당의 대통령직선제 개헌 요구에 대해 '4 · 13 호헌' 을 결정한 상황하에서 대통령직선제를 국무총리가 언급한다는 것은 그야말로 상상조차 하기 어려운 일이었다.

1945년의 광복과 함께 한국 법학은 두 가지 모순된 현실에 처하게 되었다. 이

11 반기문, 「어둠 속에서 민주화를 선창하신 이한기 총리를 기리며」, 『삶으로 가르치신 큰 스승』(기당 이한기 박사 추모문집), 86쪽.

제 남의 간섭 없이 한국인 스스로의 책임 위에서 법학을 건설할 수 있게 된 한편, 다른 면으로서는 법학자 부재의 심각한 문제에 고민하지 않을 수 없었다. 광복 당시 한국 법학계에는 보성전문의 5, 6명의 한국인 교수와 연희전문과 혜화전문의 각각 1인 정도가 전부였다. 당시 사정을 형법학자 김기두 교수는 다음과 같이 묘사하고 있다.[12]

> 대학교수란 몇 사람을 제외하고는 거의 일본인이 독점하고 있었기 때문에 해방 후의 대학교수란 거의가 새출발하는 인사들이었다. 즉 대학을 갓 졸업한 청년학자들 또는 판사, 검사, 변호사의 법조실무에 종사하던 인사들, 이것도 본인이 원한다는 것보다는 교수자격있는 사람들이 없기 때문에 거의 강제로 징용되다시피 하여 교수 또는 강사가 되었던 것이다. 특히 당시에는 정치적 혼란이, 특히 사상적 혼란이 대학내에서 격돌하는 시대로 소위 국대안반대를 둘러싸고 좌우익학생들의 대결이 있었기 때문에 대학이 제대로 강의가 잘 안 되는 상태였다. 그리하여 대학교수를 원하는 법학도들이 적었고 대학교수의 봉급이 형편없이 적었기 때문에 더욱 희망하는 인사들이 없었다.[13]

즉 이한기가 국제법 교수로서의 길을 시작한 광복 직후 한국의 현실은 학문적으로도 일제의 식민관계를 청산하지 못한 상황 아래 미군정과 한국전쟁이라는 극도의 혼란을 겪고 있는 여건이어서 한편으로는 서구의 전통적 국제법 이론과 지식을 도입하고 또 한편으로는 신생국가로서의 국가이익에 합당하는 새로운 이론의 영역을 구축해 나가야 하는 형편이었다.[14] 이런 상황하에서도 이한기는 자신이 연구 주제로 삼았던 여러 현실문제에 대하여 국제법적 해법을 제시함으로써 학자로서의 사회적 소임을 충분히 다하였다. 그리고 그가 한국사회에 남긴 또 다른 업적은 국제법 교수직의 수행 그 자체에도 있다.

12 최종고, 『한국법학사』, 박영사, 1990, 469-470쪽.

13 김기두, 「韓國法學界의 回顧」, 『법학』 제19권 1호, 1978, 169쪽.

14 백충현, 앞의 글, viii쪽.

이한기는 평소 "나는 항상 부족한 재능과 부족한 체력을 느끼며 힘겨운 세상을 숨가쁘게 살아왔다. 내 평생 내가 우리 조국에 무엇을 공헌하였는지 생각해 보면 부끄럽기 짝이 없다.",[15] "나의 학문이 우리나라의 외교적 실천에 얼마나 공헌하였는가, 그리고 또 내가 처음 국제법에 기대했던 것과 같이 세계평화를 위한 기술로서도 국제법이란 얼마만큼 쓸모가 있는 것인가 하고 회의하는 사람이 되었다. …… 학자는 현실을 분석하고 이론을 구성하며 그것을 기술은 하지만 그것으로써 현실을 얼마만큼 개조할 수 있단 말인가. 내 자신 다른 학자들이 하는 것과 같이 몇 권의 책을 쓰고, 여러 편의 논문을 썼지만 그것이 무엇에, 또 어떻게 쓰여졌는가를 생각해 보면 모두가 부질없는 짓이 아닌가 하고 생각되기도 한다"고 술회하였다.[16]

그러나 이러한 스스로의 겸허한 자성과는 달리 이한기의 "학자로서의 발자취는 곧 한국 현대 국제법학사의 살아 있는 축도인 것이며, …… 역사의 눈을 통하여 문제점을 파헤침으로써 서구이론의 미궁을 탈출할 수 있는 자각의 계기를 마련한 여정이었다."[17]

이한기는 오랫동안 서울대학교에서 교수생활을 하면서 한국 국제법 교육의 틀을 세웠다. 그의 연구방법과 학문적 자세는 그가 키워낸 제자들을 통하여 한국 국제법학계 전반으로 펼쳐졌다.[18] 국제법학자를 자신의 천직으로 여겼던 이한기로서는 자신이 교수로서 정년을 마치지 못한 점을 못내 아쉬워하였고, 퇴임 후에도 영남대학교 초빙교수, 경기대학교 대학원 교수, 서울법대 강사 등의 자격으로 약 5년간 국제법을 강의하기도 하였다.

이한기는 국무총리 서리직에서 사임한 이후에도 한일문화교류기금 이사장으로 활발히 활동하던 중 백제제(百濟祭) 행사를 참관하기 위하여 여행을 하다가 1995년 2월 2일 일본에서 영면하였다. 급히 한국으로 시신을 운송하여 전남 고

15 이한기, 「古稀有感」, 『迎瑞日記』, 박영사, 1986, 22쪽(정인섭, 앞의 글, 29쪽에서 재인용).
16 이한기, 위의 글, 13쪽(정인섭, 앞의 글, 29쪽에서 재인용).
17 백충현, 앞의 글, iii쪽.
18 정인섭, 앞의 글, 29쪽.

창의 고향 묘역에 안장하였다.

Ⅱ. 주요 저작

1. 『국제법학』의 출간

이한기는 근 40년간 대학에서 국제법을 강의하고, 『국제법학』 上下와 『국제법강의』라는 대학용 개설서의 발간을 통하여 광복 후 한국 국제법 교육의 초석을 세웠다.[19]

이한기가 직접 집필한 최초의 국제법 개설서는 1958년과 1961년에 상하권으로 나뉘어 출간된 『국제법학』이다. 이는 이한기가 약 10여 년간의 교수 생활의 결실로 그가 직접 집필한 첫 번째 저술이다. 이한기의 국제법학은 1950년대 말 우리 법학계의 현실에서 가히 획기적인 저서였다.[20] 정인섭 교수는 위 책의 의의를 아래와 같이 설명하였다.

첫째, 이한기의 국제법학은 상권이 501쪽, 하권이 413쪽 등 합계 914쪽으로 당시까지 국내에서 간행되었던 어떠한 국제법서보다 방대한 분량의 책이었다. 이한기의 국제법학 이전의 국내 국제법서는 통상 300쪽 내지 400쪽 정도의 분량이었고, 어떠한 책도 500쪽을 초과하지 못하였다. 즉 이한기의 국제법학은 내용의 상세성에 있어서 타의 추종을 불허하였다.[21]

둘째, 이한기의 국제법학은 단순히 분량만 많았던 것이 아니라, 형식과 내용에 있어서 국내 국제법학계의 새로운 지평을 연 책이었다. 우선 이한기의 국제법학은 대부분의 기존 국내 국제법서가 주로 일본에서 발간된 국제법 개설서류의 내용을 소개하는 데 그치고 있던 한계를 벗어나 비로소 다양한 서양 국제법

19 정인섭, 앞의 글, 16쪽.
20 정인섭, 앞의 글, 16쪽.
21 정인섭, 앞의 글, 18쪽.

서와 논문을 직접 전거로 하여 작성된 책이었다. 그리고 그의 국제법학에서 제시된 풍부하고 다양한 각주는 국내 국제법 연구의 지평을 확대시켜 주었으며, 후일 국내 국제법 연구의 길잡이가 될 수 있었다.[22]

셋째, 이한기의 국제법학은 국제법을 접근하는 시각에 있어서도 당시로서는 국내학계에 새로운 방향을 제시하였다.[23] 이한기는 『국제법학』 상권 서문에서 이 책이 체제와 내용에 있어서는 새로운 것은 별로 없다고 하면서도, 자신은 "전통법학의 의제적 리걸리즘(Legalism)에 만족하지 않고, 법형식이론의 체계화에 급급하지도 않았다. 오히려, 국제법에 현저한 규범과 현실과의 배치(背馳)를 은폐하거나 키비타스 · 막시마(*Civitas Maxima*)의 교설(教說)에 떨어지지 않도록 유의하였으며, 가능한 한 널리 국가간의 관행을 관찰하려고 노력한 것이다. 본서가 국내적 및 국제적 판례를 다수히 수록한 이유는 이러한 노력의 일단이라고 할 수 있다"라고 설명하였다.[24] 이한기는 국제법 연구에 있어서 사례 연구의 중요성을 '국제법학'을 통하여 반영하려고 하였으며, 그 책에 제시된 각종 국제법 사례는 그 양에 있어서 국내 다른 국제법서와 비교 자체를 무의미하게 하였다.[25] 그 외 이한기의 『국제법학』은 당시 국내 국제법 학계에서는 본격적으로 다루지 않았던 새로운 문제의식을 많이 담고 있었으며, 종전부터 다루던 주제라도 이를 새롭게 정리하여 설명하고 있었다.[26]

출간 당시 이한기의 『국제법학』에 대한 학계의 평가 역시 이와 크게 다르지 않았다. 아래에서는 박관숙 교수의 서평 중 일부를 소개하겠다.[27]

> 본서는 이 교수가 십여년 동안의 침묵을 깨뜨리고 세상에 내놓은 역작으로서 해방후 오늘날까지의 우리 국제법학계가 얻은 최대의 수확의 하나이다. 지금까지 우

22 정인섭, 앞의 글, 18-19쪽.
23 정인섭, 앞의 글, 19쪽.
24 이한기, 『國際法學(上)』, 박영사, 1958, 5쪽.
25 정인섭, 앞의 글, 20쪽.
26 정인섭, 앞의 글, 20쪽.
27 박관숙, 「書評: 李漢基 著, 國際法學(上)」, 『법학』 제1권 제2호, 서울대학교 법학연구소, 1959, 495쪽.

리나라에서도 국제법에 관한 저작이 열 손가락을 꼽을 만큼 적지 아니 나왔지만 그 대부분이 간단한 개설서 내지는 학생들을 위한 교과서 정도에 그치고 있었다. 이것은 법학계의 다른 부문에 있어서와 마찬가지로 국제법학계도 해방직후의 허공상태로부터 출발하였기 때문에 우선 이 공백을 메꾸기 위한 하나의 피치 못할 과정이었다. 선진제국의 학자들이 남겨 놓은 유산을 물려받아 이를 완전히 소화하고 그 위에서 체계를 갖춘 저작을 내기에는 우리나라 학자들이 처해 있는 환경이 너무도 불우하였고 또 십년이란 세월이 너무도 짧았다. 그러나 이제 초창기의 소화단계를 벗어난 최근 이 · 삼년 동안 본격적인 저작들이 차츰 나오기 시작하고 있으며 이 교수가 내놓은 본서는 말하자면 그 제일탄이라고 할 수 있을 것이다.

2. 『국제법강의』의 출간

이한기는 1973년 『국제법강의』라는 제목의 새로운 국제법 개설서를 출간하였다. 이한기는 이 책의 출간 이유를 서문에서 다음과 같이 설명하였다. 즉 국제법학을 출간한 지 10여 년의 세월이 흘러 국제법적 현실에 많은 변화가 일어났고, 국제법학이 초심자를 위한 개론서로는 좀 부담스러운 분량이기도 하여 간략히 1권의 교과서를 희망하는 요청이 있어 개고의 필요성을 느꼈기 때문이라고 하였다.[28]

『국제법강의』의 구성체계는 기본적으로 국제법학의 그것을 따랐다. 다만 제목에서도 표방하듯이 강의용 입문서를 더욱 지향하였으므로 내용과 형식에 있어서는 변화가 적지 않았다. 우선 분량이 국제법학의 절반 정도인 508쪽으로 축소되었다. 또한 국제법학에 담겨져 있던 풍부한 각주가 생략되었고, 필요한 주(註)는 본문 속 괄호 속에 포함시켰다. 각주의 내용은 주로 관련 국제사례와 판례, 조약과 법조문의 지적이나 부연 설명에 한정되었으며, 인용출처를 밝히는 각주는 별달리 포함시키지 않았다. 그러나 이한기는 새로운 국제법

28 이한기, 『국제법강의』, 박영사, 1972, 1쪽.

강의가 기존의 국제법학 상권과 하권을 축쇄하거나 개정한 것이 아니라, 전체 체계를 새로이 집필하였다는 점에서 나름대로의 독자성을 지닌 책이라고 설명하였다.[29]

이한기는 위 책에서 종전의 국제법학에서 취급하지 못하였던 1958년 제네바 해양법협약, 1961년 외교관계에 관한 비엔나협약, 1969년 조약법에 관한 비엔나협약 등 새로이 성립된 국제조약에 관한 내용을 추가하였으며, 해양법 분야에서의 변화를 많이 수록하였다. 국제법강의의 구성에 있어서 가장 커다란 특징은 '국제경제와 국제법' 이라는 장이 신설된 것이었다. 오늘날은 국제경제법 자체가 별도의 영역을 구축할 정도로 국제관계에서 커다란 비중을 차지하고 있지만, 당시 특히 국내학계의 입장에서 국제법강의가 국제경제법 분야를 포함시킨 것은 새로운 시도였다.[30]

국제법학이 초판 발간 이후 단 한차례도 개정하지 않았던 것과는 달리 국제법강의는 여러 차례 개정되었다. 즉 국제법강의는 초판 이후 한 번의 대폭 개정과 두 번의 소폭 개정을 거쳐 현재까지 발간되고 있다. 초판이 발간된 지 10년이 지난 1983년 이한기는 처음으로 국제법강의의 수정판을 발간하였다. 1973년부터의 10년간은 국제법 분야에서 적지 않은 변화가 있던 시절이었다. 특히 근 10년을 지속하던 제3차 유엔 해양법회의가 1982년 해양법협약의 채택이라는 결실을 맺어 국제해양법의 새로운 기원을 이룩하였고, 국제인권법의 발전이 두드러진 시기였다. 이한기로서는 기존의 국제법강의의 본격적인 개고의 필요성을 느꼈지만 1980년 여름 서울법대 교수직을 떠나 2년여의 기간 동안 감사원장의 공직을 맡던 형편상 급하게 해양법 분야의 주요 부분만을 보완한 수정판을 준비하였던 것이다.[31]

1983년 9월 감사원장직을 물러난 이한기는 자신의 국제법강의에 대한 전면적 개고에 착수하였다. 그 결과물은 1990년 발간되었다. 새로운 국제법 동향을

29 위의 책, 1쪽.
30 정인섭, 앞의 글, 24쪽.
31 정인섭, 앞의 글, 25쪽.

담아내기 위하여 국내외 국제법 교과서가 점차 분량이 많아지는 추세에 따라 이 책 역시 807쪽 분량으로 대폭 확대되었다. 국제법강의라는 제목은 유지하며 신고판(新稿版)으로 발간된 이 책은 기존 국제법강의의 개정이라기보다는 새로운 책에 가까웠다. 통상 개정판이라고 하면 기존 원고의 상당 부분을 재활용하고, 필요에 따라 부분적인 보완을 한다고 생각하나, 이한기는 전시(戰時) 국제법 분야의 일부 원고를 제외하고는 개정판의 전체 내용을 원고지에 육필로 직접 새로이 작성하였다. 구성에 있어서도 적지 않은 새로운 항목이 추가되었다. 이한기가 이 책을 발간한 1990년 그의 나이는 고희도 훌쩍 넘긴 만 73세였다. 국내 대부분의 법학 교재가 필자의 정년퇴직을 계기로 시장에서의 생명력을 잃어가며, 필자들 역시 더 이상의 개정을 시도하지 못하는 현실을 감안해 본다면 참으로 놀라운 일이 아닐 수 없다.[32]

이한기는 신고판 『국제법강의』를 출간한 지 약 4년 반 후인 1995년 2월 타계하였다. 필자의 사망과 변화가 빠른 국제법 동향에도 불구하고 이한기의 『국제법강의』에 대한 사회적 수요는 계속되었다. 『국제법강의』는 이론의 정밀성이나 내용의 수월성이라는 측면에서 볼 때 이한기의 타계와 함께 잊혀지기에는 너무나 아까운 책이라는 것이 학계의 중론이었다. 이에 유족과 제자들, 국제법학 이래 국제법강의의 출판을 맡아 오던 박영사와의 협의 끝에 제자들이 분담하여 『국제법강의』를 개고하기로 하였다. 이렇게 준비된 신정판은 이한기의 사후 약 2년 반 만인 1997년 여름 출간되었다. 필자의 사후 제자들에 의하여 개정판이 나온 예는 국내에서는 드문 일이었다.[33]

32 정인섭, 앞의 글, 26쪽.
33 정인섭, 앞의 글, 27쪽.

III. 국제법 사상

1. 국제법관

이한기의 국제법관은 민족주의에 바탕을 둔 보편주의라고 할 수 있다.[34] 이한기의 국제법관에는 항상 강렬한 역사의식과 민족의식이 스며 있다. 이런 문제의식은 일제강점, 만주사변, 세계대전, 국토분단, 한국전쟁 등을 몸소 체험한 그가 평생 지녀온 '평화적인 영토적인 국가적 주권의식' 에의 소망에 바탕을 둔 것이다.[35] 그러나 이한기의 민족주의적 국제법관을 자국의 이익을 위하여 논리를 개발하는 편협한 국수주의로 보아서는 안 된다. 이한기의 궁극적 목표는 비유럽지역에 대해서는 불평등한 지배와 강점의 수단으로 이용된 유럽 중심의 전통 국제법을 진정한 인류 전체의 이익 그리고 정의에 기여하는 보편적인 법이 되도록 하는 것이었다.[36] 보편성을 띤 국제법은 일부 서구국가들의 이익을 반영한 것이 아니고 모든 국가들의 상충되는 이해관계를 절충하여 유기적인 관계 속에서 만들어지는 것으로 파악하였다. 힘의 정치가 발호하는 국제사회의 현실에서 보편성을 토대로 하는 법원칙에 기하여 이익을 지켜나가는 것이 약소국인 대한민국이 선택할 수 있는 길이라고 보는 것[37]이 보편주의에 기초한 이한기의 민족주의와 조국애였다. 이한기가 추구한 국제법상의 쟁점 분석은 철저하게 논리적이었다. 그러나 현실의 국제사회를 규율하여야 하는 국제법이 규범론상의 완벽성 제시만으로 임무를 다하였다고 자위할 수는 없는 것이며, 실제로 적용할 수 있는 살아있는 규범을 검출해내야 하는 기능주의적 접근방법을 강조하였다.[38]

이한기에게서 찾아볼 수 있는 국제법에 대한 특징적인 인식의 하나는 "개별주의의 조화를 통한 보편주의" 의 문제였다. 이한기는 개인의 독립된 인격이 존

---

34 백충현, 「箕堂先生의 國際法觀」, 『서울국제법연구』 제2권 제2호, 서울국제법연구원, 1995, 15쪽.
35 김정균, 앞의 글, 294쪽.
36 백충현, 「기당선생의 국제법관」, 15쪽.
37 위의 글, 15쪽.
38 위의 글, 14-15쪽.

중되는 국내사회와 같이 국제사회에서도 독립된 국가에 대한 평등한 권리존중이 실현될 수 있다고 생각하였다. 이한기는 이러한 이상적 구상을 "이 꿈을 어이없게도 국제법으로써 달성할 수 있으리라고 생각한 것 같다" 라고 술회한 적도 있으나, 여기에서도 '학문으로서의 국제법과 행동규범으로서의 국제법' 이 서로 접근하여야 한다는 강력한 의지를 시사하고 있다.[39]

2. 영토문제 연구

이한기가 신생국가인 한국의 영토 문제에 지대한 관심을 쏟은 것은 이러한 국제법관의 발로라고 할 수 있다.[40] 이한기가 학문적 일생을 통하여 변함없이 추구하였던 작업은 일반 국제법 이론을 한국의 구체적 상황에 맞게 적용하는 것이었다. 초기에는 주로 한일관계에서 발생하는 각종의 문제(예를 들어 '이승만 라인', 재일교포 북송 문제 등)와 남북관계와 관련된 문제(한국휴전협정, 포로 송환 등)에 대한 국제법적 분석에 많은 노력을 경주하였다. 1960년대에는 주로 영토 문제와 관련된 주제, 즉 멩끼에와 에끄르호(Minquiers et Ecrehos), 결정적 일자(critical date), 국제사법재판소의 강제적 관할 문제 등의 연구에 진력하였다. 이러한 연구 성과는 이한기의 박사학위논문인 「한국의 영토」라는 노작으로 연결된다.[41] 이러한 영토문제에 관한 연구의 기저에 흐르는 정신은 보편주의에 기초한 민족주의라고 말할 수 있다.[42] 이한기의 이러한 정신은 다음과 같은 글에 잘 드러나 있다.

> 이 연구는 이동주 교수의 이른바 '장소의 논리' 라는 문제의식에서 출발한다. 일반국제법이라고 하는 것이 …… 그것이 실은 구미적 『장소』를 계기로 한 것임을 발

39 위의 글, 16쪽.

40 위의 글, 16쪽.

41 이근관, 「기당 이한기 박사의 국제법학의 재조명」, 『서울국제법연구』 12권, 서울국제법연구원, 2005, 59쪽.

42 서철원, 「箕堂의 學問世界」, 『서울국제법연구』 12권, 서울국제법연구원, 2005, 35쪽.

> 견하고 이러한 국제법을 그대로 우리에게 타당한 일반국제법으로 받아들이는 것은 학문의 '위험한 후진성' 이라고 판단하였다. …… 유럽 제국이 Asia, Africa의 후진 식민지역에 지배권을 뻗치는 과정도 선점 · 정복 등의 이른바 국제법적 영토 취득 방식에 의한 영토권의 확대였음을 상기할 때, 후진지역에 대한 식민지 지배를 합리화하는 그러한 국제법을 일반 타당적이라고 하여 국제적인 피지배지역의 학도들이 당연한 것으로 알고 공부한다는 것은 기막힐 노릇이 아니면 안 된다.[43]

이한기는 한국과 관련된 중요한 영토 문제로 독도와 간도에 대하여 많은 연구를 하였다. 이들 영토 문제를 보는 기본적인 시각에서도 앞에서 본 이한기의 국제법관이 잘 반영되어 있다. 독도 문제에 대해서는 이것을 일본의 한국 병탄의 전초전에서 희생된 것이라는 역사인식 속에서 파악하면서 그 해결은 인류 전체의 적절한 이익을 반영하는 탈식민지시대의 국제법규로 풀어야 한다는 점을 강조하였다. 이와 함께 아시아 국가이면서 서양적인 제국주의 정책을 추구하였던 일본의 침략전쟁의 희생물인 독도와 간도의 문제는 일본 · 중국 · 한국이 공유하는 동양적인 예지로서 풀어가야 한다는 점도 강조하였다.

이한기는 영토 취득의 방법에 관한 전통적인 법규는 첨부를 제외하고는 새로운 시각에서 재검토되어야 한다고 보았다. 그 이유는 영토 취득에 관한 전통적 법규는 유럽 팽창의 시대에 유럽인의 무력에 의한 영토 취득을 합법화함으로써 유럽인의 이익에 봉사하기 위하여 형성된 것으로 탈식민지화 시대인 현재에는 부당하다는 것이다.[44] 이러한 기본 시각에 입각하여 이한기는 일본이 독도에 선점이론을 적용하는 것에는 두 가지의 문제가 있다고 주장하였다. 그 하나는 시대적 상황에 맞지 않는다는 것이다. 선점이론은 시대적 상황에 따라 그 내용이 변하였고 선발 식민제국에 의한 아프리카의 식민지화가 완료되면서 그 역할을 다하였는데, 뒤늦게 식민지 경쟁에 뛰어든 일본이 이미 낡은선점 이론을 20세

43 이한기, 「韓國의 領土－領土取得에 관한 國際法的 硏究」, 서울대학교 박사학위논문, 1969, 6쪽.
44 위의 글, 66쪽.

기에 적용하여 독도 문제를 포장하는 것은 근거가 없다는 것이다. 다음으로, 선점이론은 유럽 국가들 사이에서 식민지 개척시대에 그 이해관계를 조절하기 위한 배경에서 만들어진 유럽국가들 사이의 법리이다. 이를 아시아 국가인 일본이 아시아 국가인 대한제국에 적용하는 것이 과연 이 지역의 법관습과 맞는 것인지는 의문이라는 점이다.[45]

일본은 1954년부터 독도 문제를 법률적 분쟁이라고 보고 이것을 국제사법재판소에 부탁할 것을 제안하였고, 한국 정부는 이를 거절하였다. 이한기는 다음과 같은 논리를 통하여 재판을 거부하는 한국 정부의 태도는 정당하다고 주장하였다.

즉 국제사법재판소는 법률적 분쟁만을 다루는데, 독도 문제는 기존의 국제법만으로는 해결할 수 없는 정치적인 분쟁이라는 것이다. 독도 문제는 서구가 독점한 제국주의의 이론이 짙게 남아 있는 영토법의 이론만으로는 해결할 수 없다는 점을 지적하였다. 독도 문제의 핵심은 1904년의 소위 일본에 의한 독도의 편입조치의 유효성 여부인데, 한국 정부는 이것이 일본의 침략정책과 밀접한 관련이 있다고 주장하고, 이에 반하여 일본 정부는 침략정책과는 관련이 없다고 주장한다. 이한기는 "일본의 이른바 독도의 편입 내지는 선점이라는 것이 실은 韓日合邦의 一過程에 불과하였으며 그 전초였다는 역사적 사실에 기초하여 분석되어야 한다"[46]는 입장을 공유하지 못하는 한, 독도 문제는 재판에 회부하여 판결이 내려지더라도 분쟁을 해결할 수 없는, 전형적인 정치문제라고 주장하였다. 이러한 논리를 통하여 이한기는 독도 문제를 국제사법재판소의 재판에 회부하는 것을 거부하는 한국 정부의 입장이 정당하는 점을 밝혔다.[47]

이한기가 해방 이후 한국 국제법학의 초석을 마련한 대학자라는 데 대하여 이의를 제기할 사람은 별로 없을 것이다. 이한기가 국제법학자로서 연구와 교육

45 서철원, 앞의 글, 37쪽.
46 이한기, 『韓國의 領土－領土取得에 관한 國際法的 硏究』, 13쪽.
47 서철원, 앞의 글, 40-41쪽. 기타 독도 문제에 관한 이한기의 견해에 관해선 서철원, 앞의 글, 42쪽 이하 참조.

을 수행한 시기는 한국사회가 여러모로 어려운 때였다. 이한기가 고희를 맞이한 감회를 밝힌 글에서 나타난 바와 같이, 그 인생의 전반부에 "일제 시대에 운명적으로 이 땅에 태어나 식민지 상황 속에서 자랐고 제국주의 전쟁과 태평양전쟁을 살아남았으며 미군정시대의 민족을 양분하는 좌우익의 싸움과 민족분단의 비극에서 빚어진 6 · 25전쟁을 피나게 체험하였다."[48]

이한기가 청년기에 맞이한 제2차 세계대전의 종전은 국제사회의 환경을 전면적으로 재조정하는 변화를 가져왔다. 소수의 강대국을 중심으로 명실상부하게 불평등한 국가관계에 제국주의적 식민지배와 경제적 약탈까지도 정당화하던 국제관계의 지배원리를 붕괴시키고, 국가 평등과 개인의 권리를 존중하는 민주주의-자본주의를 수용하면서 국제사회는 법의 역할에 더욱 의존하게 된 것이다. 식민지의 후유증과 전통적 가치조차 상실한 후진국으로서의 한국은 선진국의 고도로 발달한 생산력과 사회적 지배원리를 도입하여야 했던 관계로 외국법의 수용이나 국제관계의 수립과정에서는 필연적으로 많은 혼란과 모순을 겪어야 했다.[49]

이한기는 혼란스럽고 척박한 한국사회 내의 연구환경 속에서도 연구자로서 또한 교육자로서 본분을 성실히 수행하여 뛰어난 학문적 업적을 쌓았고 또한 수많은 제자들을 배출하여 각 분야에 진출시켰다. 이한기가 학문적 일생을 통하여 변함없이 추구하였던 작업은 일반 국제법 이론을 한국의 구체적 상황에 맞게 적용하는 것이었다.[50] 이한기는 철저하게 역사에 기초를 두어 "역사에서 배우지 못한 민족은 다시 역사의 심판을 받고 말 것"이라고 경고하였다. 한국의 독자적인 축적이 미천했던 초기의 국내학자들이 매력적인 서구이론과 가치에 대한 집착에서 벗어나 자성(自省)의 길로 쉽게 출발할 수 있었던 것도 실은 이한기의 국제법관의 영향이 지대하였음을 부인할 수 없다.[51]

48 이한기, 「古稀有感」, 4쪽(이근관, 앞의 글, 58쪽에서 재인용).
49 백충현, 앞의 글, 13쪽.
50 이근관, 앞의 글, 58-59쪽.
51 백충현, 앞의 글, 13쪽.

이렇듯 이한기는 한국 국제법학계를 선도하는 학자이자 사상가이고, 교육자이자 정책지원자로서의 균형을 지켜왔기 때문에 그의 국제법사상에서는 인류의 장래를 위한 보편성과 조국을 위한 공리성이 충돌하지 않고 조화를 이루었다.[52] 이제 이한기가 평소 희망했던 "한국에 의하여 해석되고 적용된 국제법"이 국제사회에 통용되고 인정되는 시대가 올 수 있는지 여부는 그 후학들의 몫으로 남아 있다. 후학들은 스승에 대한 추억을 모아 『삶으로 가르친 큰 스승』(도서출판 오름, 1996)이라는 추모문집을 발간하였다.

52 백충현, 앞의 글, 13쪽.

연보 및 논저

■ 연보

1917. 9. 5	전남 담양군 창평면 장화리 489번지에서 출생
1925	고향 창평공립보통학교 입학
1931	창평공립보통학교 졸업, 서울 휘문고등보통학교 입학
1936	휘문고등보통학교 졸업
1937	일본 제4고등학교 문과 입학
1941	일본 동경제국대학 법학부 법률학과 입학
1943	일본 동경제국대학 졸업
1946	광주의과대학에서 독일어, 조선대학교에서 국제법 강의
1949	동국대학교에서 독일어, 조선대학교에서 국제법 강의
1952	서울대학교 법과대학 조교수 발령
1954. 9-1956. 2	미국 콜럼비아대학교 법대 유학
1959. 4-1960. 4	서울대학교 학생처장
1961-1963	국가재건최고회의 의장 고문
1966. 2-1971. 1	서울대학교 법학연구소 소장
1967. 3-1970. 3	서울대학교 법과대학 학장
1969. 8	서울대학교 법학박사
1970. 3-1971. 6	서울대학교 사법대학원 원장
1970. 7-1971. 6	대한국제법학회 회장
1976. 5-1980. 5	서울대학교 법과대학 학장
1977. 6.	학술원 회원 피선
1980. 9-1982. 9	감사원장(서울대 법대 교수 사직)
1984. 11-1995. 2	한일문화교류기금 이사장
1995. 2. 2	작고

■ 저서

『現代國際法』, P. C. Jessup 저(역서), 서울대학교 번역총서 제1권, 일한서관, 1952.

『國際條約集』(공편), 박영사, 1958.

『國際法學』(上), 박영사, 1958.

『國際法學』(下), 박영사, 1960.

『韓國의 領土: 領土取得에 관한 國際法的 硏究』 박사학위논문, 서울대학교출판부, 1969. 8.

『아시아情勢와 韓國』(공저), 대한상공회의소 한국경제연구센터 연구보고서, 1971. 3.

『國際法講義』, 박영사, 1972년; 1983, 1990, 1997년 개정판.

『제3차 海洋法會議와 韓國經濟』(공저), 대한상공회의소 한국경제연구센터, 1976.

『迎瑞堂記』, 박영사, 1986.

■ 논문 및 논설

「제6차 UN總會의 意義」, 『國防』 10호, 1952. 1.

「'李承晩라인' 과 國際法, 公海自由의 法理」, 『自由世界』 1권 4호, 1952. 5.

「韓日間의 漁業權問題」, 『民主警察』 6권 3호, 1953. 4.

「李라인 論爭의 現段階」, 『國防』 28호, 1953. 11.

「所謂 『在韓財産權請求權』을 主張할 수 있나」, 『新天地』 8권 7호, 1953. 12.

「國際司法裁判所의 管轄權: 그 限界에 대한 試論」, 서울대학교 인문사회과학논문 1집, 1954. 3.

「UN法의 進化와 UN의 將來」, 『法學硏究』 1호, 1954. 6.

「近代戰과 捕虜의 送還問題」, 서울대학교 『法大學報』 1권 1호, 1954. 6.

「海洋生物資源保存에 關한 國際技術會議의 意義」, 『法大學報』(서울대학교) 3권 1호, 1956. 7.

「國際政治의 神化」, 『新世界』 2권 1호, 1957. 1.

「外交的 庇護의 理論과 實際: 國際判例를 中心으로 한 實證的 檢討」, 『法曹』 6권 1호, 1957. 1.

「韓國休戰協定의 諸問題」, 『國際法學會論叢』 3호, 1958. 3.

「海洋法의 危機(Mc Dougal, M. S.: 李漢基 역)」, 『國際法學會論叢』 4호, 1958. 9.

「그로티우스의 '戰爭과 平和의 法'」, 『思想界』 6권 12호, 1958. 12.

「外交的 勝利의 論理的 背後: 國際法上으로 따져 본 在日僑胞北送問題」, 『思想界』 7권 5호, 1959. 5.

「國際法學界의 業績과 展望」, 『法政』 15권 1호, 1960. 1.

「國際紛爭의 性質」, 『考試界』 5권 9호, 1960. 9.

「Interhandel case」, 『國際法學會論叢』 9권 1호, 1964. 3.

「인터한델 事件」, 『法學』(서울대학교) 6권 1호, 1964. 9.

「國際司法裁判所의 强制管轄權: 選擇條項의 法律的 構造를 中心으로 한 一般的 考察」, 『法學』(서울대학교) 6권 2호, 1964. 12.

「國際社會와 할슈타인主義」, 『政經硏究』 1권 1호, 1965. 2.
「韓日會談의 問題點－基本關係」, 『政經硏究』 1권 3호, 1965. 3.
「韓國의 安全保障과 外交」, 『政經硏究』 1권 4호, 1965. 5.
「贊成論과 反對論: 韓日條約에 대한 海外知識人의 對話」, 『政經硏究』 1권 10호, 1965. 11.
「Minquiers Ecrehos 諸島의 主權에 대한 國際判例와 獨島問題」, 『亞細亞學報』 1집, 1965. 12.
「東南亞의 政治現實」, 『政經硏究』 2권 1호, 1966. 1.
「在日同胞의 어제와 오늘: 國交正常化와 僑胞의 將來」, 『政經硏究』 2권 2호, 1966. 2.
「Critical Date의 硏究: 獨島問題에 대한 法的 考察을 위하여」, 『國際法學會論叢』 11권 1호, 1966. 5.
「韓國의 北洋漁業은 實現될까」, 『政經硏究』 3권 1호, 1967. 1.
「西歐的 經驗이냐 東洋的 叡智냐: 香港大學에서 開催된 『亞細亞』地域 國際法學會에 다녀와서」, 『法政』 22권 3호, 1967. 3.
「Background Papers at Hong Kong Conference on International Law」, 『國際法學會論叢』 12권 1호, 1967. 3.
「The Minquiers and Ecrehos Case의 硏究: 獨島問題에 관련된 '實效的 占有의 原則'에 대한 批判的 考察을 中心으로」, 『法學』(서울대학교) 9권 1호, 1967. 7.
「法律的 紛爭과 政治的 紛爭과의 區別」, 『申基碩博士華甲記念論文集』, 1968. 6.
「國際紛爭과 裁判: 獨島問題의 裁判付託性에 關하여」, 『法學』(서울대학교) 10권 2호, 1968. 12.
「國際聯合과 人權」, 『法務部 人權年報』, 1970. 6.
「大陸棚과 主權」, 『政經硏究』 6권 12호, 1970. 12.
「第3次 海洋法會議의 課題와 展望」, 『國際法學會論叢』 17권 1호, 1972. 9.
「深海底의 開發에 關한 國際法的 硏究」, 『國際法學會論叢』 17권 2호, 1972. 9.
「海洋法의 新動向」, 『國會報』 130호, 1973. 6.
「强大國政治와 韓國民族主義: 韓國民族主義의 諸問題」, 『新東亞』 109호, 1973. 9.
「海底問題」, *The Justice* 11권 1호, 1973. 12.
Constitutional Development in South Korea, *Hong Kong Law Journal*, Vol. 4, Part 1, 1974. 1.
「大陸棚開發과 國際法上의 問題點」, 『과학과 기술』 7권 3호, 1974. 3.
「大陸棚協定과 紛爭의 解決」, 『立法調査月報』 76호, 1974. 4.
「大陸棚과 國際立法過程」, 『國際問題』 5권 5호, 1974. 5.
「新海洋法 立法過程과 韓國: 大陸棚開發과 國際問題」, 『國際問題』 5권 5호, 1974. 5.

「大陸棚의 定義」, 『司法行政』 15권 6호, 1974. 6.
「海洋國際法의 發達」, 『考試硏究』 1권 3호, 1974. 6.
「第3次 UN海洋法의 課題와 展望」, 『省谷論叢』 제5호, 1974. 8.
「海洋法의 新動向」, 『國際法學會論叢』 19권 2호, 1974. 12.
「近代化와 國際法」, 『法政』 5권 9호, 1975. 9.
「外交的 保護와 國籍」, 『考試硏究』 2권 10호, 1975. 10.
「韓國과 日本의 國際法 發達에 관한 若干의 比較的 考察」, 『國際法學會論叢』 20권 1 · 2호 합병호, 1975. 12.
「國際海峽의 通航問題」, 『考試界』 230호, 1976. 4.
「새로운 海洋法과 石油開發」, 『考試硏究』 3권 4호, 1976. 4.
「海洋法會議와 國際政治: 轉換期의 世界政治氣流」, 『新東亞』 141호, 1976. 5.
「石油開發과 國際海洋法의 趨勢」, 『學術院 第4回 國際學術講演會 論文集』, 1976. 12.
「韓國統一問題와 UN의 權能」, 『大韓國際法學會論叢』 21권 1 · 2호 합병호, 1976. 12.
「國際人道法의 發展과 오늘의 世界」, 『人道法論叢』 創刊號, 1977. 3월호
「國際海峽의 通航制度와 我國海峽通航規制問題」, 文敎部 學術硏究助成費에 의한 硏究, 1977. 4.
「나의 生涯 나의 學問」, 『大韓國際法學會論叢』 제22권 1 · 2호 합병호, 1977. 12.
「새로운 大陸棚制度와 그 問題點」, 『外交安保硏究院』, 1978.
「韓國國際法學의 30年의 回顧」, 『法學』(서울대학교) 19권 1호, 1978. 8.
「새로운 海洋法秩序와 韓國漁業에 대한 法的 對策」, 『國際法學會論叢』 23권 1 · 2호 합병호, 1978. 12.
「中國의 國際法導入과 適用: 中共 國際法의 理解를 위한 序論的 考察」, 『法學』(서울대학교) 特別號 4권, 1979. 12.
「韓國과 日本의 開國과 國際法」, 『人文科學論文集』, 學術院, 1980.
「强大國政治와 韓國民族主義」, 『신동아』 200호, 1981. 4.
「中共의 國際法에 대한 態度」, 『法學』(서울대학교) 22권 3호, 1981. 9.
「蘆沙와 石田: 韓國儒學의 一斷面을 조명한다」, 『亞細亞學報』, 1981.
「韓 · 日關係의 改善과 文化交流」, 『現代社會』 19호, 1985. 9.
「國際關係와 文化交流」, 『現代社會』 20호, 1985. 12.
「人類와 海洋: 21世紀의 挑戰」, 『海洋政治硏究』 2권 1호, 1987. 4.

정 희 철

(1919-2006)

⑭ 정희철 (1919-2006)

인산(仁山) 정희철(鄭熙喆)은 깐깐한 성격의 빈틈없는 법학자로 한국 상법학계의 선구자의 한분으로 알려져 있다. 그가 1985년에 서울대 법대를 은퇴한 후 20여 년간 외국에서 지내다가 2006년 3월에 타계하여 많은 사람들이 아쉬워하였다.

필자는 서울법대 재학시절에 상법을 서돈각 교수에게 배웠기 때문에 정 교수의 강의는 듣지 못하였다. 그러나 정년 때까지 간간이 모습을 볼 수 있었기 때문에 그것을 기초로 그의 일생과 학문세계를 간추려 본다.

I. 생애

정희철은 1919년 9월 6일 충북 청주시에서 교육자의 5남매의 장남으로 태어났다. 아버지 정열모는 김천고보 교장을 지내고 홍익대학 학장을 역임한 국어학자였다. 한국전쟁 중 월북하여 북한에서도 한글학자로 활약하였다고 전해진다. 정희철은 1932년에 경성사범학교 보통과에 입학하여 1938년에 동교 연습과를 졸업하였다. 곧바로 경북 안동시 인동 공립소학교에 훈도로 교사생활을 2년간 하였다. 더 큰 뜻을 품고 1940년 4월에 경성대학 예과에 입학하였다. 2년 후 1942년 10월에 경성대학 법문학부 법학과에 입학하여 1946년 7월에 졸업하였다. 독일에서 유학하고 귀국한 신진학자 니시하라 간니치(西原寬一) 교수의 영향을 받았다.

1946년 9월에 휘문중학교 교사로 재직하면서 이듬해 1947년 9월부터 서울대학교 법과대학에 독일어 강사로 출강하였다. 1948년 9월에 중앙대학교 법정대학에 전임강사로 발령받았다. 1950년 한국전쟁이 발발하자 고향인 청주로 피난을 가서 1951년 10월부터 얼마동안 청주고등학교에서 독일어 교사로 재직하였다. 1954년 4월에 계철순 교수의 초청으로 경북대학교 법정대학에 조교수로 부임하였다. 4년 후 1958년에 서울대학교 법과대학 교수로 부임하였다. 1985년에 정년할 때까지 26년 동안 상법학의 분야에서 수많은 제자를 양성하였다. 1961년 10월에는 군사혁명 후 구법령 정리사업과 함께 설치된 상법심의위원회 위원으로 활동하였다. 1963년 9월에는 독일 함부르크대학에서 1년간 상법을 연구하였다. 1967년 8월에는 서울대학교에서 「주식회사 법리의 사회화경향」이란 논문으로 법학박사학위를 취득하였다.

1969년 3월에는 다시 독일에 가서 함부르크의 막스 플랑크 비교사법연구소에서 1년간 연구하였다. 1971년 2월에 서울대학교 법학연구소장에 취임하여 판례교재의 편찬과 법학지의 간행 등 법학연구에 기여하였다. 1972년 7월에는 법률구조협회 중앙심의위원, 1974년 1월에는 법무부 법무자문위원, 한국상사중재협회 중재인을 역임하였고, 1979년 3월에는 한국상사중재협회 연구위원에 위원장을 맡았다.

1981년 12월에는 민상법개정특별심의위원회 위원으로 활동하였다. 이러한 학문적 활동이 인정되어 1982년 5월에는 국민훈장 모란장을 서훈받았다. 1985년 2월에 서울대학교 법과대학에서 정년퇴임하였다. 캐나다 토론토에서 거주하면서 가끔 한국을 방문하며 지내다 2004년 10월에는 제자들로부터 정년 20주년기념 『상법연구의 향기』를 증정받았다. 2006년 3월 21일 토론토에서 타계하였다.

Ⅱ. 학문세계

정희철은 1958년에 『상법 I』을 처녀작으로 발간한 이후 10권의 저서를 출간하였다. 1959년에 『수형법소절수법론』(手形法小切手法論), 1960년에 『상법 II』, 1963년에 『상법요론』, 1963년에 『축소상법시행법해설』, 1964년에 『기업법해설』, 1971년에 『회사경영의 법률실무』, 1973년에 『판례교재 어음수표법』, 1979년에 『기업법의 전개』, 1984년에 『상법학원론』을 출간하였다.

1. 상법학

정희철은 경성제대 재학시절부터 미시하라 간이치 교수의 영향을 받아 당시 통설이었던 다나카 고타로 교수의 상적색채설에 대해 반대하고 상법을 기업법으로 파악하여 평생에 걸쳐 그러한 관점에서 상법학을 연구하였다. 1979년에 낸 저서 『기업법의 전개』에 학문적 연구와 수록되었다. 10년 뒤인 1991년에 출간한 『기업법의 행방』이라는 저서 서문에서 자신은 빌란트(Vienland)와 니시하라의 학설을 무비판적으로 받아들인 것에 대하여 너무 안이한 태도로서 부끄럽다고 서술하였다. 독일에서도 상법을 기업법으로 이해하는 입장이 더욱 강해지고 있다. 1996년에 낸 『상법개설』에서 더욱 이러한 견해를 발전시켜 상법전의 체계를 해체하여 기업법론의 입장에서 다시 세우고자 시도하였다.[1] 또한 정교수는 함부르크대학의 뷔르딩거(Hans Würdinger) 교수와 일본의 야자와(矢澤 淳) 교수, 가와모토(河本一郞) 교수와 교분을 갖고 학문적 교류를 하였다. 1965년에 처음으로 한국의 주식회사제도(Koreanische Aktienge-sellschaft)를 독일어로 소개하였다.

1 자세히는 정동윤, 「정희철교수의 삶과 학문세계」, 2007. 3. 21, 정희철교수 1주기 추모회 발표논문.

2. 법철학

일본에서도 다나카 고타로처럼 상법학자가 법철학에 대하여 관심을 갖는 예가 적지 않은데 이것은 양 학문의 국제성과 보편성에 공통점을 갖고 있기 때문이다. 정희철은 법철학에 관심을 가져 라드브루흐에 『법학원론』(*Einführung in die RechtswIssenschaft*, 1957), 코잉(*Helmet Coing*)의 『법철학 개론』(*Grundzüge der Rechtsphilosophie*, 1959)을 각각 번역하여 출간하였다. 필자가 1966년에 서울법대에 입학하였을 때에 신입생들에게 라드브루흐의 법학도의 세 타입에 관한 설명을 해주어서 대단히 감명깊게 들은 바 있다. 라드브루흐의 『법학원론』을 전원배 교수와 공역으로 재출간할 때 곁에서 교정을 보아드린 일도 잊을 수 없는 추억이다.

3. 법학교육

정희철은 연구와 강의에 충실한 법학자였으며 1971년부터 6년간 서울대학교 법학연구소장을 역임하였다. 고 홍진기 법무부장관의 회갑기념논문집을 간행하는 일에 앞장서기도 하였다.[2] 정희철은 그 꼼꼼한 성격처럼 강의에도 충실하였고, 서울대 법학연구소장으로 『법학총서』를 기획하여 출간하기도 하였다.

III. 맺음말

2007년 3월 21일 서울대학교 근대법학100주년기념관에서 개최된 정희철 교수 1주기 추모모임은 정인섭 법학연구소장의 개회사, 김건식 교수의 약력보고, 호문혁 법대학장의 추도사, 김두환 항공대학 겸임교수, 김문환 국민대학교 총

2 이 논문집은 「법학의 제문제」라는 제목으로, 특히 홍진기의 경성대학 조교시절의 법학 논쟁에 관한 기록이 담겨 있어 한국 법학사에 중요한 문헌이 되고 있다.

장의 추모사에 이어 양승규 세종대학교 총장의 "인산 정희철 교수의 삶과 멋", 정동윤 고려대학교 명예교수의 "인산 정희철교수의 학문세계" 의 강연이 있었다. 정동윤 교수는 다음과 같이 증언하였다.

> 우리나라에서 진실로 훌륭한 법학자가 되기 위하여 필요한 자질이 무엇인가 되새겨 봅니다. 우선 선인의 업적을 소화하고 새로운 해석과 체계를 제시할 수 있는 능력과 총명함이 요구되고, 다음에 학문 외의 일에 마음을 빼앗기지 않고 꾸준하게 노력하는 자세가 필요합니다. 저는 머리는 좋으나 연구실에 있는 시간이 적은 학자보다는 머리가 덜 총명하더라도 연구실에 칩거하여 연구에 정력을 쏟은 학자가 더 많은 업적을 낼 수 있다고 봅니다. 물론 총명과 끈기를 두루 갖추는 것이 이상적입니다만, 끝으로 외국어를 해독하는 능력이 중요합니다. 우리나라의 법이 대륙법과 영미법의 요소를 두루 섭취하고 있기 때문입니다. 그리하여 영어는 기본이고, 이에 덧붙여 독일어와 일본어에 능통하여야 하고, 좀 욕심을 부린다면 불어와 라틴어도 충분히 소화할 수 있으면 더욱 좋다고 생각합니다. 일본이 메이지유신 이후에 총명한 젊은이들을 영국, 독일, 프랑스 세 나라에 유학을 시키고 제국대학의 교수로 삼은 것은 매우 현명한 판단이었습니다. 이러한 관점에서 보면 정 교수님은 한국에서 훌륭한 법학자가 되기 위하여 필수적인 세 가지 언어를 모두 구사하시었으나, 이것이 선생님께서 많은 업적을 남기시게 된 밑거름이 되었다고 하겠습니다.[3]

이어서 토론토에서 방한한 미망인께서 답례의 인사를 하였는데, 그저 인사하는 정도가 아니라 그 동안 특히 선친 정열모 교수의 월북으로 인한 이산가족으로서의 아픔과 만년에 제자에 대한 애정과 환멸에 대한 생생한 증언을 해주셔서 장내가 숙연해지기도 했다. "내 남편은 숭고한 삶을 살았다" 고 마쳤다. 많은 제자들이 모여 스승을 추모하는 모습을 보면서 학자는 삶이 어렵고 인간적으로는 까다로워도 학문이 엄격하고 바르면 영원히 존경받고 추모되는 것을 느꼈다.

3 정동윤, 앞의 글.

연보 및 논저

■ 연보

1919. 9. 6	충북 청주시 출생
1932. 4	경성사범학교 보통과 입학
1938. 3	경성사범학교 연습과 졸업
1938. 4	경북 안동군 인동공립소학교 훈도
1940. 4	경성대학 예과 문과갑류 입학
1942. 10	경성대학 법문학부 법학과 입학
1946. 7	경성대학 법문학부 법학과 졸업
1946. 9	휘문중학교 교사
1947. 9	서울대학교 법과대학 강사
1948. 9	중앙대학교 법정대학 전임강사
1951. 10	청주고등학교 교사
1954. 4	경북대학교 법정대학 조교수
1958. 4	서울대학교 법과대학 교수
1961. 10	상법심의위원
1963. 9	독일 Hamburg대학에서 1년간 상법 연구
1967. 8	서울대학교에서 법학박사학위 취득
1969. 3	독일 Max-Planck비교사법연구소에서 1년간 연구
1971. 2	서울대학교 법학연구소장
1972. 7	법률구조협회 중앙심의위원
1974. 1	법무부 법무자문위원
	한국상사중재협회 중재인
1979. 3	한국상사중재협회 연구위원회 위원장
1981. 12	민상법개정특별심의위원
1982. 5	국민훈장 모란장 서훈
1985. 2	정년퇴임
1991	제자들 고희기념논문집 발간(박영사)
2004. 10	제자들 정년 20주년 기념 『상법 연구의 향기』 발간
2006. 3. 21	캐나다 토론토에서 작고

■ 저서

『상법 Ⅰ, Ⅱ』, 1958-1960, 박영사.

『手形法 소절수법론』, 1959, 신구문화사.

『상법요론 상 · 하(초판)』, 1963-1964, 박영사.

『축조상법시행법 해설』, 1963, 법문사.

『기업법개설』, 1964, 박영사.

『회사경영의 법률실무』, 1971, 법문사.

『판례교재 어음 수표법』, 1973, 법문사.

『기업법의 전개』, 1979, 박영사.

『상법학원론(전정판)상 · 하』, 1984, 박영사.

■ 주요 논문

「물권으로 등장한 전세권」, 『법정』, 1955년 10월호.

「기업개념의 상법적 의의」, 『법학』 3권 1호.

「임의준비금의 자본전입능력」, 『법학』 4권 1, 2호.

「Koreanische Aktiengesellschaft」, 『서독정부』, 1965.

「유한회사의 본질」, 『법학』 7권 1호.

「어음거래 보호의 서론적 고찰」, 『법학』 8권 1호.

「신주인수권과 주식 양도」, 『법학』 8권 2호.

「주식회사법리의 사회화경향」, 『법학』 9권 1호.

「어음행위의 대리와 기명날인」, 『영남대 사회과학』 1집.

「설립중의 회사」, 『고대 법률행정논집』 10권.

「이사회승인 없이 한 이사의 자기거래의 효력」, 『법학』 13권 2호.

「Incoterms의 법률적 의의와 타당근거」, 『법학』 13권 2호.

「이른바 기업의 사회적 책임과 법적 문제」, 『법학』 15권 1호.

「광복 30년 우리나라의 상사판례회고」, 『법조』 26권 9호.

「주식회사합병의 본질론의 재검토」, 『홍진기선생 회갑논문집』.

「해상관계국제조약의 개정」, 『법학』 28권 1호.

「이득상환청구권재론」, 『영남대 사회과학논집』.

「자본시장육성에 따른 법적 제문제」, 『법조』 26권 5호.

「상법학계 30년의 회고」, 『법학』 19권 1호.

「주식회사법개정의 방향」, 『법무자문위원논설집』 1집.

「계산서류부속병세서제도의 법적 문제」, 『법조』 28권 1호.

「현지법인 설립에 따른 법적 문제」, 『법무자문위원논설집』 2집.

「대주주 등의 책임」, 『법조』 28권 5호.

「이사회제도의 비교법적 고찰」, 『법학』 통권 41호.

「리스계약에 관한 연구」, 『법학』 20권 2호.

「의결권제한제도의 비교법적 고찰」, 『법학』 22권 3호.

「고본회사」, 『법학』 21권 1호.

「1980년도 상사판례」, 『법학』 22권 4호.

「각국회사법의 개관」, 『심태식박사 회갑기념논문집』.

「상법개정안의 개요와 문제점」, 『법학』 24권 2, 3호.

「한국사법학의 회고와 전망」, 『사법행정』, 1985년 2월호.

「유가증권법정주의」, 『고시연구』, 1985년 4월호.

「Giro제도가 유가증권제도에 미치는 영향」, 『법학』 26권 1호.

■ 역서

『코잉 법철학』, 1959, 동신문화사.

『라드브루흐 법학원론』(공역), 1957, 박영사.

『그로스펠트 다국간기업의 법률문제』, 1981, 삼영사.

김증한

(1920–1988)

⑮ 김 증 한 (1920-1988)

청헌(晴軒) 김증한(金曾漢)은 해방 후 한국의 법학계를 이끌어 온 대표적인 법학자이다. 1944년 9월에 경성제대 법학과를 졸업한 그는 1946년 9월에 한국인으로서는 최초로 서울대학교의 교수가 되어 1985년 8월에 정년퇴임하기까지 근 40년을 봉직하였으며, 그 사이에 행정대학원장, 법과대학장, 대학원장을 역임하였다. 또한 그는 문교부차관, 한국민사법학회장, 한독법률학회장, 학술원회원으로 활동하기도 하였으며, 서울대학교를 정년퇴임한 후에도 동아대학교 법과대학장 및 부총장으로 만년까지 노익장을 과시하기도 하였다. 이러한 일생에 걸친 학자로서의 삶을 통해 그는 『민법총칙』을 비롯한 민법학 전반에 걸친 5권의 교과서와 30여 권의 저서를 집필하였으며, 130여 편의 논문을 발표하였다.

이러한 김증한의 화려한(?) 생애와 거대한 업적은 한국의 법학계에서 그가 차지하는 비중을 말하여 주고도 남음이 있다. 오늘날 체계잡힌 하나의 학문으로 정립된 한국의 민법학을 우리는 김증한이라는 이름을 떠올리지 않고서는 생각할 수 없다. 또한 법사학자로서, 비교법학자로서, 법학교육의 행정가이자 이론가로서 그가 남겨 놓은 유산은 한국의 법학이 소중히 간직하고 발전시켜야 할 소중한 재산이다. 여기에 우리가 법학자 김증한의 생애와 사상을 되짚어 보아야 할 이유가 있는 것이다.

I. 생애[1]

김증한은 1920년 5월 6일 충남 부여군 구룡면 논치리에서 김익진(金翼鎭)의 장남으로 태어났다. 김익진은 1949년에 대한민국 검찰총장까지 지낸, 청빈하고 강직한 성품의 소유자였다. 김익진은 경성전수학교 1회 졸업생으로 1920년 판사임용시험에 합격하여 판사로 임용되었는데 초임지인 충주에서 채권자인 일본인 거상 원고와 한국인 피고 사이의 사건에서, 당시 무조건 유리했던 일인에게 패소 판결을 내려 강경으로 좌천되었다. 강경 재직시에는 친상을 당하였는데 그간 얼마나 청빈하였던지 장례비용이 부족하여 빚을 내어 장례를 치르고, 전근을 하면 주는 전근 여비로 빚을 갚기 위해 평양으로 자원전근하였다. 평양에서 김익진은 당시 한국인으로서는 되기 어려운 복심법원판사를 거쳐 판사생활 8년 만에 법복을 벗고 변호사 개업을 하였다. 해방 후에는 평남 인민위원회 치안부장을 맡기도 하였는데 그때 소련의 말렌코프가 내린 모스크바 3상회의의 결과를 절대지지한다는 성명을 내라는 명령을 완강히 거부하여 조만식(曺晩植) 선생과 함께 소련군 감옥에서 복역하기도 하였다. 그 후 월남하여 대법관을 지내다가 1949년에는 검찰총장에 취임하였는데, 재직시 정치권력과 영합하지 않고 "오직 법은 법대로 한다"는 태도를 견지하여 이승만 정권의 기반세력이었던 임영신(任永信)을 기소하였고, 제2대 국회의원선거에 앞서 내무차관이 선거대책회의를 소집한 데 대하여, 선거법이 있는데 무슨 선거대책이냐며 법대로 할 것을 고수하였다. 선거결과 반 이승만 세력이 국회에 대거 진출하였고 그는 이승만의 노여움을 사 결국 한국전쟁 직전에 서울고검 검사장으로 강등되었다. 이

1 김증한에 관한 참고자료는 「청헌 김증한 박사께서 걸어오신 길」(황적인 교수와의 대담), 『법학』 제20권 2호, 1980; 최종고, 「김증한의 생애와 학문」, 『대학신문』(서울대), 1988. 10; 「김증한 교수와의 대담」, 『고시계』, 1983. 9; 「잊을 수 없는 스승 김증한」, 『서울대학교 동창회보』, 1989. 2. 1.

와 같은 부친의 강직함과 청빈함은 김증한의 삶에 큰 귀감이 되었다.

김증한은 가족을 따라 부여, 공주, 평양으로 이사하며 보통학교를 마치고 평양사범에 입학하였다. 평양사범을 다닐 때는 특히 일인 박물선생과 가까이 지내며 감화를 받아 생물 · 천문학 공부에 뜻을 두었다. 1937년 3월 20일 평양사범 심상과를 졸업하고 1938년 여름까지 진남포 풍정공립보통학교에서 훈도 생활을 하다가 1938년 가을 일본에 가게 되었으나, 약 2개월쯤 있다가 각기병에 걸려 귀국하였다. 그해 12월에는 일본 제5고 이과와 경성제대 문과의 원서를 써놓고 망설이다가, 건강을 생각하여 경성제대를 지원하게 되었고, 특히 수학을 잘 하였기 때문에 머리 쓰는 것이 수학과 비슷한 법과를 선택하게 되었다. 한국 법학의 거성이 법학을 공부하기 시작한 것은 이렇게 우연한 계기에서였다.

김증한은 1939년 경성제국대학 예과 문과 갑류에 입학하였다. 현승종(玄勝鍾) 박사는 성대 재학 당시의 그를 다음과 같이 회고하였다.

> 체격이나 용모가 균형이 잡히고 단정하여 외양도 믿음직한데다 그것에 못지않게 투지라고 할까 의지력과 박력이 넘쳐 흐르며 진지하게 학업과 교우에 임하는 생활태도는 나의 눈길을 끌고도 남음이 있었다. 사실 학창시절의 상급생은 하급생의 눈길을 끌어 기억에 남는 경우가 많지만, 하급생이 상급생의 관심의 대상이 된다는 것은 그리 흔한 일이 아니다. 그러나 김증한 박사는 그 드문 예에 속하였다. 나보다 1년 뒤에 대학 예과에 들어오셨지만, 입학 당초부터 김증한 박사는 모든 면에서 탁월하게 두각을 나타내 그 존재를 뚜렷이 하였으며, 상급반의 동창들에게 알려졌었다. 실제로 김증한 박사는 동기생들의 구심점이 되어 있었을 뿐만 아니라 성적도 발군하여 일본학생들의 추종을 불허하였던 것으로 알고 있다.[2]

김증한 자신의 회고에 따르면 아침 8시부터 밤 9시까지 쉬는 날 없이 도서관에서 열심히 공부하였는데, 예과에서는 주로 외국어 공부를 열심히 하였고 학부

2 현승종, 「하서」, 『현대민법학의 제문제』(김증한박사 화갑기념), 박영사, 1981, 1쪽.

에서 법학공부를 할 때에는 육법전서의 각 조문에 표제를 붙여 무엇은 몇 조, 몇 조는 무엇이라는 식으로 외우며 조문을 충실히 공부하였으며 교과서는 암기보다는 이해에 치중하였다. 그리하여 1944년 성대 법문학부 법학과를 차석으로 졸업할 정도의 우수한 성적을 거둘 수 있었다. 또한 그는 학업뿐만 아니라 대학생활에 있어서도 조선인 학생들의 실질적인 리더였다. 일경의 눈을 피하여 음식점 등에서 조선인 성대 신입생들을 모아 놓고 "성대 예과는 조선민족의 얼을 이어가는 횃불이다!"라고 외치며 그들에게 민족정신을 일깨우고자 하였으며, 조선인 급우들 간에 혹 사소한 충돌로 사이가 나빠진 친구들이 있으면 개별적으로 그들의 하숙집을 찾아다니며 양쪽의 입장을 듣고 그들에게 각각 상대방의 입장을 이해시켜 오해를 풀어 주기도 하는 등 급우들 간에도 존경받는 친구였다.

학부 3학년 때 학병으로 일본에 간 그는 오사카사단 야포연대에서 6개월의 교육을 받고 경리부 간부시험에 합격한 후 다시 장교가 되는 갑종에 뽑혀 복무하다가 해방 후 귀국하였다.

귀국 후인 1946년 3월 김증한은 경성대학 법문학부 법학과 형사연구실 조수로 채용되었다. 그런데 같은 해에 국대안 반대운동이 일어나 그 책임을 지고 성대 법학과의 교수들이 총퇴진하는 사태가 벌어졌고, 8월에 국립 서울대학교가 발족하면서, 새로이 교수진을 편성하는 과정에서 고병국 초대 법대학장이 그에게 서양법제사와 대륙법 전임강사직을 맡겼다. 당시로서는 대학교육을 정규로 받고 연구생활까지 해본 사람이 적을 뿐만 아니라, 서양법제사와 대륙법 강의는 젊고 외국어 실력이 있는 사람이 요구되는데 김증한이 바로 그러한 조건들을 충족시키는 적임자라는 이유에서였다. 서양법제사에 대한 연구가 거의 없던 당시에 그는 주로 플라니츠(H. Planitz)의 『게르만 법사』(*Germanische Rechtsgeschichte*)와 슈베린(Claudius Freiherr von Sckwerin)의 『독일법사개요』(*Grundzüge der deutschen Rechtsgeschichte*) 등을 참조하면서 120분의 강의를 위해 일주일 내내 강의 준비에 몰두하였다.

1946년은 좌우익의 대립이 심하여 상당히 어수선하던 때였으며, 대학 역시 국대안 반대운동으로 몹시 어지러운 상태였다. 그러나 결국 국립 서울대학교는 발족되었고 1946년 9월 28일에는 청량리에 있는 구 법전교사에서 개강을 하였다. 이날 아침 9시에 김증한은 서울대학교 역사상 처음으로 한국인으로 강의를 하였다. 그러나 서울대학교는 거의 휴강상태에 있다가 11월에 가서는 학생총회의 결의로 동맹휴학에 들어가게 되었고, 다음해 2월에 가서야 정상화되었다. 정상화 후 본부에서 주동학생을 제명하라는 지시가 내려졌을 때, 다른 대학은 1, 2명씩만 제명하는 가운데 김증한은 고병국 학장을 찾아가 30명의 명단을 제시하면서 "일단 공산주의자들의 끄나풀이 된 이상 저들에게 자유행동이 허용되지는 않으며 주동자가 따로 있는 것도 아니므로 모두 제명함이 옳다" 라고 주장하여 결국 법대에서는 30명의 학생들이 제명되었다. 그런 이후 한국전쟁까지 법대에서는 좌 · 우익간의 싸움이 한 번도 없었다.

한국전쟁이 터지자 그는 부산으로 피난갔고, 1 · 4후퇴 때엔 대구로 갔다. 당시 그는 육군본부 문관으로 복무하면서 대구에서는 고려대, 대구대, 청구대 등에서, 그리고 부산에서는 서울법대와 홍익대, 동국대, 부산대 등에서 서양법제사와 로마법을 강의하였다. 1950년 1월부터는 법대 학생과장을 맡아 이후 약 7년간 계속하였는데, 당시의 혼란한 정국 속에서도 매우 엄하게 법대의 질서를 유지하여 부산 피난 중에 백골단, 딱벌떼 등이 난무하는 가운데도 법대에선 삐라 한 장도 나오지 않았다. 이에 학생들은 김증한 교수가 법대생들을 병신으로 만들고 있다고 불평하기도 하였으나, 그는 학생들이 떠들어 봐야 아무 성과가 없다고 설득을 하였다.

김증한은 한국전쟁 전후의 혼란한 상황 속에서도 연구활동을 계속하였다. 1949년 가을에는 북한의 대남 송전 단절로 서울에서 전등불 구경을 못하던 때에 석유램프불로 매일 밤 2시경까지 앉아서 기르케(Otto von Gierke)의 『독일사법』(*Deutsches Privatrecht*)과 씨름하며 「공동소유형태의 유형론」이라는 논문을 써서 1950년 3월 『법조협회잡지』에 발표하였다.[3] 그리고 부산에 피난중이었던 1952년초부터 김도창, 안이준 등 여러 사람과 법률학사전 편찬에 착수하여

3 김증한, 『민법논집』, 진일사, 1978, 1쪽.

1954년 최초로 청구문화사에서 『법률학사전』을 출판하였다. 그 10년 후 그가 책임편찬위원이 되어 1964년에 법문사에서 『법률학사전』이 나왔다.[4] 이것은 전국의 200여 명의 법학자들로부터 받은 6만여 매의 원고를 검토하는 대작업이었는데, 김증한의 법학자로서의 권위와 정력적 활동의 절정을 보여주는 것이었다.

1953년 9월에 김증한은 Smith-Mundt 장학금으로 뉴올리언즈의 튤레인(Tulane)대학교에 가서 1년간 연구하였다. 튤레인대학교는 1830년대에 창립된 법학교육의 중심지로서, 그곳에서 그는 주로 영미사법을 연구하는 한편 "Real Actions in Korea and Japan"이라는 논문을 발표하였다.[5] 그는 그곳의 케이스 메소드(Case-Method)식 강의법의 우수성을 절감하여 귀국 후 약 1년간 일본 대법원 판결을 교재로 하여 법대에서 케이스 메소드식 강의를 시도하였으며, 그곳의 모의재판(Moot Court)의 영향을 받아 법대에서 최초로 민사모의재판을 시도하기도 하였다. 또한 1954년에는 우리 사회의 민주주의 확립에 도움을 주고자 미국의 민주주의를 소개하는 『미국의 헌법과 정치』를 번역 · 출간하였고,[6] 튤레인대학교에서 특히 관심을 가졌던 영미사법을 우리 법학계에 소개하고자 파운드(Roscoe Pound)의 『영미법의 정신』을 번역하여 소개하였다.[7] 그리고 그곳에서 발표했던 "Real Actions"(물권적 청구권)에 대한 연구를 더욱 심화시키면서 그 연구영역을 확장하여 물권법 전반에 걸쳐 연구하였고 그 결과로 1956년 『법정』지에 발표된 「인적 결합과 공동소유」 등 다수의 논문을 발표하였다.

김증한은 한국의 민법전 제정과정에서 결정적인 역할을 하였다. 1948년부터 착수되었던 민법전의 기초가 1953년에 완료되었고, 이때 만들어진 초안을 정부가 다소 손보아 1954년 10월 26일 정부제출법률안으로 국회에 제출하였다. 국회에서는 민법안심의소위원회를 구성하여 민법안의 심의를 전담케 하였으며, 이 소위원회는 343항목에 달하는 수정의견을 작성하였다. 이 의견서는 정부가

4 김증한, 「한국법학 30년의 회고와 전망」, 『법정』 제30권 9호, 1975, 19-20쪽.

5 김증한, "Real Actions in Korea and Japan," *Tulane Law Review*, Vol. XXIV, No. 4, 1954.

6 미국무성 편, 김증한 역, 『민국의 헌법과 정치』, 법문사, 1954.

7 R. Pound 저, 김증한 역, 『영미법의 정신』, 민중서관, 1956.

제출한 민법안과 함께 국회 본회의에 보고되어 그 대부분이 통과되었다. 이 가정에서 김증한은 고병국 학장에게 건의하여 민사법 담당교수들로 민법초안연구회라는 모임을 결성하고 총칙, 물권, 채권의 편별로 나누어 검토케 하면서 자신은 물권분야를 담당하였다. 그 연구결과는 『민법안의견서』라는 책자로 만들어져 현석호 의원을 통해 국회에 제출되었고, 그중에서 많은 의견이 채택되어 민법전에 반영되었다. 민법초안이 공동소유형태로 공유만을 규정하고 있었는데 이에 합유(合有)와 총유(總有)를 보태어 공동소유형태로 공유·합유·총유의 셋을 규정한 것은 그 대표적인 예이다.

민법전 제정 이후 우리 민법학계는 그 해설을 둘러싸고 활발한 움직임이 있었는데, 특히 민법교과서의 출판과 해설에 따르는 논쟁은 괄목할 만했다. 김증한은 이미 1956년에 안이준과 함께 일본의 와가츠마(我妻榮) 교수의 민법강의를 토대로, 법령은 우리나라에 맞게 하면서 자신의 견해를 약간 가미해서 『물권법』 교과서를 냈고, 1958년까지 『신민법총칙』, 『신채권법총론』, 『신채권각론』(상)을 내었고, 1965년에 『신채권각론』(하)를 출간하였다. 그리고 1960년대에 들어와 그는 기르케를 포함하여 독일 법학자들의 저서를 연구하여 다시 한 차례 민법강의서를 출간하였다. 1961년의 『신물권법』(상)에서 시작하여 1972년 한때 자영하던 진일사에서 『신고 민법총칙』을 출간하였다. 1979년에는 『채권총론』을 출간하였으며, 『채권각론』의 개고를 늘 과제로 생각하던 도중에 1981년 여름부터는 민법개정위원회 위원장으로 참여하여 1982년에 민사법개정안을 국회에 제출하여 1983년말에 통과시켰다. 이에 다시 1983년 4월에 『신고 민법총칙』 개정판을, 1984년 1월에는 『물권법강의』의 개정판과 『채권총론』의 개정판을 그치고 1988년 3월에 『채권각론』을 출간하였다.

김증한은 또한 건전한 논쟁의 활성화를 통하여 입법과 판례가 정립될 수 있다는 생각에서 보다 넓은 연구와 토론의 장을 마련하고자 1956년에 민법초안연구회로 발족한 한국민사법학회의 활동을 주도하며 1972년부터 1987년까지 회장직을 역임하였다. 이에 관해 현승종 박사는,

> 민사법학회라고 하면 곧 이 분을 연상하지 않을 수 없을 정도로 이 분 없이는 민사법학회는 존재할 수 없었다고 하여도 과언이 아니다. 실제로 김증한 박사가 공무로 부산에 출장중 불의에 얻은 병환으로 오랫동안 고생을 하였던 기간중과 문교부 고등교육국장 또는 차관으로 연구실을 떠났던 동안에는 민사법학회도 동면상태에 있다시피 하였음은 그것을 입증하여 주고도 남음이 있다. 지금도 여전히 민사법학회는 김증한 박사의 주도하에 많은 업적을 쌓아 가고 있으며 민사법학의 발전에 크게 기여하고 있음은 이분의 불멸의 공헌이라 하지 아니할 수 없다.[8]

라고 그의 주도적 역할을 높이 평가한다. 또한 그는 1976년에 한독법률학회를 조직하여 1984년까지 회장직을 역임하면서 양국의 법의 연구와 학자의 교류에 힘썼다. 매년 학회지 『한독법학』(*Recht in Deutschland und Korea*)을 간행하여 훌륭한 논문들을 게재하고, 독일의 저명한 법학자들을 초빙하여 강연을 듣고 의견을 교환하는 등 우리나라 법학계에 새로운 활력을 불어넣고자 애썼다. 그리고 그는 한국법사학회(韓國法史學會)의 발기에 참여하고 우리나라에 있어서 서양법제사의 선구자다운 역할을 담당하여 많은 기여를 하였다.

김증한은 학자로서뿐만 아니라 문교부 고등교육국장(1960. 5-1960. 12), 특별재판소 심판관(1960. 12-1961. 5), 문교부차관(1967-1968) 등 실무가로서도 그 능력을 펼쳤으며, 서울대학교 행정대학원장(1962-1965), 법과대학장(1972-1977), 대학원장(1983-1985) 재직시에도 교육행정 면에서 탁월한 능력을 보였고, 서울대학교를 정년퇴임한 후에도 동아대학교 법과대학장 및 부총장 그리고 학술원 회원으로서 활동하였다.

인간 김증한은 틀이 크고 건장한 전인형(全人型)이었다고 지칭된다. 젊었을 때는 학생지도에 엄격하여 '악한(惡漢)'이라는 별명도 받았고, 노령에 이를수록 남에게 후덕한 '선한(善漢)'이 되었다는 평을 받았다. 그의 신조는 "다른 사람을 비판하기 전에 자신을 돌이켜보라"는 것이었고, "죽을 때까지 책을 들여다

8 현승종, 앞의 글, 2쪽.

볼 수 있으면 족함을 느끼고, 쓰는 것은 부차적인 것으로 생각한다"는 것이 생활 고백이었다. 술도 잘 했고, 한때는 승마도 하였고, 매일 아침 세검정 뒷산 산책은 끊이지 않았다. 만년에 이르러 부인의 권유로 기독교 신앙에 귀의하여 대한예수교장로회 총공회 사직동 교회 장로로 피택되기도 하였다. 1988년 10월 7일 "나는 간다. 간다는 뜻을 아느냐. 천국에서 모두 만나자"라는 유언을 남기고 떠난 그의 뒤를 수많은 제자와 그의 장남 김학동 교수가 민법학 연구를 통해 이어가고 있다.

Ⅱ. 법사상

1. 법학방법론

김증한에게 있어서 법학은 사회과학의 일부로서, 역사적이고도 실증적인 연구에 의해 이론을 구성하는 학문이었다. 즉 그에 따르면,

> 법학은 사회과학이다. 좀더 구체적으로 말해서 우리나라의 살아있는 사회현실을 어떻게 법률적으로 이론구성하느냐가 법학도가 해야 할 일이다. 독일이나 일본의 이론을 기계적으로 받아들이는 것이 아니라, 우리나라의 사회현실을 설명하는데 유용하게 쓰이도록 해야 하는 것이다. 그러한 의미에서 사회생활의 실태조사는 법학에 있어서 필수적인 작업이 되는 것이다. 나도 책을 쓰면서 수시로 복덕방을 찾아가서 물어보고 일반인 상대로 어떻게 생각하느냐를 물어보고 다녔다. 또 등기와 대장 관계로는 등기소, 등기과에 가서 알아보고 군청이나 면사무소에 가서 실제로 장부는 어떻게 되어 있고 사무처리를 어떻게 하고 있는가를 물어보고 다녔다. 그리고 이론구성을 함에 있어서는 그 법제도의 역사적 연혁을 알아보고, 여러 외국의 법제·이론을 살펴가면서 이론구성을 하되 우리나라의 사회현실에 어떠한 것이 맞느냐를 생각하면서 이론구성을 하고, 그 문제에 관한 판례를 반드시 조사해 보아야 한

다. 즉 법사, 실태조사, 판례연구가 수반되는 이론구성이어야 한다고 생각한다.[9]

그는 이와 같은 입장에서 법학의 임무를 단지 성문화되어 있는 법만을 논리적으로 전개하거나, 현실과 대립시켜 추구하여 온 이성적 소산으로서의 자연법적 당위의 원리를 연역적 · 추상적으로 전개하는 것이 아니라 역사적 · 실증적 연구를 통하여 우리나라의 법현실과 우리 민족의 법감정에 보다 더 적합하고 우리의 법현실을 보다 더 잘 규율할 수 있는 법이론을 전개하는 것으로 파악하였던 것이다.[10]

그의 이러한 법학방법론은 그의 일생에 걸쳐 견지되었던 것으로, 그의 전 학문의 출발점이자 도착점이었다. 서울대학교 법과대학에서 서양법제사 강의로 교수생활을 시작한 그에게 역사적인 시각에서 법을 연구한다는 것은 당연한 요구였다. 그의 법사적 연구방법은 이후 민법학에도 그대로 이어져 다음 절에서 살피는 다수의 법제사 논문으로 결실을 맺었다. 그리고 그의 법학방법론은 그가 마지막으로 남긴 저서인 『채권각론』(1988) 서문에까지 고수되었다. 그는 "우리나라에서 일어날 가능성이 극히 희박한 사례는 큰 도움이 되지 않는다고 생각했기 때문에 '우리 대법원판례'를 되도록 많이 인용"하였으며 "반대로 우리 대법원판례에 나타난 일이 없는 외국의 판례 따위는 되도록 언급조차 하지 않기로" 하였던 것이다.

2. 법사학

김증한은 1946년에 서양법제사와 대륙법 강의로 교직생활을 시작하였으며, 그 후 10여 년 동안은 주로 법사학에 관한 논문을 발표하였다.[11]

그의 법제사 연구의 기본적 태도는 다음과 같이 요약할 수 있다.

9 김증한, 「법학의 학파」, 『사법행정』 제300호, 1985. 12, 4쪽.
10 김증한, 『민법논집』, 15쪽.
11 위의 책, 1-2쪽.

즉 법제사란 법적 사실을 역사적으로 연주하여, 그 고찰을 통하여 과거사회에 있어서의 법생활의 실태를 역사적 발전 속에서 파악하고, 나아가서 그 발전의 원동력까지를 구명하려는 것이기 때문에, 법률학뿐만 아니라, 경제사와 정치사 및 사회사와의 종합적 고찰이 필요하다[12]는 것이다.

그는 법제사 연구의 방법을 크게 둘로 나누어 국별적 고찰방법과 초국별적 고찰방법으로 분류하고, 자신은 전자의 방법을 채택하여 주로 독일의 사법사를 중심으로 연구하였다.[13]

먼저 1949년 5, 6월에 『법조협회잡지』 제1권 2, 3호에 「스위스의 가산제도」를 발표하였다. 이것은 민법전 친족상속편 편집 요강에 가산제도를 규정한다는 내용이 있는 것을 보고, 민법전에 가산제도를 규정하고 있는 유일한 입법례인 스위스민법에서 그 내용이 어떻게 되어 있고, 그것이 얼마나 활용되고 있는가를 보기 위하여 연구한 것이다. 그러나 스위스에서도 그 제도가 거의 활용되지 않고 있음을 발견하고 우리 민법전에 그것을 규정한다고 하더라도 별로 활용되지 못할 것이라는 의견을 제시하였다.

1949년 6월에서 1950년 3월에 걸쳐서 게르만 친족법과 상속법에 관하여 각각 『법정』 제4권 6, 7, 10호와 제5권 1, 2, 3호에 발표하였다. 특히 주목할 만한 것은 1950년 2월 『법조협회잡지』 제2권 3호에 발표한 공동소유형태의 유형론이다. 이것은 기르케의 『독일사법』(*Deutsches Privatrecht*)을 참조하여 일본의 민법교과서에 대하여 이론을 제기한 것이다. 그 후 민법초안연구회가 민법안의견서를 국회에 제출하였을 때 그는 위의 논문을 기초로, "민법초안에는 공동소유형태로 공유 하나만을 규정하고 있는 데 대하여 그 밖에 합유와 총유에 관해서도 규정할 것" 을 제안하여 국회에서 그대로 채택되어 우리 민법이 세 가지 공동소유형태를 규정하게 되었다.

1953년에는 이전의 서양법제사 연구를 총결산하여 『서양법제사』를 출간하였

12 김증한, 『서양법제사』, 박영사, 1954, 1-4쪽.
13 김증한, 『민법논집』, 1-4쪽.

다. 여기에서 그는 특히 독일법제사를 중심으로 게르만시대(원시시대로부터 민족대이동의 종말인 5세기 중엽까지), 프랑크시대(9세기 말엽), 중세시대(15세기 말엽), 근세시대(로마법의 계수 이후)로 구분하고, 특히 사법사에 역점을 두어 총칙, 물권법, 채권법, 친족법, 상속법의 영역으로 나누어서 서술하였다.

1971년에는 서울대학교 『법학』 제12권 1호에 헬무트 코잉(Helmut Coing)의 『독일법사의 시대들』(*Epochen der Rechtsgeschichte in Deutschland*)에 대한 소개를 하였다. 이 책은 서장과 제1장 중세성기, 제2장 중세후기와 근세로의 이행, 제3장 절대주의와 소유주의, 제4장 19세기에 있어서의 법발전, 제5장 현대의 임무와 경향으로 구성되어 있으며, 현대의 법질서 속에 살아있는 문화적 전통을 널리 공중에게 접근시키고자 독일법제사와 일반적인 이념사 및 사회 · 경제사와의 관련을 그려 내고자 힘쓴 책이다.

1957년에는 서울대학교 논문집 『인문사회과학』 제6집에 「희랍민법개설」을 발표하였다. 총칙만으로 중단되었지만 후에 물권편은 최종길 교수가 서울대학교 『법학』에 소개하였다. 그밖에 1978년 『법조』 제27권 1호에 발표한 「제2차 대전 후 불 · 독 양민법의 개정」 등 다수의 서양법제사 논문이 있다.

한편 한국 법제사에 관련해 주목할 논문으로는 1968년 서울대학교 『법학』 제10권 2호에 발표한 「한국 민법의 법제사적 및 비교법적 연구」가 있다. 비록 총칙편 중 제2장 '人' 에서 중단되었지만 최초로 우리 민법을 법제사적 및 비교법적으로 고찰하고자 한 중요한 시도로서 주목할 만하다.

3. 민법학

김증한의 학문의 본령은 역시 민법학이다. 그는 민법전 제정에 참여하였을 뿐 아니라, 민법학 전 분야에 걸쳐 5권의 저서를 남겨 한국 민법학의 기초를 마련하였다. 일본의 와가츠마의 민법학을 출발로 삼았지만 거기서 한걸음 더 나아가 "민법학의 연구는 이론 · 판례 · 답사의 3박자로 이루어져야 한다"라고 주장하며 우리의 이론을 구축하려고 애썼다. 그는 한국 민법학의 정착을 강조하였고 법제사적, 비교법적 고찰을 바탕으로 보다 우리 사회의 현실에 알맞고 보다 적절하게 사회현실을 규율할 수 있는 이론을 구성하고자 노력하였다.

아래에서는 그의 민법학 연구 가운데 특히 주목을 받고 있는 물권행위론, 물권적 기대권론, 공동소유형태의 유형론 및 소멸시효론에 관하여 간단히 소개하기로 한다.

1) 물권행위론

물권행위는 물권의 발생, 변경, 소멸, 즉 물권의 변동을 일어나게 하는 의사표시를 요소로 하는 법률행위로써 채권행위와는 달리 이행의 문제를 남기지 않는다는 점이 특징이다.

이때, 형식주의를 채택하고 있는 우리 민법의 경우 물권행위와 등기와의 관계에 관하여 학설은 등기를 물권행위의 효력 발생요건으로 보는 견해와 성립요건으로 보는 견해로 나누어진다. 이에 김증한은, 물권변동은 물권행위에 의해서만 발생하는 법률효과라는 것과 물권행위도 법률행위이므로 성립요건과 효력발생 요건으로 나누어진다는 것을 전제로 하고 등기가 물권행위와는 달리 공법상의 행위이며, 합의 후 등기 전에 합의에 하자가 있음을 발견한 때에 합의의 무효, 취소를 주장할 수 있다는 것은 곧 합의 자체가 이미 법률행위임을 시인한 것으로 간주되며 이와 같은 근거로 등기는 물권행위의 효력발생 요건이라는 견해를 취하였다.[14]

그런데 물권행위론에 있어서 가장 견해의 대립이 뚜렷한 것은 '물권행위의 독자성과 무인성(無因性)'의 문제이다. 학설은 크게 이를 부인하는 견해와 인정하는 견해로 대별된다. 그는 물권행위의 독자성을 부정한다는 것이 물권행위의 개념 자체를 부정하거나 물권행위가 채권행위와 별개로 독립하여 행하여질 수 있음을 부정하는 것이 아니며, 또 독자성을 인정한다는 것이 물권행위는 언제나 채권행위와 별개로 행해져야 하고 채권행위와 물권행위가 외형상 하나의 행위

14 위의 책, 6-7쪽.

로 합체되어서 행해질 수 없다는 뜻이 아니라는 점을 주의시킨다. 다만 물권행위의 독자성을 인정 또는 부정하는 견해의 대립은 물권행위가 어느 때에 행하여졌는지 분명치 않은 경우에 한한다[15]는 점을 명백히 한 뒤, 어느 쪽이 보다 더 우리 사회의 현실에 맞고 따라서 보다 더 적절하게 사회현실을 규율할 수 있느냐, 즉 사회일반의 거래 실정에 입각하여 다음과 같은 이유로 독자성을 취하였다.[16]

첫째는, 사회일반이 거래 실정을 볼 때 매매실적과 등기와의 중간에 매도증서를 수수함으로써 물권행위를 하는 것이 뚜렷하고 등기의 실제에 있어서도 매매계약서가 아닌 매도증서를 등기원인으로 기재하고 있다. 매도증서는 물권행위의 독자성을 인정하는 독민법의 Auflassung(부동산 소유권 이전의 합의)와 같은 것이다. 둘째로, 거래의 안전을 위해 무인성(無因性)을 인정하는 것이 바람직한데 무인성을 인정하려면 그 전제로서 독자성을 인정하여야 한다. 셋째로, 물권적 기대권을 전제로 물권행위까지 마치고 아직 등기를 마치지 못한 취득자를 보호하려면 물권행위의 독자성을 인정하여야 한다.[17]

또 그는 물권행위의 무인성의 문제에 대하여 이를 인정하여 물권행위는 그 원인인 채권행위가 무효이거나 또는 취소되는 경우에도 그 이행으로 행하여진 물권행위의 효력은 이로 말미암아 아무런 영향을 받지 않는다는 견해를 취하며 다음과 같은 이유를 들고 있다.[18]

첫째로, 물권행위가 채권행위와 별개의 행위라면 그 효력도 별개로 정해져야 마땅하다.

둘째로, 물권적 법률관계는 모든 사람에 대하여 명료함을 요하는데 물권행위의 효력을 당사자 사이에서만 효력을 가지는 원인행위의 유효성 여부에 의하여 영향을 받게 하는 것은 법적 명료성(Rechtsklarheit)을 위하여 바람직하지 못하다.

셋째로, 무인성을 인정함으로써 등기에 공신력을 주고 있지 않는 민법의 결

15 김증한, 『물권법』, 박영사, 1984, 43쪽; 「형식주의의 채택에 따르는 제문제」, 『법조협회잡지』 제5권 8, 9호, 1956, 25-26쪽.

16 김증한, 『민법논집』, 28-30쪽.

17 위의 책, 34-35쪽.

18 위의 책, 36쪽; 『물권법』, 52쪽.

함을 보정하여 법의 안정(Rechtssicherheit)을 보호할 수 있다.

넷째로, 사회일반인의 거래관념에 의하면 부동산 매매의 경우 물권행위를 하고 이전등기까지 마친 후에 매매계약이 취소된 경우에 취소의 의사표시만으로 당연히 소유권이 최초의 양도인에게 복귀한다기보다는 수령된 매매대금을 반급하고 등기 명의도 최초의 양도인에게 되돌아가야 비로소 소유권이 복귀한다고 생각한다. 따라서 이는 사회관념상 무인성을 인정한 것이다.[19]

2) 물권적 기대권

그는 우리 민법이 물권변동에 관하여 형식주의를 채택하였지만 물권거래를 등기하지 않고 지내는 습성은 매매계약 후 물권행위까지 필하였음에도 불구하고 아직 등기하지 않은 상태로 방치한 경우에 나타나는 사실상의 소유권을 법적으로 물권적 기대권(dingliches Anwaltschaftsrecht)이라 설명하는 경우, 이는 우리 사회일반의 법의식에 보다 더 가까워진다는 실익과 모든 원인으로부터 생기는 창설적 등기의 등기청구권이 물권적 기대권의 효력으로서 발생한다고 일원적으로 설명할 수 있고, 물권적 기대권의 효력이 물권적이며 중간생략등기의 경우에 전전이전(轉轉移轉)되는 권리가 물권적 기대권이라고 한다면 물권적 기대권의 최종취득자는 중간자의 동의 없이 현재의 명의인에 대하여 직접 이전등기를 청구할 수 있다는 실익이 있다고 주장하였다.[20]

그는 라이저(L. Raiser) 교수의 이론을 따라서 물권적 기대권이란 완전한 권리의 취득을 위한 요건 중 일부는 이미 실현되어 있으나 아직 다른 또는 적어도 하나의 요건은 실현되지 않은 자의 권리취득의 전망이라고 규정하고 물권적 합의는 있었으나 아직 등기를 하지 아니한 부동산 취득자의 지위를 설명하였다.[21] 그리고 부동산 취득자의 물권적 기득권은 독일의 Auflassung, 즉 수령자의 기대권과 마찬가지로 양도할 수 있고 입질할 수 있고 또 압류의 목적으로 할 수 있

19 김증한, 『물권법』, 54쪽.
20 김증한, 『민법논집』, 61쪽.
21 위의 책, 76쪽.

으나, 소유자가 변경되는 경우에 새로운 소유자에 대하여 그 기대권을 주장할 수 없으며 기대권의 목적물이 제3자에 의하여 침탈 또는 방해당하는 경우에 기대권 자체는 목적 부동산을 직접 지배할 권능은 나오지 않기 때문에 기대권 자체로부터의 어떤 보호청구권은 인정할 수 없다고 기대권의 속성을 밝혔다.[22] 이에 김용한 교수는,

> 우리 민법의 해석론으로서도 유용할 뿐만 아니라 그 이론적 가치를 높이 평가하기 때문에 합리적인 근거가 있을 것으로 판단하는 경우에는 물권적 기대권의 이론을 되도록 원용하기로 한다.[23]

라고 하여 그의 견해를 지지하였다.

3) 공동소유형태의 유형론

공동소유란 한 개의 물건에 대한 소유권이 다수인에게 속하는 것으로 우리 민법은 공유, 합유, 총유의 세 가지를 규정하고 있다.

근대법은 원자론적 구조이므로 반사단적(反社團的) 태도를 취한다. 따라서 물권의 객체는 한 개의 물건에 한하고, 주체의 면에 있어서도 다수인의 결합관계를 도외시하고 이를 하나하나의 개별적 인격으로 환원시켜 파악하였기 때문에 부득이 수 개의 인격에 귀속시키는 경우에도 한 개의 소유권을 양적으로 분할하여 그 분수적 일부를 각각의 인격에 귀속시키되, 질적으로는 완전한 독립의 소유권과 같은 것을 각각의 인격에 귀속시키고 그 수개의 인격 상호간에 어떤 단체적 속박을 가하지 않으려고 하였다. 그러나 현실의 사회생활관계를 주시해 볼 때 인간은 여러 가지 모습으로 결합관계를 맺고 그 속에서 생활하는 것이므로 근세법과 같이 인류의 사회생활을 개인과 국가와의 2요소만으로 환원시키려

22 위의 책, 79-85쪽.

23 김용한, 『물권법론』, 박영사, 1975, 117, 156, 164, 197쪽.

고 하는 것은 무리일 뿐만 아니라, 개인활동의 자유를 인정할진대 그 표현으로서 결사의 자유도 또한 인정해야 함은 당연한 요청이다.[24]

오늘날에 있어서는 무수히 많은 단체가 존재하며 개인이 고립해서는 무력한 것이고 다수인이 결합하여 뭉친 힘을 배경으로 하여서만 능히 격심한 생존경쟁에 견디어 낼 수 있고 그 존립을 유지할 수 있다는 의식이 높아지고 있다. 따라서 속출하는 다양한 단체를 몇 개 유형으로 나누어 그에 대응하는 공동소유 형태를 물권법에서 규정할 필요가 있다.

그는 이와 같은 필요성을 서양법제사의 연구를 통하여 일찍이 절감하여 우리 민법의 제정과정 중 민법초안연구회가 국회에 제출한 "민법안의견서"에서 민법초안이 공동소유형태로 공유만을 규정한 데 대하여 합유와 총유를 보태어 공동소유형태로 공유, 합유, 총유의 셋을 규정할 것을 제안하여 국회를 거쳐 현행 민법에 규정되었다.

그는 위의 공동소유형태의 유형론을 이미 1950년 3월 『법조협회잡지』에 발표하였다. 그는 당시 서양법제사를 강의하면서 단체적 총유(genossenschaftliches Gesamteigentum)와 합수적 공유(합유; Eigentumsgemeinschaft zur gesamten Hand)와를 구별하고, 게르만법 고유의 공동소유론을 대성했던 기르케의 『독일사법론』(*Deutsches Privatrecht*)을 씨름한 끝에 완성하였다.[25]

그는 공동소유형태를 공유, 합유, 총유의 3유형으로 나누었다.

총유(Gesamteigentum)란 법인이 아닌 사단에 있어서의 소유형태로서 소유권의 내용이 관리 처분 등의 권능과 사용 수익 등의 권능의 2군으로 분해되어, 전자는 단일적인 단체인에 속하고 후자는 각 개의 성원에 귀속하여 양자가 단체적 총제하에 유기적으로 결합하여 하나의 소유권을 이룬다는 점이 특징이다. 총유의 원형은 게르만의 마르크(Mark)공동체에서 구하였지만 오늘날 그 실질에 있어서는 오히려 법인의 단독소유에 가깝다. 그럼에도 불구하고 법인의 단

24 김증한, 『물권법』, 214-215쪽.

25 위의 책, 1쪽.

독소유와 엄격히 구별되는 까닭은 법인은 인격이 있기 때문에 소유권의 주체가 될 수 있으나, 법인이 아닌 사단은 인격이 없기 때문에 소유권의 주체가 될 수 없으므로 총유의 개념이 필요하다.

합유(Eigentum zur gesamten Hand)란 합수적 조합의 소유형태로서 지분처분의 자유와 분할청구의 자유가 없고 합유물 또는 함유지분의 처분과 합유관계의 종료는 원칙적으로 합유자 전원의 합의로써 하여야 한다는 점이 특징이다. 중세 게르만법의 상속공동체에서 그 원형을 구하였으나 오늘날에는 대부분의 경우 전형계약인 조합에 의하여 성립한다. 합유와 총유를 비교해 볼 때 소유권의 내용이 양적으로 완전히 분할되어 각각의 합유자에게 귀속되어 버리는 것이 아니라 소유권의 내용 중 일부의 권능은 각 합유자에게 귀속되지만 나머지 권능은 일체로서 총유에 있어서 성원의 총합체에 속하는 것과 같이 합유자 전원의 결합체에 속하는 점이다. 다만 총유와는 달리 법인 아닌 사단에 있어서의 성원의 총합체는 하나의 단일적 활동체로서 단체의 체제를 갖추고 있음에 반하여 합유자들은 단체로서의 체제를 갖추지 못하고 따라서 아직 사회적으로 단일적인 활동체가 되지 못하는 점에서 다수결원리가 채용되지 못하고 원칙적으로 전원의 의사의 합치를 필요로 한다. 다른 한편 합유(合有)는 단체적 단일성을 가지지 아니한 비교적 소수인 사이에 성립하는 것이라는 점에서 공유와 공통된다. 그러나 공유와는 달리 그 기초인 합수적 조합이 어떤 공동의 목적 밑에 결합되어 있는 결합체이고 먼저 이러한 결합체가 기초가 되어서 비로소 합유관계가 생긴다는 점에서 지분처분 및 분할청구의 자유가 인정되지 않는다.

공유는 지분적 조합의 소유형태로서 하나의 소유권이 양적으로 완전히 분할되어서 그 일부분씩이 각각의 공유자에게 귀속되고, 각각의 공유자에게 귀속된 소유권의 일부분은 양적으로만 일부분이며 질적으로는 완전한 소유권과 꼭 같은 것이어서 각 공유자는 그 지분을 다른 공유자의 의사와 관계없이 자유로이 처분할 수 있고 또 언제든지 분할을 청구하여 공유관계를 종료시킬 수 있는 점이다. 공유는 로마법상의 공유에서 유래하는 것으로 뚜렷하게 개인주의적 성격을 가진다. 비록 공유에 있어서도 특약에 의하여 그 모습이 합유에 가까워질 수 있을지라도 물건의 공동소유를 떠나서 공동의 목적 밑에 법률적으로 결합된 관계가 없는 한 공유와 합유는 본질적으로 구분되는 것이다.[26]

위와 같이 우리 민법이 공유 이외에 합유, 총유의 두 형태를 규정한 것은 현대에 있어서 무수히 많은 종류의 인적 결합체의 소유관계를 적절히 규율하기 위한 것이며 사회의 요구에 부응하는 것이라고 할 수 있다. 그리고 원자론적 구조는 근세법의 최대의 결점의 하나인데 우리 민법이 공동소유의 3유형을 규정한 것은 간접적으로 인적 결합체의 유형을 규정한 것으로 근세법의 원자론적 구조의 결함을 시정하는 의미를 가진 것이다.[27]

4) 소멸시효제도

우리나라의 소멸시효제도에 있어 두 개의 난문제가 있다. 하나는 소멸시효완성의 효과가 무엇이냐이고 다른 하나는 제척기간과의 관련에 있어서 특히 형성권의 행사에 관하여 기간의 제한이 있는 경우에 이것을 소멸시효로 생각할 것이냐 제척기간으로 생각할 것이냐, 형성권 행사의 결과로 발생하는 청구권의 소멸시효의 기산점은 어느 때이냐, 형성권에 관하여 행사기간을 제한하는 규정이 없는 경우에는 어떻게 할 것이냐 등이다.[28]

그는 이 두 가지 문제를 시효제도의 역사와 입법례를 참고로 하여 1967년 법학박사 학위논문에서 검토하였다.

첫번째 문제인 소멸시효완성의 효과는 '소멸시효가 완성한다' 는 뜻이 무엇이냐에 귀착되는 것으로 '소멸시효가 완성한다' 는 문자를 쓴 점은 구만주국 민법과 일치하는 것이나 만주민법은 그 소멸시효완성의 효과에 관하여 "권리의 소멸시효가 완성한 때에는 그 권리의 소멸로 인하여 이익을 얻을 당사자는 그 권리의 소멸을 주장할 수 있다(제172조)" 는 규정을 두었음에 반하여 우리 민법은 이와 같은 규정을 두지 않았기 때문에 야기된 문제이다.[29]

---

26 김증한, 『물권법』, 218-221쪽.

27 위의 책, 215쪽.

28 김증한, 『민법논집』, 247쪽.

학설은 소멸시효의 완성으로 권리는 당연히 소멸한다고 하는 절대적 소멸설과 권리가 당연히 소멸하는 것이 아니고 다만 시효의 이익을 받을 자에게 권리 소멸을 주장할 수 있는 권리(권리부인권, 항변권, 원용권)가 생길 뿐이라고 하는 상대적 소멸설이 대립해 있다. 양설의 차이점은 결국 ① 소멸시효가 완성함으로써 권리가 당연히 소멸하는가, 아니면 단지 권리부인권(항변권, 원용권)이 생길 뿐인가, ② 원용하지 않아도 재판상 직권으로 고려할 수 있느냐 아니면 원용하여야 하느냐, ③ 소멸시효완성 후에 채무자가 시효완성의 사실을 모르고 변제하면 어떻게 되느냐 등에 대한 견해차이다.[30]

그는 이에 상대적 소멸설을 주장하였다. ①에 관하여 소멸시효제도를 비교법적으로 고찰하여 소멸시효제도란 우리 민법이 이미 대륙법에서 확립된 제도를 받아들인 것이므로 우리 민법의 해석 역시 대륙법에 있어서와 마찬가지로 소멸시효완성의 효과는 단지 항변권 내지 권리부인권을 발생시킬 뿐이라고 해석하는 것이 타당하다. ②에 관하여는 독일 민법이나 만주 민법과 같이 원용에 관한 규정은 없지만 원용하지 않으면 재판상 고려되지 않는다. 이는 항변권(Einrede)의 성질상 당연한 것이므로 우리 민법에서는 규정하지 않은 것으로 본다. ③에 관하여는 상대적 소멸설에 의하면 시효완성의 사실을 알았거나 몰랐거나 원용이 없는 동안은 채권이 소멸되지 않은 것이므로 이것은 채무의 변제로 해석한다. 반면 절대적 소멸설에 의하면 시효완성의 사실을 알고 변제한 것은 소멸시효 이익의 포기임에 틀림없으므로 그 반환을 청구하지 못한다는 결과에서는 별 차이가 없으나, 소멸시효완성의 사실을 모르고 변제한 경우에는 비채변제이므로 당연히 그 반환을 청구할 수 있으나 이 변제가 '도의관념에 적합한' 경우라고 볼 수 있으므로 결국 그 반환을 청구할 수 없게 된다. 그러나 채무를 변제하는 것이 도의관념에 적합하다고 하는 것은, 채권은 존속한다고 하는 것이 도의관념에 적합한 것이고 따라서 권리가 당연히 소멸한다고 주장하는 절대적

29 위의 책, 275쪽.

30 김증한, 『민법총칙』, 박영사, 1971, 351-353쪽.

소멸론과는 모순된다고 볼 수 있다.

그는 ①, ②, ③의 과정을 거쳐 그 결론으로서 상대적 효과설을 내세웠다. 우리 대법원의 판례도 당사자의 원용을 필요로 한다는 상대적 효과설을 취하고 있다.[31]

두 번째 문제인 제척기간과의 관계에 있어서 특히 형성권에 있어서 문제점이 제기된다. 소멸시효와 제척기간의 차이점은 다음과 같다. 첫째, 소멸시효는 당사자의 원용이 있어야 재판의 기초로 삼을 수 있음에 반하여 제척기간은 당연히 권리소멸의 효력을 발생시키고 따라서 당사자의 원용이 없어도 법원은 직권으로써 이를 고려하여야 한다. 둘째, 제척기간에는 중단과 정지는 원칙적으로 인정되지 않는다.

위의 차이점은 소멸시효 본지(本旨)가 오래된 청구권의 상대방인 의무자를 권리 부존재의 입증의 곤란으로부터 구제하려는 데에 있는 반면에 제척기간제도의 본지는 의무자의 보호라기보다는 일정한 권리를 일정기간 내에 행사시키고 그 기간이 경과하면 모든 사랑에 대한 관계에 있어서 객관적 · 획일적으로 그 권리가 소멸하게 함으로써 법률관계를 인정시키려고 하는 데에 있기 때문이다.

그런데 형성권이란 권리자의 일방적 의사표시로 법률관계의 변동을 일으키는 권리이므로 형성권의 행사에 관하여 기간의 제한이 있는 경우는 그 본질상 제척기간으로 생각하는 것이 타당하다고 본다.[32]

또 그는 이때 형성권의 행사결과 발생하는 청구권의 소멸시효 기산점은 원칙적으로 청구권이 현실적으로 발생한 때로부터 소멸시효가 진행하는 것으로 해야 하나, 예외적으로 취소권 또는 해지권(解止權)은 이를 행사할 수 있는 때부터 소멸시효가 진행한다고 보는 견해를 취하였다.[33]

---

31 위의 책, 353-354쪽.
32 김증한, 『민법논집』, 316-320쪽.
33 위의 책, 340쪽.

4. 법학교육

김증한은 1946년 이래 40여 년간 직접 강단에서 법학교육을 담당하였을 뿐만 아니라 문교부차관, 서울대학교 행정대학원장, 법과대학장, 대학원장을 역임하는 가운데 한국의 법학교육의 문제점과 나아갈 방향을 의미있게 제시하였다.

그는 공동체에서 발생하는 법적 문제의 올바른 해결이라는 법관의 사명에 주목하여 올바른 정의감과 정의를 실천할 수 있는 용기를 갖춘 법학도 양성을 법학교육의 지표로 삼았다. 그에 따르면,

> 법학은 정을 행하고 부정을 배격하는 실친과학이다. 대륙법의 근간을 이루고 있는 것은 로마법인데, 로마에서는 법학을 단순히 추상적으로 무엇이 법이냐, 이 법을 어떻게 해석할 것이냐를 인식하는 데에 그 목적이 있었던 것이 아니고 어디까지나 실생활상의 문제로 다루었던 것인데, 법학은 무엇이 옳고 무엇이 옳지 않은가를 판별하는 능력을 기르는 동시에 정의를 택하고 부정을 배격하는 생활술을 기르는 학문이었다. 우리나라에서도 법학이란 단순히 빵을 위한 수단에 그치는 것이 아니라 정좌를 실천하고 부정을 배격하는 생활술을 터득하는 실천과학이라는 것을 명심하여야 한다. 그 중에서도 부정을 행하지 아니하는 것은 대단한 용기를 필요로 하는 것이다.[34]

그는 그러한 좋은 법관을 육성하기 위하여 법학교육, 고시, 시보제도의 3단계로 나누어 구체적인 방안을 제시하였다. 요약하면 다음과 같다.[35]

첫째 법학교육에 있어서는 교양과정 2년, 전문교육 3년의 5년제로 법과대학을 개편하여야 한다. 재판이라는 것이 단지 조문해석의 기술에 그치는 것이 아니라 전인간적인 판단인 이상, 교양이 박약한 법관으로부터 출중한 재판을 기대할 수는 없는 것이므로 2년간의 충분한 교양과정과 제반 분위기를 조성하여 학

34 김증한, 「권두언」, 『고시연구』, 1980, 5쪽.
35 김증한, 「좋은 사법관의 육성」, 『법정』 제14권 9호, 1959, 25-27쪽.

생들로 하여금 충분한 교양을 쌓도록 장려하여야 한다. 또 전문교육에 있어서는 그 목표를 구체적인 사건에 대하여 적절한 법률적 해결을 내릴 수 있는 능력을 기르는 데 두어야 한다. 따라서 교육방법에 있어서 전통적인 강의식 방법(Lecture Method)에만 그치지 말고, 사례식 방법(Case Method)을 도입하여 가상적인 모델 케이스의 연구, 법원판례의 연구, 기타 모든 가능한 방법을 활용하여 구체적인 사례를 통해서 법률적 사고력(juristische Denkweise)을 체득하도록 하여야 한다. 왜냐하면 법학은 그 자체 사회과학으로서 현실과 괴리될 수 없으며 실제 문제를 접하여 이를 연구함으로써 발전하는 학문이기 때문이다. 이를 위해서는 법조계나 학계나 쌍방이 모두 서로 제휴하고 서로 협조함으로써만 이 나라의 법률문화의 향상과 법학교육의 개선을 바랄 수 있다는 점을 명심하여, 법조계가 학계 출신을 받아들이지 않으려고 하거나 반대로 법조인이 학계로 들어오려고 할 때의 제한은 모두 지양되어야 한다.

고시에 있어서는 법학교육과 보조를 맞추어 그 출제방식에 있어서는 단순히 암기한 지식을 테스트하기보다는 진실로 이해하고 있느냐, 추리력은 왕성하냐, 실제 문제에 부딪혀서 그것을 해결해 나갈 능력이 있느냐 등을 테스트할 수 있는 문제를 출제하여야 하며, 두 문제 중 한 문제는 반드시 케이스에 대한 법률적 해결을 요하는 문제를 내는 것이 바람직하다.

그리고 시보제도에 관해서는 무엇보다도 현재의 법과대학의 교육이 지나치게 추상적인 이론에 치중되어 있어 케이스 연구를 충분히 하지 못하고 있다는 점을 감안하여 케이스를 다루는 수법을 토대로 훈련시키는 교육을 집중적으로 하여야 한다.

Ⅲ. 맺음말

이상에서 민법학자요, 법사학자요, 비교법학자요, 법학교육의 행정가이자 이론가로서 한국의 법학계를 이끌어 온 거성 김증한의 생애와 법사상을 살펴보았다. 비록 개략적인 서술이었음에도 우리는 그 속에서 '한국의 사비니(Savigny)' 혹은 '한국의 기르케(Gierke)' 라고 불러도 좋을 대 법학자의 모습에 접하게 된다.[36]

그러한 김증한은 1957년에 적기를 "대학교수들은 지식의 행상에 바쁘고, 법조인들은 그날그날의 사무처리에만 골몰하고 있다. 대학교수들은 법생활의 실태와 거리가 먼 이론을 희롱하고, 법조인들은 모든 문제를 레디 메이드(ready made)의 싼 이론으로 처리해 버리고 그 이상으로 깊은 이론적 검토를 할 여유를 못가진다" 라고 하였다. 그의 지적이 오늘날에는 얼마나 개선되었는지?

1989년 10월 서거 1주기를 기념하여 유고집『한국법학의 증언』(안이준 편, 교육과학사)이 출간되었다. 김증한의 생애와 사상을 되새겨보는 좋은 자료집이다. 1주기를 맞아 묘비 제막식을 가졌는데, 필자는 스승을 추모하는 시를 읽었다.

청헌선생이 계시면
-김증한교수 일주기에

청헌선생이 계시면
아호 그대로 맑은 날 청마루 같이
시원스레 한 평생 살다가신 선생님이 계시면,

"교수는 모름지기 스케일이 크야한다" 고
학자의 기상을 드높혀주신 선생님이 계시면,

"캠퍼스의 해마다 피는 꽃을
데모 때문에 감상하는 이 없어 슬프더라" 고
퇴임사를 하시던 선생님이 계시면,

36 최종고,「잊을 수 없는 스승」,『서울대학교 동창회보』, 1987. 2. 1.

그리고 평창동 자택에서 마지막 운명의 순간
"나 먼저 간다. 천국에서 만나자" 하시던 선생님이 계시면,

아마도 남은 우리 후배 인생은
한 시름 크게 놓고 든든하게 살텐데,
무너지는 정의와
흔들리는 법치 속에서도
한가닥 큰 위로를 보며 살텐데,

지난해도 88년 올림픽을 지내고
10월의 초가을에 홀연히 떠나신 후
님 안계신 부재의 공간만 더없이 크게 느껴지이다.

이 허전한 공간을 어찌 메워야할지
큰 삽 뒤에 작은 삽들로
한 십년, 수 십년은 메워야할텐데,

아집과 독선을 걷고
선생님처럼 묵묵히 연구하고
큰 마음으로 열심히 개척해야 할텐데,

혼미한 시국 탓만이 아니라
찢겨진 마음들이 문제라
경륜은 외면되고
지성은 속화만 되어가니,
아, 새삼 그리워지는 청헌선생

말로 아니라 행동으로
주장 아니라 검증으로
파우스트적 일생을 살다가신
山高水長의 大人이여.

참 교육의 주장은 높아도
참 교육자의 모습은 희미한
우울한 대학의 창가에서
선생님을 그리워하는 마음을 굽어보오시면,

님이시여, 천국에서 잠시만이라도
풍산공원의 한 줄기 가을바람 타고
저녁 노을 기러기 울음소리 따라
이 강산에 내려오소서.
이 겨레를 살펴주소서.

"네가 어디서 와서 어디로 가느냐?"
욥(Job)의 질문에 내리신 음성처럼
우리의 실존을 인도해주소서.
인생의 완성을 계시해주소서.
(1989. 10. 7, 풍산공원 묘비제막식에서)

연보 및 논저

■ 연보

1920. 5. 6	충남 부여군에서 부 김익진의 장남으로 출생
1937. 3. 20	평양사범학교 심상과 졸업
1938	진남포 풍정공립보통학교 훈도
1939. 4	경성제국대학 예과 문과 갑류 입학
1944. 9	경성제국대학 법문학부 법학과 졸업
1946. 9	국립 서울대학교 법과대학 전임강사
1947. 4	정영숙과 결혼
1948. 3. 24	장녀 혜동 출생
1949. 8. 30	장남 학동 출생
1951	무성무공화랑훈장(대통령)
1952. 8. 24	차남 작동 출생
1953. 9-1954. 8	미국 Tulane대학에서 연구
1955. 11. 10	차녀 윤희 출생
1956. 9-1958. 12	대학신문 편집국장
1956. 10. 15	10년 이상 근속 표창(서울대학교 총장)
1960. 1. 1	녹조소성 훈장(대통령)
1960. 5	서울대학교 법과대학 교수
1960. 5-12	문교부 고등교육국장
1960. 12	서울대학교 법과대학 교수로 복귀
1960. 12-1961. 5	특별재판소 심판관
1961. 1-1962. 2	대학신문 편집국장
1961. 5-1962. 2	국가재건최고회의 법제사법위원회 자문위원
1962. 2-1965. 12	서울대학교 행정대학원장
1963-1965	한국신문윤리위원회 위원
1963. 12. 17	홍조소성훈장(대통령)
1967. 8	서울대학교에서 법학박사학위
1967. 8-1968. 5	문교부차관
1968. 6	서울대학교 법과대학 교수로 복직

1968. 8-1969. 10	독일 쾰른대학에서 연구
1972. 5-1977. 5	서울대학교 법과대학장
1972. 7-1987	한국민사법학회 회장
1972. 7-1988	대한법률구조협회 이사
1975. 1	서울제일변호사회 제7회 법률문화상 수상
1976. 5-1988	한독법률학회 회장
1976. 10. 15	서울대 20년 근속 표창(서울대학교 총장)
1978. 10. 15	서울대 30년 근속 표창
1980. 7-1982. 6	교수자격심의위원회 위원
1984	서울대학교 대학원장
1985	부산 동아대학교 법과대학 학장 취임
	서울대학교에서 정년퇴임
1986	부산 동아대학교 부총장 취임
1988. 10. 7	평창동 자택에서 작고

■ 저서 및 역서

『영국민법휘찬』(Jenks 저), 법무부(법무자료 제16집), 1948.

『독일사법사』, 법무부(법무자료 제20집), 1951.

『법학통론』, 창인사(1969년까지 매년 개정, 1955년 이후 위성문화사(후에 법문사로 됨)에서 출간), 1953.

『서양법제사』, 자선사(1954년 이후 박영사에서 출간), 1953.

『미국의 헌법과 정치』, 미국무성 편, 법문사, 1954.

『서양법제사』, 양문사, 1956.

『(신정) 물권법』, 안이준(공편저), 박영사, 1956.

『영미법의 정신』(R. Pound 저), 민중서관, 1956.

『담보물권법』, 안이준(공편저), 박영사, 1957.

『신민법총칙』, 안이준(공편저), 법문사, 1958.

『신채권각론』(상), 안이준(공편저), 박영사, 1958.

『신채권총론』, 안이준(공편저), 박영사, 1958.

『대법전』, 편집위원, 민중서관, 1959.

『신물권법』〈문제집〉, 제길우(공저), 박영사, 1961.

『신민법』(I · II), 안이준(공편저), 법문사, 1961.

『법률학사전』, 편집위원, 청구문화사, 1962.

『법제원론』, 서울고시학회, 1962.
『법률학사전』, 대표편집위원, 법문사, 1964.
『신채권각론』(하), 안이준(공편저), 박영사, 1965.
『물권법』(상), 진일사, 1970.
『물권법』(하), 진일사, 1970.
『법학통론』, 진일사, 1970.
『민법대의』, 진일사, 1972.
『민법대의』(1979년부터 민법총론으로 나옴), 한국방송통신대학, 1972.
『민법총칙』, 진일사(1974년까지 수차 개정), 1972.
『민법논집』, 진일사, 1978.
『주석민법』(상 · 하), 편집대표, 한국사법행정학회, 1979.
『주석민법총칙』, 한국사법행정학회, 1979.
『채권총론』, 진일사, 1979.
『물권법』, 진일사, 1980.
『한국법학의 증언』(안이준 편), 교육과학사, 1989.

■ 논문

「민법 제14조에 대한 판례 비평」, 『법정』 제3권 1호, 1948. 1.
「게르만의 상속법」, 『법정』 제5권 1-3호, 1949. 1-3.
「서서의 가산제도」, 『법조협회잡지』 제1권 2, 3호, 1949. 5, 6.
「게르만의 친족법」, 『법정』 제4권 6, 7, 10호, 1949. 6, 7, 10.
「공동소유형태의 유형론」, 『법조협회잡지』 제2권 3호, 1950. 2.
「미국의 법과대학과 고시」, 『고시와 전형』 제1권 8호, 1954. 10.
「미국헌법 제19조 정의 유효여부」, 『법대학보』(서울대학교) 제2권 1호, 1955. 3.
「법률공부의 방법」, 『법정』 제10권 4호, 1955. 4.
「물권적 청구권의 사적 고찰」, 『법조협회잡지』 제4권 1호, 1955. 5.
「Real Actions in Korea and Japan」, *Tulane Law Review*, vol. XXIV, no. 4, 1955. 6.
「독일법상의 물권적 청구권」, 『법조협회잡지』 제4권 2, 3호, 1955. 6, 7.
「물권적 청구권의 비교법적 연구」, 『서울대학교논문집』(인문사회과학 편) 제4집, 1956. 10.
「물권변동에 있어서의 의사주의와 형식주의, 민법초안의 검토」, 『법조협회잡지』 제5권 8, 9호, 1956. 12.
「인적 결합과 공동소유」, 『법정』 제11권 12호, 1956. 12.
「형식주의의 채택에 따르는 제문제(신 민법에 대한 해설과 비판)」, 『법조협회잡지』, 제5

권 8, 9호, 1956. 12.

「담보물권에 관한 민법초안의 규정」(2), 『고시와 전형』 제5권 1호, 1957. 1.

「현하 한국법률가의 과제」, 『사상계』 제5권 1호, 1957. 1.

「민법안상정에 대한 이의」, 『법정』 제12권 10호, 1957. 10.

「희랍민법개설」, 『서울대학교논문집』(인문사회과학 편) 제6집, 1957. 12.

「대륙법적 사고방식의 성립」, 『법제월보』 제1권 1호, 1958. 1.

「물권행위의 독자성과 무인성」, 『법조』 제7권 1호, 1958. 1.

「신민법 물권편개관」, 『법제』 제2권 1, 2호, 1958. 1, 2.

「소멸시효 완성의 효과」, 『법률계』 제1권 4호, 1958. 3.

「신민법 물권편통관」, 『고시계』 제3권 3호, 1958. 4.

「공동소유에 관한 신민법의 규정」, 『사상계』 제7권 5호, 1958. 5.

「신민법상의 전세권」, 『법조』 제7권 4, 5호, 1958. 5.

「계약의 해재 · 해지에 관한 신 · 재민법적 극정」, 『법조』 제7권 7, 9호, 1958. 9.

「물권행위의 독자성과 무인성」, 『고시계』 제4권 1호, 1959. 1.

「서독기본법과 계약의 자유, 라이저교수의 소론」, 『법조』 제8권 2호, 1959. 2.

「채무와 책임」, 『고시계』 제4권 2호, 1959. 2.

「교회가 분열한 경우의 교회재산의 귀속」(판례연구), 『법학』(서울대) 제1권 1호. 1959. 6.

「좋은 사법관의 육성」, 『법정』 제14권 6, 9호, 1959. 6, 9.

「신민법상의 법정지상권」, 『법조』 제8권 11호, 1959. 11.

「형식주의의 채택에 따르는 제문제, 신민법에 대한 해설과 비판」, 『법정』 제14권 12호, 1959. 12.

「1959년의 회고와 1960년의 전망」, 『법정』 제15권 1호, 1960. 1.

「하자담보책임」, 『법정』 제15권 1호, 1960. 1.

「부동산등기법약설」, 『사법행정』 제1권 2호, 1960. 2.

「소비대차」, 『법정』 제15권 3호, 1960. 3.

「신민법과 등기」, 『사법행정』 제1권 3호, 1960. 3.

「지상권에 관한 몇 가지 문제」, 『법정』 제16권 2호, 1961. 2.

「혁명정부의 입법형식, 혁명정부 입법에 있어서의 제문제」, 『법정』 제16권 8호, 1961. 8.

「등기청구권, 민법에 있어서의 제문제」, 『법정』 제16권 10호, 1961. 10.

「부동산등기법해설」, 『사법행정』 제3권 1-7호, 1962. 1-7,

「신경매법해설」, 『사법행정』 제3권 2호, 1962. 2.

「합유규정과 조합규정–제272조와 제706조 제2항과의 관계를 중심으로」, 『법정』 제17권 5호, 1962. 5.

「제3자의 채권침해와 채권의 상대성」, *Fides* 제10권 2호,서울대학교 법과대학, 1963.

「출연재산이 재단법인에 귀속하는 시기」, *Fides* 제10권 2호, 서울대학교 법과대학, 1963.

「구민법하에 거래된 물권에 관한 등기청구」, 『사법행정』 제4권 1호, 1963. 1.

「부동산등기법해설」(10), 『사법행정』 제4권 1호, 1963. 1.

「인도의 법률적 성질」, 『법정』 제18권 6호, 1963. 6.

「민법부칙 제10조의 해석」, 『법정』 제18권 1호, 1963. 10.

「중간생약등기」, 『법정』 제18권 10호, 1963. 10.

「동산질권의 추급력」, 『법정』 제19권 4호, 1964. 4.

「이중매매의 반사회성, 일본의 판례를 소개하면서」, 『법정』 제19권 9호, 1964. 9.

「우리 나라에 있어서의 물권행위」, 『사법행정』 제5권 11호, 1964. 11.

「도급건축물의 소유권」, 『법정』 제20권 5호, 1965. 2.

「공동불법행위」, 『법정』 제20권 5호, 1965. 5.

「근저당에 관한 제문제」, 『사법행정』 제7권 12호, 1966. 12.

「채권자 소멸권」, 『사법행정』, 제8권 2호, 1967. 2.

「권리의 개념과 분류, 민법총칙의 새로운 연구」, 『법정』 제22권 5호, 1967. 5.

「민법시행전에 관습법에 의하여 취득한 지상권의 등기」〈판례연구〉, 『사법행정』 제8권 5호, 1967. 5.

「법률상의 원인」, 『사법행정』 제8권 8호, 1967. 8.

「소멸시효론」, 법학박사학위논문(서울대), 1967. 8.

「대리권 수여행위」, 『사법행정』 제8권 9호, 1967. 9.

「형성권과 제척기간」, 『법정』 제23권 1-6호, 1968. 1-6.

「부동산등기법 해설」, 『사법행정』 제9권 1-11호, 1968. 1-11.

「형성권과 제척기간」, 『법정』 제23권 7, 8호, 1968. 7, 8.

「한국민법의 법제사적 및 비교법적 연구」, 『법학』(서울대) 제10권 2호, 1968. 12.

「부동산등기법 해설」(11), 『사법행정』 제10권 1호, 1969. 1.

「물권의 절대성과 채권의 상대성」, 『법정』 제23권 4호, 1970. 4.

「물권적 기득권 소론」, 『법정』 제25권 6호, 1970. 6.

「소멸시 완성의 효과」, 『법학』(서울대) 제1권 2호, 1970. 12.

「양도담보에 관한 판례의 연구」, 『사법행정』 제11권 12호, 1970. 12.

「우리 나라 법학계의 회고와 전망」, 『새법정』 제1호, 1971. 3.

「*Epochen der Rechtsgeschichte in Deutschland*, von Helmut Coing」〈서평〉, 『법학』(서울대) 제12권 1호, 1971. 6.

「변제의 법률적 성질」, 『새법정』 제5호, 1971. 7.

「의사표시의 본질」(상), 『새법정』 제8호, 1971. 10.

「주석민법」(상 · 하), 편집대표, 한국사법행정학회, 1972.

「사단법인 설정행위의 법률적 성질」, 『고시계』 제17권 5호, 1972. 5.

「법률행위론」, 『법학』(서울대) 제13권 2호, 1972. 12.

「부동산이중매매의 반사회성」, 『저스티스』 제10권 1호, 1972. 12.

「한국의 법학」(한국사회과학 4반세기), 『월간중앙』, 1973. 4.

「한국사법학계의 현황」, 『일본 八幡대학 사회문화연구소 기요별책』, 1974.

「한국법학 39년-회고와 전망」, 『법정』 제30권 9, 11, 12호, 1975. 9, 11, 12.

「광복 30년 우리 나라 판례(민사법)의 회고」, 『법조』 제25권 9호. (9월부터 12회에 걸쳐 연재), 1976.

「물권적 기득권론」, 『법학』(서울대) 제17권 2호, 1976. 12.

「물권적 기대권」, 『변호사』 제8집, 1977.

「점유의 상호침탈」, 『조경희박사화갑기념논문집』, 1977. 8.

「폐쇄회사의 법리와 학교법인」, 『홍진기박사회갑기념논문집』, 1977. 8.

「매도증서의 수수는 Auflassung에 해당한다」, 『월간고시』 제4권 1호, 1978. 1.

「제2차대전 후 불 · 독 양민법의 개정」,『법조』 제27권 1호, 1978. 1.

「부동산등기는 어떻게 개정되어야 하는가」, 『법조』 제27권 7호, 1978. 7.

「사법학계 30년의 회고」, 『법학』(서울대) 제19권 1호, 1978. 8.

「대물변제」, 『월간고시』 제4권 11호, 1978. 11.

「AGB-Gesetz와 상인」, 『법학』(서울대) 제20권 1호, 1979. 1.

「점유의 개념」, 『최해태박사고회기념논문집』, 1979. 2.

「유상계약」, 『월간고시」 제5권 3호, 1979. 3.

「이중등기의 효력」〈판예연구〉, 『대한변형회지』 제45호, 1979. 3.

「임대차의 쌍무계약성」, 『법조』 제28권 3호, 1979. 3.

「부당이득에 있어서의 법률상 원인」, 「황산덕박사화갑기념논문집」, 1979. 6.

「권리의 중층구조」, 『법조』 제28권 9호, 1979. 9.

「독일의 보통거래약관법」, 『월간고시』 제5권 11, 12호, 1979. 11, 12.

「쌍무계약에 관한 일고찰」, 『법학』(서울대) 특별호 제4권, 1979. 12.

「쌍무계약에 관한 일고찰」, 『현승종박사화갑기념논문집』, 1979. 12.

「물권적 소유권이냐 기능적 소유권이냐」, 『법조』 제29권 4, 5호, 1980. 4, 5.

「인법과 물법과의 상관-공동소유를 중심으로」, 『법학』(서울대) 제22권 4호, 1981. 12.

「물권적 기대권론」, 『이광신박사화갑기념논문집』, 1982. 11.

「한국민법의 발전」, 『법학』(서울대) 제24권 2, 3호, 1983. 9.

「민사법개정의 배경과 입법과정-민법개정의 요점」, 『사법행정』 제25권 7호, 1984. 7.

「한국인법학의 진로」, 『법학』(서울대) 제26권 2, 3호, 1985. 10.

「1983년의 서독신임대차법」, 『안이준박사화갑기념논문집』, 1986. 5.

「서양법제사(최종고 저, 서평)」, 『법학』(서울대) 제27권 1호, 1986. 3.

김 기 두

(1920-1993)

⑯ 김 기 두 (1920-1993)

김기두(金基斗) 교수라 하면 비교적 조용하면서도 한국 형법학사에서 특히 형사학 연구에서 선구적인 학자이다. 한때 서울법대 학장, 사법대학원장을 역임하기도 했고, 대한민국 학술원 회원이기도 하였다.

필자는 1966년에 유기천 총장, 김기두 학장 재임시의 서울법대에 입학하여 두 스승의 가르침을 받았다. 김 교수로부터는 형사소송법 강의를 들었고, 법대 문학모임의 낙산문학회의 활동을 통해 접할 수도 있었다. 그리고 그의 장남 김용국 군이 한 반에 있어 더욱 각별한 느낌을 갖기도 하였다. 이런 개인적 체험을 기초로 스승의 생애와 사상을 정리해 본다.

I. 생애

김기두는 1920년 8월 21일 전남 구례에서 태어났다. 1937년에 광주고등보통학교를 졸업하고 일본으로 건너가 마츠에(松江)고등학교 문과를 마쳤다. 일본에서도 최고학부인 동경제대에 입학하여 1944년에 법률학과를 졸업하였다.

1945년 11월에 광주의 전남대학교의 조교수로 발령을 받아 가르치다가 1949년 1월부터 1951년말까지 법무부 법무관으로 근무하였다. 1950년 9월부터 1954년 2월까지 동국대학교 교수로 재직하면서 1951년부터 서울대학교 법과대학에서 강의하였다. 1955년 7월부터 미국 국무성 초청 교환교수로 하버드대학 로스쿨에서 1년간 연구하였다. 1959년 9월부터 서울대학교 법과대학 교수로서 1985년 8월 정년퇴임할 때까지 수많은 법학도와 법률가를 양성하였다. 1965년부터 서울법대 학장을 역임하였고, 1967년 3월부터 2년간 사법대학원장을 지냈다. 1967년에 「한국소년범죄의 연구」라는 논문으로 서울대학교로부터 명예법학박사 학위(구제)를 받았다.

한편, 김기두는 형법학자로서 이 방면에 많은 사회활동도 하였다. 유엔국제범죄방지회의 한국대표(1957), 유엔국제인권옹호회의 한국대표(1961)를 지냈으며, 유엔범죄방지회의(1970), 일본형법학회(1975)에 참석하였다. 갱생보호회 이사(1961), 대한교육연합회 인권위원(1964), 중앙청소년보호대책위원회 위원(1964), 잡지윤리위원회 위원장(1965), 교정제도심의위원회 위원(1969), 법무부 정책자문위원(1981) 등 다양한 사회활동도 하였다.

1970년에는 국민훈장 동백장을 수여받았고, 1985년 정년퇴임시 국민훈장 모란장을 수여받았다. 1985년에는 정년퇴임 기념으로 서울대학교 『법학』 26권 2 · 3호가 증정되었다. 김증한 교수와 함께 같은 날 정년퇴임식을 가졌다. 1992년 대한민국 학술원 회원이 되었다.

만년에는 건강이 좋지 못해 거동이 불편하였고, 1993년 9월 7일 조용히 서거하였다.

그의 서거를 맞고 필자는 서울법대에서 발간하는 *Fides*지(33호)에 「김기두교수의 서거」라는 제목으로 글을 실었다. 그 글에 만년의 모습과 서거 당시 장례식에 이르는 과정을 비교적 자세히 적었다. 지면 관계로 여기 다시 싣지는 못하고, 그 때 장례식에서 읽은 조시만 싣는다.

가시는 스승님께
-김기두 교수 영전에

동숭동 개나리
관악산 진달래

공화국은 바뀌고
역사도 바뀌지만

부드러우면서 강직하게
한결같이 지켜오신
법학자의 집념-

법학은 인간학,
그러기에 기초를 튼튼히 해야 한다고,

메마른 조국에다
"한국에 태어난 행복" 을 논하시고,

재주있는 제자들을
"秀才論" 으로 끌어주시던,

참 스승이시여,
시대의 어른이시여,
이 땅의 참담한 법치현실에
법조의 윤리마저 흔들리는 때,

끝내 말없이 사라져 가심이
짐짓 존엄한 외면이시나이까?
못난 제자들에의 책망이시니이까?

진정 우리는 어디서부터 시작해야 하나요?
문민의 기초를 어디다 놓아야 하나요?

부디 역사에 환생하오시어든
먼 어느 훗날
참으로 "한국에 태어난 행복" 맛보시러
부활하소서, 영생하소서.
(1993. 9. 9.)

II. 법사상

1945년의 광복과 함께 한국 법학은 두 가지 모순된 현실에 처하게 되었다. 이제 남의 간섭 없이 한국인 스스로의 책임 위에서 법학을 건설할 수 있게 된 한편, 다른 면으로서는 법학자 부재(不在)의 심각한 문제에 고민하지 않을 수 없었다. 광복 당시 한국 법학계에는 보성전문의 5-6명의 한국인 교수와 연희전문과 혜화전문의 각각 1인 정도가 전부였다. 당시 사정을 김기두 교수는 다음과 같이 묘사하고 있다.[1]

대학교수란 몇 사람을 제외하고는 거의 일본인이 독점하고 있었기 때문에 해방 후의 대학교수란 거의가 새출발하는 인사들이었다. 즉 대학을 갓 졸업한 청년학자들 또는 판사, 검사, 변호사의 법조실무에 종사하던 인사들, 이것도 본인이 원한다는

1 최종고, 『한국법학사』, 박영사, 1990, 469-470쪽.

것보다는 교수자격있는 사람들이 없기 때문에 거의 강제로 징용되다시피 하여 교수 또는 강사가 되었던 것이다. 특히 당시에는 정치적 혼란이, 특히 사상적 혼란이 대학내에서 격돌하는 시대로 소위 국대안반대를 둘러싸고 좌우익학생들의 대결이 있었기 때문에 대학이 제대로 강의가 잘 안되는 상태였다. 그리하여 대학교수를 원하는 법학도들이 적었고 대학교수의 봉급이 형편없이 적었기 때문에 더욱 희망하는 인사들이 없었다.

사실 한국 법학은 이러한 불모지에서부터 시작하였던 것이다.

1. 형법 및 형사소송

김기두는 『신형사소송법』(1956), 『형사소송법』(1959), 『형법각론』(1963), 『신형사소송법』(1964), 『한국소년범죄의 연구』(1967) 등의 형법학에 관한 저술을 내었다.

김기두의 형법학을 형법이론의 도그마틱보다도 형사소송, 형사학과 밀접히 관련시켜 경험적, 과학적 연구에 기초한 학문이었다. 그가 하버드 로스쿨에 교환교수로 가 있을 때 셸든 글뤽(Sheloen Glueck) 교수 부처와 교류를 갖고 영향을 받은 것으로 보인다.

2. 법인간학

김기두 교수만큼 법학에서의 인간의 중요성을 강조하는 학자도 드물었다.

그의 논문들을 보면 법과 인간, 법인간학에 관한 내용이 가장 많다. 특히 그가 청소년범죄에 관한 관심을 많이 기울인 것도 이러한 측면이라 할 수 있다.

3. 법과 문학

김기두 교수는 서울법대 낙산문학회의 지도교수였다. 학생들과 문학에 관한 담론을 즐겨하였다. 자신이 수필을 쓰기를 좋아하여, 『한국에 태어난 행복』이란 수필집을 내었다. 이어서 『수재론』(1970)이란 수필집도 내었다.

III. 맺음말

김기두 교수는 어찌보면 한국 법학계에 조용한 학자로 한평생을 살다 간 인물로 보인다. 성격상 앞장서서 무엇을 하려는 '운동형' 이 아니었다. 차라리 달관형이랄까 관조형이었다. 그것은 적어도 학문의 세계, 학자의 면모로서 보면 커다란 강점이었다. 그런 가운데서도 학문을 통하여 포용적이면서도 진취적인 성향을 보여주며, 이것이 한국 형법학과 형사학의 발전의 밑거름이 되었던 것이다. 김기두는 1960년대 후반에 한국 법학의 사양화(斜陽化)를 예견하였다. 두 번의 혁명을 겪은 후 한국의 학계가 정신적으로 위축되어감을 예리하게 간파한 것이다. 한국 법학사를 되돌아보면서 가끔 이 진단이 의미심장하게 회상된다.

연보 및 논저

■ 연보

1920. 8. 21	전남 구례에서 출생
1932. 4	광주공립고등보통학교 입학
1937. 3	동교 졸업
1937. 4	일본 마츠에 고등학교 문과 甲類 입학
1941. 3	동교 졸업
1941. 3	동경제국대학 법학부 법률학과 입학
1943. 10	동 대학 법률학과 졸업
1945. 11-1949. 1	전남대학교 의과대학 조교수
1949. 1-1951. 12	법무부 법무과
1950. 9-1954. 12	동국대학교 교수
1951. 12-1952. 1	서울대학교 법과대학 강사
1952. 1-1954. 9	서울대학교 법과대학 조교수
1954. 9-1959. 9	서울대학교 법과대학 부교수
1955. 7-1956. 6	미국 국무성 초청 교환교수로 Harvard대학에서 형사법 연구
1957. 4-1959. 9	서울대학교 법과대학 학생과장
1957. 8	UN주최 극동지역 국제범죄 방지회의(동경) 한국대표
1959. 9-1985. 8	서울대학교 법과대학 교수
1959. 10-1960. 8	서울대학교 법과대학 교무과장
1959. 10	행정대학원위원회 위원
1959. 12	대학원위원회 위원
1961. 2	UN주최 국제인권옹호회담(New Zealand) 한국대표
1961. 9-1975. 11	갱생보호회 이사
1961. 12	서울대학교 법과대학 조교제도위원회 위원
1963. 3	대학원 법학과 과주임
1963. 3-1965. 3	학생지도위원회 위원
1964. 1	대한교련 교권옹호위원
1964. 3	유럽 및 중동아시아 시찰
1964. 4	사법대학원위원회 위원

1964. 10	중앙청소년보호대책위원회 위원
1965. 3	서울대학교 학생지도위원회 위원
1965. 8	잡지윤리위원회 위원
1965. 8-1967. 3	서울대학교 법과대학 학장
1966. 5	일본 법조계 및 사법제도 연구 시찰
1967. 3-1969. 3	사법대학원 원장
1967. 8	서울대학교에서 법학 박사학위 취득
1969. 3	교정제도 심의위원회 위원
1970. 1	대학원 법학과 형사법전공 주임
1970. 1	대한교연 교권옹호 위원장
1970. 8	제4차 UN범죄방지 및 범죄인처우에 관한 국제회의 참가
1970. 12	국민훈장 동백장을 수여받음
1971. 1	일본 국제학술세미나 강의 및 연구(UNAFEI)
1972. 1-1975. 2	법무부 법무자문위원
1973. 5	일본 외무성 초청으로 일본 법학계 시찰
1975. 6	일본 정부 초청으로 일본 형법학회 및 교도소 시찰
1978. 10	서울대학교 20년근속표창
1981. 2	법무부 정책자문위원
1985. 8	제17회 대한민국 법률문화상 수상
1985. 8	국민훈장 모란장 서훈
1985. 8	정년퇴임
1993. 9. 7	서울에서 작고

■ 저서

『新刑事訴訟法』, 三中堂, 1956.

『刑事訴訟法』, 법문사, 1959.

『〈新稿〉法制大意』, 일한도서출판사, 1961.

『〈개정〉신형사소송법』, 법문사, 1962.

『〈신체계대학신서〉신형사소송법』, 博英社, 1962.

『刑法各論』, 博英社, 1963.

『신형사소송법』, 博英社, 1964.

『한국소년범죄의 연구』, 博英社, 1967.

『한국에 태어난 행복(에세이집)』, 博英社, 1970.

『秀才論』, 博英社, 1970.

『〈개고〉 신형사소송법』, 博英社, 1970.

『〈개정증보〉 신형사소송법』, 博英社, 1973.

『〈개정판〉 刑法各論』, 博英社, 1973.

『판례교재 刑法各論』(공저), 법문사, 1979.

■ 역서

『美國刑事訴訟法(上·下)』, 법무부, 1948.

『刑事法原理』, 民衆書館, 1957.

『아메리카研究』, 乙酉文化社, 1958.

『사랑이냐 파멸이냐』, 博英社, 1959.

■ 주요논문

「美國刑事訴訟法」, 『法曹協會雜誌』 1권 1호-2권 3호, 1949.

「新刑法의 刑事政策의 批判」, 『考試』 2권10호, 1953.

「刑法學研究와 基本敎養」, 『法大學報』(서울大學校) 1권 1호, 1954.

「刑事訴訟法 初案을 저상에 놓고」, 『法學研究』(韓國法學協會) 1호, 1954.

「現行 刑法典의 時代의 逆行」, 『考試와 銓衡』 4권 8호, 1956.

「犯罪人과 精神의 不具者」, 『法曹』 6권 2호, 1957.

「刑法理論과 人間像」, 『法曹』 6권 5호, 1957.

「아시아極東地域刑務會議 有感」, 『刑政』 48호, 1958.

「韓國 犯罪의 原因과 展望」, 『刑政』 50호, 1958.

「韓國의 現段階에 있어서의 保安處分」, 『法曹』 7권 6·7호, 1958.

「正當防衛(判例研究)」, 『법학』 1권 1호, 1959.

「韓國少年犯罪의 理論과 實際」, 『법학』 1권 2호, 1959.

「刑罰思想發展의 史的 考察」, 『法曹』 8권 6호, 1959.

「暴力으로부터의 自由, 强力犯의 原因과 對策」, 『思想界』 7권 11호, 1959.

「法學과 倫理學」, 『法政』 15권 6호, 1960.

「革命立法과 刑罰不遡及의 原則」, 『考試界』 5권 12호, 1960.

「刑事學과 刑法學, 刑法理論의 再檢討」, 『法政』 16권 7호, 1961.

「韓國의 犯罪現象과 그 原因」, 『刑政』 10권 9호, 1961.

「人權擁護의 理論과 現實」, 『法學』 4권 1·2호, 1962.

「刑事訴訟法이 前提하는 人間像」, 『法政』 17권 10호, 1962.

「少年審判制度의 回顧와 展望」,『저스티스』 7권 2호, 1963.

「思想犯 處遇에 관한 小考」,『更生保護』, 1963-1963.

「軍政과 法律」, *Fides* 10권 3호, 1963.

「落胎罪規定을 改正하라」,『法典月報』 7권 4호, 1965.

「人權擁護와 刑事辯護制度」,『人權年報』, 1966-1966.

「更生保護의 理念과 實踐」,『法學』 9권 2호, 1967.

「우리나라 青少年 犯罪者의 處遇에 관한 研究」,『法學』 14권 1호, 1973.

「暴力犯罪의 現況과 그 對策」,『法學』 16권 1호, 1975.

「刑事法學의 回顧」,『法學』 19권 1호, 1978.

「우리나라 矯導行政의 새로운 方向」,『法學』 20권 1호, 1979.

「落胎罪에 관한 研究」,『法學』 20권 2호, 1980.

「高度經濟成長에 따른 犯罪現象變化의 分析과 그 對策」,『法學』 20권 2호, 1980.

「精神障碍性犯罪의 刑事責任에 관한 研究」,『法學』 23권 2호, 1982.

「正當化事情의 錯誤」,『法學』 25권 2 · 3호, 1984.

「累犯에 관한 研究–累犯加重의 理論的 考察」,『法學』 26권 1호, 1985.

고 광 림

(1920-1989)

17 고 광 림 (1920-1989)

승우(丞雨) 고광림(高光林)이라 하면 한국의 일반인이나 법학도들은 이제 그 이름을 잘 모르고 있는 듯하다. 왜냐하면 그는 주로 미국에서 활동했고, 거기서는 법학보다도 정치학을 강의했기 때문이다. 그렇지만 원래 그는 법학자로서 서울법대에서 최초로 법사상사와 영미법을 가르쳤고, 미국에서도 국제법, 법사상사를 보스톤 로스쿨에서 9년간, 비교정치론을 보스톤 로스쿨 및 홉스트라(Hofstra)대학교에서, 그리고 '동아시아법과 사회'를 예일 로스쿨에서 4년간 가르쳤다. 한국 법학자로 미국 법과대학 강당에 선 선구자이다. 중국법, 일본법, 한국법과 미국법, 해양법, 대륙붕 등에 많은 논문들을 발표하였다. 그의 부인 전혜성과 동암연구소(East Rock Institute)를 설립하여 한국학과 재미한인문화에 대한 연구와 교육활동도 전개하였다.

그의 가정은 교육적으로 성공하여 자식들 중 고홍주(Harold Hongju Koh)는 미국무성 인권담당 차관보를 역임하고 현재 예일대 로스쿨 학장으로 있다. 장남 고경주(Howard Kyongju Koh)는 매사추세츠 주 보건후생부 장관을 지내고 현재 하버드 공공보건대학 부학장이다.

필자는 1988년 하버드에 있을 때 내가 맡고 있는 법사상사의 선임자인 고광림 박사께 인사를 드리기 위해 예일대학이 있는 뉴 헤이븐(New Haven)으로 내려가 처음이자 마지막으로 따뜻한 대화를 나눈 바 있다. 이듬해(1989)에 작고하셔서 그의 수많은 글들 가운데서 비교적 단문들을 모아 『동서양의 법문화』(교육과학사)라는 문고판을 내드렸다. 이 책을 통해 그의 이름을 한국 법학도들에게 연결시키려는 의도였는데, 정말 이 책을 읽은 법대생들이 매우 좋아하는 모습을 보고 보람을 느꼈다. 이제 20주기를 내다보면서 이 기회에 그를 비록 미국에서 주로 활동했지만 한국의 법학자였다는 관점에서 생애와 사상을 간단히 정리해 보고자 한다.

I. 생애

고광림은 1920년 10월 20일 제주도에서 태어났다. 그는 평생 고향 제주도에 대해 남다른 애착을 갖고 만년에도 "세계 속의 제주학"을 주장하였다. 2005년에 그의 출생지 애월리 입구에 큰 자연석 기념비, 고광림박사가족선양비가 서게 된 것은 이런 근거에서이다.

1945년 9월에 경성제국대학 법문학부를 제18회로 졸업하였다. 동기생은 12명으로 개중에는 서임수(전 국민대 총장), 서일교(전 법제처장), 이대원(전 예술원장), 조동제(전 아시아재단) 등이 있었다. 그는 영어뿐 아니라 독일어도 잘 하여 독일대사관으로부터 상을 받기까지 하였다. 그는 어학을 포함하여 모든 일을 철저하고 열심히 노력하여 마무리짓는 성격이었다. 그것은 그에게 주어진 천부적 자질이었다.

해방을 맞은 신천지에서 할 일이 산적해 있었는데, 그는 새로 생긴 서울대학교 법과대학에서 조교로 시작하여 최연소 전임강사로 강의를 맡았다. 담당과목은 법률사상사와 영미법이었다. 영어를 잘 하여 학생들이 그의 영미법 강의와 영어 강습반 모임에 참석하여 감화를 받았다. 팽원순(한양대 교수)은 이렇게 증언한다.

나는 해방 이듬해인 1946년 그 추운 겨울을 생각한다. 그때 나는 해방된 조국에서 대학에 갓 입학한 희망과 꿈에 가슴이 부푼 젊은이였다. 열심히 공부해서 대학을 졸업하면 우리의 장차 일꾼을 키울 교육자가 되겠다는 것이 그때 나의 포부였다. 그러나 배우겠다고 찾아간 대학은 면학보다 정치투쟁의 마당으로 화해 있었다. 좌익 세력이 주동한 이른바 국대안 반대를 위한 맹휴 때문에 학교는 입학 첫날부터 문을 열지 못하고 있었다.

국대안이란 경성대학교 그밖의 국공립대학, 전문학교 등을 통합해서 새로 국립 서울대학교를 설립한 것을 말한 것인데, 좌익계에서는 식민지교육을 펴기 위한 미국의 음모에서 나온 것이라고 해서 맹렬한 반대운동을 전개, 학생들에게 일체 등교를 거부하고 학교의 문을 열지 못하게 할 것을 선동하고 있었다. 그래서 학교에서는 수업을 하지 못하고 있었으며 혹시 맹휴를 무시하고 학교에 들어가면 좌익학생들에게 심한 폭행을 당하는 일이 흔히 있었다.

그러나 나는 학생인데도 대학에서 배우지 못하는 것이 안타까와 그런 위험을 무릅쓰고 학교을 찾아가 더러는 좌익학생에게 쫓겨나기도 했지만 이 교실 저 교실을 할일 없이 기웃거리다가 돌아오곤 했었다. 그런데 그때 다른 교수들은 대부분 좌익계의 위협 때문에 학교에 나오지 않고 있었는데 늘 시간표의 강의 시간만 되면 학생이 있거나 없거나 간에 반드시 교실에 들어오시는 한 젊고 패기에 찬 교수님이 계셨다. 그분이 바로 고광림 선생님이었다.

교실에 오셨다가 학생이 없으면 어쩔 수 없었지만 학생이 한 사람이라도 있으면 선생님은 반드시 강의를 하셨다. 선생님은 늘 앞으로 나라를 세우려면 학생들이 밤낮없이 열심히 배워야 하며 다른 일을 생각할 것도 없이 정신없이 공부에만 전념해야 한다고 강조하시고 자기는 누가 무슨 위협을 해도 가르치는 책임을 다할 작정이라고 말씀하시곤 하셨다.

그러다가 그해 겨울방학이 되었다. 젊어서 기억력이 왕성할 때 무엇보다도 어학공부를 집중적으로 해야 한다는 것이 지론이셨던 선생님은 자칭해서 겨울방학 동안 학생들에게 영어학습을 지도해 주시겠다고 하셨다.

그리고 예과와 법대, 문리대, 사대 등과 학생 약 30명을 모아서 을지로 5가의 구사대 교실 하나를 빌어 영어강의를 시작하셨다. 유난히도 추운 겨울이었던 것으로 기억한다. 그런데도 선생님은 매일 3시간씩이나 학생들에게 읽히고 본인이 설명하시고 하는 식으로 열심히 가르쳐 주셨다.

학생들이 가끔 밖에서 나무를 주워다가 난로에 불을 때기도 했으나 연료를 댈 수 없어 거의 불기가 없는 차가운 교실에서 공부를 해야 했다. 아무런 보수도 받지 않으면서도 선생님은 열심히 가르쳐 주셨다.

학생들도 열심이었으나 교재가 어렵고 진도가 빨라서 처음엔 30명이었던 것이 열흘이 지나서는 15명쯤 되고 20일 뒤에는 불과 5, 6명만이 남게 되었다.

그러나 선생님은 아랑곳없이 계속하셨다. 그래서 나를 포함한 5, 6명이 마지막까지 남아서 3개월 동안 영어공부를 했으며 그동안 몇 권의 어려운 교재를 뗄 수 있었다. 그 공부를 하고 나서 그전에는 기껏해야 중학교 2, 3학년 정도의 실력이었던 나는 영어에 눈이 확 트인 것 같은 느낌을 가질 수 있었다.

그뒤에 나는 통신사에 있을 때나 학교로 온 뒤에도 영어와 뗄 수 없는 인연을 맺어 오면서 그때 선생님에게 가르침을 받은 것이 정말 크게 힘이 되었다는 것을 늘 생각해왔다. 무엇보다도 방학동안인데도 자진해서 아무 보수도 바라지 않고 추운 겨울 차가운 교실에서 매일 열심히 가르쳐주신 선생님의 그 고마우신 은혜는 평생을 두고도 결코 잊을 수가 없을 것 같다.

고광림은 1946년부터 49년까지 서울대학교 사범대학과 법과대학, 대한민국 경찰대학, 단국대학교 법과대학에서 국제공법, 국제조직학, 법사상사를 강의하였다.

고광림은 1950년에 미국으로 건너가 뉴 저지 주의 락거스(Rutgers)대학에서 공부하여 정치학석사를 받고 동시에 하버드 로스쿨에서 공부하여 1952년에 법학석사학위를 받았다. 1953년에 락거스대학에서 「어업의 국제적 규제」라는 논문으로 정치학 박사학위를 받았다. 1955년에는 「대륙붕에 관한 협약안에 대한 분석적 연구」로 하버드대학교에서 법학박사(JSD)학위를 받았다. 그는 보스톤대학에서 9년간 국제공법 및 법사상사를 가르치면서, 영미법을 철저히 알려고 계속 공부하여 보스톤대학 로스쿨에서 법학박사학위(JD)를 1961년에 받았다.

1961년 하버드 로스쿨에서 중국법과 사회에 관한 세미나를 담당하였다. 1962년 예일대학교에 선임연구원으로 중국어 학습을 하였다. 1963-66년에 사회학자인 부인 전혜성과 '동아시아법과 사회' 를 강의하였다. 이것은 미국에서 동아시아법(East Asian Law and Society)을 연구하고 가르치는 선구적 업적에 속했다.

그런데, 그는 1945년부터 한 해 동안 주한미국 군정부의 외국업무국에 근무한 경력이 있어 1960년에 유엔주재대한민국 특명전권공사로 임명되었다. 그리고 제5회 유엔총회에 한국파견단의 단원이 되어 참석하였다. 5 · 16혁명이 일어나자 이 외교직을 사임하고 학자의 길로 전념하였다.

1961년 예일대학교 로스쿨에서 선임연구원으로 동아시아법에 대한 서적목록을 편찬하였다. 이듬해 1962년에는 뉴욕의 홉스트라대학교에 부교수로 가 있었다. 이어서 1963년부터 3년간 동 대학교의 부교수로 임명되어 정치학과 국제법을 강의하였다. 동시에 예일대학교 로스쿨에서도 '동아시아법과 사회' 세미나를 계속하였다.

1966년 코네티컷 주 주립대학의 정치학교수로 임명되었다. 1967년에는 동 대학교 국제지역연구소 소장이 되었다. 한국과의 관련도 계속 유지하여 1976년에는 한국법학원(Korean Legal Center)의 명예회원이 되었다. 1976년에는 보스톤에서 열린 제3차 국제대학총장협의회의 고문이 되었고, 1978년에는 이란의 테헤란에서 열린 제4차 국제대학총장협의회 고문으로 활동하였다.

사회활동의 면으로 보면 1952년에서 55년까지 보스톤 한인회 설립자인 선배 서두수 씨를 회장으로 모시고 부회장을 거쳐 57년까지 한인회장을 맡았다. 1963년에서 64년까지는 코네티컷 주 뉴헤이븐의 한인회 회장을 맡았다. 동시에 매사추세츠 주 케임브리지의 한국연구소(Korea Institute)의 소장을 역임하였다. 1952년부터 1989년까지 미국 국제법학회 회원이었고, 1960년부터는 미국 정치학회 회원, 1961년부터 아시아연구회 회원, 1962년부터 미국대학교수협의회 회원, 1962년부터 미국 사회학회 회원, 1964년부터 미국 비교법학회 회원으로 활동하였다. 1967년에는 대한민국과 대만 정부의 초청으로 동아시아대학들을 방문하였다. 1970년에 뉴헤이븐의 제일감리교회 장로로 피택되었다. 1971년부터 뉴욕의 콜럼비아대학교의 한국학연구세미나 위원이 되었다. 1975년 대한민국정부의 요청으로 국가통일을 위한 해외교포협의회에서 연설하였다.

저서로 『영국정부론』(1970), 『프랑스정부론』(1971), 『미국평론 1-9』(1972-86), 『미국대통령선거론』(1976), 『어업의 국제적 규제』(*International Regulation of Fisheries*, 1980), 『대륙붕』(*The Continental Shelf*, 1980), 『한국, 중국, 타일랜드 외자도입법』(*Law and Regulations concerning Foreign Investment in the Republic of Korea, Republic of China and Thailand*, 1958) 등이 있다. 1980년 환갑을 맞이하여 축하문집 『승우 고광림박사 회갑기념 수필집』(*Koh Kwang Lim: Essays in Honor of His Hwegap*, 1980)이 간행되었고, 그의 단문들을 모아 필자가 편집한 『동서양의 법문화』(1990)가 있다.

II. 법사상

고광림은 국내외에서의 활동을 배경으로 다양하고 폭넓은 사상을 수립하였다. 그중 법을 중심으로 대표적인 관심사를 고찰해 보기로 한다.

1. 법철학

고광림은 학생시절부터 법철학에 관심을 갖고, 서울법대에서 강의할 때는 켈젠(Hans Kelsen)의 『법과 국가의 일반이론』(*General Theory of Law and State*)을 교재로 하였다. 독일의 라드브루흐(G. Radbruch)의 법철학도 좋아하였다. 하버드에 와서 파운드(Roscoe Pound), 풀러(Lon L. Fuller)와 교분을 쌓았다.

예일로 와서는 맥두걸(Myres McDougal)과 가깝게 지내며, 그의 민주주의와 자유사회의 이념에 대한 영향을 받았다. 동서양의 사상 비교의 저자 노스롭(F. Northrop) 교수와도 자주 만나 대화하였다. 고광림은 법철학의 이론적인 논문을 많이 쓰지는 아니하였지만, 그가 직접 접한 법철학자들의 생애와 법철학을 잘 요약하여 한글로 후배학자와 학생들이 읽도록 하였다. 『동서양의 법문화』에 잘 수록되어 있다.

2. 미국법과 정치

고광림은 미국의 법과 정치의 본질과 변화에 대해 항상 예민한 관심을 갖고, 그것을 한국에 있는 동포들에게 알려주려고 부단히 글을 썼다. 일조각 출판사에서 낸 『미국평론』이 자그만치 9권에 이른다. 그는 미국이 거대하고 다양한, 많은 문제를 안고 있는 사회이면서도 민주주의와 법의 지배(rule of law)를 통하여 세계의 모범국가로 작동해 가고 있는 원리를 설명하려고 하였다. 그러면서도 미국 제도의 운영에서 나오는 문제점을 비판적으로 보는 시각도 잃지 않았다.

3. 한국학과 한국법문화

미국에서 교수생활을 하면서도 고광림의 정신은 한국의 법, 그 정신과 제도를 파악하여 서양학계에 알리려는 생각을 가장 강하게 가졌다. 그는 1952년에 하버드에서 한국연구소(Korean Institute)를 설립하였는데, 이것은 실로 한국학의 초석이라고 할만하다. 1960년대, 1970년대, 그리고 1980년대까지도 미국에서의 한국학 연구의 조망은 고광림의 글을 통하여 가장 잘 알 수 있었다. 한국연구소는 1985년 동암연구소(East Rock Institute)로 개명하고 그 부인 전혜성 박사가 한국과 한민족(Korean Diaspora) 문화 연구, 출판, 컨퍼런스, 교육을 예일대 소재지 뉴 헤이븐에서 계속하고 있다.

4. 동아시아법

한국에 있으면 한국법이 중요하다고 생각되지만, 외국에 나가보면 역시 한국법은 중국, 일본과 함께 동아시아법의 일부라는 사실을 느끼게 된다. 고광림은 이미 1963년부터 예일대학에서 "동아시아법과 사회"(East Asian Law and Society)라는 강좌를 개설하여 강의하였다. 그는 그 때 일본의 법제사가 니이다 노보루 교수의 『중국법제사』를 영어로 번역하기 시작했는데, 타계할 때까지 출판은 이루어지지 못하였다. 전혜성 박사는 남편이 시작한 이 번역을 동암연구소에서 계속 중이다. 아울러 전 박사는 일본문부성 연구비로 1996년부터 1999년까지 18세기 중국, 일본, 조선, 베트남 형법사례의 수집 , 분석, 디지털화 등 남편과 예일 로스쿨에서 선구적으로 시작한 사업을 계속 중이다.

『동서양의 법문화』에는 고광림을 아는 몇 사람의 증언이 그의 회갑기념집(1982)에 실린 것을 번역하여 실려 있다. 유진오, 김상협, 루이스 소온(Louis B. Sohn), 정희철, 서대숙, 김주수, 조성윤, 팽원순, 샤논 맥퀸(Shannon McCune), 박충훈, 이수성, 장명봉, 최종고, 헤롤드 고(Harold Hongju Koh)의 순서로 되어 있는데, 유진오는 처음 후나다 교지 교수 댁에서 만난 얘기, 미국 하버드에서 열심히 공부하는 모습 등을 자세히 적고 이렇게 맺고 있다.

> 이러한 모든 학문적 업적 외에 내가 고 박사에 대해 가장 칭찬하고 싶은 것은 그의 인품이다. 그는 외국에서 그렇게 오랜 세월을 보냈는데도 한국적 유산, 전통, 그리고 정신을 순수하게 손상되지 않게 고스란히 지니고 있었다. 미국에서 단지 몇 개월 지낸 후에 자신들의 한국적 속성을 모두 잊어버린 체하는 사람들이 많음을 볼 때에, 고 박사같이 확고한 소신과 자긍심을 가지고 인생을 살아가는 사람을 볼 수 있다는 것은 매우 기쁜 일이다. 그는 1989년 작고하던 날까지 한국시민권자였다.

고광림은 미국학계에 한국법 내지 한국학의 초석을 놓은 선구자이다. 모든 선구자들이 그러하듯이 이 일은 예나 지금이나 쉬운 일이 아니다. 그럼에도 그는 타고난 능력과 열심, 성의로 기초를 놓았고, 또한 자녀교육에도 정성을 다해 모두 성공적으로 성장시켰다. 40년이 지난 이제 그 뿌린 씨앗이 열매를 거두어 미국에서 지성적으로, 교육적으로 가장 성공한 가정으로 꼽히고 있다. 특히 법학과 관련하여서는 차남 고홍주(Harold Koh), 또 차녀 고경은(Jean Koh Peters)도 예일 로스쿨 석좌교수로서 성공하여 더욱 부친의 업적과 사상이 새로운 빛을 발하게 되었다.

2006년 7월 25일, 중앙일보사가 주최하는 "유민강좌" 에 고홍주 예일대 법대 학장이 초청되어 "법, 인권과 세계화" (Law, Human Rights and Globalization) 란 강연을 하였다. 1000여 명이 운집한 대형강연에서 그는 "인간의 얼굴을 가진 세계화" (humane globalization)가 되기 위하여는 법과 인권, 민주주의가 강조되어야 하며, 이것은 무력과 권력이 아니라 가치에 대한 투철한 참여(commitment)로 가능하다는 확신을 피력하였다. 청중들 특히 젊은 세대에게 큰 감동을 주었는데, 그는 군데군데서 부모로부터 배운 가정교육과 가치관을 강조하여 더욱 큰 인상을 심어주었다. 필자도 경청하면서 고광림의 생애와 사상은 이렇게 시간이 흐를수록 큰 수확을 거두고 있음을 실감하였다.

연보 및 논저

■ 연보

1920. 10. 20	제주에서 출생
1945	경성제국대학 법과대학 , 학사
1945-1946	주한 미국 군정부 외국업무국 직원
1946-1949	서울 사범대학, 서울대학교 법과대학, 대한민국 경찰대학, 단국대학교 법과대학(부교수)에서 교편을 잡음.
1950	New Jersey주 New Brunswick의 Rutgers University, 정치학 석사
1950-1951	New Jersey주, New Brunswick의 Rutgers University, 정치학과 조교
1952	Harvard 법과대학, 법학석사
1953	Rutgers대학, 정치학박사
1955	Harvard 법과대학, 법률학박사
1955	Boston대학 법과대학, 보통법(Common Law) 법학사
1956-1958	New York의 Columbia대학교 법과대학 연구조교, 동아시아와 동남아시아의 제국들에 있어서 외자 투입법에 관한 연구
1958-1959	보스톤 대학교 여름학기 강의
1952-1960	보스톤 대학교 법과대학 강사, 국제공법과 법률학을 가르침.
1958-1960	보스톤 대학교에서 행정학 강의
1960	주미 대한민국 특명전권공사로 이임
1960-1961	제5회 유엔총회의 한국 파견단 단원
1961	Harvard 법과대학, 중국법과 사회 세미나
1961	예일대학교 법과대학의 선임연구원으로 임명됨, 동아시아 법에 대한 서적목록 편찬
1961	주미 대한민국 특명전권공사직 사임
1962	예일대학교, 선임연구원, 중국어 학습
1962	New York, Hempstead의 Horfstra대학교의 교환교수.
1963-1966	예일대학교 법과대학의 법학 교환교수
1966	Connecticut주 New Britain의 센트럴 코네티컷 주립대학(Central Conneticut State College: CCSC) 정치학교수
1967	CCSC 국제지역연구소장, 정치학교수

1975	대한민국 정부의 요청으로 국가통일을 위한 해외교포협의회에서 연설
1976	한국법률연구원의 명예위원
1976	제3차 국제대학총장협의회(Boston, Massachusetts) 고문
1978	제4차 국제대학총장협의회(Tehran, Iran) 고문
1978	일본, 한국, 태국, 인도네시아, 인도에 Central Connecticut State College 총장사절단 단원
1989. 9. 17	미국 뉴헤이븐에서 작고

■ **저서**

『영국정부론』, 일조각, 1970.

『프랑스정부론』, 일조각, 1971.

『미국평론(1)』, 일조각, 1972.

『미국평론(2)』, 일조각, 1973.

『미국평론(3)』, 일조각, 1974.

『미국평론(4)』, 일조각, 1975.

『미국대통령선거론』, 일조각, 1976.

『미국평론(5)』, 일조각, 1978.

『어업의 국제적 규제–특히 북태평양에서의 어업을 중심으로』(*International Regulation of Fisheries with Special Reference to Those in the North Pacific Ocean*), 일조각, 1980.

『대륙붕–국제 법위원회에서 채택된 대륙붕에 관한 협약안에 대한 분석적 연구』(*The Continental Shelf-An Analytical Study of the Draft Articles on the Continental Shelf Adopted by the International Law Commission*), 일조각, 1980.

『미국평론(6)』, 일조각, 1981.

『미국평론(7)』, 일조각, 1982.

『미국평론(8)』, 일조각, 1984.

『미국평론(9)』, 일조각, 1986.

『동서양의 법문화』, 교육과학사, 1990.

서 돈 각

(1920-2004)

⑱ 서돈각 (1920–2004)

무애(無碍) 서돈각(徐燉珏) 박사라면 한국의 상법학자, 법철학자, 대학총장, 평신도 불교 지도자, 학술원 회장 등 여러 이미지를 갖고 있다. 한 인생을 살면서 그만큼 다면적이고 원만한 인격상을 갖추기도 힘들 것이다. 거기에는 그의 투철한 불교적 신앙이 있었기 때문이라 추측된다.

179센티의 훤칠한 키, 80킬로가 넘는 장대한 체구, 부처님의 미소를 연상케 하는 인자한 미남형의 용모, 무애는 외관에서부터 남을 끌어안는 매력을 가진 인물이었다.

필자는 1960년대에 그로부터 서울법대에서 상법강의를 듣고 전공은 상법이 아니지만 법철학을 통해 작고하실 때까지 비교적 가까이서 모실 수 있었다. 지금 스승의 생애와 법사상을 정리하려니 감회에 벅차기도 한다. 마침 김철수 교수, 임홍근 교수와 함께 무애의 추모문집 『부처님과 함께』(법문사, 2006)를 편집하는 일에 참여하여 이를 기초로 정리해 본다.[1]

1 무애의 생애에 대하여는, 임홍근, 「무애 선생의 생애와 학문세계」, 『부처님과 함께: 무애서돈각박사추모문집』, 법문사, 2006, 39-80쪽 참조.

I. 생애

1. 출생과 수학

서돈각은 1920년 11월 3일 대구시 중구 대봉동 20번지에서 서병화(徐炳和)와 김득수(金得壽)의 3남 2녀중 3남으로 태어났다. 집안은 부유했고 부모님의 사랑을 많이 받았다. 어머니는, "내가 직지사에 가서 백일 불공을 드리고 낳은 자식이다. 법당에 계신 부처님께 넙죽 절을 하는 것이 무척 대견스러웠다"라고 말하곤 하였다. 무애도 다섯 살 때부터 부처님을 믿게 되었다고 하였다.

초등학교는 1927년부터 대구공립보통학교에 다녔다. 동창생으로 신현확, 박일경이 있었다. 5학년 때 병을 앓아 1년 휴학하여 그들과 학년이 틀리게 되었다. 1934년에 대구공립고등보통학교에 진학하였는데 이 학교는 1938년에 경북공립중학교로 바뀌었다. 대구고보시절에 영어교사인 이규동 선생으로부터 많은 감화를 받았다. 졸업후 1939년에 대학에 진학하기 위하여 일본의 마츠에(松江)고등학교에 입학하였다. 여기에서는 오오다(太田) 선생으로부터 많은 지도를 받았는데 이에 대해 무애는 이렇게 회고한다.

> …… 1938년에 대구의 경북중학을 졸업하고, 일본의 시마네현 마츠에시(島根縣松江市)의 구제 마츠에(松江)고등학고의 문과 갑류에 입학하였다. 일본은 불교가 성한 나라이기 때문에 불교 공부도 확실히 하고 싶은 생각에서 고등학교의 불교학생회에 입회하여 동호회의 학생들과 절에 참배하고 좌선을 하기도 하고 법어를 듣기도 하였다. 당시 마츠에 고등학교의 불교학생회를 지지하셨던 선생님은 오오다(太田俊行) 선생님이었다. 오오다 선생님은 말수가 적고 무뚝뚝하셨지만 오오다 선생님은 철학과 윤리학을 가르치는 교수로서, 나는 열심히 선생님의 철학강의를 들었다. 선생님은 강의시간에 불교철학의 이야기를 해 주셨는데, 불교학생회에서 『정법안장수문기』(正法眼藏隋聞記)의 특강을 해 주셨다. 그리하여 나는 오오다 선생님을 선종(禪宗)의 신자일거라고 생각하고 있었다. 고등학교 3학년 때 오오다 선생님

> 은 "서군 경도제국대학에 들어가면 불교관계의 훌륭한 선생님을 소개해 줄 수 있어요"라고 말씀하셨다. 그 후 나는 경도제국대학의 법학부에 진할할 결심을 하고, 오오다 선생님께 선생님께서 말씀하신 경도대학의 불교관계의 선생님을 소개해 주시기를 원한다고 말씀을 드렸다. 그러자 오오다 선생님은 경도대학 근처의 구마노(熊野)에 있는 츠네무라의원(恒村醫院)의 츠네무라나츠야마 원장선생님이 과학자이면서, 정토종(淨土宗)의 신앙에 조예가 깊은 분이기 때문에 꼭 방문하여 지도를 받으라고 소개장을 써 주셨다. ……[2]

마츠에를 졸업하고 교토제국대학 법학부에 입학하였다. 거기에는 1년 선배로 황환진 전 대법관, 장경학 교수, 전신용 전 행장 등이 공부하고 있었다. 이들은 후일에도 무애와 각별한 교분을 나누며 살았다. 교토대학시절에 학문적으로 영향을 준 교수는 가토 신뻬이(加藤新平)라는 법철학교수였다. 이로 인해 무애는 상법학자이면서도 법철학에 관심을 갖게 되었다.

1944년 1월에 일본군에 징집되어 오사카 부근의 야포부대에 입대하였다. 훈련을 마치고 중국전선에 배속되어 기마부대에서 근무하였다. 이 부대에는 학병으로 끌려온 한국인 학생 김증한(서울법대 교수)이 있었다.

1945년 8월 해방과 함께 무애도 사선을 넘어 고향에 돌아왔다. 무사환국을 부처님의 자비라고 무애는 평생 감사했다. 다시 일본으로 가 졸업을 할 것인지 고민하다가 부친의 권유로 새로 시작한 경성대학에 편입하였다. 경성대학 법문학부 법학과에서 공부하여 1946년 7월에 졸업하였다.

2. 학자에의 길

1949년 2월에 서울법대 조교로 임명되었는데, 김도창, 김영주, 김홍수, 유경린, 이경식 등이 함께 임명된 조교들이었다. 조교로 임명되기까지는 대구에 내

2 위의 글, 42-43쪽.

려가 생업을 찾아 고생하였다. 대구 대륜중학교에서 영어선생을 하기도 하였다.

1949년 11월 1일 서울법대에 전임강사로 발령받았다. 당시 학장은 고병국 교수였는데, 이런 인연으로 고 학장에게 평생 감사하였다. 아침부터 밤늦게까지 연구실에 나와 전념하였다. 1950년 5월 12일에 서울대학교 대학원에서 법학석사학위를 받았다. 전쟁이 터지자 한강다리를 건너지 못해 서울에 숨어 있다 신변에 위험을 느껴 경기도 양평으로 옮겨 역사의 격랑을 피하였다.

1953년 환도 이후 미국 법률가 스토리(Robert Storey) 학장이 내한하여 영국법강의를 실시하였다. 무애는 그의 추천으로 1955년 9월에 Southern Methodist대학교에 1년간 유학할 기회를 얻었다. 여기에서 배운 상법학 지식은 후일 우리나라 상법전의 제정과 상법학의 건설에 기초가 되었다. 1955년부터는 경희대학교 법과대학에도 강사로 출강하였고, 1960년부터는 국민대학 교수와 교무처장을 겸직하기도 하였다. 당시는 교수의 봉급이 열악하여 정부도 다른 대학의 겸직을 묵인하고 있었다.

1961년 5월 군사혁명이 일어나자 무애는 최고회의 자문위원으로 임명되었다. 군사정부는 상법전의 제정을 서두르면서 무애는 주도적 역할을 맡았다. 1년 만에 제정된 상법전의 해설자로서 집필과 강연으로 바쁜 생활을 보냈다. 이런 중에 그는 경희대학교에서 「신주식회사법의 기본문제」라는 논문으로 제1호 박사학위를 받았다.

1967년에 서울법대에서 상법강의를 듣고 후일 인하대학교의 상법교수가 된 윤보옥은 이렇게 스승을 회고한다.

> 내가 무애 선생님을 처음 뵙게 된 것은 대학시절 상법 I(상법총칙, 상행위법) 강좌를 수강할 때였다. 그 때 중간고사 제도가 처음 시행된 것으로 기억되는데 학생들의 반대가 심하였다. 그런데 중간고사시간에 교수님이 들어오셔서 칠판에 "상업등기에 공신력이 있는가?" 라는 문제를 적으셨다. 학생들이 중간고사 보지 말자고 떠들었으나 교수님께서 "공신력이 있으면 있다 없으면 없다" 고 적으면 될 것 아닌가 하고 웃으시면서 나가셨다. 그 다음 학기 상법 II(회사법) 강좌도 들었다. 학부시절 특

별히 교수님을 찾아뵙거나 상의 드린 일이 없지만 학점도 잘 주시고 또 풍기는 중후한 인격에 의지하여 대학원에서 상법을 택하게 되었다.[3]

3. 교육행정의 책임

1968년에는 서울대학교 학생처장직을 맡아 6개월간 수행하였다. 이어서 서울대학교 사법대학원장직을 1년간 재임하였다. 1970년 3월 2일부터 서울대학교 법과대학 학장에 임명되어 1972년 5월 24일까지 맡으셨다. 이 무렵 동국대학교로부터 총장 교섭을 받아 고민하였다. 24년간 봉직한 서울법대를 떠나기가 쉽지 않았다. 1972년 5월 31일 동국대학교 총장 취임식을 가졌다.[4] 그는 법대 제자 박양식을 비서로 채용해 동국대의 발전을 위해 노력하였다. 그러나 사립대학의 생리는 국립과 달랐고 갈등과 대립이 적지않았다. 2년 만에 총장직을 사임하였는데, 아마 무애의 생애 최초의 좌절이었을 것이라고 임홍근은 적고 있다.[5]

그 후 국민대학교 교수로 부임하여 법학연구소 소장을 맡으며 연구생활을 계속하였다. 그러던 중 1979년 2월에 경북대학교 총장으로 임명되었다. 제8대 경북대 총장으로 1981년 3월까지 3년간 재임하였다. 다시 국민대학교로 돌아와 1986년 2월 28일 정년을 맞았다. 정년기념 논문집 『상사법논집』이 제자들에 의해 헌증되었다.

정년 후에는 경희대학교 명예교수, 동국대학교 명예교수, 그리고 서울대학교에도 법이 바뀌어 명예교수가 되었다.

---

3 윤보옥, 「무애 선생과 나」, 『부처님과 함께』, 법문사, 2006, 202-203쪽.

4 총장 취임식사는, 『부처님과 함께』, 2006, 48-54쪽, 그리고 356-362쪽.

5 임홍근, 앞의 글, 55쪽.

4. 사회봉사

무애는 많은 사회활동을 하였다. 국제법률가협회장(1967.12-1969.12), 한국법학원 부원장(1968.1-1971.4), 한국공인회계사회 부회장(1970.4-1971.4), 한국법학교수회 회장(1970.5-1979.9)을 역임하였다. 이 무렵 법학교육의 개선을 위하여 교수들로 하여금 연구케 하여 『한국의 법학교육』(서울대 출판부)이라는 연구서를 내어, 법대를 5년제로 하고 사법학과, 공법학과, 기업법학과로 나누자는 제안을 하였다.

이어서 한국상사법학회 회장(1971.8-1979.3)을 역임하였다. 한국해법학회 회장(1978.8-1989.2), 법 및 사회철학회(IVR) 한국학회 회장(1983.2-1990)을 역임하였다. 1988년 8월 26일에 대한민국 학술원 회장에 피선되어 1992년 8월 25일까지 재임하였다. 1992년 12월 11일부터 재단법인 불교진흥원 이사장에 취임하여 2004년 8월 작고하실 때까지 재임하셨다.

1993년부터는 직접 출연하여 무애문화재단을 설립하였다. IMF 환란으로 금리가 폭락하기 전에는 매년 대학생 4,5명과 고교생 20명에게 장학금을 수여하였다. 지금도 숫자는 줄었으나 계속하고 있고, 정토학회에 연구비를 지원하고 있다.

만년에 건강이 쇠잔하여 경희대병원 등에서 가료하다 2004년 8월 24일 선종하였다. 장례식은 동국대학교 교정에서 거행되었는데, 불교계와 학계의 많은 인사들이 참석하였다. 조계종 총무원장 법장(法長) 스님은 다음과 같은 조사를 읊었다.

> 산과 물과 드높은 대지(大地)는 환상 속의 꽃이요
> 우주 삼라만상도 환상 속의 꽃입니다.
>
> 무애거사님이시여!
> 환화(幻花)와 같은 세상 일찍이 읽으시고

무엇에 걸림이 없는 삶을 여여(如如)히 걸어오시더니,
금일 또한 걸림이 없이 가시나이까?

참으로 아름답습니다.
가시는 모습이 티없이 텅 빈 모습으로 떠나서는 거사님.

본연의 모습으로 왔다가
자연의 자리로 소리 없이 가시는
영명(靈明)만이 세석에 남아있는 우리를 슬프게 할 뿐입니다.

더욱이 우리 불자들은 거사님께서 평생
우리 불교에 힘 기울여 주신 그 은혜에 감사하는 만큼
슬픔을 더 하고 있습니다.

서울대학교 법대의 교수 시절에
대학생 불교연합회를 이끌어 설립하시고,
젊은 학생 불자들로 하여금
부처님의 곁으로 가까이 다가설 수 있도록 인도하시어
신심을 북돋아 주셨던 일들은
영원히 우리의 기억 속에 살아있을 것입니다.

뿐만 아니라 출타시에나 집안에 계신 때라도
조석(朝夕)예불을 평생 올리셨던 견고하신 신심은
승속을 떠나 귀감이셨고,
종립(宗立) 동국대학교의 총장을 역임하시며
건학이념을 드높혀 주신 탁월하신 역량에
모든 불자들은 가슴 속 깊이 감사를 드리고 있습니다.

또한 대한불교진흥원 이사장을 맡아
불교방송의 설립과 운영에 지대한 역할을 하심으로써
온 세상에 원음(圓音)을 전파할 수 있게 한 그 공로는
후세에까지 길이 빛날 것입니다.

이렇게 무애거사님께서 불교에 남기신 족적이
너무 크고 아름답게 각인되어서
우리 불자들은 목이 메이는 것입니다.

생(生)과 사(死)가 둘이 아님을 익히 잘 알고계시는 거사님,
우리의 곁으로 다시 한번 나투시어
한국불교의 참모습을 새롭게 정립하여 주시옵소서.

그럼으로써 우리 불교는 물론
인류사회에 찌든 때를 상쾌하게 벗겨내 주시는
청량한 바람이 되시어서
불멸의 진위(眞僞)를 확인케 하소서.

남산수무색(南山樹無色)하고
한강수역류(漢江水逆流)하며
남산의 나무들은 그 빛을 잃고
한강의 물은 거꾸로 흐르며
가는 님을 그리워합니다.
(불기 2548년 8월 27일)

추모문집 『부처님과 함께』(2006)에는 한국불교 태고종 총무원장 운산(雲山) 스님, 대한불교 천태종 총무원장 전덕운 스님, 대한불교 관음종 총무원장 홍파

(泓波) 스님, 동국대학교 선학과 교수 보광(普光) 스님, 동국대학교 전 총장 송석구 교수의 글들이 실려 무애의 불교사상을 조명하고 있다.

II. 법사상

1. 상법학

무애는 한국 상법학계의 대표적 학자로서 그의 교과서는 한국 법학도들에게 널리 읽혀졌다.

무애는 상법학의 대부로서 동료, 후배학자들과의 유대도 돈독히 하였다. 그는 손주찬, 이범찬, 박길준 등의 회갑 및 고희논문집에 하서문을 써주기도 하였다.

2. 법철학

무애는 대학에서 상법학을 가르쳤지 법철학을 담당하지는 아니하였다. 일본에도 다나카 고타로(田中耕太郎)처럼 상법학자가 법철학에 관심을 많이 기울였는데 라드브루흐(Gustav Radbruch)의 상대주의 법철학에 관심을 많이 기울였다.

무애는 법철학의 이론을 정립하려는 '욕심' 은 가지지 않았다. 그것도 불교적 무소욕의 사상이라 할지 모르겠다. 대신 외국의 좋은 법학서를 번역하여 한국의 법학도들에게 많이 읽히려고 하였다. 그는 일찍이 1954년 9월에 비노그라도프(Paul Vinogradoff)의 『법에서의 상식』(*Common Sense in Law*)을 번역 출간하였고, 1958년에는 존 우(John C.H. Wu)의 『정의의 원천』(*The Fountain of Justice*), 라드브루흐의 『법철학입문』(*Vorschule der Rechtsphilosophie*)과 1959년에는 『영미법의 정신』(*Der Geist des Englischen Rechts*)을 손주찬과 공역하였다. 1962년에는 파운드(Roscoe Pound)의 『법에 의한 정의』(*Justice according to Law*), 페터슨(Edwin W. Peterson)의 『법철학』

(*Jurisprudence*)을 공역하였다. 1966년에는 에이브라함(Henry Abraham)의 『미국의 재판제도』(*The Judicial Process*)로, 1974년에는 판즈워스(E. Allen Farnsworth)의 『미국법개론』(*An Introduction to the Legal System of the United States*)을 공역으로 출간하였다. 또한 존 우(John Wu)의 『선학의 황금시대』(*The Golden Age of Zen*)도 번역하였다. 이러한 번역서들을 통하여 한국의 법학도와 법률가들은 세계의 법학과 법제도와 법사상을 공부하고 '세계화'의 길을 갈 수 있었다.

역시 무애의 법철학은 불교적 법철학이라 하겠다. 그는 「불교정신과 법률정신」이란 글에서 이렇게 말한다.

> 그러므로 고차원의 세계에서 불교와 법률은 그 출발점이 일치를 보는 것인데, 이러한 고차원의 세계를 필요로 하게 되는 것은 그 존재의 차원을 달리하고 있는 데 있을 것 같다.
>
> 불교정신은 너무 광활하여 간단하게 말하기는 어렵지만, 「상구보리(上求菩提)하고 하화중생(下化衆生)」하는 데 있다고 한다. 불도를 구하는 열렬한 구도자인 보살은 인간이면서 불(佛)이요 자기수행에 이익, 성불에도 필요한 이타행인 것이다. 우리 인생이 보살의 도에 도달하면 해탈 열반의 체험심경에 이르게 되고, 이 세상 그대로가 마치 쟁초과 같이 화할 것이다.
>
> 이 세계 이 현실생존에 대하여 한번은 그 가치를 부정한 불교도 맹렬히 일어나서 다시 이 실인생에 뛰어들어 근저에서부터 세계와 인생을 개조하는 데에 불교정신은 현실생활에 빛 잃은 사람에게 의지가 된다고 할 것이다.
>
> 이렇게 본다면 법률정신이 추구하는 사회정의의 구현이라는 것과 그 길이 같은 것이 아닌가! 본래가 법률이란 사회의 필요지악으로서 인생의 무한한 이기심을 억제한다는 데서 그 존재의 가치가 인정되지만 법률정신이 참으로 갈구하는 세계는 역시 법률이 필요하지 않는 세계일 것이다. 이것은 지상에서 인간의 삶이 영속하는 한 영원토록 이상에 불과할 테지만, 그러한 이상에 접근토록 자기 수양의 길을 정각(正覺)하는데 불교정신은 큰 빛이 되어야 할 것이다. 그런 의미에서 불교는 인격적

종교인 동시에 사회적 종교이다.

우리 인생생활에 있어서 문화의 여러 가지 분야를 구의적으로 볼 때 결국 이 세상의 고뇌를 극복하고 이 세상을 낙토로 만들자고 하는 움직임일 것이다.

진 선 미를 추구하고 창조하려는 학문이나 도덕이나 예술은 인생을 풍부히 하고 깊게 하고 높게 하는 데는 없어서는 안될 중요한 것이기는 하다. 그러나 그러한 모든 분야에 있어서 실현되는 가치라든가 이상에는 제한이 있고 거기에는 한도가 있다. 법률이 또한 여기서 제외되는 것이 아니다. 법률정신이 목표로 하는 사회정의의 실현이나 복지사회의 건설에는 자연히 한도가 따르게 된다. 이러한 한도를 극복하려면 불교정신의 발현이 있어야 하고, 이 세계와 인생을 참으로 근본적으로 개조해서 참으로 이 세상에 평화와 복지를 가져 오려면 먼저 불교적인, 다시 열반적인 마음의 개조, 이것이 절대적으로 필요한 것이다. 그러므로 불교와 법률이 출발에 있어서 외관상 다르게 보인 것도 궁극적으로는 합일되었으며, 그 존재의 차원이 다름에도 불구하고 그 추구하는 것은 어떻게 인생의 삶에 평화와 복지를 가져다 줄 것인가에 다 같이 귀일하고 있다.

오늘날 사회질서의 불신이 횡행하여 법률정신이 학대를 받는 시대처럼 우리 불교의 정신, 즉 자기 자신의 불도를 구하기도 하지만, 그것을 자체가 그대로 일반임을 바르게 살리는 것과 같은 도를 구하는 행동철학이 요구되는 것은 없을 것이다. 도덕적 선에의 수양철학적 진리의 탐구, 예술적인 미의 창조 그 어느 것이나, 그 최후에는 종교적 가치에까지 통일되어야 비로소 인생에 있어서의 의미와 존재이유를 가지게 된다면, 보살에의 길, 부처님의 길은 참으로 우리 인간의 가장 깊은 내면적 동경이요 절대 구경의 자유, 해방통일, 광명을 소구하는 유일 지성의 희망이요 염원이 아닐 수 없다.[6]

1982년에 『법률신문』에서 재산상속 문제에 대해 각 종교의 철학을 묻는 특집을 기획하였다. 불교에서는 무애, 유교에서는 기세훈, 기독교에서는 필자가

6 서돈각, 「불교정신과 법률정신」, 『부처님과 함께』, 2006, 273-275쪽.

집필자가 되었다. 무애는 「물재상속의 부인」이란 제목으로 이렇게 적었다.

상속이란 역사적 발전에 따라서 그 모습을 달리하여 제사상속(祭祀相續), 신분상속(身分相續), 재산상속(財産相續)으로 옮겨져 왔으나, 어느 것이나 가족제도를 전제로 하여 친족적, 혈연적 관계에서 가장의 지위라든가 죽은 사람의 재산을 승계하는 것이다. 우리나라의 법제상에서는 신분상속에 속하는 호주상속(戶主相續)과 재산상속의 두 가지가 인정되고 있으나, 사실에 있어서는 근대적 사유재산제도의 발전에 따라서 오히려 재산상속이 그 중심으로 되어 있으므로 여러 가지의 복잡한 문제를 발생시키고 있다. 원래 가족중심의 사회에서 그 가족의 전통을 승계한다는 정신적인 면이 강조되어야 할 것으로 생각되는 것이나, 지금은 그보다도 죽은 사람의 재산의 재분배를 어떻게 하느냐에 치중하고 있는 것이 현실이다. 따라서 이러한 문제와 관련하여 모든 종교는 나름대로의 입장에서 상속을 설명하고 있겠는데, 불교의 입장에서는 이것을 어떻게 풀이할 것인가? 불교도이든 아니든 간에 사람들은 흔히 '空手來 空手去' 라는 말을 입에 올린다. 그래서 자신의 공허감을 달래기도 하고 한편 인생무상을 절감하기도 한다. 불교에서는 모든 것은 인연에 따라 생멸(生滅)하는 것으로 자기의 업연(業緣)에 따라 오늘이 있는 것이고 내일은 인연에 따라 이루어지는 것인데, 무엇에 탐착(貪着)하리요, 오늘의 선인(善因)을 이루는 데는 물재(物財)와 법재(法財)만을 가족관계에 관련하여 탐착해선 안 된다고 강조한다. 오여래송(五如來頌) 중에서 다보여래(多寶如來)는 '물재에 탐착하는 마음을 깨뜨리고 법재를 갖추어야 한다' (破材堅實 法財具足)고 하셨으니, 물재상속은 버려야 하는 것이고, 정신적인 보배인 법재만이 상속되어야 하며, 이 전법상속(傳法相續)은 무량억겁(無量億劫)으로 계속되어야 하는 것이다. 금강탑타라니문수게(金剛塔陀羅尼文殊偈)에서는 '잠깐 동안 관심(觀心)하는 것이 많는 보배탑을 세우는 것보다 좋다. 왜냐하면 보배탑은 마침내 티끌로 무너지는 것이다. 한마음 깨끗한 관심은 올바른 길을 깨닫게 되기 때문이다.' (若人靜坐一須臾勝造恒沙七寶塔 寶塔畢竟化爲塵 一念淨心正覺)라고 하셨고, 신라의 부설거사(浮雪居士)의 사부시(四浮詩) 속에도 '처자권속이 즐비하고, 금은보배를 아무리 많이 쌓았더라도 임종 시의 고혼은 모든 것을 버리고 혼자서 떠나는 것이니, 곰곰이 생각하니 허무하여 뜬구름과 같다'(妻子眷屬森如竹 金銀玉白積似坵 臨終獨自孤魂逝 思量也是虛浮浮)라고 하였다. 즉 불교정신은 모든 물질적인 것을 뜬 구름 같이 허황된 것으로 보고, 이것은 일신과 더불어 사라지는 것이므로 자기의 마음을 닦아서 동요함이 없이 부처님의 길을 따라야 한다고 보는 것이다. 그래서 상속이란 성도 가족 공동생활 그 자체의 경제적 기초를 확립하기 위하여 가족 중의 한 사람이 사망한 때에 그 재산을 공평하게 다시 분배하는 것으로 생각하는 것이다.

그러나 그 재산의 소유에는 사회의 기여가 많은 것이고, 특히 사유재산의 유지에는 국가, 사회의 보호가 절대적인 것이다. 따라서 사람이 죽은 뒤 그 재산을 분배하는 데 있었서도 국가의 관여에 의하여 그 일부는 국가 사회에 환원되어야 하는 것이다. 상속세의 세율이 높다는 것도 이러한 일면을 나타내는 것이다. 더욱이 유럽이나 미국에 있어서는 그 사유재산을 평시에도 공익사업에 희사하여 사회사업을 많이 하고, 또 유언에 의하여 공익사업에 증여하는 경우가 많은데, 이것도 내 것이라 하여 가족에게 분배하는 것이 아니고 사회에 환원하는 것으로 이해할 수 있겠다. 불교에서는 희사를 보시(布施)라고 하는데, 보시야말로 불교 수도에 있어서 육바라밀(六波羅蜜)의 첫째로 꼽는 것으로, 그 근본에는 그가 가지고 있는 재물은 결코 자기의 것이 아니라는 생각이 작용되고 있는 것이다. 이와 같이 허황된 재물에 탐착하지 않는 것을 기본태도로 견지하기 때문에 불교에서는 물재의 상속은 전혀 무시되게 되며 오로지 진리의 가르침을 이어 가는 전법상속만을 인정, 존중하는 것이다.[7]

3. 불교사상

무애는 평소 "만초손(瞞招損)이요 겸수익(謙受益)이란 말을 좋아했다.[8] 속임수는 손해를 부르고 겸손은 이익을 더한다는 뜻이다. 그는 항상 겸손의 덕을 보여주었다. "덕생어비퇴"(德生於卑退)라 했듯이 항상 "감사합니다", "잘 부탁합

7 서돈각, 「재물상속의 부인」, 『부처님과 함께』, 법문사, 305-307쪽.
8 임홍근, 앞의 글, 56쪽.

니다" 고 했다.

무애는 1989년부터 12년 이상 불교진흥원 이사장으로 재임하면서 불교의 대중화에 힘을 기울였으며, 불교에서도 어떤 철학적 이론이나 사상을 추구하지 않았다. 그는 불교적 생활을 실천하려 하였다. 그는 이렇게 말한다.

나는 어릴 때 할머님을 따라 절에 다녔던 것이 불연(佛緣)이 되어서 항상 부처님만이 나의 마음의 의지이다. 어릴때에도 소꿉장난과 같이 나의 방에는 자그마한 불단이 있었다. 지금은 나의 서재에 좀 근사한 불단이 마련되어 있다. 아침에 일어나면 세수하고는 불단에 향촉을 밝히고 예불 후 짧은 시간이나마 정좌하여 마음을 가다듬어 자신이 불재자임을 명심하는 것이 나의 첫 일과이다.

그러나 출근하여 일반 사회생활에 들어가면 다른 만속인과 다름없이 끽연도 하고 음주도 하고 남과 말다툼하는 일도 있다. 일상 평탄한 때에는 부처에 관하여 별다른 생각 없이 그냥 지내는 것이나 무엇 뜻대로 되지 아니하는 일이 있을 때, 마음이 괴로울 때에는 잊었던 부처를 속사 중에도 마음 속으로 찾고 자기생활을 반성하게 된다. 왜 상시 마음 속에 부처와 같이 있지 못하는지 답답하다. 그러나 날이 갈수록 부처와 같이 있는 시간이 많아지는 것 같이 느끼기도 하나 역시 자위하고자 하는 심정에서 나오는 것이리라.

과거에는 경전도 읽고 그 속에 있는 한 구절 등에 무한한 감동을 느끼어 그것만을 골똘히 생각해 본 일도 있으나 근래에 와서는 전공분야의 과업에 쫓기어 새로 읽은 경전도 별로 없다. 다만 탐(貪), 진(瞋), 치(癡)의 삼독(三毒)만은 제거하도록 정진하는 것이 나의 수행을 위한 첫걸음이라고 생각을 하나 이 삼독의 제거야말로 얼마나 어려운 것인지 모른다. 이생(一生)에서는 이를 위한 정진만이 전부가 될지 모르겠다. 나는 어느곳에서나 불전을 보면 합장 예불한다. 불교신자 아닌 벗들은 예불하는 나를 신기하게 보기도 하고 경탄한다. 다소 불연이 있는 신도이면서도 불전 앞에서 구경만 하고 합장도 하지 않는 사람을 간혹 본다. 혹, 친지들로부터 보수적 종교를 가진 것 같이 여겨질까 두려워 하는 것일까. 불교도 단순한 철학이 아니며 종교이다. 종교라면 신앙이 앞서야 한다. 그렇다면 어느 때든 부처에 예할 줄 알아야 하지 않을까? 나는 불교학자도 아니고 수도가 된 사람도 아니다. 대학에서 생활하는 탓인지 항상 젊은 사람들을 좋아한다. 특히 인생을 사색하는 대학생, 그 사색을 불교에 돌려 구도하는 이를 대할 때 마음 속에서 서로 통하는 따뜻함을 느낀다.[9]

4. 교육행정

무애는 대학의 학장, 총장을 두루 경험하여 교육행정에 정통했다. 그의 총장 취임사들을 보면 그의 교육관을 여실히 알 수 있다.

필자는 2004년 여름, 무애의 부음을 유럽에서 돌아오는 비행기 위에서의 한국신문을 통해서 들었다. 바로 다음날 동국대학교 교정에서 거행된 장례식에 참석하였다. 조계종 총무원장을 비롯한 불교계 인사들과 손주찬, 이범찬 교수의 조사가 있었다. 나는 스승의 영결에 조시를 하나씩 쓰는데, 무애의 경우에는 그럴 여유가 없었다. 이제 그의 생애를 정리하면서 늦게나마 한 편의 시로 바치고자 한다.

거침없는 삶

무애, 거침없는 삶
선생님은 평생 그 길을 가셨다.

상법학자로 법철학자로
법대학장으로 대학총장으로

대한민국 학술원 회장으로

---

9 서돈각, 「재가불교」, 『대한불교』 46호, 1964.1.1일자.

불교 진흥원장으로

세속의 타이틀은 모두
거침없이 가는 길의 표지일뿐

상구보리 하화중생
법을 실천하면서 그 길을 가셨다.

아, 눈보라치는 에딘버러의 밤
그런 악천후를 개의치않고 가시듯

선생은 한 세상 거침없이 건느시고
어느새 영겁의 길을 차비하고 계시다.

부처님의 후광처럼 빛난 그 얼굴
후학들에게 음덕으로 내려 비추소서.
(2006. 6. 6)

연보 및 논저

■ 연보

1920. 11. 3	대구 출생
1927-1934	대구공립보통학교 재학
1934-1939	대구공립고등보통학교 재학
1939-1942	일본 마츠에 고등학교 문과 갑류 재학
1942-1945	일본 경도제국대학 법학부 법학과 재학
1946. 7. 3	경성대학 법문학부 법학과 졸업, 법학사 학위 취득
1950. 5. 12	서울 대학교 대학원에서 법학석사 학위 취득
1956. 5. 30	미국 Souther Methodist University에서 LL.M. 학위 취득
1965. 5. 18	경희대학교에서 법학박사 학위 취득
1949. 12. 1-1972. 5. 24	서울대학교 법과대학 전임강사, 조교수, 부교수, 교수 재직
1955. 3. 1-1972. 5. 24	경희대학교 법과대학 강사
1960. 3. 1-1962. 2. 28	국민대학 교수 및 교무처장
1966. 5. 3-1969. 5. 2	한국보험학회장
1967. 12. 22-1969. 12. 24	국제법률가협회장
1968. 1. 30-1971. 4. 15	한국법학원 부원장
1968. 8. 30-1969. 3. 6	서울대학교 학생처장
1969. 3. 6-1970. 3. 2	서울대학교 사법대학원장
1970. 3. 2-1972. 5. 24	서울대학교 법과대학장
1970. 5. 16-1979. 9. 20	한국법학교수회장
1971. 8. 29-1979. 3. 24	한국형사법학회장
1972. 5. 25-1974. 6. 19	동국대학교 총장
1972. 5. 25-1974. 8. 31	동국대학교 대학원 교수
1974. 2. 15	서울변호사회 명예회원으로 됨
1974. 9. 1-1979. 2. 20	국민대학교 교수
1975. 1. 1-1979. 2. 20	국민대학부설 대학연구소 소장
1979. 2. 21-1981. 3. 6	경북대학교 총장
1981. 9. 1-1986. 2. 28	국민대학교 교수
1983. 2. 20-1990	법 및 사회철학회 한국학회 회장

1985. 3. 1	동국대학교 명예교수
1986. 3. 1	경희대학교 법과대학 명예교수
1988. 8-1992. 8	대한민국학술원 회장
1989. 2-2004. 8	재단법인 대한불교진흥원 이사
1989. 2-2004. 8	한국해법학회 명예회장
1990. 4-2004. 8	불교방송재단 이사
1991. 5	국민훈장 무궁화장
1992. 12-2004. 8	대한불교진흥원 이사장
2004. 8. 24	서울에서 작고

■ 논저

『상법[총론, 회사법]』, 1953.

『상행위』, 1954.

『유가증권법(상), (하)』, 1954-56.

『상법개론』, 1961.

『상법연구』 제1권, 1962.

『신상법』, 1962.

『상법강의』, 1963.

『주해어음법 수표법』, 1981.

『개정상법요론』, 1984.

『제4전정 상법강의(상)』(공저), 법문사, 1996.

『제4전정 상법강의(하)』(공저), 법문사, 1999.

『제4전정 개정상법요론』(공저), 법문사, 1999.

■ 번역서

『법에 있어서의 상식』, *Common Sense in Law*(Paul Vinogradoff), 합동도서(주), 1954.

『정의의 원천-자연법연구』, *Fountain of Justice*(John C. H. Wu), 박영사, 1958.

『법철학입문』, *Vorschule der Rechtsphilosophie*(Gustav Radbruch)(공저), 범조사, 1958.

『영미법의 정신』, *Der Geist des englischen Rechts*(Gustav Radbruch)(공저), 박영사, 1959.

『법에 의한 정의』, *Justice according to Law*(Roscoe Pound), 법문사, 1962.

『법철학』, *Jurisprudence*(Edwin W. Patterson)(공저), 을유문화사, 1963.

『미국의 재판제도』, *The Judicial Process*(Henry J. Abraham), 법문사, 1966.

『미국법개론』, *An Introduction to the Legal System of the United States*(E. Allan Farnsworth)(공역), 법문사, 1974.

『법학개론』, *Common Sense in Law*(Paul Vinogradoff), 육법사, 1976.

『선학의 황금시대』, *The Golden Age of Zen*(John C. H. Wu)(공역), 삼일당, 1978.

『법철학 입문』-제3판, *Vorschule der Rechtsphilosophie*(Gustav Radbruch), 육법사, 1982.

■ 주요논문

「무액면주식(Non-Par Stock) 제도」, 『법대학보』(서울대학교) 창간호, 1954. 6.

「미국주식회사법상의 사실상의 회사」, 『법정』 제12권 제12호, 1957. 12.

「책임보험의 발달과 민사책임」, 『보험월보』 창간호, 1959. 3.

「미국상사판례의 비교법적 고찰」, *Justice* 제3권 제1호, 1959. 7

「미국회사법에서의 ultravires 이론」, 『법학』(서울대학교) 제1권 제1호, 1959. 7.

「상환주식제도」, 『법조』 제9권 제1호, 1960. 1.

「취체설립제도」, 『국민대학보』 제10집, 1960. 9.

「사채권자단체를 인정할 필요성」, 『법정』 제16권 제3호, 1961. 3.

「법인 아닌 재단의 당사자능력과 어음행위독립의 원칙」, 『법학』(서울대학교) 제3권 제1호, 1961. 7.

「주식의 할인행위」, 『법정』 제17권 제1호, 1962. 1.

「수권자본제도」, 『법정』 제17권 제2호, 1962. 2.

「위법배당과 이사의 책임」, 『법학』(서울대학교) 제4권 제2호, 1962. 12.

「미국상업증권법」, 『법학』(서울대학교) 제6권 제2호, 1964. 12.

「주식의 자유양도성과 양도증서제도」, 『신주식회사법의 기본문제』, 1965. 2.

「이사회와 이사 · 대표이사」, 『신주식회사법의 기본문제』, 1965. 2.

「이사의 제3자에 대한 책임」, 『신주식회사법의 기본문제』, 1965. 2.

「신주인수권의 연구」, 『서울대학교 논문집』 인문 · 사회과학 제12집, 1966. 10.

「주식회사회계에서의 충당금」, 『법학』(서울대학교) 제9권 제2호, 1967. 12.

「책임보험계약에 관한 약간의 문제」, 『혜남 고병국박사 환역기념 논문집』, 1969. 2.

「주식회사의 감사제도에 관한 기본문제」, 『연세대학교 사회과학논집』 제5집, 1972. 9.

「해상기업자의 책임제도에 관한 입법론적 고찰」, 『동국대학교 논문집』 제11집, 1973.

「공해로부터의 자유」, 『법과 환경』, 한국법학교수회 편, 1974. 5.

「한국상법상의 외국투자기업」, *Justice* 제13권 제1호, 1975. 2.

「환경문제와 그 법적 접근」, 『법과 환경』, 한국법학교수회 편, 1976. 2.
「자동차손해배상보장법상의 피해자의 직접청구권에 관한 약간의 문제」, 『유민 홍진기 화갑기념논문집』, 1977. 4.
「현행주식회사법제에 관한 문제점과 상법개정의 방향」, 『법무자문위원논설집』 제1집, 1978. 12.
「주식회사의 감사제도에 관한 약간의 문제」, 『전신용선생 화갑기념논문집』, 1980. 3.
「상법개정시안에서의 「주주 등에 대한 이익공여 금지」에 관한 규정의 문제점」, 『관봉 한석동박사 고희기념논총』, 1982. 11.
「상법개정시안에서의 기업의 사회적 책임과 관련하는 규정에 관한 고찰」, 『법정논총』 국민대학교 법학연구소간 제5집, 1983. 2.
「상법개정시안에서의 주식양도에 관한 몇 가지 문제」, 『법정논총』, 국민대학교 법학연구소 및 사회과학연구소간 제6집, 지제 이세구교수화갑기념, 1984. 2.
「회사임원의 책임과 보험」, 춘강 손주찬박사 화갑기념, 『현대보험법의 제문제』, 한국보험학회간, 1984. 3.
「신주인수권부사채의 특수성(개정상법에서의 문제점)」, 『법정논총』, 국민대학교 법학연구소 및 사회과학연구소 간, 제8집, 1986. 2.
「상법전제정 30년과 한국상법의 방향」, 『상사법연구』 제10집, 1992.

박 관 숙

(1921-1978)

⑲ 박관숙 (1921-1978)

2008년이면 학서 박관숙(朴觀淑)이 서거한 지 30년이 된다. 일본 제국주의로부터 해방된 지 60년을 넘긴 지금 우리나라는 세계 187개국과 수교를 맺은 세계외교의 중심국으로 자리매김하였으며, 한국인이 제8대 유엔사무총장에 취임함으로써 국제사회의 중심국가로 서게 되었다. 시대를 앞서가신 선배 국제법학자들의 노고가 있었기에 오늘날 대한민국이 국제사회에 중심이 되었다고 자신있게 말할 수 있다. 이러한 눈부신 외교적 성장에 즈음하여 우리는 박관숙을 다시 생각하게 된다. 선생은 해방 후 불모지였던 국제법학을 개척하고 건설하였으며 외교정책의 국제법적 정당성 추구를 위해 평생을 바치셨다. 특히 선생의 유엔과, 국제사법재판소에 관한 연구는 오늘날 우리나라가 유엔과 국제사법재판소에서 큰 역할을 하게 된 초석이 되었으며, "독도의 법적 지위"를 필두로 한 독도에 관한 연구는 우리나라 독도 연구의 시초가 된 것으로[1] 후학들에게 끼친 영향은 실로 대단하다고 할 것이다. 필자는 1960년대 후반에 서울법대에서 공부할 때 그분의 강의를 듣지는 못했지만 출강하러 오신 모습을 먼 발치에서 몇

1 이한기, 「독도의 법적 지위」, 『국제법학회논총』 제23권 1호, 대한국제법학회, 1978. 12, 121쪽.

번 뵌 일이 있다. 이 글을 정리하면서 그 어른의 선각자적 모습을 새삼 느끼게 된다.

I. 생애

1. 유년시절

박관숙은 일본의 식민 지배가 한창이던 1921년 12월 13월 평안북도 위원군 숭정면 용주동 89번지에서 목공업을 경영하던 아버지 박지을과 어머니 송금녀의 4남 3녀 중 장남으로 출생하였다. 경제적으로 어렵지 않은 가정환경에서 자란 그의 형제들은 높은 교육열을 가진 부모님 덕택에 고등교육을 받았으며 모두 법학을 전공하였다. 박관숙은 1928년 위원군 숭정보통학교에, 1934년에 신의주 동 공립중학교에 입학하였으며, 1939년에 신의주 동 공립중학교 졸업한 후 일본의 시마네현에 있는 마쓰에 고등학교 갑류에 입학하여 청운의 꿈을 안고 유학길에 오르게 되었다. 그는 생전에 쓴 「나의 유학생활」이라는 글에서 당시의 고등학교에 대하여 이렇게 기술하고 있다.

> 당시의 고등학교는 지금과 달라서 대학의 교양학부에 해당하는 것이었으며 이곳을 수료한 사람만이 그 당시의 관립대학에 들어갈 수 있게 되었다. 그런 관계로 당시 고등학교는 젊은이들의 동경의 대상이 되었으며 학생들 역시 대단한 엘리트 의식을 가지고 있었고, 사회에서도 그들이 장차 사회 각층의 지도자가 될 사람들이라고 하여 매사에 관대하게 대해주고 아껴주었다.

박관숙이 고등학교에 입학할 당시 문과 80명, 이과 120명이 있었는데 그중 한국인 학생은 단 4명뿐이었다. 당시의 고등학교는 지금과 달리 폭넓은 교양을 쌓고 인격형성을 위한 교육이었기에 입시의 부담에서 벗어나 낭만을 구가할 수 있었다. 박관숙은 이때의 생활이 자신의 인생에 끼친 영향에 대해 이렇게 말하고 있다.

> 지금 돌이켜 보더라고 지난 학창생활 중 고등학교 3년간이 가장 뜻 있고 내 인생관에 지대한 영향을 미쳤다고 생각한다. 뿐만 아니라 고등학교 때 사귄 친구들이 가장 정이 깊고 우정도 오래가는 것 같다.

이렇듯 식민지 청년으로 외로운 유학길에 오른 박관숙 선생은 고등학교 3년 기간 동안 인생을 함께 나눌 친구를 만나게 되었으며 이들과의 우정을 위로삼아 열심히 공부하여 대학 진학의 꿈을 이루게 된다.

2. 대학시절

고등학교 생활을 마친 후 동경대학 법학부 정치학과에 진학하게 된다. 그러나 당시는 태평양전쟁이 일어난 직후로 낭만적인 대학생활을 꿈꿀 수 없는 상황이었다. 당시의 모습을 박관숙 선생은 이렇게 말하고 있다.

"모든 것이 통제되고 식량사정도 나빠 기억에 남을 만한 대학생활을 보내지 못하였다. 더욱이 한국 학생들은 일본으로부터 철저한 감시를 당하여 같은 학생이면서도 식민지 백성의 설움을 뼈저리게 느껴야 했고 졸업 후의 전망도 어두워서 인생에 대한 회의와 일제에 대한 반항의식 속에서 우울한 나날을 보내었다"[2]

동경제국대학을 함께 다녔던 이한기 교수는 박관숙이 남달리 용보가 단정하고 묵묵히 공부에 열중하는 학구파였으며 술도 약간은 하며 노래 솜씨가 뛰어났다고 회상하였다. 그러나 이러한 사회 분위기 속에서도 선생은 지각 있는 지식인들인 일본 교수들과의 만남에서 자신들의 어려운 처지를 이야기하였고 양심적인 교수들은 위로와 용기를 북돋아주는 이야기를 해주었다. 또한 같은 한국

---

2 「나의 대학생활」, 1970년경 박관숙의 글.

학생들끼리 어울리며 서로의 고민을 털어놓는 시간을 가졌던 것을 조그마한 보람으로 여겼다.

3. 국제법 전공

박관숙이 특별히 국제법에 관심을 가지고 전공을 결심하게 된 것은 일본 마쓰에 고등학교에 진학하면서부터였다. 선생의 처조카인 한국외국어대학 법학과 교수인 최완진은 박관숙과 국제법과의 인연에 대하여 다음과 같이 설명한다.

> 당시는 일본의 식민 지배 시기로 식민 국가의 백성으로 국가의 정체성에 대해 많은 고민을 하셨고, 열강에 둘러싸인 이 나라의 지위를 향상시키기 위하여 지식인으로 어떤 역할을 할 수 있을지에 대한 생각으로 많은 생각을 하던 중 고등학교 시절 박 선생의 담임교사가 선생에게 국제법을 권유하였고 동경제대에 진학한 이후에도 대학 지도교수를 통하여 국제법에 눈을 뜨게 되셨다고 합니다.

이와 같이 젊은 법학도였던 박관숙은 식민지인 국가의 미래를 걱정하였고, 해방 이후 전개될 국제적 역학관계에서 우리나라의 올바른 지위와 권리를 찾기 위해서는 국제법이 급선무라는 것을 일찍이 깨달았던 것이다. 오늘날 한국이 국제사회에서 높은 위상을 가지게 된 것에 대해 우리 모두 그에게 빚을 지고 있다고 할 것이다.

4. 후학 양성의 길

1944년 동경제국제학 법학부를 졸업한 후 다음해 해방된 조국에서 25세의 나이에 서울대학교 법과대학의 전신인 경성법학전문학교에 조교수로 임명되어 기나긴 후학 양성의 첫발을 내딛게 된다. 1946년에 국립서울대학교가 개교하자 법학대학 전임강사로 임명되었으며 1950년 조교수로 승진하였다. 한국전쟁 중에 일시 실종을 당하다시피 고생을 하고 법과대학 조교수직을 사임해야 했다. 1952년에 경북대학교 법정대학과 연희대학교 법정대학에 출강하면서 후학양성의 길로 돌아왔다. 1953년 이화여자대학교 이태희 학장의 부탁으로 이화여대로 옮겨 부교수와 정치외교학과 과장을 지냈다. 그후 1961년 41세의 나이로 연세대학교 정법대학 학장 겸 법학과장을 맡았고, 1968년 연세대학교 행정대학원장을 맡는 등 돌아가실 때까지 35년 동안 이 땅에 국제법의 기초를 다지고 국제사회에서 큰 역할을 할 인재들을 길러 내는 데 모든 열정을 쏟았다. 한국 법학의 기틀을 다진 업적 외에도 그 인품으로도 많은 후학들의 모범이 되셨다. 평소 온화한 미소로 조용히 강의를 하던 그는 그 인품으로 인하여 각계 각층의 사람들이 주위로 모이게 되었으며 그들과 매우 넓은 대인관계를 가졌다. 최완진 교수의 말을 빌리면, "선생은 인품이 매우 훌륭하셨어요. 집안에 학자, 교수들이 많이 계시지만 내가 가장 존경하는 분을 꼽으라면 주저없이 박 선생님을 꼽습니다. 국제법적 업적뿐만 아니라 인격적인 면에서도 존경하지 않을 수 없는 분입니다. 60세가 채 되지 않은 이른 나이에 돌아가신 것이 몹시 아쉬울 따름입니다." 당시 선생의 수업을 들은 학생들은 박 교수가 항상 웃음 띤 얼굴로 강의를 하였으며 진지한 모습의 진정한 학자상이었다고 기억한다. 국제해양법 재판소 판사를 지낸 박춘호 교수의 경우도 대학시절에 박관숙의 국제법 강의가 크게 학문생활에로의 자극을 주었다고 회고한다. 학문적인 면에서나 인격적인 면에서나 훌륭하였던 박관숙이 환갑도 안 되어 타계한 것은 한국 법학계로서는 큰 손실이라 할 것이다.

Ⅱ. 학문세계

1. 국제법의 정립

박관숙은 우리나라 법학의 체계가 정리되기도 전인 1949년에 『국제법 요론』

을 발간하였으며, 이를 다시 정리하여 1956년 『신고 국제법』과, 1961년 배재식 교수와 함께 『신체계 국제법』을 출간하였고 1976년 『국제법』을 발행하였다. 그의 『신고 국제법』은 국제법 질서를 자연법론적 차원에서 정연하게 진술한 것으로 국제법 연구의 정신적 교재가 될 명저라고 평가되고 있다. 그의 저서들은 단지 하나의 명저에 그치지 않고 당시 법학을 공부하는 학생들과 고시를 공부하던 사람들의 필독서였으며 우리나라 국제법 교과서의 선험적 역할을 한 점에서 그를 "한국의 오펜하이머(L. Oppenheimer)"라 부르기도 한다.[3] 그 외에 이한기, 배재식, 김효영과 함께 1958년에 『국제조약집』을, 1960년에는 세계외교사를 발행하였다. 그는 해방 이후 한국이 국제사회에서 차지해야 할 지위와 찾아야 할 권리, 정리해야 할 외교관계 등 산재해 있는 국가적 현황을 예견하고 미리 연구해 두기 위하여 국제법학자를 모이게 하는 대한국제법학회를 창설하였으며, 많은 외교문제, 국제문제를 민족적, 국가적 차원에서 유리하게 해결하는 데 업적을 세웠다.

2. 독도영유권

박관숙은 독도영유권 문제에 대하여 국제법적으로 체계적인 연구를 하고 그 성과를 논문으로 정리한 최초의 학자이다.[4] 그는 자신의 논문 「독도의 법적 지위」에서 여러 가지 법적, 역사적 근거를 들어 독도가 일본의 영토가 아닌 한국의 영토임을 분명히 하였다. 이 논문에 대하여 대한국제법학회장을 역임한 고 전예용 선생은, "독도영유권 문제를 만인이 공감할 수 있는 심오한 이론으로 풀이한 독도의 법적지위는 우리의 학문적 정신적 교재가 될 불후의 명작이다."라고 평가하였다.

독도문제는 1952년 1월 18일자로 한국이 '인접해양의 주권에 관한 대통령성

3 박관숙, 『국제법』, 최은범 증보, 1998, 1쪽.
4 박관숙, 「독도의 법적 지위에 관한 연구」, 『법정』, 1969년 3월호.

언' 을 발표하자 일본 외무성이 이에 대해 항의를 제출한 데서부터 시작되었다. 영유권에 관한 한일 간의 분쟁은 그 후 약 1년 동안 중단되었다가 1953년에 이르러 재연을 보게 되었으며 일본 선박의 독도침범사건이 발생하였다. 이러한 시대적인 배경에 따라 독도의 영유권은 한국과 일본의 어느 편에 있는 것인가를 감정적인 문제가 아닌 법률적인 문제, 특히 국제법상의 견지에서 논하여 보기 위한 것이 논문의 목적이었다. 그는 먼저 독도의 역사적 유래에 대하여 신라시대 우산국 이래 고려시대, 조선시대를 거치는 동안 여러 가지 명칭 변화와 생활상 등을 기록한 역사서들을 증거로 역사적으로나 지리적으로나 한국의 영토임을 보여주었다.

또한 독도의 법적 지위에 대하여 일본의 독도편입은 국제법상 선점에 의한 영역 취득의 효과가 발생하지 않았으므로 부당하다고 보았다. 즉 독도는 신라시대부터 울릉도와 같이 한국에 속하고 있다는 것은 엄연한 사료에 의하여 증명되고 있으며, 또 그동안 한국에 의하여 포기된 일도 없으므로 무주의 지역이 아니기 때문에 선점할 수 없다고 보았다. 또한 일본은 영토 취득의 국가의사가 있었지만 대외적인 공표가 없다고 보았으며, 실효적인 점유도 없다고 보았다. 뿐만 아니라 러일전쟁 직후의 국제적 상황을 이용한 영토의 강탈에 불과하므로 정당성도 없다고 보았다. 뿐만 아니라 카이로선언을 위시하여 대일강화조약에 이르기까지의 일련의 국제적 약정, 기타의 문서 등의 연구를 통하여 한국의 영토라는 것을 보여주고 있다. 당시 일본이 주장하던 독도가 미 · 일합동위원회에 의하여 미군의 연습기지의 하나로 선정되었다가 그 후에 제외되었다는 것이 독도를 일본 영토의 일부라는 전제하에 취하여진 것이라는 주장에 대하여, "이는 일본의 일방적인 그리고 희망적인 견해에 불과하며 그로 말미암아 법적으로나 사실상으로나 한국의 영토로 확정되어 있는 독도의 지위가 변동되는 것은 결코 아니다" 라고 단호히 밝히고 있으며, 오히려 미국이 독도를 일본의 영토로 인정하지 않고 오히려 한국의 영토로 인정하고 있다는 점에 대한 여러 가지 근거를 들고 있다.

마지막으로 독도문제를 비롯한 일본의 영토처리문제 전반에 걸쳐서 특히 유의하여야 할 점에 대하여 카이로선언으로부터 대일강화조약에 이르는 일련의 문서를 통하여 엿볼 수 있는 연합국의 일본영토 처리에 대한 근본정신과 태도를 들고 있다. 그는 논문에서 "일본의 본토처리 문제에 관한 한 연합국의 근본태도가 '카이로' 선언에서 표시된 것처럼 일본을 청일전쟁 이전의 상태로 환원시키려는 데 있다는 것은 의심의 여지가 없으며 따라서 이러한 연합국의 근본태도로 미루어 본다면 독도의 지위도 스스로 명백하여질 것이다" 라고 하여 역사적으로나 국제법적으로나 독도가 우리의 영토임을 분명히 하였다.

3. 기타

박관숙은 국제법에 관계된 여러 가지 주제를 최초로 심도 깊게 연구한 학자라 할 것이다. 그는 UN에 대하여 많은 관심을 가졌는데 국제연합헌장 제51조와 자위권에 관한 연구를 시작으로 유엔이 기본 이념과 그 기능, 유엔 상임이사국의 우월적 권능, 유엔이 한반도의 평화와 안전에 미치는 영향, 국제연합의 위기와 집단적 자위권의 문제점에 관한 연구들을 하였다. 조약에 대한 그의 연구는 우리나라 국제법의 기본을 다지는 것으로 조약의 성립과 체결의 절차, 국내법적 효력, 비준, 헌법과의 관계 등 조약에 관한 기본적인 주제뿐만 아니라 「기본적 인권과 국제법-제노사이드조약을 중심으로」와 「범죄인 인도」와 같은 논문을 통해 개별적인 조약에 대한 분석을 하였다. 앞서 언급한 독도에 관한 연구 외에도 그는 영해에 대한 많은 관심을 가졌는데 그 결과 대륙붕의 법적 지위, 공해에 관한 여러 가지 연구–「공해에 대한 고찰」, 「공해에 관한 연안국의 국권확장」, 「공해상의 정착어족에 관한 법적 고찰」–를 하였으며 평화선과 어업전관수역 및 어업규제수역에 관한 연구도 하였다.

국제사법재판소에 대해서도 여러 가지 연구를 하였으며 재판소의 현실적 의의와 기능, 재판관 선출방식과 지위 등을 소개하였다. 선생의 관심은 인권에도 있었는데 1960년대 이미 외국인과 결혼한 여성의 지위와 외국인의 법정지위, 재일교포의 법적지위에 관한 연구, 국제법상으로 본 재일교포문제를 주제로 연구한 것은 대단한 일이라 할 것이다. 그는 1960년대 논쟁의 대상이었던 한미행정협정에 대하여 체결을 주장하였으며 이에 관하여 주한미군의 지위와 행정협정에 관한 연구도 하였으며, 1966년 한미행정협정이 체결되자 이를 면밀히 분석하여 협정의 문제점을 발표하였다. 뿐만 아니라 당시 문제가 되던 한일관계에 대하여도 여러 가지 연구를 하였는데, 한일회담의 과거와 전망에 대해 의견을 내기도 하였다. 그 외에도 한국 외교의 진로와 국제사회에서의 한국의 지위에도 많은 관심을 가졌으며 「외기권과 남극에 대한 미국의 입장」과 「우주공간의 법적 지위」 등의 논문을 통해 미래의 국제법상 문제가 될 주제에 대해서도 일찍이 연구를 하였다.

박관숙은 59년의 생애 동안 우리나라 국제법의 기반을 다짐과 동시에 일본과의 계속되는 영해 분쟁에 관하여 일찍이 독도가 우리의 영토임을 국제법적으로 보여준 선구적 학자였다. 그의 학문세계는 깊기도 하지만 인권과 세계사 그리고 우주에 이르기까지 그 범위가 매우 넓어서 후학들이 감히 그 분의 뒤를 따르기가 어려울 정도이다. 특히 독도에 관한 선생의 연구는 우리나라 독도문제 연구의 기본이 되었다고 볼 수 있다. 그러나 선생의 노력에도 불구하고 일본은 아직도 정치적 이용 목적으로 계속 독도를 자신의 영토라고 주장하고 있다. 이러한 현실에서 후학들은 학서 박관숙의 국제법에 대한 애정과 그의 학문적 열정을 본받을 필요가 있다. 다행히 연세대의 제자 최은범 교수에 그의 『국제법』 교과서가 1998년에 개정판을 내어 후학들에게 연결될 수 있게 되었다. 인간은 가도 학문은 남는 것을 한국 법학계에서도 보게 된다.

연보 및 논저

■ 연보

1921. 12. 13	평안북도 위원군 숭정면 용주동 89번지에서 부 박지을과 모 송금녀의 장남으로 출생
1928. 4	위원군 숭정보통학교 입학
1934. 3	숭정보통학교 졸업 신의주 동 공립중학교 입학
1939. 3	신의주 숭정공립중학교 졸업, 일본 마쓰에고등학교 문과(갑류)입학
1942. 3	일본 마쓰에고등학교 졸업, 일본 동경제국대학 법학부 정치학과 입학
1944. 9. 25	일본 동경제국제학 법학부 졸업
1945. 12	경성법학전문학교 조교수
1946. 9	국립서울대학교 법학대학 전임강사
1946. 12. 15	용옥자와 결혼
1950. 3	국립서울대학교 법과대학 조교수
1950. 11	국립서울대학교 법과대학 조교수 사임
1952. 6	경북대학교 법정대학 강사
1952. 6	연희대학교 법정대학 강사
1953. 3	이화여자대학교 부교수, 정치외교학과 과장
1953. 5.13	대한국제법학회 창립발기인을 거쳐 본회 이사
1955. 7. 1	해군 법제위원회 위원
1957. 9-1958. 6	교환교수로 Southern Methodist 대학원 LLM 학위
1960. 7-1961. 6	대한국제법학회 부회장
1960. 9	12회 고등고시위원
1961. 6. 9	연세대학교 정법대학장 겸 법학과장
1961. 5. 22	국제 재건최고회의 의장 고문
1962. 9	사법대학원 위원회 위원
1967. 6	공군과학자문위원회 위원
1967. 7	연세대학교 사회과학연구소장
1968. 9. 4	연세대학교 행정대학원장
1969. 3	연세대학교 법학박사 학위 취득

1969. 1	제10회 사법시험 위원
1971. 7-1972. 6	제4대 대한국제법학회 회장
1973. 2	제13회 3급 공무원 시험위원
1973. 7	INTERNATIONAL LAW ASSOACIATION 총회(벨기에) 한국대표로 참석
1974. 2	세계국제법학회 한국지부회장
1975. 3. 9	세계국제법학회 한국지부 명예회장
1977. 1	재단법인 산학협동재단 평가위원
1977. 1. 31	국제문화재단 이사. 홍익대학재단 이사
	성곡문화재단 이사
	현송문화재단 이사
	대성중고등학교재단 이사
	한국법학원 상임이사
	한국법학교수회 부회장
1977. 10. 19	연세대 법률문제연구소장
1978. 3. 2	59세로 작고

■ 저서

『국제법 요론』, 박영사, 1949.

『신고 국제법』, 법문사, 1956.

『국제조약집』, 이한기 · 배재식 · 김효영(공저), 박영사, 1958.

『세계외교사』, 박영사, 1960.

『신체계 국제법』, 배재식(공저) , 박영사, 1961.

『국제법』, 법문사, 1976.

■ 논문 및 논설

「다수결의 원리」, 『이화』 10호, 1955. 3.

「집단안전보장에 대한 고찰」, 『서울대법대 학보』, 1955. 3.

「독도의 법적지위」, 『국제법학회 논총』 창간호, 1956. 6.

「국제연합헌장 제51조와 자위권」, 『이화대 논문집』, 1956. 5.

「국제 재판과 국내 재판–강제적 관할권 문제와 집행기구 문제」, 『법조』 5권 1-3호, 1956. 7.

「전쟁과 국제법」, 『코메트』 제23호, 1956. 9.

「일 소 교섭에 의의와 전망」, 『자유세계』 창간호, 1956. 10.

「원자력과 국제법」,『법조』6권 2호, 1957. 2.

「세계정부는 가능한가」,『자유세계』1권 4호, 1957. 3.

「국제연합의 위기」,『사상계』5권 4호, 1957. 4.

「집단적 자위권」,『법제월보』1호, 1957. 5.

「군축론의 시비」,『코메트』제28호, 1957. 8.

「집단적 자위권의 문제점」,『법학논총』(단국대), 1958. 3.

「기본적 인권과 국제법-제노사이드조약을 중심으로」,『법조』4권 4호, 1958. 8.

「외국인과 결혼한 여성의 지위」,『법정학보』(이화여대) 제2집, 1956. 3.

「국제사법재판소의 현실적 의의」,『고시계』, 1959. 6.

「집단적방위의 이론과 실제」,『법학논총』(단국대) 2호, 1959. 7.

「국제법상으로 본 원자력 관리문제」,『사상계』, 1959. 9.

「한일회담의 과거와 전망」,『법정』, 14호, 1959. 11.

「외기권과 남극에 대한 미국의 입장」,『법정』(이화여대) 제3집, 1960. 2.

「유엔가입문제에 관한 국제사법재판소의 권고적 의견」,『경희법학』, 1960. 3.

「독도의 국제법상 지위」,『사상계』, 1960. 8.

「공해에 대한 고찰」,『고시계』, 1960. 8.

「일본에 대한 재산청구에 대한 비판」,『법학논총』(단국대) 제3호, 1960. 9.

「국제법상으로 본 재일교포문제」,『법정』, 1960. 10.

「한국외교의 진로」,『국회평론』, 1961. 1.

「원자력과 국제법」,『법조』, 1961. 2.

「범죄인 인도」,『고시계』, 1961. 2.

「국내문제에 대한 불간섭 의무」,『고시계』, 1961. 3.

「국제사법재판소의 권고적 의견」,『경희법학』제3권 제1호, 1961. 3.

「국가의 평등권」,『고시계』, 1961. 4.

「영해」,『법정』, 1961. 7.

「유엔헌장에 나타난 5대국의 우월성」,『법정』제16권 제7호, 1961. 9.

「국제사법재판소의 기능」,『법조』, 1962. 1.

「한미행정협정을 체결하라」,『사상계』, 1962. 4.

「주한미군의 지위와 행정협정」,『법조월보』, 1962. 8.

「중립국 개념의 과거와 현재」,『고시계』, 1962. 9.

「국제사법재판제도의 현실적 의의」,『법정』, 1962. 11.

「국제사법재판소 재판관의 선출방식과 지위」,『고시계』8권 2호, 1963. 2.

「영구중립국의 두 개의 유형」,『고시계』8권 6호. 1963. 3.

「조약의 성립」, 『고시계』 8권 11호, 1963. 5.

「국내문제에 대한 불간섭의 의의」, 『사법행정』 4권 5호, 1963. 5.

「외교사절과 영사의 차이」, 『고시계』 8권 9호, 1963. 9.

「점령의 법적성질」, 『법정』 18권 2호, 1963. 10.

「범죄인 인도」, 『법제월보』, 1963. 11.

「영국자치령의 법적지위」, 『고시계』, 1964. 1.

「유엔헌장 제4조 국제사법재판소의 권고적 의의」, 『법정』 19권 1호, 1964. 1.

「외국인의 법적지위」, 『사법행정』 5권 2호, 1964. 2.

「평화선과 어업전관수역 및 어업규제수역」, 『사상계』, 1964. 3.

「대륙붕의 법적 지위」, 『고시계』 9권 8호, 1964. 8.

「조약체결의 절차」, 『고시계』 9권 12호, 1964. 12.

「일본에 대한 자세는 변할 것인가-평화선에 대한 재인식」, 『고시계』, 1964. 12.

「법률심사제도의 비교적 고찰」, 『사회과학논총』(연세대) 창간호, 1965. 1

「재일교포의 법적지위」, 『법학논총』(단국대) 창간호, 1965. 5.

「독도의 영유권 문제」, 『한국사회과학논총』, 1965. 5.

「한미행정협정의 문제점」, 『사상계』, 1965. 7.

「아세아 반공기구형성의 문제점」, 『공군』 89호, 1965. 7.

「세력균형과 유엔의 장래」, 『경제연구』, 1965. 9.

「집단적 자위의 이론과 실제」, 『사회과학논총』(연세대) 1호, 1965. 9.

「국제형법」, 『법조』, 1965. 9.

「한일협정반대에 들끓는 국론을 들어본다」, 『사상계』 증간호, 1965. 10.

「주한미군의 신분에 관한 협정에 관한 성격」, 『법정』, 1966. 3.

「한미행정협정을 비판한다」, 『세대』, 1966. 7.

「한일어업협정과 국내법 논설」, 『사법행정』 8권 3호, 1967. 3.

「중공 · 소련의 분규와 외교특권」, 『법정』, 1967. 4.

「법률인과 교양」, 『사상계』, 1967. 5.

「유엔의 기본이념 그 기능과 한계」, 『국회보』, 1967. 10.

「조약의 체결절차와 국내적 효력」, 『법제월보』, 1968. 1.

「영해와 공해」, 『해군』, 1968. 5.

「조약의 국내적 효력」, 『고시계』, 1968. 5.

「국가안전상으로 본 한미방위조약의 의의」, 『공군』 104호, 1968. 6.

「독도의 법적지위에 관한 연구」, 『법정』, 1969. 3.

「70년대의 국제사회」, 『정책계보』, 1968. 3.

「월남전과 국제법」, 『사법행정』, 1970. 3.

「조약과 헌법과의 관계」, 『국제법학회논총』 15권 1호 1970. 5.

「한국에 있어서의 사법제도의 토착화」, 『사회과학논총』(연세대), 1970. 6.

「한국의 정치 · 법률 · 행정의 토착화에 관한 연구」, 『사회과학논총』(연세대), 1972. 7.

「새 질서의 태동」, 『세대』, 1972. 12.

「새 경찰상의 확립」, 『경찰고시』, 1974. 2.

「조약의 비준」, 『고시연구』, 1974. 10.

「한일관계의 새로운 국면에 즈음하여」, 『국제문제』, 1974. 11.

「우주공간의 법적지위」, 『고시연구』, 1975. 6.

「국제연합군」, 『월간고시』, 1975. 7.

「국가책임의 성질과 성립요건」, 『월간고시』, 1975. 10.

「공해에 관한 연안국의 국권확장」, 『고시연구』, 1975. 11.

「공해상의 정착어족에 관한 법적 고찰」, 『행정논총』(연세대), 1975. 12.

「한반도의 평화와 안전에 관한 유엔의 권능」, 『국제법학회논총』, 22권 1 · 2합병호, 1976. 12.

「독도는 우리의 땅」, 『해군』 2호, 1977. 2.

「새로운 해양법질서」, 『해군』 33호, 1977. 3.

「국제법상으로 본 독도영유권」, 『숙대신보』, 1977. 3.

「전쟁의 개시와 종료의 방법」, 『월간고시』, 1977. 6.

「한반도의 휴전」, 『시사』, 1977. 6.

「외교사절의 특권과 면제」, 『고시연구』, 1977. 8.

「북괴해상군사경계선 설정은 용납할 수 없는 독단」, 『동아일보』, 1977. 8.

「세계평화와 국제법」, 『김용제 교수 회갑기념논문집』, 1978. 2.

이 태 재

(1921–2003)

20 이태재 (1921-2003)

이태재는 평생 대구에 살면서 한국의 법학사에서 민법학자, 법철학자, 법사학자, 법학교육행정가로서 독특한 위상을 보여준 학자이다. 그는 독실한 가톨릭신앙을 기초로 하여 철두철미 자연법을 주장하고 프랑스법을 중심으로 서양법제사에 대한 관심과 연구도 주목받았다.

필자는 그를 1980년대에 처음 알게 되어 한국종교법학회 회장으로 추대하여 모시면서 함께 일한 경험이 있다. 늘 온화하시고 중후하신 인품에 여러 가지로 감화를 받았다. 대구에서 주례를 가장 많이 서는 분이라는 사실도 알게 되었다. 어찌 보면 법학과 가톨릭신앙이 함께 어우러진 생애라고 할 수 있다. 그래서 필자는 졸저 『한국법사상사』(서울대출판부, 2003)에서 그를 자연법사상가로 수록 소개하였다.[1]

1 최종고, 『한국법사상사』, 서울대출판부, 2001, 전정신판, 360-363쪽.

I. 생애

이태재는 1921년 11월 28일 경남 진양군 대평면 당촌리에서 광주이씨 용덕(容德)공의 둘째아들로 태어났다. 어머니는 창녕조(曺)씨 봉오(鳳五) 여사이다. 1929년 5월에 일찍 부친을 여의고 편모 슬하에서 자랐으며, 진주 제2공립보통학교를 졸업하고 1940년 3월에 진주농업학교를 졸업하였다. 1년간 진양군 농회에서 근무하였다.

1942년 9월 2일 장안나와 결혼한 후 1943년 9월 일본 동경의 전수(專修)대학 전문부 법학과를 졸업하고 당시 일본의 조선학도 총출병령에 대한 반대운동을 전개하였다. 일본경찰의 추적을 받아 만주의 길림(佶林), 목단강(牧丹江) 등지에서 망명생활을 하고 1945년 조국해방과 더불어 천여 명에 이르는 귀환동포 일단을 인솔하여 그해 12월 초에 귀국하였다. 1945년 12월 왜관 순심(純心)중학교의 설립사무에 종사하여 이듬해 5월 설립인가를 받고 본교 교사, 교무주임, 교감을 거쳐 1948년 9월에 제2대 교장으로 취임하였다.

1954년 6월에 유럽으로 유학을 떠나 벨기에의 루벵(Louvain)대학에서 법학을 공부하여 1957년 7월에 법학박사(docteur en droit) 학위를 받았다. 바로 프랑스의 파리대학으로 옮겨 비교법연구소에서 비교사법을 연구하고 이듬해 1958년 3월에 귀국하였다. 1958년 3월 대구 대건중고등학교 제6대 교장으로 취임하고 경북대학교 대학원 및 법정대학 법학과와 청구대학, 대구대학의 법학과에 강사로 출강하였다.

1960년 8월에 경북대학교 법정대학 법학과 전임강사로 임명되어 조교수, 부교수를 거쳐 1965년 6월에 정교수가 되었다. 그후 1970년 2월부터 1974년 3월까지 법정대학장을 역임하고, 1979년 3월부터 1981년 3월까지 경북대학교 중앙도서관장을 역임하였다. 1981년 3월에 경북대학교 대학원장에 취임하였다.

1966년 12월부터 1979년 5월까지 한국법학교수회 부회장을 역임하였다. 1970년 1월부터 사법시험위원, 행정고등고시위원, 외무고시위원 등을 맡았고, 1970년부터 대구시 행정자문위원 및 경북교육위원회 소총위원장으로 향토행정에 주력하였다.

1987년에 경북대학교 교수직을 퇴임하고, 수년간 대구교육대학의 학장으로 활동하였다. 대구에서는 가장 존경받는 원로로 주례를 서기에도 바빴다. 한국종교법학회 회장의 직함도 계속 유지하였지만, 학회의 활동은 휴면상태로 들어갔다. 2003년 2월 6일 오전 9시 대명동 자택에서 조용히 천주의 곁으로 갔다. 가족으로 장안나 여사와 6남 1녀가 있다.

Ⅱ. 법사상

1. 법철학

이태재는 법철학자로서 1950년말부터 일관되게 자연법론을 주장해 왔다. 1962년에 『자연법개론』이란 단행본을 내었고, 그것을 증보하여 1984년에 『법철학사와 자연법론』이란 저서를 내었다. 이 책은 법철학사를 기본적으로 자연법론의 발달사로 파악하고, 이어서 개인과 사회, 국민과 국가, 혼인과 가정 및 자녀교육, 노동과 사회경제질서, 재화와 사유제, 사회문제, 국제질서와 인류공동체의 문제 등을 설명하고 있다. 그는 자연법론의 관점에서 현대 한국의 법학을 이렇게 관찰하였다.

> 1945년 일제가 물러난 후 유엔의 군정이 실시되면서 서양의 법제와 법사상이 급속히 도입되었고, 1948년 주권이 회복되고 법제개혁이 추진되면서 당시에 법철학계의 세계적 주류를 이루고 있던 신자연법론이 서양법제와 함께 우리나라의 주변으로 밀려왔다. 그러나 그 당시의 우리나라 법학자들은 거의 모두가 일본의 법학교육을 받은 자들이었으며 주로 서양법제의 도입과 법해석학에 몰두하고 있었고, 특히 법철학계에 있어서는 일제말기에 경성제국대학에서 법철학을 강의한 켈젠이즘(Kelsenism)의 저자였던 오다까 도모오(尾高朝雄) 교수의 영향으로 켈젠이즘에 젖

어 있었고, 많은 법학도들은 번역, 출판된 켈젠의 "순수법학", "법과 국가의 일반이론"과 켈젠이즘을 소개한 저서인 "켈젠의 법이론" 등을 거의 무비판적으로 탐독하고 있었다. 그러나 이때에 이미 일본의 동경대학으로 돌아가 있던 오다까 교수는 종래의 태도를 바꾸어 켈젠이즘을 비판하여 말하기를 켈젠의 순수법학이 법학의 대상인 법 자체로부터 모든 정치적 요소를 제거하려고 하는 것은 지나친 것이라고 하고 법과 정치의 관련성을 주장하고 있었다. 그러던 중 1958년 초에 필자가 귀국하여 당시 사상계사의 요청으로 "최근 프랑스 법철학계의 동향"(사상계 1958년 8월호)을 비롯하여 구미학계와 그 법철학에 관한 몇편의 졸고를 기고하였고 그후 "자연법계론"의 출간(1962년, 법문사)이 있은 후부터 우리나라의 법철학계도 자연법론으로 귀울게 되었다. 그러나 그 자연법론이 곧 구미의 신자연법론을 의미한다는 것은 아니다. 다만 정면에서 법실증주의를 주장하는 법철학자가 눈에 뜨이지 아니하게 되었다는 것뿐이다.[2]

이태재는 그의 저서『법철학사와 자연법론』에서 우리나라의 몇몇 법철학자들, 곧 황산덕, 이항녕, 김철수의 자연법론에 관한 회의적 내지 불투명한 태도를 분석비판하고 있다. 그리고는 다음과 같은 결론을 내린다.

이상의 예에서 본 바와 같이 우리나라의 법철학계의 자연법사상은 대체로 현대에 재홍한 존재론적 자연법론인 이른바 신자연법론과는 크게 다르다는 것을 엿볼 수 있다. 신자연법론은 신의 영구성에서 법의 근원을 찾고 그 영구법은 보편적이고 불변적인 본질을 가지고 있되 다만 구체적 구현은 역사에 따라 다르게 나타난다고 한다. 따라서 실정법은 그 근원인 자연법에 위배되지 아니하는 한에 있어서 법으로서의 정당성을 가진다고 한다. 그 자연법의 내용은 신의 창조의사의 부응하는 인간의 품위(존엄성, dignitas)와 정의(Justitia)와 공동선(공통선, bonum commmune)을 보장하는 규범이다. 이런 의미의 자연법론을 전개하고 있는 학자

2 이태재,『법철학사와 자연법론』, 법문사, 1984, 26-27쪽.

는 우리나라 안에 많지 않은 것으로 안다. 그 이유는 첫째로 우리의 문화일반이 아직 오랜 전통인 유교문화 또는 불교문화의 영향을 받고 있고, 둘째로 전통사상에 이어져 있는 법의 천시사상이 아직 법을 정치와 사회생활에 필요한 하나의 기술 이상으로 이해하려 들지 아니하기 때문에 법의 이념을 구명하려는 의욕이 약하고, 셋째로 우리의 법의 경험이 오래동안 소극적이고 부정적인 현실 속에서 쌓여 왔기 때문에 그 현실과 거리가 먼 이념의 세계를 경시하기 때문이라고 할 수 있다. 그러나 법은 인간완성과 사회완성을 위해 주어진 영구적이고 보편적인 근본규범에서 유래되고 파생되어야 한다는 사상을 떠나서는 정당화되지 못할 것이다. 비록 그 사상이 근세의 인식론철학에 의하여 많은 비판을 받아 왔지만 발전도상에 있는 인간이 지성과 경험을 절대시 하여 그 불완전한 레이더에 걸리지 아니하는 것은 없는 것이고 거짓이라고 단정하는 데 보다 큰 잘못이 있다고 아니할 수 없다. 인간이 불완전하여 과오를 범하는 것은 이해될 수 있지만 과오를 범하지 아니한다고 고집하는 교만은 적어도 학문에 세계에서는 이해되지 못할 것이다.[3]

2. 민법학

이태재는 실정법학 중에서는 민법학에 속했다. 그는 민법학 분야에도 다수의 저술을 남겼다. 이미 1964년에 『채권총론 신강』을 진명문화사에서 내었고, 1967년에 『채권각론 신강』을 내었다. 1978년에 『민법총칙』을 법문사에서 내었다. 1981년에 『물권법』과 『채권총론』 및 『채권각론』을 모두 진명문화사에서 개정해서 새 책으로 내었다. 이렇게 그는 민법학자로서도 완결된 체계를 수립하였다. 그의 민법학의 세계를 분석하고 발전시키는 것은 민법학자들의 몫이다.

3 위의 책, 32쪽.

3. 법사학

이태재의 학자로서의 특징은 법사학에 대한 관심에서 잘 드러난다. 민법학자로서 법철학자로서 그는 항상 강한 역사적 관심을 갖고 있었다. 그는 1963년에 『서양법제사 개설』을 진명문화사에서 내었다. 김증한 교수나 현승종 교수처럼 서양법제사를 민법학의 보조학문처럼 보지 아니하고 독일법제사와 프랑스법제사, 그리고 카논법사로 나누어 독자적으로 설명하고 있다. 특히 그는 서양법제의 발달에 카논법이 영향을 미쳤다는 사실을 저서와 논문으로 많이 발표하였다.

4. 종교법학

이태재는 가톨릭 법학자로서 종교에 대해 관심이 많았는데, 1980년대에 필자와 함께 한국종교법학회를 창립하여 활동하였다. 『법과 종교』라는 학회지도 발간하고, 『한국종교법판례집』도 발간하였다. 그러나 종교법학에 대한 관심은 일반적으로 높지 아니하여 1990년대부터는 이 학회의 활동은 동면상태로 들어갔다. 그렇지만 이태재는 국가와 교회에 관심을 늘 갖고 살았다.

이태재는 한 마디로 대구라는 지방에 조용히 살면서도 가톨릭신앙을 기초로 대단히 세계적인 호흡을 한 법학자이다. 그를 아는 사람들은 그의 인품과 학문적 깊이에 존경을 금할 수 없었다. 이런 점이 때로는 서울에서 큰소리치면서 사는 법학자와 법률가들에게 무언의 경종이 될 수 있었다. 그는 분명 한국 법학사에서 오래 기억될 인물이다.

연보 및 논저

■ 연보

1921. 11. 28	경남 진양 출생
1940. 3	진주공립농업학교 졸업
1943. 9	일본 동경 전수대학 법학과 졸업
1945. 12	귀환동포 인솔하여 귀국
1945. 12	왜관 순심학교 설립과 함께 교사
1948. 9	왜관 순심학교 제2대 교장
1954. 6	유럽 유학
1957. 7	벨기에 루뱅대학에서 법학박사
1957. 7-1958. 3	파리대학 비교법연구소에서 연구
1958. 3	대구대건고등학교 제6대 교장, 경북대, 청구대 등 강사
1960. 8	경북대 법학과 전임강사
1965. 6	경북대 법대 교수
1966. 12-1979. 5	한국법학교수회 부회장
1970. 1	사법시험위원
1970. 2-1974. 3	경북대학교 법정대학장
1979. 3-1981. 3	경북대 도서관장
1981. 3	경북대 대학원장
1982	한국종교법학회 회장
1987. 3	경북대 법대 교수 정년퇴임
1987. 4	대구교육대학 학장
2003. 2. 6	대구에서 작고

■ 저서

『자연법개론』, 법문사, 1962.

『서양법제사개설』, 진명문화사, 1963.

『채권총론 신강』, 진명문화사, 1964.

『채권각론 신강』, 진명문화사, 1967.

『국민윤리』(공저), 형설출판사, 1972.

『법학개론』(공저), 경북대학교출판부, 1974.

『민법총칙』, 법문사, 1978.

『물권법』, 진명문화사, 1981.

『채권총론』, 진명문화사, 1981.

『채권각론』, 진명문화사, 1981.

『법철학사와 자연법론』, 법문사, 1984

■ 논문

「최근불란서 법학의 동향」, 『사상계』, 1958년 8월호.

「법에 대한 반항심의 분석」, 『사상계』, 1959년 2월호.

「현대법문화와 그 기본 사상」, 『경북대학보』, 1959. 8. 19.

「선진국의 사회입법과 새로운 고민」, 『사상계』, 1959년 10월호.

「당면한 사회문제와 가톨릭사상」, 『대구학보』, 1960. 5. 20.

「혁명의 법철학적 고찰」, 『청구춘추』, 1961. 6. 15.

「산아제한 문제」, 『경대학보』, 1961. 10. 16.

「근대법의 구조」, 『법대논총』 2집, 1964.

「신의 질서」, 『대화』 창간호, 1964.

「교회와 국가」, 『대화』 제2호, 1964.

「민주건설을 위한 사상적 자세」, 『경대학보』, 1966. 1. 9.

「한국에 있어서의 법학교육의 재검토」, 『사법행정』, 1967년 6월호.

「소유권사상의 변천이 법률제도면에 미친 영향」, 『법학』(서울대학교) 9권 2호, 1967.

「카논법과 근대법」, 『법정』, 1968년 8월호.

「부부재산제에 관한 입법논적 고찰」, 『고병국박사환력기념논문집』, 1968.

「우리나라 법의식에 관한 소고」, 『최해태박사환갑기념논문집』, 1969.

「현대인의 자유」, 『월간중앙』, 1970년 7월호.

「민법의 지도이념으로서의 형평과 윤리」, 1971년 1월호.

「자연법사상과 우리현실」, 『창조』, 1972년 7월호.

「공산주의와 종교」, 『가톨릭시보』, 1972. 9. 24.

「역사의식과 윤리학」, 『경대학보』, 1973. 5. 28.

「가치관과 법철학」, 『경대학보』, 1973. 10. 1.

「한국여성의 법률상의 지위」, 『여성문제연구』(효성여대) 3집, 1973.

「복지국가관에 따른 민사책임론의 변질에 관한 연구」, 『법대논총』 12집, 1974.

「방법론으로 본 현대법학의 신동향」, 『경대학보』, 1974. 11. 11.

「자연법과 실정법과의 관계」, 『신학전망』(대건신학대학) 39호, 1977.
「사법시험 어떻게 개선할 것인가?」, 『법률신문』, 1978. 8. 21.
「종교와 국가」, 『전국국민윤리추계세미나』, 1978. 10. 20-21.
「나와 법학」, 『복현문화』 13집, 1979.
「생명에 대한 권리와 의무」, 『황산덕박사회갑기념논문집』, 1979.
「유수이용권에 관한 영남지방의 관습조사」, 『법대논총』 19집, 1979.
「소유권논의 역사적 변천」, 『한국법사학회 법사학연구』 5집, 1979.
「새헌법에 대한 나의 주장」, 『매일신문』, 1980. 1. 19.
「유수이용권에 관한 관습-판례와 법리」, 『현대민법학의 제문제』(김증한박사회갑기념논문집), 1981.
「한국법학과 자연법사상」, 『신학전망』 54호, 1981.

김치선

(1922-1996)

21 김치선 (1922-1996)

1996년 11월 25일 가산(佳山) 김치선(金致善) 박사의 서거 소식은 한국의 법학계와 법조계뿐만 아니라 세계 노동법학계에 하나의 놀라움과 충격이었다. 왜냐하면 그는 평소에 누구보다 건강관리를 잘하는 학자로서 국제노동법 및 사회보장학회 회장으로 한창 열심히 활약하는 중이었기 때문이다. 그러나 가까운 사람들은 그가 암으로 수술을 받은 이후 건강이 급속하게 떨어지고 있다는 사실을 알고 있었다.

필자는 1960년대 후반에 서울법대에서 배우고 김치선 교수의 지도로 대학원에서 노동법을 전공한 관계로 따뜻한 사랑을 받은 제자의 하나이다. 바쁜 학교생활의 핑계로 편찮으신 줄도 모르고 지내다 부음을 듣고야 문상을 하고 영결식에 참석한 후 이 글을 쓰려니 여러 가지 송구함과 감회를 느끼게 된다. 그의 생애와 업적에 대하여는 앞으로 시간을 두고 더욱 자세히 정리해야겠으나 우선 지면을 통하여 생애와 업적을 간략히 적어 보고자 한다.

I. 생애

김치선은 1922년 8월 24일 평안북도 철산군 백양면 영동에서 김익순의 아들로 태어났다. 그의 소년시절과 중고등학교 시절에 대하여 자세히 알려진 바 없으나 특히 고병국(高秉國) 박사와 한경직(韓景職) 목사와의 관계가 지연적으로 각별하였는데, 이에 관하여 스스로 이렇게 적은 바 있다.

> 1945년 8 · 15 해방 당시 고병국 선생은 평북 의주 비현에 은신생활을 하시고 계셨다. 일정말기의 뜻있고 유식한 다수 조선인들은 식민지정책에 대한 협력을 피하기 위하여 지방에서 은신하고 있었다. 고병국 선생께서도 연희전문학교의 교직을 사직하시고, 변호사 사무도 중단하시고 은신하고 계셨다. 해방직후 북한에는 소련군대가 진주하고, 공산주의 정치를 시작하면서 부유층, 유식층, 종교인 등에 대한 사찰과 감시가 본격화될 때에 고 선생의 측근과 친지인들은 고 선생님을 월남케 하기로 결정하고 선생님을 수행할 임무를 당시 19세 청년인 나에게 부탁했다. 나는 그해 9월 20일경 선생님을 모시고 평북 일천에서 기차를 타고, 사리원까지 온 다음에 기차는 소련군인들에게 빼앗기고, 도보로 황해도 박연폭포 고개를 넘어서 무사하게 38선을 넘었다. 개성에서 미군들의 모습을 보면서 철도를 이용하여 서울역에 내려, 선생님과 함께 장국밥으로 점심을 떼우고 선생님께서 자기 사형(舍兄) 되시는 세브란스 병원 고병간(高秉幹) 박사 댁으로 가시고 나는 다시금 38선을 넘어 신의주에 돌아갔다. 이것이 나의 4번째 38선 월북이었다.

이렇게 월남한 김치선은 1946년 9월 1일 서울대학교 법과대학에 입학하여 1951년 9월 29일에 제5회로 졸업하였다. 이 시기는 해방후 10개월간의 경성대학이 끝나고 미군청에 의해 국립서울대학교가 개교되어 신탁통치 찬반과 국대안 찬반을 두고 교수와 학생들이 좌우익으로 갈려 매우 불안정한 때였다. 이때 법대생으로 김치선의 활동은 실로 눈부신 바 있었다. 그는 당시의 사정을 이렇게 회고하였다.

대학 캠퍼스는 물론이요 중학교에까지 국대안을 지지하고 신탁을 배격하는 건설학생운동이 격렬하게 전개되고, 남로당 산하의 학생통일전선을 중심으로 학원질서파괴의 목적의식하에 동맹휴학, 교수배척 등 운동을 전개했다.

당시에 우리 법대교수들 가운데 경제학 담당 김응록 교수를 위시 3, 4명이 국대안반대를 주장했고 그들은 결국 월북하고 말았다. 끝까지 법대건설을, 그리고 반탁운동을 위해서 수고한 고병국 선생, 유기천 교수, 박관숙 교수, 김증한 교수 그리고 현수길 교수 등의 모습이 가끔 생각난다. 그리고 함께 투쟁했던 법대건설의 동지들, 전재영, 김용일, 조한원, 이한경, 이수일, 박강호, 전영춘, 이욱근 등 여러 동지들이 가끔 떠오른다.

김치선은 당시 문교장관 안호상에 의해 창설된 학도호국단에서 학도대장으로 우익진영의 주도적 역할을 하였다. 당시의 사정을 다행히도 그는 1994년 서울법대에서 편찬한 동창수상록『진리는 나의 빛』(경세원)이란 책에「초기 법대비망록」이란 제목의 글을 실어 기록으로 남겨 놓았다. 그 가운데 1950년 한국전쟁의 발발과 함께 대학과 학생들이 어떻게 대처했던지를 생생한 증언으로 남겨 놓았다.

6월 26일(월) 아침 일찍 법대에 나왔더니 진승록 학장서리께서 어젯밤을 학교에서 지냈다고 하시면서 북괴의 남침이 발생했다고 하셨다. 시간은 9시 30분경인데 1학년에 입학한 어린학생들이 강의듣기 위해서 학교에 왔지만 교직원들도 한 사람도 출근치 않고, 당시 서무과장 김박길 선생만 보였다. 나는 곧 진 학장님께 문교부에 가서 동정을 보고 온다고 하고 1학년생 서모군을 데리고 중앙청까지 단숨에 달려갔다. 매우 놀랄 수밖에 없는 상황이었다. 중앙청 정문은 활짝 열려있고, 수위도 한 사람 없고, 북한의 프로펠러 비행기가 하나 중앙청 상공을 돌면서 전단을 뿌리고 있지 않겠는가. 나는 별관에 위치한 문교부로 가서 중앙호국단 사무국실에 들어갔더니, 사무국장 김선생이 어제밤 숙직했다면서 두려운 표정으로 나에게 상황을 물어보았다. 중앙청 북편 효자동 길에는 일선에서 후송하는 듯한 국군 트럭들이 바쁘게 달리고 있다. 백색가운을 입은 의대생과 간호원들이 트럭에 타고 의정부 쪽으로 달리고 있었다. 한 사람 두 사람씩 우리 상임위원 학생들이 학도호국단 사무국으로 모여들기 시작했다. 약 20명의 각 대학 학도대장들과 회의를 했다. 아무도 전세상황, 또는 우리정부대책, 또는 학생대책 등에 관하여 알고 있는 것이 없었다. 모두 놀란 표정 그리고 국민에 대한 정부와 군대의 배신감 등에 침통할 뿐이었다.

시간은 오후 11시경, 김국장도 어디로인지 사라지고 말았다. 의장인 내 자신 크고 무거운 불행과 격랑이 닥치는듯 느꼈다. 나는 엄숙한 지시를 했다. "여러 대장들은 즉시 소속 대학으로 가서 등교한 학생들을 보호하고 지시를 기다리시오." 이 한마디로 폐회한 다음 나는 곧 을지로 입구, 당시 육군 정훈감실로 달려갔다. 우리 법대학장 서리를 지낸 바 있는 이선근 선생이 정훈감이었기 때문이다. 내가 정훈감실을 노크한 때에 정훈감은 긴급 회의중이라고 했다. 나는 약 1시간쯤 기다린 듯한데, 정훈감인 선생님이 문을 열고 나와서 내 손목을 잡고 눈물을 글썽하시면서 "김군 모든 학생들을 빨리 한강을 건너가도록 하시오"라고 말했다. 나는 물었다. "선생님과 정훈감실은 어떻게 합니까?" "우리는 전방으로 이동한다." 이 말씀 한 마디 남기고 문을 닫고 들어갔다.

이때에 정훈감실도 남쪽으로 피난을 했고 정부의 모든 기관, 행정부, 입법부, 사법부가 한강 다리를 건너 대전쪽으로 피난했다. 26일 오후 4시 나는 이승만 대통령의 녹음테이프를 통한 "모든 시민은 안심하여 각자 자기 직장을 지키시오. 곧 UN군이 우리를 도우러 올 것입니다"라는 터무니없는 라디오 방송을 들으면서, 헌병이 가로막는 한강 다리를 건너 노량진으로 건너왔다. 비참한 국군 후퇴 병사들을 목격하면서 안양에 도착하여 여관에서 한잠 자다가 새벽 2시경 한강교 폭파하는 폭음에 깨어 수원을 향했다. 정부와 국군이 국민에 대한 배신을 했던 사실, 잊을 수 없다.

이렇게 피난 내려간 부산에서 전시연합대학으로 법대는 유기천 학장서리의 지도로 운영되었다. 1951년 9월 부산여고 강당에서 법대 제5회 졸업식이 거행되었는데 200명 제적생 중 50명 정도밖에 참석하지 못했다.

김치선은 이런 어려운 가운데서 고병국 교수의 도움으로 1952년 8월에 미국

유학의 길을 떠났다. 그해 9월 6일 휘트워스대학(Whitworth College)에 입학하여 이듬해 6월에 학사학위(B.A.)를 받고 그해 9월 1일 시카고대학교 로스쿨에 입학하여 1955년에 1월 5일 비교법석사(MCL)의 학위를 받았다.

귀국하여 숭실대학 법학과 교수가 되어 가르치면서 서울대 법대에도 1961년까지 강사로 출강하였다. 1956년 한국법학원(Korean Legal Center)의 창설에 노력하여 2월부터 부원장으로 활동하면서 1980년 6월까지 법학계와 실무계의 중간역할을 하였다. 1958년 7월부터 국제법률가협회 이사장이 되어 평생에 걸쳐 지도적 역할을 하였다. 1959년 7월부터 1986년 12월까지 한국노동법학회 회장으로 우리나라에 노동법학의 정립과 발전에 선구자적 역할을 하였다. 1963년 4월에 서울대학교 법과대학 교수가 되어 1986년 12월까지 20여 년간 봉직하였다. 노동법학자로서 참의원 전문위원, 공무원연금 급여심사위원, 국제노동법학회 한국지부장, 제1회 법의 날 창설준비위원회 총무, 사법시험위원, 3급 행정고시위원, 중앙노동위원회 공익위원, 노동청 임금위원회 위원, 국무총리실 정부시책평가위원 등 다양한 사회활동을 하기도 하였다. 1969년 9월부터 1980년 6월까지 한국법학교수회 이사를 역임하였고, 1977년 2월부터 1980년 5월까지 서울대학교 법학연구소 소장을 재임하였다. 1979년 9월부터 국제노동법 및 사회보장학회 집행이사가 되어 국제적으로 활약하다 1994년 9월에는 동 학회 제14차 세계대회를 서울에서 개최하고 회장에 당선되었다. 1980년 5월부터 1984년 5월까지 서울법대 학장직을 두 차례 연임하였고, 1986년 12월에 숭실대학교 총장으로 임명되어 1989년 2월까지 재임하였다. 1989년 2월에 한국노사발전연구원을 창설하여 원장으로 재직하고 1985년 4월부터 학술원 회원으로 피선되기도 하였다.

이와 같이 학문적, 사회적으로 다양한 활동을 한 공을 인정받아 1971년 5월 대통령표창, 1982년 12월 한국법률문화상, 1985년 12월 국민훈장 모란장, 1987년 5월 평안북도 도민문화상, 1993년 5월 1일 법의 날에 국민훈장 무궁화장을 수여받았다.

1961년 9월 동경에서 열린 '법을 통한 세계평화' (World Peace through

Law) 회의에 한국 대표로 참석한 이후 거의 매년마다 각종 국제학술회의에 참석하여 논문을 발표하고 이사회와 집행위원으로 활약하였다. 또한 1963년 10월 서독 정부의 초청으로 독일 법학계를 시찰한 이후 15차에 걸쳐 해외 학계와 법조계를 시찰하였고 한미대학생회의를 주관하기도 하였다. 1970년 2월 26일 서울대학교에서 「근로자의 단결권」이란 논문으로 법학박사학위를 받았고, 1988년 5월 미국의 모교인 휘트워스대학에서 명예법학박사학위를 받기도 하였다.

유족으로는 미망인 백금옥 여사와 장남 김성우, 차남 김성보, 3남 김성진, 장녀 김성애, 차녀 김성이, 3녀 김성실이 있고, 맏사위는 현경대(玄敬大) 전 국회의원이다.

국제적으로 한창 일하는 도중에 갑자기 하늘의 부름을 받은 김치선 박사의 장례식은 11월 28일 오전 9시 그가 장로로 시무하는 영락교회에서 개최되었다. 고유곤 목사의 인도로 임영수 목사의 설교, 최창근 장로의 기도, 그와 서울법대 동창인 이희철 장로의 약력 소개, 오제도 변호사의 조사로 진행되었다. 오 변호사는 조사에서 김치선 박사의 학생시절부터의 투철한 민족의식과 후일 법률가로서의 국제적 활동에 관해 소상히 회상하였다. 김치선 박사의 시신은 경기도 남양주군 영락동산에 안치되었다.

Ⅱ. 법사상

김치선 박사의 생애는 필자의 관점에서 다음과 같은 여섯 가지 측면으로 조명해 볼 수 있다고 생각된다.

첫째는 국내외적으로 알려진 노동법학자로서의 면모이다. 그는 1950년대에 미국에서 노동법을 전공하여 우리나라에 학문으로서의 노동법학을 기초놓은 선구자이다. 당시만 해도 한국 법학계에서 노동법학을 전공한다는 것은 이단적이라고 할만큼 상당한 용기를 필요로 하였다. 아마도 그가 노동법을 전공한 계기는 가정적 배경 및 기독교적 진취성 그리고 고병국 박사의 지원이 작용한 것이 아닌가 생각된다. 그를 잘 아는 서돈각 박사는 이렇게 증언한 바 있다.

> 김 박사가 본격적으로 학문에 길에 들어서게 된 것은 서울법과대학을 졸업하고 1952년 도미 유학의 장도에 오를 때부터이었다. 그런데 김 박사가 당시 한국의 법학계에 있어서 아직도 매우 소외되고, 어떤 의미에서는 불모적 상태에 있던 노동법을 전공으로 하게 된 것은 결코 우연한 계기나 평범한 이유에 의한 것이 아니었다. 김 박사는 6·25동란으로 인한 부산에서의 어려운 피난생활 속에서 직접 부두노무에 종사하기도 하였고, 또한 이들 육체노동자들의 비참한 생활을 목격하면서 자신이 장래에 어떠한 학문을 하여야 할 것인가를 이미 결심하게 되었고 그때부터 노동법학은 그의 평생의 연구과업으로 되어 있었다고 할 수 있다. 참으로 열정적이며 감수성이 풍부한 그의 훌륭한 인품은 그의 학문적 생활에 있어서도 그대로 연결되고 반영되어 나타나 있는 것이다.

아무튼 김치선 박사는 노동법학을 개척하여 1958년에 『노동법학』을 간행한 이후 『경제법과 사회보장법』(1960), 『신노동법 총론』(1964), 『신노동법 각론』(1965), 『노동법』(1965), 『근로자의 단결권』(1970), 『노동법 총설』(1977), 『노동법 강의』(1981), 『노동법 연습』(1985), 『노동법 판례교재』(1987) 등 13권의 저서를 발간하였고, 1957년 『법대학보』에 「경제법에 관한 일고찰」이란 논문을 발표한 이후 124편에 이르는 많은 학술논문을 발표하였다. 그리고 수없이 많은 국제회의에 참석하고 끝내 국제노동법 및 사회보장학회 회장까지 된 것은 그 개인에게나 우리나라에게 큰 공적과 명예라고 아니할 수 없다. 필자도 그의 지도를 받으며 처음으로 노동법학을 공부하며 니키쉬(Nikisch), 니퍼다이(Nipperdey), 진쯔하이머(Sinzheimer) 등의 이론을 배웠고, 특히 사회법학자로서의 라드브루흐(Radbruch)에 관하여 인상적으로 알게 되어 이 방면의 석사논문을 쓰기도 하였다. 전태일사건이 발생했을 때 고 조영래 변호사와 법대에서 장례식을 준비하다 좌절된 일은 잊을 수 없는 당시의 추억이다. 1983년 김치선 박사의 회갑 때에는 후학들이 논문을 써서 『노동법의 제문제』라는 논문집을 봉정하였는데, 여기에는 구병삭, 신인령, 이영희, 백재봉, 윤성천, 임종률, 김학수, 김형배, 신홍, 이은영, 이철원, 배병우, 김유성, 신두범, 이광택, 현경대, 최종고, 박세일, 한정현 등 국내학자뿐만 아니라 외국에서도 칼데론(Calderon), 굴드(Gould), 슈레글레(Schregle), 맥카시(McCarthy), 나기(Nagy), 헤켈만(Heckelmann) 등 굴지의 학자들이 논문을 보내왔다. 또한 10년이 지나 1994년에 고희기념논문집으로 『국제화시대의 노동법의 과제』가 증정되었는데, 여기에도 김영, 김유성, 박홍규, 신홍, 이상덕, 홍기갑, 배병우, 신인령, 윤성천, 이광택, 이철수, 이호준, 임종률, 한정현, 허영민, 현경대, 남재희 등의 국내학자와 앤더슨(Anderson), 백쿤간(Bacungan), 벤 이스라엘(Ben-Israel), 슈레글레(Schregle), 수게노(Sugeno) 등의 학자들이 기고하였다. 이 논문집에 대한민국 학술원회장 권이혁 박사는 하서를 통해 다음과 같이 말하였다.

> 올해 9월 26일 서울에서 개최되는 국제노동법 및 사회보장학회 제14차 세계대회의 조직위원장으로서 눈부신 활동을 계속해 오신 김 박사의 존재는 거룩하다고 하겠으며 한없이 자랑스럽기만 합니다. 이 학회는 국제노동기구(ILO)에 부설되어 있으며 그 권위를 전세계에 떨치고 있는 것으로 알고 있습니다. 김 총장의 끊임없는 국제활동과 정력적인 노력 그리고 불굴의 의지가 이 대회를 서울로 유치하는 데 결정적 요인으로 작용하였으며 대회조직 책임자로서 김 박사는 풍부한 경륜과 지식을 십이분 과시하시기에 이른 것입니다. 이 학회의 아시아지역 부회장이신 김 총장이 이번 대회에서 회장으로 취임하시게 된다고 전문하고 있는데 이것은 김 총장 개인뿐만 아니라 이 나라의 영광이라고 굳게 믿습니다. 김 총장은 대한민국 학술원 정회원으로서도 명예를 떨치고 계십니다. 수많은 학술회의에서 당당하고 소신에 찬 그의 발표는 동학들의 뜨거운 박수를 받아 왔습니다. 그의 해박한 지식과 학문적 권위는 어떤 모임에서나 분위기를 휘어 잡기에 충분합니다.

실로 한국의 법학이 이만큼의 발전적 진용을 이루기까지에는 김치선 박사의 선구적 노력과 후학을 따뜻하게 키운 정성이 크게 작용하였다고 할 것이다.

둘째로, 김치선 박사는 학문과 실천을 종합시킨 활동적 지식인이라고 할 수 있다. 노동법학이 실천지향적 학문이기도 하지만 특히 김 박사는 그의 학문적 지식을 노동계뿐만 아니라 모든 한국 현실을 보다 나은 방향으로 개선시키기 위해 최선의 노력을 기울인 실천가였다. 그는 항상 화해와 타협, 평화를 이상과 덕목으로 생각하고 어느 모임에서나 '평화를 만드는 사람' (peace-maker)으로 역할하였다. 그는 모든 일을 긍정적으로 대처했고, 그래서 가끔 '예스맨' 으로 불리기도 하였다. 어떤 이는 그를 노동자보다 사용자편에 선 노동법학자라고 부르기도 하였지만, 그의 삶과 정신의 전체적 맥락에서 보면 그것은 결코 바른 판단이 아니며, 노동자와 사용자가 화해와 타협을 통하여 평화로운 노동질서를 수립하는 데에 적극적으로 기여하고자 하는 입장에 서 있었다. 아마도 그가 가장 강조하고 기여한 것은 노사협의에 관한 것이었다고 할 수 있다. 그래서 그는 미국에서 공부했지만 후일 독일의 노사공동결정제도(Mitbestimmung)에서 많이 배우려 하였고, 독일의 노동법학자 가밀쉐크(Gamilscheck)와 각별한 교우를 맺고 그 후임으로 국제노동법학회 회장이 되기도 하였다. 또한 독일 출신으로 영국으로 망명한 세계적 노동법학자 오토 칸-프로인트(Otto Kahn-Freund) 교수와도 생전에 깊은 교류를 가진 것으로 알고 있다. 필자의 학생시절에 개인적으로 지도해 주신 말씀 가운데 지금도 잊을 수 없는 것은 당시에도 막강한 정치가였고 지금도 영향력 있는 야당당수인 어떤 분을 가리키며 매사에 일단은 할 수 있다고 받아들이며 최선을 다해 노력하는 것이 인생을 살아 나가는 데 중요한 비결이라고 타일러 주시던 일이다. 필자는 지금도 그 처세술이라 할까 인생훈(人生訓)을 한국사회와 연관하여 생각해 보곤 한다.

셋째로, 김치선 박사는 법학교육에 깊은 관심을 둔 교육행정가였다. 그는 미국에서 공부한 바탕에서 1956년에 미국의 저명한 법률가 벤자민 카도조(B.N. Cardozo)의 저서 『법의 성장』(*The Growth of Law*)을 번역하였고, 1957년에는 『한미법학사전』을 편찬하는 등 미국의 법현실주의(Legal Realism)를 소개하면서 민주주의를 지향하는 한국 법학의 건설에 주력하였다. 서울법대의 법학연구소 소장에 이어 학장으로 재직하던 1982년 한미수교 100주년에는 『한미법률교류 100년』이란 국제심포지움을 개최하였고, 숭실대학교 총장으로 옮긴 후에도 계속하여 대학교육의 발전을 위하여 진력하였다. 서울법대 동창회에도 남다른 열심으로 참여하여 모교에 대한 애정을 나타내었다.

넷째로, 김치선 박사는 크리스천 지성인의 한 전형이라고 말할 수 있다. 그는 청년시절에 한경직 목사를 휴전선을 넘어 서울로 안내한 각별한 관계를 갖고 한평생 영락교회에 집사와 장로로 봉사하였다. 그리고 서울법대에 기독학생회를 조직하여 학생시절에나 교수시절에나 물심양면으로 돌보아 주었다. 만년에는 서울대학교 법과대학 기독동문회를 조직하여 회장으로 더욱 관심과 애정을 기울였다. 필자도 대학시절 김 교수와의 인연으로 영락교회에 출석하며 대학과 교회에서 자주 접하면서 그렇게 사회적이고 활동적인 분이 어떻게 교회봉사를 저렇게 헌신적으로 할 수 있는가 놀랐던 기억을 지금도 잊지 않고 있다. 그의 제자이며 제1호 석사논문을 쓴 백재봉(白宰奉) 교수도 지금은 목사로서 활동하고 계신데 이런 '변신'에는 음으로 양으로 김치선 박사와의 인간적 정신적 교류가 작용하였으리라 생각된다. 한마디로 김치선 박사는 노동법학자로서, 지식인으로서의 정신적 원천과 용기를 기독교윤리와 신앙에서 찾으려 한 인물이었다고 생각된다. 그렇다고 결코 편협한 기독교인이 아니고 타종교에 대하여도 포용적인 태도를 보여주었다. 이에 대해 그를 잘 아는 서돈각 박사는 다음과 같이 흥미있고 중요한 증언을 해준다.

> 김 박사와 본인의 친교는 동학(同學)으로 맺어진 것이었으나 종교적으로는 김 박사는 독실한 기독교 장로이고, 본인은 불교의 독실한 신자로 알려져 있다. 우리는 평소 종교에 관하여 자주 의견을 교환하였는데, 김 박사는 기독교에 관하여 본인에게 많은 것을 깨우쳐 주었고, 본인도 김 박사에게 불교에 관한 이해를 증진시키고, 또한 지방여행 길에는 명산대찰을 같이 순방하고 고승을 소개하기도 하였다. 그 중에서 1958년 여름 전북 변산해수욕장에 같이 갔다가 부안의 내소사(來蘇寺)를 방문하게 되었다. 그 곳에서 방장(方丈)이신 해안(海眼) 대선사를 친견하게 되었는데 그 분께서 나에게는 무애거사(無碍居士)라는 법명을 주시었고, 김 박사에게는 가산(佳

山)이라는 아호를 주셨다. 이 가산이라는 아호를 주시면서 시현(示現)한 시구가 다음과 같은 것이었는데, 김 박사는 이것을 인생의 지표로 삼아 왔다. 즉 "애인여기 물아불이 수분구세 사응신명"(愛人如己 物我不二 隨分救世 似應神命)이라는 내용인데, 이를 대체로 다음과 같이 풀이할 수 있을 것이다. 즉 "뭇사람을 내 몸과 같이 사랑하면 나와 세상이 둘이 되지 않고, 나의 분에 따라 세상을 위해 일한다면 그것이 바로 하늘의 명령이 된다."

스님이 준 아호를 평생 사용한 독실한 크리스천, 이것이야말로 한국의 성숙한 종교인이 가질 수 있는 멋이라 할 것이다.

다섯째로, 김치선 박사는 보기 드문 스포츠맨이었다. 그는 등산가로서 서울법대 산악회를 지도하며 국내외 원정을 하였고 테니스를 열심히 즐겼다. 이에 대해 권이혁 박사는 다음과 같이 회상한다.

학자나 교육자로서뿐만 아니라 스포츠맨으로서도 가산 선생은 화려한 인생을 걷고 계십니다. 특히 그의 정구는 유명하다. 1960년대 서울법대 교무과장 시절에 테니스 코트를 마련했을 정도로 그는 테니스에 열광했으며 오늘날에도 변함 없이 테니스 코트를 뛰고 계신 그의 위용은 놀랍기만 합니다. 서울의대 구내에 위치한 인구의학연구소 뒤편에 테니스 코트가 있는데, 김 총장은 이 코트를 대단히 애용하고 계십니다. 필자는 인구의학연구소와 관계가 깊었던 까닭에 몇 년 전까지만 해도 연구소에 갈 기회가 많았는데, 저녁 무렵에는 어김없이 김 총장의 정구하시는 모습이 눈에 들어왔고 그럴 때마다 부러워하기도 하였습니다. 학자와 교육자 그리고 교육행정가로서 실력과 관록을 간직하고 계신 김 총장에게 인간성과 인간미가 넘쳐 흐르고 있는 뒷면에는 그의 스포츠맨십이 언제나 한몫을 하고 있다고 확신합니다. 만인으로부터 존경을 받고 있는 그의 지성과 덕성이 오랜 동안 연마해 온 스포츠맨십에 바탕을 두고 있다고 해도 과언이 아닌 줄로 압니다. 필자가 좋아하는 속담에 "로변(路邊)에 지마력(知馬力)이요, 일구(日久)에 견인심(見人心)이니라"는 구절이 있습니다. 길이 멀면 말의 힘을 알게 되고 날이 오래면 사람의 마음을 알게 된다는 뜻입니다. 연륜이 흐를수록 김 총장의 힘은 더욱 솟아오르고 있으며 그의 인간성은 더욱 풍부롭게 빛나고 있습니다.

여섯째로, 김치선 박사는 요즈음 흔히 말하는 세계화의 실천자라고 할 수 있는 국제적 지도자요 잰틀맨이라 할 수 있다. 사실 한국인으로서 학문적으로나 인간적으로 세계무대에서 활동한다는 것이 말처럼 쉬운 일은 아닌데, 김 박사는 마치 명배우를 연상시키는 수려한 용모와 다부진 체격 그리고 정열적 추진력으로 세계의 학자들과 지도급 인사들과 함께 어울리면서 그의 지도력을 충분히 발휘할 수 있는 역량의 소유자였던 것이다. 한국의 노동현실이 간단치 아니하여 국제무대에서 활동하기가 심적 부담이 없지 아니하였음에도 불구하고 그의 천부적 역량과 열정으로 그만큼의 국제적 명성을 얻은 것은 한국의 법학지식인과 법률가들에게 하나의 귀감이라 아니할 수 없다.

돌이켜보건대, 한국인으로 김치선 박사만큼 국제무대에서 맹활약을 한 법학자도 드물 것이다. 현직 국제노동법 및 사회보장학회 회장으로 임기를 채우지 못하고 타계한 것은 치명적 손실이라 아니할 수 없다. 건강과 수명은 별개라는 생각이 들기도 하고, 인명재천(人命在天)이랄까 인생의 신비를 겸손히 받아들일 수밖에 없다. 거목(巨木)이 스러지면 잔목(殘木)이 자랄 시간이 필요하겠지만, 선생의 제자들이 큰 학자들이 되어 세계무대에서 선생이 쌓은 공적을 계승해 주기를 바라는 마음 간절하다.

연보 및 논저

■ 연보

1922. 8. 24	평북 철산 출생
1951. 9	서울대 법대 졸업
1953. 6	미국 휘트워스대학(Whitworth College) 졸업
1955. 1	시카고대학 로스쿨에서 석사(MCL)
1955-1961	서울대 법대 강사
1955-1963	숭실대학 법학과 교수
1957-1980	한국법학원 부원장
1958-1994	국제법률가협회 이사장
1959-1986	한국노동법학회 회장
1960-1961	참의원 전문위원
1963. 4-1986. 12	서울대 법대 교수
1963	국제노동법학회 한국지부장
1964. 5	법의 날 창설준비위원회 총무
1967-1980	중앙노동위원회 공익위원
1969-1980	한국법학교수회 이사
1970. 2	서울대에서 법학박사
1977-1980	서울대 법학연구소장
1979. 9	국제노동법 및 사회보장학회 집행이사
1980-1984	서울대 법대학장
1985. 4	학술원 회원
1986-1989	숭실대학교 총장
1988. 5	미국 휘트워스대학 명예박사
1989	한국노사발전연구원 원장
1996. 11. 25	서울에서 작고

■ 저서

『노동법학』, 1958.

『경제법과 사회보장법』, 1960.

『신노동법총론』, 1964.

『신노동법각론』, 1965.

『근로자의 단결권』, 1970.

『노동법총설』, 1977.

『노동법강의』, 1981.

『논동법연습』, 1985.

『노동법판례교재』, 1987.

『노동법강의』, 1988.

『노동법강의』, 1991.

김 도 창

(1922-2005)

㉒ 김도창 (1922-2005)

김도창(金道昶)은 한국 행정법학의 대부로 알려져 있다. 실로 그는 해방후 황무지와 같은 행정법 분야를 학문적으로 체계를 놓은 개척자이다. 학계와 실무계를 적절히 연결시키면서 평생 바르고 학구적인 자세를 유지하여 많은 후학들에게 귀감이 되었다.

필자는 1960년대 후반에 서울법대에서 그로부터 행정법 강의를 들었고, 전공은 다르지만 비교적 가까이서 뵐 수 있는 행운을 가졌다. 언제나 단아하시고 박람강기에 균형감 있는 고견을 말씀하시는 모습을 보며 전형적인 법학자의 상이라 생각하였다.

그의 생애와 행정법학의 세계에 대하여는 제자인 김남진, 김철용, 최송화 교수 등의 글이 있다. 그의 회갑, 70세, 80세 기념 논문집들이 참고가 된다. 2006년 7월 18일에 1주기 추도행사와 학술대회가 있었는데, 여기서는 성낙인 교수(한국공법학회장)가 「한국 공법학과 목촌 김도창」을 발표하였다. 이러한 글들을 종합하여 정리해 본다.

I. 생애

김도창은 1922년 11월 19일 경북 안동에서 태어났다. 강원도 명주군 주문진읍에서 어린 시절을 보냈다. 춘천공립중학교를 졸업하고 일본으로 건너가 1942년 9월에 동경의 주오(中央)대학에 입학하였다. 1944년 일본군에 학병으로 징집되어 이듬해 9월 육군 소위로 귀가하였다.

해방후 서울대학교 법과대학에 등록하여 공부하여 1947년 7월 11일 제1회 졸업생이 되었다.[1] 대학원에 진학하여 민법을 전공하여 1949년 7월에 법학석사 학위를 받았다. 서울대학교 조교로 선발되었는데, 조교는 서돈각,[2] 김영주(金永周), 김홍수(金洪洙), 유경린(劉景麟), 이근식(李根植) 모두 6명이었다. 이것이 학문생활의 첫 출발이었다.

정부가 수립되고 유진오 교수가 법제처장으로 입각하면서 권유하여 법제처에 들어가 이탈리아 헌법을 번역하였다.

1950년 제1회 고등고시 사법과에 합격하였는데, 그래도 법제처를 떠나지 않고 법제관으로 근무하였다.

1960년 4 · 19 후 법제처가 법제국으로 축소되었을 때는 그 책임자인 법제국장이 되어 일찍이 사실상 법제처장의 일을 수행하였다. 유진오 법제처장은 「김

1 55명이 졸업하였는데, 강병두, 김영주, 민정기, 서장석, 이근식, 이선중, 조규대 등이 있다.

2 목촌은 2005년 7월 초순 운명 직전에 악화된 건강상태에서 필자가 편집중이던 무애 서돈각박사 추모논문집에 「무애와 나」라는 다음과 같은 최후의 글을 주셨다. "오 호라! 무애가 우리 곁을 하직한 지가 벌써 1주기가 되니, 세월이 덧없음을 한탄할 것인지, 훌훌히 떠나버린 무애를 섭섭다 할 것인지? 무애와 나의 만남은, 세어보니 벌써 반세기 전의 일이었지요. 해방직후 38선을 기준으로 남북이 분단되고 좌우가 갈라진 가운데, 한치 앞도 볼 수 없는 한반도의 혼란된 상황 속에서, 무애와 나는 대학의 재건을 위하여 서울대학에 편입학하고, 그후 대학원을 거쳐, 1949년 서울법대의 조교로 선발되었다. 조교는 모두 6명이었는데, 우리 두 사람 외에 김영주, 김홍수, 유경린, 이근식 제군이 있었다. 그리하여 우리 모두는 오랜만에 만난 학구적 분위기 속에서 앞날을 설계할 수 있었다. 그런데 1950년 6월 생각지도 않던 공산남침이 시작되고, 우리는 뿔뿔이 헤어졌다. 2005년 현재 우리들 중에 생존자는 김영주 대사, 이근식 박사와 나 합해서 3인뿐이다. 내가 1954년 결혼을 앞두고 처가댁에 함(函)을 전달하기 위해 나는 무애를 꼬였다. 두 사람이 돈암동 처가댁에 도착하고 보니 생각보다 큰 환대였다. 나중에 집사람 보고 물어보았더니, 처가댁에서는 무애를 내 집에서 모셔온 상객(上客)으로 착각하고 굉장히 당황했다는 후문이었다. 어떻든 무애는 이중으로 대접받은 셈이니 물론 기분이 나쁘지 않았을 것이다. 무애의 명복을 빕니다." (「부처님과 함께」, 무애 서돈각박사추모문집, 법문사, 2006년 수록)

도창 박사와 나」라는 글에서 그의 능력과 인품을 높이 평가하였다.[3]

해방후 법학 1세대로서 그에게 학문과 법제사무의 실무경험은 공리공론을 피하고 실제적인 행정법론을 구축하는 토대가 되었다.

법제실무와 법대 사이에서 동분서주하는 김도창의 모습은 다음과 같은 자신의 서술에 잘 묘사되어 있다.

> 1960년대 후반 내무부 장관으로 간 엄민영(嚴敏永) 선생의 강권으로 내가 계통도 다른 보사부 차관으로 가 있을 때이다. 나는 언제나 원칙을 중히 여기는 원칙주의라는 평을 들었고, 눈 코 뜰 사이 없는 실무에 쫓기면서도 늘 대학을 잊지 않았으며, 강의도 열심히 나갔다. 대학에 있을 때는 하지 않겠다고 생각했던 박사학위도 실무 쪽으로 나와서 외국인도 만나고 국제회의에도 참석해보면서, 그 실제적 필요를 느껴서 논문작성을 진행했고, 새학기가 되기 전에 교재로 쓰일 저서의 개필도 했다. 주말과 저녁에 피로한 몸을 이끌고 호텔방을 전전하면서 개필을 서둘렀다. 건국 초기의 법제도는 걷잡을 수 없이 변했으니, 정신없이 개필을 하다보니 책내용의 3분의 1이 바뀌게 되었다. 개학을 눈앞에 두고 겨우 원고가 완성되어 출판사에 넘겼더니, 출판사에서는 새로 찍는 데 난색을 보이는 것이었다. 지금 제작을 시작해 가지고는 새 학기를 놓치게 되니 그냥 구판을 다시 인쇄해서 학기 초에 대고, 개필한 것은 서서히 제작하자는 것이었다. 나는 몹시 화가 났다. 공무의 틈 사이로 천신만고 끝에 손질한 보람도 보람이지만, 학생들 보고 낡은 내용의 구판을 가지고 공부하도록 강요하는 것은 죄악이라는 생각이었다. 사업하는 사람의 처지에서는 수지타산 따지는 게 당연하다고도 할 수 있지만, 어쨌든 그 일로 해서 나는 오랫동안 손을 잡았던 출판사와 결별하고, 아이들 교육이 끝나서 손이 난 내자 명의로 '청운사(靑雲社)'를 세워 운영하면서 통상적인 인세의 범위를 넘어서는 이익은 학회 지원이나 장학사업 등 유익한 일에 쓰도록 하는 방침이었는데, 1970년대 상반기에 『행정판례집』 상 · 중 · 하(9,000개 판례, 총 4,500페이지)를 편집 · 간행하는 사업을 추진하는

3 유진오, 「김도창박사와 나」, 『현대공법의 이론』(김도창박사회갑기념논문집), 1982.

데 그만 경제적으로 기진맥진하게 되었다.[4]

대학은 학문의 전당이기만 한 것이 아니라 학생교육의 전선이기도 하다. 학생 데모에 시달려야 했던 목촌은 이런 원고를 남기고 있다.

우리나라 대학생활은 데모생활이다. 학자는 연구하고 수업하는 데 그치지 않고, 어느 때부터인가 '학생지도' 가 그에 못지않게 중요한 직무로 되어 있다(교육법 제75조). 학생지도 자체가 잘못되었다는 것이 아니라, 데모를 방지하기 위하여 일주 내내 출근하여 대기하는 것이 문제이다. 학자는 지성과 인격과 말로써 지도하는 것이지 결코 행동대원이랄 수 없다. 정부나 정당에 있는 사람들 중에는 학생 소요사태의 책임을 교수들에게 물어서 비난하는 이들이 있지만 편견이다. 나는 1960년 4·19때부터 1964년 한일회담 반대파동 때까지의 소용돌이치던 사회혼란을 잊을 수 없다. 동숭동 캠퍼스, 하루종일 바리케이트를 치고 농성중인 학생들과 줄다리기 하다가 밤에도 귀가하지 못하고 새벽에야 간신히 농성 학생들을 설득하여 버스에 태워 보내던 일은 슬픈 기억이다. 교수회의실에서 교수단과 학생대표단이 우리 이야기 좀 해보자고 하여 대좌한 일이 있었는데, 학생대표 가운데 내 지도반이었던 정모군, 지금은 중견 정치인으로 활약하고 있지만, "왜 우리나라 교육자 가운데는 피히테가 없고 페스탈로치가 없습니까?" 하였다. 내가 대답했다. " '피히테' 나 '페스탈로찌' 를 우리 교수들 속에서 찾지 말라! 바로 자네들 속에서 나오도록 하는 것이 우리의 임무다" 라고. 5월 하순에 접어들면서 데모와 격화일로를 치닫고 있을 때, 우리가 가만히 있어서야 되겠는가 해서 서울대 교수들이 모여 사상 처음으로 '시국선언' 을 발표하게 되었다(5. 28). 황산덕(黃山德)·최재서(崔載瑞)·조윤재(趙潤濟)·김성근(金聲近) 선생과 나 다섯이 기초에 참여했었는데, 그 반향은 예상 외로 좋았고 약간은 먹혀들어가는 듯했다. 이것이 계기가 되어 '교수협의회' 가 처음으로 구성되었는데, 나를 보고 회장 하라고 해서 고사하고 안 나갔더니, 궐석재판으로 일

4 김도창, 「나와 서울법대」, 『한국공법이론의 새로운 전개』, 삼지원, 2005, 838쪽.

계급 강등해서 부회장으로 선출하는 것이었다.[5]

평생 대학과의 인연을 끊지 않던 목촌이 1979년 10월 29일 박 대통령 시해사건과 함께 다시 새 헌법을 마련하기 위한 법제업무의 책임자로 법제처장에 임명된다. 그는 이렇게 회고한다.

> …… 법제처 안에 설치된 헌법연구반의 작업은 사회일각에서 오해도 받았지만 연구계획을 서둘러서 정부헌법개정심의위원회가 발족되기 직전인 1980년 3월 14일, 그런대로 보고서가 나왔는데, 나온 것을 보고 국회 · 정당 · 언론의 반응은 대체로 좋은 편이었다.
>
> 헌법개정심의위원회는 1980년 3월 14일 중앙청 제1회의실에서 발족한 이후 4월 4일의 제2차회의부터 대체토론을 시작하여 5월 2일의 제6차 회의에서 특별고문 兪鎭午박사의 개헌에 관한 소견발표를 끝으로 대체토론을 마치고, 5월 16일 제8차 회의에서 13인으로 구성된 헌법개정요강작성소위원회를 발족시키게 되었다. 이 소위원회는 5월 19일 제1차 회의를 가졌다.
>
> 한편, 5월에 들어서면서 정국은 거칠어지기 시작하여 최 대통령께서 석유자원 교섭차 중동을 방문하신 기간에 학생데모가 격화되어, 결국 최 대통령 귀국 다음날 5 · 17사태가 생겼으니 비상계엄이 전국에 확대되었고, 내각은 이에 대한 책임을 지고 5월 20일 일괄사표를 제출하기에 이르렀다. 사태가 이에 이르고 보니, 어떻게 해서든 단일안을 만들어야 한다고 해서 있는 힘을 다해온 나의 좌절감은 이루 말할 수 없는 지경이 되었던 것이다. 나는 기자들에게 늘 타이르듯이 말하기를,
>
> "이번 개헌은 내용이 중요한 것이 아니라 절차가 중요하다."
>
> "나중에 두고 보면 알겠지만 새로 마련되는 헌법이 무슨 기상천외의 예술작품이 나오는 것이 아니다."
>
> "문제는 국회와 정부가 화해하여 단일안을 만드는 데 성공만 한다면 그것으로 우

5 김도창, 「나와 서울법대」, 『한국공법이론의 새로운 전개』, 839-840쪽.

리는 타협정치·민주정치를 몸소 실천했다는 사실을 세계만방에 과시하게 될 것이고 우리는 선진국가의 대열에 끼이게 될 것이다."라고 했다.

나는 정부 물러가라고 외치는 일부 정치지도자들과 데모학생들의 주장을 보고 나의 생각은 한낱 幻想에 불과하다고 느끼자 최광수 실장에게 전화를 걸어 상사에게 죄송하나 일괄제출된 나의 사표가 꼭 수리되도록 선처해 달라고 부탁을 했었다. 나는 늘 公人으로서는 진퇴를 깨끗이 해야 한다는 조그마한 신념을 가지고 살아왔었다.[6]

이것이 목촌의 공직생활의 마지막이었다. 한국 민주주의와 헌법현실의 처절한 현실을 적나라하게 보게 된다.

공직과 대학에서 전임생활을 마감하는 과정에서도 아직도 연부역강하셨던 목촌은 언제나 올곧은 신사로서 그의 학문적 교유의 범위를 국제적으로 넓혀 나갔다. 그간 공직생활 때문에 제대로 챙기지 못하였던 공법학의 국제화를 향한 보폭을 넓혀 갔다. 1980년에는 독일 칼스루헤에 있는 연방헌법재판소에서 헤세(Konrad Hesse) 교수 등을 만나고, 베를린에 있는 연방행정재판소 퀼링(Kühling)·나이후스(Neihus) 판사 등을 만나서 학문적 토론을 나누었다. 1981년에는 독일 본 대학에서 연구하는 동안 독일국법학자대회(Vereinigung de deutschen Staatsrechterslehrer)에 참석하는 등 한국행정법학의 뿌리라 할 수 있는 독일공법학의 탐구를 심화하였다. 일본공법학회 연차총회도 참석하여 동경대학의 시오노 선생 등과 학문적 교유를 계속하였다. 이와 같은 선생의 학문적 완결기에 이루어진 보폭은 새로운 세기를 맞이하는 후학들에게 국제화의 징검다리를 놓은 것이라 할 수 있다.[7]

2005년 6월 23일 메리오트 호텔에서 팔순기념 논문집 『한국공법이론의 새로운 전개』의 증정식이 있었다. 간행위원장 김철용 교수는 「헌증사」에서 이렇게 증언하고 있다.

6 김도창, 「법제처와 나」, 『법제처 40년사』, 1988. 그리고 『한국공법이론의 새로운 전개』, 811쪽.
7 성낙인, 「한국 공법학과 목촌 김도창」, 『법학』 47권 3호, 2006, 460쪽.

…… 저는 牧村古稀記念論文集 韓國公法의 理論의 獻呈辭에서 先生님을 우리나라 公法學 특히 行政法學의 發展의 바탕을 마련하시고 이를 꾸준히 가꾸어 온 선도자로 묘사한 바 있었습니다. 先生님 이외에도 행정법학을 전공하시고 책을 저술하신 분들이 계셨습니다. 先生님이 다른 분들과 다른 점은 당시 난마와 같았던 행정법학 연구의 소재인 행정법규를 정리하시면서 그 속에서 공통된 지도원리를 찾으려고 노력하였다는 점입니다. 1956년에 출간된 첫 저서 行政法各論의 서문에서 선생님께서 밝히시고 계시는 바와 같이 당시의 행정법규가 정부수립 이후의 법령뿐만 아니라 軍政法令 · 日政法令 · 舊韓國法令까지를 포함하고 있어서 이 법령들의 유효 · 무효를 가리고 정리하는 것이 일개인의 힘으로 되는 일이 아니었습니다. 先生님께서는 교과서를 집필하시면서 行政法各論을 먼저 착수하셨습니다. 선생님은 정도를 밟으셨습니다. 그 다음에 1958년 行政法論(上)을 저술하시면서 行政法各論을 절판하시고 새로이 行政法論(下)을 출간하셨습니다. 先生님께서는 학자가 걸어가야 할 바른 길을 몸소 실천하셨습니다. 선생님의 성실한 자세는 예나 지금이나 변함이 없고, 제자들의 귀감이 되고 있습니다. ……先生님께서는 맨 선두에 서서 한국의 공법학 특히 행정법학의 수준을 향상시키기 위하여 부단히 노력하셨습니다. 先生님께서는 한국행정판례연구회를 창립하시어 이론가와 실무가의 질 높은 토론의 장을 마련하신 것은 이러한 노력의 일단이었습니다. 선생님께서 한국공법학회의 명예회장으로 추대된 것이나, Hans Kelsen, Karl H. Ule, Ernst Forsthoff, Konrad Hesse 등과 같은 세계적 권위자와 더불어 일본공법학회의 명예회원으로 추대된 것은 先生님께서 한국의 최고권위자였기 때문임은 말할 것도 없지만, 이러한 노력의 공적이기도 하였습니다. 이와 같이 先生님께서 최고권위자였기 때문에 제자들은 先生님께 반드시 덕담을 나눌 필요가 없어 편했습니다. 先生님의 행정법학에 대하여는 이미 제자들에 의하여 연구되고 있습니다만, 후학들에 의하여 연구가 앞으로도 계속 되리라고 믿습니다. 한국행정법론을 논할 때에는 先生님으로부터 출발할 수밖에 없기 때문입니다. 先生님에 대한 정확한 연구는 한국행정법학 연구를 위해서 절대로 필요하다고 저는 생각하고 있습니다. 제가 금년 3월 2일에서 4일까지 선생님과 동해안을 여행하면서 여러 가지 질문을 하였던 것은 한국행정법학의 연구에

보탬이 될까 해서였습니다. 질문 중에는 "흔히 선생님을 우리나라 행정법의 제1인자라고 합니다만 선생님께서는 선생님의 선배 행정법학자님과 다른 점이 무었이라고 생각하십니까?", "선생님께서는 행정법각론을 간행하신 후 행정법론(상)을 저술하시면서 행정법각론을 행정법론(하)로 바꾸었습니다만 그 이유는 무엇입니까?" 하는 것도 있었습니다. 전자의 질문에 대하여는 방법론이라고 대답해 주셨고, 후자의 질문에 대하여서는 행정법론(하)의 서문에서 밝혔었다고 대답해 주셨습니다. 후학을 위하여 이것을 기록으로 남기는 것도 이러한 뜻입니다.……[8]

논문집의 출간도 늦어졌지만 사모님 홍종희 여사와의 사별 이후 특히 목촌의 건강이 악화되어 겨우 날짜를 잡았다. 약간 부운듯한 얼굴에 휠체어를 타고 겨우 하객을 알아보시며 환하게 웃음을 보이신 것이 마지막 만남이었다. 그 후 한 달을 못 넘기고 7월 17일 제헌절에 영면하였다. 영결식은 아산병원에서 거행되었다. 필자는 영결식장에서 다음의 조시를 읽었다.

목촌영가(牧村靈歌)
-고 김도창박사 영전에

한국의 鄒魯之鄕 安東에서 태어나
일본, 미국, 독일에서 行政法을 연구하여,

해방 후부터 대한민국
法制의 기초를 놓는 작업에 매진하며

法治主義의 실천을 스스로 學理로 다져
평생 서울법대에서 강의를 이어오셨다.

8 김철용, 「헌증사」, 『한국공법이론의 새로운 전개』, 7-8쪽.

만년에는 "牧村文庫" 5천권을 법대도서관에 기증하시고
학생증에서 졸업장까지 "貴重文書室"에 맡기셨다.

그렇게 단아하고 內實 있게
완결된 일생을 가꾼 큰 스승이여!

한국의 법치주의를 생각하면
金道昶行政法學이 바이블이 되고

표류하는 민주행정을 보며
우리 사회의 病理를 걱정하시던 元老-

아, 인생은 저렇게 아름답게 가꿀 수 있다.
아, 인생은 신념과 德行으로 성숙될 수 있다.

땅에서 義를 구한 자
하늘에서 至福을 누릴지니

평생 마음 속에 그리시던 牧村의 鄕愁
그 풋풋한 휴매니티 속에 영면하소서.

2005. 7. 21

2006년 7월 18일에 1주기를 맞이하여 서울법대에서 추모세미나를 개최하였다. 성낙인(한국공학회장) 학장은 목촌의 학문적 생애를 높히 평가하는 강연을 하였다.[9] 또한 유족들은 김도창 내외를 기념하는 "김 & 홍 재단"의 설립을 발표

9 위의 책, 445-463쪽 수록.

하였다. 그리고 김도창 법학상을 실시하겠다고 밝혔다. 이렇게 위인은 가도 그 뜻은 유지된다. 유족은 장녀 김혜영(서울대 음대졸), 장남 김백균(서울대 의대졸), 차남 김용균(서울대 경제학과졸), 3남 김성균(서울대 경영대졸)은 모두 서울대 동문으로 이러한 유업을 계승 발전시킬 능력과 의지를 갖고 있다.

II. 법사상

1. 행정법론

김도창의 행정법학을 말하는 것은 한마디로 한국행정법학의 전부를 말하는 것이다.

최송화 교수는 「김도창의 생애와 학문세계」라는 글에서 이렇게 적고 있다.

> 50년대부터 70-80년대를 거쳐 90년대에 이르기까지 선생이 제시한 한국 행정법에 대한 이해와 한국 행정법학적 문제의식은 한국사회가 절실한 문제로 인식하고 고뇌하는 것들에 대한 진지한 통찰과 이론화로 연결되었다. 한국사회의 후진성을 감안한다면 그러한 한국사회가 가지는 법적 문제의 이론화는 결코 선진국의 행정법 이론체계에 뒤지지 않는 것이었다고 믿는다. 선생의 행정법학이 일본 행정법학의 영향을 받았다는 점을 부인할 수 없다 하더라도 선생의 행정법이론은 일본 행정법 이론을 넘어서서 한국적 지평에 준거점을 찾는 것이었다는 점을 간과할 수 없다.(중략) 이런 관점에서 신생독립국 대한민국의 공법학자로서 그리고 교육자, 법률가, 행정가로서 한 평생을 살아오신 선생의 삶과 고민을 거론하지 않고 선생의 학문을 이야기 한다는 것은 불가능하다.[10]

10 최송화, 「김도창 교수의 생애와 학문세계」, 『한국공법이론의 새로운 전개』, 삼지원, 2005, 706-707쪽.

그러면서 최 교수는 김도창 행정법학을 1) 학문의 주체성, 2) 민주적 행정법학의 모색, 3) 판례이론과의 접맥, 4) 실천학문으로서의 행정법학으로 나누어 설명하고 있다. 이렇게 마감하고 있다.

> 한국의 문제를 한국의 토양에서 해결하고자 하는데 있어서, 바다 건너에서 다른 문제의식하에 다른 상황 속에서 형성된 외국이론이 의미있는 해결책을 완결한 형태로 제시해줄 것이라고 하는 믿음과 환상은 이제 깨어져가고 있다. 한국 행정법학의 정체성 없이 앞으로의 전진이 어려운 상황에 와 있다고 하는 자각이 늘어나고 있다. 이러한 상황에서 우리 행정법학은 이제 김도창 선생의 업적에 주목할 필요가 있다. 한국 행정법학의 정체성을 확립하기 위하여 그 정체성의 씨앗을 뿌리고 뿌리를 양성하였던 선생의 출발을 한국 행정법학 그 자체의 출발로 인정하지 않을 수 없기 때문이다. 물론, 김도창 선생 자신이 1969년 6월에 출판된 『행정법』(상) 신저 초판 머리말에서 언급했듯이, 선생과 같은 해방 후 세대는 본격적인 학자로서의 훈련을 쌓은 사람들이 아니기 때문에 진정한 학자들이 양성되어 바톤을 넘겨받을 때까지의 교량적 사명의 일익을 담당하신 것이 사실이다. 그러나 그 교량적 사명 자체가 가진 방향제시에 진지한 의미를 부여하지 않는다면 우리는 근본을 모르고 태생을 모르는 채 남의 것만 좇아다니는 어리석음을 면하기 어려울 것이다. 김도창 행정법학은 오늘의 한국 행정법학의 뿌리이고 이만한 발전을 이루기까지 우리가 필연적으로 건넜어야 할 다리였다. 이제 오늘은 위하여 다리를 놓은 분들에게 그 다리를 건너 미래로 전진하는 이들은 손을 흔들어야 한다.[11]

2. 법학론

목촌은 법학자로서 변호사로서 행정가로서 한국사회와 법에 대하여 항상 예리하고도 혜안을 담은 관찰과 논평을 개진하였다. 그것은 언제나 현실에 기초를

11 위의 글, 719-720쪽.

두고 법학적으로 사고하는 자세를 명민하게 보여준다. 1992년 3월 『행정법론』 신고 제4전정판에서 목촌은 이렇게 적고 있다.

> 한국의 행정법학은 해방 후 무에서 출발하여 오늘에 이르기까지 건국초기의 극심한 사회변동을 겪으면서 자유민주주의이론을 이 땅에 정착시키는 데 그런대로 노력한 셈이고, 본서도 미력하나마 그러한 개척자의 말석을 더럽혀 왔다. 러시아와 동유럽의 지각변동으로 공산주의의 몰락을 경험한 세계는 바야흐로 새 질서의 모색에 골몰하고 있는 데다가, 우리에게는 남북 통일과 21세기에 대비해야할 과제가 눈앞에 다가와 있으므로, 이에 대응하기 위해서는 어느 때보다 학계의 공동노력이 요청되는 것 같다.[12]

목촌은 그러면서도 법학에 대한 강한 신념과 사명감을 피력하고 있다.

> 일부에서는 법학의 시대가 지났다고 외친다. 지금은 정치학 · 경제학 · 사회학의 시대라고 한다. 법학은 과연 이 시대를 이끌어갈 기력을 상실한 것일까? 다른 나라의 경우를 둘러본다. 구미선진국이나 일본의 어디에도 법학이 쇠퇴하여 사회를 지도할 활력을 잃었다는 조짐은 보이지 않는다. 그렇다면 그것은 우리나라에 국한된 이야기가 된다. 우리나라에서는 법학이 쇠잔한 것이 아니라, 다른 사회과학분야가 활성화되었다고 하는 것이 정확할 것이다. 격변하는 정치 · 경제 · 사회 · 문화 각 분야에서 용솟음치는 욕구와 문제제기에 대하여 법학은 소극적으로 대응하는 데 대하여, 다른 부문에서는 매우 적극적으로 사회의 가려운 곳을 긁어주고 아픈 곳을 쓰다듬어주는 차이가 있지 않나 싶다. 말하자면 법학의 보수주의나 소극주의가 이 시대의 흐름에 맞지 않는지도 모를 일이다.
>
> 그러나 그렇다고 법학이 새 시대의 요구를 외면해도 좋다는 이야기는 되지 않는다. 법학은 다른 나라의 경우와 같이 우수한 인력을 바탕으로 판례문화(判例文化)와

12 김도창, 「신고 제4전정판에 붙여」, 『행정법론』(상), 1992, 청운사.

혼연일치가 되어 시대의 아픔을 해결해주는 데 앞장서야 한다. 그렇게 하는 것만이 나라의 발전과 사회의 융성에 직접 이바지하는 길이 될 것이다.

끝으로 나는 최근 행정법의 방법론과 관련하여 행정법이론이 종래와 같이 종말처리장과 같은 결과론에 시종할 것이 아니라(終末的學問), 그 결과가 도출된 과정에 대해 새로운 관심의 초점을 맞추어야 한다고 하고 있다(過程的學問). 그것이 21세기 과학기술시대에 대응하는 길의 하나가 될 수도 있다고 믿고 있다.[13]

3. 법철학

목촌은 『행정법론』 서문에서 이렇게 적고 있다.

> 법은 문자 그대로 흘러가는 물과 같다. 높고 낮은 것을 가리지 않고, 넓고 좁은 것을 탓하지 않고, 모든 현실을 고루 쓰다듬으면서 흐른다. 一到蒼海하면 거기에 통합의 세계를 이룩하고 영원한 휴식으로 들어간다. 그렇지만 법은 그것을 잘못 다루는 날에는 순식간에 무서운 怒濤와 水魔로 변하여 강산을 여지없이 후려치고 삼키게 된다. 이 법이라는 이름의 물이, 한편에서는 어떤 본질을 추구하는 毅然性과, 다른 한편에서는 현실을 지도하는 柔軟性을 아울러 지니고 있는 것일진대, 우리는 이러한 법의 참 모습이 이 땅에 정착되도록 힘써야 될 줄 안다. 지금까지 법은 우리 사회에서 너무나 이그러진 모습으로 비쳐지고 있지 않았던가 생각된다.[14]

그렇다, 목촌은 법을 제정하여 현실 속에 집행하는 현장에서 법이 본질을 추구하는 의연성과 현실을 지도하는 유연성의 양면을 골고루 보려고 하였다. 그는 행정법학자로서 이러한 법철학적 견해에 엄격하여 균형있는 법적 사고와 판단을 추구하였다.

13 김도창, 서울대학교동창회 편 동창수상록(1), 『진리는 나의 빛』, 경세원, 1994, 그리고 『한국공법이론의 새로운 전개』, 843-844쪽.

14 김도창, 『한국공법이론의 새로운 전개』, 2005, 814-815쪽.

1994년 10월 22일 한국공법학회 학술대회에서 목촌은 마지막 소원을 이렇게 표현했다.

> 생각건대 自由가 없는 상황에서 출발하여 自由의 실현을 위해 노력한 대륙적 行政制度國家의 이론과 自由가 넘치는 상황에서 출발하여 自由를 규제하기 위해 고심한 영미 司法制度國家의 이론에서 영양을 섭취하면서, 해방후 이 땅에 나름대로는 自由民主主義를 토착화시키기 위한 憲法具體化法을 건설하는데 橋梁的使命의 일익을 담당한 것으로 자위하려고 합니다만, 이제 그럭저럭 파란에 찬 半世紀가 지나서 인생의 黃昏에 선 本人의 흉중에는 아무것도 이루지 못한 자만이 느낄 수 있는 한가닥의 悔恨과 虛無의 바람이 불고 있을 따름입니다. 지금은 다만 Hans Kelsen의 말처럼 "自由의 正義, 平和의 正義, 民主主義의 正義, 그리고 寬容(Toleranz)의 正義"가 우리 모두를 위하여 이 땅에도 실현되기를 여러분과 함께 빌어마지 않습니다.[15]

한국의 법치주의와 민주주의가 앞으로도 얼마나 더 많은 우여곡절을 겪을지 모르지만, 그럼에도 불구하고 목촌 같은 선각자가 뿌린 씨앗은 결코 헛되지 않을 것이다.

15 김도창, 「외로운 甲蟲처럼」, 『한국공법이론의 새로운 전개』, 851쪽.

연보 및 논저

■ 연보

1922. 11. 19	경북 안동에서 출생
1941	춘천공립중학교 졸업
1942	일본 주오대학 예과 졸업
1944	학병으로 일본군에 징집, 1945 육군 소위로 귀가
1947	서울대학교 법과대학 졸업
1948	법제처 주사(1949 사무관, 1952 서기관, 1955 법제관)
1949	서울대학교 대학원 졸업, 법학석사
1949	서울법대 유급조교
1950	제1회 고등고시 사법과 합격
1954	서울대 법대 강사
1954-57	성균관대 법정대학 조교수
1958-59	미국 조지타운대 로스쿨에서 공법 연구
1960-61	국무원 사무처 법제국장
1961-63	서울법대 부교수
1963-66	서울법대 교수
1966	서울대 대학신문사 편집국장
1966-69	보건사회부 차관
1968	서울대학교에서 법학박사
1972	한국행정과학연구소 소장
1973	국무총리소속 행정개혁위원회 위원
1976-79	제9대 국회의원
1979	법제처장
1979-80	정부헌법개정심의위원회 간사장
1980	변호사 개업
1981	서독 본대학에서 공법 연구
1982	회갑기념논문집 『현대공법의 이론』 증정
1983-86	한국공법학회 부회장을 거쳐 회장
1983	15회 법률문화상 수상

1984-91	한양대 법대 교수, 대우교수
1984	한국행정판례연구회 회장
1987	국무총리실 인권보호특별위원회 부위원장
1988	소장도서 4434권 서울대 법학도서관 기증(목촌문고)
1990-96	한국법제연구원 초대, 2대 이사장
1992	국민훈장 무궁화장 수상
1993	고희기념논문집 『한국공법의 이론』 증정
1995	'자랑스런 서울법대인' 선정
2005	팔순기념논문집 『한국공법이론의 새로운 전개』 증정
2005	서울에서 작고

■ 저서

『행정법론』(상하), 청운사, 초판 1958, 1993.

『행정판례집』(상중하), 한국행정과학연구소, 1975.

『판례교재 행정법』(공저), 법문사, 1980.

『국가긴급권론』, 박영사, 1968; 청운사, 1972.

『공법이론(목촌문집)』, 청운사, 1982.

『법률학사전』(공편), 청구문화사, 1962; 법문사, 1964.

『행정판례연구 I.II.III』, 편집대표, 행정판례연구회 간, 1996.

손 주 찬

(1923-2005)

㉓ 손주찬 (1923-2005)

춘강(椿江) 손주찬(孫珠瓚)은 한국의 대표적인 상법학자이다. 그는 상법이론의 구축뿐만 아니라 상법의 제정과 개정에 깊이 참여하였고, 나아가 경제법학에까지 확대하여 국내외적으로 선도적 역할을 하였다.

필자는 1970년대 후반에 독일 프라이부르그대학에서 유학할 때 손주찬 교수 내외분과 함께 지낼 수 있는 영광을 가졌다. 언제 보아도 부지런히 연구하는 모습이 존경스러웠다. 후일 한국 학술원 회원이 되고, 한독법률학회 회장을 역임하고, 동아시아법철학회와 경제법학회의 모임에 함께 참여하면서 여행도 자주 하였는데, 늘 부지런히 성의있게 준비하여 참여하는 모범을 보여주었다.

I. 생애

손주찬은 1923년 경북 경주시의 명문가정에서 태어났다. 일본에서 법학을 수학하다가 해방후 다시 서울대학교 법과대학을 졸업하고 동 대학원에서 법학석사학위를 받았다. 이어서 중앙대학교에서 법학박사학위를 받았다. 1976년부터 두 차례에 걸쳐 서독 프라이부르크대학에서 상법연구를 하였다. 리트너(Fritz Rittner) 교수와 각별한 교류를 하였다.

손주찬은 상법뿐만 아니라 항공법에도 조예가 깊었다. 그의 박사논문은 「항공운송기업의 민사책임」에 관한 것이었다. 1956년에 건국대학교에서 상법담당 전임교수로 취임하였다가 1962년에 중앙대학교 교수로 옮겨 1971년에는 법과대학장을 역임하였다. 그후 1979년에 연세대학교 법과대학으로 부임하여 동대학 법률문제연구소의 소장을 역임하였다. 연세대학교를 퇴임한 후 순천향대학교 법과대학의 대우교수로서 매주 충남 도고(道高)까지 손수 운전하여 내려가는 건강을 보여주었다.

1957년에 한국상사법학회가 설립될 무렵 그의 공헌이 컸다. 상법학자들이 공동연구에 필요성을 느껴 손주찬은 서돈각, 권경식 교수 등과 논의하여 1958년에 한국상사법연구회라는 이름으로 출발시켰다. 그후 이름을 한국상사법학회로 고쳐 오늘에 이르고 있는데, 초대회장은 최태영 박사였고 2대 회장은 서돈각 박사였으며 1979년부터 3대 회장으로 손주찬이 맡게 되었다. 경제사회의 변천에 따라 상법 개정이 논의될 때 항상 상사법학회가 중심이 되어 연구를 진행시켰으며, 1981년 12월에 법무부에 민법, 상법개정 특별심의위원회가 설치되었을 때 손주찬은 상법개정분과위원회의 위원장으로 활동하였다. 손주찬이 회장을 맡은 이래 상사법학회의 활동이 활발하게 되어 『상사법연구』라는 학회지를 매년 발간하였고, 문교부, 아시아재단 등으로부터 지원을 받아 『상법개정에 논점』, 『영미상사법비교연구』 등의 연구논문집을 출간하였다. 뿐만 아니라 1975년에 이미 한국보험학회 회장을 역임하였고, 1993년 봄까지 한국해법학회 회장, 1991년부터 5년간 한독법률학회 회장, 한국항공법학회 회장을 역임하였다. 경제기획원의 약관심사위원회 위원장으로 활동하기도 하였다.

1991년 말의 상법전 중 회사법 등의 개정을 위하여 상법개정심의위원회를 다시 구성하였는데 그 위원장으로 수고하였다.

일찍부터 사법시험, 행정고등고시, 공인회계사시험 등 많은 국가시험의 시험위원으로 위촉되기도 하였다. 그밖에 정부와 경제계를 위하여 법무부의 정책자문위원, 재무부의 보험심의위원, 대한상사중재원의 중재인, 한국공인회계사회의 법규분과위원장 등으로 활동하기도 하였다. EAIC(동부아시아보험회의), PIC(태평양보험회의), 서독비교법학회, 일본보험학회 등의 많은 국제회의에 참석하여 학술논문을 발표하기도 하였다. 1989년에는 프랑스, 스웨덴, 독일의 약관심사, 소비자보호제도, 1992년에는 스페인, 영국의 약관심사, 소비자보호제도에 관한 경제기획원의 시찰에 참가하였고, 1990년에는 독일보험학회, 1992년에는 일본보험학회, 1993년에는 IMO(국제해사기구)의 대회에 참가하였다.

손주찬은 『상법』 상하권을 비롯하여 『상법대의』, 『학설판례주석어음법, 수표법』, 『축조신상법해설』, 『회사기업법의 재건』, 『독일주식법』, 『항공기업의 민사책임』, 『상사법의 제문제』 등의 국내저서와 서독비교법학회의 외국주식회사법 총서의 하나로 독일어판 『한국주식회사법』(*Das koreanische Aktien recht*)이 출간되었다. 1990년에는 『주식발행』과 『신공정거래법』을 내었고, 1991년부터 1993년까지 주저서인 『상법』(상, 하)을 상법 개정에 따라서 제5증보판으로 수정하였다. 1993년에는 『경제법』도 출간하였다.

1981년에 대한민국 학술원 회원에 피선되었다. 1983년 그의 회갑 때는 제자들이 『상사법의 현대적 과제』라는 기념논문집을 증정하였고, 1989년 정년퇴임 때에도 『경제법,상사법 논집』이 출간되어 증정되었다. 1993년 고희 때에는 『기업환경의 변화와 상사법』이 증정되었는데, 이 세 번의 기념논문집에 모두 서돈각 박사가 하서를 써서 축하하였다.

이러한 학문적 업적과 공로가 인정되어 1981년에는 대한민국 학술원 정회원으로 임명되었다. 1972년 국무총리표창으로 보험문화상을 받았고 1981년에 서울통합변호사회의 법률문화상을 수상하였다. 1983년에는 국민훈장 모란장을 수여받았다.

Ⅱ. 법사상

1. 상법학

춘강은 평생 상법학자로서 강의하면서 많은 저술로 연구업적을 남겼다. 『상법』, 상하권, 『상사법의 제문제』, 『판례 상법연습』을 비롯하여 20여 권에 이르는 저서와 상법의 각 분야와 항공법, 경제법 기타 법학일반에 관하여 400여 편에 이르는 방대한 양의 논문을 발표하였다. 『상법』 상하는 2002년에 제13판이 나오도록 교과서로 애독되었다. 그는 상법 해석에만 충실한 것이 아니라 상법의 제정과 개정에도 참여하여 주도적 역할을 담당하였다. 1981년 12월부터 법무부에 설치된 상법개정특별심의위원회에 참여하여 1985년 11월에는 이 위원회의 위원장으로 보험 · 해상편의 개정안을 성안해 내기도 하였다.

2. 경제법학

1987년부터 경제기획원에 설치된 약관심사위원회의 위원장으로 활동하면서 소비자보호에 많은 관심을 기울였다. 1989년에는 유럽에 가서 약관심사의 현황을 몸소 관찰하기도 하였다. 문인구 한국경제법학회 회장은 이렇게 적고 있다.

> 이러한 거인의 발자취를 돌아보면서 다시 한번 학자로서, 그리고 대학인으로서, 나아가 위대한 한국인의 한 사람으로서, 춘강에 대한 경의를 누를 수 없게 된다. 본인이 1979년에 창설된 한국경제법학회의 회장으로서 명색이나마 유지할 수 있는 것은 바로 이와 같은 훌륭한 분을 부회장으로 모실 수 있었기 때문이며 손 박사님과 더불어 학술활동에 참여할 수 있는 것은 나의 큰 영광이며 보람이다.[1]

1 문인구, 「간행사」, 『경제법 상사법논집』(춘강손주찬교수정년기념), 박영사, 1989, 6쪽.

3. 법철학

춘강은 상법학자로서 법철학에 대하여도 관심을 기울였다. 그는 이미 1959년에 라드브루흐(G. Radbruch)의 『영미법의 정신』(*Der Geist des Englischen Rechts*)을 번역하여 박영사에서 출간하였다. 1975년에는 『법학통론』을 저술하여 박영사에서 출간하였다. 이 책은 1988년에 『신 법학통론』으로 개정 출간하여 2003년에 제6판이 나오도록 많이 팔렸다.

4. 비교법학

춘강은 1972년에 『독일주식법』을 번역하여 국회도서관에서 출간하였다. 한국법을 세계 속에 알리는 데에 관심을 기울이고 특히 한국 상법을 독일어로 소개하고 번역도 하였다. 1983년에는 *Der Koreanische Aktienrecht*를 프랑크푸르트의 메츠너(Alfred Metzner)출판사에서 출간하였고, 이 책은 1989년에 제2판이 나왔다. 그는 1977년에 서독비교법학회 회원이 되었고, 특히 프라이부르그(Freiburg)대학교의 케메러(Ernst von Caemmerer) 교수, 리트너(Fritz Rinner) 교수와 블라우록(Blaurock) 교수, 본(Bonn)대학교의 마샬(Freiherr von Marschall) 교수와 교분이 깊었다.[2] 1985년에는 한독법률학회(Koreaisch-Deutsche Gesellschaft fur Rechtswissenschaft)의 회장이 되어 한독법학교류를 위해 노력하였다. 1990년에는 레빈더(Manfred Rehbinder) 교수와 공동편집으로 『한국에서의 독일법수용』(*Zur Rezeption des deutschen Rechts in Korea*)이라는 독일책을 바덴바덴의 노모스(Nomos)출판사에서 출간하였다. 레빈더, 현승종, 최종고, 조규창, 정종욱, 비가노(Adriano Vigano) 제씨의 논문들로 구성된 본서에는 춘강 자신의 논문 「한국 주식회사법의 발전」(Die

2 자세히는 손주찬, 「프라이부르그 체류기」(프라이부르그 법대 유학인회), 『회상의 프라이부르그』, 교육과학사, 1993, 1-41쪽; 손주찬, 「케메러 교수에의 추억」, 프라이부르그대학 한국동문회 엮음, 『한국과 프라이부르그』, 관악문화사, 2007, 117-121쪽.

Entwicklung des koreanischen Gesellschafterechts)도 실려 있다. 일본학계와의 교류도 활발하여 일본 상법학계에서도 한국의 손주찬 교수라면 학문적 권위를 인정하였다.

춘강은 30여 년간 건국대학교(1956.3-1962.2), 중앙대학교(1962.3-1979.8), 연세대학교(1979.8-1989.2), 순천향대학교(1989.3-2005)에서 상법학을 강의하였다. 그러면서 대한민국 학술원 회원으로 만년에까지 건강을 유지하며 왕성한 학문활동으로 노익장의 모습을 보여주었다. 그러나 남모르게 병마와 고전하고 있었다. 괴테도 건강하지 않음에도 불구하고 파우스트적 노력으로 많은 업적을 남겼듯이 춘강도 타고난 파우스트적 노력을 기울여 많은 업적을 내었다. 한국 상법학사에서 그의 업적과 명성은 영원히 지워지지 않을 것이다.

연보 및 논저

■ 연보

1923. 9. 22	경상북도 경주시 서악동 822번지 출생
1947-1952	서울대학교 법과대학 졸업(법학사)
1953-1956	서울대학교 대학원 수료(민사법 전공)(법학석사)
1956-1962	건국대학교 전임강사, 조교수, 부교수(상법 담당)
1961-1962	상법심사위원
1962-1979	중앙대학교 부교수 · 교수(상법 담당)
1966. 8. 31	공인회계사 등록
1966. 12	대한상공회의소 상사중재위원회 중재인
1968-1969	성균관대학교 법정대학 교수
1969-1970	제3회, 제4회 독립신문기념상 심사위원
1969. 10	서울대학교 법학박사 학위를 받음
1971-1975	한국신문윤리위원회 위원
1971-1977	중앙대학교 법과대학장
1972. 10-1973. 1	서독 Freiburg 대학교에서 상법 연구
1973. 5	재정부증권심사위원회 위원
1973-1975	사단법인 한국보험학회 회장
1973-1974	사단법인 한국손해보험료율산정회 이사
1974-1976	대한교육연합회 교권옹호위원회 위원
1974-1978	대한상사중재협회 중재인
1975	법무부 법무자문위원회 위원
1975	재무부 보험심의위원회 위원
1975-1977	법무부 법무자문위원회 특별분과위원회 위원
1975	한국증권단 증권관계법개정안기초위원회 위원
1976	한국증권단 증권관계법개정실무위원
1977. 3-1978. 7	서독 Freiburg 대학교에서 상법 연구
1977. 8	서독비교법학회 회원
1979-1988	한국상사법학회 회장
1979	연세대학교 법과대학 교수(상법 담당)

1979	한독법률학회 부회장
1979	사단법인 한국해법회 부회장
1979	한국경제법학회 부회장
1980	증권관리위원회 회계제동 자문위원
1981. 2. 18	법제처 정책자문위원회 위원
1981. 8. 12	대한민국 학술원 정회원
1981-1989	법무부 정책자문위원회 위원
1981. 12	법무부 민법 · 상법 개정특별심의 위원회 상법분과위원회 위원장
1982	대한상사중재원 중재인
1984	재무부 보험정책심의위원회 위원
1984	대한변호사협회 한국법률문화상 심사위원
1985	독일보험학회(DVVW) 회원
1985	한독법률학회 회장
1986	일본보험학회 회원
1986	국제투자분쟁조정본부(International Center for Settlement of Investment Disputes) 중재인
1986	법무부 상법개정특별분과위원회 위원장
1986	농업협동조합중앙회 운영자문위원
1987	경제기획원 조약심사위원회 위원장
1988	국제학술원연합(UAI) 한국위원회 위원
1988	국제보험협회(IIS) 회원(Charter Menber)
1988	연세대학교 강사
1989	사단법인 한국해법회 회장
1989	보험감독원 보험분쟁조정위원회 위원
2005	서울에서 작고

■ 저서 및 역서

『라드브루흐 · 영미법의 정신』(공역), 博英社, 1959.

『신체계대학신서 신상법』(상)(공저), 博英社, 1961.

『신체계대학신서 신상법』(하)(공저), 博英社, 1961.

『축조신상법해설』(공저), 法文社, 1962.

『신상법』(하), 普文閣, 1962.

『신상법』(상), 普文閣, 1963.

『신상법대요』, 博英社, 1964.
『수험상법』(공저), 博英社, 1966.
『실무법률백과(어음 · 수표법)』(공저), 普文閣, 1966.
『백만인의 비지네스법률』, 한국능률협회, 1968.
『신법학통론』(공저), 一潮閣, 1968.
『회사기업의 개건』(경영법학전집), 신영출판사, 1970.
『개정상법』(하), 博英社, 1971.
『독일주식법』(1965년 소독주식법 역주), 국회도서관, 1972.
『학설판례 수역 어음 · 수표법』, 한국사법행정학회, 1973.
『개정상법』(상), 博英社, 1974.
『법학통론』, 博英社, 1975.
『학설판례 주석상법』(상), 한국사법행정학회, 1977.
Das koreanische Aktienrecht, Erste Auflage, Alfred Metzner Verlag, Frankfurt/M., 1983.
『개정상법해설』(공저), 三英社, 1984.
『개정상법축조해설』, 한국사법행정학회, 1984.
『전정증보판 상법』(상), 博英社, 1984.
『전정증보판 상법』(하), 博英社, 1985.
『상법개설』, 博英社, 1987.
『주석 상법(III)』(공저), 한국사법행정학회, 1988.
『판례회사법연습』, 법문사, 1988.
『신법학통론』, 博英社, 1988.
Das Koreanische Aktienrecht, Zweite Auflage, Alfred Metzner Verlag, Neuwied/Frankfurt, 1989.
『판례상법연습-회사법 · 어음수표법』, 法文社, 1989.
『항공운송계약법』, 博英社, 1989.
『주석 상법』(II-상)(공저), 한국사법행정학회, 1989.
『주석 상법』(II-하)(공저), 한국사법행정학회, 1989.

전원배

(1924-1974)

24 전 원 배 (1924-1974)

오늘날에는 각 분야에 학자의 수도 많아졌고, 학자의 세대도 교체되어 가고 있는 현상을 보게 된다. 해방 후 우리나라 법학계의 진용을 보면 겨우 실정법학을 중심으로 사법시험에 필요한 과목들이 주 내용을 이루었고, 법철학, 법사학, 법사회학 같은 기초법학의 분야는 아직도 미천한 단계를 벗어나지 못하고 있다고 아니할 수 없다. 그런 이유에서나마 법의 본질과 목적을 추구하여 법학의 학문성을 지켜 나가는 법철학의 분야에 몇몇 법학자들이 학문적 흥미를 갖고 기여해 온 것은 다행스럽고 고마운 일이.아닐 수 없다. 불행히도 일찍 타계한 전원배(田源培) 교수에 대하여는 별로 알려진 바가 없지만, 한국의 법철학사의 정리를 위하여 잊혀져서는 아니될 인물임에 틀림없다.

I. 생애

전원배는 1924년 7월 9일, 전라북도 옥구군 옥구면 어은리 263번지에서 태어났다. 부유한 지주의 아들로서 그의 유년시절은 비교적 다복하였다고 전해진다. 1939년에 전주에 있는 북공립중학교에 입학하여 5년 동안 공부한 후 1944년 3월에 졸업하였다. 그의 청운의 꿈은 이듬해 봄에 상경하여 경성대학 예과 문과에 입학함으로써 실현되기 시작하였다. 예과 2년을 수료하고 1947년에 서울대학교로 개칭된 새 학교의 법과대학에 입학하였다. 그러나 그는 더욱 큰 뜻을 품고 1년을 마치고 1950년 한국전쟁이 발발하기 직전인 4월에 일본으로 건너가서 동경대학 법학부(구제)에 입학하였다. 1953년 3월에 동교를 졸업하면서 법학사 학위를 취득하고, 계속하여 동교 대학원에서 영미법을 전공하여 1955년 3월에 법학석사학위를 취득하였다.

1955년 2학기부터 신흥대학(현 경희대학교의 전신)의 전임강사로 시작하여 학자로서의 생애를 출발하였다. 1957년에 동교에서 조교수, 1960년에 부교수, 1964년에 교수로 승진하여 1967년까지 10년간 봉직하였다.

전원배가 서울대학교 법과대학 부교수로 전임한 것은 1967년 11월이었다. 1971년에 교수로 승진되었고, 같은 해에 「실정법질서의 가치법리」라는 논문으로 서울대학교에서 법학박사학위를 취득하였다. 1972년에는 연구교수로 되어 일본에 학술시찰차 다녀오기도 하고, 종래의 학문적 구상들을 정리해 보려고 박차를 가하였다. 그러나 불행히도 인생의 운명은 그의 평소의 고혈압증을 통하여 학문적 집대성의 계기를 송두리째 빼앗아 갔다. 1973년 봄에 평소에 즐기던 승마를 하던 도중 갑자기 고혈압 증세가 발병하여 그때부터 끈질긴 투병생활로 들어가지 않으면 안 되게 되었다. 치병을 위하여 모교인 동경대학 부속병원에 입원하기 위해 일본에 다녀왔으나 별 차도를 보지 못하더니, 급기야 이듬해 1974년 4월 5일에 50세로 타계하였다.

전원배는 두 권의 저서와 두 권의 역서, 그리고 십수편의 논문을 발표하였다. 1971년 고병국 박사와 공저한 『법학개론』과 1972년에 출간한 『법학개론』이 그의 저서이며, 1965년에는 엄민영 박사와 패터슨(L. Patterson)의 『법철학』(*Jurisprudence*)을 번역 출판하였고, 1972년에는 정희철 교수와 라드브루흐(G. Radbruch)의 『법학원론』(*Einführung in die Rechtswissenschaft*)을 번역 출판하였다. 그는 무게있는 논문들을 다수 발표하였는데, 이들을 묶어 단행본도 계획하였고, 법철학의 저서도 구상하였는데, 갑작스런 서거로 좌절되고 말았다.

1972년 10월 9일자 서울대학교 『대학신문』의 기자와의 인터뷰에서 그는 자신의 학문적 계획을 다음과 같이 토로하였다.

> 20년간 법철학을 해오면서 법철학 교과서 한번 써보지 못하고 역서만 내놓았습니다. 이제야 내 자신의 체계로 책을 써 볼 생각이 나서 지금 1961년에 냈던 『법학개론』을 개칭하고, 『법철학』 상 · 하권을 집필하고 있는 중입니다. 그런데 교내에서는 참고문헌이 거의 없다시피 해서 동경대에 가서 문헌을 좀 뒤지다 올 생각입니다.

이러한 '겸손한 자신(自信)' 이 결실을 이루지 못하고 만 것은 한국 법철학계의 가능성을 상실당한 애석한 일이라고 아니할 수 없다.

II. 자연법론 비판

전원배가 일본 동경대학 대학원에서 영미법을 전공한 사실은 그의 법철학 형성의 출발에 큰 의미를 가진다고 보여진다. 그것은 그가 법철학에서 흔히 논의되는 자연법주의 대 법실증주의의 논쟁에 보다 경험론적인 확실한 접근을 할 수 있는 터전을 확보할 수 있었다는 것이다. 그의 논문들에서 제일 먼저 눈에 띄는 인상의 한 가지는 압도적으로 독일 쪽으로 지향된 한국 법학계는 영미 쪽의 참고자료들의 인용이 빈약한 형편인데, 그의 논문들에서는 영미 자료와 독일 자료가 균등하게 이용되고 있다는 사실이다. 그리고 영미 자료 중에서도 각 대학에서 발간하는 *Law Review*들을 많이 인용하고 있다는 사실이다. 그는 어쨌든 대륙법학계에서 전통적으로 간직하여 오는 관념적인 자연법론에 대하여 영미법계의 경험론적인 새로운 안목에서 관찰하는 데에서 출발할 수 있다는 학문적 강점을 가지고 있었다고 하겠다.

이러한 사실은 그가 1959년 『신흥대학논문집』 제2집에 발표한 「자연법론의 법실증주의적 비판」에서 잘 드러나고 있다. 그는 이 논문에서 주로 한스 켈젠(Hans Kelsen)의 자연법비판의 논리를 원용하면서 전통적 자연법론에 대한 비판의 기치를 높이고 있다. 그는 "자연법론이 내포하는 이념이 무엇이든간에 그것이 실정법과 무관할 때 실정법이 자연법에로 접근하는 것이 아니라 반대였다"라고 형이상학적 도그마로서의 자연법 관념을 비판하고, 나아가서는 "자연법이란 실정법 체계를 그대로 옹호하는 것, 혁명적이 아니라 보수적인 기능을 하는 것이라는 켈젠의 말을 인용하는 것은 아직도 빠른 일일까?"라고 고백하고 있다.

이러한 관념론적 자연법론에 대한 비판의 안목은 전원배 교수의 예리한 사회과학적 관찰력을 통하여 한국의 법치현실 속에서 확인하려는 방향을 설정하게 된다. 그의 논문 「법의 정의에 관한 법사회학적 연구」(『고황』 제4호, 1957), 「법률해석의 객관적 기준」(『법학논총』, 1958), 「관습조사의 방법론적 연구」(『법조』 제9권 4호, 1960) 등은 이러한 검증의 단편들을 나타낸다.

그러나 한국의 1960년대의 법치현실은 전원배에게 어떠한 결론을 가져다 주었던가? 한마디로, 자연법론에 대한 반동이 직선적으로 법실증주의의 신봉에로 기울어지도록 만들지는 못했다고 하는 사실을 발견할 수 있다. 다시 말하면, 그가 전통적 자연법론에 따를 수 없었던 것처럼 법실증주의의 도그마에 대하여도 경계를 하지 않을 수 없었던 것이다. 1969년 고병국 박사 회갑기념논문집 『法學의 諸問題』에 발표한 「법실증주의와 도덕」은 그의 이러한 입장을 잘 말해 준다고 하겠다.

> 그러한 속에서 가장 대표적인 관념은 법이라고 하는 대상을 실정법에만 한정하고 이 실정법을 경험적인 방법으로 다루는 것이라는 관념이며, 이에 의하면 실증이란 이른바, 현실적이고 경험적이라는 뜻으로 해석되는 것이다. 그러나 실증주의의 대표적인 관념을 이러한 것으로 해석한다는 그 자체는 조금도 잘못이 아니지만, 실증에 관한 이러한 해석은 그의 의미내용이 더욱 복잡하여질 뿐이고 때에 따라서는 극단적인 왜곡적 해석까지도 나타날 우려가 있다.[1]

따라서 전원배에게 있어서 법실증주의는 오스틴(J. Austin) 식으로 엄격히 '법이라고 불려지는 것의 총체' (law, as strictly called law)를 의미하는 것이 아니라 자기 완결적인 구조를 보장하는 가치체계로 의식되는 것이다. 이것이 바로 그의 박사학위논문인 「실정법질서의 가치법리」인데, 이러한 생각은 이미 그의 논문 「법실증주의와 도덕」에서도 다음과 같이 보여진다.

> 전통적인 명면에 가해진 또 하나의 암면, 그러나 법실증주의란 과연 암면까지지도 그 성격에서 찾아볼 수 있는 것일까? …… 과연 법실증주의는 악법을 인정하고 악법의 날뜀에도 중립이어야 하는가? 이것이 비판되어야 할 문제이며, 더 나아가서는 스스로를 방어할 원리가 소멸되어져야 할 것이다.[2]

이것은 일본의 오다카 도모오(尾高朝雄)와 비슷하게 전원배 역시 '형이상학이 요구하는 바를 경험주의 가운데서 발견하고 자연법의 요구를 실정법이론의 영역 안에서 찾으려고 하는 노력' 의 패턴을 지녔던 것이 아닌가 생각된다. 따라서 오다카의 법내재적 정의구조에 대한 그러한 발상을 풀러(L. Fuller)의 '법의 내면적 도덕성' (internal morality of law)의 관념과 비슷하다고 평가한 바와 같은 방향을 전원배의 실정법의 가치구조분석도 시도한 것이 아닌가 생각된다.[3]

Ⅲ. 실정법의 가치법리

국내정치적 변화가 격심했던 1960년대 초반을 자연법 대 실정법이라는 가파른 지대에 학문적 자기발전을 정착하려 노력한 전원배 교수는 1969년 서울대학교 『법학』 제11권 1호에 「악법의 법리」를 발표함으로써 획기적인 한 선을 긋게

1 전원배, 「법실증주의와 도덕」, 『법학의 제문제』, 1969, 533쪽.

2 위의 글, 556쪽.

3 稻垣良典, 「尾高朝雄教授の法思想考察」, 『法思想の諸相』, 일본법철학회, 1970, 52쪽.

된다. 자연법이나 신법(神法)에 어긋난 법은 악법이라고 부른 소박한 전통 이론에서 벗어나 '악법기준에 있어서의 법실증주의와 법의식의 기능' 을 모색하려는 이 논문은 그 동안 그의 법철학사상이 얼마나 발전되었는가를 나타내 주는 귀중한 연구라고 생각된다. 그는 독일의 나치즘의 악법을 법실증주의의 책임이라고 비판한 라드브루흐의 발상을 하아트(H.L.A. Hart)와 풀러(L. Fuller)의 '실효성 없는 법률' 과 '법의 도덕성을 결한 법률' 의 개념으로 비교 분석하면서 악법책임을 자연법 대 실정법의 대결에로가 아니라 법의식의 궁극적 문제로 대답하려고 한다. "타락된 법의식과 악법은 동일 개념" 에 불과하고, "자주적인 법의식과 악법은 논리의 모순" 이라고 본 그는 "건전한 법의식에 있어서의 법실증주의는 오히려 자연법 기능을 하는 것이며, 무기력한 법의식에 있어서의 법실증주의는 악법 탄생의 온상이 되는 것" 이라고 결론짓는다.

전원배의 이러한 사고방향은 다시 1년여의 이론화 작업을 통하여 1970년의 박사학위논문 「실정법질서의 가치법리」로 나옴으로써 더 넓은 법철학적 지평에로 올라섰다. "분명히 현지 자연법론은 내용 가변성과 역사적인 존재제약성을 인정함으로써 실정법의 원리에 접근할수록 그의 독자성을 상실하고 있으며, 그럼에도 불구하고 자연법의 명칭을 고수할 때 법적 인식은 그만큼 흐려만 가는 것이다" 라고 판단한 그는 이제는 완전히 실정법의 기반에 서서 '실정법의 구조의 원리' 를 찾고, 그 위에서 실정법의 자기완결성의 형성이 가능하다고 확신하는 단계에 이른다. 그는 이런 관점에서 본다면 한국의 전형적인 법실증주의 법철학자라고 할 수 있다. 그는 이러한 확신을 영미법이론과 법사회학적 관찰을 통하여 검증하려고 만년까지 노력하였다. 한국 법학계에서 그에 대한 기대는 또한 이러한 법사회학적 관심에 걸었던 것이었다고 할 수 있다.

만년에 이를수록 그의 법철학적 관심은 대체로 켈젠-라드브루흐를 거쳐 불의의 발병이 있기까지 만년에 아르투어 카우프만(Arthur Kaufmann)의 법존재론(Rechtsontologie)에로 경도되었다는 사실을 지적하고 싶다. 필자는 1966년에 그에게서 법학개론을, 1969년에 법철학을 배웠고, 개인적으로 법철학적 대화를 나누기도 하였다. 1971년에 발표한 「실정법의 효력의 근거와 한계」(『법학』

제12권 1호)에서 실정법의 존재론적 특징, 법률 개념의 유추성, 법률적 사고와 사물의 본성(Natur der Sache) 등을 논하면서 그는 카우프만에게서 많은 시사를 받고 있음을 보여주고 있다. 그는 라드브루흐의 법철학적 구상이 제자 카우프만에 의해 계승 발전되는 독일 법학계가 참으로 부럽다면서 여유가 허락되는 대로 독일에 가서 얼마 동안 연구하고 올 것을 희망하기도 하였다.

한없는 학문적 꿈을 설계하던 그가 더 높은 체계의 설계는 그만 두고라도 구체적인 계획들만이라도 완성을 보지 못하고 말았으니, 그의 법철학사상은 완결된 것이라기보다 무한히 전개될 가능성만을 보여준 것이라고 하는 것이 적합할 것이다. 따라서 그의 학문적 관심은 앞으로 한국의 법철학이 발전되는 과정 속에서 영원히 새롭게 부각되어질 것이다.

1975년, 전원배 교수의 서거 1주기를 맞아 당시 서울법대 학장인 김증한과 동료인 황적인 교수의 주선으로 전원배 교수의 논문을 모아 『실정법가치론: 고 전원배 박사 법철학논문집』이라 하여 간행하였다. 논문 별쇄들을 모은 것이라 정식 출판은 아니고, 두 부를 만들어 한 권은 서울법대 법학도서관, 한 권은 교수참고열람실에 비치하였다.

김증한 학장은 다음과 같은 「간행사」를 붙였다.

> 제2차 세계대전 직후 한때 세계의 많은 법학자들의 관심이 자연법론에 집중되었다. 그리고 자연법의 재생이 운위되기도 하였다.
>
> 그러나 그것이 법실증주의를 완전히 배격하고 매장시킨 것은 아니다. 아니 지금도 자연법론이나 법실증주의는 모두가 스스로의 존재의 정당성을 주장하고 있는 것이다.
>
> 이러한 상황하에 동경대학에서 법철학을 이수 · 연구하고 귀국하여 경희대학교와 서울대학교 법과대학에서 법철학을 강의하여 온 전원배 박사가 자신의 체계화된 저술을 내려고 했던 포부를 실현시키지 못한 채 돌연히 타계한 것은 우리나라의 법학계에 있어서 크나큰 손실이 아닐 수 없다.

전 박사는 H. Kelsen과 G. Radbruch로부터 많은 것을 얻었으며 또 영미의 법철학과 A. Kaufmann의 법존재론에 대하여도 많은 관심을 가졌던 것으로 알고 있다. 그는 자연법론과 법실정주의의 대립을 극복하여 그 자신의 법철학을 체계화하여 저술로 발표하려고 생각하였다

전 박사는 생전에 많은 논문을 발표하였다. 그러나 저서로 발표된 것이 없었다는 것은 매우 아쉬운 일이다

그러던 차에 마침 전 박사의 제자이며 서울법대를 졸업하고 대학원에서 석사학위를 받은 후 지금 박사과정에서 법철학을 연구하고 있는 최종고 군이 전 박사의 유고를 모아서 간행한다고 하니 전 박사의 업적을 이 나라에 길이 남기게 되는 것으로, 고인을 위해서나 우리나라의 법학계를 위해서나 얼마나 다행한 일인지 모르겠다. 최 군의 노고에 대해 깊은 경의를 표한다. 뿐만 아니라 사제지간의 정을 보여주는 귀감이라고 칭찬을 아끼지 않는다. 이 모두 전 박사의 인덕의 감화일 것이다.

지금은 타계하신 전 박사시어!

그렇게도 한없는 포부를 가지고 노력하여 오셨는데 그 포부를 이루지 못한 채 타계하셔서 얼마나 안타까우시겠습니까? 지금 최종고 군이 전 박사가 이룩하신 업적을 모아 세상에 내놓음으로써 후진들이 디디고 설 발판으로 제공하려고 합니다. 후진들을 믿으시고 고이 잠드소서!

재삼 전 박사의 명복을 비나이다.

1975년 4월 5일

서거 일주기를 맞으며

황적인 교수 역시 「유고집을 내면서」라는 제목으로 발문 비슷하게 다음과 같이 적었다.

고 전원배 교수는 1974년 4월 5일 돌연 서거하셨다. 생전에 법철학자 학문에 그렇게 열의를 가진 유능한 학자를 상실하였으니 법학계와 법과대학의 크나큰 손실이라 아니 할 수 없다. 생전에 고인과 개인적으로 매우 가까이 지내던 나로서는 나를

가장 많이 이해해 주던 동료를 잃은 것이다. 두뇌가 명석하고 총명하며 성품이 활달하고 소박하며 온정에 가득하였다. 전 교수는 가정적으로 행복과 안정을 찾고 학문적으로 비약하고 결실을 얻으려는 순간에 뜻을 못 이루고 작고한 것이다. 실로 하늘이 무심하다 할 것이다. 전 교수는 경기도 포천군의 친주교묘지에 영안하였다.

작고하신 후에 지금까지 고인의 제자이었던 최종고 법학석사와 황우여 판사가 여러 가지로 조력해 준 데 대하여 깊이 감사하고자 한다. 이 논문집이 이와 같은 모습으로라도 모아지게 된 것은 최 군이 노력해 준 덕분이다. 전 교수의 서거 후 후학을 위하여 그의 유고를 정리하여 발간하려고 하였으나 여의치 못하여 우선 중요한 유고를 모아 합본한 것이다. 황우여 판사도 다망한 중 고인의 가정 및 측근에서 헌신적으로 조력하였다. 양군에 대하여 심심한 사의를 표하는 바이다.

삼가 고인의 영전에 명복을 비는 동시에, 이 책이 법철학의 연구를 뜻하는 이에게 디딤돌이 되고 학문을 잇는 가교의 역할을 하기를 바라면서 .

1975. 7. 24

이 논문집에 실린 논문은 전원배 교수의 발표 논문을 총망라한 것은 아니지만 그의 법철학세계를 볼 수 있는 대표적 글들을 모두 모은 셈이다. 그 차례는 다음과 같다.

■ 부록 ■

책으로 정식 출판할 수 없는 한국 법학계의 불여유를 아쉬워하며, 이 논문집은 아직도 두 부만이 서울법대에 보존되고 있다. 어떻게 보면 못다 이룬 한 법철학자의 한이 서린 생애와 학문이라고 볼 수도 있고, 어떻게 보면 그러기에 끝없는 미련과 여운이 남는 것이라고도 할 수 있다.

연보 및 논저

■ 연보

1924. 7. 9	전북 옥구군 옥구면 어은리 263 출생
1939. 4-1944. 3	전주 북공립중학교 졸업(5년)
1945. 4-1947. 3	경성대학 예과 문과 수료(2년)
1947. 4-1948. 4	서울대학교 법과대학 재학(1년)
1950. 4-1953. 3	동경대학 법학부(구제) 졸업(법학사)
1955. 9-1957. 3	신흥대학교 법과대학 전임강사
1957. 4-1960. 4	경희대학교 법과대학 조교수
1958	동경대학 대학원(구제) 수료(법학수사)
	경희대학교 법과대학 부교수
1964. 6-1967. 10	경희대학교 법과대학 교수
1967. 11-1971. 8	서울대학교 법과대학 부교수
1970. 3	서울대학교에서 법학박사학위 취득
1971. 8-1974. 4	서울대학교 법과대학 교수
1974. 4. 5	고혈압으로 작고

■ 저서

『법학개론』, 고병국 공저, 박영사, 1961.

『법철학』, 패터슨 저, 엄민영 공역, 을유문화사, 1964.

『법학개론』, 동화출판사, 1972.

『법학원론』, 라드브루흐 저, 정희철 공역, 박영사, 1972.

『실정법가치론』, 보존용, 1975.

■ 논문

「법의 정의에 관한 법사회학적 연구」, 『고황』(신흥대) 제1호, 1957. 1.

「법률해석의 객관적 기준」, 『법학논총』(단국대) 제1호, 1958. 10.

「자연법론의 법실증주의적 비판」, 『신흥대논문집』 제2호, 1959. 10.

「관습조사의 방법론적 연구」, 『법조』 제9권 4호, 1960. 4.

「법실증주의와 도덕」, 『법학의 제문제』(고병국박사환력논문집), 1969. 1.

「악법의 법리」, 『법학』(서울대) 제11권 1호, 1969. 6.
「실정법질서의 가치법리」, 『박사학위논문집』(서울대), 1970. 3.
「실정법의 효력의 근거와 한계」, 『법학』(서울대) 제12권 1호, 1971. 6.
「Legal Realism에 대한 법학도의 반응」, 『법학』(서울대) 특별호 제2권, 1972. 6.
「실정법의 구조분석」, 『저스티스』(한국법학원) 제11권 1호, 1972. 12.

배 재 식

(1929-1999)

㉕ 배재식 (1929-1999)

석암(碩岩) 배재식(裵載湜)은 국제법학자로서 이론에서나 실무적으로나 한국 국제법학계에 큰 영향을 준 학자이다. 그리고 서울법대 학장과 전국법과대학협의회 회장으로 법학교육의 기초를 놓으면서 또한 개선을 향하여 헌신적으로 노력한 교육행정가이다. 그는 특유한 인간적 친화력과 박람강기의 장점으로 해방 후 반세기의 한국 법학의 증인의 한 인물이었다.

I. 생애

배재식은 1929년 5월 8일 배승현 님과 김명주 여사의 2남 2녀 중 차남으로 경상남도 김해시 대성동 288번지에서 태어났다. 부친은 광산업을 하다 일찍 타계하여 13살부터 조부 밑에서 성장하였다. 1943년 3월에 김해 제일(현 동광)초등학교를 졸업하였고, 이어서 경남공립중학교(6년제)에 진학하여 1949년 6월에 졸업하였다. 우수한 학업성적을 유지하여 원래 의학을 공부하려고 희망하였으나 해방후 "국가라는 것이 얼마나 소중한가를 알고" 무언가 해야 할 일이 있다는 생각에서 법학을 선택하였다. 배재식은 다음과 같이 회고한다.

> 해방 이후 40년대말 나는 오늘날 고등학교에 해당하는 6년제 중학교에 다녔는데, 5학년 때까지만 해도 이과에 있었지요. 당시 나의 주변에 의사를 하는 분들이 많았던 이유에서였는지 원래는 의사가 되려고 했습니다. 그런데 어느 순간 막연히 사회과학을 해보겠다는 생각이 들면서 법학공부에 대한 관심을 갖고 있었는데, 우연히 어느 잡지에서 유진오 선생의 글을 읽게 되었습니다. 그 글 가운데 "우리나라에 법조실무자는 있어도 법학을 가르칠 교수가 적어서 자신이 여러 대학에 나가 헌법, 국제법 가릴 것 없이 이것저것 다 담당해야 하는 안타까운 실정"이라는 내용을 보고 나름대로 법학을 통해 국가사회발전에 기여해 보자는 생각이 들었던 것이 오늘날 법학자가 된 하나의 동기라고 할 수 있겠습니다. 또 하나는 전봉덕 씨의 책 『법학입문』을 읽은 것이 의사가 되겠다는 생각을 바꾸어 법학의 길을 택하게 된 동기였다고 할 수 있습니다.[1]

이리하여 그는 서울대학교 법과대학에 입학하였는데, 대학에서는 형법에 크게 흥미를 느꼈다. 배 교수는 스스로 이렇게 회고한다.

> 대학재학 중에는 지금의 형사법학회에 해당하는 Iris반의 회원으로서 주로 형사법연구에 전념하였습니다. 당시 거의가 일본 책이었던 저명한 형사법 책 50여권을 독파하면서, 토요일마다 Iris회에서 형법학상 주관주의의 입장에 서서 열렬한 토론을 하였습니다. 특히 대형법학자이자 당시 누구보다도 가까이서 지도해 주셨던 유기천 선생님의 영향은 저의 대학원 진학에 큰 계기가 되었습니다. 대학원에 진학하기로 마음먹은 것은 비교적 일찍 대략 3학년 말경이었는데 그때까지는 형법을 전공할 생각이었습니다. 그러다가 대학원 진학에 임박하여 다시 한번 전공을 깊이 생각

1 배재식 · 제성호 대담, 「한국국제 인권법 분야를 개척한 배재식박사를 찾아서」, 『자유공론』, 1993년 3월호, 118쪽.

하게 되었습니다. 당시 대학원에는 형사법전공, 민사법전공, 공법전공, 법사상사전공의 네 전공이 있었는데 형사법전공과 공법전공 사이에서 고민을 한 것입니다. 그때 앞서 이야기한 법학 선택의 동기였던 국가에 대한 관심이 다시 솟아났습니다. 당시에 많은 수는 아니었지만 실무자들과 법학자들은 거의가 민·형사법을 전문으로 하고 있었고 그래서 결국 국가학의 범주에 드는 공법계통을 전공하기로 마음먹었습니다. 전공을 바꾼다는 것은 나름대로는 중요한 결단이었습니다. 그러나 나라가 없는 백성에게는 헌법이 있을 수 없고 국제법이 있을 수 없다는 생각에 깊이 빠져있던 저는 당시 거의 없었다고 해도 과언이 아니었던 헌법학과 국제법학 즉 공법학을 개척자적인 야망을 가지고서 선택하게 된 것입니다. 대학원에 들어가서는 주로 헌법, 국제법, 법철학 강의를 들었습니다. 그리고 학점을 신청한 것은 아니었지만 그래도 미련이 남아서 형사법강의도 들었습니다. 대학원 과정에서는 지금은 고인이 되신 박관숙 선생님 그리고 이한기 선생님의 학문적인 영향과 인격적인 영향이 깊었습니다. 또 헌법분야에서는 한태연 선생님의 영향도 받았습니다.[2]

1953년 3월에 법대를 졸업하였고, 이어서 대학원에 진학하여 1955년 3월에 공법전공으로 법학석사학위를 받았다. 1955년부터 시간강사 생활을 시작하여 국학(國學)대학, 국제(國際)대학, 서울법대, 이화여대, 경기대에서 비교헌법론을 첫 강의로 헌법과 국제법을 강의하였다. 이렇게 국제법만이 아니라 헌법학과 연관해서 학문하는 것을 배 교수는 특히 구에체비츠(M. Guetsevich)의 공법통일이론(公法統一理論)과 상통하는 것이라 하였다.[3]

1955년 12월 18일 서울법대 동기인 김정희(金貞姬)와 결혼하여 친구들의 부러움을 사기도 하였다. 1958년 4월에 서울법대에 전임강사로 발령받아 그후 조교수, 부교수를 거쳐 1967년에 교수가 되었다. 1959년 9월부터 1961년 7월까지 서울법대 학생과장을 역임하여 4·19와 5·16의 소용돌이치는 대학사회의

2 배재식·백충현 대담, 「법학교육과 활동의 회고」, 『법학』 30권, 3·4호, 1989, vii-viii쪽.
3 배재식·제성호 대담, 앞의 글, 121쪽.

기강과 질서를 잡는 데에 헌신하였다. 배 교수는 이때 몸으로 체험한 학생들과의 관계와 사제지애(師弟之愛)를 후일까지 많이 얘기하였다.

1961년 7월에 1년간 해외 연수의 기회를 얻어 미국 하버드대학 로스쿨에서 Visiting Scholar로 체류하였다. 여기에서 국제법학자이며 후일 국제사법재판소 판사를 지낸 백스터(Richard Baxter) 등 여러 학자들과 사귀었다. 해외학자뿐만 아니라 당시 하버드에 와있던 한우근 교수, 고광림 박사, 함병춘 박사 등 한국학자들과도 교류를 나누었다. 하버드 체류는 그에게 많은 유익한 자극을 주었는데, 스스로 이렇게 회고한다.

> 제가 법학교육의 제도, 방법, 내용에 관해서 어떤 개선이 필요하다는 생각을 깊이 하게 된 것은 역시 하버드에 다녀온 것이 계기가 되었습니다. 언젠가 Fides에 국제법연구를 중심으로 해서 법학방법론과 법학교육방법론의 개선에 대해서 기고한 적도 있습니다만, 당시부터 법학교육방법론과 법학방법론에 대해 깊은 관심을 가지게 된 것이 사실입니다. 교과개편과 관련해서 말하자면 그 동안 새로운 과목들이 많이 생겨났습니다. 그 가운데 국제거래법은, 1966년으로 기억되는데, 제가 하버드대학에서의 Law of International Transactions라는 세미나에 참석하였던 경험을 토대로 비슷한 과목을 상과대학에서 강의하기 시작한 것이 계기가 되었습니다.[4]

배 교수는 자신에게 영향을 준 학자로 이 외에도 제섭(P.C. Jessup)과 라드브루흐(G. Radbruch), 그리고 다나카 고타로(田中耕太郎)라고 다음과 같이 증언한다.

> 책으론 전공으로 좁혀서 보면, 제섭(P.C. Jessup)의 『현대국제법』(*Modern Law of Nations*)을 들 수 있는데 이 책을 읽으면서 국제법 연구의 방향을 제시받았다고 할 수 있습니다. 매우 사변적이면서도 현실 접근을 시도한 이 책은 지금도 학

4 배재식 · 백충현 대담, 앞의 글, ix쪽.

생들에게 특별히 권하는 책입니다. 그 다음에는 라드브루흐(G. Radbruch)의 『법철학』을 통해 국제법의 철학을 배웠고, 켈젠(H. Kelsen)의 『법과 국가』(*Law and State*)를 애독했는데, 이러한 책들은 국제법과 헌법을 전공하는 사람은 꼭 읽어야 할 책이라고 생각합니다. 또 일본 책 중에 다나카 고타로(田中耕太郎)의 『세계법의 이론』과 『평화의 법철학』도 애독한 책으로 꼽을 수 있습니다.[5]

귀국하여 1962년 8월부터 2년간 서울법대 교무과장직을 맡아 학사행정을 책임지고 운영하였다. 그러다가 1964년 9월에 그동안 공들여 신축한 『법률도서관』의 관장직을 맡아 1년간 수고하였다. 이때 서울법대는 교수진에서나 학사행정면에서 본격적으로 내실(內實)을 다지는 시기였다. 당시 유기천 학장이 서울대 총장으로 임명되었고, 그의 역량과 배재식 교수의 조력으로 서울대학교에 사법대학원(司法大學院)을 설립하는 거사를 성취하기도 하였다. 이리하여 배 교수는 1968년부터 1970년 사법대학원이 폐지될 때까지 교무과장직을 수행하였다. 1969년 2월에 서울대학교에서 법학박사학위를 받았다.

지도적인 국제법 학자로서 이한기 교수와 함께 대학에서 충실히 가르치고 학문 활동을 전개하며 외부적으로도 다방면으로 자문 역할을 하였다. 1979년부터 법무부 자문위원으로 임명되어 오랫동안 활동하였다. 1980년 5월에 서울대학교 법학연구소 소장에 임명되어 2년간 직무하고 중임되어 1984년 5월까지 재임하였다. 그 동안 박정희 대통령의 제3공화국이 끝나고, 1980년 전두환 대통령의 제5공화국이 대폭적 헌법개정 작업을 할 때 배 교수는 헌법기초위원으로 활동하기도 하였다. 인기있는(?) 통치기구편을 맡기보다 기본권 분야를 담당하는 것을 자랑스럽게 여겼다. 또한 소장 재임시에는 무엇보다 『법학』지를 반년간에서 계간으로 발전시키는 성과를 거두었다. 이에 대해 배 교수는 후일 두고두고 자랑스럽게 이렇게 회고하였다.

---

5 배재식 · 제성호 대담, 앞의 글, 122-123쪽.

법학연구소를 4년간 맡아 오면서도 재정적인 어려움에도 불구하고 법학지를 계간으로 발간하기로 한 것이 가장 중요한 일이었다고 생각합니다. 이와 관련해서는 고 유진오 선생께서 유럽의 법학계를 둘러보신 후에 계간으로 낼 것을 충고하신 것이 자극이 되기도 했습니다. 법학지를 일년에 4권 내는 의의는 4권이라는 숫자에 있는 것이 아니고 교수들이 글을 실을 수 있는 기회를 보다 자주 갖는다는 데 있는 것입니다. 또한 저는 법대 조교나 법학연구소 조교들에게 학자가 될 사람으로서 잡일보다는 먼저 공부를 할 것을 권하면서 일년에 한편씩의 논문을 제출하도록 했습니다. 그리고 지도교수의 감수를 받아 발표할 수 있도록 해주기도 했습니다. 그런데 일년에 두권 나오는 법학지에는 그런 공간을 마련하기 어려웠고 그래서 네권을 내기로 한 것입니다. 결국 법학지를 계간으로 발간하기로 한 것은 교수와 조교들에게 학문적인 자극을 주기 위한 것이었다고 할 수 있습니다. 그리고 외국의 학자들도 초빙한 가운데 그런 대로 규모가 큰 국제학술대회를 매년 개최한 것도 기억에 남는 일입니다. 그 학술대회에서 다루었던 주제로는 법학방법론, 법학과 법률실무, 환경법, 법학교육 등이 있었습니다. 그러나 그때마다 겪었던 재정적인 어려움은 실로 큰 것이었습니다.[6]

1981년 1월부터 이듬해 4월까지 대한국제법학회 회장직을 맡아 한국의 국제법학의 진흥을 위해 노력하였다. 서울대 법학연구소장으로서 국제문화교류협회의 협찬을 얻어 「재일한국인과 한일관계」 심포지움을 개최하여 기조연설을 하고 그 결과를 영문논집으로 발간하였다.[7] 1984년 6월에 서울법대 학장직에 임명되고 다시 중임되어 1988년 6월까지 역임하였다. 학장으로서 법과대학의 중장기 발전계획을 수립하고 특히 법학교육의 5년제안(五年制案)을 수립하는 데에 주력하였다. 이러한 뜻을 수행하기 위하여 1985년 5월에 한국법과대학 협

6 배재식 · 백충현 대담, 앞의 글, x-xi쪽.

7 *Korean Residents in Japan and Korea-Japan Relations*, International Cultural Society of Korea, ICSK Forum Series No. 7, 1985. 여기에 실린 배 교수의 Keynote speech의 제목은 Fundamental Human Rights and the Law of Nations: Essential Problems of Legal Status of the Korean Inhabitants(Minority) in Japan, pp. 1-7.

의회를 조직하여 회장으로 활동하면서 법학교육의 개선을 위하여 헌신적으로 노력하였다. 여기에서 사법시험 합격자 감축을 주장하는 법조실무계의 움직임에 대해 쐐기를 박으려 법학교육의 정상화를 위해 300명선은 계속 유지되어야 한다는 건의문을 발표하기도 하였다. 전국의 법과대학 학장들이 배 회장의 구상을 전폭적으로 지지해 주었다.

이러한 노력들이 인정받아 1978년 10월 15일에는 서울대학교 20년 근속 표창, 1983년 5월 1일 「법의 날」에는 국민훈장 모란장을 수여받았다. 1988년 10월 15일에는 서울대학교 30년 근속 표창을 받았다.

배재식 교수는 대학 밖으로도 다양한 활동을 하여 학회와 정부 및 단체들에 여러 형태로 참여하여 활동하였다. 국내뿐만 아니라 미국 국제법학회, 일본 국제법학회에도 회원이 되어 5회에 걸쳐 참석하여 발표하기도 하였다. 한국해외교포문제연구소(이사장: 문인구)의 부이사장직을 맡기도 하고, 김도창 교수가 세운 한국행정과학연구소의 상임이사를 맡기도 하였다. 1967년부터 1982년까지는 국방부 법률고문직을 맡기도 하였다. 외무부 정책자문위원을 오래 계속하여 여러 국제법적 문제를 자문해 주었고, 해양법 회의, 유엔회의에도 참석하였다. 문교부 재외국민교육 정책심의회 위원이기도 하였고, 대한적십자사 청소년지도자문위원이기도 하였다. 한국민족교육지도교수협의회 회장이기도 하였고, 국무총리 자문기구인 인권보호 특별위원회 위원이기도 하였다. 아산사회복지재단의 연구위원회 위원장을 역임하기도 하였는데 배 교수는 이렇게 회고한다.

> 재단의 발족과 함께 나는 자문위원의 한 멤버로 위촉되어 지금까지 계속하고 있는데, 연구개발자문위원회의 위원장이라는 어려운 직분을 맡게 되었으며, 초창기 2-3년 동안은 많은 시간과 정열을 그 일에 바친 적이 있다. 그러한 가운데서 아산과 접촉하는 기회가 많아졌다. 회의, 회식, 그리고 때때로 등산과 골프도 재단 관계인사들과 함께 즐긴 기억들이 생생하다.[8]

8 배재식, 「아산과의 20년을 회고함」, 『정주영과 나』(100인문집), 아산사회복지재단, 1997, 215쪽.

일본 동경에 있는 국제한국연구원(원장; 최서면)의 이사직을 맡기도 하였다. 이런 인연으로 배 교수는 후일 최원장으로 하여금 연구원의 외교관계 문서들을 대한민국 외무부에 기증하도록 교섭 역할을 하기도 하였다.

1990년대에 들어서 배 교수는 국제인권법학회(The Korean Society of Human Rights Law)를 창립하여 회장직을 맡았다. 이를 위하여 일체의 운영비를 몸소 조달하면서 독자적인 사무실을 운영하고, 학회 발표회와 논문집 발간 등 활동을 주도하였다.

> 인권의 국제화의 문제는 궁극에 있어서 Bourguin의 이른바 『국민과 그 국가 사이에 존재하는 속박의 해제』를 의미하는 것으로서 그것은 논리 필연적으로 개인의 국제법 주체성 문제와 함께 국가주권의 기본적 개념의 변혁의 문제를 제기한다. 여기에 인권보장의 국제화의 곤란성이 가로 놓여 있다. 동시에 점차 많은 수의 국가들은 인권의 국제적 보호에 관한 의무를 부정하거나 소홀히 하는 데는 정치적으로도 곤란과 한계를 느끼고 있는 것도 사실이다. 이제 우리가 할 일은 국제인권법에 위력(실효성)을 갖게 하는 작업이다. 학문적으로는 인권과 관련되는 국내법(특히 헌법)과 국제법과의 일원적 관련성을 통한 학제적 공동연구가 무엇보다도 절실히 요구된다. 또한 인권의 실효성을 추구하는 방법론으로서 CASE연구가 불가결하며 거기에는 법률 실무가와 외교관의 적극적인 참여가 필요함은 제언을 요하지 않는다. 뿐만 아니라 인권에 뜻 깊은 정치인, 언론인의 참여도 인권에 관한 입법활동, 인권에 관한 정보와 대중적 지식의 보급을 확대함으로써 보다 많은 사람들이 인권의 진미를 알게 하는 데에 크게 기여하게 될 것으로 믿는다.[9]

1993년부터 1998년 사이에는 김영삼 대통령의 후원을 받아 한일포럼 한국측 회장을 역임하기도 하였다. 1996년부터 1년간 국제 장애자 지원자선단체 키비탄(Civitan)클럽 한국 총재의 직을 문인구 회장의 뒤를 이어 맡았다. 장애자들에

9 배재식, 「간행사: 인권과 국제화와 개인의 지위」, 『국제인권법』 창간호, 1996, 4쪽.

게 도움을 주기는커녕 '병신' 이라는 욕설을 하던 한국사회에 이런 휴머니즘의 법률가와 뜻있는 인사들의 노력으로 이제는 많이 개선되었다. 1994년에서 1998년에는 SK텔레콤 법률고문을 맡기도 하였다.

이처럼 실로 눈부실 정도로 다방면으로 활동하면서도 학자로서 학문적 연구와 학회 활동을 소홀히 하는 일이 없었다. 무엇보다 대학에서 강의를 결강하는 일 없이 충실하게 하는 교수로 정평이 나 있었다. 국제 학술회의에도 열심히 참여하여 1962년, 1975년, 1980년에는 미국 국제법학회 세미나에 참석하였고, 1965년 11월, 1973년 10월에는 일본 국제법학회 세미나에 참석하였다. 1970년 10월에는 일본 공법학회 세미나에 참석하였다. 1979년 1월에는 일본 방위(防衛)대학에서 주최하는 「아시아의 안전보장에 관한 심포지엄」에 참석하였고, 그해 3월에는 미국 버클리(Berkeley)대학 동아시아연구소에서 주최하는 「한국의 법제도 및 법의식에 관한 학술회의」에 참석하여 논문을 발표하였다. 그 결과가 영문 논문집으로 출간되었다.[10] 1985년에는 베를린에서 개최된 세계 법률가대회(World Peace through Law)에 참석하였고, 1987년에는 서울에서 개최된 세계 법률가 대회에서 하천 및 댐 분과위원회에서 사회를 맡았다. 1988년 8월에는 폴란드 바르샤바에서 개최된 세계 국제법 학회에 참석하였다. 1989년 6월에는 일본의 동경대학에서 개최된 한일 법학교육회의에 참석하여 「한국의 법학 · 법조 교육론」을 발표하고, 일본 사법연수소의 세미나에도 참석하였다.

1994년 10월에 서울법대 교수직에서 정년퇴임하여 명예교수로 임명되었다. 정년과 함께 일본으로 건너가 고베(神戸)대학에서 1년간 객원교수로 머물면서 국제 인권법과 한국법을 강의하였다. 1995년 2월에는 뉴욕의 유엔본부에서 개최된 국제공법 회의에 참석하기도 하였다.

이처럼 바쁜 학자생활을 하면서 배 교수는 몇 권의 저서를 출간하였다. 1956년에는 휘어(K.C. Wheare)의 『현대 헌법론』(*Modern Constitutions*)을 번역하

---

10 Namyearl Chai/Jaeshik Pae/Choonho Park, *Korean International Law*, Berkely Univ. Press, 1982.

여 박영사에서 출간하였고, 1958년에는 『국제조약집』을 편찬, 출간하였다. 1961년에는 『국제법』을 공저로 출간하였고 1976년에는 개정판을 내었다. 1969년에는 서울대 박사논문 『기본적 인권과 국제법』을 서울대출판부에서 간행하였다. 1984년에는 한국 방송통신대학의 교재로 『국제법I』을 발간하였고 1993년에 개정판을 내었다. 이러한 저서 및 역편서 외에도 석사논문 「해양법에 관한 논문」(1956)에서 출발하여 수많은 국제법학 및 법학교육에 관한 논문들을 발표하였다. 회갑이 되는 1989년에는 제자들이 『인권과 국제법』(박영사)이라는 논문집을 만들어 증정하였다. 이 논문집에는 이한기, 김도창 박사의 하사(賀詞)가 실려 있고, 백충현 교수의 『재한 외국인의 법적 지위』 등 20명의 후배 국제법 학자들의 논문이 실려 있다. 그후 10년이 지나 고희를 맞은 1998년에는 『국제 인권법의 실천제도』(박영사)라는 논문집이 증정되었는데 최재훈, 전 부산대학교 총장의 축사와 함께 국제법 학자 16명의 논문들이 실려 있다.

정년 후에도 일본 고베(神戶)대학에 대우교수로 초청받아 강의도 하고, 그러면서도 서울법대 대학원 강의를 계속하였다. 1995에는 고베 지진(地震)을 현지에서 겪었다. 최서면 원장 등 교포들의 도움으로 고베를 간신히 벗어나 도쿄(東京)에 피신할 수 있었다. 그런 가운데서도 태연하게 대처한 모습을 세리다 겐타로(芹田建太郞) 교수 부부는 매우 감동적으로 보았다고 증언한다. 배 교수는 시간을 효율적으로 잘 배분하여 활용하였다. 한일포럼 한국측 회장으로서 일본과 한국을 넘나들며 왕성한 추진력으로 한일관계 현안 문제와 중장기적인 학술적 연구과제를 추진시키는 그의 모습과 위상은 대단하고 막강하였다. 김영삼 대통령과의 특별한 우정으로 그는 국가적 이익과 명분을 대변하는 '실세(實勢)' 학자 같이 보이기도 하였다. 사람들은 배 교수가 국무총리나 주일대사가 될 것이라고 얘기하기도 하였으나 김 대통령은 친구를 누구도 관직에 임명하지 않았다. 일본에서는 배 교수를 국빈급 인사로 예우해 주었고 가끔 일본 언론을 통하여 한국과 한일관계에 관해 가장 권위있는 논평과 견해를 피력하기도 하였다. 1998년에 이러한 공식적 책임을 종료하고 후임자 최광수 전 장관에게 넘겨주었다.

1998년 4월부터는 서울대학교 대학원 동창회의 회장직을 이광로(李光魯) 교수의 후임으로 맡아 마지막 운명하기 전까지 동창들의 친목과 교류를 보살폈다. 그리고 서울대 명예교수로서 법대 건물 3층에 마련된 명예교수실에 일부 장서를 옮겨 놓고 황적인(黃迪仁) 교수와 함께 공동으로 사용하였다. 1999년 5월 28일에는 서울법대 동창회에서 『자랑스런 서울법대인』으로 문인구 변호사와 나란히 선정되기도 하였다.

이처럼 시대적 사명을 다 감당하느라고 남모르는 심려가 컸음인지 그에게 병마가 엄습하였다. 남들에게 알리지 아니하고 혼자서 수개월 투병하다가 1999년 10월 1일에 갑작스레 타계하였다. 너무나 뜻밖의 조서(早逝)에 가족과 지인들이 모두 놀라고 슬퍼하였다. 슬하에 2남 1녀를 두었다. 장남 배영국은 서울의대를 졸업하고 의사로 개업중이며, 차남 배영백은 매일경제신문 기자로 있고, 장녀 배영미는 황순경(현대전자 런던지사장)과 결혼하여 영국에 살고 있다. 부인 김정희 여사는 서울법대 여성동창회장으로 후배들을 보살피기도 하고, 가정법원 조정위원으로 역할하면서 불교신앙으로 생활해 나가며 옥수동 자택을 지키고 계시다. 처남되는 김용균 변호사는 문화체육부차관 등 공직을 거쳐 국회의원으로 활동하고 있다.

많은 사람들의 애도 속에서 10월 5일 서울대학교 영안실에서 영결식이 거행되었다. 일본에서 최서면 원장이 불편한 몸을 이끌고 참석하기도 한 영결식에는 정인섭 교수의 사회로 김도창 박사, 백충현 교수, 김유성 학장의 추도사가 있었다. 김 학장은 추도사에서 이렇게 고별의 아픔을 표현하였다.

> …… 선생님께서 일일이 열거하기도 어려운 많은 업적들을 뒤로 하시고 홀연히 떠나시니 저희들 모두는 이제 누구에게 배우고, 누구에게 물어 중요사를 결정할 수 있을지 막막하고 슬프기 그지없는 심정입니다. 오로지 앞으로 저희들 모두는 있는 힘을 다하여 선생님께서 사랑하셨고 이루고자 애쓰셨던 모든 일이 이루어질 수 있도록 유지를 높이 받드는 길만이 선생님의 은혜에 조금이라도 보답하는 길이라고 생각합니다.[11]

필자도 영결식에서 아래와 같은 조시를 낭독하여 영전에 바쳤다.

이승法 저승法

-故 배재식교수 영전에

永劫의 어느 자락에서 회오리쳐
잠시 한반도 이 땅에 환생하시어

俗世의 法 중에선 가장 넓은
국제법을 전공하여 法學者로

70년간 人權과 法治
법학교육과 남북통일

나아가 한국과 일본
키비탄과 휴머니즘을

때로는 學理로 때로는 훈계로
한 발짝씩 착실히 추구해가신

큰 스승 碩岩先生의
魂魄 속에 산 正法은

분명 이승法을 넘은 저승法
국제법보다도 넓고 깊은

11 김유성, 「배재식 선생님을 애도하며」, 『낙산회보』 63호, 1999.

佛陀의 法, 涅槃의 법.

남다른 慧眼과 經綸으로
한 시대를 살뜰히 챙기고 가신

큰 스승의 法을 따르는 衆生에게
또 永劫의 法으로 머물진져.

그의 시신은 천안에 있는 풍산 공원묘지에 안장되었다. 이곳은 생전에 가까운 선배 동료 교수였던 김증한 교수와 부총리 및 법대 동창회장을 역임한 태완선 씨 등이 함께 잠든 곳이기도 하다. 그가 아끼던 장서는 일부 사직동『국제인권법학회』사무실에, 일부 댁에 소장되어 있다. 한 가지 부기하고 싶은 것은, 그가 1960년대 동숭동 연구실에서부터 사용하다가 관악캠퍼스로 옮겨서도 오래 사용하던 옷걸이 스탠드가 있었는데, 1993년에 법학연구관을 세우면서 교수연구실 비품들을 갱신할 때 버리기가 아까워 필자가 특별히 서울법대 귀중문서실에 옮겨다 보관하고 있다. 그 외에도 사법대학원 팸플렛 등 몇 점 소장품은 배 교수께서 직접 주신 것이다.

II. 사상

배재식 교수는 국제법학자로서 다양한 사상적 측면을 갖춘 법사상가였다. 그는 한마디로 글의 학자라기보다는 말의 학자였다고 할 수 있으며, 남긴 글의 분석만으로는 그의 사상세계를 모두 설명할 수 없다. 그렇지만 적어도 국제법사상, 인권법사상, 법학교육사상, 한일교류사상, 통일정책사상, 불교사상으로 나누어 고찰해 볼 수 있을 것이다.

1. 국제법사상

배재식은 무엇보다도 그의 본령이 국제법학이다. 앞서 본 대로 법대와 대학원 재학시절에는 형법과 헌법 같은 공법에 관심이 있었지만 차츰 국제법에로 귀착하였다.

'배재식 국제법학'의 세계에는 항상 역사 속에서 문제점이 도출되고, 우리가 국제사회에서 당면하게 될 우선 과제가 선택되었으며, 이론과 실제는 결코 분리되어서는 안 된다는 접근방식의 일관성을 발견하게 된다. 그가 쓴 여러 국제법 이론들을 내용적으로 일일이 섭렵할 수는 없지만 그 다룬 제목들만 보더라도 이러한 성격이 잘 드러난다. 「평화선에 관한 소고」(1995), 「국제법상으로 본 중국 문제」(1959), 「코르푸 해협사건」(1959), 「티노코 중재재판」(1960), 「국제법상의 중국 승인 문제」(1964), 「한일간의 기본관계조약」(1966), 「기본적 인권과 국제법」(1966), 「영륙주권의 변경과 사건」(1966), 「한미 주둔군 지위 협정과 국내법」(1967), 「국제 인권 규약」(1968), 「강박으로 체결된 조약의 성질 및 효력」(1968), 「한일기본조약연구」(1970), 「한국 휴전의 법적 성격」(1972), 「재일 한국인의 법적 지위 및 대우」(1972), 「재(在)사할린 한인의 인권을 구제하는 길」(1973), 「대륙붕 제도의 소고」(1974), 「재일 교포 정책론」(1974), 「국가간의 범죄인 인도 문제」(1974), 「한국 휴전의 법적 문제」(1975), 「제3차 해양법 회의의 경과 개요」(1976), 「동북아시아의 안전 보장」(1977), 「대학 수준에 있어서의 국제 인도법의 교육」(1977), 「휴전 체제하의 서해 5도 주변 해협의 법적 지위와 문제점」(1977), 「새로운 해양 질서와 한국 어업」(1977), 「개인과 국제법」(1978), 「새로운 해양법 질서와 한국 해협에 관한 법적 대책」(1978), 「해양법 회의의 방향과 우리 나라 대륙붕 개발에 따르는 법적 문제」(1978), 「한국에서의 국제법의 생성과 발전」(1979), 「재일 한국인에 대한 정책 문제」(1979), 「국제법상의 소수 민족 문제」(1980), 「소수 민족의 보호에 관한 연구」(1981), 「남북한의 법적 문제와 통일 방안 비교 고찰」(1982), 「새 해양법과 군함의 지위」(1983), 「국가의 법통성」(1985), 「인권과 소수민족」(1987),

「사할린 제휴 한인의 법적 문제」(1987), 「한국 휴전의 제문제」(1989), 「남북한 유엔 가입과 법적 문제」(1993), 「국제법 개정론」(1993), 「망명과 귀순」(1995), 「한일 관계론」(1997) 등에서 보듯이 국내외적으로 현실 속에서 일어나는 문제들을 국제법학의 이론으로 연구하는 문제들이 대종을 이루고 있다. 이런 의미에서 그의 학문세계에는 실용주의적 관념이 깊게 깔려 있다고 백충현 교수는 지적한다. 백 교수는 다음과 같이 서술한다.

> 특히 국제법에서 추구하는 이론이 영원한 생명력을 갖고 그 시대가 요구하는 문제 해결의 역할을 감당하기 위해서는 완벽한 이론과 실천의 지혜가 갖추어져야 한다는 주장을 이해하게 된다. 아직도 힘의 논리가 크게 작용하고 있는 국제사회에서, 그리고 여전히 약소국의 지위를 크게 벗어나지 못하고 있는 우리나라가 선택할 수 있는 유일한 무기는 이론이기에 '국제법과 외교의 사이에는 이분법이 있을 수 없다' 는 국가의 행위규범을 명심하라는 교훈을 되새기게 된다.[12]

국제법과 외교현실의 밀착된 연결, 살아있는 국제법에 대한 관심은 스승이자 선배동료였던 기당(箕堂) 이한기(李漢基)의 국제법사상과도 일맥상통하는 것이었다. 배재식은 기당에게 평생동안 충실한 제자와 후배로 가까이 머물렀다. 그는 기당이 서거했을 때 이렇게 적었다.

> 기당 선생님에게 사사한 지 40여년, 그 동안 공적으로나 사적으로 그분을 가장 가까이 모셨던 사람들 가운데 한 사람으로서 회고해 보면 나라와 민족을 생각하는 선생님의 진지한 사상과, 성실을 절대적 가치로 삼는 그분의 신조는 학문의 세계에서도 그대로 나타나 있었습니다. 선생님이 저술하신 다수의 논문들이 말해주는 바와 같이, 고난의 역사적 환경 속에서 분단국의 특성을 지니고 있는 이 나라와 민족의 권익을 옹호하는 데에 남달리 심혈을 기울이시고, 바로 그러한 문제들을 연구의

12 백충현, 「간행사」, 『국제인권법의 실천제도』(배재식박사 고희기념), 박영사, 1998, 1쪽.

주제로 다루셨습니다. 그 대표적인 저작이 그분의 『한국의 영토』임은 다 아는 바와 같습니다. 이같은 선생님의 연구업적은 학문의 차원에서만 머물지 않고 현실의 국가정책에도 많은 영향을 준 것이 사실입니다. 그러한 의미에서 기당 선생님은 살아있는 학문을 통해서 현실로 나라가 당면한 문제의 해결에 참여하시거나 자문적 역할을 통해서 폭넓은 활동을 하신 분입니다. 그것은 어떤 의미에서 현대를 사는 학자들이 해야 할 역할을 대변해 주신 것이라고도 할 수 있습니다.[13]

배재식의 국제법학은 단지 저서나 논문을 통해서만이 아니라 실제로는 더욱 많이 외무부, 법무부, 통일원에 대한 자문 역할에 담겨있다고 볼 수 있다. 서울법대를 졸업하고 외무부에 근무하는 젊은 외교관들은 어려운 일이 있을 때마다 배 교수의 전문적 자문을 받곤 하였다. 배재식 국제법학을 연구하려면 앞으로 이 부분에 대한 면밀한 추적과 검토가 있어야 할 것이다. 특히 1970년대와 80년대에 외무부에서 활동한 권병현, 정태익, 김석우 등은 배 교수의 냉전식 사고방식을 초월한 진취적 국제법사상과 이론에 크게 고무되고 힘입은 바 있음을 증언하고 있다. 배재식은 자신의 철학을 이렇게 말한다.

나의 철학이라고 한다면 평화주의를 절대가치로 삼고 있으며, 국제법의 존재와 역할도 나라마다 통치방식이 다를 뿐 사람과 사람 사이의 관계라고 할 수 있기 때문에 국가단위로 구성되는 국제사회에서도 법이 지배하는 사회가 되어야 평화가 유지될 수 있다는 것은 자명한 진리입니다. 평화와 자유는 역사적, 이념적으로 불가분의 관계가 있습니다. 국제법이 꽃피기 시작한 18세기는 헌법의 국제화가 진행된, 바로 근대 국민국가 형성기였습니다. 이때부터 시민의 기본권이 신장되고 이러한 시대적 상황이 국제법에 큰 영향을 미치게 되었지요.[14]

13 배재식, 「추도사」, 『삶으로 가르치신 큰 스승』(기당 이한기박사 추모논집), 1996, 14쪽.

14 배재식 · 제성호 대담, 앞의 글, 125쪽.

한마디로 배재식의 국제법사상은 주로 제섭, 라드브루흐, 다나카 고타로, 이한기 등의 사상과 이론을 나름대로 조화시킨 깊이 있는 사상체계였던 것으로 보인다.

2. 인권법사상

배재식은 박사논문을 「기본권 인권과 국제법」(1969)으로 썼듯이 인권문제에 특별한 학문적 관심을 기울였다. 그 이전에 이미 1965년에 「국제연합헌장과 인권」이란 논문을 발표하였다. 왜 인권에 대해 각별한 관심을 가졌는가에 대해 스스로 이렇게 설명한다.

> 다 알고 있는 사실입니다만, 나는 2차대전을 「인권을 위한 세계혁명」이라고 정의를 하고 이에 대한 글도 썼습니다. 이에 관해서는 처칠의 유명한 말이 있지요. 2차대전을 종결짓는 대서양헌장을 채택하는 자리에서 처칠은 "금차대전은 인권의 대관식으로 끝난다" 고 말했습니다. 2차대전의 주된 원인은 바로 인권문제로서, 소수민족에 대한 조직적인 인권침해에서 시작되었습니다. 즉 나치의 유태인 학살이 원인이라고 할 수 있으며, 미국이 참전한 직접적인 동기도 루스벨트의 「4개의 자유」(Four Freedom)에 잘 나타나고 있습니다. 그러므로 "인권의 대관식" 이란 말은 2차대전의 원인과 목적을 한마디로 말해 주는 것이라고 봅니다. 2차대전을 전후해서 중요한 국제문서에는 인권의 국제적 보호를 말하지 않은 것이 거의 없습니다. 이것은 아무리 강조해도 지나침이 없는 인류의 요구이며, 당사 모든 사람에게 영합되는 것이었습니다. 여기서 기억할 것은 아무리 국내법상 헌법이 규정해놓아도 그 실효성을 보장할 수 있는 국제법의 뒷받침 없이는 개인의 인권이 보장받기 어렵다는 것을 2차대전이 웅변적으로 말해 주었다는 것입니다. 유엔헌장에서도 평화와 인권을 강조하고 있는데, 평화와 인권은 동일한 것은 아니더라도 양자는 불가분의 관계로서, 인권의 보장없이 평화는 있을 수 없다는 것입니다. 라드브루흐가 말한 것처럼 인간성의 문제는 법개념으로서는 인권을 말하는 것이고, 인간의 존엄성은 바로 도

덕적인 것입니다. 칸트의 도덕명령 속에도 "인간은 자체가 목적이고, 어떤 의미에서도 수단과 방법이 될 수 없으며 인간 자체가 존엄" 이라고 했지요.[15]

배재식의 이러한 인권사상에 대하여 이한기는 다음과 같이 논평하고 있다.

국제법학자로서 그는 국제사회에서 법의 이념은 정의이념 그 목적은 평화의 실현이라고 믿어 왔으며, 국가간의 이해대립의 모습으로 나타난 국제분쟁과 항쟁도 궁극적으로는 인권의 완전한 국제적 옹호에 이를 때만 해소될 수 있다고 일관되게 신봉하여 왔기 때문에 그의 학문적 탐구가 특히 우리나라 인권법 발달에 큰 족적을 남겨 놓았다는 사실은 당연한 결과라고 생각된다……. 한일국교정상화가 현안의 과제이었던 1960년대에는 재일동포에 대한 국제법적 인권보호를 주제로 하여 「기본적 인권과 국제법」을 법학박사학위논문으로 완결하였고, 그 후로는 국가의 통일문제와 국제인권법연구에 정열을 쏟고 있는 데서 그의 학문적 태도와 정신적 면모를 찾을 수 있다. 석암은 학문에 임함에 있어 일찍이 자기방식의 가치관을 구축하여 국제법이 추구하는 세계평화의 궁극적인 형태는 항상 인간의 문제에 귀착한다는 접근방법상의 틀을 견지하여 왔기 때문에 자칫 추상적이기 쉬운 인권논의도 그에게 있어서는 구체적 명료성이 발견된다. 해방 후 일본에 잔류한 재일동포의 일본국적 상실과 조국국적 회복이 지극히 당연한 국민감정으로 받아들여지고 있을 때 그가 국적선택권을 개인의 국제법상의 인권으로 주장하고 나온 이유는 일본국적의 박탈이, 재일한인에 대한 제도적 차별과 인권침해의 새로운 출발로 정착하고서야 일반적으로 이해되기도 하였다. 아직도 미결의 문제로 남아 있는 사할린 동포의 상태에 관하여도 '체류' 나 '잔류' 의 용어를 배격하고 오직 '억류' 라고 고집하는 데에서는 그들의 인권을 침해하고 있는 관계국가들의 근원적인 법적 책임을 치밀하게 추궁하고 있는 원칙주의자의 논리를 볼 수 있다. 강국에 의하여 자행된 약소국 국민의 침해된 인권을 국제법으로 보호하지 못하고 그대로 시인하게 되면 결국 약자인 개인

15 배재식 · 제성호 대담, 앞의 글, 123-124쪽.

의 적법한 인권까지도 위법화하게 된다는 현실에 대한 강한 반성이기도 하다.[16]

이한기와 배재식과의 인연으로 일본 동경대 오누마 야스아키(大沼保昭) 교수도 재일 한국인, 사할린 거류민의 인권문제에 대해 관심을 갖고 연구하게 되었다.[17]

이러한 국내외적 관심과 결속을 기초로 배재식은 1991년에 국제인권법학회를 창립하여 초대회장으로 운영하였다. 1996년에 『국제인권법』 창간호를 발간하고, 1998년에는 고희기념논집의 내용을 제2호로 발간하였다. 1999년에 대대적인 심포지움을 계획하였으나 갑작스런 서거로 무산되고 백충현 후임회장이 2000년 4월에 「국제인권규약가입 10주년 심포지움」을 서울법대 근대법학교육 100주년 기념관에서 개최하였다. 그 내용을 『국제인권법』 제3호에 담아 배 교수에 대한 추모호로 바쳤다. 이렇게 배재식이 뿌린 인권법사상은 한국의 땅에 정착되기 위하여 후학들에 의하여 더욱 깊고 폭넓게 발전하고 있다.

3. 법학교육사상

배재식의 가장 특징적인 모습은 법학교육자로서의 철두철미한 모습이다. 그는 한국의 법학교육을 개선하기 위하여 부단히 모색하고 실천하는 사상가와 행정가였다. 특히 서울법대의 법학교육은 그의 이러한 노력과 헌신 없이는 설명되어질 수 없다. 이에 대하여 김도창 박사는 다음과 같이 언급한 바 있다.

> 학내에서나 학외에서나 무슨 책임있는 자리를 맡으면 너무나 열심히 일하는 것은 정평이 있지만, 후임자가 일할 공간을 남기지 않으면 후임자가 설 땅이 없어지니 인권침해라고 농담을 가끔 할 정도였다.[18]

---

16 이한기, 「賀詞」, 『인권과 국제법』(배재식박사 회갑기념), 박영사, 1989, 3쪽.

17 大沼保昭, 「李漢基선생님 생각」, 『삶으로 가르치신 큰 스승』(箕堂 이한기박사 추모논집), 오름, 1996, 216-219쪽.

18 김도창, 「賀詞」, 『인권과 국제법』(배재식박사 회갑기념), 6쪽.

배 교수는 법대와 법학교육의 발전을 위하여 학장 재직시절에 사상(史上) 유례가 없이 많은 젊은 교수들을 채용하여 법학교육의 폭을 넓혔다. 인사(人事)는 대학이라고 해서 쉬운 일이 아니고, 때로는 많은 고민과 후회도 따르기도 하였다. 그렇지만 대국적으로 로마법, 영미법, 법경제학 등 다른 대학에서 감히 전임교수를 생각할 수 없는 전문영역에 젊은 교수들을 채용하는 결단력을 보여주어 서울법대 법학의 기초를 튼튼히 다졌다. 이러한 지도력이 발휘되어 서울대의 타대학 학장들도 배 학장의 의견을 따르는 경우가 많았고, 총장에게도 적절한 조언과 충고를 하여 법대학장의 위상을 높여 놓았다. 당시 교내외적 여건이 허락하지 않아 총장은 되지 못하였지만 그는 실질적으로 총장에 못지않은 권위를 갖고 법대와 서울대 행정을 주도하였다고 당시 함께 일하였던 분들은 한결같이 증언한다.

배 교수의 법학교육행정가 내지 사상가로서의 가장 큰 업적은 위에서 지적한 대로 법대 5년제 플랜을 수립한 것이었다. 그것을 서울법대에서 먼저 실천해야 한다고 생각하고 〈서울대학교 장기발전계획〉에 포함시키는 데에 성공하였다. 물론 교수회의의 토의를 거쳐 확정하였고, 기회 있을 때마다 그 필요성을 강조하였다.

1967년에 이한기 선생님이 학장이 되시면서 다시 교무행정을 담당하게 되었는데 법학교육에 대한 평소의 생각을 실천해 보고자 법과대학 내에 법학교육연구위원회를 두고, 격주로 모여 2년여간 토의를 거듭한 끝에 4년제에 대한 부정적인 평가를 내리고서 두 가지 안을 제시했습니다. 하나는 예과 2년, 본과 4년의 6년제안이었습니다. 이 안은 당시 『조선일보』에 대서특필되어 다른 법과대학의 반발을 사기도 했습니다. 다른 하나는 예과 2년, 본과 3년의 5년제안이었습니다. 5년제안의 주된 논거는 당시의 경제사정에 비추어 6년제안은 무리가 아닌가라는 것이었습니다. 예과 2년을 두기로 한 것은 두 안에 공통된 것이었는데, 그 이유는 법학을 이수하는 데 있어서는 인문, 사회과학교육이 보다 철저해져야겠다는 것이었습니다. 즉 철학, 기술, 과학의 3박자를 갖추어야 하는 법학의 특수성을 고려한 것이었습니다. 이 안은 교수회의에서도 여러 차례 논의되어 긍정적으로 결의된 바도 있습니다. 특히 5년제안은 저의 학장 재임 중에 서울대학교의 학제로 확정이 되어서 그 실행을 준비하는 단계에 있습니다.[19]

법학교육제도는 예나 지금이나 사법시험제도와 직결되어 있다. 따라서 배교수는 사법시험제도의 개선에 대하여도 남다른 관심을 가졌다. 이에 대해 그 자신의 증언을 들어보면 다음과 같다.

사회와의 관계에서 볼 때, 법조인이 되는 실질적인 자격은 대학에서의 교육에 의해 결정되어야 합니다. 다시 말해서 법과대학이 법조인의 밭이 되어야 합니다. 이 점에서 시험제도와 법학교육은 유기적인 관계를 맺으면서 발전해 나가야 합니다. 대학에서 제대로 교육을 받은 사람은 자기가 원하는 사회직역으로 진출할 수 있어야 합니다. 그래야 법학교육도 정상화되는 것입니다. 그렇지 못할 때 지금과 같이 사법시험에 있어서 대학에서의 교육이 거의 무시되는 상황에서는 법과대학은 학원으로 전락할 수밖에 없습니다. 사법시험 선발인원을 가지고 이야기하자면 과거에 비해 대폭 늘어나 현재는 300명을 선발하고 있습니다. 그러나 이 숫자는 늘어나는 인구와 사회적 수요를 생각할 때는 부족한 것입니다. 일본의 경우 오래 전부터 500명을 뽑고 있고 그 숫자를 늘이는 방향으로 개혁이 추진되고 있습니다(800명으로 확정). 그런데 우리나라에서는 300명도 많다고 해서 200명으로 줄이자는 안이 대한변협, 법원행정처, 법무부 3자합의로 제출된 적이 있습니다. 저는 당시 법대학장으로서 법학교육의 향상을 위해 모든 법과대학, 법학과가 참여하는 모임이 있어야겠다는 생각에서 84년에 『한국법과대학협의회』를 구성해서 그 회장 이름으로 300명은 최소한의 필요인원이라는 건의서를 제출해서 관철시킨 적이 있습니다. 선발인원을 줄이는 것은 법학교육의 정상화에 큰 지장을 초래하게 될 것입니다. 사법시험제도이건 행정고시제도이건 대학에서의 교육을 바탕으로 해서 체계적인 교육을

19 배재식 · 백충현 대담, 앞의 글, ix쪽.

받은 사람을 뽑는다는 기본적인 기준 아래 운영되어야 한다고 봅니다. 물론 그렇더라도 독학자를 배제하자는 것은 아닙니다. 독학자를 위해서는 현재의 1차시험을 이용할 수 있을 것입니다. 그러나 대원칙으로는 위에서 제시한 기준에 따라야 할 것이며, 그럼으로써 법과대학이 고시학원이 되고 있는 타락상은 막아야 할 것입니다. 이 점은 법학교육을 맡은 사람들 모두가 깊이 생각해야 할 것이며, 보다 적극적인 자세에서 법학계와 실무계의 벽을 헐면서 시험제도의 개선방향을 제시하는 자세와 노력이 필요하다고 생각합니다.[20]

그러나 그후 사태의 발전은 엉뚱한 방향으로 나아갔다. 근대법학교육 100주년을 맞는 1995년에 변호사 비리문제 등으로 발단된 사법개혁 논의가 법학교육 개혁으로 번지면서 느닷없이 미국식 로스쿨제도의 채택에 관한 논의로 시끄러워졌다. 정부에서는 세계화추진위원회를 통하여 '로스쿨 안' 을 강행하는 방향으로 그해 8월까지 대통령에게 보고하도록 강력히 추진하였다. 많은 법과대학들이 사활을 걸고 왈가왈부하는 혼란상이 빚어졌다. 당시 일본에 체류하던 배 교수는 거의 도미노현상처럼 넘어지는 한국법학계의 현실을 안타까워하면서 마지막 선에서 김영삼 대통령에게 이 문제는 시간을 미리 정해놓고 결정해야 할 문제가 아니고 심도 깊게 논의해야 할 사안이라고 직접 건의하였다. 김영삼 정부 시절에 회오리를 치며 지나간 로스쿨 논의의 종말에는 배재식 교수의 마지막 역할이 있었던 것이다.

4. 한일교류사상

배재식이 일본과 한일문제에 언제 어떻게 특별한 관심을 갖게 되었는지는 잘 모르지만, 만년에 한일포럼 회장직을 맡기 전부터 국제법학자로서, 특히 재일 한국인의 인권문제에 관심을 갖고 있었던 것은 분명하다. 그는 한국의 역사에

20 배재식 · 백충현 대담, 앞의 글, xiii쪽.

영향을 미쳐온 일본과의 관계가 바르게 정립되어야 한국의 국제법과 인권문제가 정상화될 것이라고 확신하고 있었다. 한일포럼을 주재하면서 국내학자와 언론인 및 정치인들은 물론 일본의 지식인들과도 직접 교섭하면서 심포지움을 계획하고 추진하는 데에 온갖 정열을 기울여 바쳤다. 김영삼 대통령도 친구가 정말 열심히 일하고 도와주는 것을 기뻐하였다. 배 교수가 일본을 방문하여 발언하는 것은 바로 일본언론에 보도되었기 때문에 그의 일본관은 한일교류에 매우 중대한 의미를 갖고 있었다. 세계축구대회의 한일공동주최도 그의 아이디어가 크게 작용하였고, 일본문화에 대한 개방도 신중하면서도 진취적으로 생각하였다. 배재식은 다음과 같이 회고한다.

> 내가 강단에서 자주 쓰던 "법과 외교 사이에는 이분법이 없다"는 말은 나 자신의 말이 아니라 제섭의 『현대 국제법』에 나오는 말이지요. 나는 지금까지 약소국이 강대국과 외교협상을 할 때 이겨나갈 수 있는 길은 정확한 국제법 이론과 판례를 최대한 구사하는 것이라고 강조했 왔습니다. 나의 제자들 중 외교관으로 나간 사람들도 실제 외교를 해보니 나의 말이 옳았다고 얘기들 하더군요. 외교상 문제가 생겼을 때 국제법 이론과 판례를 들고 나오면 서구국가들에게는 거의 다 통합니다. 일본도 이 점에선 마찬가지입니다. 내가 자문에 응했던 한 · 일 대륙붕공동개발 협상에서 일본과 팽팽하게 맞섰을 때도 우리가 북해대륙붕사건의 판례(North Sea Continental Shelf Case, 1969년 국제사법재판소 판결) 사례를 적절히 원용했고, 재일 한국인의 법적 지위문제가 발생했을 때도 나는 우리 대표들에게 이 문제의 본질은 인권인 만큼 국제인권법의 바탕 위에서 임하라고 당부하여 상당한 성과를 거두었던 기억이 납니다.[21]

배재식은 이처럼 국제법적 이론을 가지고 외교에 임해야 한다는 입장에서 한일간의 현안문제인 종군위안부문제에 대하여도 1965년에 체결된 한일협정에

21 배재식 · 제성호 대담, 앞의 글, 134-135쪽.

서 타결된 청구권의 범위에는 이 부분이 누락되었기 때문에 그와는 별개로 한국은 새로운 청구권을 제기하여 피해자에 대한 보상과 사과를 일본 정부에 요구할 수 있다고 보았다. 그는 이렇게 말한다.

이 문제에 관하여 현재의 일본 정부가 그 당시 정부와는 성격이 다르다고 하더라도 국가로서의 동일성을 갖고 있기 때문에 책임을 져야 하는 것입니다. 일본의 양심을 저버린 만행에 대하여 '인도에 반하는 범죄'(Crime against humanity)로 보아서 동죄의 처벌에 관한 한 시효가 적용되지 않는다고 말하기도 합니다. 2차대전 후에 확립된 법개념으로서 인도에 반하는 범죄 행위는 전범자에 한하여 주로 포로의 학대 등의 범죄에 사용했던 것이지만, 넓은 의미에서 인도에 반한 범죄행위라고 하는 데 주저할 필요가 없다고 봅니다.[22]

한일간의 바람직한 관계에 관하여 배재식은 결론적으로 다음과 같은 견해를 피력하고 있다.

나는 미우나 고우나 가까이 할 수밖에 없는 것이 한일관계라는 말을 국내에서, 또는 일본 사람에게도 자주 합니다. 과거의 관계와 현안문제를 놓고 다른 국가와의 관계와 다른 감정을 갖지 않을 수 없다는 것입니다. 역사적, 지리적, 경제적으로, 또는 동북아의 군사적 안보문제에 이르기까지 일본과의 관계를 긴밀히 할 수밖에 없는 현실입니다. 흔히들 한일관계의 바람직한 설정 방향과 관련하여 '전향적'이란 말을 씁니다만, 이것은 일본어의 '마에무키니(前向的)'를 번역한 것으로 적절한 용어라고는 생각지 않습니다. 이제 한일관계는 상호 국익을 위해서는 회고적이기보다는 현재와 앞을 내다보는 미래 지향적 차원에서 접근하는 것이 바람직하다고 봅니다.[23]

---

22 배재식 · 제성호 대담, 앞의 글, 136쪽.
23 배재식 · 제성호 대담, 앞의 글, 137쪽.

이처럼 한일포럼 한국측 회장으로서 혼신의 노력을 기울여 양국의 지식인들이 진정한 대화로 한일교류를 확대하고 상호이해를 정진시키도록 노력하였다. 1995년 9월 2-5일 제3회 한일포럼을 개최하면서 일본측 오와다 하사시(小和田恒) 회장과 나눈 대담에서 잘 알 수 있다. 오와다 회장은 배 교수보다 3년 후배인데 동경대를 졸업하고 외무부에 근무하여 주UN대사를 역임하고 일본 왕세자비 마사코의 친부인 명사이다. 두 사람은 이전부터 친분관계를 갖고 있었다. 두 사람은 상대국의 번영이 자국(自國) 발전에 기여한다는 생각이 중요하다는 점에 인식을 같이하였다.[24]

배 교수는 1998년 6월 27일에 고베(神戸)대학 대학원 국제협력연구과에서 한국의 정치외교사학회(회장 김영작)와 함께 〈동북아시아의 평화와 발전을 위한 한일협력〉이라는 한일세미나를 개최하였다. 여기에는 동 대학 세리다 겐타로(芹田 健太郎) 교수와 기무라 칸(木村 幹) 교수가 크게 역할하였다. 배 교수는 기조강연을 하였는데, 이 강연에서 한일관계의 현안문제, 그리고 해결의 방향에 대하여 광범한 견해를 피력하고 있다. 일본이 진정한 대국(大國)으로서 세계에 영향력을 가지기 위하여는 아시아 각국에 끼친 물질적, 정신적 피해를 보다 적극적으로 책임의식을 갖고 청산해야 한다고 지적하였다.[25] 그리고 한일포럼에서의 역사공동연구위원회 설치, 민간레벨에서의 교류 확대, 경제협력의 확대, 재일 한국인의 지위 향상 등을 주장하였다. 배 교수는 한마디로 한일관계는 제로섬(zero-sum)이 아니라 공동의 선(善)과 플라스섬(plus-sum)의 창조의 방향으로 나아가야 한다고 하였다. 재일 작가 이회성(李恢成) 씨가 EU처럼 21세기에는 동북아시아도 한중일 3국이 대등한 연합체를 이루어야 한다고 주장한 사실을 지적하면서, 이른바 '한자문화권의 연대'를 진지하게 생각해야 한다고 강조하였다. 세리다(芹田) 교수는 배재식을 민족주의적 세계주의자(a nationalistic universalist)였다고 회고한다.[26]

24 두 사람의 대담은 동아일보 1995년 9월 5일자.

25 배재식, 기조강연, 『東北アシアの 平和と 發展の ための 日韓協力』(報告吉書), 神戸大學 大學院 國際協力研究科, 1999, v-xi頁.

5. 통일정책사상

배재식은 한국인이 법적으로 사고하는 것이 취약하다는 것을 평소에 강조하였는데 특히 남북통일문제에 대하여 법적 접근을 별로 중요하게 생각하지 않는 것을 안타깝게 생각하였다. 통일에 대한 법학적 연구를 위하여 통일정책협의회를 조직하여 회장직을 맡았다. 서울법대의 최대권 교수 등 헌법학 및 국제법학자들의 도움을 받아 폭넓게 연구하였다. 그러나 한번의 세미나를 개최하고 배 교수의 갑작스런 서거로 이 단체는 사실상 와해되고 말았다. 그렇지만 그의 통일정책에 대한 기본사상은 우리에게 가르침을 준다. 그는 이렇게 주장하였다.

> 통일은 민족의 염원이자 국가적으로 제일의적인 절대가치라고 할 수 있지요. 지금까지 우리나라에서 여러 가지 통일정책이 제시되고 있는 것 같으면서도 자세히 들여다보면 분단된 2개의 체제를 통합하고자 하는 통일정책이 과연 있는가 의문을 갖게 되고, 통일이라고 하는 용어의 개념조차 제대로 정립되지 않은 상태에 있다고 봅니다. 우리나라 헌법을 보면 여섯 군데에 통일이 언급되고 있는데, 한 군데도 국가통일이라는 용어를 쓰지 않고 있습니다. 전문을 비롯한 각 조항에 평화적 통일이라고 쓰여 있습니다만, 통일이 국가의 지상과제라고 한다면 기본법에 좀더 정확하고 분명하게 통일개념을 밝혀야 된다고 생각합니다. 통일의 개념은 같은 민족을 바탕으로 한 오랜 전통의 1국가가 한때 일본에 의해 36년간 주권을 빼앗겼다가 주권을 되찾는 과정에서 세계적 냉전의 소산으로 남북이 분리되는 불행한 결과를 가져온 것을 하나로 통합한다는 분명한 의미를 갖는 것이어야 합니다.[27]

그는 남북한의 통일방안에 대하여 통일정책연구회를 중심으로 집중 연구하였다. 그는 남한의 한민족공동체 통일방안과 북한의 고려연방제 방안에서 말하

26 2000년 8월 11일 고베대학에서 필자와 면담 · 이 자리를 빌어 세리다(芹田) 내외분의 친절한 증언과 대접에 대해 감사한다.

27 배재식 · 제성호 대담, 앞의 글, 131-132쪽.

는 연방이란 이미 통일된 국가를 의미하므로 남북한이 바로 하나가 되는 연방으로 가기에는 현실적으로 어려운 점이 많기 때문에 전(前)단계 과정을 거치지 않을 수 없다고 보았다. 현실적으로 우선 하나의 정치권력으로 통합되기 전에 민족의 단일성에 기초하여 이질성을 극복하고 동질성을 회복하는 남북관계가 되어야 한다고 보았다. 평화적으로 통일하는 최선의 방법은 과거 유엔의 방안과 같이 남북한 인구비례에 의한 총선거를 통해서 하는 것이지만 이것이 쉽게 이루어지기 어렵다고 볼 때 민족공동체적 입장에서 교류와 협력을 통해 얼어붙은 북한체제를 서서히 녹여가는 방법이 전략상 중요하다고 보았다. 이를 위하여 글로벌한 통일외교를 전개하여 북한에 대한 개방압력을 가해야 하고, 정부와 민간단체 상호간의 밀접한 연구와 협조를 통해 각기 다른 의견을 조정, 통합하여 통일에 대한 접근방법의 국민적 합의를 이루어 내야 한다고 지적하였다.[28]

남한의 정치에 관하여 그는 특히 김영삼 정부에 대하여 깊은 관심과 책임있는 논평을 하곤 하였다. 국민적 기대를 모은 문민정부에 대하여 그는 다음과 같은 기대와 충고를 아끼지 않았다.

> 새정부의 우선 과제는 깨끗한 정부를 만드는 것입니다. 이를 위해서 공직사회의 정화작업이 시급합니다. 우리나라에서는 정부 자체가 깨끗하면 기업이나 일반 국민도 따라갑니다. 김영삼 대통령도 "윗물이 맑아야 아랫물도 맑아진다"는 의지를 강조하고 있습니다만, 깨끗한 정부를 보여줌으로써 국민의 신뢰를 받는 것이 바로 강력한 정부(strong government)가 되는 것입니다. 이와 관련해서 새 정부는 근검 절약하는 모범을 보여야만 합니다. 특히 국민세금으로 조달되는 정부예산을 대폭 절감하고 효율적인 운영을 위한 검토가 있어야만 합니다. 보통 10% 절감을 얘기합니다만, 어떤 항목에서는 그 이상 줄일 수 있을 것입니다. 예를 들어 집기구입비 같은 것은 절반을 줄일 수 있다고 봅니다. 따라서 근검절약 기풍이 국민생활에 파고들어가도록 의식개혁운동을 펴야 합니다. 또한 되도록 큰 차 안타기 운동 같은 것도

28 배재식 · 제성호 대담, 앞의 글, 132쪽.

필요하다고 생각합니다. 도로도 좁고 기름도 나지 않는 나라임을 감안, 대형차는 생산해서 수출하고 우리는 작은 차를 타는 기풍을 가졌으면 합니다. 우리보다 국민소득이 높은 유럽도 몸이 큰 사람들이 답답하게 보일 만큼의 소형차를 사용하고 있는 것을 봅니다. 지도층의 소형차 사용은 서민층과의 위화감을 줄이는 가시적 효과도 있습니다. 두번째로 내가 학교에 있으면서 생각하는 것은 행정부서 산하에 형식적인 연구소가 너무 많다는 것입니다. 대략 100개 이상으로 보고 있는데 여기에 소요되는 예산이 효율적으로 쓰여지고 있는가 하는 것입니다. 연구기능은 대학의 주요한 기능입니다. 대학에 주어야 할 연구예산이 정부산하 연구소 설립 운영비로 나가다 보니 대학의 기능을 제대로 살리지 못하고 있다는 것이지요. 정부산하 연구기관이 때로는 퇴임공무원들의 자리를 마련해주는 곳이라는 말까지 나오고 있는 만큼, 아주 필요한 연구기관만 남기고 대학에서 할 수 있는 연구기능은 대학에 주어야만 산(産), 학(學), 관(官)협동도 이루어지게 됩니다.[29]

이러한 충고와 기대를 문민정부가 어느 정도 이룩했는지는 역사평가에 맡겨야겠지만, 아직도 많은 부분 실천해야 할 과제로 남아있다고 하겠다.

6. 불교사상

배재식은 철저한 불교 신앙인이었다. 틈이 날 때마다 산사(山寺)를 찾고 그의 불교 신앙심을 생활에 실천하려고 애썼다. 특히 화계사와 도선사를 자주 찾았는데, 그런 연유로 사후(死後) 49제를 화계사에서 행하였다. 일본을 방문하였을 때 나라(奈良)의 도다이지(東大寺)와 호류지(法隆寺)를 방문하고 한국에서는 기독교가 극성이어서 불교인은 소수자같이 외로운데 이곳에 오니 아늑하게 느껴진다고 말했다고 세리다(芹田) 교수는 전한다.

자비와 평화의 사상은 그의 일상생활에 깔려 있었다. 이에 대하여 김도창 박

29 배재식 · 제성호 대담, 앞의 글, 126-127쪽.

사는 다음과 같이 증언한다.

> 나는 인간 배재식 박사의 내면에 깊숙이 자리잡고 있는 것이 인간에 대한 사랑이라고 생각한다. 그의 박사학위논문의 제목을 일견해도 알 수 있듯이 그의 학문체계의 기초가 인류애의 성실성에 있었다고 하겠다. 기당 이한기 박사를 모시는 것을 보면 참으로 보기드문 아름다운 사제관계의 본보기라 할만하고, 법대동창인 부인과의 금슬과 3남매에 대한 지극한 부정(父情)도, 그리고 동료나 제자들에 대하는 진지한 자세도 모두 인생을 진실되고 성실하게 살려는 석암의 마음가짐이 그대로 반영된 것이라 하겠다.[30]

필자는 지금도 생생히 기억한다. 1980년대 후반 서울법대 학장으로 재직할 무렵 학생들의 과격한 시위와 상부로부터의 처벌지시 사이에서 괴로워하시며 어떻게든 제자들을 희생시키지 않으려고 온갖 애를 쓰셨다. 옆에서 보아도 끓어오르는 감정을 불교신앙으로 삭이려는 모습이 역력하여 신앙의 힘이 저런 것이구나 하고 느낄 수 있었다. 철두철미 원칙을 존중하시는 어른이라 시험부정행위에 대하여는 가차없이 엄벌을 주장하시면서도 학생데모와 운동으로 문제가 된 학생에 대하여는 최대한 관용을 베풀려고 하시는 모습이셨다. 엄격과 사랑, 이 양면이 교수에게는 함께 있어야 한다고 후배 교수들에게 늘 충고하였다. 이런 때는 자애로운 엄부(嚴父)같이 느껴졌다. 그는 교수들의 학생에 대한 교육도 스승으로서 철저해야 하고 애정이 깃들어 있어야 한다고 강조하였다. 따라서 지도교수제의 필요성을 강하게 역설하였다.

> 이른바 5공시대 그 어려운 상황에서 보직교수로서 때로는 야단도 치고 화를 내기도 했지만 학생들과 이야기를 나누는 가운데 결과적으로 잃은 것은 없다고 생각합니다. 반대로 당장에 어떤 것을 얻은 것은 없다 하더라도 길게 보면 노력한 만큼의

---

30 김도창, 앞의 글(주 18), 6쪽.

효과는 있었다고 믿습니다. 학생들이 혈연관계를 떠나서 가장 가까운 사람은 교수이고, 교수이어야 합니다. 교수는 시대적인 상황 속에서 능력의 한계 때문에 그 이상 도와줄 수 없는 경우는 있다 할지라도, 자기 제자에게 해가 되는 일은 절대로 할 수 없는 사람들입니다. 이것만은 아직 깨어지지 않고 있습니다. 어려운 상황에서 왜 교수들이 우리와 함께 대정부투쟁에 나서지 않았는가라고 비난할 수도 있을 것입니다. 그러나 교수들이 가지는 한계를 학생들은 이해해 주어야 합니다. 교수는 스승입니다. 스승은 자기 제자에게 해를 끼치지는 않는다는 믿음의 윤리가 오늘날과 같은 어려운 때에 더욱 싹터야 합니다. 바람직한 지도교수제가 상실되어 버린 것은 참으로 가슴 아픈 일입니다.[31]

한마디로 배재식은 생활 속에서 불교신앙을 실천하면서, 법학자 내지 법률가로서 원칙과 엄격을 지키면서도 내면적으로 자비와 평화를 추구한 인품이라 하겠다.

7. 역사법사상

배재식 교수만큼 매사에 역사의식을 강하게 느끼는 학자도 드물었다. 그는 국제법학에서도 국제법사에 관심을 기울여 「한국에서의 국제법의 생성과 발전」에 관하여 국문과 일본어 그리고 영어로 논문을 발표하였다.[32] 배 교수는 학장 재직시절에 『서울법대 40년사』(1986)를 발간하였는데 김증한 교수가 기초한 『30년사』에 보다 자세하고 정확한 기억력으로 보충하여 비로소 구색을 제대로 갖춘 역사를 편찬하였다. 그리고 50년사를 준비하는 기간에도 먼저 일이 어떻게 진전되고 있느냐고 챙기시며 독려하셨다. 40년사의 작업을 돕던 필자는

31 배재식 · 백충현 대담, 앞의 글, xii쪽.

32 배재식, 「한국에서의 국제법의 생성」, 『법학』 21권 1호, 1980. 이 논문의 일본 번역문은 일본 메이지(明治)대학 『법학논총』에 수록; "Growth of the Law of Nations in the Yi-Dynasty of Korea", 『법학』 23권, 1982.

배 학장의 강한 기억력에 감탄을 하였는데, 거듭 강조하여 말씀하시기를 대학에서마저도 선배학자들이 생각하고 행했던 작업을 후배학자들이 너무 관심두지 아니하고 앞서 논의된 결과를 알지 못하고 엉뚱한 원점에서 출발하는 경향이 안타깝다고 하셨다. 그는 늘 전통을 존중해야만 새로운 것이 창출된다는 온고지신(溫故知新)의 정신을 강조하였다. 그래서 그는 가끔 보수주의적인 학자처럼, 자신의 지나간 공적을 많이 회고하는 복고적 학자같이 비쳐지기도 하였다. 그러나 그는 누구보다도 정확한 역사의 증인이었다. 그래서 지나간 어떤 일에 대하여 불분명한 것은 배 교수에게 문의하면 웬만한 것은 다 해결되었다. 그리고 그렇게 바쁜 생활 속에서도 몸소 선배학자들을 찾아 예를 표시하고 정담을 나누는 모습을 모범적으로 보여주었고, 필자에게는 역사에 남기라는 뜻에서라고 하면서 일부러 자세하게 얘기를 들려주기도 하였다.

Ⅲ. 인품과 기억들

배재식 교수는 매우 자상하고 철저한 인품의 소유자였다. 어떤 하나의 일도 대충 넘기려고 하지 않고 골똘히 생각하고 원칙을 찾아 꼼꼼히 따지고 최선을 다하였다. 우리는 이런 성격을 완벽주의자라고 부르는데, 정말 그는 적당주의를 가장 싫어하였다. 특히 행정의 면에서 그는 공문서 한 장의 표현 하나하나를 챙기고 해석하는 데 묘미를 느끼는 것처럼 철저하게 검토하셨다. 깐깐한 성격을 별로 좋아하지 않는 사람들도 배 교수의 내면이 부드럽고 인정이 많은 면에 끌렸다. 학장 재직시절 학장보로서 보필하던 필자는 대충 기안해서 올리면 학장께서 철저히 보완해 주셔서 일하기가 편하고 든든하였던 기억이 지금도 생생하다.

배 교수는 글을 매우 아끼는 학자였다. 학교 안팎으로 참여하고 자문하는 데가 많아서 글쓸 시간이 부족했던 것도 사실이다. 비판적으로 보면 학자로서 남긴 저술이 좀 빈약하다는 평을 듣는다. 제자요 후배 국제법학자인 이상면 교수가 『국제법사상』이란 저술을 하겠다고 하니 "그게 바로 내가 가장 잘 모르는 바라 나도 못 썼다" 라고 하면서 정중히 만류하기도 하였다.

대신 배 교수는 강력한 언변의 소유자였다. 말을 차근차근 조금 느리게 하면서 매사를 상대방이 납득할 수 있도록 설명하였다. 길을 걸어가다가도, 차에 오르려고 하다가도 발길을 멈추고 서서 한참씩 이야기를 계속하였다. 그래서 배 교수와는 반시간이면 끝날 일도 한시간은 잡아야 한다고들 하였다. 함께 점심식사를 나누면 언제나 이야기가 풍부하고 흥미로워 즐거운 시간이 되었다.

이런 이야기가 기억난다. 1961년 1월에 서울법대 1학년생이던 이강재(李康宰, 이현재 전 서울대 총장의 동생) 군이 제주도 한라산 등반에서 사고를 당하여 목숨을 잃는 불행한 사건이 있었다. 사건 수습을 위하여 제주도에 급히 내려간 배 교수는 당시 한국 산악회장인 홍종인(중앙일보 논설위원) 씨로부터 학생지도를 어떻게 했느냐고 질책을 받았다. 이에 배 교수는 사건 경위를 자세히 알지도 못하면서 화만 내느냐고 조목조목 따져 홍 회장을 함구시켰다. 3월에 조난현장에 추도비(追悼碑)를 해 세우기도 하였다. 아무튼 희대의 논설객이요 독설가이던 홍종인 씨를 설파하였다니 배 교수의 언변을 가히 짐작할 만하다. 정말 말로서는 어느 누구도 당해낼 수 없는 치밀한 조리와 논변이 있었다. 말씀을 많이 하면서도 대화 속에서 상대방의 의중을 빨리 파악하였다.

지인관계로는 법학계에서 가까이 지내던 인물은 유진오 박사, 이한기 박사, 김택수 의원, 안이준 변호사, 김도창 박사, 문인구 변호사, 배명인 변호사 등이 있고, 의학계에서는 이문호 박사, 송두호 박사, 한용철 박사 등이 있다. 아산재단을 통하여 정주영 회장과도 가까웠고, 동경의 한국연구원장 최서면 원장과도 교분이 깊었다. 유기천 전 총장이 가끔 한국에 나오면 빠짐없이 만나는 몇 분 인사 중의 한 분이 배 교수였다.

여행도 비교적 많이 하였는데, 어디를 가나 잠을 편하게 자야 한다면서 고급호텔을 이용하였다. 대학교수는 2등 비행기좌석에 값싼 호텔에 들어가야 한다는 식의 선입견을 못마땅해 하였다. 이런 면에서 배 교수는 스타일 있는 사람, 스타일리스트(Stylist)라고 말할 수 있는데, 그 이면에는 대학교수의 위상과 권위를 지키려는 배려가 깔려 있었다. 그는 정말 명예심과 권위의식이 철저히 강한 분이었다.

취미로는 스포츠를 좋아하셨고 특히 야구해설은 전문가 수준이었다. 가끔 골프도 즐기시고 술과 담배도 좋아하셨다. 일본에서는 승마도 하셨다 한다. 여행할 때마다 모자 하나를 사오는 것이 또 하나 취미였다. 술집은 60년대에는 서울법대 교수들이 잘 다니던 종로2가의 〈낭만〉, 70년대에는 관악캠퍼스로 옮겨 봉천동의 〈물망초〉, 방배동의 〈해무〉를 잘 찾았던 것으로 기억된다. 술이 거나하게 취하면 애창곡으로 〈떠나가는 배삿갓〉을 길고 느리게 한 곡조 뽑으면서 김삿갓을 배삿갓이라고 표현하였다. 정말 배 교수는 이 시대 이 사회의 김삿갓으로 즐겨 자처하는 것 같았다.

석암 배재식은 아호(雅號) 그대로 명석한 두뇌의 학자요 올곧은 교육행정가로 일생을 알차게 살다간 한국 지식인이다. 해방후 반세기 동안 한국 법학의 교육적 기초를 공고히 한 그의 이론적, 실천적 업적은 영원히 잊혀질 수 없을 것이다. 그의 법학교육 5년제안은 단순히 개인적 구상이 아니라 서울법대를 비롯하여 전국법과대학협의회의 합의를 본 공식안(公式案)임에도 당대에 이른바 로스쿨논의와 함께 뒷전으로 밀리는 형국이 되었다. 역사는 엄청나게 빨리 변한다는 사실을 말해주면서, 동시에 이렇게 빨리 변하는 것이 좋으냐는 근원적인 질문을 던져주기도 한다. 아무튼 배재식은 20세기 종반의 한국을, 적어도 법학계에서는 화려하게 힘을 발휘하다 21세기의 문전에서 사라져간 거성(巨星)이었다. 그의 20세기적 유산을 21세기에 어떻게 바르게 계승하느냐는 후배들의 몫이다.

이러한 역사적 계승을 배 교수는 생전에 이렇게 생생하게 적었다. 1988년 선배동료 김증한 교수가 작고하고 만든 유고집 『한국법학의 증언』에서 이렇게 적었다.

> 최근 법대의 최종고 교수가 한국법사상사, 법학사의 정리에 관심을 갖고, 작고한 한국법학자들의 생애와 업적을 『한국의 법학자』라는 제목으로 책을 만들고 있다는 얘기를 들은 바 있는데, 나는 최 교수로부터 이 얘기를 들으면서, "아, 어느새 한국법학의 제1세대가 이렇게 다들 가시는가!" 하는 비장한 생각이 들었다. 그러고 보니

玄民, 蕙南, 雪松, 心鄉……. 여러 선생님들이 타계하셨다. 청헌 선생까지 고인의 반열에 계신다고 생각하니 인생이란 이렇게 덧없는 것인가 하는 생각을 갖게도 되고, 나의 불교신앙에 입각한 윤회와 연기 같은 것도 연상해 보게 된다. 정말 이승에서 그렇게 진하게 인정을 나누던 분들이 단지 '죽음' 이란 단순한 사실 하나 때문에 영원히 이별한다는 것이 있을 수 있는 일일까? 나는 언젠가는 꼭 이분들을 다시 한번 만날 것 같은 생각이 든다. 그리고 또 이런 생각도 해보게 된다. 이 앞서간 선배들이 이 땅에서 애써 학문하시고 가르치시던 그 노력들이 장난이 아니었다면 언젠가는 그들의 소원이었던 법학의 발전과 대학의 발전, 그리고 국가의 발전이 이루어지고야 말지 않겠느냐고, 나는 안다. 나의 이러한 연상과 소망이 솔직히 말하여 오늘의 혼미한 현실을 바라보는 나 자신의 우울한 심정에서 반사적으로 일어나는 감정일지도 모른다는 것을. 나도 올해에 환갑을 맞는다. 인생의 앞날에 대하여는 누구도 말할 수 없다는 것을 김증한 선생의 죽음에서 더욱 느껴본 바이지만, 살아 있는 동안 이 땅에서 이루어지는 일들이 조금씩이나마 발전되고 성숙되어 갔으면 하는 바램이 간절하다.[33]

이렇게 인생의 이별을 아쉬워하던 두 분은 같은 풍산공원 묘지에 가까이 영면하고, 역사는 새 과제를 안기며 도도히 흐른다.

33 배재식, 「김증한선생과 나」, 안이준 편, 『한국법학의 증언』(고 김증한교수 유고집), 교육과학사, 1989, 395-396쪽.

연보 및 논저

■ 연보

1929. 5. 8	경남 김해 출생
1943. 3	김해제일초등학교 졸업
1949. 6	경남공립중학교 졸업
1953. 3	서울대학교 법과대학 졸업
1955. 3	서울대학교 법학원 공법 전공
1969. 2	서울대학교 법학박사
1955-1957	국학대학, 국제대학, 서울대학, 이화여대, 경희대 강사
1958. 4-1994. 8	서울대학교 법학대학 전임강사, 조교수, 부교수, 교수
1959. 9-1961. 7	서울대학교 법과대학 학생과장
1961. 7-1962. 6	미국 하버드대학에서 연구
1962. 8-1964. 8	서울대학교 법과대학 교무과장
1963. 9-1965. 8	서울대학교 법학도서관장
1964-1965. 8	서울대학교 사법대학원 교무과장
1968-1970	서울대학교 사법대학원 교무과장
1979. 6	법무부 자문위원회 위원
1980. 5-1984. 5	서울대학교 법학연구소 소장
1981. 1-1982. 3	대한국제법학회 회장
1984. 6-1988. 6	서울대학교 법과대학 학장
1985. 5-1988. 6	한국법과대학협의회 회장
1994. 10	서울대학교 명예교수
1994. 9-1995. 8	일본 고베대학 객원교수
1999. 10. 1	서울에서 작고

■ 저서

『현대헌법론』(공역), 박영사, 1956.

『국제조약집』(공편), 박영사, 1958.

『국제법』(공저), 박영사, 1961.

『기본적 인권과 국제법』, 서울대출판부, 1969.

『재일한인교육정책론』(공저), 한국교포문제연구소, 1972.
『국제법』(공저), 개정판, 박영사, 1976.
『국제법 I』, 한국방송통신대학, 1984, 1993.
Namyearl Chail/Jaeshik Pae/Choonho Park, *Korean International Law*, Berkeley Univ. Press, 1982.

서 원 우

(1931–2005)

㉖ 서 원 우 (1931-2005)

남하(南河) 서원우 교수라면 한국의 행정법학자로서 사회과학적 접근을 강조한 폭넓은 학자로서 깊이 각인되어 있다. 항상 법학은 사회과학과 폭넓은 대화를 할 수 있어야 한다고 강조하시며, 스스로 그러한 학제적 접근을 하려고 노력하는 모습을 보여주셨다.

필자는 전공은 다르지만 1991년부터 서울법대 학장으로 계실 때 교무담당 학장보를 하면서 2년간 모실 수 있었고, 그 후로도 일본과 중국에 함께 학회 참석을 하면서 가까운 시간을 보냈다. 음악도 좋아하셔서 함께 여행을 하면 항상 즐거웠다.

I. 생애

서원우는 1931년 3월 20일, 경상북도 영일군 청하면 미남리에서 태어났다. 부친인 서달조(徐達祚) 공은 보성전문을 나온 인텔리였으며, 외가 집안쪽도 당시로서는 비교적 새로운 문화에 일찍 눈을 뜬 관계로 일반 조선인과는 다르게 비교적 개화된 분위기에서 어린시절을 보냈다.

소학교 2학년이 되던 해에 만주를 거쳐 중국의 천진으로 이사하여, 그곳에서 소학교를 마친 후 일본인 중학교에서 3학년까지 다니다가 해방을 맞아 고향으로 돌아오게 된다. 고향 부근인 포항중학교에서 6년제 중등교육을 마치고 1949년 이 학교 제1회 졸업생으로 졸업후, 서울대학교 법과대학에 입학하였다. 처음부터 법대에 갈 생각을 했던 것은 아니었으며 평소 노래를 좋아하여 음대에 진학할 생각을 했다. 그러나 시골에서 음악을 공부할 기회를 갖지 못하여 소질을 개발할 수 없었고, 부친과 당시 서울대 수학과에 재학중이던 형의 권유로 별 생각 없이 법대에 입학했다. 이후 남동생인 서원철 씨도 서울법대에 입학하여 3형제가 모두 서울대학교를 나온 수재집안으로 알려지게 되었다.

서울대학교 법과대학에 입학한 다음해에 한국전쟁이 발발하자 피난열차를 타고 부산으로 내려가 혼자 하숙을 하면서, 당시 부산으로 피난 와 있던 법과대학에서 계속 학업에 매진하였으며 미군부대의 정훈국에서 통역관으로 일하면서 학비와 생활비를 벌었다.

1953년 법과대학 졸업후, 중앙대학교 대학원에 진학하여 한웅길 교수와 윤세창 교수의 지도하에 헌법을 전공하였으며, 1955년 「국가기능확대의 이론과 실제」라는 논문으로 석사학위를 받았고, 다음해에 중앙대학교 법정대학의 전임강사로 임용되었다.

1957년, 당시 행정학의 불모지였던 한국에 미국식 행정학을 이식하기 위하여 미 미네소타 대학교와 서울대학교 간에 서울대학교 행정대학원 설치를 지원하기로 하는 협정이 체결되어, 교수요원으로 10명을 선발하여 미네소타 행정대학원에서 수학하기로 하였는데, 공법학을 담당할 인원으로 선발되었는데 이후 행정법학계로 나아가는 결정적인 전환점이 된다. 미네소타 대학에서 행정학 석사학위 수료 후 곧바로 귀국하지 않고 박사과정에 진학하여 비교정부론 · 정치이론 · 행정학 · 사회이론 등을 수학하면서, 법과대학원에서 헌법과 행정법을 청강하면서 행정에 대한 법학적 안목을 넓히게 된다.

1959년 12월 귀국 후, 이듬해부터 서울대학교 행정대학원 조교수로 부임하여 행정법학의 연구와 강의를 시작하게 된다. 이후 15년 동안 행정대학원에서 교수로 근무하는 동안 행정법학을 연구 · 강의하면서도 행정과 입법과정에 대한 사회과학적 접근을 병행하였다. 재직중인 1974년에 「공용수용법제에 관한 연구」라는 논문으로 서울대학교에서 법학박사학위를 취득하였다. 1963년에 이화여대 영문과 출신 이두영(李斗暎)과 결혼하여 가정을 꾸렸고, 이후 1남 1녀를 두었다.

1975년 3월, 서울대학교 종합화계획에 따라 행정대학원에서 법과대학으로 직을 옮긴 이후 1996년 정년퇴임시까지 21여 년에 걸쳐 3권의 단독저서와 5권의 공저서, 1권의 번역서, 210여 편의 논문을 발표하면서 정력적으로 '서원우 행정법학'을 구축해 나가게 된다.

1996년 8월 국민훈장 동백장을 수여받으면서 서울대학교에서 정년퇴임 후에도 명예교수로 추대되었으며, 1997년부터 2001년까지 일본의 廣島修島대학, 北九州대학 등에서 객원교수로서 강의를 하였다. 2001년 귀국후에는 서울대학교 명예교수로서 강의를 하는 한편, 명지대학교에서 객원교수로 활동하였으며 한국행정법연구소 소장직을 역임하였다.

이후에도 수많은 저서와 연구활동을 병행하였으나, 2005년 10월 16일 숙환으로 별세하였다. 영결식장에서는 생전에 고인이 좋아하던 남인수의 노래가 들렸고, 필자는 아래의 조시를 읽었다.

南河送歌

한반도 남쪽 경상도 영일만풍(迎日灣風)으로 자라
법학과 행정학을 겸비하여
대기만성으로 구축하신 행정법학.

주옥같은 논문들을 왕성히 발표하면서도
수험용 교과서 출판은 끝내 내치셨다.

만년에 이를수록 행정법을 넘어서
법의 철학, 문화론으로 추구하시더니,

이웃나라 일본에서 한국법을 가르치시고
동아시아법학 건설에 혼신(渾身)을 기울이셨다.

마침내 나고야대학에서 명예박사학위로
국위를 선양하신 것은 학문적 영광이지만,

속정 깊은 그 훈훈한 웃음
이 세상 어디서 다시 볼까요?

곁에 계시면 늘 흔쾌한 정조(情調)
이제 가라오케를 누구와 같이 갈까요?

애창하시던 "애수의 소야곡" 을
언제 다시 들을 수 있을까요?

먼저 가신 목촌(牧村)선생님 만나
천국에 한국행정법당 하나 지어놓으세요.

한중일(韓中日)법문화를 프리즘론으로 설명하셨듯
무지개로 가끔 한국하늘에 떠 주세요.

영원히 남(南)으로 흐르는 강물처럼
남북의 밤하늘에 은하수로 흘러주세요.

한국법학의 학구적 정렬. 활화산(活火山).

큰 스승 남하(南河)선생이시여!

II. 법사상

1. 행정법학

서원우 행정법학은 행정학이라는 학문을 그 자체에만 국한시키기보다는, 정부제도와 여러 가지 정책적인 문제들을 실제로 결합시킴으로써 종합적인 학문으로 다루고 있다는 점에 가장 큰 특징이 있다고 할 것이다. 이에 홍준형 교수(서울대 환경대학원)는 서원우 행정법학의 기본성격을 종합적 행정과학의 구성요소로서의 행정법학, 개방적 비교공법학으로서의 행정법학, 이론과 현실을 고려한 현실주의 행정법학, 행정학과 행정법학의 상호연관, 법정책학적 지향을 지닌 행정법학 등으로 요약하기도 하였다.[1] 이러한 행정법 연구의 특징은 아마도 대학원 시절 행정법학과 더불어 여러 가지 학문들을 병행하여 연구하였고 이러한 성향이 이후의 교수생활에도 이어졌기 때문이라고 생각된다. 나아가 행정법학 자체의 방법론에 있어서도 단순히 행정에 관한 실정법규범의 해석학에 머무르지 않고 행정현상에 대한 행정학적 · 정책학적 · 정치학적 · 사회학적 분석을 기초로 행정현실에 적합한 규범질서를 추구하고자 하는 '현실주의적 행정법학' 을 추구하였는데 대표적인 예가 토지공개념에 관한 수많은 논문이 실제의 정책결정에 반영된 것을 들 수 있을 것이다. 이에 스스로도 "한국 행정법학은 법해석과 법정책의 양면에서 방법론적 자기제어를 위한 기준과 문제영역을 개발하여야 한다. 이를 통해 방법론적 철저성을 기할 때에만 행정법학은 객관적인 설득력을 갖출 수 있는 것이다" 라고 주장하기도 하였다.[2]

1 홍준형, 「서원우 행정법학의 세계」, 『법과 사회』 제15호, 1997, 100-108쪽.

1) 전환기의 행정법론

서울대학교 법과대학 교수직을 정년퇴임한 다음해인 1997년에 서원우는 그 동안의 논문들과 저서들을 종합하여 『전환기의 행정법이론』을 펴내었는데, 자신의 행정법학의 모든 이념들을 집대성한 저서라 볼 수 있다. 이는 이미 1979년에 『현대행정법론』을 출간한 바 있으나 본인 스스로 그동안의 학문적 연구와 강의를 통해 습득한 지식과 변화하는 국제화의 흐름에 맞추어 보다 과학적이고 실천적인 행정학을 체계화할 필요를 느꼈기 때문이라고 할 것이다.

> 다가오는 21세기는 국제화, 세계화를 지향하는 경쟁과 공존의 시대라 할 수 있다. 모든 영역에 있어서 우리의 당면과제는 이러한 새로운 시대에 슬기롭게 대처해 나가는 힘을 기르는 것이라 할 수 있으며, 법률학의 영역에서도 그 예외는 아니다. 특히 동태적인 성격이 강한 행정법학의 경우, 이러한 과제대응은 한결 절실한 것이라 할 수 있다. 시대는 자꾸 바뀌어가고 있는데도 불구하고 언제까지나 지난날의 구태의연한 획일적이고 정태적인 이론의 틀과 방법론에서 벗어나지 못한 채 우물안 개구리로서 안주하고 있을 수는 없는 것이다.[3]

『전환기의 행정법이론』에서 서원우는, 현대법으로서의 행정법에 대한 새로운 시각을 비롯하여 동태적 행정과정에 대한 법적 파악의 중요성, 현대 행정법에 있어서의 공공성 문제, 법치주의의 실상과 허상, 한국 행정법학의 그간의 진행과정과 앞으로의 과제 등 행정법학의 전반적인 방법론에 대한 논의와 더불어, 현대행정법학에서의 법률체계, 행정규칙의 효력, 계획재량론, 복효적 행정행위론, 비정형적 행정작용, 자유재량 개념의 재검시, 위법성의 상대화론, 기능분담론적 시각에서의 국가와 지방자치단체의 관계, 개발제한구역에 대한 손실보상제도 문제 등 종래 전통적 행정법론에서는 그다지 깊이 다루어 오지 못했던 논

2 서원우, 「한국행정법의 현황과 과제」, 『공법연구』 제23집 제2호, 1995.
3 서원우, 『전환기의 행정법이론』, 1997, 박영사, 머리말 중에서 발췌.

제 등에 대하여 최근의 독일의 학설, 판례를 집중적으로 논의함으로써 전환기를 맞이한 행정법이론의 발전방향에 대하여 다각적인 고찰과 함께 나아갈 길을 제시하고 있다.

특히, 지방자치 시대가 시작된 1990년대 이후부터는 지방자치단체의 조례에 의한 벌칙정립에 관한 문제와, 토지공개념 제도에 관하여 많은 행정학적 문제들을 제기하여 왔는데, 그가 언급했던 토지공개념 제도의 의의 중 "토지란 단순한 상품이 아니라 인간 생활과 생산을 위한 불가결한 기반이기 때문에, 그것이 농지이든, 산림지이든, 혹은 주거지이든 그 토지가 지니는 기능 내지 적성 혹은 지역에 따라 공공복리를 위해 가장 값지게 그리고 가장 효율적으로 이용되지 않으면 아니되며 그를 위해 적정한 규제가 가해지지 않으면 아니됨을 의미한다"는 말은, 토지공개념 자체에 대한 명확한 개념설정의 의미를 초월하여 행정작용에 있어서 국가의 개입의무와 그 한계를 밝혀주고 있다는 점에서 주목할 만하다.

2) 행정학에 대한 공헌

반세기 가까운 학문활동을 통하여 서원우의 행정법학이 끼친 가장 두드러진 공헌으로 다음의 몇 가지를 들 수 있다.[4]

먼저 미국 행정법의 소개와 더불어 절차적 사고방식을 도입한 점을 들 수 있다. 서원우 교수는 미국에서 귀국한 직후인 1960년대 초부터 미국행정법, 특히 행정절차법의 내용과 해석론을 소개하기 시작하였는데, 귀국 후 최초로 발표한 논문이 미국행정절차법을 소개하면서 행정절차 법리의 도입을 우리 행정법의 과제로 제시한 것이었음은 의미심장하다. 이후 1990년대에 이르기까지 지속적으로 행정절차에 관한 논문을 발표하였으며, 그 내용은 미국행정절차법의 소개로부터 독일을 비롯한 각국 행정절차법의 비교연구 및 행정절차 일반론으로까지 확대되었다.

두 번째는, 비권력적 행정에의 관심환기를 들 수 있다. 행정입법과 행정행위

4 최영규, 「서원우 교수의 생애와 학문」, 『행정법연구』 14, 2005에서 발췌.

및 행정강제를 중심으로 한 권력행정의 요건과 효과에 관한 탐구가 행정법학의 거의 전부였던 1960년대에서 그의 급부행정에 관한 이론전개는 신선한 것이었고, 이후 우리 행정법학이 나아가야 할 방향을 제시하는 것이었다. 급부행정의 법적 통제를 위한 탐구는 그후 계속적으로 서원우 교수의 학문적 관심의 한 축을 이룬다. 또한 비권력적 행정작용의 대표적 행위형식이자 한국적 행정문화의 산물인 행정지도에 깊은 관심을 가지고 그 법적 통제를 위한 방법론을 지속적으로 탐구한 것도 그 연장선상에 있는 것으로 볼 것이다.

세 번째는 토지법 및 환경법의 개척과 토지공개념의 주창을 들 수 있다. 특히 토지이용규제에 관한 서원우의 가장 두드러진 업적은, 이러한 개별적 법제도에 관한 연구성과를 넘어서서, 토지재산권의 본질과 한계, 그에 대한 규제의 근거와 방법론에 관한 총체적인 이해의 틀을 제시함으로써 토지공법을 행정법 내지 공법의 한 분야로 확립시켰다는 데 있다. 그는 다른 재산권과 달리 토지는 보유보다 이용의 관점에서 생각해야 하고, 일반적인 재산권은 자유가 원칙이고 제한은 예외적인 것이지만, 토지소유권은 반대로 규제가 예외가 아닌 원칙이라고 주장한 것이다. 이러한 관점에서 그는 토지재산권 규제의 헌법적 근거를 발견하고, 토지이용계획과 용도지역제에 의한 토지이용제한 및 토지보유상한제, 토지거래허가제 등의 정당성을 일관되게 옹호하였다.[5]

다음은 행정쟁송제도의 심층적 탐구와 제도 개선을 위한 노력을 들 수 있다. 서원우는 행정법학자로서 행정쟁송제도의 이론적 해명뿐만 아니라 바람직한 행정쟁송제도의 구축을 위하여도 누구보다 많은 연구성과를 남겼을 뿐 아니라, 실제로 1980년대 초반 행정쟁송법 개혁을 위한 제도개선작업에 주도적으로 참여하여 행정소송법 개정 및 행정심판법 제정에 산파역을 담당하였다.

마지막으로, 행정법 도그마틱에의 기여와 공공성의 탐구를 들 수 있는데, 특히 불확정 개념의 해석 및 적용과 재량행위 문제, 행정규칙의 법리, 계획재량 등에 관한 서원우 교수의 연구성과는 그 분야에서 독보적인 것으로서, 한국 행정

5 「토지에 대한 공법적 규제」, 「토지공개념도입에 따른 문제점」 외 다수 논문.

법학의 수준을 한층 높이는 데 기여하였다.

2. 헌법학

학문의 입성 초기에 헌법학을 전공하였던 서원우는 행정법학을 연구 · 강의하는 교수임에도 헌법학에 대해서 깊은 관심을 보였다. 헌법학에 대한 직접적인 저서나 논문 등은 현재 쉽게 찾기는 어렵고 또한 구체적인 헌법학에 대한 이념이나 사상을 결론 내리기는 어려운데, 여기서는 『법률신문뉴스』 제2551호에 실렸던 기본권의 성격에 관한 글을 바탕으로, 기본권에 관한 부분에 한정하여 서원우 교수의 헌법적 사상관을 분석하고자 한다.

서원우는 이 글에서, 기본권이 주관적 권리로서의 성격과 더불어 객관적 법질서로서의 이중적 성격을 가진다는 점에 주목하여 소위 '기본권의 이중적 성격' 에 지나치게 집착하는 일부 헌법학 이론에 대하여 절제된 비판을 가하고 있다. 그에 의하면 기본권에 있어서 가장 핵심적인 영역은 개인이 가지는 권리로서의 기본권이며, 기본권에 관한 헌법학의 출발점이라 할 수 있는 독일에서조차 기본권의 객관적 성격에 관한 논의는 1950년대 이후부터 나타나기 시작했다는 점에 주목한다. 그는 이 글에서, 현재의 헌법학에서 받아들여지고 있는 '객관적 법질서' 또는 '원리로서의 기본권' 이라는 개념을 정면으로 비판하기보다는 이에 따른 문제점 등을 언급하고 있다.

그러나 이와같이 기본권 효력의 확충을 인정하는 기본권 해석의 흐름에 대해서는 이것을 지지하는 이론경향과는 상이한 다른 하나의 이론경향으로부터의 비판이 가해지고 있다. 즉 한편으로는 실체적 관점에서 그것으로부터 생기게 될 자유주의적 자유에 대한 과도의 억압이라고 하는 위험이, 그리고 기능적 관점에서는 본래 민주적 입법자에 의하여 해결되어져야 할 정책적 문제가 헌법재판소에 맡겨지게 되어 연방헌법재판소의 권한의 부당한 확장을 초래한다고 하는, 의회와 연방헌법재판소 간의 권한배분상의 문제가 지적되고 있으며, 또한 다른 한편으로는 해석방법론이라는 관점에서는 가치체계에로의 의거로부터 야기될 해석의 자의성이 비판되고 있는 것이다 …… Lerche는 1994년의 일본에서의 주목할만한 한 경연에서 다음과 같이 Bockenforde와는 다른 시각에서 기본권해석에 관한 그의 견해를 피력하고 있거니와, 이제 그의 강연의 결론부분을 인용하면서 이 글을 맺기로 한다. "현대사회는 기본권의 충돌의 시대이다"라고 하는 인식은 바야흐로 지배적인 것으로 되어 있다. 즉 어떤 시민의 기본권은 다른 시민의 기본권과 충돌하는 것이다. 연방헌법재판소는 그러한 경우에는 비례원칙에 적합하는 관대한 조정이 모색되지 않으면 안 된다고 하는 적절한 해결을 내세우고 있다. 이러한 조정이라는 사상에는 혹시 과대한 중요성이 주어져 있는지도 모른다. 동시에 보다 일반적인 절차사상에도 가치가 인정되어 조정은 적절한 절차를 통하여 이루어지지 않으면 안 된다고 하고 있지만, 그것은 정당한 것이라 할 수 있다. 어쨌든 이른바 자유로운 기본권이해에로 되돌아가는 것만으로는 해결될 수 없는 것이다. 기본권은 기본적으로 개인의 국가에 대한 주관적 방어권이라고 하는 식의 이해에로 되돌아갈 수는 없는 것임을 끝으로 강조해 두지 않으면 아니될 것이다. 그러한 시대는 이미 지나가 버렸으며, 또한 우리들의 시대도 바야흐로 지나가 버리려 하고 있는 것이다.[6]

3. 현대법에 대한 견해[7]

1) 법의 인식방식의 다양성

서원우 교수에 의해 정의되는 법이란 '사회규범의 한 형태 혹은 사회통제의 한 형태이며' 이며, 그 공통적 특질로서는 일반사인이나 공적기관에 대하여 일정한 행위를 명령 내지 금지하는 것, 사회관계를 권리의무관계로서 규율하는 것, 그 규정하는 바에 위반하면 형벌 혹은 손해배상 등의 법적 제재가 과해진다는 것, 입법기관에 의해 제정되고 법원에 의해 그의 권위적인 재정의 규준으로

6 「법률신문뉴스」 2551호.

7 서원우, 『전환기의 행정법이론』, 박영사, 1997, 3-22쪽.

쓰인다는 것 등이 지적된다고 한다. 이러한 것들은 상식적인 법의 이미지에 대해서는 일반적인 컨센서스가 이루어지고 있지만, 법의 공통적인 특질로서 지적되고 있는 여러 가지 속성 가운데서도 가장 중요한 기본적 속성은 무엇이며, 또한 그들 공통적인 특질의 구조적 · 기능적 의의나 그들 상호연관 여하 등과 같은 원리적 내지 근본적 문제에 관해서는 전문가들 사이에서도 그 견해가 다르며, 더구나 서로 첨예하게 대립하고 있다고 한다.

그러한 대립의 원인에 대해서 서원우는 대략 두 가지 정도의 원인을 들고 있는데. 첫째는, 법의 특질이나 구조 그리고 기능의 해명을 행하는 사람들이 그 고찰의 대상으로 삼고 있는 법적 현상의 범위 · 측면의 상위라고 하는 객관적 조건이며, 둘째는, 법의 특질이나 구조의 해명을 행하는 사람들의 세계관 · 가치관에 규정된 관점의 차이라고 하는 주체적 조건 때문이라고 한다.

따라서, 법의 특질이나 구조 · 기능의 해명이 사람들의 법의식의 변용, 법적 현상에 대한 실증적 지식의 확대, 정밀화 혹은 법의 특질이나 구조 · 기능의 해명을 행하는 사람들의 관점 · 입장의 변화에 따라 수정가능한 긍정적 성격을 가지는 것에 불과한 것이라고 할 것 같으면 법의 특질이나 구조 · 기능의 해명에 있어서도 어떠한 완전히 명확화되고 완결된 통일적인 최종적 결론에 이른다는 것 자체가 애당초 불가능하며 끝없이 논란이 계속되는 것도 당연하다고 한다.

2) 세 가지 법의 유형

과거와 현재의 여러 가지 법관념 · 법문화나 법의 존재형태를 비교사적으로 해명함과 동시에 법의 생성 · 발전과정의 동태와 거기에 있어서의 일반시민 · 법률가의 주체적 참가의 역할을 이해 · 평가하기 위해서 세 개의 법유형을 사용하고 있는데, '보편주의형법(普遍主義型法)', '관리형법(管理型法)', '자치형법(自治型法)' 이다.

'보편주의형법' 의 기본적 특징은 법적 기준의 내용 및 그 성립 · 적용에서 볼 수 있는 보편주의적인 특질과 또한 도덕 · 종교 등과 같은 사회규범과 정치권력의 명령 · 강제로부터 고도의 자립성에 있는데, 기본적으로는 국가 기타의 공권력 행사의 규준 · 절차를 미리 정해 놓음으로써 그 자의적 · 전단적 행사에 의한 시민사회의 자율적 작동의 교란이나 시민의 자유 · 권리의 침해를 억지함과 동시에 사회 내부에 있어서의 사적인 가치 · 이익의 대립을 시민이 자유로이 조정 · 해결하기 위하여 원리상 모든 시민에게 평등하게 개방된 통일적인 공통의 공적 준거틀 · 절차를 제공하는 데에 고유한 목적이 있다고 한다.

'자치형법' 은 비교적 소규모이고 문화적 동질성이 높은 사회관계에 있어서 그 구성원간의 가치 · 이익의 배분이나 조정 또는 그를 둘러싸고 발생하는 분쟁의 해결을 규제하기 위하여 여러 가지 비공식적인 사회규범이나 그 구성원간에 공유되고 있는 정의 · 형평감각에 의거하여 자생적으로 생성 · 존립하는 것으로서, 이러한 법은 그 정립 · 개폐에 관한 특정한 규준절차가 존재하지 아니하는 경우도 있고, 그 자체, 명확 · 구체적인 준칙으로서 정형화되어 있는 경우가 비교적 적으며, 그 준수도 구성원간의 입장의 호환성 · 상호주의적 관계 등에 의하여 내면적으로 지지되고 있으며, 그 침범에 대한 제재도 자력구제 · 사적 제재의 형태를 취하는 경우가 많다고 한다.

'관리형법' 은 상당 정도 조직화된 통일된 정치권력의 존재를 전제로 하여 그 정치권력의 담당자가 일정한 정치적 · 사회경제적인 정책목표의 확보 실현을 위하여 결정 · 운용하는 일반적인 명령 · 지침이라 할 수 있는데, 동양의 율령(律令), 서구의 절대주의법체제하에서 전형적으로 볼 수 있지만, 현대사회에 있어서도 공권력기관에 의한 사회에 있어서의 가치 · 이익의 배분 및 조정을 위한 적극적 배려의 요청에 대응하여 그 비중이 높아져 가고 있다고 한다.

3) 현대법과 관련된 문제 상황

현대사회에서는 사회적 정의의 실현을 위하여 국가가 시민생활에 광범위하게, 그리고 적극적으로 배려 · 개입하게 되어 국가에 의한 서비스의 제공, 사회계획, 경제통제, 재화의 재분배 등의 중요한 수단으로서 법적 기구가 동원되고 있는데, 이러한 법의 정책화라든가 행정화라 불리는 경향이 현저해짐에 따라 일정한 정책목표의 실현을 위한 수단으로서의 관리형법의 비중이 높아지고 있다고 한다. 또한 정치에의 시민참가의 채널의 다양화와 함께 관리형법에 대항하여 이른바 자치형법의 지배영역의 확대를 향해 될 수 있는 대로 사인간의 자주적인 거래 · 교섭에 의하여 권리의 확보 · 실현이나 상호조정을 행하려는 활동도 활발해지고 있으며, 결과적으로 법적 기구의 자주적 · 보편주의적 성질은 약화되어 관리형법과 자치형법에로의 확산 경향이 심화되고 있다고 한다.

따라서 법원의 역할에 있어서도 한편으로는 법원 이외의 분쟁해결방식이 확충되어 법적 분쟁해결기구의 다원화가 진행됨에 따라 재판의 분쟁해결기능의 비중이 상대적으로 저하되고 있으며, 독자적인 정책형성기능을 수행하는 법원의 역할이 기대되고 있는 실정인데. 우리의 법학교육은 아직도 재판에 의한 분쟁해결에 과녁을 맞춘 순수한 법적 사고의 훈련을 중심으로 하여 진행되고 있으며, 법학교육의 현상과 법적사고에 대한 사회적 요청과는 매우 큰 괴리가 있다고 한다.

4. 한국법문화론

남하는 재직시에도 일본학계와의 교섭이 잦았지만 퇴임 후 일본의 독협(獨協)대학 등에서 한국법을 강의하면서 한국법문화에 대한 깊은 관심을 가졌다. 그는 리그스(Fred Riggs)의 프리즘론을 즐겨 인용하면서 한중일의 법문화의 독특성을 강조하였다.[8] 그는 필자를 만나면, 평생 행정법을 가르쳤지만 학문성은 법문화론이 훨씬 더 높고 재미있는 것 같다고 즐거워 하셨다. 일본의 정치사상가 마루야마 마사오(丸山眞男)의 정치사상사 강의를 필자에게 비교 연구해 보자면서 선사하시기도 하였다.

서원우의 법사상을 축약해서 설명한다는 것은 불가능한 일이겠지만, 개략적으로 살펴볼 때, 행정법을 법학의 기본 틀로 삼으면서도 헌법뿐만 아니라 사회학적인 이론들을 포괄적으로 수용하여, 단순한 이론으로서의 법학이 아니라 과

8 필자의 동아시아 보통법(East Asian Common Law)의 개념에 대하여 상당히 비판적이었다.

학적이고 실용적인 법학을 탄생시켰다고 할 수 있다. 이것은 아마도 새로운 문물을 보다 손쉽게 접하면서 성장한 유년시절이나, 대학 및 대학원 생활 동안 폭넓은 분야에 심취했던 본인 스스로의 학문적 성향에 따른 결과라고 할 것이다. 보다 실천적이고 보다 과학적인 법학론을 제시하고 또 스스로 일궈냈다는 점에서 그러한 업적들은 향후 한국의 법학에 있어서도 큰 밑거름이 될 것이다.

연보 및 논저

■ 연보

1931. 3. 20	경북 영일 출생
1953. 3	서울대학교 법과대학 법률학과 졸업(법학사)
1955. 3	중앙대학교 대학원 수료(법학석사)
1956	중앙대학교 법정대학 전임강사
1958. 8	미국 미네소타주립대학교 대학원 수료(행정학석사)
1960-1969	서울대학교 행정대학원 조교수, 부교수, 교수
1972-1973	영국 런던대학교(LSE)에서 사회보장행정법 연구
1974. 2	서울대학교 대학원에서 법학박사학위
1975	서울대학교 법과대학 교수
1975-1980	중앙토지수용위원회 위원
1978	유네스코 한국위원회 위원
1980-1982	미국 스탠포드대학교 Law School에서 환경법, 미국행정법 연구
1982-1985	국토이용계획심의위원회 위원
1982-1997	법무부 정책자문위원회 위원
1982	중앙환경보전자문위원회 위원
1983	소원법 · 행정소송법개정심의위원회 위원
1984-1986	한국환경법학회 회장
1984-1987	서울대학교 법학연구소 소장
1985	총무처 정책자문위원회 위원
1985-1997	경제법령정비민간협의회 위원장
1985	총무처 행정심판위원회 위원
1985	건설부 행정심판위원회 위원
1986	보건사회부 행정심판위원회 위원
1987-1988	한국공법학회 회장
1987-1988	일본 東京대학 법학부 객원교수
1988	건설부 토지개념연구위원회 위원
1988-1990	서울대학교 평의회 의원
1991-1995	한국행정법판례연구회 부회장

1992-1994	서울대학교 법과대학 학장
1992-1994	한국 법과대학협의회 회장
1993-1994	사법제도발전연구위원회 위원
1993-1995	한국부동산법학회 회장
1993-1997	기업활동규제심의위원회 위원장
1994	서울대학교 법과대학 동창회 운영위원
1995-1997	동아시아행정법학회 회장
1995	일본 獨協대학 법학부 객원교수
1995	행정절차법제정심의위원회 위원
1996	한국행정법연구소 소장
1996	서울대학교 정년퇴직, 명예교수로 임명
1997	규제개혁추진위원회 위원
1997-1998	일본 名古屋대학 국제개발대학원 객원교수
1998-1999	일본 廣島修島대학 법학부 객원교수
1998	일본 名古屋대학 법학부 교육평가위원회 위원
1999-2000	일본 獨協대학 법학부 객원교수
2000-2001	일본 北九州대학 법학부 객원교수
2001	서울대학교 대학원 강사
2001-2005	명지대학교 법과대학 초빙교수
2005. 7	일본 名古屋대학 명예 법학박사 학위 취득
2005. 10. 16	서울에서 작고

■ 저서

『전환기의 행정법이론』, 박영사, 1997.

『법학통론』(공저), 서울대학교출판부, 1996.

■ 논문

「환경보전과 기업의 사회적 책임」,『공해방지협회보』, 1978.

「한국행정법의 현황과 과제」,『공법연구』 제23집 제2호, 1995.

「공익소송에 있어서 법관의 역할」,『法曹』, 1996.

「환경보전과 토지이용규제」,『법과환경』, 1997.

■ 기타

『서원우 교수 화갑기념 논문집』, 박영사, 1991.

『한국의 공법학자들』, 한국공법학회, 2003.

『행정법연구』 제14호, 행정법이론실무학회, 2005.

최 종 길

(1931–1973)

㉗ 최종길 (1931-1973)

최종길(崔鍾吉)이라 하면, 많은 사람들은 1973년 유신정권 시절에 간첩사건으로 희생된 서울법대 교수 정도로 생각하지 법학자로서의 그의 기억은 점점 사라져 가고 있는 것 같다. 1988년에 이르러 가톨릭 · 개신교회의 노력으로 15년 전의 사건에 대한 재수사가 이루어져 간첩 누명이 벗겨지게 된 것은 고인에게나 유가족에게 다행이지만, 지난날의 미망(迷妄)은 한국 법학의 역사에 있어서만이 아니라 민족사의 아픔으로 남아있다고 하겠다. 이를 밝히는 글들이 있지만,[1] 최종길을 법학자로서 한국 법학사에 남기는 작업은 한국 법학계의 과제라고 생각한다. 여기에서는 최종길 교수의 생애와 법학의 세계를 간단히 고찰해 보고자 한다.

1 한경심, 「최종길 서울법대 교수 부인이 15년 만에 털어놓은 '남편의 억울한 죽음'」, 『여성동아』, 1988. 11, 158-165쪽; 우태영, 「서울법대 최종길 교수의 의문의 죽음, 자살인가 타살인가」, 『주간조선』, 1988. 10. 23, 78-81쪽.

I. 생애

최종길은 1931년 4월 28일 충남 공주군 상신리에서 최상희와 성금례 사이에 태어났다. 상업을 경영하는 아버지를 따라 일찍 인천으로 이사를 하여, 최종길의 본적은 경기도 인천시 전동 28번지로 되어 있다.[2] 계속 인천에서 자라 1951년에 인천중학교 6년제(제물포 고등학교의 前身)를 졸업하였다. 공부를 뛰어나게 잘하여 인천중학교의 천재라는 평판이 났었다.

1951년에 서울법대에 입학하여 1955년 2월 26일에 졸업하였다. 이어서 서울대학교 대학원에 진학하여 민법을 전공하여 1957년 3월 31일에 수료하였다. 그러나 바로 유럽 유학을 준비하는 관계로 석사논문은 쓰지 않은 것으로 보인다. 1957년 6월 4일부터 1958년 3월 31일까지 두 학기를 스위스 취리히(Zürich)대학 박사과정에서 연구하였다. 유명한 법제사가 바아더(Karl S. Bader) 교수의 지도를 받은 것으로 알려져 있는데, 끝내 취리히대학에서 학위를 받지 아니하고 독일로 옮겼다. 이 부분에 관하여는 자세한 사정을 알 수 없지만 바아더 교수는 민법학자가 아니고 형법사에 가까운 법제사를 하였기 때문에 학위논문의 지도에 어려움이 있지 않았던가 추측된다.

1958년 4월 1일부터 서독 쾰른대학교 박사학위 과정에 적을 두어 4년간 민법과 국제사법학의 대가인 케겔(Gerhard Kegel) 교수의 지도를 받았다. 케겔은 최종길을 무척 사랑하였다. 1962년 3월 31일 최종길은 「한국민법 및 국제사법에 있어서 이혼」(Die Scheidung im Koreanischen materialen und internationalen Privatrecht)이란 논문으로 법학박사(Dr. jur.)학위를 받았다. 계속하여 쾰른대학 '국제사법 및 외국사법연구소'(Institut für internationales und ausländisches Privatrecht)에 연구원으로 있으면서 교수자격 논문(Habilitation)을 쓸 계획을 하고 있었다.

그러나 독일학계에서 외국인으로 교수자격을 얻는다는 것은 불가능하다시피

2 서울법대 귀중문서실에 보관된 인사카드.

하였다. 박사학위만 받아도 귀국하면 교수직이 보장되는 형편이었다. 다행히 모교인 서울법대에서 강의를 할 수 있게 되었다. 그의 '공무원 인사기록카드' 에 보면 1962년 9월 13일부터 1764년 5월 15일까지 근 2년 가까이 서울법대 시간강사, 1964년 3월 5일부터 8월 15일까지 사법대학원 시간강사로 적혀 있다. 왜 이렇게 고생스런(?) 시간강사의 기간이 길었는지 잘 알 수 없지만, 당시는 외국에서 박사학위를 해왔다 해도 바로 전임교수로 채용하지 않는 분위기가 아니었던가 생각된다.

어쨌든 그가 전임강사가 된 것은 1964년 5월 15일이었고, 1965년 3월 1일에 조교수로 승진하였다. 민법, 서양법제사, 로마법 등을 가르쳤고, 1967년 8월 23일부터 1969년 8월 23일까지는 학생과장직을 맡아 학생지도에 특별한 애정과 관심을 기울이기도 하였다. 1967년 11월 15일에 부교수로 승진하였고, 그 무렵 서울대학교 종합화계획이 추진되자 동위원회 기구조직분과위원으로 참여하기도 하였다. 1969년 8월 23일에 학생과장직을 연임하게 되었는데, 최 교수는 이래서는 연구에 지장이 있다고 생각을 하고 다시 연구생활을 결심하였다.

그가 하버드대학의 옌칭연구소(Harvard-Yenching Institute)의 초청을 받아 미국으로 떠난 것은 1970년 3월이었다. 부인 백경자(白京子) 여사(의사)와 아들 광준, 딸 희정과 함께 오랫만에 오붓하게 지낼 수 있는 외국생활이었다. 하버드에 있는 동안 옌칭연구소뿐만 아니라 로스쿨의 코엔(Jerome Cohen) 교수와 폰 메에렌(Arthur von Mehren) 교수 등과 교류를 가졌다. 1년간의 연구생활에서 얻는 성과와 보람이 너무 커서 1년간 더 있기로 작정했다. 당시 교육공무원 법에 의하여 1년 이상 해외체류시에는 휴직을 해야 했는데 그것도 감수했다. 2년을 하버드에서 보내고 돌아올 때에는 과거에 공부하던 독일도 들렀다. 하이델베르그 성에 올라가 네 가족이 함께 찍은 사진[3]을 보면 그렇게 단란하고 행복해 보일 수 없다.

귀국과 함께 복직하여 1971년 9월 학기부터 강의를 시작하였다. 이때 필자가

3 『여성동아』, 1988. 11, 158쪽 게재.

본 최 교수의 인상은 활기차고 학문적 의욕에 넘쳐 있었다. 그 무렵에 겪은 개인적 에피소드 한두 가지를 적고 싶다. 최 교수는 바로 서울법대 법률도서관장직을 맡아서 매일 도서관에 나왔는데, 필자는 그때 대학원 학생으로 김치선 교수 연구실을 사용하고 있었다.

최 교수는 나를 보시더니 "자네, 그 동안 공부 열심히 한다는 소식 들었어." 하시며 유난히 따뜻하게 격려의 말씀을 해주셨다. 학부시절에도 최 교수님을 모시고 수학여행도 다녀오고 학생회 활동도 해보긴 하였지만, 이처럼 따뜻한 정의를 느끼기는 처음이었다. 집에 와서 가만히 생각하니 학부 다닐 때와는 달리 대학원 학생으로 열심히 공부한다는 것이 최 교수님의 마음을 흐뭇하게 만들었던 것 같고, 교수들은 후배제자들의 공부의 성장을 예리하게 지켜보고 있다는 사실을 느끼게 했다. 그후 최 교수를 뵈면 항상 그의 손에는 책이 들려 있었고, 심지어 학생들과 어디에 단체로 여행을 갈 때에도 Das Beste나 Reader's Digest를 읽고 있는 것을 보았다. 최 교수님은 언제나 행복스런 웃음을 띠는 동안(童顔)이었다.

1972년 11월 1일자로 정교수로 승진하였다. 꾸준히 민법학에 관한 논문들을 발표하여 최종길은 이미 한국 민법학계의 중진학자로 평가받고 있었다. 그는 특히 어학에 탁월한 능력이 있어 광범한 독서를 하였고, 그러면서도 민법학의 전공논문 외에는 잡문을 절대로 쓰지 아니하였다. 인간관계도 원만하여 대학동창회인 '九法會'의 회장직도 맡아 보았다. 다정다감하고 때묻지 않은 순수한 학자형으로 학생들에게도 존경을 받았다. 최종길은 한국 민법학계의 큰 기둥의 하나로 부각되고 있었다.

그러나 이 어인 청천벽력이랴! 1973년 10월 25일 일간신문들에 서울법대 최종길 교수의 죽음을 알리는 기사가 크게 보도되었다. 당시 김치열 중앙정보부 차장은 이광원 등 유럽거점 간첩단 54명을 적발했다고 발표하면서, 이 중 최종길은 정보부에서 구속·수사를 받던 중 범행 사실을 자백한 후 변소 창문으로 투신 자살했다고 하였다. 그러면서 최 교수의 죽음과 당시의 학원사태와는 아무런 관련이 없다고 '해명' 하였다. 서울법대는 물론 사회 전체적으로 충격과 의혹을 불러일으키는 일대 사건이었다. 당시 최 교수는 성격이 다혈질적이어서 인격적 모욕을 당하고 분을 참지 못해 투신자살했다는 루머도 돌았고, 간첩수사를 한다면서 정보부가 자살을 할만큼 허술하게 내버려 두었겠느냐는 추측도 돌았다. 그러나 당시 유신체제하에서 중앙정보부의 발표에 대해 가족이건, 대학이건, 교회이건 어느 누구도 정면에서 문제를 삼고 반박할 사람도 있을 수 없었다. 당시 최 교수의 스승이면서 동료인 민법학자 김증한이 서울법대 학장으로 있었지만 김 학장 역시 이에 대해 이렇다 할 대책을 세울 수도 없었다. 유가족은 공교롭게도 동생 崔鍾善(연세대 졸업)이 당시 중앙정보부 감찰실에서 근무하고 있어서 최 교수의 사망이 결코 투신자살일 수 없고 조사를 받다가 고문치사한 것이라는 확신을 갖고 있었지만 어디에 호소할 데도 없었다. 반공을 국시로 하는 대한민국 제3공화국 시절에 '간첩' 이라는 이름이면 대학교수건 누구건 모두 쉬쉬하는 판국이었다. 그런 채로 10여 년의 아픈 세월이 흘렀다. 그 사이 가끔 천주교 정의구현사제단에서 최 교수의 사인을 밝히라는 주장을 하였지만 아무런 반응이 없었다.

그런 가운데 제5공화국도 무너지고 제6공화국이 되면서 '민주화' 의 기운이 돌았다. 최종길 사건의 공소시효가 만료되어 가는 즈음 1988년 10월 6일 천주교 정의구현사제단에서는 다시 "최종길 교수의 죽음은 그를 간첩으로 만들기 위한 혹심한 고문수사 과정에서 빚어진 폭압적 전력에 의한 살인이라는 확신을 갖게 되었다"라고 하면서 서울지방검찰청에 재수사를 촉구하였다. 사회적 분위기가 민주적으로 현저히 바뀐 상황에서 서울지검은 재수사를 하겠다고 발표하였다.

이에 다시 한번 최 교수 사건의 진상에 대한 국민적 관심이 고조되었고, 많은 매스컴에서 이에 대해 취급하였다. 동생 최종선 씨가 15년 전 사건 당시 진실을 밝히기 위하여 남몰래 세브란스 병원에 입원하여 적어두었던 메모가 공개되어 화제가 되기도 하였다. 수많은 기사들 가운데 하나만 인용해 보면 『주간조선』지에서 최 교수의 미망인 백경자 여사와의 인터뷰를 실었다.[4]

4 우태영, 앞의 글, 78-81쪽.

최 교수가 연행됐다는 소식은 어떻게 들었습니까?

"시동생 종선 씨가 연행과 동시에 알려주었습니다. 그러나 그 때에도 죄지은 것이 없었기 때문에 별로 걱정은 하지 않았습니다."

최 교수가 사망했다는 사실은 누가 알려 주던가요?

"그것도 종선 씨를 통해서 들었습니다. 그때 두 남매는 국민학교에 다녔습니다. 그런데 TV나 신문에 우리 아빠가 간첩이라고 크게 나와서 아이들이 이것을 보지 못하게 하고, 불광동 친척집으로 보냈습니다."

최 교수는 작고 전에 무슨 일을 하셨나요?

"민법책을 쓰느라고 여러 날 밤을 새셨습니다. 평생 고생만 하다가 돌아가셨어요. 지금도 최 교수가 쓴 원고와 만년필을 소중히 보관하고 있습니다. 앞으로 아들이 아버지의 대를 이을 것입니다."

최 교수의 성품은 어땠습니까?

"겉보기에는 엄하지만 매우 다정다감한 분이었습니다. 모든 사람들에게 정을 주는 분이었고, 늘 시를 외우고 다녔습니다."

최 교수가 작고한 뒤 어떻게 지내고 계십니까?

"내가 살아남아서 아이들을 훌륭하게 키우는 것이 이기는 것이라고 생각했습니다. 최 교수가 돌아가신 직후에는 한때 실성할 지경에 이른 적도 있습니다. 그러나 마냥 슬픔에 잠길 수만은 없었습니다. 그래서 선배들이 하는 병원을 찾아다니며 취직해서 살아 왔습니다." (백 씨는 현재 전북지방에서 작은 병원을 운영하고 있다.)

최 교수의 사망과 관련, 바라는 것은 무엇입니까?

"먼저 사인을 규명해야 합니다. 또 돌아가신 것만도 용납할 수 없는데 간첩으로 씌워서 모독한 것은 더욱 참을 수가 없습니다. 사건의 진상을 밝히고 최 교수에 대한 명예회복이 이루어져야 할 것입니다. 정권이 바뀌면 명예회복이 될 것이라고 믿었으며, 그래서 지난번 대통령선거 때에 큰 실망을 했습니다. 그렇지만 지금 6공화국 사람들도 그때 사람들과 관련이 없을테니까 진상규명을 할 수 있을 것 아닙니까. 또 하나는 최 교수는 학생들을 가장 사랑했었으니까 최 교수가 남기신 책들을 서울법대에 기증하고 싶습니다."

공소시효가 끝나는 18일 오후 검찰은 "최 교수가 타살됐다는 증거도, 자살했다는 증거도 찾지 못했다"라고 발표하였다. 이것은 진상을 규명한다는 면에서는 미흡한 발표이지만, 간첩으로 투신자살했다는 15년 전의 정보부 발표에서는 크게 진전된 것이라고도 볼 수 있었다. 적어도 최 교수는 간첩이라는 증거는 없다는 것을 공식적으로 시인한 것이라 하겠다. 다음날 19일, 최종길 교수 15주년 추도일에는 모란공원묘지에서 추도 예배가 거행되었다. 장례식 때에도 참석하지 못한 서울법대 교수들이 15년 만에 동료의 묘지에 와서 역사의 아픔을 되새겼다. 유족측 인사말을 통해 최종선 씨는 "언젠가는 진실이 꼭 밝혀질 것입니다. 자살한 증거를 찾지 못했다고 하였으니 형님이 자살한 것이 아니라는 얘기이고 간첩이 아니라는 사실이 입증된 것이라 생각합니다"라고 하였다.[5] 다만 당시 그 사건 조사에 관여한 중앙정보부 직원들이 이제 그곳을 그만두고 살고 있는데 그들이 이른바 '양심선언'을 하지 않는 한에는 이렇다고도 저렇다고도 더 이상 말할 수 없는 상태에 있는 것이다. 그러나 생각해 보면, 그들이 뭐라고 얘기하지 아니하더라도 역사는 이만큼이면 최 교수의 사건진상을 밝혀 준 것이라고 할 수도 있다. 천주교 정의구현사제단의 성명에 적힌 다음의 성서의 말씀이 진리를 말해준 듯하다, "감추인 것은 드러나게 마련이고, 비밀은 알려지게 마련이다. 내가 어두운 데서 말하는 것을 너희는 밝은 데서 말하고, 귀에 대고 속삭이는 말을 지붕 위에서 외쳐라."

II. 법학세계

최종길 교수는 인간적으로는 전술한 바와 같이 다정다감하였지만, 그의 학문세계는 오로지 민법학의 연구라는 외에 아무것도 없다시피 외곬적으로 보인다. 그는 서울법대 학생회에서 내는 『피데스』(*Fides*)지에 짤막한 글 한 편을 실은 외

5 한경심, 앞의 글, 158-165쪽.

에는 잡문이라고는 쓰지 않고 오로지 법학논문만 50편 가까이 발표하였다.

『피데스』(제15권, 1968)지에 실린 「사법시험과 법학교육」이란 단문은 다음과 같다.

근간 법학교육 내지 사법시험제도의 문제점이 여러 방면에서 진지하게 검토되고 있는 것은 다행스런 일이며 불원한 장래에 이에 대한 대수술이 감행되기를 기대하고 싶다. 특히 현행 사법시험제도의 불합리성은 마침내 정상적인 법학연구 내지 법학교육을 위협하고 있고, 학술연마의 전당으로서의 대학을 흡사 시험준비 학교와 같은 메마른 풍토로 전락케 하고 있다.

모든 방면에서 장차 훌륭한 지도자가 될 재질을 가진 우수한 학생들이, 가장 중요한 그들의 대학생으로서의 청년시대를 가정과 사회의 눈초리에 몰리는 불안 속에서 시험준비에만 급급하게 되어, 마침내 참된 의미의 법학의 연구와 넓은 지적 배양을 통한 자기성장의 기회를 잃게 된다면 그 얼마나 불행한 일이며 아울러 자기 자신과 사회의 손실은 얼마나 크겠는가. 이곳에서 구체적으로 지적할 수는 없지만 요컨대 현행 사법시험제도는 그 내용 및 방법 등에 있어서 법학교육의 그것과 철저하게 일원화되도록 개혁되어야 한다.

타면, 학생들은 스스로, 과연 자기가 얼마나 보람찬 대학생활을 하고 있는지를 냉철하게 반성하여야 한다. 깊은 이해와 통찰력을 기초로 하는 법적 판단력을 기르지 못하고 시험과목의 교과서만을 되풀이 외우다가 교문을 나선다면 시험에 합격했건 안했건 불행한 대학생활을 보낸 것에 틀림없다.

대학생 모두가 한결같이 법조직업에 보다 적성이 있다고 할 수는 없을 것이며, 사람에 따라서는 오히려 학계, 실업계, 언론계 등 타직업에 보다 적성이 있는 경우가 많을 것이다. 독자적인 계획과 판단하에서 넓고 깊게 배우고 생각하며, 자기의 소질과 능력을 발휘할 자기 고유의 장래를 위한 굳건한 터전을 대학에서 마련하여야 한다. 대학에 있어서의 akademische Freiheit의 진가는 바로 여기에 있다. 사회의 각 방면에서는 이런 법학도를 목마르게 기다리며 부르고 있다. 최근 언론계, 금융계, 실업계 등이 능동적 자세로 활발하게 법학도의 초치 운동을 벌이고 있는 것은 바로 이런 사실을 단적으로 입증해 주고 있다. 사법시험에 합격하지 않으면 법대생의 진로는 암담할 뿐이라는 이야기는 이제 옛 이야기가 되어가고 있다.

대학생활을 보람차게 이수한 모든 법대생의 앞길은 희망과 축복으로 충만해 있다는 것을 재차 강조하고 싶다.

여기서 최 교수는 사법시험이 법학교육과 같은 방향에서 실시되어야 한다고 주장하고 있고, 법대생에게 사법시험만이 아니라 자기 적성에 맞추어 다양한 직장을 선택하라고 권유하고 있다.

최 교수는 법과 사회현실의 관계를 다음과 같이 파악하고 있다.

법률 또한 신 아닌 사람이 만든 것이므로 아무리 치밀하고 정밀하게 조사 계획하여 입법한 것이라 하더라도 절대적으로 완전무결한 것이 되기는 거의 불가능하다. 오히려 많은 경우에 있어서 법률의 규정은 결함 또는 모순을 내포하고 있으며, 그 의미 · 내용은 명확하지 않은 경우가 보통이다. 특히 그 법률이 제정의욕에만 급급하여 철저한 입법조사와 연구를 하지 않고 졸속하게 입법되면 될수록 그런 결함이 발생할 여지가 크다.

뿐만 아니라 법제정의 기초가 되었던 경제적 · 사회적인 사정 및 정의관념이 1시간의 경과에 따라서 변천하면 할수록 법규정의 문헌(Gesetseswortlaut)과 법생활(Rechtsleben) 사이에 긴장관계(Spannungsverha ltnis)가 더욱 벌어져서 법규정의 의미를 명백히 할 필요가 더욱 크다.[6]

최 교수는 「민법의 해석」이란 논문에서 해석의 방법들로 논리체계적 해석방법(Logischsystematische Auslegung), 자유법 학파(Freirecktsschule)적 방법, 이익법학(Interessenjurisprudenz) 및 목적법학(Teleologlsche Jurisprudenz)을 소개하고, 자신의 견해를 이렇게 표현하고 있다.

6 최종길, 「민법의 해석」, 『고시계』, 1969. 7, 36쪽.

요컨대, 법률해석은 위에 들은 모든 기본방법을 고려함으로써만 비로소 그 만전을 기할 수 있을 것이다. 즉, 법의 해석에 있어서는 먼저 개념법학의 입장에서 법조문의 문언을 판단의 출발점으로 하여 그를 개념적 · 체계적으로 정리하고 법의 목적 또는 이익의 대립을 탐구하여 법규의 진의를 파악하고 당해의 법규와 다른 법규와의 관련관계를 연명하고, 끝으로 법규의 역사적 발전 특히, 그 연혁사를 고찰하는 것이 법해석의 보통의 경과가 되어야 할 것이다.

끝으로 법의 현재적 의미의 체계를 구성하는 것이 해석법학의 임무이고, 그것은 창조적인 이론의 조작으로서 법의 해석은 전인격에 기한 이상 내지 세계관에 의한 판단의 표시인 것은 더 말할 필요가 없다.[7]

최종길은 민법학자로서 특히 사생활의 법적 보호에 대한 관심을 논문으로 발표하였다. 그는 사생활의 중요성에 대하여 이렇게 서술하고 있다.

사생활의 침해가 개인의 인격의 자유로운 발전을 저해하는 것임은 물론, 그러한 현상이 사생활 내외에 속하는 기타의 인격권의 침해의 경우에도 일어난다. 그런데 자유로운 인격의 형성 · 발전은 민주주의의 기초이며 또한 일반적 인격권은 모든 기본권의 모체적 권리라고 볼 수 있으므로, 인격권을 충분히 보호하지 못하고 그 침해를 허용하게 된다면 이것은 곧 민주주의의 붕괴를 의미하는 것이라고 감히 말할 수도 있을 것이다. 따라서 인격권의 보호 문제는 오늘날 자유주의 제국이 당면하고 있는 공중적인 중대문제 중의 하나라고 하겠다. 그런데 인격권의 사법상의 보호에 관하여는 최근에 광범한 연구가 이들 여러 국가에서 진행되고 있으며, 그렇기 때문에, 이 문제는 사법 특히 민법의 지상과제의 하나로 등장되고 있는 현상이다.[8]

최종길 교수의 민법학자로서의 변모를 돋보여 준 것은 그가 서울대학교 법학

7 위의 글, 39쪽.

8 최종길, 「서독에 있어서의 사생활의 법적 보호」, 『법제월보』, 1967. 4, 86쪽.

연구소에서 발간하는 『법학』지에 「집합주거(아파트)의 구분소유에 관한 비교법적 · 실태적 고찰」[9] 등 무게 있는 연구논문들을 발표하는 데에서 드러났다. 지금은 아파트에 관한 법이론, 전세자에 대한 법적 보호가 입법적으로, 법리적으로 많이 발전되어 있지만 1970년까지만 해도 최종길 교수의 연구는 매우 선구적인 것이었다고 평가되고 있다.

또한 최종길 교수는 그의 스승이자 동료인 김증한 교수의 민법학을 계승 · 발전시키는 노력이 돋보였다고 평가되고 있다. 이에 대한 자세한 평가는 앞으로 한국 민법학계의 과제로 남겨두고 있다고 하였다.

최 교수는 최초의 저서로 『민법총칙』 교과서를 거의 탈고단계에까지 가 있었다. 사실 발표한 논문들만 모아도 책 한 권은 될 수 있는 분량이었으나 한국에서는 저자가 사망하고 나면 저서도 직접 영향을 받는다는 것이 서글픈 현실이다. 그 원고는 아직 그대로 잠자고 있는 상태라고 한다.

사건이 나고 백경자 여사가 조교라도 한 사람 시켜 완성 · 출판하려 하자 초등학생인 장남 광준군이 "안됩니다. 제가 커서 꼭 완성하겠습니다"라고 했다. 이 아들 최광준이 15년이 지난 사이 정말 아버지의 학문을 뒤잇기 위해 쾰른 대학에서 케겔 교수의 지도를 받아 법학박사가 되었다. 부산대학교 교수가 되었다가 몇 년 후에 경희대학교로 옮겼다.

우리가 모르는 사이, 역사가 흔미한 동안에도 최씨 가문의 집념은 이렇게 계속되고 있었다. 이렇게 되면 역사는 정당화되고 최종길 교수는 영원히 한국 법학사 안에 살게 될 것이다.

역사가 '민주화'의 방향으로 흐르면서 최종길 교수의 의문사진상규명은 조금씩 진전되어갔다. 의문사진상규명위원회는 그의 죽음이 자살이 아님을 확인하였다. 드디어 2006년 유가족이 제기한 배상소송에서 법원은 19억의 배상을 판결하였고, 검사측은 상고를 포기함으로써 확정되었다.

9 『법학』(서울대) 제11권 2호, 1970.

이렇게 되기에는 그동안 제자와 지인들에 의하여 최종길에 대한 출판과 기념 행사가 끈질기게 이어진 결과라고 할 수 있다. 동생 최종선 씨는 형님에 관한 책을 발간했고, 제자와 지인들에 의해 『아, 최종길: 아직도 끝나지 않은 죽음』도 간행되었다. 이 책에는 수많은 인사들의 추모의 글이 실려 있다.

연보 및 논저

■ 연보

1931. 4. 28	충남 공주군 상신리에서 출생
1955. 2. 26	서울대학교 법과대학 졸업
1957. 3. 31	서울대학교 대학원 수료
1957. 6. 4-1958. 3. 31	스위스 취리히대학교에서 연구
1958. 4. 1-1962. 3. 31	서독 쾰른대학교에 법학박사 학위과정
1961. 2. 17-1962. 8. 15	서독 쾰른대학교 국제사법 및 외국 사법연구소 연구원
1962. 9. 1-1964. 5. 15	서울대학교 법과대학 시간강사
1964. 3. 5-1964. 8. 15	서울대학교 사법대학원 시간강사
1964. 5. 15-1964. 10. 1	서울대학교 법과대학 전임강사
1965. 8. 1-1966. 7. 1	서울대학교 법과대학 조교수
1967. 10. 1-1972. 10. 30	서울대학교 법과대학 부교수
1967. 8. 23-1969. 8. 23	서울대학교 법과대학 학생과장
1969. 8. 23-1970. 3. 4	서울대학교 법과대학 교수
1972. 9. 1-1973. 9. 1	미국 하버드대학교 연구교수
1972. 11. 1-1973. 10. 19	서울대학교 법률도서관 관장
1973. 10. 19	의문사로 작고

■ 논문

「권리의 포기」, 『사법행정』, 1960. 7.

「사실적 계약관계에 관한 약간의 고찰」, 『법학』(서울대) 제5권, 1963.

「판결에 의한 부동산 물권변동」, 『법학』(서울대) 제6권 1호, 1964.

「인격권의 사법상의 보호: 독일의 학설 · 판례의 발전을 중심으로 소유물방해제거청구권」, 『법정』, 1965. 2.

「물권적 기대권」(1-5), 『사법행정』, 1965. 2-6.

「손익상계의 한계」, 『법정』, 1965. 4.

「수급인의 저당권설정청구권」, 『법정』, 1965. 5.

「민법 제746조의 적용범위」, 『법정』, 1965. 12.

「포락된 토지가 재차 성토화된 경우의 토지소유권의 귀굴」, *Fides* 제12권 3호, 1966.

「공학의 효과」, 『고시계』, 1966. 1.
「점유의 추정력」, 『사법행정』, 1966. 12.
「권리의 행사」, 『법정』, 1967. 4.
「사회질서 위반의 법률행위」, 『사법행정』, 1967. 4.
「대리권의 수여」, 『법정』, 1967. 5.
「미등기건물의 소유자와 양수인 사이의 합의로 직접 양수인 명의로 한 소유권 보존등기의 효력」, 『사법행정』, 1967. 6.
「자기계약과 쌍방대리」, 『법정』, 1967. 8.
「제3자에 대한 임차인의 법적 지위」, 『사법행정』, 1967. 8.
「물권적 합의와 등기와의 관계」, 『법정』, 1967. 9.
「손해배상과 후발적 사정: 이른바 가정적 인과론을 중심으로, 부동산 임대인의 법정질권, 법정저당권」, 『고시계』, 1968. 2.
「서독에 있어서 사생활의 법적 보호」, 『법제월보』, 1968. 4.
「중간등기의 생략과 종전의 등기명의 법의 등기말소청구」, 『사법행정』, 1968. 4.
「물권변동과 공시제도」, 『법정』, 1968. 6.
「소멸시효완성과 시효의 원용」, 『법조』, 1968. 7.
「저당권 침해에 대한 구제수단」, 『고시계』, 1968. 7.
「사무관리, 불법행위」, 『법정』, 1968. 7.
「급부의무의 확대와 신의측의 전개」, 『법조』, 1968. 11.
「심리유보」, 『고시계』, 1968. 12.
「권리남용의 금지와 신의측의 전개」, 『법조』, 1969. 1.
「관습법의 법원성」, 『법정』, 1969. 2.
「실인의 효부와 표현대리」, 『사법행정』, 1969. 2.
「권리의 실효」, 『법조』, 1969. 3.
「민법의 해석」, 『고시계』, 1969. 7.
「물권적 청구권」, 『법정』, 1969. 8.
「민법시행 전에 시효완성으로 인한 물권획득과 민법부칙 제10조와의 관계」, 『사법행정』, 1969. 12.
「법률행위와 의사표시」, 『사법행정』, 1969. 12.
「자연인의 권리능력」, 『법정』, 1969. 12.
「집합주택(아파트)의 구분소유에 관한 비교법적 · 실태적 고찰」, 『법학』(서울대) 제11권 2호, 1970.
「법률관계와 권리의무」, 『고시계』, 1970. 8.

「법률행위의 일부무효와 무효행위의 전환」, 『법정』, 1970. 8.

「불법행위의 준거법」, 『저스티스』 제10권 1호, 1972.

「의사표시의 효력발생시기」, 『고시계』, 1973. 10.

「법률행위의 착오와 몇 가지 문제」, *Fides* 제20호, 1973. 11.

함병춘

(1932-1983)

㉘ 함병춘 (1932-1983)

1983년 10월 9일 버마의 아웅산 국립묘소에서 전두환 대통령을 맞이하려고 도열해 있던 중 북괴가 장치한 폭발물로 희생된 한국의 각료급 인사 7인 가운데 대통령 비서실장 함병춘(咸秉春) 박사가 포함되었던 사실은, 그 사건의 불행도 불행이려니와 두고두고 생각해 보아도 풀리지 않는 의문과 애석함을 갖게 한다. 함병춘은 사실 이렇게 생을 끝내기에는 너무나 억울하고 안 어울리는 인물이요, 당시 대통령 비서실장이라는 공직에 있었던 것은 사실이지만 기본적으로 그는 학자요 법률가였다. 어쩌면 조용히 서재에 앉아 있어야 할 학자와 법률가에게도 남북분단의 비극은 이만큼 치명적으로 영향을 준다는 사실을 보여주듯, 그리고 누구보다도 큰 재능과 인품을 가진 함병춘 박사가 그것을 짊어졌다는 생각으로 스스로 마음을 달래며 이 글을 적는다. 아직 그날의 아픈 기억이 그대로 남아 있지만, 여기서는 함병춘을 한국의 법학자로서 한국 법학사에 정착시키는 조그만 작업으로 논해 보려는 것이다.

I. 생애

함병춘은 1932년 6월 26일 서울의 종로5가 연못골교회(연동교회)의 목사 사택에서 태어났다. 아버지 함태영이 이 교회의 담임목사였기 때문이다. 구한말의 법률가로서 성직자의 길로 전향한 함태영에 대하여는 뒤에 얘기하기로 하고, 어머니는 초대 여 집사였다. 함병춘이 태어났을 때에는 아버지는 62세, 어머니는 45세로 13자녀의 막내였다. 함태영은 부인의 병사로 세 번 결혼하였는데, 첫째 부인은 아들 둘을 낳았고, 둘째 부인은 아들 하나를 두었고, 셋째 부인인 고숙원이 딸 셋과 아들 일곱을 낳았다.[1] 어머니 역시 정신여고를 나온 신여성으로 미인이었다. 함태영은 구한말에 법관양성소를 졸업하고 법관으로서 활약하였지만 일제하에서 법률가로서의 존재의 의를 상실하고 다시 신학교에 입학하여 목사가 되었다.[2] 그러나 그는 이미 일본관헌에 요주의인물로서 감시 속에서 어려운 생활을 하면서 살아야 했다. 이러한 형편 속에서 그는 세 번째 아내와 결혼했고, 아내 고숙원은 그가 낳은 10명의 자식 중 끝으로 두 아들 병소와 병춘을 남겨두고 1943년 1월 16일에 54세로 작고하였다. 이때 함태영은 이미 71세의 고령이었고, 이미 1941년에 연동교회에서 원로목사로 물러나 교인들이 마련해준 돈으로 성북동에 햇볕도 들지 않는 집 방 두 칸을 세들어 살고 있었다. 다시 길음동으로 나갔다가 명륜동으로 셋방을 전전하였다.

가난과 어머니의 죽음은 어린 병춘에게 깊은 상처를 주었다. 우량아였던 그는 1년 후에 폐결핵환자가 되어 있었고, 우등생이던 그가 경기중학교 입학시험에서 떨어졌다. 나이 많은 아버지는 경기도 광주 둔전교회에서 설교를 해주고 쌀을 얻어와 생계를 연명했다. 함병춘은 1년간 둔전에 내려가 쉬었다가 다음해에 경기중학교에 입학하였다. 함태영은 손수 방에 군불을 지피고 도시락을 싸주면서 막내아들을 사랑하였다. 이 때 생활이 얼마나 어려웠던가는 함병춘이 후일

1 이경자, 「인간 함병춘, 그는 누구였나」, 『월간 2000년』, 1983. 11, 18쪽.

2 자세히는 최종고, 「송암 함태영」, 『사법행정』, 1984. 3, 4, 18쪽.

"남자로서 사람이 할 수 있는 일 중에 아이 낳는 것 말고는 다 해보았다"라고 회고한 것으로도 가히 짐작할 수 있다.

이렇게 살아도 도저히 버틸 수가 없어서 함태영은 막내아들을 가회동의 아는 한 부잣집에 의탁하였다. 함병춘은 문간방에서 기식하면서 안에서 먹을 것을 내다 주면 '고마움과 적개심'을 함께 느끼며 살았다. 이러한 뼈저린 경험은 그를 공부에로 매진하게 하였고, 영어를 독학해서 엄청난 양의 원서를 읽었다. 이때 형 함병소가 몇 개월마다 그를 만나면 "동생의 인격형성이 점프하는 걸 느꼈고, 말하는 것이 지성적으로 변하고 있었다"[3]라고 한다.

함병춘의 생애에도 해방은 빛을 가져다 주었다. 해방과 함께 미국에서 이승만 박사가 돌아와 구한말 독립협회사건으로 사형판결까지 받은 자기의 목숨을 구해 준 함태영을 찾았던 것이다. 함태영은 이승만의 배려를 여러 번 거절하다가 심계원(지금의 감사원) 원장직을 수락하였다. 생활형편이 좀 나아졌으나 가정주부가 없는 집안은 '건성으로 돌아갔다.'

한국전쟁이 나자 함병춘은 경기고등학교를 졸업하고 공군장교로 입대하였다. 1952년에 중위 예편을 하였고, 다음해 1월에는 미국으로 유학을 떠났다. 그의 미국 유학의 경위에 대해 이런 기록이 있다.

> 이때는 병춘 군이 자기대로 길을 열어 미국 오하이오주 남부 어느 조그만 안디옥 대학에서 공부하고 있던 때였다. 함태영 목사님은 웨이저스 박사에게 감사하다는 답장을 보내면서 병춘 군의 주소를 알려 주었다. 그 후 얼마 가지 아니하여 병춘 군은 이 웨이저스 박사에게서 편지 한 장을 받았다. 시카고에서 얼마 멀지 않은 곳에 한국전쟁에 나갔던 사람들과 거기 있는 크리스천 싸이엔스 신도들의 특별모임이 있으니 올 수 없겠느냐 하는 편지에 여비까지 보내왔다. 병춘 군은 쾌히 승낙하고 시카고로 왔다. 그 모이는 장소는 시카고에서 북으로 한 40마일 지점, 미쉬간 호수가에서 궁궐과 같은 집을 짓고 사는 그 교회의 여신도의 한 사람인 이사벨 베이츠 여사의 자택이

3 이경자, 앞의 글, 20쪽.

었다. 병춘 군은 유쾌하고 호화스런 하루를 보냈다. 이것을 계기로 그 여사로부터는 학비의 보조가 있게 되었고 또한 그가 학교에 돌아가서 공부를 하고 있는 어느날 베이츠 여사에게서 편지가 한 장 왔다. 내가 너를 자주 만나고 싶으니 학교를 바꾸어 시카고 북쪽 에반스톤에 있는 노스웨스턴대학으로 전학을 하지 못하겠느냐, 이것은 너무도 감격적인 편지였다. 아버지의 지도가 이렇게 응하는 모양이라는 것을 믿는 병춘 군은 아버지의 하회를 기다렸다. 아버지는 지금 있는 학교에 대해서는 미안한 일이지만 그렇게 함이 좋지 않겠느냐는 뜻의 답을 주셨다. 병춘 군은 곧 노스웨스턴대학 경제학부로 전입학을 하였다. 이렇게 해서 대유지가인 독신자인 제이츠 여사의 아들처럼 사랑을 받아 넉넉한 학비보조를 받고 서북대학을 졸업하게 될 뿐만 아니라 자동차까지 사 주었고, 그의 결혼비용까지 댔고, 앞으로 하버드대학 법과를 마칠 때까지 이 베이츠 여사가 경제적인 책임을 지게 되었다. 이번 함 목사님의 여행목적의 하나가 이런 고마운 분을 친히 찾아보고 감사의 인사를 하고져 함이었다. 이 여사는 병춘 군만 아니라 그 후에 미국 유학온 병소 군의 문제까지 책임져 주기도 하였다. 이 여사의 아버지는 시멘트푸대종이를 발명하여 그것으로 거부가 되었다. 그의 재산이 자식들에게 유전되었는데 백만 불의 재산이라고 한다.[4]

이처럼 함병춘은 미국에서 인정의 도움으로 유학생활을 무사히 할 수 있었다. 그의 명석한 두뇌와 탁월한 영어실력이 점점 그의 학업과정에서 빛을 발휘하였다.

또 유학생활이 얼마 되지 않은 1953년 여름에 시카고 한인교회에서 심효식(沈孝植)을 만나 사랑을 하게 되고 1956년 6월 16일에 결혼을 하였다.[5] 심효식은 이화여대에서 교육학을 전공하고 이곳에서 석사과정을 밟고 있었다. 결혼식을 끝낸 이들은 보스턴으로 가서 함병춘은 전공을 바꾸어 하버드법대로, 심효식도 어릴 적부터 마음에 두고 온 미술로 전공을 바꾸어 보스턴 뮤지움 스쿨에 입

4 김정준, 『함태영옹 세계 일주기』, 1957, 29-30쪽.

5 자세히는 이경자, 앞의 글, 20-21쪽.

학하였다. 이들은 값싼 아파트에서 어려우면서도 행복하게 공부하였다. 이때의 사정을 그의 친구 한배호(고려대 교수)는 이렇게 회고하고 있다.

> 단독주택을 개조해서 교회당으로 쓰고 있었던 한인교회 지하실에 테이블이 마련되어 점심상이 차려지면 유학생들 수십명이 둘러앉아 종이접시에 밥을 뜨고 김치와 반찬을 떠놓고 먹으며 환담을 즐긴다. 이미 시카고의 '터줏대감' 의 한 사람이었던 함 박사는 재치있는 화술로써 좌중의 학생들의 주목을 끌었고 어딘가 우수한 재능을 갖춘 인물이라는 인상을 강하게 나에게 심어놓았다. 나중에 간접으로 들었지만 그 다음해 함 박사가 노스웨스턴대학에 입학했다는 소식을 접했을 때 나는 다시 한번 함 박사가 범상한 인물이 아님을 재확인했다. 또한 간접으로 들려오는 얘기가 함 박사는 대학을 졸업하기 전부터 시카고 근교의 대학에서 미술을 전공하고 있던 심효식 여사와 열렬한 연애를 시작하다 졸업 때에 결혼해서 하버드법대에 입학하면서 그곳에서 신혼살림을 시작했다는 소식이었다. 미국의 법과대학은 우리나라와 달라서 대학 4년을 마친 사람이 입학하게 되어 있다. 3년 동안 철저한 법률교육을 받고 변호사나 사법관의 자격을 얻는다. 얼마 전 텔레비전에서 방영된 '하버드의 공부벌레들' 이라는 드라마로 보여주듯이 법과대학 3년의 교육은 피눈물나는 노력을 요구한다. 함 박사가 그러한 훈련과 교육을, 그것도 미국의 전국에서 모여든 준재들 사이에서 외국어인 영어로 겪어냈다는 사실 하나만으로도 그의 우수성을 짐작하고도 남음이 있다. 함 박사는 너무나 공부에 열중하다 위궤양을 얻어 고생했으며, 그때부터 즐기던 커피와 술을 끊어야만 했다. 커피 대신 우유를 마시는 습성이 그때부터 오늘까지 계속되어 온 것이다.[6]

이렇게 하여 1959년에는 하버드대학에서 영예의 법학박사(JD)학위를 받았다. 그 일 년 전에 낳은 첫아들 재봉과 세 식구는 희망에 차서 귀국하였다.

---

6 한배호, 「명석한 두뇌, 구구한 입담: 함병춘 비서실장, 아웅산의 분노, 순직각료 등 7인의 얼굴」, 『월간조선』, 1983. 11, 119쪽.

어쩌면 법률가로서 계속할 수 없었던 아버지의 시대적 불운을 설복하기 위하여 법학을 공부했던 함병춘에게 그러나 현대 한국의 상황은 법률가로서의 활동을 허락할 분위기를 제공해 주지 못하였다. 왜냐하면 미국은 원체가 법이 주마다 다르고, 한국의 법학은 거의 압도적으로 대륙법, 특히 독일법 위주의 분위기이기 때문이다. 그래서 함병춘 박사는 연세대학교 법정대학에 시간강사로 출발하여 법철학, 영미법을 강의하였다. 그때까지만 해도 그의 생각은 서구의 법철학을 충실하게 연구하는 것으로 가득 차 있었다.[7] 그러나 그의 생각에 큰 전기가 나타난 것은 그가 한국법제사 강의를 맡게 되면서부터였다. 서구의 학문과 법제도만 공부해 온 그에게 한국의 역사와 문화라는 새로운 장이 떠오르게 된 것이다. 그는 이때부터 다시 공부하는 기분으로 한국연구에 몰입하였다. 당시의 그의 모습을 한배호 박사는 이렇게 보았다.

> 나에게는 그 당시의 함 박사의 지적 홍분으로 가득 한 모습이 눈에 선하다. 그는 법제사를 공부하려니 한문실력이 부족함을 절감하게 되었다면서 수업을 끝낸 후 시내의 고전연구소에서 실시하던 한문강습을 반년 이상 받았다. 이미 40대를 바라보는 나이에 오후에서 저녁까지 한문을 배울 정도로 그의 학문에 대한 정열과 자세는 근엄하고도 성실했다. 그 후부터의 함 박사의 학자로서의 환심은 한국인의 법의식에 대한 법사회적 연구였고 한국인의 의식구조를 파고들면서부터 그의 관심은 무속신앙에까지 넓혀졌다. 문화인류학의 영역으로까지 번진 것이다.[8]

함병춘은 혼자서 빨려들어가듯이 한국의 역사와 문화를 연구하였다. 그가 서양에서 찾으려고 했던 정신적 기반을 우리의 전통 속에서 새롭게 발굴하려고 했던 것이다. 그는 '한국의 뿌리' 를 찾기 위하여 수많은 고전들을 섭렵하였다. 그것은 전통법에서부터뿐만 아니라 도교, 불교, 유교, 기독교 등 종교와 철학사상

7 위의 글, 122쪽.
8 위의 글, 122쪽.

의 광범한 영역에 걸쳤다.

이렇게 한국법의 전통과 법의식에 관심을 기울인 함병춘 교수는 미국의 재단으로부터 연구비를 얻어 전국을 대상으로 한국인의 법의식에 대한 조사를 하여 그 결과를 몇 편의 논문으로 발표하였다.[9] 이런 작업을 도와줄 수 있는 동료 양승두 교수가 연세대학교에 함께 있었다는 것도 즐거운 일이었다. 이 두 학자의 법사회적 법의식조사는 이 방면의 선구적인 업적으로 오늘날까지 높게 평가되고 있다.

1960년대는 함병춘에게 있어서 학자로서 조용한 보람을 누리며 열심히 연구하는 10년이었다. 그는 연세대학교 논문집을 비롯하여 각종 학술지에 여러 편의 논문들을 발표하였고, 특히 1967년에 발간한 영문저서 『한국의 정치전통과 법』(*The Korean Political Tradition and Law*, Hollym)은 그의 학자로서의 지평을 국제적으로 올려 놓았다. 한국의 정치와 법의 전통을 탁월한 영어로 분석 · 서술한 이 책은 한국법에 관심을 갖는 학자라면 국내외를 막론하고 꼭 읽게 되는 유명서가 되었다. 그가 1960년대에 발표한 논문들로는 「영미행정법」(『법정』, 1960. 11), 「Clean Hands와 부당이득」(『법정』, 1962. 5), 「미국의 위헌입법심의」(『사법행정』, 1962. 11), 「법의 기능과 경제생활」(『연세논총』 1, 1962), 「법의 실효성과 공무원」(『법률행정론집』 4, 고려대, 1963), 「한국 노동조합의 현실과 노동법」(『연세논총』 3, 1964), 「사라질 수 없는 평화선」(『사상계』, 1965, 6), 「현대정치와 조선조의 전통사상」(『신동아』, 1969. 3), 「전환기에 선 한국인의 의식구조」(『연세』 4, 1969), 「한국인의 법의식」(『대학신문』, 서울대, 1969. 11. 24) 등이 있다. 그리고 1969년부터는 영문논문도 줄기차게 발표하기 시작하였는데, "Ideology and Criminal Law in North Korea" (*American Journal of Comparative Law*, vol. 17, 1969), "The Decision Process in Korea" (*Comparative Judicial Behavior*, ed., G. Schubert, Oxford Univ. Press, 1969), "Religion and Law in Korea" (Kroeber' s

9 예컨대 함병춘 · 양승두, 「한국인의 법의식」, 『한국의 법률문화』, 국제문화재단, 1975.

Anthropological Society Papers, vol. 41, 1969), "Political Legitimacy. Yesterday and Today"(A Paper at the Conference on Tradition and Change in Korea, 1969), "Korea's Initial Encounter with the Western Law 1866-1910 A.D."(*Korea Observer*, vol. 1, 1969) 등이 그것이다. 실로 초인적인 능력에 놀라움을 금치 못할 정도의 발표이다.

1970년대는 함병춘에게 새로운 인생의 장으로 시작되었다. 1970년에 그는 하버드대학으로 연구비를 받아 가려고 준비하고 있었는데, 갑자기 대통령 특별 보좌관을 맡아달라는 요청을 받았다. 학자가 천직이라고 생각한 그는 즉각 거절하였으나, '보다 큰 것을 위한 자신의 힘'을 써야 한다는 아버지의 교훈을 생각하고 그해 12월에 박정희 대통령의 정치담당 특별 보좌관이 되었다. 그는 "기본적으로 내가 해야 할 일은 대통령의 귀에 거슬리는 얘기를 하는 역할"이라고 하였다.[10] 그는 실제로 자신도 '예스맨'이 되지 않았고, 부하들도 자기에게 예스맨이 되는 것을 싫어하였다. 그는 뛰어난 영어실력을 가지고 멋진 영어논문을 발표하였지만 대화나 강의 · 강연에서는 한마디도 영어를 섞지 아니하였다. 해외출장을 가면 1등석과 1급호텔은 사용하지 않아 여비를 국고에 반납하였다. 1973년 12월에는 주미 한국대사로 부임하였다. 한미관계가 한창 어려웠던 시절에 그는 유창한 영어와 학자적인 양식으로 약소국의 외교관의 핸디캡을 극복하면서 활동하였다. 그는 미국인들과 논리정연하게 따지고 설득함으로써 한국 외교관의 우수한 이미지를 돋보이게 하였다.

어렵게 사표를 내고 1975년에 귀국하여 외무부 본부대사, 대통령 외교담당 특별보좌관의 직을 전전하였다. 국가를 위한 바쁜 직무이지만, 학자인 그는 70년대에도 줄곧 적지않은 글들을 발표하였다. 「한국정치의 미래상」(『미래를 묻는다』, 한국미래학회, 1970. 4), 「과학기술세계에서의 인간과 사회의 미래」(『미래를 묻는다』 2, 1970. 12), 「전통과 미래」(『미래를 묻는다』 6, 1978. 12)와 같이 미래학에 대한 관심을 보인 글들을 위시하여 「우울의 정치학」(『월간중

10 이경자, 앞의 글, 23쪽.

앙』, 1978. 11), 「문화의 한계와 문화의 편견」(『뿌리깊은 나무』, 1978. 3), 「남북대화와 그 전망」(『현대사조』, 1979. 5) 같은 정치 및 문화에 대한 광범한 견해를 피력하는 글들이 있고, 『조선일보』 아침논단에도 「설에 고향을 찾아주자」, 「바다를 향해 뻗어가자」, 「민족분단과 올림픽」, 「잘하기 어려운 한국어」, 「성취지향의 문화를」 등의 수필을 연재하기도 하였다. 그런가 하면 서울법대에서 강연한 「동서양의 법사상의 비교」(*Fides* 제17권 1호, 1970), 「우리 나라 사법과정에 관한 연구」(『성곡논총』 제1권, 1970) 같은 논문도 보인다(물론 공직 취임 이전의 논문이지만). 그리고 1970년대에 발표했던 영문논문으로는 "Federalism A means for the National Reunification of Korea"(A Paper read at the International Conference on the Problems of the Reunification of Korea, 1970), "New Japan: The Chrysanthemum and the Transistor?"(*Pacific Comunity*, vol. 1, 1970), "The Impact of Traditional Legacies on the Contemporary Judicial Process in Korea"(Korean Council Ilcork Occasional Paper, 1971), "Korea and the Emerging Asian Power Balance"(*Foreign Affairs*, vol. 50, 1972), "Law to the Korean"(*Listening to Korea: A Korean Anthology*, ed., Marshall R. Pihl, 1973), "From a Client to an Ally 'US-Korean Relations"(*Tournal of Korean Affairs*, vol. 3, 1973), "Korea's Search for Peace and Survival"(*Asia and the Western Pacific*, ed., H. Bull, 1975), "Toward a New Theory of Korean Politics; A Reexamination of Traditional Factors"(*Korean Politics in Transition*, ed., Edward R. Wright, 1975), "Changing Patterns of Development"(*Creating the Future: Agendas for Tomorrow*, 1974), "Political Dilemmas in the Republic of Korea"(*Asian Affairs: An American View*, no. 5, 1974), "The Affective Society: values and Law in Korea"(*Values and Development Appraising Asian Experience*, H. D. Lasswell, 1976), "Korea's Quest for Security and Prosperity"(*Asia Mail*, 1977) 등이 있다. 그리고 학술회의나 대사로서 외국인

모임에서 행한 연설, 그리고 외국 TV나 신문잡지의 인터뷰를 위한 원고들도 많이 있다.[11] 한마디로 함병춘의 1970년대는 좁은 의미의 법학자의 지령을 넘어서서 정치가로서 외교관으로서 국가와 민족, 통일문제와 국제협력 등 광범한 과제를 소신대로 피력하는 지식인으로 활약한 시대라고 할 수 있다.

1980년대를 맞으며 함병춘에게는 또 한번 인생의 전기가 왔다. 그는 대통령 외교담당 특별보좌관으로서 10·26사태, 즉 자기가 모시고 있던 박정희 대통령의 시해사건을 겪어야 했던 것이다. 그때의 심경을 그린 글은 없으나, 그는 직능상 실직과 마찬가지의 상태가 되어 괴로운 나날들을 보내야 했다. 유신체제를 변명하기 위하여 유럽에 나가 지식인들을 상대로 설득 작전을 벌이는 등의 피나는 노력이 대통령의 사망과 함께 일순간에 수포로 돌아간 듯했다. 이런 것이 정치인가 하는 생각에서 헤어날 수 없었고, 학자인 자신이 본의 아니게 이러한 소용돌이 속에 휘몰린 처지가 서글퍼지기도 하였다. 그가 갈 곳은 역시 대학이었고, 본교요 전 직장이었던 연세대학교는 1981년 8월자로 그를 다시 교수로 받아 주었다. 10여 년간의 외도(?)의 경력으로 학생들 가운데는 그의 복직을 반대한다는 소문도 있었으나, 그는 누가 보아도 학자요 연세대와는 특별한 관계이기 때문에 크게 문제가 되지 아니하였다. 그는 모든 것을 청산하고 다시 학교로 돌아온 것을 매우 편안하고 행복하게 느꼈다. 부인 심효식 여사는, "이제 평생 몸담을 직장이라고 세상에 그렇게 좋아하실 수가 없었어요. 한여름 동안 몇 개의 논문을 쓰셨는지, 온몸에 땀띠가 돋았어요. 이렇게 쓸 수 있는 게 얼마나 좋으냐고, 그 동안 10년이나 못했었다고 감격해까지 하셨어요"라고 당시를 증언한다.[12]

그는 버스노선을 익혀 놓고, 매일 학교에 나가 책을 읽고 글을 쓰고, 학생들과 만나 토론을 하였다. 그가 맡은 과목은 법철학과 동양법제사, 그리고 법인류학이었다. 그의 법철학 강의는 어떤 교과서를 하나 정해서 그것을 읽어나가는 식이 아니라 학생들로 하여금 프리드만(W. Friedmann)의 *Legal Theory* 등 몇 권의

11 이에 관한 정리는 연세대출판부에서 간행된 그의 영문유고집 *Korean Jurispradence Politics and Culture*(1985)에 수록.

12 이경자, 앞의 글, 24쪽.

책을 읽어오게 하고 그것들을 질문과 토론의 형식으로 이끌어 가는 대화식 강의였다. 수업시간에 많이 인용하는 책은 프리드리히(C. Friedrich)의 *Philosophy of Law in Historical Perspective*, 왓킨스(Watkins)의 *Political Tradition of the West*, 에를리히(E. Ehrlich)의 *Foundation of Sociology of Law* 등이었다.[13] 그는 법철학을 어떤 고답적인, 형이상학적 이론체계로 생각하지 아니하고, 생활과 현실 속에서 바르게 법을 찾는 길이라고 생각하였다. 그가 미국에서 공부한 학풍을 살려 법인류학(Legal Anthropology)을 강의한 것도 큰 의의가 있고, 일찍부터 관심을 둔 동양법제사를 다시 강의한 것도 크나큰 보람이었다. 또 해양법 분야도 관심이 깊어 1780년에 인도에서 열린 해양법회의에서 의장으로 참석하기도 하였다. 그는 연세대 법과대학 장학금전달식에서 학생들에게 "우리나라의 살길은 해양법의 대학자가 나오는 것이다. 학자가 있으면 강대국도 무시 못한다"는 말을 하였다.[14]

교수로서 함병춘은 학생들과 대화를 즐겨 하였다. 원래 그는 글을 쓰는 것 못지않게 화술이 좋았지만, 그의 사고방식은 아무리 교수라도 권위주의적으로 일방적으로 교훈하려는 것보다 학생들과의 대화를 통하여 설득하는 것이 좋은 것이라고 생각하고 있었다. 학생들은 함 교수의 전력에 대하여 따가운 질문도 했다. 그는 학생들의 군인통치에 대한 적개심에 대하여 이렇게 대답했다. "군대는 power의 덩어리이고 그 자체의 중력을 갖고 있다. 회전은 안 하더라도 중력은 갖고 있다. 이것을 부인할 수는 없으니, 학생들은 그것을 미리 알고 학생운동의 방향을 설정해야 한다."[15] 그는 학생들 앞에서 정부를 옹호하면서도 자신이 외교관생활을 통해서 겪은 강대국의 횡포에 대한 체험담을 들려 주면서 국가의식을 강조하여 설득력 있게 설명하였다. 그는 학생들에게서 가장 위험한 것은 자신이 생각하는 것만 옳고 정부나 타인이 생각하는 것은 그르다고 생각하는

13 함병춘에게서 1980년에 석사논문을 쓴 지승원 씨의 증언(그의 석사논문 제목은 「John Rawls의 정의론」).

14 위 지승원 씨의 증언.

15 위 지승원 씨의 증언.

흑백논리라고 하였다. "이분법은 이론이지 현실이 아니다"라는 표현을 쓰기도 하였다.

1980년에서 1982년 두 해 사이에 함병춘은 다시 학문적 정력을 소생하여 왕성하게 발표하였다. 「한국군과 국가발전」(『화랑대』, 육군사관학교, 1981), 「레이건시대의 미국과 세계」(『신동아』, 1981. 1), 「국가발전과 외교문제」(『육군본부교양강좌』 6, 1981. 12. 15), 그리고 영문으로 "Asia' s Big Power Politics Game, China: Playing Its own Card"(*The Asian Wall Street Journal*, 1780. 8. 12), "National Security and Regional Integration in the Asla-Pacific Community"(*Community-Building in the Pacific Region*, ed., Sung-Joo Han, 1981), "Shamanism: Foundation of the Korean World-View"(*Korean Culture*, vol. 2, 1981), "The challenge of Westernization"(*Korean Culture*, vol. 3, 1982), "Korea. Tradition and Cultural Revolution"(*World view*, 1981), "A Korean Perspective on the Law of the Sea"(Beb-Moon-Sa, June 5, 1982), 그 외에도 발표년월일을 확인할 수 없는 수편의 영문논문들이 있다. 글을 쓰는 것 자체를 행복으로 느꼈던 함병춘은 이 행복을 마지막으로 만끽했다고 할 수 있다. 여기서 다룬 주제들은 좁은 의미의 법의 문제보다는 국가와 역사, 그리고 해양의 문제라고 보여진다. 어떻게 보면 그가 공직에서 부딛친 문제들을 학문화했다고 볼 수 있고, 달리 보면 그는 항상 학문적 사색 위에서 활동해 왔다고 말할 수 있겠다.

그러나 학문과 정치, 사색과 참여를 한몸으로 체험한 함병춘에게 역사는 다시 한번 운명의 소용돌이로 끌고 갔다. 1982년 6월에 그는 다시 대통령 비서실장으로 임명되었던 것이다. 그는 전두환 대통령에게 몇 번이나 고사하였다. 그러나 대통령은 국가가 어려울 때 징병도 하지 않겠느냐고 거듭 들어와 일할 것을 당부했다. 함병춘은 다시 한번 '개인의 행복'을 버리기로 결심했다. 비서실장 취임사에서 그는 "비서실이란 국민의 입장에서, 비서실이 있는지 없는지 모르게 조용히 각하의 입장을 보필하는 데 있는 것이지 권력을 행사하는 곳이 아니다"라고 강조했다. 그리고 식구들에게도 "항상 겸손하며 세도가집 아들이나 되는 것처럼 행동해서는 안 된다"라고 엄하게 훈계했다. 그는 세계의 흐름을 파악하기 위하여 *Time*지를 한 주도 거르지 않고 읽었다. 그는 세계의 어떤 사람에게도 한국을 긍정적으로 보게 하는 모든 답변을 갖춘 청와대의 브레인 역할을 하였다. 이러한 그를 *Time*지는 '1980년대를 움직일 세계의 100대 인물' 가운데 유일한 한국인으로 뽑았다. 이것은 참으로 놀라운 영광이었다.

그러나 운명의 장난인지 신의 섭리인지, 정말 누구도 답할 수 없는 아픔의 질문 속에서 함병춘은 1982년 10월 9일 잡작스레 갔다. 그가 왜 이렇게 가야만 했는지, 그를 알고 아끼는 사람에게는 영원히 풀리지 않는 수수께끼였다. 그러나 외형적으로나마 분명한 것은 그는 한 법률가로서, 한 학자로서 머물기에는 너무나 스케일이 컸고 능력이 출중한 인물이었다는 사실이다. 그는 이러한 능력과 스케일을 자신의 학문과 행복을 위해서보다는 국가와 민족을 위하여 헌신하였다고 할 수 있다. 이것은 법학의 입장에서 보면 자랑인 동시에 아쉬움이었다.

평생 동안 내조로 헌신해 온 심효식 여사는 남편을 생각하며 이렇게 적었다.[16]

> 아빠의 가신 뜻을 어디서 찾나
>
> 아픔 없이는 지켜질 수 없다는 원칙
>
> 하느님께서 재봉 · 재학으로 하여금 할아버지와 아버지의 뒤를 이으라고 작정하신 것 같다.
>
> 떠들지 않고 조용하게 홀로 실천하신 분
>
> 그렇게 착하고 여린 분이 바른 말을 서슴지 않고 할 수 있는 힘, 어디서 나오나?
>
> 가식이 없고 욕심이 없으니 나라를 위하여 옳다고 생각하는 것을 위해서는 무서운 것이 없었다.
>
> 그렇게 바쁜 생활에서도 마음이 평안했다.
>
> 사욕 없이 일을 처리하는 자만이 가질 수 있는 숭고한 평안함
>
> 그렇게도 쉼 없이 공부하고 일하던 모습이 이제 와 생각하면 자기의 이승에서의

16 심효식은 『아동화의 지도와 평가』(1968)의 저자이기도 하다.

발길이 바쁘다는 것을 미리 알았던 것만 같다 아빠 머리 속에 들어있는 그 많은 지식이 너무나도 아까워

하늘나라에서도 그런 지식이 필요한 것인가?

매사에 꾸밈이 없는 아빠는 그의 글이나 강연에서도 마찬가지였다.

그의 표현은 지극히 쉽고 평범하였으며, 그러나 가장 중요한 것을 가르쳐 주었다. …… [17]

부인 심효식 여사는 국립묘지의 순국외교사절 묘역에 있는 남편의 묘소를 참배하며 이렇게 이별을 자기소화하고 있다. 그에게 닥친 시련은 남이 위로해 줌으로 극복될 수 있는 것이 아니라 스스로 정리해야 할 것이었다. 그 하나로 심 여사는 프로테스탄트신앙을 정리하고 가톨릭으로 개종하였다. 하느님을 믿는 점에 다를 바 없지만, 새로운 신앙의 공동체 속에서 새로운 삶의 의미를 찾아가고자 했다. 장남 재봉은 미국에서 경제학 박사학위를 받고 연세대 정치학 교수로 근무하다 지금은 미국 남가주대학(USC)의 교수로 있다. 차남 재학은 서울법대를 졸업하고[18] 연세대 대학원에 입학하여 양승두 교수의 지도를 받고, 미국 예일대학과 하버드에서 법철학을 전공하여 현재 연세대 국제대학원 교수로 있다. 함태영, 함병춘을 잇는 학자 가계가 이루어진 셈이다.

II. 법사상

함병춘의 생애의 화려함(?)과 마찬가지로 그의 사상 또한 다면적이다. 그가 쓴 글들이 분량이 많아서 그의 작고 직후부터 유족과 연세대출판부가 유고집을 계획하였으나 1986년에야 영문논문집 *Korean Culture, Politics and*

17 이경자, 앞의 글, 25쪽.

18 필자의 지도로 쓴 졸업논문은 「吳經熊의 법사상에 관한 연구」(1985)이다.

Jurisprudence(연세대출판부)만 출간하였고, 국문논문집은 『한국의 문화전통과 법』(한국학술연구원, 1993)으로 나왔다.

1. 법철학사상

함병춘의 주전공은 법철학으로 알려져 있다. 그는 1959년에 미국에서 학위를 받고 돌아온 후 줄곧 법철학 강의를 하였다. 그러나 놀라운 것은 그는 우리가 일반적으로 생각하는 좁은 의미의 법철학에 관한 논문은 한 편도 쓰지 않았다. 그것은 그가 '법철학'(legal philosophy)을 어떻게 이해하고 있었는가를 나타내 준다고 하겠다. 즉 그는 법철학을 결코 법이 무엇인가, 법은 무엇 때문에 있는가 하는 추상적인 이론이나 형이상학적 사변이 아니라 인간이 생활 속에서 어떻게 바르게 판단하고 행동하느냐 하는 것을 찾는 원리라고 이해했던 것이다. 그는 학자로서, 그리고 공직자로서 항상 합리성(rationality)을 가장 존중하였다. 그가 법철학 논문이나 교과서를 쓰지 아니하였기 때문에, 그의 법철학사상을 무어라고 규정하기가 힘들지만, 이러한 그의 법철학적 방법 내지 사고방식은 다분히 영미법철학의 영향을 나타내 주고 있다고 하겠다. 그는 법학방법론에 관심이 깊었고, 칸트(I. Kant)보다는 흄(D. Hume)을 높이 평가했다.[19] 미국의 법학자요 어쩌면 직접 배웠을, 하버드대학의 법철학자 로스코 파운드(Roscoe Pound)를 자주 인용하였으나 꼭 거기에 얽매이지는 아니하였다. 마르크시즘(Marxism)에 대하여는 "그 전제가 틀렸다. 상부구조, 하부구조라는 구분은 불가능하며, 법과 경제 가운데 선결적인 것은 법이다"라고 하였다.[20] 이러한 문제를 쓴 것이 「법의 기능과 경제생활」(『연세논총』 1, 1962)이라는 장문의 논문인데, 그 발표시기로 보아 함병춘은 법과 경제와의 관계에 대한 관심이 일찍부터 있었다는 것을 알 수 있다. 그는 이 논문에서,

19 앞 지승원 씨의 증언.
20 앞 지승원 씨의 증언.

인간이 살아가는 데 있어 가장 기초적인 것이라고 하면 우선 의식주를 확보하는 일이다. 또 인간이 사회생활을 하는 데는 여러 가지 목적이 있겠지만 가장 제1차적인 것은 어떻게 해서든지 인간생활을 편리하고 확실한 것으로 해보자는 것이다. 의식주의 확보가 경제생활이고, 이러한 경제생활을 가능하게 해주고 따라서 인간의 사회생활을 편리하고 확실한 것으로 만들어 주는 것이 법규범이다. 이렇게 경제생활과 법규범은 참으로 깊은 관련성을 가지고 있다. 이러한 깊은 관련성은 너무도 자명한 것이어서 이 문제를 새삼스럽게 다루어 본다는 것이 오히려 이상한 느낌을 줄지 모른다. 또 사회과학의 여러 분야가 독립되고 난 후로는 이러한 분야 중 두 개 이상을 상호연관지어 취급하려는 노력은 이러한 독립된 분야들 간에 혼란을 가져올 무모한 것이라고 질책을 받기 쉬운 일이기도 하다. 그러나 여기서 법과 경제의 상호관련성을 연구해 보자는 것은 결코 필자가 법학 및 경제학이라는 두 학문에 모두 통달한 후 이 두 학문을 병합하여 집대성을 하겠다거나 새로운 학문을 창조하겠다는 것과 같은 외람된 의도에서가 아니다. 이 글이 목적하는 바는 다만 경제생활이 법에 의해서 어떻게 규제되며, 또 그 반대로 법이 경제생활의 현실로부터 어떠한 영향을 받게 되느냐 하는 인간생활의 이 부분을 살펴봄으로써 인간의 사회생활 전체를 보다 잘 이해하는 데 도움이 되고자 함에 지나지 않는다.[21]

이렇게 겸손히 시작하고 있지만, 그 내용은 마르크스주의적 경제적 결정론(economic determinism)에 대한 비판, 경제생활의 궤도로서의 법의 기능을 광범하게 서술하고, 이어서 역사적으로 본 법과 경제의 상호관계를 중세에서의 법과 경제생활, 중상주의와 법, 중농주의와 법, 자유방임사상과 법, 사회통제기구(social control mechanism)로서의 자유경쟁(free competition), 자유경쟁의 사회통제기능의 쇠퇴와 '법의 사회화'(socialization of law)를 자세히 서술하고 있다. 마지막으로 법의 사회통제기능의 강화와 한국의 민주주의라 하여 법의 사회통제의 강화가 내포하고 있는 반민주성, 한국의 현실과 법에 의한 사회통제

21 함병춘, 「법의 기능과 경제생활」, 『연세논총』 1, 1962, 145쪽.

의 강화, 한국에 있어서 법의 기능의 강화가 각별히 우려되는 이유, 법의 통제기능과 민주적 통제, 법에 의한 사회통제의 한정성을 논하고 있다.

이 논문에서도 드러나듯이 함병춘의 법철학은 다분히 사회학적이고도 역사학적인 경험과학적 토대에 밀착된 법철학이라고 말할 수 있다. 굳이 한마디로 표현해 본다면 경험주의 법철학이라고 말할 수도 있을 것이다. 구체적인 시대적 특수성에 맞추어 경기규칙을 정하고, 상대적 특수성 속에서 가능한 합리성과 보편성을 찾는 것이 법철학의 임무라고 그는 보았다.

2. 한국법사상사학

이러한 함병춘의 학문적 특징을 달리 표현해 본다면, 그는 법철학자라기보다는 법사상사학자였다고 하면 더욱 정확할지도 모른다. 사실 함병춘이 한국 법학사에서 가장 크게 공헌한 것이라면 한국법 사상사에 대한 연구였다고 필자는 생각한다. 물론 함병춘은 법사상사라는 과목이름으로서가 아니라 한국 법제사의 강의를 하였으나 그의 관심은 한국법 사상사에 크게 집중되어 있었다고 볼 수 있다. 서양을 알면 우리 것으로 돌아온다는 말이 있지만, 함병춘은 미국의 법학을 공부한 결론으로 한국법에 대한 애착에로 돌아왔던 것이다. 그는 교수로서 한문공부를 새로 시작하여 연세대 도서관에서 공부하고, 시내의 한문연수원에 나가 훈련을 닦았다. 그는 연세대 동방학연구소(현 국학연구원)에서 내는 『동방학지』에 「한국정치사상」이란 논문을 발표하였고, 영문저서 *The Korean Political Tradition and Law*(Hollym, 1967)는 그 내용에 있어서 한국의 전통법의 구조와 사상적 특징을 분석한 것이었다. 이 책은 서양에도 널리 알려져, 예컨대 하버드대학의 윌리엄 쇼(William Shaw) 박사는 "한국법사의 연구에 있어서 함병춘 이후 오랫동안 메이틀랜드(Maitland)를 기다리고 있다"라고 논평

---

22 William Shaw, "Korean Law and its Relation to Chinese Law," *Chinese Legal Tradition,* Princeton, 1983.

하였고,[22] 독일 뮌헨대학의 볼프강 피켄처(Wolfgang Fikentscher) 교수는 그의 명저 『법의 방법』(*Methodern des Rechts*)에서 "동서양의 법에 정통한 함병춘 박사에 의하면……" 이라고 하면서 본문에서까지 여러 번 인용하고 있다.[23]

함병춘의 전통에 대한 관심은 다음과 같은 구절에서 분명히 드러난다.

> 미국에 비해서 우리는 역사를 수치스럽고 욕된 것으로 보는 것이 일반적인 경향이라고 해도 과언이 아니다. 특히 오늘의 한국의 젊은 지성인으로서 우리의 전통 속에 조금이라도 좋은 점이 있다고 이야기하는 것은 일종의 문화적 야만행위로 여겨지고 있다. 전통문화의 사회과학적인 분석으로부터 소설이나 희곡과 같은 문예적인 전통문화경험의 창작적인 재생에 이르기까지 거의 재주 이외의 것을 찾아보기 어렵다. 우리의 역사를 혹독하게 비판하는 것이 개화된 지성인의 임무요 기능처럼 되어 있다. 전통의 불미한 점을 얼마만큼 예리하게 또 신랄하게 비평하느냐에 따라서 지식과 지성의 척도를 삼고 있는 것이 한국지성인의 동조라고 할 수 있다. 우리의 전통의 잔재가 하루속히 말살되어야 한국인은 인간다운 생활을 할 수 있다는 것이 대부분의 한국지성인의 신조가 되어 있다. 자기 스스로는 전통에서 해방되어 세계의 신사조와 잘 맞추어 나아가는 모던 인테리로서 전통을 버리지 못한 대중이 어리석고 못나게만 보인다.[24]

함병춘은 전통을 가볍게 보는 한국인의 태도를 경고하면서, 조선조의 정치이념은 주자학이 그 이론적 근저를 이루었다고 설명한다.

> 중국의 정치이념이 유교였다는 소리는 무식이 극을 폭로하는 것으로 생각하는 이들도 있기는 하다. 정치이념으로는 오히려 노장의 사상이나 법가의 사상이 더 큰 비중을 차지했었다는 견해가 있기는 하다. 설사 중국의 경우는 그렇다 하더라도 조

---

23 W. Fikentscher, *Methoden des Rechts*, Bd. I, 1975, S.199-203.

24 함병춘, 「현대정치와 조선조의 전통사상」, 『신동아』, 1977. 3, 62쪽.

선조의 경우에는 주자학을 바탕으로 한 유교의 정치이념이 조선초의 정치 이념의 전통을 이루었다고 보아 무방하리라고 본다.[25]

함병춘은 조선조의 정치 · 법제가 유학자들의 지적 소산임을 설명하고, 피치자(被治者)들도 "대중은 아무리 治者層을 마워하고 그들의 생활양식을 저주한다 해도 치자층을 모방하게 마련"이기 때문에 어차피 유교에 의해 '교화' 되고, 효자문이니 열녀문이니 하여 끊임없이 선전한 것이 수백 년을 내려오는 동안에 유교의 이념을 서민들의 가치 속에 침투시키는 데 상당한 성공을 거두었다고 서술한다. 함병춘은 이러한 유교적 정치이념을 상당한 애정을 갖고 이해하고 있다. 그것은 왜 그럴까? 그의 표현을 빌려 보면,

조선조의 정치이념 속에는 기독교에서처럼 권세나 영광이나 승리나 전능함을 찬양하는 경향이 없다. 있으면서도 없는듯이 겸손해 하는 멋이 서양에는 없다. 자신이 비굴해서가 아니라 자신이 있기 때문에 자신을 낮추는 인간미가 서양문명에는 없다. 더욱이 현대문명에서는 특히 그렇다.[26]

함병춘의 전통에 대한 애정은 그가 서양의 전통과 현실과의 비교에서 나온 결론이라는 점에서 더욱 주목되며, 이러한 전통에의 애정은 다음과 같은 표현에서 단적으로 나타난다.

조선조의 당쟁을 죄악시하지 말고 오히려 하나의 정치행태의 특수유형으로 보고 그것을 잘 연구해 보는 것이 오늘 우리가 가지고 있는 정당제도를 앞으로 건전하게 발전시켜 가는 데 많은 도움이 될 것이다. 우리가 조선조의 당쟁을 부정적으로만 평가하는 한 오늘의 정당제도에 대하여 적극적이며 건설적일 수 없다. 정권을 에워

25 위의 글, 66쪽.
26 위의 글, 69쪽.

싼 파당의 분열을 하나의 당연지사로서 볼 수 있는 안목이 아쉽다.[27]

함병춘은 이러한 자신의 역사의식 내지 가치관이 유교적이라는 사실을 스스로 잘 알고 있었다. 그는 이렇게 적고 있다.

> 수년 전에 필자가 쓴 어떤 글을 보고 어느 미국인이 비판하기를, 국제정치를 보는 안목이 아직도 유교적이라고 한 일이 있다. 즉 개인간의 원리에서나 통용되는 감사함이라든가 의리나 신의 같은 것을 국제관계에다가도 적용하려고 하는 것은 필자가 아직도 유교적 사고방식에서 벗어나지 못했기 때문이라는 것이다. 국가간의 관계에 있어서는 각자의 이익만을 추구하는 것이지 신의나 성실이 문제가 되어서는 근대적 사고방식이 아니라는 것이다. 그때에 문제되었던 글이 한미관계에 관한 것이고 보면 미국인이 그런 점을 지적했다는 것은 재미있는 사실이 아닐 수 없다. 우리가 의식하지 못하는 가운데 전통적 사고방식을 그대로 오늘의 현실을 다루는 데 사용하고 있는 점이 많지 않은가.[28]

함병춘은 이러한 자신의 안목이 어떠한 것인지를 분명하게 알고 있으면서도 그러한 안목으로 한국의 현실을 분석해야 제대로 된다고 믿고 있었다. 그는 이렇게 적고 있다.

> 자기를 칭찬하는 것을 못난 것으로 여겼던 전통이 국가적인 대외선전에서도 그렇고 선거 때에 출마하는 입후보자들로 하여금 어색하게 느끼게 하는 것이 아닐까? 자기에게 투표해 주기를 청하는 데 있어서 자신의 능력이나 식견을 스스로 좋게 말하기가 거북하니까 다른 사람으로 하여금 자기를 칭찬해 줄 수 있는 찬조연사를 반드시 동원한다거나, 자기가 당선한 후 얼마나 일을 잘 할 수 있을 것이라든가 혹은

27 위의 글, 77쪽.
28 위의 글, 77쪽.

자기가 얼마나 과거에 훌륭했던가를 말하기 불편하니 차라리 상대방의 잘못과 부정을 규탄함으로써 자기를 좋게 보이고자 하는 것도 조선조의 정치문화가 남겨준 유산의 소치가 아닐까. 치부를 한다면 어딘지 부정을 연상케 되는 것도 전통의 작용 때문이 아닐까. 그 밖에도 오늘의 현실을 이해하는 데 있어서 우리의 전통을 보다 더 잘 이해하는 것이 필요한 점이 한두 가지가 아니다.[29]

함병춘은 이처럼 매사를 전통에서부터의 사상사적 안목에서 이해하는 학문적 요구를 갖춘 학자였다고 볼 수 있다. 이런 점에서 그가 쓴 영문저서 *The Korean Political Tradition and Law*(1967), *Korean Jurisprudence, Politics and Culture*(1986)를 비롯한 한국 법사상사 내지 정치사상사에 관한 글들은 매우 흥미있고 깊은 것을 시사해 주는 의미 깊은 학문적 업적이라 평가할 수 있다.

3. 법사회학

함병춘의 법학적 방법은 철학적이라기보다는 사회학적이라고 앞에서도 지적하였지만, 실로 그는 한국인의 법의식의 실태를 조사한다든지 노동조합의 현실을 분석한다든지 하여 법사회학적인 연구성과를 내어 놓았다. 1964년에 연세대학교 대학원의 연구비로 김종순(金重洵), 양승두(梁承斗)와 함께 섬유·금융·전매 및 세브란스병원 등의 4개 노동조합을 대상으로 하여 실태조사를 하고 그 결과를 『연세논집』 3집(1964)에 실었다. 또한 양승두와 함께 한국인의 법의식에 관한 광범한 설문조사를 실시하였다.

함병춘은 법의식에 관한 글에서 다음과 같이 적고 있다.

한국에서는 아직도 준법정신이란 법에 잘 순종하는 정신상태라고 이해되고 있

29 위의 글, 77쪽.

는 것 같다. 자기의 권리를 보호해 주는 것이 법이고, 따라서 자기의 이익을 극대화 시키기 위해서는 법을 지키고 또 지키도록 요구해야 한다는 사고방식이 한국인들 사이에 보편화되어 있다면 한국인의 준법정신은 훨씬 더 강한 것이어야 할 것이다. 결국 한국인은 법이 자기에게 유익한 것이라는 확신이 없다. 준법정신이란 일반 대중보다도 치자층이 변해 가져야 할 마음가짐이란 신념이 없다. 법을 지키는 것이 곧 자기의 이익을 최대한으로 보장하는 길이라는 소신을 가지고 있지 못하다. 치자층을 상대로 하여 그들이 솔선해서 준법할 것을 요구할 줄 모르는 국민은 준법정신이 없는 국민이다.[30]

그렇지만 함병춘은 한국인의 법의식을 부정적으로만 평가하지 않고 다음과 같이 흥미있고 예리하게 긍정적인 면을 부각시킨다.

그러나 재미있는 사실은 한국인이 준법정신이 없는 국민인 것이 분명하지만 그렇다고 해서 특히 범죄를 많이 저지르는 흉악한 백성은 아니라는 것이다. 더욱이 과거를 보면 더욱 그렇다. 일인들 자신이 총독부의 공식보고서에서도 지적하고 있듯이 한국에는 일인들이 오기 전까지만 해도 소매치기나 깡패들이 별로 없었다. 그 밖의 외국인들도 한국의 산간벽지로 여행을 다닐 때에 위험을 느낀 일이 없다는 사실을 지적하고 있다. 여자들이 날이 저문 후에 어둠 속에서 서울의 거리를 왕래했던 옛 일을 우리는 알고 있다. 여자가 밤에는 고사하고 대낮에도 길거리를 안심하고 혼자 다닐 수 없는 소위 구미 선진문명국의 오늘의 도시와 비교할 때 좋은 대조가 아닐 수 없다. 그러면 그처럼 법질서가 확립되고 국민 전체가 대체로 법을 잘 지킨 것은 유능하고 과학적 수사력을 가진 개화된 경찰 기타 법회수사기관들 때문이었는가? 옛날에는 조선시대만 하더라도 현대식의 경찰은 없었다. 군병들이 치안을 유지했다. 그러나 그 수로 보나 병기로 보나 보잘 것 없이 초라하고 급료나 피복도 제대로 얻어 입지 못했던 집단이었다는 사실을 우리는 알고 있다. 조직은 엉망이고 훈련

30 함병춘, 「한국인의 법의식」, 『대학신문』, 1969. 11. 24.

도 제대로 못 받은 존재들이었다. 그들이 능률적으로 치안을 유지했기 때문에 한국의 범죄가 적었던 것은 아니다.[31]

함병춘은 이에 대한 대답으로 과거에는 법보다 윤리나 도덕이 앞섰고, "모든 사회규범이 질서의 타당성에 관해서 국민의 대부분이 그들 나름대로의 확신을 갖고 있었기 때문"이라고 설명한다. 그리고 또 한 가지 중요한 이유로서는 치자층이 그러한 규범을 솔선해서 준수했다는 사실을 들고 있음이 주목된다.

유교의 윤리를 대중들에게 거의 세뇌식으로 납득 혹은 주입시켰다. 물론 유교적 윤리체계가 치자층에 유리한 것이므로 솔선해서 준수하기가 오늘날의 법보다는 용이했을 것이다. 그러나 유교의 윤리가 치자로서 지키기 어려운 점이 많았음도 사실이다. 효는 물론 충에 있어서도 목숨을 결코 간(諫)해야 하며 권력에 대한 지나친 탐욕을 가져서도 아니되었다. 여하튼 대중으로 하여금 유교의 규범을 옳은 것으로 납득시키는 일에 성공한 조선조의 치자층은 이런 면에 있어서는 유능하고 성공적인 치자층이라고 아니할 수 없다.[32]

그리고 나아가 그는 조선시대의 법규범의 본질 내지 특징을 다음과 같이 조리있게 규명한다.

조선조의 규범체계는 뚜렷한 자아의식과 투쟁적인 권리의식을 전제로 하는 것이 아니었다. 오히려 자아와 타아를 준별함이 없이 또 서로를 대치시켜 변증법적인 투쟁을 시킴이 없이 자아와 타아를 일부 중복시킴으로써 인간관계를 성립시켰다. 규범이라는 것도 객관화되고 추상화된 보편성을 가진 것이 아니라 인정이라는 것을 전제로 하여 구체적이며 주관적인 타당성을 갖는 것이었다.

---

31 위의 글.
32 위의 글.

이와 같이 투쟁적이라기보다는 정의적이요, 요구하는 것보다는 스스로 양보하기를 바라는 의식구조와 문화전통을 가진 한국인이 서양식의 법질서의 테두리 안에서 살아가는 데 있어서 곤란을 겪게 되는 것도 무리가 아니다. 법의식보다는 염치를 강조하던 문화전통이 이제는 우리로 하여금 염치도 없고 그렇다고 법의식도 제대로 가지고 있지 못한 국민을 만들었다.[33]

이러한 역사적 관찰에 근거한 함병춘의 한국인의 법의식에 대한 견해는 그러면 오늘날의 한국인, 혹은 내일의 한국인의 법의식에 대하여 어떻게 생각했는가?

한국사회가 장차 산업화되고 도시화되어감에 따라 자아의식이 강하고 彼我를 준별하고 시비를 따지기를 좋아하는 의식구조를 한국인으로 하여금 갖게 할 것이 예상된다. 따라서 법의식도 점차 뚜렷해질 것으로 보인다. 자기의 것을 남의 것과 구별하기를 좋아하고 재리에 밝은 인간형이 많아짐에 따라 사회규범도 인정을 중심으로 하는 윤리로부터 권리의식을 토대로 하는 객관화된 법규범을 위주로 하게 될 것이다. 다만 그때에 가서 법이 국민의 권리와 자유를 정치권력으로부터 보호해 주는 수단이 되어 있지 않고 국민을 통제하기 위한 정치적 수단에 불과한 상태로 그냥 있게 된다면 새로 대두한 자아의식과 권리의식이 극단적이며 무자비한 소외, 착취, 이기, 배금, 패덕, 반항, 폭력의 형식으로 돌파구를 찾을 것이 예상된다.[34]

함병춘은 그 스스로 법학자로서 법조문의 해석보다 기초법학 쪽에 관심을 가졌듯이, 국민의 법의식이 고양되어야 올바른 법치주의가 이루어질 수 있다고 믿었다.

33 위의 글.
34 위의 글.

4. 국제법사상

함병춘은 1965년에 한일회담의 어업협정을 비판하는 「사라질 수 없는 평화선」이란 글을 『사상계』에 실었다. 그는 이렇게 적었다.

> 한일회담의 핵심이 되어 온 것은 평화선을 에워싼 어업문제이었다. 지난 4월 3일에 가조인된 한일어업협정을 보고 막연하나마 불안과 두려움에 사로잡히지 않은 한국사람은 없을 것이다. 우리의 땅덩어리를 일본에게 빼앗긴 것은 아니지만 하늘이 우리에게 주신 친연의 보고를 빼앗겼다는 서운함이란 한국인만이 느낄 수 있는 감정이리라. 결국은 우리가 가난하기 때문에, 우리가 약하기 때문에, 우리가 뒤떨어졌기 때문에 일본과의 홍정에서 우리가 지고 만 것이다.[35]

이러한 현실진단에서 그는 "국제법이 나의 전공은 아니지만 법률을 공부하는 한 학도"로서 발언하지 않을 수 없음을 제시하고 다음과 같이 당당하게 주장하고 있다.

> 일본과의 협상에 있어서 나로서 가장 못마땅하게 생각되는 것은 우리의 평화선이란 어딘지 모르게 국제법상으로 '평화적인 것' 이라는 생각을 은연중 우리 자신이 갖게 되었다는 사실이다. 특히 이 문제에 대한 일본의 입장이 미국을 비롯한 소위 세계의 열강들의 입장과 일치된 것이기 때문에 우리도 모르는 사이에 그들에게 세뇌를 당한 셈이다. 내가 알고 싶은 것은 도대체 국제법의 어떠한 성문규정에 의하여 우리의 평화선이 불법이냐 하는 것이다. 연안서부터 12마일까지의 수성을 어업에 관한 전관수역으로 하는 것은 '합법' 이지만 그 이상의 거리를 주장하는 것은 '불법' 이라고 누가 언제 무슨 권한을 가지고 정해 놓았는가? 물론 국제법의 특이성에 비추어 볼 때 이와 같은 방법의 질문은 매우 타당치 못한 것이다. 왜냐하면 국제법

35 함병춘, 「사라질 수 없는 평화선」, 『사상계』, 1965. 7, 65쪽.

이란 국내법과는 달리 국제관습이 오랜 시일을 두고 많은 나라들의 추종을 받아서 언제 누가 만들 것인지 모르게 생겨난 것이기 때문이다. 바로 국제법의 이와 같은 특이성이 내가 여기서 특히 문제삼고자 하는 점이다.[36]

1960년대에 국제법에 관심을 가졌던 함병춘은 그후 1970년대에 대통령 특별보좌관, 주미대사로서 활동하면서 더욱 국제법의 중요성을 느꼈고, 간간이 그 방면의 글들을 영문으로 발표하였다. 만년에는 특히 해양법의 문제에 관심을 기울였고, 그것이 한국의 장래에 치명적인 중요성을 띠고 있음을 강조하였다. A Korean Perspective on the Law of the Sea(1982)라는 제목의 A Private View라는 팸플릿 소책자를 자비출판하여 외국인에게 한국의 해양법적 위치와 방향을 제시 · 설득하는 자료로 삼기도 하였다. 또한 환태평양국회의를 제창하여 대한민국이 주도적 역할을 하도록 이론적 전략을 제공해 주기도 하였다.

5. 종교법사상

함병춘은 법률가이면서 후에 목사로 활동하였던 부친의 영향으로 어려서부터 기독교적 훈련을 받으면서 자랐다. 그가 성직자인 아버지의 모습에서 무엇을 느꼈는지 모르지만, 그 스스로 성직자의 길을 택하지 아니하고 평생토록 평신자로서 교회를 돕는 일에 충실하였다. 한국교회의 평신도 대표로 세계교회협의회(World Council of Churches: WCC)에 참석하기도 할 정도였다. 그는 한국 크리스천 아카데미에서 내는 『대화』지에 「한국 기독교의 세속화와 세속적 구원」이라는 글을 발표하였고, 『기독교사상』(1970. 9)지에도 「과학기술시대에서의 인간과 사회의 미래」라는 문제로 WCC에 다녀온 보고회를 갖기도 하였다. 어떻게 보면 그가 부친의 명성으로 교회에서 입은 은혜를 평신도로서 보답하였다고 할 수 있다. 그는 1982년에 창립된 한국종교법학회에도 고문으로 참여하여 법

36 위의 글, 66쪽.

과 종교 사이의 문제들을 학문적으로 연구하는 학자들과 교류를 나누었다. 그는 일찍이 1969년에 이미 "Religion and Law in Korea"라는 논문을 발표하였을 정도로 이 방면에 관심이 깊은 학자였다. 그는 한국의 법적 · 정치적 전통을 이해하기 위하여는 불교, 유교, 그리고 샤머니즘을 이해하지 못하고는 불가능하다고 하였다. 그는 만년에도 "Shamanism: Foundation of the Korean World-View"라는 논문을 1회(Family and Life Cycle), 2회(Society and Social life)로 나누어 미국에서 발간되는 *Korean Culture*(1981)라는 잡지에 실었다.

그는 그리스도교 신자였지만 학문적으로는 매우 중립적이었고, 오히려 한국의 전통종교에 대해 깊은 관심을 기울였다. 그는 그리스도교의 발전된 신학이론에도 밝아 '오늘의 구원' (Salvation Today)이니 '해석의 신학' (Theology of Liberation) 등에서 제시하는 그리스도인의 참된 삶의 모습으로 스스로 살아가려고 힘썼다. 그것은 어느 면에서는 한국교회가 갖고 있는 불필요한 도그마와 질곡으로부터의 탈출을 의미하였다. 그는 법률가답게 항상 합리성의 기반 위에서 사고하면서, 그러한 합리성을 처음부터 부정하는 광신과 독단에 대하여는 은연중 경계하고 거리를 두었다. 이런 점에서 성숙한 크리스천으로서 그가 한국교회를 바라보는 눈은 상당히 비판적일 수밖에 없었다. 이런 점에서 그는 한국교회에 있어서 귀중한 존재였다고 할 수 있다.

함병춘을 아는 사람은 누구나 학자로서의 그를 한국적 선비로, 공직자로서의 그를 고고한 청백리라고 부르기를 주저하지 않는다. 51세의 생애가 결코 긴 일생은 아니었지만 그는 누구보다 탁월한 능력을 나타낸 집중적인 삶을 살다간 인물이었다. 법학자로서 그는 1960년대에는 영미법학의 방법론과 법사회학의 참신한 학문적 업적을 내었고, 1970년대에는 국가와 민족을 위한 공직자로서 청렴과 강직으로 모본을 보여주었다. 1980년대에 새로이 법학계를 위하여 헌신하려고 결심했던 그에게 분단국가의 비극이 송두리째 생명마저 빼앗아 갔다. 그러나 함병춘 박사가 한국 법학계에 주고 간 의미는 중단없이 여전히 선구자적으로 머물러 있을 것이다.

1986년에 함 박사의 영문저서 *Korean Jurisprudence, Politics and Culture*(연세대출판부)가 출판되었다. 필자는 본서의 의의가 크다고 보고 서울대 『법학』지에 다음과 같은 서평을 실었는데, 이것을 학자 함병춘에 대한 평가로 삼고자 한다.

> 본서에 대해 서평이라고 붓을 잡으니 책 내용에 대해서보다도 우선 저자와 이 책이 나오게 된 경위에 대한 관심이 제일 먼저 일어난다. 왜냐하면 이 책은 우리가 잘 아는 고 함병춘 박사(1932-1983)의 영문유고를 모은 특별한 책이기 때문이다. 『한국의 법학, 정치와 문화』(*Korean Jurisprudence, Politics and Culture*)라는 책제 자체가 어딘지 단행본의 제목치고는 광범하고 확산적인 것 같은 느낌을 주는 바이지만, 바로 저자 자신의 다면적인 관심과 생애 자체를 포괄적으로 잘 나타내 주는 타이틀이라고 생각되어진다. 「한국의 법학」이 제일 먼저 들어간 것은 함병춘 박사가 뭐니 뭐니 해도 법학교수였고, 그중에서도 법철학(jurisprudence 혹은 legal Philosophy)을 담당한 법학자였기 때문이라 하겠고, 그러면서도 그의 명석한 두뇌와 인품이 학자로서만 머물기에는 국가가 필요로 하는 정치의 일선에 참여하지 않을 수 없었다는 점에서 책제에도 '정치'란 표현이 들어간 것이고, 마지막 '문화'라는 개념은 그가 법학자로서든 정치인으로서든 가장 깊이 집중적으로 생각하고 애호한 개념이 바로 문화, 즉 한국문화라고 할 수 있기 때문이라고 생각된다. 이 책 제목은 그가 1967년에 단행본으로 발간한 영문저서 『한국의 정치적 전통과 법』(*Korean Political Tradition and Law*, Hollym/seoul)과 비교하여 볼 때 좀더 광범하고 원숙한 관심과 분위기를 느끼게 해주는 듯한 인상을 갖게 한다. 또 사실이 그러하였고, 저자는 대학강단에서 가르칠 때나 정치 혹은 외교에서 활동할 때나 항상 연구하는 학자적 자세를 유지하면서 부지런히 글을 썼던 것이다. 이것이 바로 그의 인생이 분단국가의 비극과 함께 불행한 종말을 고하였지만 거의 유고집으로 본서가 간행될 수 있었던 점이고, 이런 점에서 그는 죽음을 넘어서 학문적으로 한국법학계에 연결되어지는 중요한 인물임이 부각되어지는 것이라 하겠다. …… 함 박사

는 법학자로서 대학의 강단과 연구실을 사랑하면서도 국가의 부름에 의하여 정치인으로서 활동하기도 한 지식인이었다. 1967년에 영문저서 *Korean Political Tradition and Law*를 낸 외에 본서에 실린 그 이후의 발표논문을 보니 영문논문이 58편(단문 및 인터뷰 포함)이나 되고 국문논문이 75편(단문 및 수필 등 포함)이나 된다. 한글논문보다도 특히 영문논문은 그의 뛰어난 영어실력과 해박한 지식으로 그 양에 있어서나 질에 있어서 한국 법학자 내지 지식인의 최고급 수준을 나타낸 것이라고 해도 결코 과장이 아닐 것이다. 본서는 이 영문논문들 가운데 33편을 골라서 대체로 세 파트로 나누어 편집한 것이다.

본서에는 편집인 이홍구, 양승두, 전병재, 함재봉 4인의 서문이 붙어있는데, "함 박사는 한국의 외교와 정부에 지울 수 없는 이정표를 세웠지만, 공직자로서 활동하는 동안에도 헌신적 학자의 이미지(the image of dedicated scholar)로 살았고 그의 천직으로 생각하였다" 고 적고 있다. 그리고 그의 학문적 업적은 "한국에 있어서 법학과 사회학의 연구에 새로운 시각과 기준을 제시하는 데 공헌하였다" 고 평가하고 있다. 또 함 박사를 "다작은 아니지만 생산적 저술가" (a productive, if nota prolific, writer)라고 부르면서, 다음과 같은 몇 가지 특징을 설명하고 있다. 첫째로 함 박사는 경제학과 법학을 공부했고, 한국역사와 문화에 관심을 가진 학자였는데, 그는 비독단적(antidoctrinaire)인 태도의 소유자로서 놀랄 만큼 지성적 범위와 유연성을 가졌다는 점이다. 그래서 개념적 카테고리를 싫어했고, 법철학에서는 한국에서 사회학적 법학(sociological jurisprudence)을 수립하는 데에 선구적 역할을 하였다고 평가하고 있다. 그리고 함 박사는 정의와 법에 대한 한국적 관념과 서양적 관념의 근본적 차이를 명확하게 서술하고 있다고 지적하고 있다. 그래서 한국에 도입된 서양법제가 왜 제한적이고 피상적으로밖에 적용되지 못했는가를 잘 분석해 주었다고 평가한다.

둘째는 사회이론의 영역에서 함 박사는 한국의 근대화과정에서 전통적 사회제도들의 파괴에 대하여 정력적으로 반대하였다고 지적하고 있다. 그는 급격한 사회변화보다도 오히려 훨씬 심리적인 것에 관심을 두고, 이것을 '문화적 안정' (eulturalstability)이라고 부르면서 이것이 근대화의 추진에 있어서 일차적 규범

(primary norm)으로 남아야 할 것이라고 하였다.

함 박사의 저술은 단순성(simplicity)과 상식(common sense), 그리고 학자의 최우선 덕목으로서 특징지어진다고 지적하고 있다. 그러나 그의 사상과 가치들은 매우 복합적이고 때로는 모순하는 면도 보인다는 점을 간과해서는 아니된다고 밝히고 있다. 그는 어떤 한국인보다도 서양적 관념과 생활방식에 정통하였으면서도 그의 사상과 행동은 항상 한국적 전통을 존중하려고 의식적으로 노력하였다고 한다. 그는 미국에 대하여 깊은 애정을 갖고 이해하였으면서도 미국의 국내외 문제에 대하여 매우 비판적이었다고 한다. 그는 날 때부터의 오랜 크리스천이었지만, 누구보다도 유교적으로 사고하고 행동하였다고 한다. 민주주의를 신봉했지만, 훈련의 필요성을 강조했다고 한다. 이러한 다면적인 저자의 측면이 반영된 글들이 본서에 담겨 있음에 틀림없다. 그의 글들은 근본적으로 학문(scholarship)과 인간주의(humanism)와 애국주의(patriotism)에 기초하고 있다고 본다면(p. xvii), 이러한 그의 사상재는 후일의 한국 법학과 학문일반의 비옥화를 위하여 깊이 연구되어야 할 것임에 틀림없는 과제라고 하겠다.

본서에는 앞서 말했듯이 함 박사가 발표한 57편의 영문논문 가운데 33편을 뽑아 실었는데 제1부는 "한국의 법적 · 정치적 전통의 원천"(Korean Legal and Political Traditions), 제2부는 "한국의 안보와 번영을 위한 노력"(Korea's Quest for Security and Prosperity), 제3부는 "연설과 신문기사"(Speeches and Newspaper Articles)로 나누어 편집되었다.

특히 학술적인 논문들은 제1부에 실려 있는데, 여기에 실린 논문들의 제목을 보면 1.「한국에 있어서 권위주의 상징의 전통적 유형과 사법과정: 법문화와 법발전의 연구」("The Traditional Patterns of Authoritative Symbols and the Judicial Process in Korea; A Study in Legal Culture and Legal Development"), 2.「한국에 있어서 결정과정」("The Decision Process in Korea"), 3.「한국의 서양법과의 주체적 만남(1866-1910 A.D.)」("Korea's Initial Encounter with the Western Law, 1866-1910 A. D."), 4.「한국의 서양법과의 주체적 만남(1910-1948 A. D.)」("Korea's Initial Encounter with the Western Law, 1910-1948 A.

D."), 5. 「한국에 있어서 법과 종교」("Religion and Law in Korea"), 6. 「정치적 정통성: 어제와 오늘」("Political Legitimacy: Yesterday and Today"), 7. 「북한에서의 이데올로기와 형법」("Ideology and Criminal Law in North Korea"), 8. 「한국에서의 남아선호에 관한 연구」("A Study on the Korean Preference for Male Children"), 9. 「한국의 현대사법절차에서의 전통적 유산의 영향」("The Impact of Traditional Legacies on the Contemporary Judicial Process in Korea"), 10. 「한국정치학의 새로운 이론을 위하여 전통적 요인의 재평가」("Toward a New Theory of Korean Politics: A Reexamination of Traditional Factors"), 11. 「애정적 사회: 한국에서의 가치와 법」("The Affective Society Values and Law in Korea"), 12. 「샤머니즘: 한국적세계관의 기초」("Shamanism: Foundation of the Korean World View") 등이다.

이 논문 하나하나에 관하여 자세한 논평을 할 여유가 없지만, 몇 가지 사항들을 다음과 같이 지적할 수 있을 것이다. 첫째 논문 「권위주의상징과 사법과정에 관한 연구」는 저자가 1966-1968년에 풀브라이트 교환교수로 예일대학에 체류하면서 쓴 상당히 긴 논문이다. 어떻게 보면 논문이라기보다는 하나의 자그만 단행본의 성격과 체제를 갖추었다고 볼 수 있을 정도로 한국의 법문화와 법발전의 특징을 규명하기 위하여 '상징' (symbol)이라 이름하여 권력(power), 존경(respect), 예의(rectitude), 애정(affection), 부강(wealth), 출세(well-being), 재주(skill) 등의 중심개념들을 분석 설명하고 있다. 문화인류학적인 취향이 풍기는 것 같기도 하고, 한국 · 중국의 고전을 풍부히 인용하고 있다. 두 번째 논문 「한국에서의 결정과정에 관한 연구」는 어쩌면 저자의 대표적 연구업적의 하나로 알려진 논문인데, 1970년대 후반에 양승두 교수와 함께 행한, 한국인의 법의식조사의 결과를 서술한 논문이다. 원래 옥스포드대학출판부에서 낸 『비교사법행위론』(*Comparative Judicial Behavior: Cross-Cultural Studies of Political Decision-Making in the East and West*, ed. by. G. Schubert/ D.J. Danelski, 1969)에 실린 것이다. 한국인의 결정 혹은 판단과정을 사회학적 조사의 결과를 갖고 자세히 설명하고 있다. 결론으로서 '대안과 권장' (Alternatives and Recommendations)까지 제시하고 있어 논문형식으로 완벽한 형태를 띠고 있는 것처럼 보인다. 여기에서 보여진 한국인의 결정행태의 특징은 1960년대 후반의 것이고, 후에 1970년대 후반에 들어와 양승두 교수에 의하여 다시 한번 확인된 바가 있다는 점을 지적하여 둔다(『법률연구』 제3집, 1984). 세 번째와 네 번째, 한국의 서양법과의 주체적 만남에 관한 논문들은 함 박사의 한국 법제사에 관한 일찍부터의 지대한 관심을 나타내 주는 매우 가치있는 논문이라 여겨진다. 1866년부터 1910년까지의 한말의 서양법과의 접촉에 관한 이 논문은 1969년 1월에 이미 *Korea Observer*지에 실린 것인데, 아마도 서양법 수용에 관한 본격적 논문으로서는 영문, 국문을 통틀어 최초의 것이 아닌가 생각된다. 평자도 졸저, 『한국의 서양법수용사』(박영사, 1982)를 쓸 적에 이 논문을 참고했는데, 특히 흥미를 끌었던 것은 '주체적' (initial)이란 말과 '만남' (encounter)을 논문 제목에 사용하였다는 점이다. 일반적으로 reception이란 말을 사용하여 계수니 수용이니 하는 식으로 설명하는데, 함 박사는 encounter라는 말을 써서 더욱 대등한 자격에서의 '만남' 으로 파악하고 싶어하는 듯하다. 네 번째 논문으로 1910-1948년까지의 부분을 속필하여 미발표로 남겨두었던 것을 본서에 처음 실은 것을 보면 그가 얼마나 이 테마에 계속 관심을 가졌던가를 알 수 있다. 어쨌든 이 두 논문은 한국 근대법사를 이해하는 데에 중요한 연구업적이라고 할 수 있다. 다만 그 후의 연구성과들이 반영되지 못한 감이 있는데, 후일 좀 보충될 수 있는 길이 있었으면 한다.

다섯 번째 논문, 한국에 있어서 종교와 법 또한 매우 흥미를 끄는 연구인데, 이것은 1966년에 웨일 종교 및 인문학연구소(Frank L. Weil Institute for Studies in Religion and the Humanities)의 하기연구원으로 있으면서 쓴 논문으로 『크뢰버인류학회지』(*The Kroeber Anthropological Society Papers*, vol. 41, 1969)에 실린 것이다. 이 논문에서는 한국에서의 법관념이 종교적 가치와 밀접한 관련을 맺고 있다는 전제하에 한국의 전통종교인 불교, 도교, 유교, 샤머니즘을 설명하고, 한국인의 종교적 가치로서 인간중심주의(Anthropocentrism), 생의 다른 유태로서의 사(Death as a Mode of Life), 실용성, 혼합주의와 차안성(Practicality, Syncretism and Worldliness)을 서술한 후 한국인의 법적 가치로 정의와 평화(Justice and Peace), 판단과 화해(Judgment and Reconciliation)를 분석하고 있다. 흥미있고 시사해 주는 바가 깊은 연구성과로 보이는 이 논문에서 동서양의 종교, 철학, 인류학에 관한 문헌이 풍부히 인용되고 있다.

여섯 번째 논문, 정치적 정통성에 관한 연구는 1969년 9월에 '한국의 전통과 변화에 관한 학술회의' (Conference on Tradition and Change in Korea)에서 발표된 것인데, 고조선에서의 정통성의 파괴, 이조에서의 정통성의 재건, 정치권력, 국제승인과 생물학적 정통성, 그리고 대한민국에서의 정치적 정통성으로 나누어 설명하고 있다. 비교적 각주도 적고 정치적 논설에 가까운 논문으로 보인다.

일곱 번째, 북한에서의 이데올로기와 형법에 관한 논문은『미국 비교법잡지』(*American Journal of Comparative Law*, vol. 17, 1969)에 실린 논문인데, 북한에서 공산주의 이데올로기가 실정법에 어떻게 영향을 주고 있는가에 대한 실증적 연구이다. 지금도 그렇지만 북한법에 관한 연구는 그 자료 부족으로 매우 어려운 작업인데, 1969년에 이만큼 실증적 연구를 했다는 것은 놀라운 일이다. 함 박사도 지적했듯이 당시 영문으로 된 논문은 거의 희귀했고, 그는 주로 워싱턴의 국회도서관 극동법과(Far Eastern Law Division of the Library of Congress)에 있는 북한에서 온 자료들을 참고하였다고 밝히고 있다. 그가 사용한 민주사법이라는 북한 잡지는 그곳에도 1959년도분만 있고 계속 나오는지조차 모르는 잡지인데, 어쨌든 이 잡지에 실린 몇 명의 북한 형법학자의 논문들을 참고하였다고 밝히고 있다. 우리 국내에서는 이룰 수 없는 학문적 성과의 하나라고 할 수 있겠다.

여덟 번째, 한국에서의 남아선호에 관한 연구 논문은 원래 연세대 사회과학연구소의 인구 및 가족계획연구의 일환으로 쓰여진 것인데, 스스로 행한 사회조사를 기초로 분석한 흥미있는 논문이다. 부록으로 붙인 남녀관계에 관한 한국전통의 속담의 영역은 함 박사의 영어실력을 보여주는 한 예라 하겠다.

아홉 번째, 한국의 현대 사법절차에서의 전통적 유산의 영향에 관한 연구는 『한국 일콕재단지』(*Korean Council Ilcork Occasional Paper*, no. 2, 1971)에 실린 논문인데, 함 박사의 지론인, 한국 사법가정에 있어서 외형적 근대화보다는 내용적으로는 아직도 전통적 요소가 강하다는 주장을 나타내는 논문이다. 비교적 짧은 논문이지만 함축성이 있는 논문인데, 결론에서 '토착화'(indigenization)의 과제를 시사하고 있다.

열 번째, 한국정치학의 새로운 이론을 주장하는 논문은 부제에서 보여주듯이 전통적 요인의 재평가를 시도하고 있다. 이 논문은 원래 라이트(Edward R. Wright) 교수가 편집한 단행본 『변화하는 한국정치』(*Korean Politics in Transition*, Univ. of Washington Press, 1975)에 실린 것으로 함 박사의 정치학에 대한 견해를 단적으로 잘 나타내 주는 논문이다. 위트포겔(K. Wittfogel), 헨더슨(Gregory Henderson) 등의 동양정치 및 한국정치에 대한 평가를 비판하고, 또 국내학자들에 있어서도 한국의 정치적 전통을 부정적으로 보는 시각에 대하여 되도록 적극적으로 전통적 요인들과 상징들을 분석 평가하고 있다. 이 논문에서도 함 박사가 얼마나 역사에 대한 관심이 깊었는가를 나타내 준다.

열한 번째, '애정적 사회' 라 표현한, 한국에서의 가치와 법에 관한 논문은 원래 라스웰(H.D. Lasswell) 등이 편집한 『아시아에서의 가치와 발전』(*Values and Development, Appraising Asian Experience*, The MIT Press, 1976)에 실린 논문으로, 한국사회의 특징을 이루는, 그리하여 유럽과 미국과 구별되는 가치개념들을 애정, 예의, 교양, 존경, 출세, 재주, 권력, 부 등으로 나누어 설명하고, 그에 따라 취하여질 정책방향으로 자아에 대한 비개인주의적 관념, 이해관념에 대한 수정, 경쟁과 충돌에 대한 무감각, 제로 섬(zero-sum)식 결정에 대한 적개심 등을 지적하고 있다.

마지막 열두 번째, 한국 샤머니즘에 대한 논문은 미국에서 내는 『한국문화』(*Korean culture*, 1981)지에 실린 논문인데, 샤머니즘이 한국인의 가족과 생활, 사회와 종교 등 여러 방면에 어떠한 영향을 주고 있는가를 분석한 논문이다. 한국 샤머니즘에 관한 연구들이 많이 있지만 이처럼 사회문화 전반과의 관련성 속에서 본 논문은 없지 않나 생각된다. 법과 관련하여 본다면 일찍이 유기천 교수의 예일대학 박사논문에서 한국법에 미친 샤머니즘의 영향을 강조한 바 있는데, 함 박사의 이 논문에서는 구체적 언급은 없지만 서로 비교하여 검토해 볼 만하다고 생각된다.

이상의 12편의 논문들을 보면, 대체로 저자가 한국의 법, 정치, 문화를 광범한 시각에서 입체적으로 보면서, 역사적 컨텍스트 속에서 이해하려고 노력한 점이 역력히 드러난다. 이런 점에서 함 박사는 법학자로서의 면에서 본다면 한국적 법사상을 추적하려고 노력한 법사상사가에 가장 가깝다고 느껴진다. 본서에서 어떤 이론구성(theory-building)이 있느냐고 묻는다면, 저자가 어떤 특정한 이론적 틀을 가졌거나 형성했다고 보여지지는 않는 것 같다. 그러나 '이론' 이라는 것이 무엇을 뜻하는지에 따라 여러 가지로 설명할 수 있으며, 본서에서 은연중 저자의 시각과 주장 방향은 선명히 드러난다고 볼 수 있다.

본서의 2부, 3부에서는 논문적 성격보다는 저자가 정치인, 외교관, 지식인으로 여기저기에 기고하거나, 강연 · 신문기사의 형식으로 발표한 글들이 실려 있다. 이에 대해 일일이 논평할 수 없지만, 정치와 안보, 통일과 군사, 해양법문제, 그리고 한국의 미래 등 다방면에 걸친 내용들이다. 저자의 학자 정치인으로서의 면모와 애국심을 역력히 느끼게 하는 이 글들은 학술적 논문은 아니지만 어쩌면 함 박사의 인간됨과 특징을 더욱 선명히 보여주는 편린들이라고 할 수 있을 것이다.

한국법에 관하여 말한다면, 한국법의 전통과 현황을 서양에 알리는 서양어로 쓰여진 책이 너무 없는 실정이다. 그런 중에 본서는 함 박사가 죽음으로써 다시 한번 한국법을 세계에 알리는 마지막 소리요 공헌이었다고 하겠다.[37]

37 『법학』(서울대) 제27권 4호, 1986, 169-175쪽 수록.

연보 및 논저

■ 연보

1932. 6. 26	서울 종로 5가에서 출생
1941	경기고등학교 졸업
1956	노스웨스턴대학에서 경제학사
1959	연세대학교 강사(법철학, 영미법)
1959	하버드대학교에서 법학박사(J. D)
1960	연세대학교 전임강사
1966-1968	풀브라이트장학금으로 예일대학교에서 연구
1968-1969	연세대학교 조교수 겸 사회과학연구소장
1969-1970	연세대학교 교수
1970-1973	대통령 특별보좌관(정치담당)
1971-1973	연세대학교 강사
1977-1978	제3차 유엔해양법회의 한국대표
1977-1979	주미 한국대사
1979	남북조절위원회 조절위원
1979	대통령 특별보좌관(10월 27일 사임)
1979	제20차 아시아-아프리카 법률구조협회(AALCC) 회장
1979-1982	한국외국어대학교 번역대학원 강사
1980-1981	대사 겸 외교안보연구원 연구원
1980-1981	제4차 유엔해양법회의 한국대표
1981-1982	연세대학교 법과대학 교수
1982-1983	대통령 비서실장
1983. 10. 9	미얀마 랑군에서 북한 테러리스트에 의해 사망

■ 저서

The Korean Political Tradition and Law Essays in Korean Law an Legal History, Hollym Corporation Publishers, Seoul, Korea, 1967.

Korean Jurispredence, Politics and Culture, Yonsei University Press, Seoul, Korea, 1986.

『한국의 문화전통과 법』, 한국학술연구원, 1993.

■ 논문

(1) Korea' s Legal and Political Traditions

"A New Meaning of the Law," *Yonsei Annals*, September 2, 1963.

"The Function of Law in an Underdeveloped Asian Country," *Journal of Social Sciences and Humanities*(Bulletin of the Korean Research Center), No. 18, June 1963, pp. 29-44.

"The Korean People and Their Property Rights," *American Journal of Comparative Law*, Vol. 12, No. 1, Winter 1963, pp. 61-71.

"The Criminality of Abortion in Korea," *Journal of Criminal Law, Criminolog & Police Science*, Vol. 56, No. 1, March 1965, pp. 18-26.

"The Rule of What Law?: A Korean Conundrum," *Journal of the International Commission of Jurists*, Vol. 6, No. 2, Winter 1965, pp. 278-287.

"The Korean Political Tradition and Law 1," *Journal of Social Science and Humanities*(Bulletin of the Korean Research Center), No. 24, June 1966, pp. 1-31.

"Ideology and Criminal Law in North Korea," *American Journal of Comparative Law*, Vol. 17, 1969, pp. 77-93.

"Korea' s Initial Encounter with the Western Law: 1866-1910 A.D.," *Korea Observer*, Vol. 1, No. 2, January 1969.

"Political Legitimacy: Yesterday and Today," A paper read at the Conference on Tradition and Change in Korea, September 1-6, 1969.

"The Decision Process in Kerea," *Comparative Judicial Behavior: Cross-Cultural Studies of Political Decision-Making in the East and West*, Eds., Glendon Schubert and David J. Danelski, New York: Oxford University Press, New York, Vol. 41, 1969.

"Religion and Law in Korea," Kroeber Anthropological Society Papers, Vol. 41, University of California, Berkeley, Fall 1969.

"The Impact of Traditional Legacies on the Contemporary Judicial Process in Korea," Korean Council Ilcork Occasional Paper, No. 2, February 1971.

"Preliminary Report on A Study of Five Decisional Outcomes Involving the Judicial Process of Korea," December 20, 1972, Unpublished manuscript.

"Law to the Korean," *Listening to Korea: A Korean Anthology*, Ed., Marshall R. Pihl, New York: Praeger Publishers, 1973.

"Toward a New Theory of Korean Politics: A Reexamination of Traditional Factors," *Korean Politics in Transition*, Ed., Edward R. Wright, Seattle: University of Washington Press, 1975.

"A Study of Five Decisional Outcomes Involving the Judicial Process of Korea," Unpublished manuscript.

"Korea' s Initial Encounter with the Western Law: 1910-1948 A.D.," Previously Unpublished.

"Law and Justice in Korea," A paper written for the Asia Society, Unpublished manuscript.

"Modernization and Demand for Social Justice: A Lawyer' s View," *Report of the International Conference on the Problems of Modernization in Asia*, Korea University, pp. 412-419.

"Politics of Melancholy: The Recent Experiences of the Korean Polity," A paper written for the Peace Crops in Korea, Previously unpublished.

"The Individual in Korean Society: The Legal Tradition," Unpublished manuscript.

(2) Korean Culture

"Changing Patterns of Development," Creating the Future: Agendas for Tomorrow, International Symposium III, October 1974.

"Korean Culture Ignores Institutional Practices," *The Korea Times*, December 14, 1977.

"Koreans Try to Reject Progress Through Conflict," *The Korea Times*, December 16, 1977.

"Korea: Tradition and Cultural Revolution," *Worldview*, October 1981.

"Shamanism: Foundation of the Korean World-View, Part One: Family and Life-Cycle," *Korean Culture*, Vol. 1, No. 1, Winter 1981.

"Shamanism: Foundation of the Korean World-View, Part Two: Society and Social Life," *Korean Culture*, Vol. 2, No. 1, February, 1981.

"The Challenge of Westernization," *Korean Culture*, Vol. 3, No. 1, March 1982.

"Report on a Study on the Korean Preference for Male Children," Social

Science Research Institute, Division of Demography, Center for Population and Family Planning, Yonsei University, Seoul, Korea.

(3) Korea' s Security and Political Development

"Federalism: A Means for the National Reunification of Korea," A paper read at the International Conference on the Problems of the Reunification of Korea, Seoul, Korea, August 14-19, 1970.

"Political Dilemmas in the Republic of Korea," *Asian Affairs*, Vol. 1, No. 5, May-Juny, 1974.

Interview: WETA-TV(Channel 26) Washington, D.C., Evening edition-Martin Agronsky, Unpublished transcript, September 2, 1975, 7:30-8:00.

"Korea and Asia: Crisis, Continuity, and Change," Asian Perspectives: Korea, Japan, China, Pakistan, Center for Asian Studies Occasional Papers, Brigham Young University, 1975.

"Korea: In Search of Peace and Propserity," An address delivered by Ambassador Hahm Pyong-choon at the Arizona State University Symposium "A Resassessment of America' s Role in Asia: Vietnam and Korea," Friday, February 6, 1976, Unpublished text.

"No War-Prime Nat' 1 Goal," *The Korea Times*, January 1, 1981.

"The Korean Military and National Development," Armed Forces and National Development, Proceedings of the 1st Wharai; International Symposium, September 20-22, 1981.

"Korea' s Unification Policy and Its Implementation," Korea and World Affairs A Special Issue on Korean Unification, Vol. 6, No. 1, Spring 1982.

"Korea: In Search of Survival and Peace," Unpublished manuscript.

"Security, Prosperity, and Democracy in Korea," Unpublished manuscript.

(4) International Relations

"Korea and the Emerging Asian Power Balance," *Foreign Affairs*, Vol. 50, 1972, pp. 339-350.

"From a Client State to an Ally: U.S.-Korean Relations," *Journal of Korean Affairs*, Vol. 3, No. 3, October 1973.

"Korea: In the Asian Power Balance," Address to the Common-wealth Club of

California, December 17, 1976, Unpublished text.
"New Japan: The Chrysanthemum and the Transistor?," *Pacific Community*, Vol. 1, 1979, pp. 429-439.
"Asia' s Big Power Politics Game, China: Playing Its Own Card In," *The Asian Wall Street Journal*, August 12, 1980.
"Countervailing Soviet Expansionism," *The Asian Wall Street Journal*, August 19, 1980.
"Great Powers Configuration in the Asia-Pacific Region: A Korean View," *Asian Perspective*, Vol. 4, No. 1, 1980, pp. 1-10.
"Japan Should Declare that Its Security Interests Lie with Asia rather than the West," *The Asian Wall Street Journal*, August 26, 1980.
"Power Politics Incompatible with Asian Interdependence," *The Asian Wall Street Journal*, September 2, 1980.
"The Second Century of the United States-Korea Relations: A Korean View," Originally intended for presentation at the Conference on a Century of United States-Korean Relations, 1980.
"A Korean Perspective on the Law of the Sea: A Private View," Bob-Moon Sa, June 15, 1981.
"National Security and Regional Integration in the Asia-Pacific Community," *Community Building in the Pacific Regiion: Issues and Opportunities*, Ed., Sung-Joo Han, Seoul, Korea: Asiatic Research Center, Korea University, 1981.
"Korean Perception of America," *Korea and the United States: A Century of Cooperation*, Eds., Youngnok Koo and Daw-sook Suh, Honolulu: University of Hawaii Press, 1984.
Comments made by Dr. Hahm at the Seminar on "Tke Future of U.S.-ROK Relations," The Council on American Affairs, Capitol Hill Club, February. 25, 1986.
"Navigation and National Jurisdiction: A Challenge to the Law of the Sea," Previously unpublished.
"Power Game and the Pacific Community," Unpublished manuscript.

(5) Miscellaneous

"Law and International Educational Exchange: Vocational Training or Policy

Science?" Keynote Speech, International Education: Link for Human Understanding. A Bicentennial project sponsored by the Board of Foreign Scholarships, J. William Fulbright, Chairman, Georgia State University, Atlanta, Georgia, May 5, 1976.

Interview: "Frankly Speaking," *Jam Pong*, Vol. II, Issue 3, April, 1978.

"A Christian's Perspective on the Development of the Republic of Korea," *Youth for Christ International, East Asia Area*, 1984.

「영미행정법」, 『법정』, 1960. 11.

「법이론 검토와 비판」, 『연세춘추』, 1961. 7. 3.

「토마스 아키나스(Thomas Aquinas): 인간의 이성과 법」, 『연세춘추』, 1961. 9. 18.

「휴고 그로티우스(Hugo Grotius): 자연법과 국제법」, 『연세춘추』, 1961. 9. 25.

「제르미 벤담(Jeremy Bentham): 실리주의 법철학」, 『연세춘추』, 1961. 10. 2.

「오스틴(John Austin): 주권자의 명령으로서의 법」, 『연세춘추』, 1961. 10. 9.

「사비니(Friedrich Karl von Savigny): 민족정신과 법」, 『연세춘추』, 1961. 10. 17.

「메인(Sir Henry Sumner Maine): 신분으로부터 계약으로」, 『연세춘추』, 1971. 10. 23.

「라드브루흐(Gustav Radbruch): 민족주의의 법철학」, 『연세춘추』, 1961. 11. 6.

「켈젠(Hans Kelsen): 순수한 법이론」, 『연세춘추』, 1961. 11. 13.

「빈곤으로부터 자유획득」, 『연세춘추』, 1961. 12. 25.

「법의 기능과 경제생활」, 『연세논총』(사회과학 편) 제1집, 1962.

「CLEAN lIANDS와 부당이득」, 『법정』, 1962. 5.

「법의 실효성과 공무원」, 『법률행정논집』 제4집, 1963. 3.

「세대교체론」, 『연세춘추』, 1963. 4. 15.

「한국 노동조합의 현실과 노동법– 전매 노동조합을 중심으로」(양승두 · 김중순 공저), 『연세논총』(인문 · 사회과학 편) 제2집, 1964.

「미래에의 비젼 만들자」, 『연세춘추』, 1964. 4. 27.

「구걸근성론 비판」, 『동아일보』, 1964. 11. 13.

「사라질 수 없는 평화선」, 『사상계』, 1965. 6.

「미래의 청사진 제시」, 『연세춘추』, 1966. 3. 14.

「대학의 현대적 이미지」, 『연세춘추』, 1966. 5. 9.

「사법계 개혁을 위한 제언」, 『노모스』, 1968. 11.

「전환기에 선 한국인의 의식구조 변화와 혼돈」, 『연세』 제4호, 1969.

「가난과 수치」, 『조선일보』 일사일언, 1969. 2.

「멋과 유머」, 『조선일보』 일사일언, 1969. 9.
「후진성에 관한 자유」, 『조선일보』 일사일언, 1969. 9.
「개구리와 올챙이」, 『조선일보』 일사일언, 1969. 10. 7.
「폭력의 문화」, 『조선일보』 일사일언, 1969. 10. 14.
「수줍음」, 『조선일보』 일사일언, 1969. 10. 21.
「인정개발 5개년계획」, 『조선일보』 일사일언, 1969. 10. 28.
「선진국의 잘못」, 『조선일보』 일사일언, 1969. 11. 4.
「부정부패와 나」, 『조선일보』 일사일언, 1969. 11. 11.
「한국인의 법의식」, 『대학신문』, 1969. 11. 24.
「서비스 공포병」, 『조선일보』 일사일언, 1969. 11. 25.
「현대의 구원과 한국 교회의 구조」, 『대화』 제14호, 한국 크리스천 아카데미, 1969. 12, 겨울.
「동서법사상의 비교」, *Fides* 제17권 1호, 1970.
「우리 나라 사법과정에 관한 연구」, 『성곡논총』 제1권, 1970.
「한국 정치의 미래상」, 『미래를 묻는다』, 한국미래학회, 1970. 4.
「국화와 트랜지스터」, 『조선일보』, 1970. 5. 22.
「과학기술 세계에서의 인간과 사회의 미래」, 『기독교사상』, 1970. 9.
「우울의 정치학」, 『월간중앙』, 1970. 11.
「아리스토틀의 법과 정의」, 『연세춘추』, 1971. 9. 11.
「듀구이(Leon Duguit): 사회연대의 법리」, 『연세춘추』, 1971. 10. 30.
「연방주의제도」, 『한국통일의 이론적 기초』, 고려대학교 아세아문제연구소, 1972.
「한국의 정치적 정통성. 과거와 현재」, 『한국의 전통과 변천』, 고려대학교 아세아문제연구소, 1973. 5.
「지도자의 자세」, 『춘추』, 1975. 6.
「한국경제외교와 기업인의 역할」, 『내외경제』, 1977. 9. 23.
「기업인은 새국제감각을」, 『정경연구』, 1977. 11.
「전통과 미래: 현하는 것과 현하지 않는 것」, 『미래를 묻는다』(6), 한국미래학회, 1978.
「한민족의 문화는 미래지향적이다」, 『중앙일보』, 1978. 2. 28.
「문화의 한계와 문화의 편견」, 『뿌리깊은 나무』, 1978. 3.
「한국 정치사상」, 『동방학지』 제10호, 1979.
「현대정치와 조선조의 전통사상」, 『신동아』, 1979. 3.
「남북대화와 그 전망」, 『현대사조』, 1979. 5.
「오늘의 세계 속의 한국」, 대한예수교 장로회 평신도회 전국 연합회 제22회 총회와 전국대회, 1979. 8.

「내가 만난 레이건」, 『동아일보』, 1980. 11. 6.

「겸양의 미덕과 선패의 미덕」, 『경복』, 1981.

「한국군과 국가발전」, 『화랑대』 통권 제3호, 1981, 가을.

「평등과 평준화」, 『조선일보』 아침논단, 1981. 8. 14.

「치러야 할 대가」, 『조선일보』 아침논단, 1981. 9. 2.

「설에 고향을 찾아주자」, 『조선일보』 아침논단, 1981. 9. 20.

「바다를 향해 뻗어가자」, 『조선일보』 아침논단, 1981. 10. 13.

「민족분단과 올림픽」, 『조선일보』 아침논단, 1981. 10. 25.

「학교선생님 대우」, 『조선일보』 아침논단, 1981. 11. 18.

「잘하기 어려운 한국어」, 『조선일보』 아침논단, 1981. 12. 11.

「국가발전과 외교문제」, 『육군본부 간부교양강좌』 6, 1981. 12. 15.

「선진사회의 공직풍토와 우리의 공직관」, 『남사』, 1982.

「한번도의 통일정책과 구현방안」, 민주정의당평화통일위원회주최 조국통일을 위한 토론 기조연설, 1982.

「성취지향의 문화를」, 『조선일보』 아침논단, 1982. 1. 9.

「친절과 비굴의 차이」, 『조선일보』 아침논단, 1982. 1. 27.

「정의와 국제정치」, 『한국국제정치학회 학회소식』, 1982. 4. 30.

「한국의 대미인식」, 『한국과 미국: 과거와 미래』, 박영사, 1983.

갈 봉 근

(1932-2002)

㉙ 갈봉근 (1932-2002)

갈봉근(葛奉根)이라 하면 일반적으로 유신헌법을 만든 '어용학자' 같이만 알려져 있다. 그의 생애와 법사상이 정리되지 않으니 계속 그런 선입견만 작용하고 있는 것 같다.

필자는 그의 강의를 들은 바도 없고, 가까운 접촉을 한 일도 없다. 공교롭게 외국에 나가면서 잠시 두 번 만날 기회를 가졌다. 1990년대 중반에 독일 프라이부르그에 가는데, 공항에서 우연히 만나 얼마간 대화를 나누었다. 2001년 여름에 교토의 리츠메이칸(立命館)대학에 두달 가있는 동안 도시샤(同志社)대학에 강의하고 계신 그를 만나 술을 한잔 나눈 일이 있다. 다소 여유있는 심정으로 담화하면서, 명성으로만 듣던 그분의 학문세계와 인품을 느낄 수 있었다.

I. 생애

갈봉근은 1932년 4월 6일 부산에서 태어났다.

1955년 2월에 서울대학교 법과대학을 졸업하고 독일로 유학을 떠났다. 본

(Bonn)대학에서 공부하여 1958년에 저명한 헌법학자 울리히 쇼이너(Ulrich Scheuner)의 지도 아래 법학박사(Dr. jur.)를 받았다. 그의 학위논문은 「대량살상수단으로서의 원자무기의 금지를 위한 유엔의 노력」(Bemühungen der Vereinten Nationen um ein Verbot der atomaren Waffen als Massenvernichtungsmittel)에 관한 연구였다. 바로 귀국하지 않고 이어서 1958년부터 1960년까지 마르부르그(Marburg)대학에서 강사(Dozent)로 비교법 강의를 하였다. 한국인 법학자로서 독일 법과대학에서 강의를 한 것은 최초였다. 강의 내용은 알 수 없지만 "비교법" 이니 한국법을 많이 소개했을 가능성이 높다. 그렇다면 한국법의 해외소개라는 면에서도 큰 의의가 있다 하겠다.

1960년에 귀국하여 이듬해인 1961년까지 한양대학교 정경대학 조교수로 근무하였다. 이후 1961년에 중앙대학교 법정대학 교수로 옮겨 1973년까지 역임하였다.

1972년 박정희 대통령의 유신헌법 제정에 관여하였고, 1973년 3월부터 1980년 4월까지 유정회 소속 국회의원으로 정치활동을 하였다. 1979년 박정희 대통령의 사망과 함께 제3공화국도 무너지고, 1981년 3월부터 부산 동아대학교 대학원 교수로 초빙되어 1987년까지 강의하였다.

그후 일본 학계와 교류하여 교토대학의 연구교수로 초빙되어 체류하다 도시샤대학에서 비교헌법론을 강의하였다.

2002년 11월 18일 서울에서 작고하였다. 이 해는 바로 그의 고희기념해이기 때문에 제자와 동료들이 고희기념논문집을 준비하고 있었다. 그러나 그의 서거로 말미암아 계획을 바꾸어 그의 논문들을 모아 『헌법논집(1961-2001)』이란 제목의 문집으로 간행하였다. 거기에 한태연 박사는 아래와 같은 헌사를 실었다.

> 갈봉근 교수의 70세 고희기념논문집이 그의 학우들의 성의로서 출간됨을 진심으로 축하하지 않을 수 없다. 인생 70은 고래희라고 했다. 따라서 이 고희기념논문집은 그만큼 그 의미가 심중할 수밖에 없다. 그러나 갈교수는 이 기념논문집의 출간에 앞서서 불행하게도 우리와는 유명을 달리했다. 그러한 의미에서 이 기념논문집

은 그의 고희를 기념하는 논문집인 동시에 그것은 또한 그의 별세를 애도하는 애도 논문집을 의미하지 않을 수 없다.

서울대학교 법과대학을 졸업하고 황산덕 교수의 연구실에서 법철학을 연수하던 갈 교수가 독일로 유학의 길을 떠난 것은 6 · 25전쟁의 휴전직후였다. 그러한 의미에서 그것은 바로 독일유학의 선구를 의미했다. Kiel대학에서 그는 Karl Larenz 교수에게서 법철학을 배웠고, Bonn대학에서 Erich Kafumann 교수에게서 헌법학을 수학하고 법학박사의 학위를 취득하였다. 1950년대 말에 귀국한 그는 한양대학교와 중앙대학교 교수로 재임했고, 서울대학교 법과대학 강사를 비롯하여 여러 대학에서 강사로 헌법을 강의했다. 뿐만 아니라 1990년경에 그는 일본의 명문대학인 교토의 도시샤대학에서 전임교수로 혹은 강사로 학부와 대학원에서 독일공법과 한국헌법사를 담당했고, 또한 일본의 비교헌법학회의 이사도 역임했다.

헌법학에 대한 그의 이러한 학문적 행로와 함께, 그는 또한 1972년 출범한 유신헌법의 체제에서는 유정회의원으로서 국회에 진출하여 국민대표의 입장에서 정치에 참여하기도 하였다. 물론 그것은 개인의 영달을 위한 영광의 길이라기보다는 조국의 안일을 구제하기 위한 하나의 사명감에서였다. 사실 귀국했을 그 당시의 우리 사회는 일제의 식민지통치의 유산인 그 정체된 시간에, 그리고 6 · 25전쟁과 같은 그 무자비한 내전에 의하여 수백만의 인명이 살상되고, 강산은 폐허가 되고, 경제는 파탄되고, 국민은 유유랑하는 것과 같은 참상이 벌어지기까지 했다. 여기에 자유당 정부의 무능은 전후의 신속한 재건에 있어서의 최대의 장애가 되기까지 했다. 따라서 국민은 가난에 울고, 절망에 떨고, 미래를 등지는 것과 같은 극한적 상황에서 헤어나지를 못했다. 뿐만 아니라 북으로부터의 부단한 공산주의의 위협은 우리사회에 있어서의 그 비상사태성을 더욱 가중케 했다. 이러한 위기적 상황에서 5 · 16군사혁명이 터졌다. 사실 5 · 16군사혁명에 대해서는 갈 교수는 처음에는 비판자의 입장이었다. 그러나 박정희 대통령에 의한 제3공화국에 있어서의 그 조국근대화의 의지와 그 과감한 실천력에 감동했고 따라서 1970년대의 도약을 위한 유신체제에 그는 기꺼히 참여했다. 이렇게 볼 때 그는 학문에 정열했고, 신념에 투철했고 또한 조국에 충성했다고 하지 않을 수 없다.

2002년 11월 18일 그는 70세를 일기로 영면했다. 일찍부터 가톨릭에 귀의한 그에게 있어서는 세속적 죽음은 영세에의 출발을 의미한다. 따라서 부활의 성스러운 기약과 함께 영세의 세계에서 부디 안식하기 바란다.

이 논문집에는 인상적으로 전 총리이며 자유민주연합 총재인 김종필 씨의 다음과 같은 추도사가 실려있다.

학자로서의 일생을 고결하게 살다가신 고 갈봉근 교수의 영전에 삼가 조의를 표하며, 그를 아끼고 존경하는 모든 분들과 함께 추도의 헌사를 올립니다. 회고하건데 고인은 맑은 인품을 지닌 분이셨습니다. 그의 청빈한 삶은 학자로서 귀감이 되었으며, 그의 학문에의 순수한 열정은 신념과 소신으로 더욱 빛을 발하였습니다. 갈봉근 교수는 헌법학자로서 권위와 긍지를 시종일관 지켰습니다. 70평생 자신의 엄숙미를 스스로 견고하게 지켰습니다. 자신의 학문적 양식과 소신을 한번도 저버리지 않았고, 어떤 주위와 주장에도 불평부당하게 기울어진 적이 없었습니다. 갈 교수는 만년에 이르도록 후학을 가르치고 헌법정신을 계발하는 데 전심전력하므로서 학자로서의 일생을 떳떳하게 그리고 아름답게 장식하였습니다.

갈봉근 교수와 나의 인연은 이 나라의 정치발전을 위한 고뇌와 그 회한을 공유한 데서 비롯되었습니다. 국가의 연속적 발전과 민족의 번영을 위해서는 우리나라의 정치권력구조를 대통령중심제에서 내각책임제로 바꿔야 한다는 공통인식이 일찍이 우리 사이에 형성되었던 것입니다. 그리하여 고인은 나의 필생의 정치적 신념인 내각책임제의 이론적 토양을 제공해 주셨습니다. 언젠가는 반드시 이루어질 것으로 확신하는 이 내각책임제가 그 열매를 맺는 것을 보지 못하고 먼저 가신 고인을 생각할 때 추모의 염이 더욱 간절해집니다. 그러나 고인은 그토록 힘주어 주장했던 내각책임제가 국민적 이성으로 실현될 그 날이 멀지 않았다는 것을 믿어 의심치 않습니다. 부디 이번에 출간되는 갈봉근 교수의 이 논문집이 그의 학문과 사상과 신념을 기리고 이어받는 귀중한 자료가 되기를 바라마지 않습니다. 삼가 고인의 평화로운 영면을 기원하며 명복을 빕니다.

갈봉근과 가까운 교분을 나누던 김남진 교수 또한 다음과 같은 추모의 글을 실었다.

"갈박," 생전에 하던대로 그렇게 부르는 것을 용서하세요. 그런데 어찌하여 그렇게 갑자기 가셨나요? 부음을 듣고 너무나 갑작스러운 소식으리 도무지 믿어지지가 않습디다. 장례를 치른 지금 역시 그래요. 그러나 이 세상에서는 다시는 갈박을 만날 수 없다 생각하니 자연 지난 날이 생각나네요.

갈박을 처음 만난 것은 정부가 부산으로 피난가고, 그리하여 서울대학교 부산의 한 모퉁이에 천막을 치고 있던 그러한 때였지요. 나같은 시골 출신은 회상하기조차 싫은 끔찍한 시절에 갈박은 여유로워 보였어요. 겨울에는 더러 한복을 입고 등교할 정도였으니까요. 그때는 부산이 서울(수도)이었고, 갈박은 부산 태생의 부자집 아들이었으니 피난민인 우리와는 격이 달랐지요.

나라는 전쟁을 치르고 학생을 포함하여 모두들 끼니를 걱정해야 할 그러한 때였으나 대학 역시 제 구실을 하기가 어려울 수밖에 없었지요. 졸업식도 치르기 전에 형이 독일로 나간 이유가 거기에 있었으며, 그럴 수 있다는 것이 얼마나 복많은 일이었겠어요. 1950년대말 동기생들은 제대로 자리를 잡기도 어려웠던 그러한 때에 형은 벌써 박사가 되어 돌아왔으며, 그러기에 활동무대 역시 달랐지요. 갈박이 친구들보다 한태연 선생님, 돌아가신 황산덕 선생님을 위시하여 대학 은사님과 더 잘 어울리게 된 연유도 그러한 데에 있었다고 하겠어요.

대학원과정을 마치고 서울법대에 출강하고 있었던 것도 이유가 되어 한태연 교수님 연구실 일부를 여전히 차지하고 있던 나에게는 어렵기만 한 은사님과 그토록 자연스럽게 어울리는 갈박이 참으로 경이의 대상이었지요. 대학동기인 나보다 언제나 앞섰던 갈박이긴 하지만 저 세상에 가는 것까지 꼭 앞서야만 하는가요? 나에게는 여전히 어려운 은사이시기에 늘 갈박을 앞장세워 선생님을 찾아뵈었던 것인데 올가을 신년 정초에는 홀로 한태연 선생님 내외분께 세배드릴 생각을 하니 너무도 적적하여 갈박! 생각하면 우리도 70의 문턱에 들어서지 않았소. 그러니 그곳에서 만날 날도 멀지 않은 것 같소. 그때 반갑게 만납시다.

저서로 『신헌법개론』(보문각, 1964), 『프랑스 제5공화국 대통령의 비상대권론』(삼화출판사, 1972), 『유신헌법론』(한국헌법학회출판부, 1978) 등이 있다.

II. 법사상

1. 헌법학

갈봉근은 1950년대에 독일에서 헌법학을 공부한 당시 최고급의 지식을 갖춘 헌법학자였다.

그는 「유신헌법의 당위성과 필연성」이란 논문에서 이렇게 주장하였다.

> 헌법이란 그 나라의 현실적 사실관계를 규범화한 것이다. 따라서 우리의 현실적 사실관계에서 경미된 한갓 이상을 규범화한 헌법은 그것이 아무리 아름답고 고귀한 이상의 것이라 할지라도 헌법으로서는 하등의 가치가 없다. 뿐만 아니라 그러한 명목적헌법은 '한갓 휴지에 불과하다' (das blosse Blatt Papier). 왜냐하면 그 헌법은 그 국가사회에서 올바른 규범적 효력을 발휘하지 못하기 때문이다. 어떤 나라에도 그 나라의 고유한 기존의, 그리고 호흡하고 있는 사실의 헌법생활이 영위되고 있다. 따라서 아무리 좋은 서구의 민주헌법이라 할지라도 그대로 도입하는 것은 우리의 고유하고 현실적인 헌법생활과는 무관한 것이라 할 수 있다. 경우에 따라서는 그것이 오히려 해독이 될 수 있는 것이다. 지금까지 우리가 무비판적으로 맹목적으로 도입한 서구의 민주제도가 우리의 토착적 민주주의의 발전을 저해한 이유가 바로 여기에 있다.
>
> 유신헌법은 당면한 우리의 헌법현실=헌법생활에 맞춘 헌법인 것이다. '유신체제는 난국에 처한 우리 국가와 민족이 살아나가기 위한 단 하나의 길' 이다. 이는 우리의 헌법현실인 것이다. 유신 헌법은 이 헌법현실에 적응시킨 헌법이다.

1972년 11월 21일의 유신 헌법을 찬성 확정한 국민투표와 1975년 2월 12일의 국민투표의 재찬성 결정은 유신 헌법의 민주적 절차에 의해서 국민이 결단한 것이다.

다음에, 헌법은 현재의 국가질서와 사실관계를 시인하고 결단하는 것 외에 고유한 국가생활(das staatliche Leben)을 질서잡고, 또 통제하는 고유한 원동적인 힘을 지니고 있다. 바로 여기에 부각되는 것이 헌법의 규범력이다.

유신헌법은 '사실관계'를 이유로 헌법의 규범성을 소홀히 다루거나 부인하고 있지는 않다. 유신 헌법은 헌법생활에서 실력가치의 발동보다도 규범가치에 의해서 정치적 대립이 통합되어야 하는 기능을 지향하는 고차적 사명을 띠고 있다. 따라서 유신 헌법의 실체는 비록 '사실관계'를 주축으로 할지라도 단적인 사실적 지배관계도 아니며 또 가치맹목적인 힘에 의해서 결정됨에 그친 것도 아니다.

이는 자유민주주의를 방어하며, 국가와 민족의 생존을 수호하기 위하여 타당한 헌법질서인 것이다. 여기에 바로 '유신헌법 생활에 비록 정치적 중요한 역할을 다하지만, 유신 헌법의 법적 투쟁은 어디까지나 우리나라의 기본규범이며 최고규범인 동시에 제한규범임'을 확인할 수 있다.[1]

'유신 체제는 난국에 처한 우리 국가와 민족이 살아 나가기 위한 단 하나의 길'(박대통령의 1975년 2월 12일 국민투표 시행을 위한 담화문에서)이다.

돌이켜보면 북괴는 우리가 1972년 10월에 유신을 하기 직전에 무력남침을 위한 전략 땅굴을 파기 시작했다. 세상에 밝혀진 바와 같이 10수개가 넘는 이 땅굴은 우리의 방어선 남방까지 이르고 있으며, 또한 1개의 땅굴을 통해서 1시간에 2개사단을 수송할 수 있는 엄청난 규모이다. 만일에 대통령이 1972년에 10월 유신이란 용단을 내리지 않았더라면, 자유대한과 그 국민의 운명은 어떻게 되었을까? 크메르와 베트남의 비참한 운명을 우리가 더 먼저 겪어야 했을지도 모를 것이다.

이러한 헌법현실에 맞춘 헌법이 바로 유신 헌법인 것이다.

유신 헌법은 바로 자유민주국가인 대한민국의 계속성의 유지와 대한민국의 생

1 갈봉근, 「유신헌법의 당위성과 필연성」, 『헌법논집』, 2002, 78쪽.

존을 보장하기 위한 헌법인 것이다. 여기에 바로 개인적 이익을 추구하는 민주제도도 국가의 존속과 국민의 생존을 전제하고 있다는 헌법의 현대적 자연법적 원리가 놓여 있는 것이다.

유신 헌법은 한 자연인을 위한 것이 결코 아니다. 이는 대한민국의 존속성과 대한국민의 생존을 위한 민주헌법인 것이다.

일찍이 프랑스 제5공화국 헌법을 드골 대통령의 '맞춤 헌법' 이라고 혹평까지 하였다. 그러나 이 헌법은 그 당시의 프랑스의 위기를 극복케 하였다. '드골은 가고 그 헌법은 그대로 있다'.

유신 헌법의 사명은 바로 여기에 있으며 모든 국민이 이를 수호해야 할 이유도 또한 여기에서 찾아지는 것이다.[2]

그는 1997년 비교적 만년에 「헌법파트리오티즘」(Verfassungspatriotismus)에 관한 논문을 발표하였는데, 그가 얼마나 헌법학자로서 애국심을 갖고 있었는지를 말해준다. 그는 "이 헌법 파트리오티즘 개념은 현대 국가는 국제적 얽힘(교착)시대의 입헌주의 시대 하에 있지만 과연 우리들이 국가를 배제할 수 있을 것인가 하는 중대한 문제에 봉착하게 된다"라고 결론맺고 있다.[3]

2. 법철학

갈봉근은 우리나라에서는 헌법학자로만 알려져 법철학자로서의 모습은 가려져 있다. 그러나 그는 한국인으로 최초로 독일에서 법철학을 강의하고 법철학 논문을 쓰고 번역과 서평을 발표한 학자이다.

1961년에는 에리히 페히너(Erich Fechner)의 『법철학』(*Rechtsphilosophie*)에 관한 장문의 서평을 서울대 『법학』지(3권 1호)에 실었다.

2 위의 책, 85쪽.

3 갈봉근, 「헌법 파트리오티즘과 헌법학」, 『동아법학』 23호, 1997, 111-129쪽; 『헌법논집』, 2002, 372-385쪽 재록.

1965년 3월호 『법정』지에 "구스타브 라트브루흐(Gustav Radbruch)"에 관한 글을 발표하였고, 1966년 3월호 『법정』지에도 다시 「G. Radbruch; 그의 생애와 업적」을 발표하였다.

무엇보다 갈봉근이 깊이 연구한 학자는 칼 슈미트(Carl Schmitt)였는데, 1975년 박영사에서 낸 『정치학대사전』에까지 슈미트에 대한 항목을 집필하였다. 학문적 연구성과는 1988년 독일에서 낸 슈미트 기념논총에 「한국 헌법생활에 미친 슈미트의 영향」(Carl Schmitts Einfluss auf das koreanische Verfassungsleben)이라는 논문이다.

그는 한국에서의 슈미트이론의 적합성에 대해 이렇게 설명한다.

> 우리는 비록 반세기도 훨씬 못되는 시일 안에 여덟 차례에 걸친 개헌과 다섯 번째의 공화국의 탄생을 맞는 시대착오적 발전과정 가운데서도 서구적 입헌주의적 헌법의 전제조건을 상당한 수준까지 갖추게 되었다. 즉 우리의 봉건적인 농경적 경제구조의 탈피, 평균화된 경제적 빈곤으로부터의 해방, 교양과 재산을 가진 시민계급의 형성 경향, 국민의 정치적 숙련의 향상 그리고 합리주의적 생활양식의 향상 등이 바로 그것이다. 그러나 우리나라에 있어서의 이러한 서구적 입헌주의적 헌법의 전제조건, 특히 그중 국민의 정치적 숙련과 합리주의적 정신의 형성성향은 아직도 상당한 시간이 소요될 것이다. 뿐만 아니라 우리의 헌법지리적인 남북의 대결은 더욱더 이데올로기의 대결과 이에 따른 힘의 대결로 긴장되어 가고, 또 이에 따른 위기헌법사태는 긴장상태적 헌법현실로 존속되고 있다. 즉 우리의 헌법현실은 아직도 위기 속의 헌법이다. 따라서 비록 "서울은 바이마르가 아니지"(Seoul ist nicht Weimar)만 바이마르헌법시대의 긴장상태에 기초된 칼 슈미트의 헌법이론은 한국헌법에 커다란 영향을 미치게 된 소지가 된 것이다.[4]

4 갈봉근, 「현대 헌법학에 미친 칼 슈미트의 영향」, 『헌법논집』, 2002, 276쪽.

3. 비교법학

갈봉근은 독일에서도 한국법을 강의하였고, 만년에 일본의 교토대학과 도시샤대학에서도 한국법과 비교헌법을 강의하였다. 그는 이런 과정을 통하여 외국법과 그 관계에서의 한국법의 위상에 대한 폭넓은 견해를 갖고 있었다. 그리고 이것은 한국법의 세계화와 한국 법학자의 국제적 활동의 선구적 모범을 보여주는 것이라 하겠다.

갈봉근은 유신헌법의 기초자라는 레텔 때문에 만년까지 조용히 지내면서, 주로 일본에서 강의하면서 지냈다. 교토에서 만났을 때 한 말이 잊혀지지 않는다. "한국에서는 젊잖게 있으면 짓밟으려 합니다". 그것은 자신이 겪은 인생증언이었다. 그는 근본적으로 젊잖은 학자였다.

이상에서 보듯이 갈봉근은 한국 법학사에서 특히 독일 법학과의 관련에서 선구적 위치에 있는 학자라는 사실을 알게 된다. 그는 독일의 헌법학과 법철학을 가장 빨리 한국에 소개하고 한독학술교류를 위해 노력하였다.

한국의 험난한 헌정사는 그를 학자로서 고고히 활동하도록 남겨두지 않았다. 그는 헌법학을 통하여 정치권력의 실재를 누구보다 예리하게 간취하고 있었다. 그는 한국의 헌정사에 온몸을 투신하였다. 그것이 그를 '낙인' 찍기에는 기본적으로 갖고 있는 학자적 자질이 크고 넓었다. 이것이 그를 한국 법학사에 미련을 갖고 각인짓는 것이다.

연보 및 논저

■ 연보

1932. 4. 6	부산에서 출생
1951	경남고등학교 졸업
1955	서울법대 졸업
1955	서독 키일(Kiel)대학 수학
1958	서독 본(Bonn)대학에서 법학박사
1958-1960	서독 마르부르그 대학 법학과 강사(비교법)
1960-1961	한양대학교 정경대학 조교수
1960-1968	서울법대 대학원 강사
1961-1973	중앙대 법정대학 교수
1968-1989	한국헌법학회 상임이사
1972-1973	프랑스 파리대학에서 헌법 연구
1973-1978	제9대 국회의원(유정회)
1978-1980	제10대 국회의원(유정회)
1980	제67회 국제의원연맹(IPU) 한국대표
1981-1987	동아대학교 대학원 교수
1981	한국헌법학회 부회장
1981-1983	버클리대학교 객원교수
1984	서독 프라이부르그대학 공법연구소 초빙교수
1988-2001	한국비교헌법학회 회장
1982-2002	중앙대, 충남대, 동아대, 한국외국어대 대학원 강사
1989-2002	일본공법학회, 일본헌법학회, 일본비교헌법학회 회원 및 이사
1989-2002	일본 도시샤(同志社)대학 법학부 객원교수
1993-2000	일본 교토(京都)대학 연구교수
2002. 11. 18	70세로 서울에서 작고

■ 저서

『헌법』, 한태연 · 김남진(공저), 일한도서, 1963.

『신헌법론』, 보문각, 1964.

『프랑스 제5공화국 대통령의 비상대권론』, 삼화출판사, 1972.

『통일주체국민회의론』, 광명출판사, 1973.

『유신헌법해설』, 한국헌법학회출판부, 1975.

『유신헌법론』, 한국헌법학회출판부, 1976.

『통일주체국민회의론』, 한국헌법학회출판부, 1978.

『한국헌법론』, 일본 동경 洋販出版, 1978.

『헌법논집』(1961-2001), 세종출판사, 2002.

정 종 욱

(1933-1982)

30 정종욱 (1933-1982)

1983년 9월 21-22일 서울 플라자호텔에서 한독법률학회가 주최한 한독수교 100주년기념 한독법학 심포지엄 「법을 통한 한독교류 100년」이 성대하게 개최되었다. 여기에는 독일측 학자 5명과 한국측 학자 6명이 발표하였고, 법무부장관을 비롯하여 한국 법학계의 모모한 인사는 거의 다 참석하였다. 그런데 이 모임에서 낯을 볼 수 없는, 그러면서도 새삼스레 되새겨지는 인물이 한 분 있으니 그가 바로 1년 전인 1982년 6월에 작고한 정종욱(鄭鍾勗) 박사이다. 왜냐하면 이만큼 한독법학교류가 활발하게 되기까지 숨은 정성을 기울였던 분이 바로 정 박사이기 때문이다. 그가 살아서 이 모임에 참석할 수 있었다면 얼마나 감회가 깊었을까 하는 생각이 필자의 머리에서 떠나지 않았고, 이런 뜻에서 정 박사는 한국 법학사에서 잊혀질 수 없는 독특한 역할을 하고 간 학자라고 할 수 있을 것이다.[1]

1 정종욱 박사에 관하여는 『한독법학논고』(정종욱박사 유고집간행위원회, 1983), 『정종욱교수추도논문집』(일본, 성문당, 1985) 참조.

I. 생애

정종욱은 1933년 6월 3일 전라남도 강진군 병영에서 정기남(鄭基男)과 방봉매(房奉梅)의 장남으로 태어났다. 1952년에 대구의 대구중학교(6년제)를 졸업하고, 서울대학교 법과대학에 입학하였다. 1956년에 동대학을 졸업하여 법학사학위를 받았다. 가정적으로 비교적 부유한 형편이었던 그는 일찍이 외국유학에 뜻을 두고 있었다. 이 무렵의 그에 대하여 스승인 황산덕 박사는 다음과 같이 회고하고 있다.

> 정 군은 56년에 법대를 졸업한 나의 제자였다. 그러나 그가 재학할 때에는 나의 관심을 별로 끌지 못하였다. 그런데 어느날 나는 문리대 교정에서 그를 만났다. 그는 나에게 독일로 유학가게 되었다고 말하면서, 나더러 독일의 교수 한 분을 소개해 달라고 부탁하였다. 마침 그때 나는 Bonn대학에 계시던 벨첼(Hans Welzel) 교수의 저서의 번역관계로 그분과 연락이 있었으므로 그분에게 정 군을 잘 부탁한다는 소개장을 써서 그에게 주었다. 나는 그저 가벼운 생각으로 소개장을 써 주었고, 따라서 그 후 곧 나는 그 사실조차 잊어버리고 말았다. 그러나 이것은 참으로 정 군의 운명을 좌우하는 계기가 되었고, 동시에 그와 나의 특수관계는 이때부터 시작되었다.[2]

정종욱은 이렇게 하여 독일의 본(Bonn)대학에 유학하여 한스 벨첼 교수 밑에서 박사학위 과정을 밟게 되었다. 벨첼은 당시에 이미 독일 법학계에서 그의 목적적 행위론(finale Handlungslehre)과 자연법론으로 형법학자이자, 법철학자로서 한창 각광을 받고 있던 때였다. 이 무렵 정종욱은 참으로 열심히 공부하였던 것 같다. 그가 필자에게 들려준 회고에 의하면, 매일 벨첼 교수의 형법학 세미나실에서 살다시피 하였고, 어디에 무슨 책이 꽂혀 있는지를 제일 정확히 알아서 세미나 시간에 무슨 책이 필요하면 벨첼 교수가 자기에게 책을 찾아오라고

2 황산덕, 「정종욱 박사 영전에」, 『한독법학』 제3호, 1982, 184쪽.

할 정도였다고 한다. 이처럼 벨첼 교수에게 사랑을 받은 수제자로서 학문적으로 성장해 갔다.

이러한 유학생활이 여러 해 걸렸다. 공부하는 가운데서도 한국의 법학계와 긴밀한 연관을 갖고, 낭만도 즐기는 여유를 보이기도 하였다. 한때는 위장병으로 고생을 하기도 하였는데, 이를 통하여 약국에서 근무하는 앳된 독일 처녀를 사귀게 되었고 끝내 결혼하였다. 이 부분에 대하여는 황산덕 박사가 자세히 적고있다.

1966년에 나는 Welzel 교수를 한국으로 초청하였다. 일본까지 오셨던 길에 우리나라를 방문해 달라는 것이었는데, 1주일간의 호텔비만 지불하면 되는 것이었다. 서울대의 申泰煥 총장과의 언약도 있었으므로 안심하고 나는 그분을 초청하였었다. 그런데 정작 그분이 오실 때에는 서울대의 총장은 바뀌었고, 그리고 나도 법대를 그만둔 다음이었다. 할 수 없이 사비를 털어서 그분을 모실 수밖에 없었던 것인데, 나중에 이 사실을 알게 된 Welzel 교수는 독일 정부에 부탁하여 나를 3개월간 서독에 초청해 주시었다. 이리하여 나는 1967년에 다시 독일로 갔었다. 이때에 나는 장녀 永彩를 데리고 떠났던 것인데, 떠나기 전날 정 군의 선친께서 나를 찾아와서 정 군이 지금 독일 여자와 결혼하려고 하지만 그는 정씨 가문의 장남이므로 어떻게 해서든지 잘 설득해서 막아달라는 부탁을 하셨다. 독일로 가서는 물론 Welzel 교수의 연구실에 있었고, Venusberg에 있는 그분의 사택에도 딸과 함께 방문하였으며, 마침 정 군의 박사논문의 최종심사가 있었으므로 그 경과를 지켜보기도 하였다. 그런데 바로 이 무렵에 사건이 생긴 것이다. 자기네들끼리의 결혼을 서울에서 반대한다는 소식을 듣고, 독일 여자 Mathilde가 음독을 한 것이다. 다행히 응급치료로 무사하기는 하였지만, 이 일이 있은 다음부터 그녀에 대한 애정은 더욱 굳어졌고, 나도 따라서 그들의 결혼을 찬성하기에 이르렀다. 그리고 서울에 계시는 정 군의 부친에게는 참으로 죄송스러운 일이었지만, 나는 우리 대사관에서 거행되는 그들의 결혼식의 주례를 섰고, 또한 Bad Godesberg의 시청까지 가서 증인이 되어주기도 하였다.[3]

정종욱의 학위논문은 「구스타프 라드브루흐에 있어서 법철학적 상대주의의 길」(Der Weg des rechtsphilosophischen Relativismus bei Gustav Radbruch)이었고, 그것은 최종적으로 최고점수(Summa cum laude)를 받았다. 이것은 외국인으로서는 얻기 힘든 점수였다. 그리하여 그의 논문은 폴크스바겐(Volkswagen)재단의 지원으로 본대학 법학논문총서 제73권의 단행본으로 정식 출판되었다(Ludwig Röhrscheid Verlag, Bonn, 1967). 이것은 참으로 힘든 일이고, 그만큼 정종욱 박사의 학문적 자질을 평가받을 수 있는 영광이었다. 1965년부터 본대학 형법 및 법철학연구소의 조수로 일하게 되었는데, 그의 절친한 독일 친구 슈라이버(H. Schreiber, 괴팅겐대학 형법교수)도 함께 있었다. 그리고 일본 소피아(上智)대학의 형법교수 욤빠르뜨(J. Llompart)도 이 무렵 함께 공부하고 있었다.

이 당시의 모습을 그때 프라이부르크에서 공부하고 있던 심헌섭(沈憲燮, 서울법대 명예교수)은 후일 『정종욱박사추도논문집』에서 「고 정종욱 박사와의 첫 만남」이란 제목으로 다음과 같이 회상하고 있다.

> 고 정종욱 박사님을 알게 된 것은 지금으로부터 20년 전으로 거슬러 올라간다. 필자는 1963년 DAAD장학생으로 독일유학을 떠났다. 그때 은사이신 황산덕 선생님이 가거든 Bonn대학에 있는 정 박사님을 꼭 만나 보라고 당부하셨다. 필자는 대학에 입학하기 전 4개월 코스의 독일어 교육을 위해 Bayern주 남쪽 Bad Aibling에 위치하고 있는 Goethe-Institut에 그해 7월에 입소하였다. 경치 좋은 그 곳에서 2개월의 코스를 마치고, 며칠간의 휴가가 있어서 Bonn으로 정 박사님을 만나 뵈러 떠났다. 그곳에서 Bonn까지는 매우 먼 거리였다. 기차로 뮌헨을 거쳐 매우 오래 걸려서 Bonn역에 도착했다. 거기에 정 선생님이 나와 마중하여 주셨다. 매우 기뻤다. 그는 마침 방학이기에 학생기숙사의 빈 방을 며칠간 묵어 갈 수 있도록 마련하여 주셨다. 처음 만난 정 박사님은 생각보다는 털털하고 참으로 순한 사람으로 여겨졌다. 모습

3 위의 글, 185쪽.

이나 성격이 필자와 비슷한 것 같아 단번에 친해졌다. 그는 대학으로는 4년 선배였으나, 의사소통이 힘든 분은 아니어서 많은 이야기를 나누었고 마음을 털어놓을 수 있었다. 앞으로 학문을 같이 하는 데 좋은 인도자를 발견한 것 같은 감이 들었다.

이튿날 정 선생님과 전화를 걸어 서로 만났다. 그 곳은 바로 기숙사에서 얼마 되지 않은 Bonn대학 캠퍼스였다. 독일의 다른 대학과는 달리 캠퍼스가 매우 커 보였다. 나중에 알고 보니 옛날 궁정이라는 것이었다. 정 선생님과 함께 캠퍼스 의자에 앉아 이야기를 나누다가 약속한 시간이 되어 Welzel 총장님을 방문하러 갔다. 서울에서는 말로만 들었던 대법학자 Welzel 교수님을 직접 뵙는다는 것은 큰 영광이 아닐 수 없었다. 지금도 그때의 우아하고 스마트한 Welzel 총장님의 모습을 잊을 수 없다. Welzel 총장님은 기념으로 그의 총장취임 연설문인 "Wahrheit und Grenze des Naturrechts"를 직접 싸인하여 필자에게 주셨다. 참으로 값진 선물이었다. 그리고 나서 정 박사님은 Welzel 교수의 법철학연구소로 안내했다. 그곳에서 We1zel 교수님은 하루 종일 연구하는 것이라 했다. 얼마나 연구에 열중하는지 전화가 오면 자기이름 대는 것을 잊을 정도라고 했다. 그때 필자는 그러한 학문연구가 그로 하여금 대형법학자, 대법철학자로 만든 것이라고 생각했다. 이 연구소에서 그때 박사학위논문 "Der Begriff der Rechtspflicht"를 준비하고 있던 Hans-Ludwig Schreiber 교수와 처음 인사했다. 참으로 후덕한 사람으로 여겨졌으며 또 사실 그러했다.

Bonn에 있는 며칠간 정 박사님은 외국생활에서의 여러 가지 충고되는 말씀을 해 주었다. 그러나 모든 면에 있어서 철저하지 못했던 필자는 그 좋은 충고들을 실천하지 못했던 것 같다. 그중에서도 아직도 잊혀지지 않는 것은 길거리를 걸으면서 담배 피워서는 안 된다는 것이었다. 필자는 그때 담배를 즐겨 피웠는데, 길거리에서 담배를 꺼내 피우러 하자 정 박사님은 따끔하게 충고하기를, 여기서는 절대로 거리에서 담배를 피우지 않는다는 것이었다. 지금도 우리나라 길거리에서 뒹굴어 다니는 담배꽁초를 보면, 그때 일이 늘 생각난다. 그리고 대학생활, 특히 독일교수와 면담하는 데 있어서의 태도 등도 자세히 가르쳐 주었으나, 이것도 언어소통의 실력이 없어 거의 실현하지 못했었다.

필자가 Freiburg대학에서 공부하고 있는 동안 많은 서신을 주고받은 것 같다. 그는 언제나 달필로 된 답장을 보내주었다. 그러다가 한번은 Heidelberg에서 여러 한국학생들과 같이 즐길 기회를 가졌다. Philosophen-Weg를 위시하여 전통 깊은 곳을 찾아 보았다. 그리고 나서 한국인 학생의 하숙집에서 술을 마시면서 밤늦는 줄 모른 채 즐겁게 놀았다. 그러면서도 철학에 관한 이야기가 나오면 깊은 사려에 빠져 심각하게 이야기하는 것이었다. 그는 늘 가치상대주의에 대해 많은 이야기를 했다. 그리고 Welzel 교수의 사물논리구조에 관해서도 깊이 생각하였다. 어딘가 회의도 갖는 것 같았다. 그는 늘 그의 박사학위논문, 즉 「Gustav Radbruch에서의 가치상대주의가 걸은 길」을 다듬는 것 같았다. 그는 한편 즐겁고 유머러스한 인간이었다. 한번은 그때 별로 유행도 하지 않았던 금테안경을 끼고 있는 필자의 꼴불견의 모습을 슬쩍 보면서 얼근하게 취했던 정 박사님은 "심형은 슈베르트를 닮았어" 하고 한마디 조크를 하였다. 그런데 고지식하고 바보스러웠던 필자는 "제가 그렇게 미남이진 않는데요" 라고 대답했다 그러나 정 박사님은 "슈베르트가 미남인 줄 아는 모양인데?" 라고 응수하였다. 필자는 얼굴을 들 수 없이 납짝해졌다. 사실 정 박사님은 참으로 구수한 인정과 유머로 가득찬 분이셨다. 슈베르트의 말이 나왔으니 말이지, 그는 음악감상을 좋아했다. 그는 직접 첼로를 연주할 줄 알았다. 몇 번인가 슈베르트의 「죽음과 소녀」만큼 좋은 것도 드물다고 말했다. 그 당시 필자는 음악감상할 여건을 갖추지 못했지만, 지금 와서 그 곡 제2악장을 들으면 정 박사님 생각으로 숙연해지곤 한다. 필자는 정 박사님을 몹시 좋아했다. 그는 이야기하는 데 몹시 덤비는 듯했고, 맵시 있게 이야기를 하지 못했다. 그 점도 필자와 통하는 것 같았다. 아직도 잊혀지지 않는 것은 필자가 결핵으로 St.Blasien에 있는 한 요양원에 입원해 있던 때 정 박사님은 Heidelberg에 계셨던 朴炳觀 선배님과 함께 멀리 문병와 주셨던 일이었다. 그때 숲속에서 찍은 사진들을 보면 마음이 아프다…….[4]

드디어 학위취득이 끝나자 동료들은 한국으로 돌아가 일하라는 충고를 하였

4 심헌섭, 「고 정종욱 박사와의 첫 만남」, 『정종욱교수유고논문집』, 성문당, 1985, 186-189쪽.

고, 벨첼 교수도 그렇게 희망하였다. 그래서 1968년 봄에 부인과 함께 한국으로 돌아왔다. 마침 부산대학교에서 조교수로 임용을 하겠다는 보장을 받았던 것이다. 그를 떠나 보내는 공항에는 벨첼 교수와 동료들이 "욱이, 부산!"(Uki, Pusan, 정종욱은 Zong Uk Tjong이라고 썼고, 애칭으로 Uki라고 불렀음)이라고 외치면서 환송을 해주었다. 그는 귀국하여 1년 가량 부산대학교에 조교수로 있었으나 역시 한국은 서울이 문화의 중심인지라 오랫만의 고국생활에 불편한 점이 많았다. 그것은 무엇보다도 서울의 서울대학교 법과대학과 사법대학원에서도 강의를 하려니 서울과 부산을 왕복해야 할 어려움이 있다. 그래서 이듬해 1969년 3월에는 중앙대학교에 부교수로 취임하였다. 그의 서울생활은 새로운 꿈에 부풀었으나 실제로 편안함을 가져다 주지는 못했다.

서울대학교 법과대학에 전임교수로 취임하고 싶은 희망이 있었으나 일이 잘 풀리지 않았고, 부인이 한국생활의 어려움을 자주 얘기하였다. 집은 당시 최초로 서구식으로 지은 세운상가 아파트에 살고 있었는데, 불행히도 이 아파트에 화재사고가 나서 임신중인 부인이 헬리콥터에 의해 구조되는 난리를 치러야 했다. 이러한 불행한 경험들이 부인에게 한국에 대한 별로 좋지 못한 인상을 심어주게 되었던 것이다.

필자가 정 박사를 처음 알게 된 것은 이 무렵이었다. 1970년에 대학을 졸업하고 대학원에 진학한 나는 그때 서울법대에 형법을 강의하러 나오시는 정 박사에게 어쩐지 이국적이면서도 학문적으로 포근한 느낌을 가져 정식으로 그를 댁으로 한번 방문하였던 것이다. 그때 나는 학교시절에 쓴 「법철학적 상대주의와 민주주의의 이념: Hans Kelsen과 G. Radbruch의 비교」를 한 부 갖고 갔는데, 정 박사 내외분이 반가워하면서 독일식 감자요리를 대접해 주셨다. 나는 그날 저녁 라드브루흐와 괴테, 독일 대학가에 대한 얘기를 동경에 찬 눈으로 들었고, 이것이 내가 독일로 유학을 가게 된 한 인연이 되기도 하였다. 정 박사의 학문적 폭은 무한히 넓은 듯 느껴졌고, 법학자로서 이처럼 폭넓게 사고하고 생활할 수도 있구나 하는 생각이 법학에의 매력을 불러일으켰다. 그래서 나는 대학원생이지만 양해를 구하고 그의 형법강의시간에 들어가서 들었다. 정 박사는 한국말에 다소 어눌한 듯 명쾌한 설명을 하지 못해 시험공부를 뜻하는 학부학생들에게는 별로 흥미를 불러일으키지 못했고, 그 점에서 당시 출강하던 김종원(성균관대) 교수와는 다소 대조적이었다. 그때 돌던 풍문으로는 유기천 교수가 정 박사와 김 교수 둘 중에 누구를 법대교수로 쓸까 망설인다는 얘기도 돌았다.

그러면서도 정 박사는 강의시간에 은근히 조크를 잘하기도 하였다. 한번은 좀 늦게 강의실에 들어오셔서 학생들이 강의실을 떠나려고 하는데 다시 앉히시며, 독일에는 Akademisches Viertel, 즉 교수는 으레 15분 늦게 들어오는 제도가 있다는 얘기를 들려 주시고, 말씀이 발전되어 "이정표는 길을 가리키기만 하지 길을 스스로 가지는 않는다"(Der Wegweiser weist den Weg, aber geht ihn selber nicht)라는 막스 셸러(Max Scheler)의 말을 소개하시기도 하셨다. 명쾌하지는 않지만 들으면 들을수록 점점 더 깊은 것을 느끼게 하는 것이 그의 학문적 축적을 말해 주었다.

그러나 이러한 생활도 어쩐지 그에게 만족을 주지는 못한 것 같다. 그는 다시 오랫동안 생활하였던 제2의 고향 독일로 돌아갈 결심을 한 것이다. 마침 새로 생긴 루르지방의 보쿰(Bochum)대학에서 한국역사와 문화를 가르칠 학자를 뽑게 되었던 것이다. 어느 면에서는 이것이 정 박사가 해야 할 적합한 사명이라고 보였다. 그는 보쿰대학에서 약 2년 가량 있다가 프라이부르크(Freiburg)대학의 막스 플랑크 외국 및 국제형법연구소(Max-Planck-Institut für ausländisches und internationales Strafrecht) 연구원으로 옮겼다. 여기에는 예세크(H-H. Jeschek) 소장의 강력한 권유가 있었던 것이다. 이 연구소는 독일에서만이 아니라 세계적으로 가장 알려진 연구소로 정 박사는 여기에서 중국, 일본, 한국을 포괄하는 극동법(Ostasienrecht)에 대한 연구를 담당하였다. 그것은 한국의 관점에서 보면 한국법을 독일학계에 알릴 수 있는 좋은 위치이면서, 동시에 정 박사에게는 한국뿐만 아니라 중국, 일본과의 관계에 있어서도 막강한(?) 힘을 발휘할 수 있는 포스트였다. 아닌게 아니라 여기에는 한국학자보다도 오히려 일본학자, 중국학자들이 쉼없이 드나들고, 일본책, 중국책들이 수없이 기증되어 온다. 정 박사는 동료들로부터도 사랑을 받았고, 아름다운 도시 프라이부르크에서의 생활은 점점 안정되어 갔다. 정아, 마코, 수잔 세 아이가 태어났고, 한국에서 온 유학생들과 파견온 판 · 검사들과의 즐거운 시간들도 있었다.

그러나 그에게는 두 가지 문제가 있었다. 하나는 건강이 점점 좋지 못해 가고 있다는 사실이었고, 하나는 독일에 오래 살아도 연구소 연구원으로만 있을 수는 없고 교수자격을 따야겠는데 연구소의 잡무 때문에 연구를 할 시간이 허락되지 않는다는 고민이었다. 그는 나중에 위암으로 판명되었으며, 1976년에 큰 수술을 받아야 했다. 이 무렵에 필자는 프라이부르크에 같이 있었기 때문에 정 박사가 얼마나 수척하였는지를 잘 알고 있다.

그러나 그러한 가운데서도 정 박사는 태연한 모습이었고, 함께 있던 스즈끼(鈴木敬夫) 교수와 함께 주말마다 셋이서 프라이부르크 근교로 드라이브를 나가 포도주를 마시면서 법철학과 인생을 논했다. 우리는 자칭 '주말세미나'(Wochenendeseminar)라고 불렀고, 그것은 정말 잊지 못할 추억이다. 또 셋이서 함께 에릭 볼프(Erik Wolf) 교수와, 히펠(Fritz von Hippel) 교수와, 티이메(Hans Thieme) 교수를 방문하여 학자들을 사귀기도 하였다.[5] 이럴 때마다 우리의 부족한 독일어에도 불구하고 풍부한 화제로 끌고 가시고, 아직 별것 아닌 우리를 동양의 학자로 우호적으로 소개하여 대접을 받게도 해주었다. 정 박사의 인격의 아름다운 점은 동료를 극진히 위해 주는 마음에 있었고, 궂은 일을 마다하지 않고 나서서 도와주는 행동에 있었다.

정 박사는 필자와 진지한 얘기를 나눌 때면 빨리 교수자격논문을 끝내야 할텐데 틈이 안 난다고 걱정하였다. 그 테마는 마음속으로 「한국에서의 독일법의 수용」에 관한 문제를 다루려고 결정해 놓았는데, 독일에 있으면서 한국자료를 모으기도 쉽지 않다고 하였다. 일본으로부터는 다량의 법학연구서들이 기증되어 오는데, 한국으로부터는 교과서들 외에 책을 살래야 살 것도 없다는 불만도 토론하였고, 그나마라도 앞으로 여기로 유학올 후배들을 위하여 한국서적을 구입해 놓자고 하여 내가 종로서적과 연락하여 주로 역사관계책을 다량 구입하기도

5 자세히는 최종고, 『현대법학의 이해』, 서울대출판부, 1984 참조.

하였다. 나중에 안 일이지만 이처럼 동양관계문헌을 구입하도록 당시 한국의 문교부장관 황산덕 박사가 지원금을 연구소에 기증하도록 선처하였다고 한다.[6]

1979년에 정 박사는 한국, 대만, 일본을 다녀왔다. 동양법관계문헌을 구입하고, 그 동안 관계맺은 학자들과의 반가운 만남의 기회였다. 그는 대만, 일본의 가는 곳마다 귀한 손님으로 융숭하게 대접받았다. 그가 독일에서 외롭게 노력하여 뿌린 씨앗의 열매를 거두는 것 같은 보람이었다. 사실 그의 유창한 독일어 논문으로 말미암아 한국법, 중국법, 일본법이 독일학계에 널리 소개되었다는 것은 그의 큰 공헌이 아닐 수 없었다. 어쩌면 그만이 할 수 있는 일이었다. 왜냐하면 한국인만이 중국어, 일본어를 동시에 알 수 있고, 게다가 독일부인과 함께 있으니 독일어까지 능통할 수 있기 때문이다. 이런 점에서 막스 · 플랑크 연구소는 적임자를 얻은 셈이었고, 그가 사망한 이후 그 후임자를 채우기에 힘들었다.

그러나 정 박사의 이러한 화려한(?) 전면 뒤에는 고독한 고민이 뒤따랐다. 한국인이기 때문에 겪어야 하는 외로움도 있었다. 1977년에 튀빙겐(Tübingen)대학 창립 500주년 기념식상에서 일본 게이오대학의 미야자와(宮澤浩一) 교수에게 명예법학박사학위가 수여되었는데, 이때 정 박사는 상당한 심리적 충격을 받은 것 같았다. 물론 일본이라는 국력을 보고 정책적으로 배려한 학위수여라는 것을 모르는 바 아니었지만, 정 박사는 미야자와 교수와는 친한 사이이면서도 자신은 무슨 신세인가 하는 처량한 생각을 하는 것 같았다.

대수술을 받고 안심을 하려면 5년이 지나야 한다고 했는데, 위험은 정확히 다가오고야 말았다. 건강은 극도로 악화되었고 회생의 희망은 거의 없어졌다. 부인의 극진한 간호와 동료들의 염려를 남겨두고 급기야 1982년 6월 23일, 50세의 짧은 일생을 마쳤다. 그것은 참으로 한국 법학계, 특히 한독법학교류에 있어서 뼈아픈 손실이었다.

정 박사의 부고는 다음과 같이 나갔다.

6 황산덕, 앞의 글, 186쪽.

Wir trauern um

Professor Dr. Jur. Zong Uk Tjong
Wissenschaftlicher Referent am Max-Planct-Institut für ausländisches und internationales Strafrecht

Er hat das Ostasienreferat des Instituts aufgebaut, die Forschung auf dem Gebiet der ostasiatischen Rechte durch seine Arbeiten bereichert und sich um die Förderung der wissenschaftlichen und menschlichen Beziehungen zu den ostasiatischen Ländern besonders verdient gemacht.
Wir verlieren in ihm einen hochgeschätzten Mitarbeiter und Freund.

Professor Dr. Hans-Heinrich Jescheck
Professor Dr. Günther Kaiser
Professor Dr. Albin Eser
Direktoren des Max-Planck-Instituts für ausländisches und internationales Strafrecht mit allen Institutsangehörigen, Stipendiaten, Doktoranden und Gästen

Freiburg i. Br., den 22. Juni 1982 Günterstalstraße 73
Die Beerdigung findet in aller Stille statt.
Trauerfeier in der Kirche St. Johann in Freiburg i. Br., am 1. Juli 1982, 16 Uhr.

프라이부르크 시내의 유서 깊은 요하네스성당에서 연구소의 예세크, 카이저(G. Kaiser) 소장과 괴팅겐에서 온 친구 슈라이버 교수를 비롯한 수많은 동료들과 한국인 유학생과 교수들이 모여 엄숙한 장례미사를 드렸다. 티이데만(Tiedemann) 학장과 홀러바흐(A. Hollerbach) 교수도 참석하였다. 당시 이 곳에 체제하고 있던 손해목 교수(동국대)는 눈물로 추도사를 읽었다.

오늘 바쁘신데도 불구하고 전통 있고 역사 깊은 요하네스성당에서 정 박사님의 영결미사를 올리는 이 자리에 참석해 주신 조객 여러분에게 감사드리는 바입니다. 이제 정 박사의 영전에 예세크 교수, 슈라이버 교수에 이어 제가 조사를 하게 될 줄 어찌 알았겠습니까?

형은 언제나 고국산천을 그리면서 봉선화의 노래를 즐겨 부르지 않았습니까? 작년 프라이부르크 한인회에서의 망년회 때 봉선화를 부르던 형의 눈에는 눈물이 가득하였고, 프라이부르크대학 법대 티이데만(Tiedemann) 학장댁에서도 형은 봉선화를 우리 한국인 교수들의 요청에 따라 우리와 같이 합창하였습니다. 그러나 형은 그때에 목메인 음성으로 노래의 끝을 맺지 못했었습니다. 그때를 회상하면서 지금 눈물이 가리어 이 글을 읽을 수가 없습니다.

요즈음 형은 일본 형법학회의 초청으로 이곳 연구소장 카이저 박사 일행과 함께 일본학회를 방문하게 되었었고, 그 기회에 한국을 방문, 특강을 하게 되어 있어 이제 오래간만에 조국 하늘을 보게 되었다며 기뻐하시던 모습이 선한데 그 꿈을 이루지 못한 채 가시나이까. 이곳의 한국인들은 정성으로 형의 건강을 기도하였고 우리 교수들은 일본에서 약을 공수하여 투병에서 이기기를 빌었건만 그 정성도 외면한 채 그대로 가시다니 너무도 원망스럽습니다.

이제 어린 세 자녀를 두고 어떻게 가셔야 합니까? 우리들 교수 일동의 건강을 기원하는 방문도 뒤로 한 채, 그리고 이곳 수많은 독일교수들의 위문도 아랑곳없이 눈을 감을 수 있겠습니까?

정 박사! 정말 다시는 만날 수 없는 머나먼 길로 홀로 가시나이까? 이제 이곳 연구소에서 형이 하던 동양법관계 연구보고는 누가 할 것입니까? 동양법학계 아니 세계 법학계와 법조실무자들이 필요로 하는 연구자료의 총본산인 막스 · 플랑크 형법연구소는 이제 형과 같은 인재를 잃은 슬픔을 말할 수 없이 슬퍼합니다. 형은 병석에 누워 있으면서도 연구차 이곳에 들리는 동양인들의 처신을 눈을 감는 순간까지 잊지 않고 걱정해 주셨습니다. 형이 아니고야 어느 누구에게 그러한 따뜻한 인간미를 기대할 수 있겠습니까? 이제 말없이 가는 형의 영전에 하느님의 따뜻한 은총이 있기를 기도하면서 이곳에 있는 한인교수를 비롯하여 150여 명의 한인학생 그리고 이곳을 다녀간 고국의 한국인들과 일본인, 중국인들과 함께 다시 한번 형의 명복을 비나이다.[7]

정 박사의 부음은 한국 법학계에도 커다란 비보로 전해졌다. 『법률신문』에는 서울대학의 강구진 교수가 추모사를 실었는데, 그 가운데,

돌이켜 보건대 정 박사님은 전형적인 한국형 선비의 삶을 살고 가신 것입니다. 학문을 학문 그 자체로서 숭상하고 지조를 존중하며 대인관계에 있어서 예의를 중시하셨습니다. 정 교수님을 통하여 독일에 유학하거나 연구의 기회를 가졌던 사람들은 물론 정 교수님과 독일에서 만난 분이면 다른 사람을 위하는 일에 발벗고 나서는 교수님의 언행에 누구나 다 깊은 감명을 받았을 것입니다. 정 교수님의 서거는 우리 한국 형법학계로서는 오른팔을 잃은 격이나 다름없는 크나큰 손실이 아닐 수 없습니다. 독일 형법학계와 우리를 이어주는 크나큰 교량 역할을 해주셨을 뿐만 아니라 그 어느 누구도 교수님만큼 독일과 한국 그리고 일본 3국의 형법을 꿰뚫는 해박한 지식을 보유하고 있지 못할 것입니다. 장차 우리 형사법을 독일에 더욱 널리 소개하고 우리 형사법에 대한 개정연구 작업도 공동으로 수행하고자 약속하던 일이 바로 어제 같은데, 이 모든 것이 다 물거품으로 변하는 아픔을 느낍니다.[8]

라고 하였다.

1983년 6월 23일에는 「정종욱박사 서거 1주기 추모법학세미나」가 한독법률

7 손해목, 『한독법학논고』, 1983, 315쪽.
8 강구진, 「정종욱 교수의 서거를 애도함」, 『법률신문』, 1982. 7. 19.

학회 주최로 대법원 구내휴게실에서 거행되었는데, 여기에는 독일의 카이저 교수와 레빈더(M. Rehbinder) 교수가 친히 참석하여 발표하였다. 그리고 정 박사의 유족들도 참석하였다. 필자는 1983년 2월에 프라이부르크를 방문하여 정 박사가 안 계신 연구소와 함께 걷던 거리를 쓸쓸히 걸었고, 미망인이 살고 있는 뮌헨 근교의 오버타이젠도르프(Oberteisendorf)를 방문하여 그곳에 있는 고인의 묘지를 참배하였다. 그리고 기가 죽어있는 쓸쓸한 세 아이들을 어루만져 주며 형언할 수 없는 아픔을 참았다. 일본에서는 유가족을 돕기 위한 성금을 모금하여 보내 주었다는 얘기를 들었다.

한국에서는 별도로 정 박사의 생전에 발표한 논문들을 모아 『한독법학논고』(4 · 6배판, 320쪽)라는 책을 발간하였다.

II. 법사상

정종욱 박사의 법사상을 논하려면 크게 그의 법철학자로서의 세계, 형법학자로서의 세계, 법사학자로서의 세계를 분석해야 할 것이다.

그는 많지는 않지만 주옥 같은 논문 10여 편을 발표하였다. 대부분이 독일어로 쓰여진 글들인데, 이들에 의지하여 그의 법학세계를 이해해 보고자 한다.

1. 법철학의 세계

정종욱은 박사학위논문을 라드브루흐의 상대주의에 대하여 썼듯이 그 전공이 법철학이었다. 이 학위논문은 크게 4장으로 구성되어 있는데, 제1장은 라드브루흐 법철학의 철학적 기초, 특히 현실과 가치의 관계를 논하고 있고, 제2장은 라드브루흐에 있어서 법철학적 상대주의의 구성을 짐멜(G. Simmel), 리케르트(H. Rickert), 베버(M. Weber) 등의 기초와 인식 및 가치판단의 한계와 관련지어 설명하고, 제3장에서는 라드브루흐에 있어서 법효력(Rechtsgeltung)의

문제를 다루고, 제4장에서는 만년의 라드브루흐의 이른바 '자연법으로의 전환'(Wendung zum Naturrecht)의 문제를 다루고 있다. 그는 라드브루흐가 요약한 실질적 정의의 길을 인권사상, 사물의 본성론, 일반적 승인론, 초법률적 법의 실현을 위한 재판관의 의미로 나누어 설명하고 있다. 매우 치밀하고 조직적인 구성이며, 각주가 충실하게 붙어있는 연구서이다. 이것이 최고 점수를 받아 단행본으로 정식으로 출판되었다는 것은 위에서 이미 언급하였지만, 이에 대하여 뮌헨대학의 법철학교수 아르투어 카우프만(Arthur Kaufmann)은 저 유명한 『법철학 및 사회철학잡지』(*Archiv für Rechts-und Sozlialphilosophie, ARSP*)에 높이 평가하는 서평을 실었다. 여기에서 그는 이렇게 말하고 있다.

> 독일어 사용권의 법사상가 가운데 라드브루흐만큼 극동에 큰 영향을 미친 사람은 없을 것이다. 그에 대한 설명은 한편 라드브루흐의 인격과 법철학의 상호작용과, 다른 한편 극동민족들의 정신(Mentalität)과 사고(Denken)에서 찾을 수 있다. 많은 사람들이 서양 특유의 명제로 보아 온 법치국가문화(rechtsstaatliche Kultur)가 일찍이 동양철학, 특히 중국철학에도 존재했다. 라드브루흐에게 중요한 기본태도와 사고모델들, 예컨대 상대주의, 관용, 양극성(Polarität), 사물의 본성 등은 극동법철학자들에게서도 발견할 수 있다. 그래서 우리는 일본인, 한국인, 중국인들이 라드브루흐의 작품 속에서 자기증명을 하고 있다(selbst bestätigt finden)고 말할 수 있다.[9]

이처럼 정종욱 박사의 라드브루흐 이해는 깊은 것으로 평가되었고, 그의 이 저서는 오늘날도 독일대학들의 법철학 세미나에서 학생들에 의해 빈번히 인용되는 학술서로 알려져 있다.

정 박사는 법철학에 관심을 계속 가졌지만, 이 방면에 논문을 발표할 여유는 허락되지 않았다. 프라이부르크대학의 법철학교수 홀러바흐(A. Hollerbach)의 법철학 세미나에 가끔 참석하여 학생들과 토론하는 것을 즐거움으로 지낼 뿐이었다.

---

9 Arthur Kaufmann, *ARSP*, Bd. 56, 1970.

2. 형법학의 세계

대신에 정 박사의 학문적 발표는 점점 형법학 분야로 국한되어 갔다. 그가 형법분야로 발표한 논문은 연대순으로 볼 때, 「서독의 상고제도와 그 문제점」(『노모스』, 1968. 10), 「형법에 있어서 사물논리적 구조의 기원과 철학적 기초」(Der Ursprung und die philosophische Grundlage der Lehre von den Sachlogischen Struktur im Strafrecht) (*ARSP*, 1968), 「극동에서의 형법의 입법사」(Zur Geschichte der Kodifikation des Strafrechts in Ostasien) (*Zeitschrift für die gesamte Strafrechtswissenschaft*, Bd. 84, 1972), 「독일형법과 한국형법의 관계」(Beziehungen zwischen dem deutchen und Koreanischen Strafrecht) (*Festschrift für die gesamte Strafrechtswissenschaft*, 1976), 「한국에서의 전통형법과 근대형법」(Traditionelles und modernes Strafrecht in Korea) (*Zeitschrift für die gesamtes Strafrechtswissenschaft*, Bd. 88, 1976) 등이다. 그리고 막스 플랑크형법연구소에서 펴내는 세계형법 연구문헌 소개에 일본과 한국을 소개하였고, 서울대학교 『법학』지 제17권 2호(1978)에는 카이저 교수의 논문 「독일연방공화국에 있어서의 소년범죄의 현황과 그 대책」을 번역하여 수록하기도 하였다. 또한 『황산덕박사회갑기념논문집』(1979)에는 「목적적 행위론의 기원에 관한 논쟁」(Zum Streit über die Herkunft der Finalen Handlungslehre)이라는 논문을 수록하였다. 일본의 『비교법학』 잡지 제11권(1976)에는 「목적적 행위론의 기원과 그 철학적 기초」를 일본어로 발표하였다. 정 박사의 형법학의 관심은 독일, 일본, 한국의 형법체계와 이론을 비교법적인 안목에서 서로 소개하고 비교하는 데에 있었다고 할 것이다.

3. 법사학의 세계

정종욱의 법사학에 대한 관심은 몇 편의 동양형법사에 대한 독일어 논문에서 나타난다. 그의 「극동에서의 형법의 입법사」 논문은 중국, 일본, 한국에서의 형법의 발달사를 간결하면서도 광범하게 다룬 논문이었고, 「한국의 전통형법과 근대형법」은 한국 형법사를 요약한 논문이다. 또한 그는 교수자격논문 준비를 위하여 '한국에서의 독일법의 수용사'에 대한 관심을 생의 마지막까지 강하게 가지고 있었다. 이러한 그의 법사학에 대한 관심은 그가 큰 연구대상으로 삼았던 라드브루흐가 법철학자인 동시에 형법사가였다는 점에서 이해됨직하고, 독일 학계에 중국 · 일본 · 한국의 법을 소개하려니 자연히 역사적 관심을 갖게 된 것으로 파악된다.

어쩌면 예외적인 인생의 길을 걸으면서, 또 그러했기 때문에 누구도 대신할 수 없는 독특한 학문적 사명과 자질을 가지고 있었던 정종욱은 한국 법학사에서 특별한 위치를 차지한다고 하는 점에 설명할 필요가 없을 것이다. 그가 국내 학계에 얼마나 논문을 발표하고 얼마나 알려졌던가를 따지기 전에 그가 전생애를 바쳐 외국학계에서 한국을 심으려고 노력한 사실은 영원히 기록되어야 할 것이다. 불행히도 그가 조금만 더 오래 살았더라면, 한국법과 독일법과의 수용사를 그의 유려한 독일어 문장으로 서양학계에 소개하였을 것이다. 그러나 이제 적어도 독일 법학계에서 한국이라 하면 누구도 무시할 수 없는 인식을 갖게 된 것은 정종욱의 생애와 학문이 남겨준 하나의 빛나는 유산이라고 말할 수 있을 것이다.

필자가 아는 정종욱 박사는 인간적으로는 포근하고 다소 허점이 있는 듯 소박한 면이 강한데, 그의 학문은 단단하고 문장은 '독일식'으로 짜임새 있었다. 그가 학술적인 문장은 '콤팩트'해야 한다고 입버릇처럼 말했는데, 이러한 그의 생애와 사상을 소개하는 이 글이 얼마나 콤팩트한지 의구스러운 마음으로 필을 놓는다.

1985년 6월 22일에 『정종욱박사추도논문집』이 일본 省文堂 출판사에서 간행되었다. 예셰크(Hans-Heinrich Jescheck), 金鍾源, 西原春夫, 슈라이버(Hans-Ludwig Schreiber) 4인이 편저자로 되어 있는 국판 288쪽의 우아한 책의 문집이다. 아마도 세계 법학사에서 보기 드문 국제추도문집이다. 우선 독일, 한국, 일본, 중국의 4국의 합동논문집이라는 점과 4국의 언어로 그대로 원문으로 실었다는 점이다. 한 에피소드지만, 이 논문집을 실제로 추진한 분은 일본의 와세다대학 총장 니시하라 하루오(西原春夫) 교수였는데, 당시 마침 필자가 독일에 들렀다 오는 길에 그를 만났더니 이 4개 국어를 어떻게 출판하여 책으로 만들 수 있을까 걱정하기에, 내가 한국에서는 그것이 가능하니 한국에서 출판을 하면 된다고 하여 김종원 교수와 연락하여 결국 서울의 보진제(寶晉齊) 인쇄소에서 인쇄를 하였다. 이 논문집에는 다음과 같은 글들이 실려 있다.

1983년 2월에 필자는 독일에 들른 길에 정 박사의 묘지를 참배하였다. 그때의 감회를 『정종욱박사추도논문집』에 실었기에, 여기에 다시 실어 그에 대한 추모로 바치고 싶다.

"정 박사님, 제가 왔습니다" 하고 불러도 조용히 저 흰 눈 덮인 땅 속께서 누워계신 박사님께 흐르는 눈물밖에 무슨 말씀으로 사뢰올 수 있겠습니까? 제가 일일이 말씀드리지 않아도 저의 성장과 동정을 누구보다 잘 아시던 박사님이 그렇게 사랑하시던 독일의 하늘 아래 영면하신 빠른 역사 앞에서 망연할 따름입니다.

제가 1970년 서울에서 대학원 학생으로 처음 박사님을 뵙고 학문의 길에 대한 희망찬 격려의 말씀을 들은 때가 어언 13년이 되었으니 길다면 길고 짧다면 짧은 세월입니다만, 박사님은 항상 제 곁에서 정신적으로 스승이셨습니다. 박사님의 충고를 받자 유학의 길을 떠나 프라이부르크에서 다시 만난 것이 1975년 말, 이때부터 우리는 1979년 여름까지 3년 반을 거의 매일 만나다시피 함께 지냈습니다. 독일에 온 지 열흘도 안 되어 박사님과 함께 첫 여행으로 기차를 타고 본(Bonn)에 올라가 벨첼(H. Welzel) 교수를 만난 일은 너무나 인상적이었습니다. 독일어가 안 되어 쩔쩔매면서도 두 분의 남다른 사제지간의 정의를 느끼는 것만으로 큰 감명과 교훈이 되었습니다. 그때 벨첼 교수께서는 박사님을 가리켜 본대학 법학세미나실의 서가에 꽂힌 책의 위치를 가장 정확히 아는 제자라고 칭찬하셨습니다. 우리는 이제 노약하여 중풍기가 심하신 벨첼 교수를 배웅해 드리면서 이것이 마지막 만남일 것 같다고 생각했는데 정말 그렇게 되었습니다.

본대학 앞의 숲길을 걸으며 인생은 가도 이 숲은 있는다고 하시면서 박사님의 본대학 유학생활의 에피소드들을 이야기해 주셨습니다.

프라이부르크에서 박사님께서는 귄터스탈(Günterstal)에 제가 살 아담한 집을 친히 구해 주시고, 가까이 있는 교회의 뜰 안에 있는 자그마한 묘지로 데리고 가셨습니다. 거기서 형법학자 쇤케(Adolf Schönke)의 묘와 철학자 후설(Edmund Husserl), 그리고 경제학자 오이켄(Walter Eucken)의 묘들을 안내해 주셨습니다 그때 받은 강열한 인상이 계속 작용하여 저는 학자들의 묘소를 찾아보는 단 하나의 취미(?)를 갖게 되어 프라이부르크의 빈딩(K. Binding)의 묘랑 하이델베르크의 라드브루흐(G. Radbruch)의 묘 등을 찾아보았습니다. 이렇게 모은 법학자들의 사진과 묘지의 슬라이드는 제가 한국에서 법사상사 강의에 잘 이용하고 있습니다.

박사님과 제가 정신적으로 더욱 가까워지고 끝없는 대화를 가질 수 있었던 것은 무엇보다도 라드브루흐에 대한 공동의 관심 때문이었습니다. 사실 제가 독일유학을 가던 그해에 라드브루흐의 『법철학』을 번역하여 박사님께 제일 먼저 보내 드렸는데, 박사님은 "이 번역판을 손에 쥐고 나는 무어라 형용할 수 없는 감격과 기쁨을 간직했습니다"(1975년 5월 14일자 편지)고 하시면서 오역의 몇 군데를 친절히 지적해 주셨습니다. 프라이부르크에서 1976년 봄에 에릭 볼프(Erik Wolf) 교수실을 방문하였을 때도 박사님은 저와 일본의 스즈끼 게이후 교수를 안내하여 대화를 이끌어 주셨고, 주말이면 셋이서 시외로 나가 포도주를 마시면서 법철학과 인생에 관해 토론하면서 '주말세미나'(Wochenende Seminar)라고 자칭하면서 흥겨워하기도 하였지요. 또 프라이부르크에 사시는 히펠(Fritz von Hippel), 뷔르텐베르거(Thomas Würtenberger) 등 감히 제가 접하기 외람된 교수들에게도 박사님의 지면과 후면으로 사귈 수 있게 되었습니다. 하이데거(M. Heidegger) 교수를 1976년에, 볼프 교수를 1977년에 사별하고 우리는 학자의 죽음의 슬픔과 영광에 대하여 깊은 얘기를 나누었는데, 불과 5년이 지나 이제는 박사님의 죽음을 애석해 하는 얘기를 나누어야 하게 되었으니 인생을 무어라 설명해야 할지 모르겠습니다.

박사님은 급히 가셨습니다. 그러기에 남은 저희들에게 회한은 큽니다만, 어떻게 보면 그러기에 박사님의 생애는 우리에게 신화적이라고 느껴질 만큼 진한 의미를 던져주십니다. 박사님은 그만큼 내면적으로 학문과 사상을 집중화하셨다고 생각되기 때문입니다. 박사님은 자라실 때부터 비교적 유복한 환경이어서 그랬는지 꿈이 크고 낭만을 즐길 줄 알고 사고방식이 매우 여유 있게 느껴졌습니다. 또 어떤 때는 다소 우직하게도 보이고 천진난만하게도 보이며 순진한 것을 끝없이 사랑하시고 남을 도와주시기를 즐겨 하셨습니다. 저는 그런 모습을 앞에서 지켜보면서 한국인으로 외국의 학문세계에서 활동하려면 여러 가지 면에서의 실력은 물론이고 스트레쓰를 극복할 수 있는 투지력이 있어야 할텐데 박사님의 전부의 여유감과 인간애가 바로 그 열쇠이구나 하는 생각을 하기도 했습니다. 그러면서도 사모님이 독일여성이시고 오랜 독일 생활에 익숙하셔서 그런지 매사를 처리하는 데에 sachlich하고 grundstäzlich한 그런 면을 감탄해 마지 않았습니다. 제게 보내 주신 십여 통의 편지를 통해서도 그것을 느낄 수 있었는데, 이제 이 편지들은 제가 소중히 간직해야 할 박사님의 분신이 되었습니다.

박사님의 학문적 관심이 법철학과 형법에서 시작하여 만년에 이르실수록 한국법과 아세아법의 역사적 도처에 관한 연구로 기울어진 것도 저만이 아는 사실일는지요? 독일학계에 중국법, 일본법, 한국법을 좀더 많이 소개하고 싶어하셨고, 특히 한국법에 관하여는 연구가 너무 부족하다고 안타까워하셨습니다. 그중에서도 한국에 있어서 서양법의 수용에 관한 가장 기본적인 연구가 되지 않아 독일학자들에게 얘기할 접촉점을 못찾겠다고 하시면서 그것으로 Habilitation 논문을 쓰시겠다고 하셨습니다. 박사님이 근무하시던 막스 플랑크 형법연구소에 한국서적이 너무 빈약하여 한국으로 1만 마르크 상당의 책을 주문하였는데, 그때 제가 공부하는 스타일이 "자료 찾는 데 귀신 같다"고 하시면서 한국에 돌아가거든 계속 자료수집 면으로 도와 달라고 하셨습니다. 정말 제가 귀국하여 맨 먼저 착수한 것이 한국의 서양법 수용사에 관한 연구작업이었습니다. 1980년에 박사님께서 잠깐 한국에 나오셨을 때 서울대 규장각에서 책을 보고 있는 저를 찾아오셔서 규장각 자료를 복사해 보내 달라고 당부하셨습니다. 이런 과정을 통하여 제 연구도 은연중 진전되어 졸저 『한국의 서양법 수용사』(1982, 박영사)를 출판하였고, 그것을 프라이부르크로 보내드렸더니 매우 기뻐하는 편지를 보내 오셨습니다. 그러나 이때는 이미 병환의 괴로움이 재발된 때였습니다. 저로서 가장 안타까워하는 것은 박사님의 손으로 이것이 독일어로 발표되어 한국법학과 서양법학의 연결이 속 시원히 확 트였으면 하는 바램이 좌절되었다는 것입니다. 박사님이 즐겨 쓰시던 표현대로 '콤팩트' (kompakt)한 독일어로 이것이 언제 누구의 손에 의하여 나올 수 있을지 의문스럽습니다. 그리고 한독법률학회 주최로 지난 가을에 「한국의 독일법 수용」이란 테마로 한독심포지엄을 가졌고, 박사님도 초빙할려고 했던 것인데, 일이 이렇게 되고 나니 멍멍하기만 할 뿐입니다.

이렇게 돌이켜 보니 저의 학문적 관심과 적어도 독일법학과의 관계에 있어서라면 모든 것이 박사님하고 연관이 되어지지 않는 것이 없는 것 같습니다. 그만큼 박사님은 한독법학교류사에 가교적인 역할을 하셨기 때문입니다. 제가 이번에 잠시 독일에 온 목적은 한독수교 100년사 자료수집이온데 박사님의 생애는 졸저 「한독교섭사」에서도 중요한 한 장을 이룰 것입니다.

아직 비석도 세우지 못하고 바이에른의 눈발 속에 묻힌 박사님의 묘소를 저는 외람스럽게도 필름에 담아 고국의 친지와 동료들에게 전해 드릴 수밖에 없음을 용서해 주십시요. 옆에서 사모님께서 더욱 슬픈 모습으로 서계시니 저도 오래 서 있지 못하겠습니다. 아까 이모집에서 함께 있는 정아(장녀), 마코(장남), 산드라(차녀)를 보니 그사이 그렇게 자랐고 얼굴들에서 아버지의 모습을 여실히 볼 수 있었습니다. 사실 살아 있다는 것과 죽어 있다는 것이 박사님의 앞에 서 있으니 그리 먼 것이 아닌 것처럼 느껴집니다. 그것은 어쩌면 박사님께서 삶 속에서도 항상 죽음을 의식하시면서 누구보다 진지하고 올바른 실존의식에서 사신 것을 제가 알고 있기 때문일까요? 바로 이런 얘기를 나누면서 틈틈이 함께 거닐던 프라이부르크의 슈바르츠발트(Schwarzwald)에는 여전히 박사님의 훗훗한 입김과 얼이 영원히 살아 있을 것입니다. 존경하옵던 정 박사님, 갑니다. 편히 쉬십시요. 독일에 오면 또 들리겠습니다

1983년 2월 13일

오버타이젠도르프(Oberteisendorf) 묘지에서

연보 및 논저

■ 연보

1933. 6. 3	전남 강진에서 출생
1952	대구중학교(6년제) 졸업
1956	서울대학교 법과대학 졸업
1965	본(Bonn)대학에서 형법 및 법철학연구소 조수
1966	본(Bonn)대학에서 법학박사(Dr Jur.)
1967	마틸데(Mathilde) 여사와 결혼
1968	부산대학교 조교수
1969	중앙대학교 부교수
1971	보쿰(Bochum)대학 한국학 담당교수
1973	프라이부르크(Freiburg)의 막스 플랑크 외국 및 국제형법연구소((Max-Planck-Institut für auslandisches und internationales Strafrecht) 연구원
1982. 6. 23	프라이부르크에서 작고. 뮌헨 근교 오버타이젠 도르프(Oberteisendorf)에 안장
1983	『한독법학논총』(고 정종욱박사유고집) 출간
1985. 6. 22	『정종욱교수추도논문집』 일본에서 발간

■ 논저

Der Weg des rechtsphilosophischen Relativismus bei Gustav Radbruch, Bonner Rechtswissenschaftliche Abhandlungen, Bd. 73, Bonn, 1967.

Der Ursprung und die philosophische Grundlage der "Lehre von den sachlogischen Strukturen" im Strafrecht, *Archiv für Rechts und Sozialphilosophie*, 1968, S. 411-427, 스페인어 역은 Doctrina Juridica, a Plate(Repubica Argentina) 20, October 1972, S. 2-4.

「서독의 상고제도와 그 문제점」, 『노모스』, 1968. 10.

「Hans Welzel의 생애와 학문」, 『사법행정』, 1969. 5.

"Zur Geschichte der Kodifikation des Strafrechts in Ostasien," *Zeitschrift für die gesamte Strafrechtswissenschaft*, Bd. 88, S. 1088-1119

Beziehungen zwischen dem deutschen und koreanischen Strafrecht," in *Festschrift für Hans Welzel zum 70. Geburtstag*, Berlin 1974, S. 277-288, 그리고 『한독법학』 창간호, 1979 재록.

"Landesbericht Japan," in: *Die Wiederaufnahme des Strafverfahrens in deutschen und ausländischen Recht*, hrsg. v. Jescheck und Meyer, Bonn, 1974.

「목적적 행위론의 기원과 그 철학적 기초」(日文), 『비교법학』 제11권 1호, 1976, pp. 45-55.

"Hans Heiner Kühne und Koichi Miyazwa," *Das Japanische Jugendgesetz vom* 15, Juli 1948, Berlin, 1975(서평), 『법학연구』(게이오대) 제49권 5호, 1976.

"Traditionelles und modernes Strafrecht in Korea," *Zeitschrift für die gesamte Strafrechtswissenschaft*, Bd. 88, 1976.

Kaiser, Günther, 정종욱 역, 「독일연방공화국에 있어서의 소년범죄의 현황과 그 대책」, 『법학』(서울대) 제17권 2호(통권 37호), pp. 144-153.

Tjong, Zong Uk, Zum Streit über die Herkunft der Finalen Handlungslehre, 「법철학과 형법」, 『황산덕박사화갑기념논문집』, 1979, pp. 433-444.

Tjong, Zong Uk & Eubel, Paul, Strafrecht, in *Das japanische Rechtssystem*, Frankfurt a. M. S. 205-254.

「한독법학논총」, 논문모음복사판, 1983.

강 구 진

(1942–1984)

㉛ 강 구 진 (1942-1984)

강구진(姜求眞)교수의 생애를 생각하면 표현이 적절할지 모르지만 마치 어둠 속에서 불나방이 불을 보고 날아가듯 짧은 생애에 가장 정열적으로 집중적으로 살다간 일생같이 느껴진다. 42세의 한평생에 그쳤지만 그는 한국 법학사에서 뚜렷한 이미지를 남기고 갔다. 천부의 재능으로 수재의 전형으로 대학자로서의 가능성을 한몸에 안고 있던 그가 불의의 교통사고로 단명에 간 것은 인생의 불가사의와 함께 한국 법학계에 큰 손실이 아닐 수 없다. 필자는 대학의 후배로서, 독일 프라이부르크에서 1년간 함께 지내고, 서울법대에서 수년간 동료로 지낸 체험을 갖고 있다. 그리고 1988년에는 하바드 로스쿨에서 강 교수가 20년 전에 공부하고 관계를 유지하던 체취를 맡아 볼 수 있었다.[1]

1 최종고, 『하버드 스토리』, 고려원, 1989, 198쪽 참조.

I. 생애

강구진은 1942년 2월 1일에 서울에서 출생했다. 한국전쟁 때 부친을 잃고, 편모 슬하에서 동생(강구철 교수)과 함께 외롭게 자랐다. 타고난 재질과 굳은 의지 · 근면함을 바탕으로 하여 당시 전국 제일의 명문 경기고를 3년 우등과 3년 개근으로 졸업하고, 서울법대에 수석으로 입학했다. 재학시절에는 형사법학회(Iris회) 회장 및 제 3대 학회평의회 의장을 역임하기도 했다. 한편 1963년 9월에는 제1회 사법시험에 합격했고, 그후 *Fides* 편집장으로 활약을 했다. *Fides* 1964년도 호에는 강구진에 대한 프로필이 실려 있는데, 거기에는 "수석합격, 수석졸업, 졸업식 때 대통령상을 수상하는 행운까지 겸비한 법대의 실력 참피언" 이라고 적혀 있다.

서울대 사법대학원에서 석사학위를 받고, 1966년 9월부터 1969년 6월 사이에 미국 하버드 로스쿨에서 법학석사와 법학박사학위를 받았다. 우리나라의 대부분의 법학자들이 독일에서 학위를 취득한 데 반해 미국에서 학위를 받았다는 것은 주목할 만한 일이다. 귀국 후 5년간(1971. 10 - 1976. 12) 서울 민사지방법원 판사, 서울 민 · 형사지방법원 영등포지원 판사, 대전지방법원 홍성지원 판사 등을 거쳤다.

법조인으로서 활약하면서 많은 실무경험을 쌓았고, 학계에 뜻을 두어 1970년 3월 - 1976년 12월까지 명지대학에서 강의했다. 한편 1969년 9월에 서울대학교 사법대학원 강사로서 서울법대에서도 강의를 했고, 그후 1975년에 서울법대에 조교수로 임명되었다. 1981년 4월에 부교수가 되었고, 이듬해 1982년부터 법과대학 학생담당 학장보직을 맡게 되었다.

강구진은 영재를 가르치는 기쁨을 누리고 부지런히 연구의 결실을 발표하면서 법학계에 공헌하였다. 법조실무와 이론은 물론 형사실체법과 절차법에 밝은 형법학자였고, 특히 형사법학계에 새로운 빛을 던진 학자였다. 또한 외국과의 학문교류를 주도하여 세계 속의 한국 법학자로도 인정을 받았다.

그의 역작인 『북한형법의 연구』, 『형사소송법원론』, 『형법각론』 등의 저서는 각각 우리나라 법학계에 한 시대를 여는 기념비적 노작이라고 볼 수 있다. 그러나 이처럼 우리나라 형법학계에서 기대되었던 그는 1984년 4월 6일 학교에서 귀가 도중 불의의 교통사고로 사망하였다. 그의 갑작스런 서거에 대한 슬픔을 서울법대 송상현 교수는 다음과 같이 표현하고 있다.

> 오랫 동안 몽오리졌던 큰 꽃이 이제 막 피었으되 그 훈향이 천리에 진동하려는 찰나! 갑자기 지고 말았으니 어허 슬프도다. 하늘은 어찌하여 姜公에게 천수를 주시지 아니 하였는가.[2]

또한 서울법대 배재식 학장은,

> 강 교수는 아깝게 너무도 짧은 인생을 살다갔습니다만, 그 짧은 생애를 빈틈없이 그리고 굵게 살았기 때문에 강공이 남긴 학문적 업적과 그 뜻은 남아 있는 동학들에게 오랫동안 간직되고 그 빛은 쉽사리 바래지 않을 것입니다.[3]

라고 강 교수의 죽음을 애석해 하였다. 강구진은 효성이 지극했던 것 같다. 즉, 그의 노작으로서 1982년에 출판된 『형사소송법원론』의 서문에서 어머님에 대한 그리움을 표현했는데 그의 효심을 엿볼 수 있다.

> 사사로운 일이지만 작년 홀연히 너무나도 일찍이 이 세상을 떠나가신 저자의 어머님 김두세 집사님께 본서를 삼가 바치는 바이다. 6 · 25사변이라는 민족적 비극의 와중에서 남편을 잃고서도 필설로 다 할 수 없는 사랑으로서 저자를 키워 오신 어머님께 아들로서 해드린 것이라곤 없다. 저자의 보잘것없는 이 저서나마 삼가 어머님의 영전에 바침으로써 어머님 생각에 눈물지며 밤을 지새우는 저자의 애끓는 가슴

2 송상현, 『법률신문』, 1984. 4.

3 배재식, 「고 강구진 교수를 추모함」, 『법학』 제25권 2호, 1984.

을 달래어 보고자 한다. 저자의 이 세상에서 마지막 소원이 있다면 그것은 저자의 이승에서의 생명이 다하는 날 하늘 나라에 계신 어머님 곁으로 가서 어머님을 다시 뵈옵게 되기를 바라는 것이다.

송상현은 강구진의 성격을 다음과 같이 평했다.

강구진 형은 공사를 구별하여 공무에 엄격하고 강직하기 이를 데 없으나 또한 선배를 극진한 예의로써 받들고 동료나 후학에게 자상한 분이었으며 매우 소탈한 성품의 소유자였습니다. 웃고 떠들어도 한계를 넘지 않았고 오로지 학문의 길이 험난함을 알면서도 이 길로 일로매진할 것을 거듭거듭 다짐하던 그때의 모습을 우리는 다시 볼 수 없게 되었습니다.

또한 배재식은 다음과 같이 적었다.

강 교수는 모든 일에 있어서 언제나 적극적이고 진취적이었습니다. 그리고 항상 새로운 아이디어를 갖고 있었습니다. 이 사람이 4년 전 법학연구소를 맡아 맨 먼저 『법학』을 계간으로 간행할 구상을 가지고 강 공에게 조언을 구했을 때 나에게 준 자극적인 호응과 남다른 아이디어는 지금 이 순간에도 생생하게 기억에 남아 있습니다. 뿐만 아니라 『법학』 편집위원으로서 편집회의 때마다 좋은 의견과 코멘트를 해주던 강 교수를 다시 생각해 봅니다.

한편 강구진의 『형사소송법원론』의 서문에는 다음과 같이 적혀 있다.

미국에서 3년, 독일에서 1년간 그 곳의 형사소송의 이론과 실제를 어느 정도 배우고 왔으며 또한 법관으로서 상당한 기간 동안 재판실무에도 종사하면서 수많은 재판을 해보고 교수로서 대학강단에서 형사소송법을 강의한 연륜도 늘어가지만 해를 거듭할수록 학문이란 어렵다는 것을 느낀다.

위의 말과 그의 여러 논문에서 느낀 것은 강구진은 매우 성실하다는 점이다. 인간의 자유와 인격 그리고 명예에 중대한 영향을 미치는 형법학자로서 위와 같은 성실과 뒤에서 서술하게 될 인권존중의 태도는 모두가 주목해야 할 것이다. 특히 그의 논문 곳곳에서 보이는 생명에의 외경사상과 인권존중에 대한 견지는 그의 윤리관을 제시해 준다고 볼 수 있겠다.

그리고 이하는 서울법대에서 발행하는 『법학』지에 실린 논문들이다.

1. "Comparison of the Legal System between North and South Korea(I)," 제12권 1호(1771. 12).
2. "Comparison of the Legal system between North and South Korea(II)," 제13권.
3. 「한국사회에 있어서의 법의 기능」, 제15권 1호(1974. 6).
4. 「인공심장장치의 차단에 관한 형법적 고찰」, 제20권 1호(1779. 8).
5. 「수형자 직업훈련제도의 실태에 관한 연구」(I), 제20권 2호(1980. 5).
6. 「수형자 직업훈련제도의 실태에 관한 연구」(II), 제21권 1호.
7. 「사법시험제도 및 새 공무원 시험령에 대한 검토와 비판」, 제23권 1호.
8. 「형사소송법에 있어서의 소송물론」, 제23권 2호(1982. 6).
9. 「제재세와 조세범에 관한 일고찰」, 제24권 2 · 3항(1983. 9).
10. 「재소자의 법의식에 관한 조사연구」, 제24권 4호(1983. 12).
11. 「범죄의 실질적 의의에 관한 시론」, 제25권 1호(1984. 5).

한편 이 외에 『고시계』에 25편, 『판례월보』에 3편, 『월간고시』에 9편, 『고시연구』에 10편, 「사법행정』에 4편, 『새법정』에 4편 등 많은 논문을 발표하였다. 강구진 교수의 저서로는 『형법 케이스의 연구』와 『형법각론 (I)』, 『형사소송법 원론』, 『북한법의 연구』 등으로 그리 많지는 않지만 각각 그 특징을 발견할 수 있다. 『형사소송법 원론』(학연사, 1982)은 헌법적 형사소송의 기본적 입장을 그 출발점으로 삼고 있으며 체계적으로는 종래의 총론과 각론을 일도 양단적으로 구분하는 발상을 탈피하여 형사절차의 동적 · 발표적 성격에 착안하여 그 흐름과 마디를 따르는 서술방식을 시도하였다. 이론적으로 소송구조와 소송의 대상에 관하여 획기적인 접근방법을 기도하여 형사소송에 있어서의 법원의 역할을 중시한 직권주의의 구형사소송법에서 당사자의 소송추행을 강화한 현행형소법에로의 보고적 변화에 입각하여 공소장 일본주의, 거증책임, 법원의 직권에 의한 증거조사의 성질, 공소장변재 등의 문제를 다루었다.

또한 재판의 일사부재리의 효력에 관하여서도 종래와는 다른 각도에서 이해를 전개했다. 그리고 많은 판례를 제시하고 있는 것이 특징이라 볼 수 있다. 또 하나의 그의 노작인 『형법강의 (I)』의 특징은 첫째, 우리 헌법의 이념인 개인주의, 자유주의에 입각하여 각론의 체계를 세움에 있어서는 개인적 법익에 대한 죄로부터 시작했다. 둘째, 대법원판례를 많이 수록해서 형법전의 해석에 있어서 우리 판례의 비중을 크게 했는데 이는 종래의 외국법과 외국법학에 맹목적으로 추종하는 구습을 타파하고 그 수립이 절실히 요청되는 한국 형법학 기반을 다지는 데 기여할 수 있으리라 본다. 그러나 그의 형법학 체계의 완성이라고 볼 수 있는 『형법총론』의 탈고를 얼마 남겨 놓지 않고서 우리의 곁을 떠나가고 말았으니 심히 안타깝기 그지없다.

II. 법사상

1. 한국사회에 있어서 법의 기능

강구진은 법이란 사람이 만드는 것이고 법이면 무엇이든지 할 수 있으며 필요에 따라 언제든지 고칠 수 있고 불필요하면 언제든지 버릴 수 있다는 법만능 · 법경시 · 법무시사상, 나아가서 법이란 도대체 존재하지 않는 것이라고 하는 법부재사상이 오늘날 한국사회를 풍미하고 있는 것을 개탄하고,[4] 이에 대한 분석과 비판과 이를 개선해 나갈 방안을 제시하고자 노력했다.

1) 한국사회에 있어서의 법의 기능[5]

강구진은 법의 기능을 재판을 통하여 합법 또는 위법이라는 가치판단을 내리는 평가적 기능과 행위규범이라는 법의 본질로부터 나오는 일정한 행위를 명령 또는 금지하는 총계적 기능, 법의 정립 · 적용 · 집행 등에 관하여 사회단체의 조직을 정하는 조직적 기능의 세 가지로 나누고 이 중 평가적 기능을 가장 중요시하였다.[6]

그는 우리나라 국민의 전통적 법의식구조에 의하면 법은 국민의 자유와 권리를 보장하고 정의를 실현하기 위해 존재하는 것이 아니라 부덕한 통치자가 국민에 대한 통치의 수단으로써 불가피하게 채택한 필요악이라는 생각이 지배적이어서 법률위반보다는 오히려 윤리나 도덕의 위반을 중시하고 이에 대한 사회적 비난으로 이를 제재하려는 성향이 강하다고 한다.[7] 이에 따라 당연히 국민의 준법의식은 낮아질 수밖에 없다는 것이 그의 설명이다. 또한 경제우선의 국가정책에 따라서 법의 국민의 행위 내지 의사결정규범으로서 작용하는 힘이 약화되고 있다는 점을 지적했다.[8]

2) 한국사회에서 법의 기능을 저해하는 요소

강구진은 한국사회에 있어서 법의 기능을 저해하는 요소로서 다음의 여러 가지를 들고 있다.[9]

첫째, 분단의 현실에 따른 준전시(準戰時) 국가체제로 인해 법의 발전 내지 기능의 제고는 통일 이후로 미루어야 한다는 주장이 생겨날 수 있다.

둘째, 1960년대 이래의 경제성장 일변도의 국가정책으로 말미암아 목적을

4 강구진, 「한국사회에 있어서의 법의 기능」(I), 『법조춘추』, 1974. 3, 4, 15쪽.

5 강 교수는 여기에서의 법을 "국가가 실정한 강제규범으로서 그 위반이 제재(sanction)에 의하여 지지되고 있는 것" 만을 의미한다고 설명한다.

6 강구진, 앞의 글, 15-15쪽.

7 강구진, 앞의 글, 16쪽.

8 강구진, 앞의 글, 17쪽.

9 강구진, 앞의 글, 27-28쪽; 「한국사회에 있어서의 법의 기능(III), 『법조춘추』, 1974. 7, 9-11쪽.

달성하기 위해서는 수단을 가리지 않게 되었고 경제제일사상에 의한 가치관의 변화로 법의 행위규범성이 약화되고 준법의식이 희박해졌으며 대외의존적인 경제구조로 인해 법의 집행에 예외적인 경우를 많이 인정하게 되었다.

셋째, 앞에서 언급한 바와 같이 한국인의 법의식은 매우 희박하고 법이란 통치자의 필요에 의한 것으로 시민의 권리보장을 위해 존재한다는 개념이 매우 적으며 또한 국가제도에 대한 시민의 이질감 내지 불신감이 강하게 작용하고 있어서 국민의 준법의식은 자연히 낮아질 수밖에 없다.

넷째, 인구에 대한 상대적 법조인구수가 적고 또 그 적은 인구마저 서울 등 일부 지역에 편중되어 있다는 사실이다. 이 외에도 국민의 판결에 대한 회의적 태도, 법조인에 대한 불신, 소송의 만성적 지연, 변호의 집중이 이루어지지 못하는 점, 소송남용의 폐단, 소송비용의 과다, 국선변호인의 유명무실화 등을 들 수 있다.

3) 법의 기능제고를 위한 방안

강구진은 근대화 과정에서 우리가 일본을 통해서 계수(繼受)했던 법이 서구에서 발휘했던 것과 같은 기능을 우리 사회에서 발휘하지 못하고 있는 것은 곧 우리가 계수한 서구자본주의법이 우리 사회에 토착화되지 못하고 있는 것이라고 지적하고, 서구 법의 한국사회에의 토착화를 이루어야 한국사회의 영속적인 발전을 꾀하고 진정한 근대화를 이룰 수 있다고 주장한다.

개선책으로 다음과 같은 것들을 들고 있다.

첫째, 일본제국을 통하여 독일계의 대륙법만 받아들이고 또 해방 이후 영미법의 요소를 약간 가미함으로써 단지 양법체계의 이해와 이식에만 주력하고 우리의 법적 전통이나 사회구조에 관한 연구를 등한시한 것을 비판하고 이를 개선하기 위해 한국 법제사와 사회구조에 관한 체계적 연구를 진행시켜 나갈 것을 제안하였다. 또한 소위 단선적 모델(unilinear model)[10]의 모순을 지적하고 이

10 Pore, Eisenstadt, Geertz, Pye, Bock 등에 의한 것으로 후진사회가 선진사회와 반드시 동일한 역사적 · 사회적 과정을 거침으로써 근대화될 수 있다는 이론.

른바 전통과 근대화 복합모델(dichoto mous tradition-modernity model)[11]을 따라 우리의 것에 대한 확고한 연구와 검토를 거친 후에 서구자본주의법을 그 위에 토착화시키자는 견해를 제시했다.[12]

둘째, 1960년대 이래 경제일변도의 국가정책을 수행해 나가는 과정에 있어 국민 전체의 부를 증가시킨다는 명목하에 개인의 자유와 권리보장이 후퇴된 것과 또 너무나 많은 법의 제정 특히 경제관계 입법으로 인해 국민의 자유로운 생활의 영역이 좁아진 것을 지적하고, 이제는 경제성장 결과의 공정한 재분배와 개인의 자유에 대한 보다 큰 관심을 요청하였다.[13] 즉, 복지행정과 야경국가적 목표의 적절한 조화를 이룩할 것을 제시하였다.

셋째, 현행법에서 풀러(Lon L. Fuller) 교수가 지적한 이른바 "법의 내면적 도덕성"[14]을 침해하는 요소를 찾아 이를 시정하고 장래의 입법에 있어서는 이른바 법을 가능하게 하는 도덕을 최대한 반영할 수 있도록 하는 입법학의 성립이 시급하다고 했다.[15]

넷째, 이때까지 관행이 되다시피한 법의 선택적 집행으로 인해 법적 안정성이 많이 손상되었음을 지적하고 이를 개선하여 모든 법을 비록 그것이 악법이더라도 지켜야 한다는 준법의식을 형성하고 또 공포된 법과 그 현실적 집행 사이에 완전한 일치를 이루어 국민들로 하여금 법을 지키면 손해라는 피해의식을 갖지 않도록 해야 한다.[16]

---

11 후진사회는 그 자체의 역사적 특수성에 의거하여 독자적인 근대화의 길을 걸어야 한다고 하여 주체성의 회복과 전통의 재발견을 강조하는 이론.

12 강구진, 「한국사회에 있어서의 법의 기능」(III), 『법조춘추』, 1974. 7, 11-13쪽.

13 강구진, 「한국사회에 있어서의 법의 기능」(IV), 『법조춘추』, 1974. 8, 9, 10-11쪽.

14 Lon L. Fuller, 강구진 역, 『법의 도덕성』, 법문사, 1971 참조. Fuller는 이 책에서 법이란 인간의 행동을 규칙에 복종시키고자 하는 기획이라고 하고 이 기획을 좌절시키는, 즉 법이 그 내면적 도덕을 갖추지 못하는 경우를 여덟 가지로 나누어 설명하고 있다. ① 준칙을 만들지 아니하고 모든 문제를 그때그때의 생각에 따라 해결하는 것, ② 당사자에 대해 준칙을 알 수 있는 조치를 취하지 않은 것, ③ 소급 입법 남용, ④ 준칙을 이해하기 어려운 것으로 만드는 것, ⑤ 상호 모순되는 준칙의 정립, ⑥ 불가능한 행동을 명하는 준칙의 정립, ⑦ 준칙의 빈번한 변경으로 행위자가 그 행위의 지침으로 삼을 수 없게 하는 것, ⑧ 준칙과 집행 사이의 불일치.

15 강구진, 앞의 글(주 12), 11-15쪽.

16 강구진, 앞의 글, 12-13쪽.

다섯째, 법의 실효성을 고도로 확보하기 위해 매스 미디어, 그룹 미디어, 퍼스널 미디어의 수단을 통한 규범 Communication을 강화함으로써 사회에 있어서의 역할점유자측에 있어서의 규범에 대한 인지의 정도를 높일 것을 강조했다.[17]

여섯째, 한국에 있어서의 법학교육의 제 문제를[18] 지적하고 이에 대한 광범한 연구와 검토를 할 것을 주장했다.

마지막으로 법학교육을 정상화시키고 나아가 한국사회에 있어서의 법의 기능을 제고시키기 위해서는 사법시험제도를 개선하여 시험합격자수를 대폭 늘릴 것을 주장했다.[19]

전체적으로 살펴볼 때 강구진은 한국사회에 있어서 법의 올바른 기능수행을 방해하는 요소로서 국가정책의 경제일변도적 경향, 지배층에 의한 법의 자의적 · 선택적 적용, 집행에 따른 일반국민의 법에 대한 불신감 등을 강조하고 이를 해결하기 위한 방안으로서 우리의 전통적 법사상, 법체계 등에 대한 올바른 이해를 바탕으로 서구자유자본주의적 법을 토착화시키고 경제일변도의 국가정책을 수정하여 법의 적용과 집행에 있어서 엄격한 합법성의 원칙을 적용함으로써 국민의 법에 대한 신뢰감을 높이고 법학교육의 제 문제를 개선하여 법의 지배, 법치주의가 한국사회에 구현되도록 힘을 기울였다.

2. 북한법 및 공산주의 법체계에 대한 연구

강구진은 통일을 위한 기반조성의 하나로서 북한과 공산주의법에 대해 연구하여 선구적 업적을 남겼다.

17 강구진, 앞의 글, 20쪽.

18 강구진, 「미국의 법학교육과 우리의 좌표」, 『새법정』, 1971. 3. 이 논문에서 그는 한국 법학교육의 문제점을 다음과 같이 들고 있다. ① 법학교육목적의 불확실, ② 수학연한이 짧다, ③ 교과목 및 과정에 대한 검토, ④ 사법시험제도의 개선, ⑤ 교수양성을 위한 제도적 대책의 수립.

19 강구진, 「한국사회에 있어서의 법의 기능」(IV), 『법조춘추』, 1974. 8, 9, 14쪽.

1) 북한법 및 공산주의 법 연구의 필요성

그는 북한공산권의 법을 체계적으로 분석하고 비판함으로써 탁상공론이 아닌 실질성 있는 통일방안의 수립에 하나의 방향을 제시하고자 했고 통일 이후의 사회적 혼란을 한국의 정당한 법적 절차에 따라 민주적 방법으로 해결하고자 했다.

2) 남북한 법체계의 비교

그는 북한법의 올바른 이해를 위해서는 1945년 해방 이후 북한에 유입됐던 소련의 사회주의 법질서와 스탈린 사후 소련의 자유화 경향을 거부하며 받아들였던 중공의 법질서의 영향에 유의하여야 함을 강조하고, 북한법의 주요 측면의 비교법적 연구를 통해 북한지역에 공산주의체계가 어떻게 유입되었나 하는 것을 밝히려 하였다.[20]

그는 결국 북한법의 기본요소는 마르크스주의 · 레닌주의 · 스탈린주의에 기초하는 사회주의법이며 종국에 가서는 국가와 법은 고사하고 말 것이라는 견해를 취하고 있다고 했다. 또한 북한 법학자들의 법개념은 스탈린 치하에서의 소련의 법개념과 분류하여 법은 프롤레타리아 독재가 사회주의체제를 방어하고 보호하는 데 필요한 무기가 되어야 한다는 북한에서의 법에 대한 공식적 입장을 비판하여, 이에 따른다면 "프롤레타리아 독재에 위험한 행위이면 무엇이든지 범죄가 되어 버린다"는 점을 지적했다.[21] 법을 소위 "인민을 그들 손아귀에 장악하고 있는 가장 강력한 무기"라고 믿는 한 평양의 괴뢰집단은 북한의 정치적 · 경제적 · 사회적 제 모순을 우선 법적 절차의 이름 밑에서 해결하려들 가능성이 많고 또 김일성과 그 추종자들은 앞으로도 스탈린 시대의 법체계를 따르리라는 것이다.[22]

---

20 강구진, "Comparison of Legal System Between North and South Korea," 『법학』(서울대) 제13권 1호, 1972. 9, 95쪽.

21 강구진, 『북한법의 연구』, 박영사, 1975, 274-275쪽.

22 위의 책, 270-272쪽.

3) 북한 형법의 연구

강구진은 북한형법의 연구에서도 상당한 업적을 남겼다. 먼저, 한국 형법과 상이한 점은 형법의 목적에 대한 명문의 규정을 두었다는 점, 형법이 보호하고자 하는 범위와 대상의 개념이 포괄적으로 '사회주의적 사회관계'에 집약된 것, 형벌의 구체화 과정에 있어 강제와 교양의 양자를 종합시키려 한 점, 개인 상호간의 감시에 의한 범죄의 발견과 진압, 인민 자신에 의한 형사사건의 해결을 권장한다는 점, 범죄구성에 있어 범죄의 주체, 범죄 구성요건의 주관적 측면, 범죄의 객체, 범죄 구성요건의 객관적 측면 등의 사원론(四元論)을 주장한다는 것 등을 들고, 소련 형법과의 차이에는 북한 형법에는 행위자의 사회적 위험성만으로는 형벌의 적용을 정당화하기에 부족하고 그 행위 당시의 법령에 의해 가벌적 행위로 규정된 경우에 한하여 범죄로서 성립하며 이에 대한 형벌 사용이 가능하다는 점이다.[23] 그러나 한국 형법과 북한 형법의 최대의 차이는 북한 형법이 유추해석을 허용하는 것이라 하고 있다.

또한 북한 형법의 기본원칙은 전체적으로 사회주의 형법의 기본원칙, 즉 강력한 계급지향적 법체제의 실현을 통한 사회주의 사회의 보호라는 기본원칙을 그 밑바탕에 깔고 있고, 북한 형사제도의 요체는 전체의 이익추구로 집약되고 사회적 위험의 형벌이론에 강하게 기초하고 있다고 지적한다. 이러한 전체적 바탕에서 형벌법규의 유추적용, 형벌법규의 소급적 적용, 국가정치제도 및 경제적 이익의 고도한 보호, 한국법의 전통과 중국문화의 영향을 그 기본원칙으로 들고 유추적용에 대해서는 유추적용의 남발에 따라 사회적 위험성은 곧 범죄라는 등식이 성립되어 형법의 이른바 보장적 기능이 유명무실해진다고 비판한다.[24]

또 강 교수는 북한에 있어서 범죄의 개념은 실질적으로 이른바 사회주의 법질서에 의하여 사회적으로 위험한 행위라고 정의하며 북한 형법에 있어서의 범죄론의 특징을 범죄의 계급적 · 사회정치적 내용을 공연하게 제시한 것이라고 지

23 강구진, 「북한형법의 연구」(I), 『법조춘추』, 1973. 5, 7-9쪽.

24 강구진, 「북한형법의 연구」(II), 『법조춘추』, 1973. 6, 7; 앞의 책(주 22), 177-188쪽.

적한다. 즉, 이른바 실질적 범죄개념을 도입한 것이라는 것이다. 그리고 범죄의 성립 여부는 구성요건 해당성이라는 판단에서만 행해지고 구성요건이란 법규가 문제된 행위를 범죄로써 특징지워주는 전제조건의 총체로 이해하여 앞에서 언급한 바와 같이 구성요건 사원론을 전개하고 있다고 한다.[25] 이에 대해 그는 "이러한 구성요건이론은 '라드브루흐'의 말을 빌린다면 매우 즉물적이고도 절주론적 이론이라고 할 수 있으며 종래에 이러한 구성요건 개념은 '베링' 이전의 낡은 개념으로써 이미 근대 형법학에 의해 극복된 것"이라고 비판하고 있다.[26]

그는 북한 형법에 있어 형벌의 목적은 레닌의 이른바 강제(진압 · 징벌)와 교양의 결합이론이 강조되고 있음에 주의해야 한다고 강조하고 있다.[27] 즉 반명령분자에 대해서는 무자비한 진압으로 작용하고, 낙후분자에게는 강제를 통한 교양의 목적을 위해 적용된다는 것이다. 그리고 북한 형법 각칙상(各則上)의 제 범죄에 있어 관리질서 침해에 관한 죄 중 불량자적 행위를 벌하는 제247조의 파렴치한 행위의 모호성을 지적하고 이는 우리가 관념하는 죄형법정주의의 원칙에 어긋나며 폭행 · 협박 · 모욕을 독립된 범죄로 처벌하는 이상 이러한 범죄의 파렴치한 행위를 처벌하는 것은 입법 기술상의 문제로 논란의 여지가 있다고 한다.[28]

그는 위에서 살펴본 바와 같이 공산권의 법에 대한 혜안을 가지고 서구자본주의 법질서와 다른 점을 잘 밝혀 내었고 이를 비교법학적 관점에서 비판하였다. 격동하는 국제정세에 뒤지지 않기 위해서 공산권 법률, 특히 북한법의 연구를 조속히 시작해야 한다고 주장한 것도[29] 이러한 맥락에서 이해될 수 있을 것이다.

---

25 강구진, 「북한형법의 연구」(III), 『법조춘추』, 1973. 6, 7, 190-201쪽; 1973. 8, 18쪽.
26 강구진, 「북한형법의 연구」(III), 190쪽.
27 강구진, 「북한형법의 연구」(V), 『법조춘추』, 1973. 10, 11, 16쪽.
28 강구진, 「북한형법의 연구」(VI), 『법조춘추』, 1973. 12, 14-15쪽.
29 강구진, "The Criminal Process in the People's Republic of China", 1949-1963; "An Introduction by Jerome A. Cohen", 『법학』(서울대) 제12권 2호, 1971. 12.

3. 형법이론에 대한 비판

보통 고전학파와 근대학파로 대별되는 형법학파의 두 이론체계에 대해서 강 교수는 약간의 비판과 함께 형법이론의 방향성을 제시하였다.

그는 근대학파의 형법이론은 인간이 자유의사의 주체인 것, 즉 주체적으로 스스로의 의사를 결정하고 선택하는 존재인 것을 무시하고 인간을 하나의 생물체로 파악하는 점에 근본적인 결함이 있으나, 한편으로는 인격적 결함 때문에 자기를 방어할 능력에 현저한 결함이 있어 자기로서는 어떻게 할 수 없는 현상으로서 범죄에 빠지는 경우가 있음도 부정할 수 없는 사실이므로 이와 같은 존재를 가려내어 그들에 대한 개선과 교육의 필요성을 주장하고 형사정책론의 전개에 이바지한 점에서는 근대학파의 이론의 존재의의는 적극적으로 받아들여져야 할 것이라고 한다.[30]

또 형법이론이 앞으로 지향해야 할 방향에 대해서는 복잡다양한 인간생활의 형법적 현상을 전후 모순 없이 일관된 하나의 이론으로 보기좋게 설명해 내는 것이 사실상 불가능하므로 따라서 형법이론은 이론을 위한 이론으로 전락시키는 어리석음을 경계해야 하며 다같이 일면의 공리를 내포하고 있는 고전학파와 근대학파의 이론을 합목적적 · 변증법적으로 조화 · 융합시켜 범죄에 대한 투쟁의 유용한 방법을 모색하는 것이 긴요하다고 한다.[31]

그는 또 형법의 가장 중요한 원칙의 하나인 죄형법정주의의 현대적 의의에 대해서도 상당한 연구를 하였다. 그는 죄형법정주의는 "법률 없으면 형벌도 없지만, 법률 있으면 형벌도 있다"는 방향과 단지 "법률 없으면 형벌도 없다"는 것만을 의미한다는 두 가지 방향으로 나누고 현대적 의미에 있어서 죄형법정주의는 후자의 것으로서 이때 죄형법정주의는 형벌권의 제한을 넘어 국민의 기본권보장으로서의 의미를 가진다고 지적했다.[32] 즉, 죄형법정주의는 인신의 자유를 보

30 강구진, 「형법이론의 개관」(하), 『월간고시』, 1984. 4, 124-126쪽.

31 위의 글, 126쪽.

32 강구진, 「죄형법정주의와 적정절차의 원칙」(상), 『고시연구』, 1983. 5, 23-25쪽.

장하는 원칙으로서 국민이 부당하게 처벌되지 않는다는 것을 담보하는 보루로서 파악되어야 한다는 것이다.

그리고 죄형법정주의의 내용면에 있어서는 종래의 내용인 법률주의(관습형법의 부정), 형벌주역급의 원칙, 유추해석금지의 원칙, 절대적 부정기형금지의 원칙에다 형벌법규의 명확성과 형벌법규의 내용의 적정이라는 두 가지 요소를 더 첨가하였다.[33] 그는 범죄와 형벌을 미리 규정함으로써 예측가능성을 확보하여 행동의 자유를 담보하는 것이 죄형법정주의의 본래의 취지이므로 규정의 추상성, 불명확성으로 인해 예측가능성이 저해되는 것을 막기 위해 형벌법규의 내용을 명확히 해야 되고, 법률의 내용이 실질적으로 불합리하고 처벌의 필요성이 없는 것도 포함하는 경우 사람들의 자유가 제한되므로 법률의 내용이 적정해야 한다고 하며 이 두 가지는 미국의 법의 적정절차(due process of law)원칙에서 발전되어 온 것이라고 한다.[34]

4. 미국의 법학과 법제도에 대한 연구

강구진은 영미법계와의 접촉이 그다지 잦았다고 할 수 없는 우리나라에서 드물게 미국에 유학하여 상당기간 동안 접하고 또 우리의 법학교육방법과는 상이한 소위 'Case Method' 에 의해 교육을 받았다. 따라서 그의 법학연구방법에는 영미법계의 법학연구방법이 상당히 영향을 미쳤다고 할 수 있겠다. 그는 추상적 법문에 치우쳐 있는 이론적 · 일반적인 강의방식에 의한 우리의 법학연구방법보다는 미국에서 채택하고 있는 'Case Method' 에 의해 교육하는 것이 회의적이고 실용적인 'legal mind' 를 가지게 하는 데 훨씬 유용할 것이라고 한다.[35] 또 그는 미국의 법학교육과 대비하여 한국법학교육의 문제점을 지적하고 이의 개선이 시급하다고 주장하며 몇 가지 개선방안을 내어 놓았다.

---

33 위의 글, 25-26쪽.

34 위의 글, 27-32쪽.

35 강구진, 「미국의 법학교육과 우리의 좌표」, 『새법정』, 1971. 3, 23-24쪽.

Ⅲ. 맺음말

강구진은 42년간의 짧은 생애 동안 법조의 실무와 법학 연구 양 분야에서 활동하면서 짧은 기간에 비해 상당히 많은 업적을 남겼다. 먼저 앞에서 지적한 바와 같이 한국이라는 법치주의, 법의 지배가 이루어지기에는 너무나 척박한 환경 속에서도 진정한 법치주의의 달성을 위해 노력하였고, 한국사회에서 법의 기능 발휘를 저해하는 요소들을 파헤치고 이에 대한 대처 방안을 강구했다.

또한 북한법 및 사회주의법에 대한 연구에 몰두하여 잘 알려지지 않았던 북한 사회의 실태를 법학적 관점에서 조명하여 분단의 현실을 극복할 방법을 마련하고자 애썼고 또 학문적 면에서도 사회주의 법체계 연구의 토대가 될 수 있는 여러 가지 자료와 연구방법의 한 방향을 제시하였다.

형사법의 연구를 통해서는 영미법의 법의 적정절차의 원칙을 우리나라 법체계에 반영해 보려고 노력했고, 특히 피의자와 피고인의 인권보호에 상당한 신경을 쓰는 등 한국 형법의 발전을 위해서도 많은 업적을 남겼다.

마지막으로 대륙법계에 속하는 독일법을 받아들임으로써 대륙법계의 법학연구방법에만 치중하여서 법해석학, 개념법학의 수준에서 맴돌고 있던 한국 법학계에 영미법의 신선한 충격을 던져 줌으로써 한국 법학의 발전을 위해서도 큰 공헌을 하였다.

비록 짧은 기간이었지만 강구진이 한국 형법학에 끼친 영향은 지대한 것이고 그의 영향으로 한국 형법학계는 여러 가지로 새로운 연구분야를 발견하게 되었고 법학계 전체로 볼 때에도 영미법계의 장점을 받아들여 한국 법학을 발전시키는 데 촉매역할을 하였다고 하겠다.

2004년 그의 20주기를 맞아 북한법연구회에서 기념심포지움을 개최하였다.[36]

36 그 내용은 『북한법연구』 제7호, 2004에 실려 있다.

연보 및 논저

■ 연보

1942. 2. 1	서울에서 출생
1960. 3-1964. 2	서울대학교 법과대학(법학사)
1964. 3 1966. 2	서울대학교 사법대학원(법학석사)
1966. 9-1967. 6	미국 하버드 법과대학(법학석사)
1967. 9-1969. 6	미국 하버드 법과대학(법학박사)
1969. 9-1971. 2	서울대학교 사법대학원 강사
1969. 9-1971. 9	육군본부 법무감실 법무관 국제법령연구장교
1970. 3-1976. 12	명지대학 법학과 강사
1971. 10-1974. 1	서울민사지방법원 판사
1973. 3-1976. 12	서울대학교 법과대학 강사
1974. 2-1975. 9	서울민형사지법 영등포지원 판사
1975. 10-1976. 12	대전지방법원 홍성지원 판사
1977. 1-1982. 3	서울대학교 법과대학 조교수
1981. 4-1984. 4	서울대학교 법과대학 부교수
1982. 8-1984. 4	서울대학교 법과대학 학생담당 학장보
1984. 4. 6	서울에서 교통사고로 작고

■ 저 · 역서

『법의 도덕성』(*The Morality of Law*), L. Fuller, 법문사, 1971.

『객관식 민법총칙』, 김경철(공편), 지학사, 1973.

『형법 케이스의 연구』, 유기천(공저), 지학사, 1973.

『객관적 법철학의 총정리』, 지학사, 1976.

『북한법의 연구』, 박영사, 1976.

『주석 형법각칙』(공저), 한국사법행정학회, 1982.

『판례교재 형사소송법』, 법문사, 1982.

『형사소송법원론』, 학연사, 1982.

『형법각론』(I), 박영사, 1983.

■ 논문

「독일 법률용어의 略號와 법령, 판례, 문헌 등의 인용방법」, *Fides* 제12권 2호, 1965.

「공갈죄와 수뢰죄」, 『법정』 제20권 8호, 1965. 8.

「교사와 착오」, 『법정』 제20권 8호, 1965. 8.

「강도살인죄」, 『법정』 제20권 10호, 1965. 10.

「이중매매의 형사책임에 관한 약간의 고찰」, 『법조』 제15권 3-6호, 1966.

「미국의 군사법제도」, 『사법행정』 제11권 6, 7호, 1970. 6-7.

「미국연방대법원판례의 최근동향: 터너 대 미연방정부사건」, 『법조』 제19권 7호, 1970. 9.

「미국연방대법원판례의 최근동향: 딕키 대 플리다캐사건」, 『법조』 제19권 10호, 1970. 10.

「서평: Jerome Cohen, The briminal process in the People's Republic of China 1949-1963」, 『법학』, 제12권 2호, 1971.

"Impacts of American Law on Korean Criminal Law," *Yonsei Social Science Review*, Vol. IV, 1971.

「미국의 법학교육과 우리의 좌표」, 『새법정』 제1권 1호, 1971. 3.

「미국에서의 법학연구방법: 특히 Legal Realism을 중심으로」, 『고시계』, 1971. 12.

「Impacts of American Law upon Korean Criminal Process」, 『명지대논문집』, 1971. 12.

"Comparison of the Legal system between North and South Korea(I)," 『법학』 제12권 1호, 1971. 12.

"Comparison of the Legal system between North and South Korea (II)," 『법학』 제13권.

"The Judicial Structure in North Korea," *Korean Journal of Comparative Law*, Vol. 1, 1972.

「법의 도덕성」(*The Morality of Law*), L. Fuller 저, 『법조』 제12권 1-11호, 1972. 1-11.

「미국연방대법원판례의 최근동향」, 『법조』 제21권 2호, 1972. 2.

「북한의 변호사」, 『법조춘추』 제99권 104호, 1972. 9-1973. 3.

"An Analytical Study of Criminal Law in North Korea," *Lawasia*, Vol. IV, No. 2, 1973.

"Important Aspects of Criminal Law in North Korea," 『변호사』 제3권, 1973.

「북한의 사법기능분석」, 『북한』 제2권 5호, 1973. 5.

「북한형법의 연구」, 『법조춘추』, 1973. 5-12.

「원인에 있어서 자유로운 행위」, 『새법정』 28, 1973. 6.
「외상방위와 원인에 있어서의 자유로운 행위」, 『고시계』 제18권 8호, 1973. 8.
「North Korean Penal Code」, 『저스티스』 제11권 1호, 1973. 12.
「북한형법」, 『저스티스』 제11권 1호, 1973. 12.
「한국사회에 있어서의 법의 기능」, 『법조춘추』, 1974. 3-9.
「북한형법의 기본원칙과 法源」, 『국토통일』, 1974. 6.
「한국사회에 있어서의 법의 기능」, 『법학』 제15권 1호, 1974. 6.
「북한신헌법의 특색과 구성원리」, 『명지대논문집』 2, 1975.
「북한의 형사소송절차에 관한 소고」, 『법조춘추』 제122권 3호, 1975. 6, 7.
"Machinery of Justice in North Korea," *Korea Journal of Comparative Law*, 1977.
"An Analytical Study on the North Korea Socialist Constitution," *Korea & World Affairs*, Vol. II, No. 1, 1978.
"The North Korean Constitution," *Jahrbuch des öffentlichen Rechts der Gegenwart*, 1978.
「북한형법상 인신침해에 관한 고찰」, 『북한법률행정논총』 제3집, 1979.
「인공심장장치의 차단에 관한 형법적 고찰」, 『법학」 제20권 1호, 1979. 8.
「수형자 직업훈련제도의 실태에 관한 연구」(I), 『법학』 제20권 2호, 1980. 5.
「북한의 법체제연구, 형법상의 재산범죄에 관한 고찰」, 『사회과학과 정책연구』 제3권 2호, 1981.
「범죄피해자 포상제도의 평가」, 『현대사회』 제2권 1호, 1982.
「사법시험제도 및 새 공무원 시험령에 대한 검토와 비판」, 『법학』 제23권 1호, 1982.
「형사소송법에 있어서의 소송물론」, 『법학』 제23권 2호, 1982. 6.
「제재세와 조세법에 관한 일고찰」, 『법학』 제24권 2, 3호, 1983. 9.
「재소자의 법의식에 관한 조사연구」, 『법학』 제24권 4호, 1983. 12.
「범죄의 실질적 의의에 관한 시론」, 『법학』 제25권 1호, 1984. 5.

▌Abstract ▌

Legal Scholars in Korea

Chongko Choi

This book is the first biographical research on the lives of Korea's legal scholars, who have served in the field of legal academics over the past 120 years on the Korean peninsula. The book depicts the lives of thirty-one representative persons from among these scholars; Yu Seongjun(1860-1934), Kwon Byounghoon(1864-1940), Chang Heonsik(1869-1950), Yu Chihyoung(1877-1933), Choi Taeyoung(1900-2005), Chung Kwanghyon(1902-1980), Yu Chino(1906-1987), Bak Wonson(1907-1986), Bak Dukbae(1908-1984), Ko Byoungkook(1909-1976), Ryu Kichyun(Paul, 1915-1998), Hwang Sanduk(1817-1989), Lee Hankey(1917-1995), Chung Hichul(1919-2006), Kim Chunghan(1920-1988), Kim Kidu(1920-1993), Koh Kwanglim(1920-1989), Suh Tongak(1920-2004), Bak Kwansook(1921-1978), Lee Taijai(1921-2003), Kim Chisun(1922-1996), Kim Dochang(1922-2005), Sonn Juchan(1923-2005), Chun Wonbae(1924-1974), Pai Jaishik(1929-1999), Suh Wonwoo(1931-2005), Choi Chongkil(1931-1973), Hahm Pyongchoon(1932-1983), Karl Bongkeun(1932-2002), Tjong Zonguk(1933-1982), Kang Kuchin(1942-1984).

The readers can understand vividly how Korean legal sciences have developed through the pioneering efforts of the Korean legal scholars.

저자 약력

• 최종고

· 서울대 법대 졸업
· 독일 프라이부르그대 법학박사
· 미국 버클리, 하버드대 객원교수
· 프라이부르그대, 하와이대, 산타클라라대 교환교수
· 중국 남경대, 산동대 명예교수
· 한국법사학회장
· 현: 서울대 법대 교수
　법철학 및 사회철학회(IVR) 한국회장 및 세계이사
　한국인물전기학회장

주요 저서

· 사도법관 김홍섭(1975, 육법사)
· 법과 종교와 인간(1980, 삼영사)
· 한국의 서양법수용사(1982, 박영사)
· 법사상사(1983, 박영사)
· 위대한 법사상가들(I, II, III, 1985, 학연사)
· 법학통론(1986, 박영사)
· 한국법사상사(1989, 서울대학교출판부)
· 한국법학사(1990, 박영사)
· 법과 윤리(1992, 경세원)
· 한국법입문(1994, 박영사)
· 법과 미술(1995, 시공사)
· G. 라드브루흐연구(1995, 박영사)
· 법상징학이란 무엇인가(2000, 아카넷)
· 법철학(2002, 박영사)
· *Law and Justice in Korea*(2005, 서울대학교출판부)
· 시 쓰는 법학자(시집, 2007, 관악출판사)
· 괴테와 다산, 통하다(2007, 추수밭)

주요 역서

· 라드브루흐, 법철학(1976, 삼영사)
· 라드브루흐, 마음의 길(1983, 종로서적)
· 하멜 등, 서양인이 본 한국법속(1989, 교육과학사)

개정판
한국의 법학자

저자 최종고

1989년 11월 10일 초 판 제1쇄 발행
2007년 11월 10일 개정판 제1쇄 발행
2008년 7월 30일 개정판 제2쇄 발행

발행인 이장무
발행처 서울대학교출판부
151-742 서울 관악구 관악로 599
마케팅과 02-889-4424, 02-880-7995
Fax 02-888-4148
E-mail snubook@snu.ac.kr
Home-page http://www.snupress.com

출판등록 제15-3호

ISBN 978-89-521-0818-0 94360
세 트 978-89-521-0817-3

값 23,000원